U0518648

# 专利复审委员会案例诠释
## ——专利授权其他实质性条件

国家知识产权局专利复审委员会　编著

知识产权出版社
全国百佳图书出版单位

**内容提要**

本书从专利复审委员会20多年来作出的复审与无效已结案件中精选出近140个发明与实用新型案例，分为保护客体、实用性、充分公开、权利要求以说明书为依据、保护范围清楚、必要技术特征、单一性、修改等8章，运用涉及的法律、规章规定，对案件进行分析评述。本书可作为学习掌握专利授权其他实质性条件的指导用书。

**读者对象：**专利审查、专利代理人以及其他专利相关工作人员。

| | | |
|---|---|---|
| **责任编辑：**王　欣 | **责任校对：**韩秀天 |
| **装帧设计：**开元图文 | **责任出版：**卢运霞 |

**图书在版编目（CIP）数据**

专利复审委员会案例诠释：专利授权其他实质性条件/国家知识产权局专利复审委员会编著 . —北京：知识产权出版社，2011.8
ISBN 978-7-5130-0732-0

Ⅰ . ①专… Ⅱ . ①国… Ⅲ . ①专利权法–案例–中国 Ⅳ . ①D923.425
中国版本图书馆 CIP 数据核字（2011）第 159195 号

**专利复审委员会案例诠释**
——专利授权其他实质性条件
Zhuanli Fushen Weiyuanhui Anli Quanshi——Zhuanli Shouquan Qita Shizhixing Tiaojian
国家知识产权局专利复审委员会　编著

**出版发行：知识产权出版社**

| | | | |
|---|---|---|---|
| 社　　址：北京市海淀区马甸南村 1 号 | 邮　　编：100088 |
| 网　　址：http：//www. ipph. cn | 邮　　箱：bjb@ cnipr. com |
| 发行电话：010-82000860 转 8101/8102 | 传　　真：010-82005070/82000893 |
| 责编电话：010-82000860 转 8116 | 责编邮箱：wangxin@ cnipr. com |
| 印　　刷：北京富生印刷厂 | 经　　销：新华书店及相关销售网点 |
| 开　　本：850mm×1168mm　1/32 | 印　　张：20.125 |
| 版　　次：2011 年 9 月第 1 版 | 印　　次：2011 年 9 月第 1 次印刷 |
| 字　　数：515 千字 | 定　　价：60.00 元（附光盘） |

ISBN 978-7-5130-0732-0/D・1285（3655）

# 本书编委会

顾　问：田力普　王景川　贺　化　吴伯明

主　编：张茂于

副主编：杨　光　曾武宗

编　委：（按姓氏笔画排序）

马　昊　王　滢　石　竞　孙跃飞　任晓兰

刘　铭　刘　蕾　李人久　何　炜　张　凌

崔　峥　崔哲勇　崔国振　温丽萍

统稿组人员：（按姓氏笔画排序）

王　滢　石　竞　孙跃飞　任晓兰　刘　铭

刘　蕾　刘颖杰　李人久　何　炜　周　航

柴爱军　崔哲勇　崔国振

# 序　言

　　中国专利法于 1984 年 3 月 12 日颁布，并于 1985 年 4 月 1 日开始实施，此后又经过两次修改，这标志着现代专利制度在中国的建立并随时代的进步而不断完善。

　　时至今日，中国专利制度已经走过了 20 年的历程。20 年在历史的长河中犹如白驹过隙，但我国专利事业在这短暂的 20 年中却取得了令世人瞩目的辉煌成就，其直接例证就是专利法律体系日趋完善，专利保护工作逐步加强，专利工作队伍不断壮大，专利申请量和授权量迅速增长，专利审批实践经验的积累日渐丰富，专利制度对科技进步和经济发展的促进作用日益明显。

　　复审与无效程序是专利制度的重要组成部分，既是专利申请审查与授权程序的延续，又是保障专利申请人和专利权人以及广大公众合法权益的必要行政救济途径。伴随着我国专利事业的蓬勃发展，专利复审和无效案件数量逐年上升。至今，国家知识产权局专利复审委员会审结的案件已经达到一万六千多件，这些案件所涉及的法律问题几乎遍及专利法及其实施细则以及审查指南的方方面面。专利复审委员会所作出的复审和无效宣告审查决定，是对专利法律法规的具体运用；其典型案例有助于正确理解专利法及其实施细则以及审查指南的有关规定。这些复审和无效决定凝聚着审查人员的心血与智慧，是促进我国专利制度不断健全、完善，专利事业不断向前发展的一份宝贵财富。

　　我国现行法律体系是成文法体系，具有原则性、抽象性和概括性较强的特点。诞生于 20 世纪 80 年代初期的我国专利法尤为突出地体现了这些特点。在实践中，将专利法及其实施细则的原则性规定运用于审理各种各样的具体案件时会遇到大量的实际问题，并且由于人们思考问题的角度不同，难免对同一法律问题得出的结论有所差异。事实上，在专利复审委员会以往的审查决定中也曾经出现过对同一类法律问题存在着不同理解的现象。这种情形是很自然的，不足为奇。纵观美、日、欧各国专利制度的发展历程，类似的问题概莫能免。虽然专利复审委员会的各个合议组在审理案件的过程中对法律、法规的理解和适用并没有超越法律法规所允许的范围，但是，由于复审与无效程序是专利审查和专利保护过程中的一个重要环节，专利复审委员会所作的决定直接关系到当事人的切身利益，如果专利复审委员会作为一个整体对不同案件中出现的同类问题的解释缺乏高度的一致性，不仅会影响案件审理的科学性和审理结论的稳定性，甚至会影响广大公众对专利保护的信心。因此，及时地归纳、总结以往的经验和教训，对已经作出的审查决定进行系统的分析和提炼，取其精华，形成具有代表性的解释，用以指导今后的工作，无论对普遍提高审查人员的业务素质、能力和水平，还是对加强专利复审委员会自身业务建设乃至整个专利制度的健全和完善，都具有重要的意义。

　　为此，专利复审委员会在完成繁重工作任务的同时，组织有关人员编写了《专利复审委员会案例诠释》丛书。与其他案例评析或者案例选编不同，这套丛书针对特定的法律条款或者法律概念，分门别类从众多的复审和无效案件的审查决定中筛选出部分典型案例，以案说法，以案释法，用简明的方式、精练的文语加以叙述和分析。案例诠释内容翔实，逻辑清晰，由表及里，由点到面，力求生动明了而又详细准确地阐述法律条款的深层内涵。

　　尽管判例在我国不是法律渊源，专利复审委员会也不是一级司法审判机构，通过其案例对法律、法规所体现的执法尺度仍然具有某种局限性，但是，专利复审委员会所作的决定无疑是对专利法律原则和精神所作的基础性运用和说明。因此，通过编辑和出版这套丛书，将专利复审委员会在案件审理过程中对法律问题的思考和观点展现在社会各界面前，抛砖引玉，期望能得到各界的指点和评判，并在广泛探讨的基础上，进一步澄清各类认识上的问题，形成符合法律原则的共识，确保专利审查和保护工作更加公平、公正、有效。

我相信，这套丛书将在促进专利复审委员会按照"客观、公正、准确、及时"的要求，依法审理复审和无效案件方面，发挥重要作用；会对提高专利审查的科学性和专利授权的稳定性有积极的意义，也为普法宣传和学术研究提供了生动的基础素材。同时，对于从事专利立法、行政执法、司法审判和中介服务工作的人员，对于我国市场经济主体和科技创新主体的管理人员与科技研发人员来说，这套丛书也颇具参考价值。

2004 年 10 月

# 编著说明

本次付梓出版的《专利复审委员会案例诠释——专利授权其他实质性条件》，是继《专利复审委员会案例诠释——现有技术与新颖性》、《专利复审委员会案例诠释——创造性》、《专利复审委员会案例诠释——外观设计》之后，专利复审委员会编著的第四本案例诠释丛书。正如本书的名字一样，其内容涵盖了发明和实用新型专利应满足的除新颖性、创造性以及有关防止重复授权条款之外的其他实质性条款，这些或许应该说是专利制度中最为基本的问题，同时也是较为疑难的问题，而有关于此深入、系统的分析研究则相对阙如，本书的出版相信对从事专利审查、专利代理以及其他与专利有关工作的人员会有一定的帮助和借鉴意义。为方便读者，本书所选案例的复审或无效决定原文附在本书所赠光盘中。

本书依法律问题共分为八章，从专利复审委员会作出的万余件发明、实用新型复审以及无效已结案件中甄选出百余案例，并从案例中挖掘要旨、提炼精髓，对上述法律条款的理解与适用、疑难问题的判断原则及方法，结合案件的具体情况进行了分析阐释。

需要说明的是，二十多年来，《专利法》及《专利法实施细则》历经三次修改，《审查指南》也随之进行了相应的修订。本书所选取的案例如无特殊说明，其所适用的法律均是指作出审查决定时所依据的法律、法规以及规章。在 2008 年第三次修改、自 2009 年 10 月 1 日起实施的《专利法》（简称新法）以及其相配套的《专利法实施细则》（简称新细则）中，一些本书所涉及的法律条款在形式和内容上发生了变化：原《专利法实施细则》第二条对发明、实用新型和外观设计的定义被移入新法第二条中，分别作为该条的第二款、第三款、第四款；《专利法》第五条的规定改为新法第五条第一款，并将"国家法律"改为"法律"，同时增加第二款关于遗传资源保护的规定；《专利法》第二十五条第一款中不授予专利权的客体增加一项，即"对平面印刷品的图案、色彩或者二者的结合所作出的主要起标识作用的设计"作为第（六）项；《专利法》第二十六条第四款的内容与原《专利法实施细则》第二十条第一款的内容合并，修改为"权利要求书应当以说明书为依据，清楚、简要地限定要求专利保护的范围"，作为新法第二十六条第四款的规定；以及《专利法实施细则》第二十一条第二款调整为新细则第二十条第二款。本书不涉及外观设计，也不涉及新增加的有关遗传资源的内容，上面提到的新法和新细则中有关条款的其他修改相对于原法和原细则来说基本上未有实质性影响，因此本书对于上述条款的解析在新法和新细则实施的当前仍然颇具现实意义和参考价值。

参加本书案例收集、整理和编写的人员大多为专利复审委员会的资深审查员，他们在完成繁重工作的同时，利用业余时间筛选案例、查找资料、编写统校，为本书的最终成稿付出了大量的心血与汗水，在此向他们表示由衷的敬意。还需要特别感谢专利复审委员会的领导、国家知识产权局领导的悉心指导和大力支持，在本书的整个编撰过程中，他们提出了宝贵的意见和建议。

虽然本书从孕育到完稿的过程中，编著人员付出了辛勤的劳动，但囿于水平，难免存在疏漏和不当之处，敬请诸位读者不吝赐教，批评指正。

本书编委会
2011 年 7 月

# 目　录

# 第一章 专利权的保护客体

专利权是由国务院专利行政部门依照法律规定和法定程序赋予专利权人的一种专有权利。根据《中华人民共和国专利法》（以下简称《专利法》）的立法宗旨，对发明创造授予专利权应有利于促进科学技术的进步和创新，也应有利于促进经济社会的发展。因此，从专利制度的历史沿革角度来看，考虑到国家和社会利益、基本国情以及专利权的特点，各国专利法均对允许授予专利权的客体范围有一定的限制。就我国的专利制度而言，允许授予专利权的客体范围的限制体现在《专利法》及《中华人民共和国专利法实施细则》（以下简称《专利法实施细则》）中有关可授予专利权的发明创造的定义条款和有关不授予专利权客体的条款当中。在 2000 年第二次修改的《专利法》和相配套的《专利法实施细则》时，涉及专利权保护客体范围的规定主要存在于以下三个条款中❶。

---

❶ 在 2008 年第三次修改通过、自 2009 年 10 月起实施的《专利法》中（简称为新法，其之前的《专利法》简称为原法），一些法律条款的形式和内容发生了变化，但由于本书中的全部案例均适用原法，故仍以原法中相关规定的形式列出，如未特别说明，本书中所列的法律条款均出自 2000 年第二次修改的《专利法》和相配套的《专利法实施细则》《审查指南》，并依据其中的规定对案例适用问题进行分析。

一是涉及发明创造定义的《专利法实施细则》第二条❶，其规定："专利法所称发明，是指对产品、方法或者其改进所提出的新的技术方案。

专利法所称实用新型，是指对产品的形状、构造或者其结合所提出的适于实用的新的技术方案。

专利法所称外观设计，是指对产品的形状、图案或者其结合以及色彩与形状、图案的结合所作出的富有美感并适于工业应用的设计。"

二是《专利法》第五条关于对违反国家法律、社会公德或者妨害公共利益的发明创造不授予专利权的规定❷。

三是《专利法》第二十五条关于不授予专利权的客体的规定❸。

"对下列各项，不授予专利权：

---

❶    在 2008 年第三次修改的《专利法》中，已经将该条款的相关定义部分移入《专利法》第二条第一款"本法所称的发明创造是指发明、实用新型和外观设计"之下，并分别作为第二条的第二款、第三款、第四款。这是考虑到发明、实用新型和外观设计的定义属于专利法律制度的基本概念和重要基础，而且关系到能够授予专利权的条件，不宜由法律位阶低于《专利法》的《专利法实施细则》予以规定，但这种调整不影响实践中对于相关定义内容的解读。

❷    在 2008 年第三次修改的《专利法》时，将本条规定改为第一款，并为更简洁、准确起见将"国家法律"修改为"法律"，这种修改不影响实践中对于相关定义内容的解读。此外，本条还增加了第二款关于遗传资源保护的规定，即"对违反法律、行政法规的规定获取或者利用遗传资源，并依赖该遗传资源完成的发明创造，不授予专利权"，本书不涉及该新增加的第二款规定。

❸    在 2008 年第三次修改的《专利法》时，将本条第一款增加了一项，即"（六）对平面印刷品的图案、色彩或者二者的结合作出的主要起标识作用的设计"，本书不涉及该新增加的第（六）项内容。

（一）科学发现；

（二）智力活动的规则和方法；

（三）疾病的诊断和治疗方法；

（四）动物和植物品种；

（五）用原子核变换方法获得的物质。

对前款第（四）项所列产品的生产方法，可以依照本法规定授予专利权。"

可见，《专利法实施细则》第二条是从正面对可以授予专利权的客体进行的定义，《专利法》第五条和第二十五条则是从反面排除某些特殊客体的可专利性。本章就围绕以上三个条款的相关规定，结合具体的案例来说明如何判断请求保护的方案是否属于可以授予专利权的客体范畴。

## 第一节　发明创造的定义

《专利法实施细则》第二条是对专利法第二条❶中规定的各类发明创造的具体定义，该"发明创造"不同于日常生活中人们的宽泛理解，而是对能够被授予专利权并受到专利法保护的客体范围的界定。

事实上，有关知识产权保护的国际条约及各国专利法中都对可授予专利权的"发明创造"的范围予以限定。《保护工业产权巴黎公约》（以下简称《巴黎公约》）第一条第二款规定："工业产权的保护对象是专利、实用新型、工业外观设计、商标、服务商标、商号、产地标识或原产地名称以及制止不正当竞争"，可见其中专利权是与实用新型和工业外观设计并列作为工业产权的

---

❶ 《专利法》第二条规定："本法所称的发明创造是指发明、实用新型和外观设计。"

保护客体。不过,《巴黎公约》也规定了其缔约国可在本国法律中进行自由定义, 例如: 在美国, 可授予专利权的 (patentable) 客体种类包括发明专利、植物专利和外观设计专利; 英国则仅将发明授予专利权, 外观设计注册权是与版权、专利权等相并列的工业产权; 德国、日本等一些国家对发明、实用新型和外观设计分别立法予以调整, 但这些立法具有共性之处, 并且相关申请都由专利行政部门受理、审查和授权。而在我国, 对发明、实用新型和外观设计都实行专利保护制度, 专利法将专利权保护的三种类型客体统称为"发明创造", 并且明确规定, 专利法所称的发明创造是发明、实用新型和外观设计。需要说明的是, 本书不涉及外观设计的内容, 因此本节仅分析如何判断请求保护的方案是否属于发明和实用新型定义的客体范畴, 其所涉及的《专利法实施细则》第二条第一款、第二款的规定: "专利法所称发明, 是指对产品、方法或者其改进所提出的新的技术方案。

专利法所称实用新型, 是指对产品的形状、构造或者其结合所提出的适于实用的新的技术方案"。

上述规定主要从三个方面界定了专利法意义上的发明和实用新型的含义: 第一方面是保护对象 (即权利要求) 的类型, 发明专利所保护的客体既包括产品又包括方法, 实用新型专利保护的客体仅仅是产品; 第二方面是保护对象的性质, 分别是"新的"和"适于实用的新的"; 第三方面是保护对象的基本属性, 可授予专利权的发明和实用新型都必须属于"技术方案"。

上述规定的第三方面, 即保护对象的基本属性是审查《专利法实施细则》第二条第一款、第二款的重点所在。也就是说, 判断一个方案是否属于《专利法实施细则》第二条第一款、第二款所定义的客体范畴, 关键在于判断该方案是否属于"技术方案"。本节主要内容就是围绕着如何判断方案是否属于"技术方案"来进行案例分析。

　　至于上述规定中其余两方面的内容，第一方面是保护对象类型的界定，其表明产品技术方案可以申请发明和实用新型专利，但方法技术方案只能申请发明专利，而不属于实用新型专利保护的客体。实用新型和发明专利在保护对象类型方面的上述限制一般比较容易判断，但对于实用新型产品技术方案中出现方法特征和材料特征会给其客体判断带来怎样的影响仍然具有一定的特殊性，因此本节在第一小节总体分析了技术方案的判断原则之后，第二小节针对实用新型客体判断中的上述特殊问题结合一些案例予以说明。而第二方面保护对象的性质在审查《专利法实施细则》第二条的过程中不重点考虑，因为根据《审查指南》第二部分第一章第 2 节和第一部分第二章第 6.5 节的规定，《专利法实施细则》第二条第一款、第二款分别是对可申请专利保护的发明或实用新型客体的一般性定义，而不是判断新颖性、创造性、实用性的具体审查标准。可见，对于方案是否满足"新的"、"适于实用"的要求，主要应当适用新颖性、创造性和实用性的具体审查标准来进行审查，因此本节中也不涉及这方面的分析。

　　此外，本节第三小节还专门针对涉及计算机程序的发明专利申请是否符合《专利法实施细则》第二条第一款有关发明的定义结合相关案例进行了分析，因为这类方案具有一定的特殊性，许多方案都不依赖于硬件的改进，而仅靠计算机软件的创新即可在已有的计算机硬件上实现，那么这些方案是否具有"技术"的属性也就成为特别值得关注的问题，《审查指南》中对此也有专章规定。

## 一、技术方案的判断

　　根据《审查指南》第二部分第一章第 2 节以及第一部分第二章第 6.4 节的规定，技术方案是对要解决的技术问题所采取的利用了自然规律的技术手段的集合；技术手段通常是由技术特征来体现的；未采用技术手段解决技术问题以获得符合自然规律的技术效果的方案，不属于发明或实用新型专利保护的客体。

需要注意的是，虽然一般情况下技术手段体现为技术特征，但具有技术特征的方案不一定具有专利法意义上的技术性，判断方案是否属于技术方案还是应该从整体上进行分析，看方案是否实质上采用了技术手段、解决了技术问题并获得了技术效果。因此，通常将技术手段、技术问题和技术效果称为技术方案的三要素或技术三要素，这三个要素之间也是相互对应、彼此联系的，只要确定其中一个要素是否具有"技术性"，即可得出全部三要素是否具有"技术性"的结论，进而得出整个方案是否是技术方案的结论，这里将这种判断方式称为"三要素"判断法。"三要素"判断法描述起来比较简单，但在实际运用中却容易出现问题，在复审和无效宣告程序中，很多当事人对技术三要素的判断存在错误理解，这里重点强调以下几个方面。

第一，技术方案一定可以解决技术问题并获得技术效果，但是并非所有利用了自然规律的技术特征的集合都能解决技术问题、获得技术效果，构成专利法意义上的"技术方案"。例如，一些方案中虽然也包括利用了自然规律的技术特征，但是如果这些技术特征都是公知公用的，并且使这些技术特征集合在一起的"纽带"是一种人为制定的规则，那么即使这种"纽带"是独创的，这些技术特征的集合实质上也只是用于辅助实现人为制定的规则，方案从整体上来看不能被认为具有专利法意义上的"技术性"。因此对于专利法意义上的"技术方案"的认定，必须从方案的整体来考虑，脱离整体方案而仅考量某一特征是否具有"技术性"，并进而据此得出整个方案是否是技术方案的结论的判断方法是不全面的。这也正是《审查指南》第二部分第一章第2节中规定，"技术方案是对要解决的技术问题所采取地利用了自然规律的技术手段的集合"的原因，上述规定将所要解决的技术问题与技术手段紧密地联系起来，从而排除了仅仅片面考量某一技术特征是否具有"技术性"这样的判断方法。

第二，判断方案是否属于《专利法实施细则》第二条第一款、第二款所保护的客体，还应当注意整体和客观判断，避免仅仅根据说明书中描述的问题和效果是非技术性的，就直接得出方案不属于技术方案的结论，这样的判断方法是不严谨的。由于技术问题和技术效果相对来说更多地受到申请人／专利权人主观认识的影响，有时其意见不能全面地反映方案在技术上实质作出的贡献、所能解决的问题以及达到的效果。在这种情况下，不应局限于申请人的描述，而是应当从整体方案出发，客观认识方案所能解决的技术问题和所能达到的技术效果。一般情况下，运用"三要素判断法"时可以从权利要求中客观记载的技术特征出发，判断方案整体上是否由于具有这些技术特征而采用了技术手段，进而可以判断出方案是否解决了技术问题、获得了技术效果。然而，也有一些特殊的情况，方案是否整体上采用了技术手段的结论并不容易首先得出，特别是涉及计算机程序的一些技术方案（在本节第三小节有更详细的说明），也可以首先判断方案所实际解决的问题是否是技术性的，由此得出为解决该问题所采用的手段以及所获得的相应效果是不是技术性的结论。当然，两种判断方式都应当基于对方案的整体和客观认定。

另外，技术方案应当是人类在利用自然和改造自然的过程中为了解决某一特定技术问题的具体技术构思，不能仅停留在抽象或者理论层面的概念上。因此，《审查指南》第二部分第一章第2节强调"气味或者诸如声、光、电、磁、波等信号或者能量也不属于发明专利保护的客体"。当然，《审查指南》该部分内容紧接着说明"但利用其性质解决技术问题的，则不属此列"，这表明抽象理论应用于实际便可能带上"技术"的属性。例如，

"一种光束，其特征在于：该光束的波长为484nm。"由于该权利要求只是对光束本身的特性进行了描述，而光束不属于《专利法实施细则》第二条第一款规定的客体；但是，如果上述权利要求所要求保护的是"一种利用光束测定物质成分的方法"，包括利用光束照射液体，通过测定液体对光的吸收来进行物质成分测定，则可以认为该方法利用光经过物质时被吸收的特性，来解决物质成分分析这一技术问题，因此满足《专利法实施细则》第二条第一款的规定。❶

下面，将通过一些典型案例来说明技术方案的"技术三要素"判断方法。

【案例1】　香烟盒广告法（第1965号复审请求审查决定）

2000年12月11日，专利复审委员会作出第1965号复审请求审查决定。该决定涉及名称为"香烟盒广告法"的94114191.8号发明专利申请。

国家知识产权局原审查部门于1997年8月25日以其不符合《专利法实施细则》第二条第一款的规定为由驳回了本申请。

1997年11月21日，复审请求人向专利复审委员会提出复审请求，并同时提交了修改的权利要求书，其中权利要求1的内容如下：

"1. 本项发明专利'香烟广告法'把拥有广泛使用者的香烟盒作为媒体进行广告活动。原有的香烟盒其外表面仅限于印制香烟本身生产厂家的商标、图形及文字，而香烟盒广告法则是在香烟盒外表面中的一部分印制香烟厂家本身的商标、图形及文字，而在香烟盒外表面的其余部分印制其他商品或服务的广告内容。"

---

❶　田力普. 发明专利审查基础教程－审查分册［M］. 2版. 北京：知识产权出版社，2008：90.

经审查，专利复审委员会以本申请不符合《专利法实施细则》第二条第一款的规定为由作出维持驳回决定的复审请求审查决定，具体理由如下：

《专利法实施细则》第二条第一款所述的"技术方案"是对借助于可控制的自然力实现因果关系可预见的结果的、有计划的活动的教导，其中，所述结果是所借助的可控制自然力的直接结果。

本申请正如其原始申请说明书中所述，是一种"别开生面的广告方法"，即利用香烟盒作为载体来传播广告宣传内容，其权利要求属于方法权利要求，限定的是利用在香烟盒上印制广告内容进行广告宣传的方法。

所述广告方法，无论权利要求限定的形式，还是其所包含的内容，都是一种商业运作方法，即对借助何种载体进行广告宣传提出的教导。该方案不是制造香烟盒所需要借助的可控制的自然力，如加工香烟盒的方法、印制香烟盒的工艺等所产生的直接结果，而是对人在确定印制何种内容时所给予的教导，这样一种教导未采用技术手段，不属于发明专利保护的范畴。

虽然复审请求人认为，本申请香烟盒与已有的香烟盒相比，增加了一种要素，即广告内容，因而相对已有技术具有明显的技术特征。但专利复审委员会经审查认为，一种商业运作方法可能是全新的方法，但它并不必然属于专利所保护的主题，因为它可能不是一种技术方案。本发明的香烟盒方案的实现所依赖的是一种广告宣传的策划思想，而不是依赖于由自然规律所确定的技术特征之间的内在联系。

基于上述理由，专利复审委员会认为，本申请所涉及的不是一种技术方案，故不符合《专利法实施细则》第二条第一款的规定。

**【案例评析】**

本案涉及的焦点问题是方法专利保护客体的判断。

技术方案的判断需要从三个角度进行考察：是否采用了技术手段、是否解决技术问题以及是否带来技术效果。而在具体判断时，尤其应注意的是不能割裂地看待个别特征所采用的手段、所带来的效果和解决的问题是否具有技术性，而是应当从权利要求的整体方案出发进行判断。

本申请请求保护的方案涉及一种制作广告的方法，其要解决的问题是提供一种简单、廉价、传播范围广的香烟广告的方法，采用的手段是将特定的广告内容设置在香烟盒上，具体为：在香烟盒外表面中的一部分印制香烟厂家本身的商标、图形及文字，而在香烟盒外表面的其余部分印制其他商品或服务的广告内容。可见，该权利要求中虽然包括例如"印制"这样的技术特征，但从整体上看，一种新的广告创意方法才是权利要求为实现其广告宣传目的而提出的方案，此时"印制"只是在实现该方案的过程中所必须借助的现有技术内容，"印制"这一技术特征的引入完全是为其广告创意方法服务的，不能改变该广告创意不属于技术手段的本质。因此从权利要求的整体内容来看，该方法是对借助何种载体进行广告宣传提出的方案，将香烟盒作为信息表述的载体，实现广告创意和广告内容的表达。该方案解决的问题是提供一种广告宣传方法，解决该问题实质是通过借助香烟这种广告投放载体来实现的，该方案提出的是一种新的广告创意，不属于技术手段，也不会带来任何技术效果。

综上所述，本申请要求保护的内容没有构成技术方案，不符合《专利法实施细则》第二条第一款的规定。（撰稿人：黄玉平）

**【案例2】 眼镜与其副框之组合结构（第 4305 号无效宣告请求审查决定）**

2002 年 3 月 20 日，专利复审委员会作出第 4305 号无效宣告请求审查决定。该决定涉及 1999 年 11 月 10 日授权公告的 98234730.8 号实用新型专利权，其名称为"眼镜与其副框之组合结构"。本专利授权公告的权利要求 1、2、3 的内容如下：

"1. 一种眼镜与其副框之组合结构，其特征在于其系在眼镜框及副框之鼻梁两侧各设有两长方形槽孔，而以体积甚小之长方形磁石分别嵌置固定于该眼镜框鼻梁及副框鼻梁之长方形孔内；同时，该副框之鼻梁设计成向框内侧突伸状，而使眼镜框与副框相结合时，能使两磁石贴面重合。

2. 根据权利要求 1 所述的眼镜与其副框之组合结构，其特征在于在眼镜框鼻梁中央上方设置有一小定位孔，相对应于副框鼻梁中央下凸设有一定位梢。

3. 根据权利要求 1 所述的眼镜与其副框之组合结构，其特征在于所用之磁石可为长方形，尺寸 3mm × 1.8mm × 1.5mm 大小之设计。"

此外，本专利说明书中还有这样的记载"本实用新型之目的即在提供一种眼镜与其副框之组合结构，其在保持原有眼镜实用性的前提下，力求眼镜整体外表之美观、新颖、独特设计……在眼镜框鼻梁中央上方设置有一小定位孔，相对应于副框鼻梁中央下凸设有一定位梢，两者可互相配合，以达到定位及防止滑移等作用。"

针对上述实用新型专利权，请求人于 2000 年 7 月 3 日向专利复审委员会提出无效宣告请求，其无效宣告请求的理由之一为本专利权利要求 1 和 2 不符合《专利法实施细则》第二条第二款的规定，其具体理由是：所述技术方案与现有技术相比，只是使本专利的眼镜整体美观，而仅以美感为目的的产品形状的新设计明显不符合《专利法实施细则》第二条第二款的规定。

专利权人于 2001 年 2 月 7 日修改了权利要求书，将授权公告文本中权利要求 2 的内容并入权利要求 1 中，权利要求 3 序号变为 2。

专利复审委员会经过审查，认为上述修改符合《审查指南》的规定，并以修改后的权利要求书为审查基础作出无效宣告请求审查决定，对于无效请求人提出的本专利不符合《专利法实施细则》第二条第二款的理由，合议组认为：本专利的发明目的是提供一种眼镜与其副框之组合结构，在保持原有眼镜实用性的前提下，力求眼镜整体外表美观、新颖、独特；本专利具体公开了眼镜与其副框组合结构的形状和构造，其具有美感效果，同时也具有能够把副框与眼镜框组合、定位准确的技术效果，其形状结构也发生了变化，因此本专利不是纯粹以美感为目的的产品形状的新设计，符合《专利法实施细则》第二条第二款的规定。

## 【案例评析】

本案引出两个值得讨论的问题：① 所要解决的问题是为了克服现有技术不够美观的缺陷，该问题是否属于专利法意义上的技术问题；② 针对美感而提出的解决方案，如何判断其是否属于《专利法实施细则》第二条第二款所规定的技术方案。

在回答上述问题之前，不妨首先借鉴一下欧洲专利局的有关规定。《欧洲专利审查指南》（GUIDELINES FOR EXAMINATION IN THE EUROPEAN PATENT OFFICE）C 部分第四章规定："美学效果的创造从定义上讲是指具有不同于技术以及技术的应用的其他方面的物品（例如绘画或雕塑）。但是如果该物品正好还具有技术性特点，则它也还是可专利的，轮胎的花纹就是一个例子。不论在产品还是方法权利要求中，美学效果自身都是不可专利的。例如，一本书仅仅是根据其信息内容、布局或者字体等的美学效果或艺术效果来定义，那么它就是不可专利的。同样，一幅绘画如果仅仅是由它的美学效果、颜色的排布或艺术风格（例如印象派）来定义，那么它也是不可专利的。但是，如果一种美学效果是通过一种技术结构或其他技术手段获得的，虽然该美学效果本身不能被专利保护，但获得该美学效果的手段却可以受到保护。例如一种织物，通过采用一种层状结构而获得迷人的外观，则采用该结构的织物可以被保护……

一种新的印刷技术，使书籍产生了一具有美学效果的特殊层，可以被授予专利权。

一种物质或组合物含有一些组分，该组分可以产生特殊的香味或使香味更持久，可以被授予专利权。"

上述规定对于涉及美感的发明创造是否可专利的问题进行了较为全面的论述，我国《审查指南》中虽然没有这样的具体规定，但是我国对这一问题所采用的审查标准和应用的审查思路在很大程度上是与欧洲专利局一致的。

基于上述理由，我们可以明确的是单纯的美感问题不属于专利法意义上的技术问题，是不可专利的，但是获得美感的手段却是可能受到保护的。因此，并非所有涉及美感的发明创造都被排除在专利法保护的客体之外，对于涉及美感的发明创造，重点考虑的是，能够获得美感的方案是否具有技术性的特征，这些特征所反映的技术结构和技术手段除了获得该美感外，是否还获得了其他技术效果。如果是，则该发明创造还是可能属于专利法意义上的保护客体。

就本案而言，根据说明书记载的内容，本申请的方案在解决眼镜美观问题的同时，还解决了副框与眼镜框组合、定位准确的技术问题。并且，其方案中对由产品的部件结构、连接关系、空间相互位置等进行了限定，属于利用自然规律的技术手段。因此，本申请符合《专利法实施细则》第二条第二款的规定。

综上所述，不能因为专利申请说明书中描述的技术问题仅仅涉及美感，就简单地将其排除在可以受专利保护的客体之外。而应当从申请文件描述的方案整体出发，对于获得美感的技术手段进行分析，考虑其是否可以实现除美感之外的其他技术问题。（撰稿人：王桂莲　崔哲勇）

## 二、实用新型保护客体判断中的特殊问题

根据《专利法实施细则》第二条中有关发明和实用新型定义的规定可以看出，与发明相比，实用新型的保护客体范围更窄，其只保护产品技术方案，不保护方法技术方案。而且对于产品技术方案来说，只限于保护形状、构造或其结合。《审查指南》第一部分第二章第 6.1 节对实用新型的保护客体有这样的解释：“一项发明创造可能既包括对产品形状、构造的改进，也包括对生产该产品的专用方法、工艺或构成该产品的材料本身等方面的改进。但是实用新型专利仅保护针对产品形状、构造提出的技术方案。”由此可见，针对方法和材料本身作出的改进不能作为实用新型的保护客体。那么产品的形状和构造究竟包括什么，又如何看待实用新型技术方案中的方法、材料技术特征呢？这成为实用新型保护客体判断中具有一定特殊性的问题。

首先，列出《审查指南》第一部分第二章第 6.2 和 6.3 节中有关上述问题的具体规定：“产品的形状是指产品所具有的、可以从外部观察到的确定的空间形状。对产品形状所提出的技术方案可以是对产品的三维形态所提出的技术方案，例如对凸轮形状、刀具形状作出的改进；也可以是对产品的二维形态所提出的技术方案，例如对型材的断面形状的改进。无确定形状的产品，例如气态、液态、粉末状、颗粒状的物质或材料，其形状不能作为实用新型产品的形状特征。”

“产品的构造是指产品的各个组成部分的安排、组织和相互

关系。产品的构造可以是机械构造，也可以是线路构造。机械构造是指构成产品的零部件的相对位置关系、连接关系和必要的机械配合关系等；线路构造是指构成产品的元器件之间的确定的连接关系。复合层可以认为是产品的构造，产品的渗碳层、氧化层等属于复合层结构。物质的分子结构、组分、金相结构等不属于实用新型专利给予保护的产品的构造。例如，仅改变焊条药皮成分的电焊条不属于实用新型专利保护的客体。"

此外，《审查指南》第一部分第二章第6.1节中还强调："以现有技术中已知方法的名称限定产品的形状、构造的，例如，以焊接、铆接等已知方法名称限定各部件连接关系的，不属于对方法本身提出的技术方案。"

"允许产品中的某个技术特征为无确定形状的物质，如气态、液态、粉末状、颗粒状物质，只要其在该产品中受该产品结构特征的限制即可，例如，对温度计的形状构造所提出的技术方案中允许写入无确定形状的酒精。"

"将现有技术中已知的材料应用于有形状、构造的产品上，例如复合木地板、塑料杯、记忆合金制成的心脏导管支架等，不属于对材料本身提出的技术方案。"

上述规定表明，材料、方法技术特征通常不属于产品的形状和构造特征的范畴，但就要求保护的实用新型整体技术方案来看，如果其中所包含的材料或方法技术特征属于用来辅助限定产品形状和构造的现有技术材料和方法，则不会因此影响要求保护的技术方案成为实用新型的保护客体。下面通过两个实际案例来进一步说明。

【案例1】 一种双阳极的连接体结构（第10309号无效宣告请求审查决定）

2007年7月17日，专利复审委员会作出第10309号无效宣告请求审查决定。该决定涉及名称为"一种双阳极的连接体结构"的03213604.8号实用新型专利。该专利授权公告的权利要求1、2的内容为：

"1. 一种双阳极的连接体结构，其特征在于：该连接体（1）做成缺横的米字形结构，即在连接体（1）沿阳极炭块（2）长度方向不设置钢制横梁，连接体上有六个钢爪，与采用的三爪阳极炭块相对应，由连接体（1）与阳极导杆（5）及二块三爪阳极炭块（2），组成一种双阳极的阳极组，连接体（1）用铸钢一次铸造成形。

2. 根据权利要求1所述的一种双阳极的连接体结构，其特征在于：它与阳极导杆（5）的固接是通过铝–钢爆炸焊接而实现；它与两块阳极炭块（2）的固接是用磷生铁（3）通过浇铸而实现。"

针对本专利，请求人于2006年12月29日向专利复审委员会提出无效宣告请求，其无效宣告请求的理由之一是：本专利的权利要求2所要求保护的技术特征不属于对产品的形状、构造或者其结合所提出的适于实用的新的技术方案，因此不符合《专利法实施细则》第二条第二款的规定。

经审查，专利复审委员会作出了第10309号无效宣告请求审查决定，维持本专利权有效。对于《专利法实施细则》第二条第二款的无效宣告请求理由，合议组认为：从属权利要求2采用附加技术特征对权利要求1中各部件之间的连接关系作了进一步的限定，但该从属权利要求的保护范围是由其附加技术特征所进一步限定的权利要求的技术方案决定的，虽然附加技术特征不是结构特征，但由于其引用的权利要求1是具有特定形状和结构的产品，因此权利要求2要求保护的是具有一定形状和构造的产品；此外，该权利要求中所述的用以限定连接体与阳极导杆之间连接方式的铝–钢爆炸焊接以及用以限定连接体与阳极炭块之间连接方式的磷生铁浇铸均是现有技术中已知方法，这种以已知方法特征来进一步限定各部位连接关系的，不属于对方法本身提出的技术方案，因此该权利要求属于《专利法》所称实用新型的保护对象的范畴，符合《专利法实施细则》第二条第二款的规定。

【案例评析】

本案涉及的问题是如何判断包含方法或材料特征的实用新型权利要求是否属于实用新型保护客体。

根据《专利法实施细则》第二条第二款的规定，实用新型不保护方法技术方案，对产品技术方案的保护也仅限于针对产品的"形状、构造或者其结合"所提出的。《审查指南》第一部分第二章第6.1和6.3节对实用新型的保护客体作了进一步的规定。明确指明一切方法（包括产品的用途）以及未经人工制造的自然存在的物品不属于实用新型专利的保护客体。同时还规定，如果权利要求中既包含形状、构造特征，又包括对生产该产品的专用方法、工艺或者构成该产品的材料本身提出的技术方案，则不属于实用新型专利保护的客体。但是，以现有技术中已知方法的名称限定产品的形状、构造的，或者将现有技术中已知的材料应用于具有形状、构造的产品上，不属于对方法或材料本身提出的技术方案。

在审查实践中，对保护主题为方法或仅涉及形状和/或构造的产品权利要求是否属于实用新型专利保护客体往往比较容易判断，但是对于既包含形状、构造特征，又包含方法、材料特征的权利要求，常常会出现争议。从审查实践来看，当事人对《专利法实施细则》第二条第二款的认识往往存在一种误解，即认为只要存在材料和/或方法特征，则该权利要求就不属于实用新型专利保护的客体。由该无效案可以看出，对于这一条款的理解和适用，应从以下两方面考虑。

首先，从权利要求的技术方案整体出发，判断所保护的主题是否为具有确定形状、构造且占据一定空间的产品。从审查的角度来看，可以从判断要求保护的技术方案中是否有"产品的形状、构造及其结合"类特征出发；判断基准为，没有上述特征的技术方案则可以认为不属于实用新型专利保护的客体。否则，需要对其他非"产品的形状、构造及其结合"类特征，包括方法、材料、参数等特征进行判断；判断基准为，不能因为权利要求中的某个或某些技术特征从表面上看不是"产品的形状、构造及其结合"的技术特征就认定整个技术方案并非保护"产品的形状、构造及其结合"的技术方案。本案中，从权利要求1的技术方案整体来看，其要求保护的是一种连接体结构，该连接体具有"缺横的米字形"的形状，其上有六个与采用的三爪阳极炭块相对应的钢爪，因此权利要求1要求保护的主题是具有确定形状、构造且占据一定空间的产品。在此情况下，不能因为其中记载有"一次铸造成形"等非"产品的形状、构造及其结合"的特征而简单地认定其为非"产品的形状、构造及其结合"的技术方案。从属权利要求2的附加技术特征虽然涉及方法特征，但由于其引用的权利要求1是具有特定形状和结构的产品，其附加的方法特征是进一步限定权利要求1中各部位的连接关系的，因此权利要求2要求保护的主题也是一种具有确定形状、构造且占据一定空间的产品。

其次，判断权利要求中是否包含了对非"产品的形状、构造及其结合"提出的技术方案。判断方法为，非"产品的形状、构造及其结合"特征是否为现有技术中已有的技术手段，是否构成对方法、材料本身提出的技术方案；判断基准为如果权利要求中的非"产品的形状、构造及其结合"特征不是现有技术中已知的技术手段，则可以认定该权利要求中包含了对非"产品的形状、构造及其结合"提出的技术方案，不属于实用新型专利保护的客体。否则，应当允许。本案中，权利要求 1 中的"一次铸造成形"，权利要求 2 中的"铝 – 钢爆炸焊接""磷生铁浇铸"等均是现有技术中已知方法，这种以已知方法特征来进一步限定各部位连接关系的，不属于对方法或者材料本身提出的技术方案。因此，本申请对应的权利要求属于针对产品的形状、构造及其结合提出的技术方案，符合《专利法实施细则》第二条第二款的规定。

应当注意的是，在对非"产品的形状、构造及其结合"特征是否为现有技术中已有的技术手段进行判断时，通常应将权利要求中出现的方法或材料名称上位理解为所有能够实现权利要求中技术方案的方法和材料，而不宜理解为某一特定的新方法和材料。例如，本案中权利要求 2 中涉及的"焊接""磷生铁浇铸"等应理解为本领域技术人员通常采用的方法和材料。但是，如果本领域普通技术人员根据说明书公开的内容，能够确定其使用的方法、工艺或者材料为特定的新方法或者材料的情况下，应当认定所述的权利要求包括了对方法或者材料本身提出的技术方案，应当排除在实用新型专利保护的客体范围之外。（撰稿人：尹　昕　崔国振）

**【案例 2】　轻质防水隔热复合板（第 9382 号无效宣告请求审查决定）**

2006 年 12 月 27 日，专利复审委员会作出第 9382 号无效宣告请求审查决定。该决定涉及名称为"轻质防水隔热复合板"的 00233399.6 号实用新型专利权。该专利授权公告的权利要求 1 ~ 6 的内容为：

"1. 一种轻质防水隔热复合板，包括模压成型的泡沫底板（1）和硬质面板（2），其特征是泡沫底板（1）的一表面和硬质面板（2）的底面用防水粘结材料牢固粘结形成防水粘结层（3），泡沫底板（1）的其他表面覆盖聚合物水泥基粘结防水材料（4）。

2. 如权利要求1所述的轻质防水隔热复合板，其特征在于所述的泡沫底板（1）为聚苯乙烯泡沫底板。

3. 如权利要求1所述的轻质防水隔热复合板，其特征在于所述的泡沫底板（1）的大小尺寸与硬质面板（2）的大小尺寸相对应。

4. 如权利要求1或2或3所述的轻质防水隔热复合板，其特征在于所述的硬质面板（2）为陶瓷防滑地砖或地面石料面板或墙面彩釉砖。

5. 如权利要求1所述的轻质防水隔热复合板，其特征在于所述的泡沫底板（1）的其他表面均匀涂刷聚合物水泥基粘结防水材料（4）。

6. 如权利要求1或2或3所述的轻质防水隔热复合板，其特征在于所述的泡沫底板（1）和硬质面板（2）的大小尺寸为 $100 \times 100mm$ 至 $1\,000 \times 1\,000mm$，最佳尺寸为 $300 \times 300mm$ 或 $400 \times 400mm$。"

针对本专利，请求人于2004年7月2日向专利复审委员会提出无效宣告请求，其无效宣告请求的理由包括：权利要求1~5中的方法特征和材料特征以及权利要求6中的尺寸不属于实用新型的保护对象，因而权利要求1~6不符合《专利法实施细则》第二条第二款的规定。

经审查，专利复审委员会作出了第9382号无效宣告请求审查决定。对于《专利法实施细则》第二条第二款的无效宣告请求理由，合议组认为：本专利独立权利要求1要求保护一种轻质防水隔热复合板，包括泡沫底板、硬质面板以及防水粘结层的产品结构特征，此外还对底板、面板的材料和防水材料和防水粘结层的形成方式进行了限定；从属权利要求2~6对该复合板的各个组成部分的具体材料或尺寸作出了进一步限定，由于权利要求1~6的技术方案中均包含了复合板产品的结构特征，并非仅仅包含材料特征、方法特征或者尺寸特征，且所涉及材料和方法均为已知材料和方法，因而权利要求1~6符合《专利法实施细则》第二条第二款的规定。

【案例评析】

与上述案例1相同，本案涉及的焦点问题也在于包含方法、材料等非结构特征的权利要求是否属于实用新型专利保护客体的判断。

按照上述案例1评析部分提供的判断方法及审查基准，首先，我们从权利要求限定的技术方案的整体出发，判断所保护的主题是否为具有确定形状、构造且占据一定空间的产品。由本专利授权公告的权利要求书可知，独立权利要求1要求保护的是一种轻质防水隔热复合板，该复合板包括泡沫底板（1）和硬质面板（2），（1）的一个表面和（2）的底面之间的防水粘结层（3），以及覆盖（1）其他表面的防水材料（4）。显然，上述（1）~（4）所限定的四个技术特征都属于"该产品所具有的、可以从外部观察到的确定的空间形状"特征，因此权利要求1要求保护的主题属于具有确定形状、构造且占据一定空间的产品。在此情况下，不能因为其中记载有"用防水粘结材料牢固粘结成""聚合物水泥基粘结防水材料"等非"产品的形状、构造及其结合"特征而简单地将其排除在实用新型专利的保护客体之外。还应当进一步判断这些技术手段是否构成了对非"产品的形状、构造及其结合"提出的技术方案。同理，由于权利要求2~6是对该复合板的各个组成部分的具体材料或尺寸作出了进一步限定，其中均包含了复合板产品的结构特征，而材料和尺寸特征均为对形状、构造的进一步限定，因而权利要求 1～6 要求保护的也是一种具有确定形状、构造且占据一定空间的产品。

其次，判断权利要求中是否包含了对非"产品的形状、构造及其结合"提出的技术方案。本案中，权利要求 1～6 要求保护的技术方案中记载有非"产品的形状、构造及其结合"特征，包括"防水粘结材料""聚合物水泥基粘结防水材料"等材料特征，"用防水粘结材料牢固粘结形成""均匀涂刷"等方法特征。对于本领域的普通技术人员而言，上述材料和方法都是本领域已知的；并且，从本专利说明书中记载的内容可知，本专利并未对上述材料和方法提出特别的要求，因此可以将其视为本领域中能够实现其技术方案的已知材料和方法。因此，权利要求 1～6 中都不包括对非"产品的形状、构造及其结合"提出的技术方案。因此，该专利权利要求 1～6 要求保护的技术方案属于对"产品的形状、构造及其结合"提出的技术方案，属于实用新型专利的保护客体。（撰稿人：尹　昕　崔国振）

## 三、涉及计算机程序的发明专利申请是否属于专利保护客体的判断

随着计算机和网络技术突飞猛进地发展，计算机程序在社会生产、生活中发挥着越来越重要的作用，许多传统技术需要借助计算机程序才能更便捷地实现，同时一些商业运作、游戏规则也可以利用计算机程序来普及应用。对于涉及计算机程序的发明创造能否授予专利权，在世界范围内曾一度成为知识产权界的争议焦点。自 20 世纪 80 年代以来，美国、英国、德国、法国等信息技术发达的国家均修改了专利法规，适时调整了其专利权客体范围，采取越来越宽松的标准。而我国也一直致力于通过立法、修改法律法规或部门规章等方式来为这类发明创造提供适当保护，以适应日趋国际化的判断标准并保护具有价值的发明创造。

　　鉴于有关计算机程序的发明专利可能给社会经济带来的巨大影响，并考虑到许多计算机程序本身只涉及对抽象规则的处理，而不具有利用自然规律的技术属性，目前，我国仍然将涉及计算机程序的发明创造视为一种特殊的专利申请，无论是《审查指南2001》还是《审查指南2006》，都对涉及计算机程序的发明专利申请审查进行了专章的规定，有关客体审查主要适用的法律条款包括《专利法实施细则》第二条第一款有关发明定义的规定和《专利法》第二十五条第一款第（二）项有关智力活动的规则和方法不授予专利权的规定。应该注意的是，属于《专利法》第二十五条第一款第（二）项智力活动的规则和方法范畴的方案实际上也不能构成技术方案，故其同时也不符合《专利法实施细则》第二条第一款有关发明的定义；然而，不属于智力活动的规则和方法范畴的方案却不一定能够构成技术方案，因此方案符合《专利法》第二十五条第一款的规定并不意味着必然符合《专利法实施细则》第二条的规定。不过，从内容上来讲，《审查指南2001》和《审查指南2006》中对于上述两个法律条款规定的具体适用条件有一些区别。

　　根据《审查指南2001》的规定，计算机软件相关发明是否为专利法意义上的保护客体主要是判断其是否构成《专利法》第二十五条第一款第（二）项所列的不授予专利权的客体所指的"智力活动的规则和方法"，也就是说主要依据《专利法》第二十五条进行审查。具体而言，对于一项仅仅涉及算法或者数学计算规则等智力活动的规则和方法的权利要求，以及在一项权利要求的全部内容中既包含智力活动的规则和方法，又包含技术特征。但对于现有技术的贡献仅仅在于智力活动的规则和方法的权利要求，都是以《专利法》第二十五条为法律依据来评价其属于不能得到专利保护的客体，此即俗称的"贡献论"。

　　考虑到《审查指南2001》的上述客体判断方式需要检索现

有技术，进而比较本专利申请相对于现有技术是否作出贡献，在实践中存在审查逻辑和审查结果的客观性、合理性问题，《审查指南2006》对于《专利法》第二十五条第一款第（二）项所列的智力活动的规则和方法的判断原则作出了调整。《审查指南2006》第二部分第一章第4.2节"智力活动的规则和方法"中规定："如果一项权利要求在对其进行限定的全部内容中既包含智力活动的规则和方法，又包含技术特征，则该权利要求就整体而言并不是一种智力活动的规则和方法，不应当依据专利法第二十五条排除其获得专利权的可能性。"而根据《审查指南2006》第二部分第九章第2节"涉及计算机程序的发明专利申请的审查基准"的规定还可以明确，《专利法》第二十五条第一款第（二）项所列的智力活动的规则和方法只包括那些仅仅涉及算法或者数学计算规则、或者计算机程序本身或仅仅记录在载体上的计算机程序、或者游戏的规则和方法等的权利要求，以及那些除其主题名称之外，对其限定功能的全部内容仅仅涉及算法或者数学计算规则、或者程序本身、或者游戏的规则和方法等的权利要求。此外，《审查指南2006》上述章节还进一步指出："如果涉及计算机程序的发明专利申请的解决方案执行计算机程序的目的不是解决技术问题，或者在计算机上运行计算机程序从而对外部或内部对象进行控制或处理所反映的不是利用自然规律的技术手段，或者获得的不是受自然规律约束的效果，则这种解决方案不属于《专利法实施细则》第二条第一款所说的技术方案，不属于专利保护的客体。"

上述规定表明，依据《审查指南2006》，涉及计算机程序的发明专利申请的权利要求如果整体内容中包含有技术特征，则不应当再适用《专利法》第二十五条第一款第（二）项的内容，但其能否成为法定客体还应当依据《专利法实施细则》第二条第一款有关发明的定义进行审查，审查方法同样适用本章小节中所说的有关技术问题、技术手段、技术效果的"三要素判断法"。

值得说明的是,《审查指南 2006》从 2006 年 7 月 1 日起开始施行,而在其有效期内无论是在上述日期之前还是之后提出的专利申请和根据该申请授予的专利权,在该日期之后的审查标准都适用《审查指南 2006》的规定(特殊情况除外❶)。因此,对于同一件专利或专利申请,有可能出现这样的情况:在 2006 年 7 月 1 日之前的审查适用《审查指南 2001》的规定,而在上述日期之后的审查适用《审查指南 2006》的规定,从而对涉及计算机程序的专利申请的客体审查,也可能在《专利法》第二十五条第一款第(二)项和《专利法实施细则》第二条第一款之间有不同的适用情况,本小节内容主要分析的是如何依据《专利法实施细则》第二条第一款的规定对这类申请进行客体审查,有关《专利法》第二十五条第一款第(二)项的内容在本章第三节进行分析。

【案例1】 地名表示方法、地名字符串识别方法与装置(第 10965 号复审请求审查决定)

2007 年 6 月 19 日,专利复审委员会作出第 10965 号复审请求审查决定。该决定涉及名称为"地名表示方法、地名字符串识

---

❶ 特殊情况是指,根据《审查指南 2006》配套的《施行修订后审查指南的过渡办法》的规定,对 2006 年 7 月 1 日之前提出的专利申请在处理以下三类事项时适用《审查指南 2001》:① 分案申请改变原申请类别的;② 同一申请人就同样的发明创造提出两件专利申请,为克服不符合《专利法实施细则》第十三条第一款的规定的缺陷而放弃其已经获得的专利权的;③ 在 2006 年 7 月 1 日之前提出的无效宣告请求,其外文证据中文译文的提交以及对其于无效宣告请求之日起一个月后提出的新理由、新证据的审查。本书内容均不涉及这三种特殊情况。

别方法与装置"的 00118787.2 号发明专利申请。

经审查,国家知识产权局原审查部门于 2004 年 1 月 9 日以本申请权利要求 1~9 属于《专利法》第二十五条第一款第(二)项规定的不授予专利权的范围为由驳回了该申请,驳回决定所针对的独立权利要求 1、3、7、9 的内容如下:

"1. 一种地名字符串核对方法,包括如下步骤:

读出对于预先给出的构成地名字符串的一部分或全部的部分字符串的每一个,由字符或语法类别的排列形成的一个或多个生成规则的步骤;

由上述生成规则,生成表示网络,并将其存储到存储装置中的步骤,其中该表示网络是通过一个公共指针,将对于一个字符代码并列多个而连接的字符代码连接到公共字符代码上而形成的;

输入字符串的步骤;

通过判断上述字符串的部分字符串对应于上述表示网络中从始点到终点的哪一条路径,来从上述输入字符串中核对地名字符串。"

"3. 一种地名字符串识别设备,包括:

输入字符串的输入装置;

用于读出对于构成地名字符串的一部分或全部的部分字符串的每一个由字符或语法类别的排列形成的生成规则,由上述生成规则,生成表示网络,并将其存储到存储装置中的装置,其中该表示网络是通过一个公共指针,将对于一个字符代码并列多个而连接的字符代码连接到公共字符代码上而形成的;

核对上述输入的字符串对应于上述存储装置中所存储的上述表示网络中从始点到终点的哪一条路径的装置;

根据该核对结果,识别上述字符串的装置。"

"7. 一种邮件分检系统,具有:

输入字符串的输入装置;

用于读出对于构成地名字符串的一部分或全部的部分字符串的每一个由字符或语法类别的排列形成的生成规则，由上述生成规则，生成表示网络，并将其存储到存储装置中的装置，其中该表示网络是通过一个公共指针，将对于一个字符代码并列多个而连接的字符代码连接到公共字符代码上而形成的；

核对上述输入的字符串对应于上述存储装置中所存储的上述表示网络中从始点到终点的哪一条路径的装置；

根据该核对结果，识别上述字符串的装置；

字符读取装置，用于读取记载在邮件的地址中的地名字符串，该地名字符串是通过将邮件表面的浓淡转换为电信号而得到的图像输入而获得的；

上述输入装置，输入来自上述字符读取装置的字符串；

根据该核对结果区分上述邮件，或将上述核对结果打印到邮件上的装置。"

"9. 一种地名字符串读取设备，包括：

字符读取装置，用于读取记载在文件中的字符，该字符是通过将文件表面的浓淡信息转换为电信号而得到的图像进行输入而获得的。

读出对于构成字符串的一部分或全部的部分字符串的每一个，由字符或语法类别的排列形成的生成规则的装置；

由上述生成规则，生成表示网络，并将其存储起来的装置，其中该表示网络是通过一个公共指针，将对于一个字符代码并列多个而连接的字符代码连接到公共字符代码上而形成的；

对于作为上述输入图像中的部分图像的排列的各部分图像，核对它们与上述表示网络中从始点到终点的哪一条路径上的字符类似，从而识别字符的装置。"

驳回决定的具体理由为：① 权利要求 1 ~ 2 请求保护的地名字符串核对方法实质是通过网络形式的地名辞典来实现的，其仅仅是一种指导人们对地名信息进行识别、判断的规则和方法，是一种情报检索的方法，属于智力活动的规则和方法；② 权利要求 3～9 请求保护一种地名字符串识别装置，其中的输入装置、核对装置和识别装置对本领域技术人员来说属于公知常识，因此尽管权利要求 3～6 整体上虽然不是智力活动的规则和方法，但是本申请对现有技术的贡献仅仅在于：用于形成地名字符串生成规则和表示网络装置，这仅仅是一种指导人们对地名信息进行识别、判断的规则和方法，解决的不是技术问题，采用的是非技术手段，也没有产生技术效果，属于技术活动的规则和方法的部分，故视为智力活动的规则和方法。因此权利要求 1～9 均属于《专利法》第二十五条第一款第（二）项规定的不能被授予专利权的客体。

复审请求人不服该驳回决定，向专利复审委员会提出复审请求，并提交了修改后的权利要求第 1～6 项，其具体理由为：本申请类似于《审查指南》第二部分第九章第 3 节规定的汉字编码的情况；本申请中的地名识别装置通过采用该生成的表示网络，将邮件上的字符串与该表示网络中的路径进行核对，从而识别出字符串的内容，因此本申请中的地名识别装置的识别处理功能与已有的地名识别装置相比增加了根据表示网络进行字符串核对的功能，并且使字符串的识别效率得到提高，解决了现有技术中地名识别处理时间增多的问题，实施该技术方案的直接技术效果是提高了地名的识别效率。因而，本申请具有可专利性。

修改后的独立权利要求 1～5 的内容如下：

"1. 一种地名字符串识别设备，包括：

输入字符串的输入装置；

用于读出对于构成地名字符串的一部分或全部的部分字符串的每一个由字符或语法类别的排列形成的生成规则，由上述生成规则，生成表示网络，并将其存储到存储装置中的装置，其中该表示网络是通过一个公共指针，将对于一个字符代码并列多个而连接的字符代码连接到公共字符代码上而形成的；

核对上述输入的字符串对应于上述存储装置中所存储的上述表示网络中从始点到终点的哪一条路径的装置；

根据该核对结果，识别上述字符串的装置。"

"5. 一种邮件分检系统，具有：

输入字符串的输入装置（1706）；

用于读出对于构成地名字符串的一部分或全部的部分字符串的每一个由字符或语法类别的排列形成的生成规则的读取装置（1711），由上述生成规则，生成表示网络，并将其存储到存储装置（1712）中，其中该表示网络是通过一个公共指针，将对于一个字符代码并列多个而连接的字符代码连接到公共字符代码上而形成的；

核对上述输入的字符串对应于上述存储装置中所存储的上述表示网络中从始点到终点的哪一条路径，根据该核对结果，识别上述字符串的地名识别装置（1705）；

字符读取装置（1702），用于读取记载在邮件的地址中的地名字符串，该地名字符串是通过将邮件表面的浓淡转换为电信号而得到的图像输入而获得的，

上述输入装置，输入来自上述字符读取装置的字符串；

该邮件分捡系统还包括根据该核对结果区分上述邮件，或将上述核对结果打印到邮件上的装置（1704）。"

经审查，合议组认为：① 权利要求 1～6 包括输入装置、存储装置、读出装置、核对装置、识别装置等部件，这些特征属于技术特征，因此该权利要求就整体而言不是一种智力活动的规则和方法，不属于《专利法》第二十五条第一款第（二）项规定的不授予专利权的情形；② 由于权利要求 1～6 中包括了上述技术特征，而现有技术存在如下技术问题，即，当对具有相异表示

的字符串进行识别时，必须要逐一录入整理到参照词典中，但是这种穷举的方式具有比较大的难度并且容易遗漏，因此权利要求1~6通过上述技术特征构成的技术手段解决了上述技术问题，从而能够高效地、无遗漏地对字符串进行核对识别，并且达到节省了存储空间的技术效果。因此，权利要求1~6均构成了技术方案，也符合《专利法实施细则》第二条第一款的规定。

**【案例评析】**

本案涉及计算机程序类案件的客体审查。通过本案，可以清楚地了解到对于这类案件依据《审查指南2001》和《审查指南2006》进行客体审查的不同，同时也能了解到专利复审委员会目前对涉及计算机程序类案件主要适用《专利法实施细则》第二条第一款的审查思路。

本案在作出驳回决定时（2004年1月9日）仍适用《审查指南2001》，该版《审查指南》中对于判断包含有智力活动的规则和方法的权利要求是否属于可授予专利权的客体，主要适用《专利法》第二十五条第一款第（二）项的规定，无论权利要求方案中是否包含有技术特征，只要其对于现有技术的贡献仅仅在于智力活动的规则和方法，则不属于专利保护的客体，根据《专利法》第二十五条第一款第（二）项不授予专利权。

考虑到这种做法的审查逻辑存在一定问题，在《审查指南2006》中改变了这种做法，对于整体上包含有技术特征的方案的审查不再适用《专利法》第二十五条第一款第（二）项的内容，而应当依据《专利法实施细则》第二条第一款有关发明的定义对能否成为专利保护的客体进行审查，这主要就是判断权利要求请求保护的方案是否构成技术方案，即是否采用了技术手段、解决了技术问题、获得了技术效果。

根据该版《审查指南》第二部分第九章第3节的规定，如果涉及计算机程序的发明专利申请的解决方案执行计算机程序的目的是解决技术问题，在计算机上运行计算机程序从而对外部或内部对象进行控制或处理所反映的是遵循自然规律的技术手段，并且由此获得符合自然规律的技术效果（即"技术三要素"），则这种解决方案属于《专利法实施细则》第二条第一款所说的技术方案，属于专利保护的客体。反之，则不属于《专利法实施细则》第二条第一款所说的技术方案，不属于专利保护的客体。

该复审请求审查决定的作出日为 2007 年 6 月 19 日，因此适用《审查指南 2006》。经审查，合议组认为由于本申请权利要求包括了一些技术特征，例如输入装置、存储装置等，因此根据《专利法》和《审查指南 2006》中的相关规定，这些权利要求就整体而言不是一种智力活动的规则和方法，不属于《专利法》第二十五条第一款第（二）项规定的不授予专利权的情形。

此外，本案合议组还认为本申请修改后的权利要求也符合《专利法实施细则》第二条第一款有关发明客体定义的规定，为了避免本案回到原实质审查部门之后针对该条款的审查可能会出现不必要的程序延长和往复，在第 10965 号复审宣告请求决定中进一步明确认定了本申请符合《专利法实施细则》第二条第一款的规定。

对于涉及计算机程序的方案的技术三要素的审查，通常从技术问题和技术效果入手较为容易。这是因为对于涉及计算机程序的方案来说，其处理的手段是计算机代码语言表现的运算处理过程，处理的对象是数据，表现为较为抽象的形式，因此很难从计算机程序代码来判断其处理手段是否属于技术性，而执行计算机程序所解决的问题和达到的效果通常表现为对外部对象的控制或改造，较为直观，因此更容易从中入手来判断其技术性。

就本案而言，根据说明书的描述，可以确定现有技术存在如下问题：当对具有相异表示的字符串进行识别时，必须要逐一录入整理到参照词典中，但是这种穷举的方式具有比较大的难度并且容易遗漏。而权利要求1~6所请求保护的方案通过在计算机上运行某些程序从而对字符串进行识别处理，解决了上述问题，从而达到了高效且无遗漏地核对识别字符串、节省存储空间的效果。上述所解决的问题和达到的效果是符合自然规律的技术性问题和效果，进而与其对应所采用的手段也构成了技术手段。因此，权利要求1~6具有构成技术方案的技术三要素，符合《专利法实施细则》第二条第一款的规定。（撰稿人：穆丽娟　周　航）

**【案例2】　无需交易场所的交易系统装置（第12029号复审请求审查决定）**

2007年12月12日，专利复审委员会作出第12029号复审请求审查决定。该决定涉及名称为"无需交易场所的交易系统装置"的99120666.5号发明专利申请。

2003年12月26日，国家知识产权局原审查部门以本申请权利要求第1~10项属于《专利法》第二十五条第一款第（二）项规定的不授予专利权的智力活动的规则和方法为由驳回了本申请。驳回决定所针对的独立权利要求1的内容如下：

"1. 一种无需交易场所的交易系统，其特征是：

证券、银行等金融服务公司设有无需交易场所的交易系统，其中：

含CPU的电脑控制的买卖交易委托系统，所述买卖交易委托系统包括处理装置，以处理用户的交易委托；

证交所的含CPU的服务器/电脑主机系统，接收所述交易委托系统通过通信网络传送到所述证交所的含CPU的服务器/电脑主机系统客户的交易委托，所述证交所的含CPU的服务器/电脑主机系统通过认证确认用户为合法用户后，处理所述交易；

证券、银行等金融服务公司的含 CPU 的服务器/电脑主机系统，用于与所述证交所的含 CPU 的服务器/电脑主机系统和/或交易委托系统进行所述用户的委托信息的相互交互；

证券、银行等金融服务公司的含 CPU 的服务器/电脑主机系统，用于与所述含 CPU 的电脑控制的开户、查询和成交回报系统进行所述用户的委托信息的相互交互；

其中，所述银行等金融服务公司的含 CPU 的服务器/电脑主机系统中的鉴定系统通过验证用户信息，确认用户为合法用户后，允许所述证交所的含 CPU 的服务器/电脑主机系统直接从所述银行等金融服务公司的含 CPU 的服务器/电脑主机系统划账或入账；

含 CPU 的电脑控制的查询和成交回报系统，用于在鉴定系统通过验证用户信息，确认用户为合法用户后进行用户和交易系统信息的相互交互；

含 CPU 的电脑控制的开户系统只设立在银行中，用于给用户在交易系统中确立一个合法的身份代号和确立该用户在数据库中的位置，身份/代号和位置与用户一一对应，一个用户在系统中只有唯一的身份/代号和位置，所有的买卖交易、划账、入账、查询和成交回报、存取款及银证转账和打印电脑交易清单等都要在鉴定系统通过验证用户信息，确认用户为合法用户后进行；

含 CPU 的电脑控制的存取款和打印电脑交易清单系统只设立在银行中，用于在鉴定系统通过验证用户信息，确认用户为合法用户后进行给用户办理存取款和打印电脑交易清单等业务；

含 CPU 的电脑控制的银证转账系统，用于在鉴定系统通过验证用户信息，确认用户为合法用户后进行给用户办理银证转账业务。"

驳回决定的具体理由是：权利要求 1~9 请求保护一种无需交易场所的交易系统，其主题名称虽然是一种系统，但其实质上是要保护一种交易方法，即在一种公知的硬件系统上实现的一种人为规定的商业交易方法，由于其未解决技术问题和产生技术效果，因而不构成技术方案，属于智力活动的规则和方法，属于《专利法》第二十五条第一款第（二）项规定的不授予专利权的范围；权利要求 10 请求保护一种交易系统/方法，首先该权利要求的主题类型不清楚，但即使申请人对该权利要求的主题名称进行修改，同样由于其实质上体现的是一种交易方法，未解决技术问题和产生技术效果，因而不构成技术方案，属于智力活动的规则和方法，同样属于《专利法》第二十五条第一款第（二）项规定的不授予专利权的客体。

复审请求人对上述驳回决定不服，向专利复审委员会提出复审请求，并在复审程序中修改了权利要求书，修改后的权利要求书共包括 8 项权利要求，其中独立权利要求 1 的内容如下：

"1. 一种无需交易场所的交易系统，其特征是：证券等金融服务公司设有无交易场所的交易系统装置，该系统装置含有买卖交易委托系统、证券和银行等金融公司的电脑主机系统、查询和成交回报系统、开立保证金账户、存取款及银证转账和打印电脑交易清单系统等，它们之间以及与上海、深圳证交所等金融交易系统的电脑主机系统之间用现代化通讯技术相连接，但不含有交易场所以及交易场所内设置的许多磁卡交易机、电视行情屏、大行情显示屏等系统。"

复审请求人认为：本申请提出在银行系统中采用增加专为股民设立的公共存储器/数据库等技术手段，并将证券公司的存储器/数据库、银行系统中存储器/数据库（储户）、银行系统中专为股民设立的公共存储器/数据库连接起来，由此产生了使整个银行系统和证券公司系统的运行得以改善、资源共享、效率提高、成本降低的技术效果，解决的技术问题是如何从证券公司营业部的一点扩充到银行系统的多点，并快速地以并行方式更新网络系统中各个结点的数据，增强了竞争力。本申请的系统是用于完成一种商业方法，但应将权利要求分别分为两个部分：一是应用商业方法的部分；二是有技术特征的装置，虽然这个装置是用来实现商业方法的，但是这个装置本身并不因为实现商业方法而不可专利，因此本申请符合《专利法》第二十五条第一款第（二）项的规定。

经审查，合议组认为：权利要求1请求保护一种无需交易场所的交易系统，该系统仅仅是利用公知的网络，包括银行、证券公司、个人用户的服务器、电脑主机系统，以及银行、证券公司现有的各种工作操作系统，进行相互的信息传输，其实质在于优化金融交易的流程，是一种商业实施的具体方法；本申请解决的问题和获得的效果仅是优化了银行、证券公司、个人用户之间的委托、认证、转账的业务信息流程，由于其所解决的问题和获得的效果均是非技术性的，因此，权利要求1不符合《专利法实施细则》第二条第一款的规定。同样，其从属权利要求2～8也不符合《专利法实施细则》第二条第一款的规定，并在此基础上作出了维持国家知识产权局专利局实质审查部门针对本发明专利申请所作的驳回决定。

【案例评析】

本案在驳回决定作出时与复审请求审查决定作出时分别适用《审查指南2001》和《审查指南2006》，虽然实质审查阶段是依据《专利法》第二十五条第一款第（二）项作出的驳回决定，该理由在复审程序中由于审查指南的适用不同而不再成立，但考虑到本申请请求保护的方案明显不构成专利权保护的客体，属于明显的实质性缺陷，故复审程序中合议组主动引入了《专利法实施细则》第二条第一款进行审查，这里只对此条款的判断情况进行解析。本案是一个典型的商业方法类的案例，通过本案，读者可以清楚地了解专利复审委员会对于此类专利申请的具体审查思路。

当判断某方案是否属于《专利法实施细则》第二条第一款规定的客体时，需要从技术三要素入手，即技术手段、技术问题和技术效果，当技术三要素同时具备时，该方案则属于《专利法实施细则》第二条第一款规定的技术方案。一般而言，判断涉及计算机程序的方案是否具备技术三要素的具体思路是，首先找到方案解决的问题，判断其是否是技术性的，然后再判断为解决该问题所采用的手段以及所获得的相应效果是不是技术性的，之后即可得出该方案是否具备技术三要素及是否是技术方案的结论。

结合本案来看，本申请权利要求请求保护一种无需交易场所的交易系统，该系统包括买卖交易委托系统、证券和银行等金融公司的电脑主机系统、查询和成交回报系统、开立保证金账户、存取款及银证转账和打印电脑交易清单系统等，它们之间以及与远程（例如上海、深圳证交所等）金融交易系统的电脑主机系统之间用现代化通讯技术相连接。上述权利要求所请求保护的方案中虽然用到了一些设备，即银行、证券公司、个人用户的服务器、电脑主机等，但这些设备均属于公知公用的设备，而这些公知公用的设备之间是以大家所熟知的信息通信技术连接，在此基础上利用银行、证券公司现有的各种工作操作系统，进行相互的信息传输。由此可见，上述这些设备的整合使用以及各个设备之间的网络通信和数据传输手段均是公知公用的技术，因此上述方案实质上仍旧在于利用现有的公知系统进行网上交易这种商业活动，以优化网上交易的流程。

因此，本申请权利要求请求保护的方案是以进行网上交易、优化网上交易流程这种商业活动为目的，并不以改进现有技术为目的，其解决的问题不是改进现有的设备系统，而是方便客户进行网上交易，优化银行、证券公司、个人用户之间的委托、认证、转账的业务信息流程，而这种带有明显商业性质的问题是非技术性的；相应的，解决该问题所采用的手段是通过改变交易规则来实现的，而并非通过对系统进行改进和优化来实现，其所获得的相应效果是使客户方便地进行网上交易，这些也都不是技术性的。因此本申请权利要求所要求保护的方案所解决的问题、解决该问题所采用的手段以及所获得的相应效果都不是技术性的，该方案不符合《专利法实施细则》第二条第一款的规定，不属于《专利法》保护的客体。（撰稿人：穆丽娟）

【案例3】  汉语输入系统和汉语输入方法（第 10939 号复审请求审查决定）

2007 年 6 月 19 日，专利复审委员会作出第 10939 号复审请求审查决定。该决定涉及名称为"汉语输入系统和汉语输入方法"的 02121638. X 号发明专利申请。

国家知识产权局原审查部门于 2006 年 9 月 8 日以本申请权利要求 1～20 属于《专利法》第二十五条第一款第（二）项所述的智力活动的规则和方法为由驳回了本申请。驳回决定所针对的权利要求书共包括 20 项权利要求，其中独立权利要求 1 的内容为：

"1. 一种汉语输入方法，在具有多个键的输入部和显示装置的信息处理终端中，基于对上述输入部进行的输入，通过选择汉语的音节输入汉语，其特征在于，包括以下步骤：

第 1 显示步骤，用于将通过将汉语的声母分类为多个组而定义的多个声母组分别与上述输入部的各键相关联，显示在上述显示装置上；

声母组特定步骤，用于从上述各声母组中特定与由操作者按压的键对应的 1 个声母组；

第 2 显示步骤，将属于在上述声母组特定步骤所特定的声母组的各声母与通过将汉语的韵母分类为多个组而定义的多个韵母组中可以在该声母之后使用的各韵母组的组合所构成的多个声韵组分别与上述输入部的各键相关联，显示在上述显示装置上；

声韵组特定步骤，用于从上述各声韵组中特定与由操作者按压的键对应的 1 个声韵组；

第 3 显示步骤，用于将属于包含在上述声韵组特定步骤所特定的声韵组中的韵母组的多个韵母分别与上述输入部的各键相关联，显示在上述显示装置上，和

音节决定步骤，用于通过从上述各韵母中特定与操作者所按压的键对应的 1 个韵母，将由所特定的韵母和包含在通过上述声韵组特定步骤特定的声韵组中的声母构成的音节决定为输入对象的音节。"

驳回决定的具体理由是：本申请权利要求涉及汉语输入方法或装置，其基于汉语拼音中声母、韵母的固有特性（如：开口呼、齐齿呼、合口呼、撮口呼等），人为地将汉语中的声母、韵母加以分类和组合（将声母分为 9 组、韵母分为 5 组），从而引导用户按照发明人所构建的这种拼音的分类进行检索、输入汉语拼音/汉字。本案权利要求中虽然提及"多个声韵组分别与上述输入部的各键相关联，显示在上述显示装置上"，但显然，其本质上并不是按照某种编码方式对汉字进行拆分、与特定键盘结合并输入，而仅是基于汉语拼音的特性，按照发明人的意愿所构建的汉语拼音的一种分类/编排方式；其解决的问题仅取决于人的表达意愿，并非技术问题，采用的解决手段仅是人为规定的分类规则，而非技术手段，实施该分类规则的效果仅仅是汉语拼音的一种信息（分类/编排）表述形式，也不是技术效果。因此，权利要求 1～20 属于《专利法》第二十五条第一款第（二）项所述的智力活动的规则和方法的范围，本申请不能被授予专利权。

　　复审请求人对上述驳回决定不服,向专利复审委员会提出了复审请求,同时提交权利要求书和说明书的修改替换页。修改后的权利要求书共包括 16 项权利要求,其中独立权利要求 1 的内容为:

　　"1. 一种汉语输入方法,在具有包含多个键的输入部和显示装置的信息处理终端中,基于对上述输入部进行的输入,通过选择汉语的音节输入汉语,其特征在于,包括以下步骤:

　　第 1 显示步骤,用于将通过将汉语的声母分类为多个声母组而定义的多个声母组分别与上述输入部的各键相关联,显示在上述显示装置上;

　　声母组特定步骤,用于从上述各声母组中特定与由操作者按压的键对应的 1 个声母组;

　　第 2 显示步骤,将属于在上述声母组特定步骤所特定的声母组的各声母与通过将汉语的韵母分类为多个组而定义的多个韵母组中可以在该声母之后使用的各韵母组的组合所构成的多个声韵组分别与上述输入部的各键相关联,显示在上述显示装置上;

　　声韵组特定步骤,用于从上述各声韵组中特定与由操作者按压的键对应的 1 个声韵组;

　　第 3 显示步骤,用于将属于包含在上述声韵组特定步骤所特定的声韵组中的韵母组的多个韵母分别与上述输入部的各键相关联,显示在上述显示装置上;

　　音节决定步骤,用于通过从上述各韵母中特定与操作者所按压的键对应的 1 个韵母,将由所特定的韵母和包含在通过上述声韵组特定步骤特定的声韵组中的声母构成的音节决定为输入对象的音节;以及

　　取得步骤,用于根据在上述音节决定步骤决定的音节取得汉语文字。"

　　在上述独立权利要求修改的基础上,复审请求人认为:权利

要求 1 由于解决了技术问题，采用了技术手段，也实现了技术效果，因此属于专利保护的范围。

经审查，合议组认为：本申请权利要求请求保护一种汉语输入方法或相对应的汉语输入系统，其是利用对汉语拼音的分类规则，并与该分类规则可使用的特定键盘相结合，来构成计算机系统处理汉语的一种计算机汉语输入方法，所述方案针对现有的汉语输入方法中需要键入 3 次以上才能输入汉字的问题，通过对有限个数的按键进行较少次数的键入来决定汉字音节，从而可以减少击键次数，缩小候补音节的个数，从而高效率地决定要输入的音节，提高了汉语输入的速度，因此所解决的是技术问题；另外，所述方案利用输入装置和显示装置来完成"显示"（在显示装置上显示）"特定"（从显示的键盘按键中选择特定的按键）"音节决定"（决定输入对象的音节）"取得"（取得汉语文字）等技术手段，并实现了快速输入汉字、增强计算机系统的处理功能的技术效果。综上所述，本申请权利要求请求保护的汉语输入方法或相对应的汉语输入系统解决了技术问题，采用了技术手段，实现了技术效果，因此能够构成《专利法实施细则》第二条第一款所说的技术方案，不是《专利法》第二十五条第一款第（二）项规定的智力活动的规则和方法，而属于专利保护的客体。

**【案例评析】**

根据《审查指南》第二部分第九章第 4 节的规定，汉字编码方法本身属于一种信息表述方法，仅仅涉及汉字编码方法的发明专利申请属于《专利法》第二十五条第一款第（二）项规定的智力活动的规则和方法，不属于专利保护的客体。但是当汉字编码方法与该编码方法可使用的特定键盘相结合，构成计算机系统处理汉字的一种计算机汉字输入方法或者计算机汉字信息处理方法时，使计算机系统能够以汉字信息为指令，运行程序，从而控制或处理外部对象或者内部对象，则这种计算机汉字输入方法或者计算机汉字信息处理方法构成《专利法实施细则》第二条第一款所说的技术方案，同时也不再属于《专利法》第二十五条第一款第（二）项规定的智力活动的规则和方法，而属于专利保护的客体。

应当注意的是，上述规定中的"汉字编码方法"并不仅限于按照某种编码方式对汉字进行字根拆分组合而后进行编码，也包括对汉字的拼音进行拆分组合而形成编码。本案涉及的汉字输入法即是基于汉语拼音的特性，按照发明人的意愿构建汉语拼音的一种分类/编排方式，并根据这种编排方式进行汉字输入。此外，上述规定中的"与特定键盘的结合"要求权利要求中体现出按照汉字编码方法拆分成的编码码元与键盘的对应关系。

如果请求保护的方案只涉及对汉字拼音进行拆分组合的方式，则其仅仅是一种信息的表述方法，属于《专利法》第二十五条第一款第（二）项规定的智力活动的规则和方法，同时也不构成技术方案，不符合《专利法实施细则》第二条第一款的规定。然而，本申请权利要求所要求保护的方案是计算机处理的汉语输入方法和相对应的计算机输入系统，其利用含有多个键的输入部和显示装置、将所定义的多个声母组分别与输入部的键相关联来实现在显示装置上显示，从而将这种汉字编码方法与特定键盘结合实现了汉字输入。该方案针对现有汉语输入方法中需要键入 3 次以上才能输入汉字的问题，通过对有限个数的按键进行设置而提高了汉语输入的速度，因此所解决的是技术问题，利用的是技术手段，实现的也是技术效果，故构成了《专利法实施细则》第二条第一款所定义的技术方案，不属于智力活动的规则和方法。（撰稿人：詹靖康）

# 第二节　根据《专利法》第五条
## 不授予专利权的客体

作为对《专利法实施细则》第二条有关可授予专利权客体规定的补充，《专利法》第五条规定："对违反国家法律、社会公德或者妨害公共利益的发明创造，不授予专利权。"

《专利法》第五条之所以这样规定，与立法宗旨和专利权的性质密不可分。一方面，从专利法的立法宗旨可知，专利制度是通过授予和保护发明创造的专利权，使专利权人可以从中获得经济利益，从而鼓励公众作出发明创造。当然，这并非专利法的最终目的，专利制度还要通过专利技术的实际应用，来发展生产力、方便人们的社会生产生活、繁荣社会主义市场经济，进而促进整个社会的发展进步。基于这一宗旨，国家立法时不希望、也不可能利用这一制度来鼓励公众作出一些违法的、违反社会公德的、妨害公共利益的发明创造，更不可能允许藉由专利制度来鼓励这样的发明创造被推广、被实际应用。另一方面，法律体现了国家意志，良好的法律应该维护公共利益、顺应已经形成的公序良俗，因此对于那些违反法律的发明创造、那些破坏社会主义道德风尚的发明创造以及那些总体上将对整个社会利益产生危害的发明创造，不应当给予法律保护。

TRIPS 第 27 条第 2 款规定：如果为保护公众利益或公德，包括保护人类、动物或植物的生命及健康，或为避免对环境的严重破坏所必需，各成员均可排除某些发明于可获专利之外，可制止在该成员地域内就这类发明进行商业性使用，只要这种排除并非仅仅由于该成员地域内禁止该发明的使用。基于此，许多国家都有类似我国《专利法》第五条的限制性规定，不过，由于各国在意识形态、历史文化传统和宗教信仰上的不同，其判断标准不尽相同。同时，随着人类社会的进步和国家法律的发展，人们对基本道德、利益等的判断标准和合法性基准也在逐渐发生变化。我国 2008 年第三次修改的《专利法》时将第五条第二款修改为"对违反法律、行政法规的规定获取或者利用遗传资源，并依赖该遗传资源完成的发明创造，不授予专利权"，即增加了对涉及遗传资源的发明创造的限制性规定，以顺应对于遗传资源加强保护的社会需求。

可见，《专利法》第五条是一个变化中的法律条款，其内涵和外延都会随着社会发展而发生变化，然而，总的来说，《专利法》第五条集中体现了专利法与其他法律以及公共利益的平衡，其立法初衷应当始终与促进社会经济发展的目标相一致。

违反国家法律、社会公德和妨害公共利益的构思本身会受到道德和其他法律的约束，同时也存在推广应用方面的问题，故审查实践中这类专利或专利申请涉及的数量非常少。

## 一、违反国家法律的发明创造

《审查指南》第二部分第一章第 3.1 节规定："国家法律，是指全国人民代表大会或者全国人民代表大会常务委员会依照立法程序制定和颁布的法律。它不包括行政法规和部门规章。"

对于违反国家法律的发明创造，是否属于不受专利法保护的范畴，应当区分如下三种情况。

第一，发明创造本身与国家法律相违背。例如，专门用于我国《刑法》所禁止的赌博、吸毒、伪造国家货币的设备或器具，都属于违反国家法律的发明创造。至于什么是"发明创造本身与国家法律相违背"，这主要与权利要求的主题和内容有关，但也要结合说明书的解释说明加以判断。如果权利要求的主题和内容包含了为国家法律所禁止的事项，或者权利要求的主题和内容虽未包含，但结合说明书的说明可以得知该权利要求的内容实际上专用于国家法律所禁止的事项，则该发明创造不符合《专利法》第五条的规定。例如，权利要求主题为"一种赌博器具"中的"赌博"表明了该产品本身违背了国家法律的规定；又如，权利要求是涉及运气投注的"一种游戏设备"，结合说明书发现其实际上仍是用于得分赢钱式赌博工具，该产品本身也属于违背国家法律规定的发明创造。

第二，发明创造本身不违法，但是可能被滥用而出现违反国家法律的现象。例如，可用于医疗的各种麻醉剂、镇静剂、兴奋剂类物质以及可用于娱乐的棋牌等，这种情况不能仅因为其可能滥用于违法犯罪活动而拒绝授予专利权。

第三，发明创造本身不违法，仅其实施被法律所禁止。对此，《专利法实施细则》第九条特别规定："专利法第五条所称违反国家法律的发明创造，不包括仅其实施为国家法律所禁止的发明创造。"其含义是，如果发明创造本身不违法，即使其产品或方法在生产、销售或使用方面受到国家法律的限制或约束，也不能因此而认定则该发明创造违反了国家法律。例如，用于国防的枪支、弹药、爆炸物、核材料等在生产、销售及使用方面都受到我国法律的严格限制，非法制造、买卖持有、携带这些武器在我国《刑法》中都明确规定为犯罪，但这些武器本身及其制造方法仍然属于可给予专利保护的客体。

【案例1】　环保型节能民用水锅炉（第9798号无效宣告请求审查决定）

2007年5月21日，专利复审委员会作出第9798号无效宣告请求审查决定。该决定涉及名称为"环保型节能民用水锅炉"的02236237.1号实用新型专利。该专利授权公告时的权利要求1、4、7、8的内容如下：

"1. 环保型节能民用水锅炉，主要由底部进水管（1）、放水阀门（5），上部由出水管（2）、排气安全阀（3）组成，其特征在于：该锅炉为二次燃烧二次受热，设有二次燃烧加热器（8），在排烟体外部有一根两炉连接管（4），设有方体燃烧室（11）及与之连接的三返结构排烟受热体（12），冷凝排水防腐孔（9）、打灰上盖（7）、二次除灰门（6）。"

"4. 根据权利要求 1 所述的环保型节能民用水锅炉，其特征在于：燃烧室与 1 返 2 返为一次受热，3 返为二次受热，由 1 根两炉连接管连接。"

"7. 根据权利要求 1 所述的环保型节能民用水锅炉，其特征在于：冷水进水管（1）必须设在二次受热体下侧，热出水管（2）必须设在一次受热炉上侧。"

"8. 根据权利要求 1 所述的环保型节能民用水锅炉，其特征在于：一次受热、二次受热及二次除灰门因是分左右的，可根据实际需要左右设制。"

针对本专利，请求人于 2006 年 9 月 1 日向专利复审委员会提出无效宣告请求，其认为本专利权利要求 1、4、7、8 的锅炉设有排气安全阀，违反了附件 4 第二十九条、第三十条、附件 3 第二条、附件 2 第二条、第四条、第二十八条的规定，因此前述权利要求均不符合《专利法》第五条的规定。附件 2～4 为：

附件 2——《小型和常压热水锅炉安全监察规定》，国家质量技术监督局局务会议于 2000 年 5 月 15 日通过，国家质量技术监督局令第 11 号于 2000 年 6 月 15 日发布，自 2000 年 8 月 1 日起施行。

附件 3——《特种设备安全监察条例》，2003 年 2 月 19 日国务院第 68 次常务会议通过，2003 年 3 月 11 日中华人民共和国第 373 号国务院令公布，自 2003 年 6 月 1 日起施行。

附件 4——《中华人民共和国安全生产法》，2002 年 6 月 29 日由中华人民共和国第九届全国人民代表大会常务委员会第二十八次会议通过，2002 年 6 月 29 日中华人民共和国第 70 号主席令发布，自 2002 年 11 月 1 日起施行。

经审查，专利复审委员会作出维持 02236237.1 号实用新型专利有效的决定。其中，针对请求人的上述无效宣告理由，合议组认为：

本专利的独立权利要求 1 请求保护二次燃烧二次加热的环保型节能民用水锅炉，锅炉上部由出水管、排气安全阀组成；其从属权利要求 4 进一步限定包括两炉连接管，权利要求 7 进一步限定包括冷水进水管和热出水管，权利要求 8 进一步限定了受热和除灰如何设制。

附件 2 第 2 条指出该规定适用于以水为介质的固定式小型锅炉和常压热水锅炉，不适用于壁挂式热水器。其第 4 条限定所述的常压热水锅炉是指锅炉本体开孔或者用连通管与大气相通，在任何情况下锅炉本体顶部表压为零的锅炉，第 28 条规定"小型汽水两用锅炉不得采用弹簧式安全阀，应当采用符合下列要求的水封式安全装置……（三）水封管上不得装设任何阀门，同时应当有防冻措施。"

附件 3 第 2 条规定"本条例所称特种设备是指涉及生命安全、危险性较大的锅炉、压力容器、压力管道、电梯、起重机械、客运索道、大型游乐设施。前款特种设备的目录由国务院负责特种设备安全监督管理的部门制订，报国务院批准后执行。"

附件 4 第 29 条规定，安全设备的设计、制造、安装、使用、检测、维修、改造和报废应当符合国家标准或者行业标准，第 30 条规定"生产经营单位使用的涉及生命安全、危险性较大的特种设备……必须按照国家有关规定，由专业生产单位生产并经取得专业资质的检测检验机构检测、检验合格，取得安全使用证或者安全标志，方可投入使用……涉及生命安全、危险性较大的特种设备的目录由国务院负责特种设备安全监督管理的部门制定，报国务院批准后执行。"

附件 2、附件 3 并非《专利法》第五条所规定的国家法律，而附件 4 中并未规定锅炉不得设有排气安全阀，虽然附件 4 第 29 条规定安全设备的设计等应符合国家标准和行业标准；第 30 条规定涉及生命安全、危险性较大的特种设备必须按照国家有关规定，由专业生产单位生产并经取得专业资质的检测检验机构检测、检验合格，取得安全使用证或者安全标志，方可投入使用，但是，由该规定并不能得出附件 4 所述的"国家有关规定"就是指附件 2，违反附件 2 就导致违反附件 4 的结论。而即使附件 4 所述的"国家有关规定"是指附件 2，由于附件 2 上述条款要求的是常压热水锅炉需本体开孔或用连通管与大气相通，以及小型汽水两用锅炉不得采用弹簧式安全阀，并没有绝对排斥如该专利权利要求 1、4、7、8 所请求保护的锅炉中设置排气安全阀，因此本专利权利要求 1、4、7、8 的技术方案并不违背附件 2 的上述规定，从而也就没有违反附件 4 的规定。

**【案例评析】**

本案的争议焦点在于《专利法》第五条中有关"违反国家法律"的理解和适用。

首先，关于其中的"国家法律"，我国社会主义法的渊源是以宪法为核心，以制定法为主干，主要包括宪法、法律（全国人民代表大会及其常委会制定的规范性法律文件）、行政法规（国务院制定和修改的规范性法律文件）、行政规章（国务院所属各主管部门或地方省级行政机关为贯彻执行宪法、法律和行政法规而制定的规范性文件）、军事法规与规章、地方性法规（省、自治区、直辖市以及较大的市的人民代表大会及其常务委员会制定和的规范性法律文件）、自治法规、特别行政区的法律法规、国际条约与协定，而且社会主义法的渊源还包括习惯、政策、司法解释等。显然，我国法的渊源数量极其巨大，基于相关法的位阶、效力、稳定性、适用范围等多方面的考虑，《审查指南》第二部分第一章第3.1节规定：《专利法》第五条中所称的"国家法律，是指由全国人民代表大会或者全国人民代表大会常务委员会依照立法程序制定和颁布的法律。它不包括行政法规和规章"。因此，即使某一行政法规和规章是由国家法律直接授权国务院或其所属各主管部门等有权机关制定的，但由于该法规、规章的相应条款本身不属于"全国人民代表大会或者全国人民代表大会常务委员会依照立法程序制定和颁布的"。在此情况下，即使发明创造本身与之相违背，也不必然导致其属于《专利法》第五条中所说的"违反国家法律"的情形。

其次，关于其中的"违反"，专利法主要目的是鼓励发明创造及其实施，但这并不意味着、也不可能要求发明创造的所有"应用"环节都由专利法来规范，相反，应用发明创造过程中可能产生的方方面面问题，例如食品药品安全问题、产品质量问题、资源环境问题等，涉及社会发展的各个层面和各个行政部门，应当由我国法律体系中其他的相关法律法规来规范和调整。因此，《专利法》第五条的"违反国家法律的发明创造"应当理解为一项发明创造的目的本身为我国法律明文禁止或与我国法律相违背，至于那些仅仅因为产品生产、销售或使用等实施行为受到国家法律限制或约束的，制造该产品的方法和产品本身显然并不属于"违反国家法律的发明创造"。

具体到本案，请求人认为本专利违反了附件4第29条、第30条、附件3第2条、附件2第2、4、28条的规定。然而，请求人所提交的附件2《小型和常压热水锅炉安全监察规定》的制定机构是国家质量技术监督局，属于部门规章，附件3《特种设备安全监察条例》的制定机构是国务院，属于行政法规，只有附件4《中华人民共和国安全生产法》的制定机构是全国人民代表大会常务委员会，属于《专利法》第五条所称的国家法律，而附件4的第29条、第30条的条文本身并未规定锅炉不得设有排气安全阀，因此，本专利的权利要求1、4、7、8不因设有排气安全阀而违反国家法律的规定。（撰稿人：董晓静）

**【案例2】 魔术麻将（第3168号无效宣告请求审查决定）**

2001年3月22日，专利复审委员会作出第3168号无效宣告审查决定。该决定涉及名称为"魔术麻将"的96201956.9号实用新型专利。该专利授权公告的权利要求1、2的内容如下：

"1. 一种魔术麻将，其特征是：每张麻将牌包括不透明体层、透明体层，透明体层与不透明体层之间夹有图案层。

2. 根据权利要求1所述的魔术麻将，其特征是：所述的图案由一层偏光片层和一层带有抠空图案的透明薄膜层组成，偏光片层靠近不透明体层。"

针对该实用新型专利权，先后有三个请求人向专利复审委员会提出了无效宣告请求。其无效宣告请求理由包括该专利不符合《专利法》第五条规定，相关具体理由为：本专利为专用于赌博的工具，赌博为我国《刑法》所禁止，因此，不符合《专利法》第五条的规定。

经审查，专利复审委员会作出无效宣告审查决定，对于本专利是否符合《专利法》第五条的规定作出了如下认定：

国家法律禁止某一产品的销售，并不意味着涉及该产品的发明创造违反了国家法律。麻将是一种常用的游戏用具，一般麻将在其一个面上抠有凹形图案，这种图案易于观察并能够触摸感觉。本专利的目的在于提供一种图案不能够触摸到的麻将，为了实现其目的，本专利采用的技术方案是：麻将牌包括透明体层和不透明体层，其间夹有图案层；在图案层由一层偏光片层和一层带有抠空图案的透明薄膜层组成，偏光片层靠近不透明体层的情况下，佩戴有偏光片的眼镜可以辨认图案。专利权人在本专利的说明书中指出，带有偏光片层的麻将体现了一定的魔术效果。

任何麻将、棋牌甚至一枚硬币都有可能被作为赌博工具使用，判断其是否被《专利法》第五条排除的关键在于其功能是否仅在于赌博。显然，不排除有人将本专利的产品用于赌博，但本专利的产品不是一种专用的赌博工具。因此，请求人认为该专利违反《专利法》第五条的理由不成立。

【案例评析】

判断一项发明创造是否违反国家法律的关键在于，结合说明书及权利要求书的整体内容全面理解其技术方案，以其技术方案本身是否存在违反国家法律的内容为依据来进行判断，而并非以推测他人有滥用的可能，进而违反国家法律作为判断的依据。如果只因一项发明创造存在被他人滥用的可能而排除授予其专利权的话，则对于专利权人来说很不公平，也有悖于《专利法》鼓励发明创造、促进科学技术进步和创新的立法宗旨。对此，《审查指南》第二部分第一章第3.1节明确规定"发明创造并没有违反国家法律，但是由于其被滥用而违反国家法律的，则不属此列"，即表明判断一项发明创造是否违反国家法律并不是以该发明创造本身是否存在被滥用的可能作为依据。

具体到本案，请求人认为本专利为专用于赌博的工具，赌博为我国法律所禁止，因此，本专利不符合《专利法》第五条的规定。然而，本专利权利要求请求保护的主题是一种魔术麻将，根据常识可知，麻将本身是一种常用的娱乐用具，虽然其可能用于赌博等违法活动，但结合本专利的说明书可知，本专利的目的在于通过对麻将结构的限制来提供一种图案不能够触摸到的麻将，使之具有魔术效果，从整个说明书及权利要求书中也并不能理解出其有专用于赌博的意图。因此，不能仅因为存在他人将其

滥用的可能就认定该专利属于一种赌博专用工具，不能授予专利权。（撰稿人：黄玉平）

## 二、违反社会公德或者妨害公共利益的发明创造

《审查指南》第二部分第一章第 3.2 节规定："社会公德，是指公众普遍认为是正当的、并被接受的伦理道德观念和行为准则。"第 3.3 节规定："妨害公共利益，是指发明创造的实施或使用会给公众或社会造成危害，或者会使国家和社会的正常秩序受到影响。"

在审查实践中，判断一项发明创造是否属于违反社会公德或者妨害公共利益时，后者的标准相对易于掌握，主要指的是那些对整个社会没有益处的发明创造，例如严重污染环境、严重浪费能源或资源、破坏生态平衡、危害公众健康、致人伤残或者伤害人民感情、民族感情、宣传封建迷信的发明创造。值得注意的是，与违反国家法律类似，如果一项发明创造只是由于被滥用而可能造成妨害公共利益或者在产生积极效果的同时存在某种缺点的，则不能因此拒绝授予其专利权。

然而，社会公德则属于一个较为含糊的概念，在国内诸多部门法中都没有明确的界定，并且由于各国历史文化背景的不同也使得我们无迹可循。《审查指南》第二部分第一章第 3.2 节中明确列出的违反社会公德的主题主要包括：非医疗目的的人造性器官或者其替代物；人与动物交配的方法；改变人生殖系遗传同一性的方法或改变了生殖系遗传同一性的人；克隆的人或克隆人的方法；人胚胎的工业或商业目的的应用；可能导致动物痛苦而对人或动物的医疗没有实质性益处的改变动物遗传同一性的方法。

【案例 1】 含遗体骨灰的雕塑材料及其遗像雕塑制作工艺（第 5313 号复审请求审查决定）

2004 年 12 月 13 日，专利复审委员会作出第 5313 号复审请

求审查决定。该决定涉及名称为"含遗体骨灰的雕塑材料及其遗像雕塑制作工艺"的 01113689.8 号发明专利申请。

经实质审查，国家知识产权局原审查部门以本申请的技术方案以骨灰作为原材料，制成死者的雕像，摆放在生者的家中，在目前的情况下不能被公众接受，违反了社会公德为由，依据《专利法》第五条的规定驳回了本申请，驳回决定所针对的权利要求 1~4 的内容如下：

"1. 一种含遗体骨灰的雕塑材料，其成分中包括有无色树脂、无色固化剂、催化剂、填充剂、色素，其特征在于：填充剂由遗体骨灰或遗体骨灰（和）石膏粉和（或）滑石粉组成，在雕塑材料中，以上各种成分的重量百分比分别为，无色树脂 25%，无色固化剂 25%，催化剂 2%，而作为填充剂的遗体骨灰为 1%~47%，石膏粉或滑石粉 0~46%，色素为 1%。

2. 一种遗像雕塑制作工艺，其特征在于：该制作工艺包括以下步骤：

（1）泥土雕塑：由专业雕塑人员用泥土根据死者生前照片或其他图像资料塑成人像；

（2）配料：按骨灰总重量进行配比，各种成分的重量百分比分别为，无色树脂 25%，无色固化剂 25%，催化剂 2%，而作为填充剂的遗体骨灰为 1%~47%，石膏粉或滑石粉 0~46%，色素为 1%；

（3）制石膏外壳模：以泥塑为基准，用石膏为原料制成外壳模；

（4）浇注特制的雕塑材料：将混配好的雕塑材料浇注至外壳模中，形成含有人体骨灰成分石膏质地的塑像；

（5）封底：用树脂和金属片封底部。

3. 一种遗像雕塑制作工艺，其特征在于：该制作工艺包括以下步骤：

（1）泥土雕塑：由专业雕塑人员用泥土根据死者生前照片

或其他图像资料塑成人像；

（2）配料：按骨灰总重量配比，各种成分的重量百分比分别为，无色树脂25%，无色固化剂25%，催化剂2%，而作为填充剂的遗体骨灰为1%～47%，石膏粉或滑石粉0～46%，色素为1%；

（3）制石膏外壳模：以泥塑为基准，用石膏为原料制成外壳模；

（4）浇注纯石膏雕塑：将传统石膏雕塑的材料浇注入外壳模中，形成纯石膏质地的塑像；

（5）制硅胶模：以纯石膏质地塑像为基准，用硅胶为原料制硅胶外壳模；

（6）浇注特制的雕塑材料：将混配好的雕塑材料浇注至外壳模中，形成含有人体骨灰成分石膏质地的塑像；

（7）封底：用树脂和金属片封底。

4. 一种遗像雕塑制作工艺，其特征在于：该制作工艺包括以下步骤：

（1）泥土雕塑：由专业雕塑人员用泥土根据死者生前照片或其他图像资料塑成人像；

（2）配料：按骨灰总重量配比，各种成分的重量百分比分别为，无色树脂25%，无色固化剂25%，催化剂2%，而作为填充剂的遗体骨灰为1%～47%，石膏粉或滑石粉0～46%，色素为1%；

（3）制橡胶外壳模：以泥土雕塑为基准，用橡胶材料浇注成外壳模；

（4）浇注石蜡雕像：向橡胶外壳模中浇注石蜡，形成蜡像；

（5）制硅酸盐外壳模：以蜡像为基准制成硅酸盐外壳模，溶去模内石蜡；

（6）浇注铜水：即采用脱腊式精密铸造法，破模，空心铜像即成；

　　（7）浇注特制的雕塑材料：向空心铜像内再浇入含遗体骨灰混合料；

　　（8）封底：用铜皮封底。"

　　复审请求人不服上述驳回决定，于 2003 年 10 月 21 日向专利复审委员会提出复审请求。

　　经审查，专利复审委员会认为："违反社会公德"的发明创造的公开、使用、制造，在客观上与社会公德相违背，对于树立社会主义的道德风尚不仅不能产生任何积极的作用，相反还会产生一定程度的破坏作用。这类发明创造在专利公报上公布或者推广应用后会产生与社会主义道德风尚相违背的效果，因此《专利法》第五条中进行了原则性规定，对这类发明创造不授予专利权。根据《审查指南 2006》第二部分第一章第 3.2 节的规定，专利法第五条中所指的"社会公德"是中国社会公众能够普遍认同的伦理道德观念和必须共同遵守的最简单、最起码的行为准则，属于道德体系中最简单、最起码、最低层次的道德规范。只有当一项发明创造的公开、使用、制造在客观上与这一层次的道德规范相违背，才能被认为违反了《专利法》第五条中有关社会公德的规定。

　　本申请涉及的是一种含遗体骨灰的雕塑材料，以及运用此雕塑材料制作遗像雕塑的工艺。这种雕塑材料和遗像雕塑制作工艺的公开、使用以及遗像雕塑的制造，其在应用时表现为一种殡葬形式。这种殡葬形式对于节省土地资源在客观上具有积极意义，也是《公民道德建设实施纲要》中所倡导的。殡葬形式本身应当属于风俗习惯范畴。风俗习惯相对于社会公德而言，是一个更为具体的范畴。不同的殡葬形式可能会被具有不同风俗习惯的人群所接受。一种殡葬形式可能不符合某些地区人们的风俗习惯，但其不会触及到整个社会，更不会对社会公德这一最为基本的道德规范构成影响，因此不能推断本申请为违反社会公德。因此，本申请不违反社会公德，不属于《专利法》第五条所规定的不授予专利权的申请。

**【案例评析】**

本案争议的焦点在于违反社会公德的判断标准。

所谓违反社会公德的发明创造，是指虽未违反国家法律，但对于树立良好的道德风尚不能产生任何积极的作用，相反还会产生一定程度的破坏作用的发明创造。这里所说的树立良好的道德风尚，依赖于公众的伦理道德观念。伦理道德观念是人类在长期公共生活的实践中产生和逐渐形成的，并随着社会物质文明和精神文明的发展而不断发展，因而具体什么是违反社会公德的发明创造在不同时期、不同国家和地区的理解也不一样，其内涵随着时间的推移和社会的进步不断变化。

《欧洲专利公约》（EPC）第 53 条和我国《专利法》第五条中均规定，对于妨碍公共利益或违反社会公德的发明不授予专利权。在审查实践中，欧洲专利局对于道德的检验标准，依时间演进可区分为"公众厌恶之测试"（public abhorrence test）与"令人无法接受之测试"（unacceptability test）两类。所谓"公众厌恶之测试"系当社会通识认为某专利的核准将令人厌恶时，便不该核准该专利；在 T356/93 一案中进一步解释，《欧洲专利公约》第 53 条 a）所排除的专利必须是令人厌恶到不可置信（inconceiveable）的程度。所谓"令人无法接受之测试"的主要精神则是当专利申请案对社会所带来的缺点大于优点时，则不授予专利权。❶

---

❶　徐棣枫. 专利权的扩张与限制［M］. 北京：知识产权出版社，2007：149－150.

在我国专利法律法规中，并没有类似于欧洲专利局的上述判断标准。在我国现阶段的生产力发展水平下，社会公德所包含的范畴和内容是与现阶段的历史文化状况、经济发展水平相适应的具有普遍社会认同的行为规范，是全体公民在社会交往和公共生活中应该遵循的行为准则，也是作为公民应有的品德操守，是一种与个人德行（涉及个人生活及品德、作风、习惯等）相对的起码的公共生活规则，它的表现形式是人们对善与恶、荣与辱、美与丑等现象的认识、判断能力。概括来讲，社会公德的范围包括两个方面：一方面是在事关重大的社会关系、社会活动中，应当遵守的由国家提倡的道德规范；另一方面是在人们日常活动中应当遵守的行为准则。

2001 年 9 月 20 日中共中央印发的《公民道德建设实施纲要》中用"文明礼貌、助人为乐、爱护公物、保护环境、遵纪守法"二十个字，对社会公德的主要内容和要求作了明确规范，这可以看做是从个体的角度对上述人们日常活动中应当遵守的行为准则进行了规范，但对于社会关系、社会活动中所提倡的道德规范并没有界定，但应当理解，其基本要求是发明创造不能违背社会公序良俗。

就本案而言，本申请的技术方案涉及含遗体骨灰的雕塑及其制造方法，这些内容显然不属于《公民道德建设实施纲要》所规范的人们日常活动中应当遵守的行为准则的五个方面的内容，那么是否违反了社会活动中所提倡的道德规范呢？从社会公德的善恶、美丑、荣辱等表现形式上看，违反社会公德必然与恶、丑、辱相联系。具体说来，本案所涉及的内容可以看出是对骨灰的处理方式，争议的缘由就在于其中所采用的是骨灰这一特殊材料。对于这一问题，至少有以下几点可以理解：① 对于遗体骨灰的处理并没有约定俗成的行为理念，我国的殡葬形式本身也多种多样，但无论采用何种形式，只要不违常理，都能得到社会的广泛认同；② 对遗体骨灰的处理方式似乎也无关丑、恶，只要不违常理，也谈不上辱，本案中无论是雕塑、雕塑材料还是其制作工艺，对骨灰这一特殊材料的处理并无不能接受之处，处理的目的也是为了尊重和缅怀，对于树立良好的道德风尚也无不利影响；③《专利法》第五条所称的违反社会公德，指的是发明创造与社会公德相违背，比如人与动物交配的方法，胚胎的工业或商业目的的应用等，这些内容显然有违社会的公序良俗，而本案中的骨灰处理方式并不违背现阶段我国社会的公序良俗；④ 参照欧洲专利局所依据的"公众厌恶之测试"与"令人无法接受之测试"两种判断标准，该申请的骨灰雕塑及其制造方法既不令公众厌恶，也不属于令人无法接受的内容。

基于以上对社会公德的认知和该申请所公开的方案可知，本申请不属于违反社会公德的发明创造。（撰稿人：刘　铭）

【案例2】　一种获得治疗性克隆植入前胚胎的制备方法（第5972 号复审请求审查决定）

2005 年 3 月 17 日，专利复审委员会作出第 5972 号复审请求审查决定。该决定涉及名称为"一种获得治疗性克隆植入前胚胎的制备方法"的 99119951.0 号发明专利申请。

经实质审查，国家知识产权局原审查部门于 2003 年 10 月 10 日以本申请不符合《专利法》第五条的规定为由作出驳回决定。其主要理由为，本发明涉及人胚胎的工业目的的应用，属于《专利法》第五条规定的不授予专利权的发明；并且如申请人所述，该胚胎为杂合胚胎，则是改变了人的生殖系遗传身份，因此本申请不符合《专利法》第五条的规定。驳回决定所针对的独立权利要求 1 和 11 的内容如下：

"1. 一种治疗性克隆植入前胚胎的制备方法，其特征在于，该方法包括以下步骤：

提供去核的非人哺乳动物供质卵母细胞和用于供核的人体细胞；

用显微注射法，将用于供核的人体细胞直接注射入所述的去核供质卵母细胞，形成重构卵；或者将用于供核的人体细胞直接注射入非人哺乳动物的卵周隙中，再用电刺激法使人体细胞融合进卵母细胞内，形成重构卵；

对所述的重构卵进行激活处理，形成激活的重构卵；

将所述的激活的重构卵移植到非人寄母动物的输卵管中，作短暂培养，再回收发育的早期胚胎。"

"11. 一种获得重构卵的制备方法，其特征在于，该方法包括以下步骤：

提供去核的非人哺乳动物供质卵母细胞和用于供核的人体细胞；

用显微注射法，将用于供核的人体细胞直接注射入所述的去核供质卵母细胞，形成重构卵；或者将用于供核的人体细胞直接注射入非人哺乳动物的卵周隙中，再用电刺激法使人体细胞融合进卵母细胞内，形成重构卵；

对所述的重构卵进行激活处理，形成激活的重构卵。"

复审请求人不服上述驳回决定，向专利复审委员会提出复审请求。在复审程序中复审请求人修改了权利要求书，其中修改后的独立权利要求1最后加入了"附加条件是所述的方法不包括早期胚胎继续发育的步骤"的特征，独立权利要求11最后加入了"其中所述的重构卵仅用于治疗性克隆而不用于克隆人"的特征。

经审查，专利复审委员会作出第5972号复审请求审查决定，其中合议组认为：

复审阶段修改文本中的权利要求1明确限定"不包括胚胎发

育成个体（人）的步骤"，而其主题也限定该方法的目的是用于治疗性克隆，即排除了用于克隆人的目的，因此，权利要求1的方法不是克隆人的方法。权利要求11的方法相对于权利要求1的方法缺少有关培养激活的重构卵成为"早期胚胎"的步骤，故其同样不构成克隆人的方法。

但是，由于权利要求1的方法是得到植入前胚胎的方法，所述胚胎是由含有人细胞核和动物细胞质的重构卵发育成的杂合胚胎，这种杂合胚胎细胞的细胞核中含有人的全套遗传物质，因此主要表现人体细胞的特性，即本质上该胚胎细胞属于人的生殖细胞。另外该杂合胚胎细胞质中含有非人哺乳动物的遗传物质，导致该生殖细胞可同时具有人的遗传信息和非人哺乳动物的遗传信息。因此，权利要求1的方法属于改变了人生殖系的遗传身份的方法，该方法有悖于社会公德或公共利益。权利要求11涉及获得仅用于治疗性克隆而不用于克隆人的重构卵的制备方法，而所述激活的重构卵实质上是一种受精卵，其已经成为一种生殖细胞，该细胞的细胞核来自人体，主要表现人生殖细胞的特性，其还含有来自非人哺乳动物的遗传物质，因此，权利要求11同样属于改变人生殖系遗传身份的方法，属于《专利法》第五条规定的不授予专利权的发明。

【案例评析】

在生物领域发明中，克隆人的方法、改变人生殖系遗传同一性的方法、人类胚胎干细胞及其制备方法以及处于各形成和发育阶段的人体，包括人的生殖细胞、受精卵、胚胎及个体，如果应用于商业，都不被普遍的伦理道德观念所接受，因此其均属于违反社会公德的方案，根据《专利法》第五条的规定不能被授予专利权，《审查指南》第二部分第一章第3.2节和第十章第9.1.1节对此有明确规定。

本案中，权利要求 1 的方法中的胚胎是含有人细胞核和非人哺乳动物的细胞质的杂合胚胎，由于该杂合胚胎的细胞核中含有人的全套遗传物质，这些遗传物质将指导人体胚胎产生人体蛋白，使这种杂合胚胎细胞主要表现为人体细胞的特性，即该胚胎细胞本质上属于人的生殖细胞。但这种杂合胚胎细胞质中含有非人哺乳动物的 DNA，导致该生殖细胞可同时具有人的遗传信息和非人哺乳动物的遗传信息。这种非人遗传信息的存在改变了人生殖系的遗传同一性（或遗传身份），不能被正常的伦理道德观念所接受，有悖于社会公德，根据《专利法》第五条的规定不能被授予专利权。同样，权利要求 11 的方法中的重构卵事实上是一种受精卵，是一种生殖细胞，其细胞核来自人体，使其主要表现人生殖细胞的特性，同时其还含有来自非人哺乳动物的遗传物质。因此该制备重构卵的方法同样属于改变人生殖系遗传同一性的方法，按照《专利法》第五条的规定不能被授予专利权。（撰稿人：李人久）

【案例 3】　复方剂供氧装置（第 4346 号无效宣告请求审查决定）

2002 年 3 月 22 日，专利复审委员会作出第 4346 号无效宣告请求审查决定。该决定涉及名称为"复方剂供氧装置"的 95200200.0 号实用新型专利。该专利授权公告的权利要求 1~3 的内容如下：

"1. 复方剂供氧装置，其为一长方形小型容器，在容器中装有 $KO_2$ 与 $MnO_2$ 的混合固剂，并还灌装有 $H_2O_2$ 液体；该容器包括有隔板、空腔、装料口、装液口、过滤板、出氧口以及螺纹联结件、密封件，其特征是：该容器由上盖、中体及底座构成；在中体设有隔板，将容器分为上、下部分；在上部分，即隔板上并列有两个钟罩，在钟罩内分别设有平衡管，钟罩上端为钟罩口，下端接隔板；其中一个钟罩内设有中空的锥形针阀，该针阀上部与钟罩口螺纹联结，上端设有灌液的旋盖及旋钮，中空的锥形针阀阀体上设有横向通孔，阀体下端为阀针，该阀针穿入于隔板的穿孔中并指向设于容器下部的复方混合固剂槽；另一种罩上端的钟罩口为出氧口。

2. 如权利要求 1 所述的供氧装置，其特征是设有指示灯。

3. 如权利要求 1 所述的供氧装置，其特征是设有排废液旋钮。"

针对本专利，请求人于 2000 年 11 月 2 日向专利复审委员会提出无效宣告请求。其中，请求人认为本专利不符合《专利法》第五条的具体理由为：本专利供氧装置没有减压装置，在制氧时将出现爆炸，而且排出废液，污染环境，妨害公共利益，并认为本专利洗涤器与反应舱之间的管不能称为平衡管，而应称为导气管，如果两个钟罩气压平衡，将发生爆炸，因此，本专利不符合《专利法》第五条的规定。

经审查，合议组针对本专利是否符合《专利法》第五条规定的意见如下：

首先，本专利并没有违反国家法律和社会公德。其次，《专利法》第五条所指的妨害公共利益是指一项发明从总体上有损于公共利益，而对由于利用不当或者被滥用或者利用时产生一定负面作用的发明创造并不能认为其妨害了公共利益。对本专利来说，通过适当旋转针阀，调节 $H_2O_2$ 液体流向复方混合固剂槽的流量，从而调节产氧量与产氧速度，这就能够避免氧压过高带来的危险，而且本专利有指示灯，可以指示产氧量，避免出现过量调节带来的危险，其排出的废液也可以通过适当的方法加以处理。可以说任何发明创造都不是尽善尽美的，因此，尽管本专利存在一些不足，但从总体上来说，本专利并没有妨害公共利益。因此，本专利符合《专利法》第五条的规定。

**【案例评析】**

本案主要涉及对于妨害公共利益的认定。

"公共利益",是指社会公众的共同利益,包括公共安全、环境保护、公共秩序等。《专利法》第五条中采取"社会公德"与"公共利益"分列的模式,使得"公共利益"的审查重点不在于道德层面而是在于政治性与经济性的内容。

《审查指南》第二部分第一章第3.3节规定:"妨害公共利益,是指发明创造的实施或使用给公众或社会造成危害,或者使国家和社会的正常秩序受到影响。"《审查指南》第二部分第一章第3.3节还列举了以下情形:发明创造以致人伤残或损害财物为手段来实现其目的的,如一种目的在于使盗窃者双目失明的防盗装置及方法,不能被授予专利权;发明创造的实施或使用会严重污染环境、严重浪费能源或资源、破坏生态平衡、危害公众健康的,不能被授予专利权;专利申请的文字或者图案涉及国家重大政治事件或宗教信仰、伤害人民感情或民族感情或者宣传封建迷信的,不能被授予专利权。但是,《审查指南》第二部分第一章第3.3节同时指出"如果发明创造因滥用而可能造成妨害公共利益的,或者发明创造在产生积极效果的同时存在某种缺点的,例如对人体有某种副作用的药品,则不能以'妨害公共利益'为理由拒绝授予专利权。"

本案中,虽然请求人认为本专利中由于供氧装置没有减压装置而可能产生爆炸以及污染环境的废液,但任何发明创造都不是尽善尽美的,一定程度的技术不足、技术缺陷以及在不当使用或者滥用时都可能产生的负面作用,并不一定会导致方案本身妨害公共利益,所以应结合方案的整体内容进行综合判断,看其实施或使用是否给公众或社会造成危害,或者使国家和社会的正常秩序受到影响。实际上,本专利的技术方案涉及一种供氧装置,其目的是为了方便连续供氧,从说明书的记载完全看不出该方案的实施或使用给公众或社会造成危害，或者使国家和社会的正常秩序受到影响，因此不能认为其妨害了公共利益。至于该方案中缺少氧气减压装置的问题，完全可以通过适当调节产氧量与产氧速度并结合产氧量指示灯来避免氧压过高带来的危险，排出的废液也可以通过适当的方法加以处理。综合考虑，请求人的理由不成立，本专利符合《专利法》第五条的规定。（撰稿人：李 隽）

## 第三节　根据《专利法》第二十五条第一款不授予专利权的客体

设立专利制度的目的是为了保护发明创造的智力活动成果，但出于各种各样的原因，有些智力成果，如《专利法》第二十五条中所规定的第（一）项至第（五）项，没有被纳入专利保护客体之列。比如，第（一）项科学发现和第（二）项智力活动的规则和方法虽然都是人类智力劳动的成果，但它们或属于人们对客观物质世界的认识，或属于不依赖自然规律而人为制定的规则，都不构成对客观世界进行改造的技术方案，因此不属于专利法意义上的发明创造；第（三）项疾病的诊断和治疗方法主要考虑到涉及人体健康，不能为少数人所独占，故不授予专利权；第（四）项动物和植物品种，在有些国家如美国对其采用专利保护的形式进行保护，但是大部分国家仍主张采用专门法保护，我国目前也选择了对其暂不采用专利保护的模式；第（五）项原子核变换方法所获得的物质，主要是指用加速器、反应堆以及其他核反应装置生产、制造的各种放射性同位素，出于国家安全的考虑，对这类物质世界各国一般都不给予保护。

根据 TRIPS 第 27 条第 3 款的规定，各缔约成员国可以排除以下各项的可专利性：（a）人类或者动物的疾病诊断方法、治疗方法和外科手术方法；（b）除微生物之外的植物和动物，以及本质上为生产植物和动物的除非生物方法和微生物方法之外的生物方法。《专利合作条约实施细则》第67.1条规定，国际初步审查单位对于：科学和数学理论；植物和动物品种或者主要是用生物学方法生产植物和动物的方法；经营业务，纯粹智力活动或者游戏比赛的方案、规则和方法；治疗人体或者动物体的外科手术或者疗法以及诊断方法；单纯的信息提供；计算机程序无须进行国际初步审查。从各国专利法的规定以及专利法的实施情况来看，除美国以外，施行专利制度的主要国家也大都有对可授予专利权的客体明确排除的限制性规定。

因此，我国《专利法》第二十五条的规定是在国际共识的基础上结合我国国情而制定的，下面对该条款中的各项内容分别进行说明。

## 一、科学发现

科学发现，是指对自然界中客观存在的物质、现象、变化过程及其特性和规律的揭示。传统理论认为，发现仅仅是揭示自然界原本就存在而人类尚未认识的事物，而没有创造出新的东西。因此，科学发现仅仅是揭露自然界现存的，但人们还没有认知的物质或变化过程，其本身不能直接实施用以解决一定领域内的特定技术问题，因而不是专利法意义上的发明创造，故将其排除在专利保护之外。

科学理论是对自然界认识的总结，是更为广义的科学发现，它与科学发现都属于人们认识的延伸，因而也不能被授予专利权。

值得注意的是，科学发现虽然不能被授予专利权，但其与发明创造的关系非常密切，很多发明创造都建立在发现的基础之上，进而发明又促进了发现。因而，许多发明创造往往是伴随新的科学而产生的，将科学发现或科学理论应用于技术创新就可能成为专利法意义上的发明创造。也正因为如此，审查实践中遇到的单纯的科学发现而未将其应用以解决技术问题的专利申请数量非常少，且一般说来比较容易区分哪些是科学发现，哪些是专利法意义上的发明创造，故这里不再对这种情况举例说明。

## 二、智力活动的规则和方法

智力活动，是指人的思维运动，它源于人的思维，经过推理、分析和判断产生出抽象的结果，或者必须经过人的思维运动作为媒介，间接地作用于自然产生结果。智力活动的规则和方法是指导人们进行思维、表述、判断和记忆的规则和方法。

由于专利制度为专利权人提供的是禁止未经专利权人许可而进行制造、使用、销售之类的生产经营活动，而不是用专利权来禁锢人的思想，智力活动的规则和方法涉及的是在人的头脑中进行的活动，试图将这样的活动置于专利独占权的范围之内既不合理，也不现实。此外，由于智力活动的规则和方法没有采用技术手段或者利用自然规律，也没有解决技术问题和产生技术效果，因而不构成技术方案。因此，智力活动的规则和方法既不符合《专利法实施细则》第二条中有关发明或实用新型的保护对象为技术方案的规定，又属于《专利法》第二十五条第一款第（二）项所明确排除不授予专利权的情形。

在本章第一节的第三小节中已经介绍过，依据《审查指南2006》，我国目前审查实践中对于《专利法》第二十五条第一款第（二）项和《专利法实施细则》第二条第一款有不同的适用情况，《专利法》第二十五条第一款第（二）项所列的智力活动的规则和方法的判断原则是：① 如果一项权利要求仅仅涉及智力活动的规则和方法，不应当被授予专利权，如果一项权利要求，除其主题名称以外，对其进行限定的全部内容均为智力活动的规则和方法，则该权利要求实质上仅仅涉及智力活动的规则和方法，也不应当被授予专利权；② 如果对权利要求进行限定的全部内容中既包含智力活动的规则和方法的内容，又包含技术特征，则不应当依据《专利法》第二十五条第一款第（二）项的内容排除其获得专利权的可能性。

上述原则①中，智力活动的规则和方法包括：算法或者数学计算规则；计算机程序本身；组织、生产、商业实施和经济等方面的管理方法及制度；日历的编配规则和方法；仪器和设备的操作说明等（参见《审查指南》第二部分第一章第 4.2 节）。上述原则②中，如果属于这类权利要求，不再适用《专利法》第二十五条第一款第（二）项的规定，但其能否成为法定专利法保护客体还应当依据《专利法实施细则》第二条第一款有关发明的定义进行审查。

本小节中主要分析如何依据《专利法》第二十五条第一款第（二）项进行审查，有关《专利法实施细则》第二条的规定参见本章第一节的内容。

【案例1】 鸽子的驯养方法（第 5374 号复审请求审查决定）

2004 年 12 月 31 日，专利复审委员会作出第 5374 号复审请求审查决定。该决定涉及名称为"鸽子的驯养方法"的 02111388.2 号发明专利申请。

经实质审查，国家知识产权局专利局实质审查部门于 2004 年 4 月 9 日以本申请主题涉及智力活动的规则和方法，属于《专利法》第二十五条第一款第（二）项规定的不授予专利权的情形为由驳回了本专利申请。驳回决定所针对的权利要求书共包括 4 项权利要求，其中独立权利要求 1 的内容如下：

"1. 一种鸽子的驯养方法，是在距观赏点 2 公里以外的地方设置鸽子饲养地，在饲养地建鸽舍，首先将鸽子在饲养地喂养至其熟悉饲养地，然后将鸽子空腹带到观赏点，让鸽子在观赏点进食，进食后，鸽子会自然地回到熟悉的饲养地；重复将鸽子空腹带到观赏点，直至鸽子自己会到观赏点进食为止。"

复审请求人对上述驳回决定不服，向专利复审委员会提出复审请求。

经审查，专利复审委员会作出维持驳回决定的第 5374 号复审请求审查决定。在该复审请求审查决定中，合议组认为：

根据本申请说明书第 1 页第 3 段的文字描述，本申请的目的是提供一种鸽子的驯养方法，把鸽子的饲养地与观赏点分开，以解决鸽子的粪便和鸽子脱落的羽毛对广场、公园等景点造成污染。上述目的是通过权利要求 1 所限定的解决方案来实现的，然而，在实施该方案时，"将鸽子在饲养地喂养至其熟悉饲养地""将鸽子空腹带到观赏点，让鸽子在观赏点进食""在进食后，鸽子会自然回到熟悉的饲养地"以及"重复将鸽子空腹带到观赏点，直至鸽子自己会到观赏地进食"，这些都是利用了鸽子天生具有一定的记忆力以及饥饿时进行觅食这一动物的本能。同时，实现上述过程还强烈地依赖于鸽子对饲养者行为所作出的反应及饲养者对鸽子所作反应的识别和判断能力，也就是强烈地依赖于鸽子与饲养者之间的相互感知能力，同时必须依赖饲养者的经验、识别和判断能力才能确定鸽子是否熟悉了饲养地和观赏点。因此，该解决方案没有采用技术手段，也没有利用自然的法则，完全依赖于人的经验、识别和判断能力，也就是必须通过人的思维运动作为媒介才能间接地作用于自然产生结果。因此，权利要求 1 属于《专利法》第二十五条第一款第（二）项规定的智力活动的规则和方法的情形，不能被授予专利权。

**【案例评析】**

任何一项发明创造的完成和实施均离不开人的参与，但智力活动的规则和方法与其他发明创造的区别在于：智力活动的规则和方法是指导人们进行思维、表述、判断和记忆的规则和方法，是一种人的抽象思维运动，必须依赖人的智力活动或思维运动的参与才能实施，即其实施完全依赖于人的主观意识和行动，完全取决于人为的因素。不同的人具有不同的智力水平、知识结构、社会阅历和行为能力，其经验、感知、识别和判断能力存在差异，直接影响到作为一项解决方案的智力活动规则和方法的实施，这也是智力活动规则和方法这类解决方案的显著特点。而且，智力活动的规则和方法所解决的不是技术上的问题，没有采用技术的手段，同时也不产生技术上的效果，不构成专利法意义上的技术方案。

因此，判断一项发明主题是否属于智力活动的规则和方法的关键在于判断发明的实施是否完全依赖于人的智力活动，是否完全依赖于人的经验、识别和判断能力。简言之，在于判断发明的实施是否完全取决于人为的因素。

对于本案，鸽子驯养方法的实施完全取决于饲养者的主观意识和行动，强烈地依赖于鸽子与饲养者之间的相互感知能力，依赖于饲养者的经验、识别和判断能力。该方法完全是饲养者饲养和训练鸽子的经验总结，其中未采用技术手段，也没有利用自然的法则。这也是诸如教学、授课、训练和驯兽这类需要施训者与受训者共同参与、配合的方法所具有的共同特点，他们均属于智力活动的规则和方法，不能被授予专利权。（撰稿人：崔　峥）

【案例2】 无定形图形的接合和扩展的方法（第11792号复审请求审查决定）

2007年8月22日，专利复审委员会作出第11792号复审请求审查决定。该决定涉及名称为"无定形图形的接合和扩展的方法"的00807355.4号发明专利申请。

经实质审查，国家知识产权局专利局实质审查部门于2005

年 2 月 18 日以本申请权利要求 1 ~ 10 属于《专利法》第二十五条第一款第（二）项所述的智力活动的规则和方法为由作出驳回决定，其具体理由是：权利要求 1 ~ 10 仅仅是通过数学算法生成所述的二维图形，是一种数学理论和换算方法，而不是利用自然规律和自然力的技术方案，属于智力活动的规则和方法。驳回决定所针对的独立权利要求的内容如下：

"1. 一种生成由具有至少两个可以拼接在一起的相对边缘的互锁二维几何形状组成的无定形二维图形的方法，所述方法包括下列步骤：

（a）规定在所述相对边缘之间的 x 方向测量的所述图形的宽度 Xmax；

（b）沿着位于 Xmax 距离处的一个所述边缘将宽度为 B 的计算边界区域加在所述图形上；

（c）计算生成 X 坐标在 0 与 Xmax 之间的成核点的坐标（x，y）；

（d）选择 X 坐标为在 0 和 B 之间的成核点，并通过将 Xmax 加在 x 坐标值上，将成核点复制在所述计算边界区上；

（e）将计算生成的成核点和在所述计算边界上相应复制的成核点与所有先前生成的成核点进行比较；和

（f）重复步骤（c）~（e），直至生成所需数目的成核点为止。"

此外，根据本申请说明书记载的内容，本申请涉及在制造三维片材时有用的、能阻止各个叠加的曾互相套叠的无定形图形，利用其方法生成的图形来制造压花滚筒，则当该图形卷绕在滚筒上时，不会在平的花纹相交处出现接缝。

复审请求人对该驳回决定不服，向专利复审委员会提出复审请求，其认为：权利要求 1 利用了自然规律，尤其是图形对称和互补的自然规律，其效果是将二维图形卷绕在滚筒周围时，可以防止各个图形相互套叠，且拼接图形靠近时，其边缘处不出现接缝，因此权利要求1~10不属于智力活动的规则和方法。

专利复审委员会在"复审通知书"中指出，权利要求1请求保护的生成无定形二维图形的方法主要是通过一定的数学算法来配置成核点，该算法过程并不包括通过对外部或内部对象进行控制而获得符合自然规律的技术手段，因此该权利要求的内容属于数学理论的范畴，其从属权利要求2~10所限定的内容也都是纯粹的数学算法，因此权利要求1~10均属于智力活动的规则和方法，不能被授予专利权。

针对上述"复审通知书"，复审请求人对权利要求书进行了修改，其中将权利要求1~10的主题名称修改为"一种具有无定形二维图形的三维突起的三维片材"。请求人认为，权利要求中的步骤（a）~（f）决定了所述三维突起的无定形图形，其必然对三维片材的结构和性能产生影响，所以这些步骤不应视为纯粹的数学方法。

经审查，专利复审委员会认为，修改后的权利要求除主题名称外，其限定的全部内容均为智力活动的规则和方法，所以其实质上仅仅涉及智力活动的规则和方法，不应当被授予专利权，因此作出维持驳回决定的复审请求审查决定。

【案例评析】

本案涉及除其主题名称以外，对其进行限定的全部内容均为智力活动的规则和方法的权利要求是否符合《专利法》第二十五条第一款第（二）项规定的问题。根据《审查指南》第二部分第一章第4.2节的规定，这类权利要求实质上仅仅涉及智力活动的规则和方法。例如，一项权利要求要求保护一种扑克牌，其特征在于玩牌的规则，这样的权利要求除其主题名称为扑克牌以外，对其进行限定的全部内容均为智力活动的规则和方法，该权利要求实质上仅涉及扑克牌的游戏规则，也不应当被授予专利权。

本案中，驳回决定所针对的权利要求 1 涉及一种生成由具有至少两个可以拼接在一起的相对边缘的互锁二维几何形状组成的无定形二维图形的方法，考察该方法的各个步骤发现，其中并未涉及任何自然规律，没有利用任何自然力，步骤（a）～（f）中所述宽度、选取坐标点、计算等的规定仅仅是人为设立的规则，该权利要求显然属于《专利法》第二十五条第一款第（二）项中所列的智力活动的规则和方法范畴。

虽然本申请说明书中声称该方法可以用于制造上述具有图案的三维片材和压花滚筒，请求人也据此认为所述方法生成的图案能够影响三维片材和压花滚筒的结构和性能，但结合本申请权利要求书和说明书的整体内容来看，用该方法构建的图形并未实质上与三维片材和压花滚筒建立联系，也就是说，说明书中仅提供了该方法实际应用的可能性，但没有真正利用技术手段将该方法进行实际应用。因此，尽管修改了权利要求书，复审决定所针对的权利要求主题名称变成了"一种具有无定形二维图形的三维突起的三维片材"，但其限定这一"片材"的各个特征仍然是原来权利要求的各特征，等于是"换汤不换药"，根据《审查指南》第二部分第一章第 4.2 节中的规定，该权利要求实质上仍为智力活动的规则和方法，不应被授予专利权。（撰稿人：李彦涛　周　航）

【案例 3】　确定交通状况信息的方法（第 10480 号复审请求审查决定）

2007 年 4 月 19 日，专利复审委员会作出第 10480 号复审请求审查决定。该决定涉及名称为"确定交通状况信息的方法"的 01813063.1 号发明专利申请。

经审查，国家知识产权局原审查部门于 2004 年 9 月 3 日以本申请权利要求 1 ~ 21 不符合《专利法》第二十五条第一款第（二）项的规定为由作出驳回决定。驳回决定所针对的独立权利要求 1、16、19 的内容为：

"1. 一种在交通网内部借助于移动探测器（1）、特别是随机选择的车辆、确定交通状况信息的方法，该移动探测器具有一个终端设备（1a），其中在该方法中实施如下步骤：

－在至少一个移动探测器行驶的路段（A－B）上确定至少一个移动探测器（1）的平均速度（vm），

－确定在行驶的路段（A－B）上移动探测器（1）的行驶速度（vi）与平均速度（vm）的标准偏差（σ）和/或在行驶路段（A－B）上移动探测器（1）的停顿时间（S）的和。

－作为在行驶路段（A－B）上平均速度（vm）的函数的标准偏差（σ）与至少一个边界曲线（G）比较，该边界曲线定义在二种交通状态之间的边界并且依赖于标准偏差（σ）和平均速度（vm）确定边界曲线和/或

－作为在行驶路段（A－B）上平均速度（vm）的函数的、在行驶路段（A－B）上的停顿时间的和（S）与至少一个边界曲线（G）比较，该边界曲线定义在二种交通状态之间的边界并且依赖于在行驶路段（A－B）上的停顿时间的和（S）与在该路段（A－B）上的平均速度（vm）确定边界曲线，

－依赖于作为平均速度（vm）的函数的标准偏差（σ）与至少一个边界曲线（G）的比较确定交通状态，依赖于标准偏差（σ）和平均速度（vm）确定边界曲线，和/或

－依赖于作为平均速度（vm）的函数的停顿时间的和（S）与至少一个边界曲线（G）的比较确定交通状态，依赖于停顿时间的和（S）与在该路段（A－B）上的平均速度（vm）确定边界曲线。"

"16. 一种在交通网内部确定交通状况信息的指挥中心，其至少从一个移动探测器（1）获得其地理位置的数据，其特征在于，形成该指挥中心（3）用于实施按照权利要求 1～15 之一的方法。"

"19. 一种在一个移动探测器中的终端设备，其至少含有一个位置确定设备（2）或逾期连接，并且包含一个数据处理设备（6）和与指挥中心（3）数据交换的设备（4），其特征在于，形成该终端设备（1a）用于实施按照权利要求 1～15 之一的方法。"

驳回决定认为：相对于现有技术，权利要求 1～21 的发明点在于边界曲线 G 的确定，而边界曲线 G 是一种经验曲线，它的确定需要人们对采集到的数据信息进行积累、分类和识别，最终经思维判断后得到结果，因而上述权利要求属于《专利法》第二十五条第一款第（二）项规定的不授予专利权的客体。

复审申请人对上述驳回决定不服，向专利复审委员会提出复审请求，申请人认为：在确定边界曲线时需要实验性的观察，而当边界曲线确定后，该方法就是自动进行的，结果的得出并不需要人的进一步的思维活动，因而本申请没有落入《专利法》第二十五条第一款第（二）项规定的范围内，属于可授予专利权的客体。

经审查，专利复审委员会作出了撤销驳回决定的复审请求审查决定。在该复审请求审查决定中，合议组认为：本申请权利要求 1 的方案可分成两个部分。第一部分确定移动探测器（1）在所处的行驶路段（A－B）上的行驶速度（$vi$）和停顿时间；第二部分求取该移动探测器（1）在所处的行驶路段（A－B）的平均速度（$vm$）、标准偏差（$\sigma$）和停顿时间的和（$S$），将所求取的标准偏差（$\sigma$）和/或停顿时间的和（$S$）与一预定的边界曲线（$G$）比较，根据比较的结果确定该路段的交通状况。

对于权利要求 1 方案的第一部分，移动探测器（1）所处的行驶路段（$A-B$）的数据需要通过例如 GPS 定位系统获取，移动探测器（1）的移动速度需要通过例如移动探测器（1）上自备的测速仪来得到，停顿时间的和（$S$）的获取可以利用例如按照在出租车上的停顿时间计测器来得到，因而权利要求 1 方案的第一部分利用了技术手段，并且其获取的数据具有技术含义。

权利要求 1 方案的第二部分采用了一种数理统计方法来处理所获取的数据，通过求取平均速度（$vm$）、标准偏差（$\sigma$）、停顿时间的和（$S$），并将标准偏差（$\sigma$）或停顿时间的和（$S$）与一预定的边界曲线（$G$）比较，克服了现有技术中由于只将标准偏差（$\sigma$）和停顿时间的和（$S$）与一个基准值进行比较所导致的偏差，从而获得了更为准确的交通状况信息。因此，权利要求 1 方案的第二部分属于一种通过执行计算机程序实现外部数据处理的解决方案。

通过上述分析可知，权利要求 1 是针对现有技术中对交通状态信息的确定不准确的问题，提出了一种新的解决方案，该解决方案包括了技术手段，故权利要求 1 不属于《专利法》第二十五条第一款第（二）项规定的不授予专利权的范围。

权利要求 2～15 都直接或间接地从属于权利要求 1，当权利要求 1 请求保护的方案不属于《专利法》第二十五条第一款第（二）项规定的不授予专利权的客体时，上述权利要求的方案也不属于《专利法》第二十五条第一款第（二）项规定的不授予专利权的范围。

权利要求 16 请求保护一种在交通网内部确定交通状况信息的指挥中心，其方案的实质在于一种实施了权利要求 1～15 之一的方法的指挥中心；权利要求 19 请求保护一种在一个移动探测器中的终端设备，其方案的实质在于一种实施了权利要求 1～15 之一的方法在一个移动探测器中的终端设备。因此，基于与评述权利要求 1 相似的理由，权利要求 16、19 以及其从属权利要求 17、18、20、21 的方案也不属于《专利法》第二十五条第一款第（二）项规定的不授予专利权的范围。

**【案例评析】**

本案在驳回决定作出时（2004 年 9 月 3 日）与复审请求审查决定作出时（2007 年 4 月 19 日）分别适用《审查指南 2001》和《审查指南 2006》，这两版审查指南对涉及智力活动的规则和方法的申请适用情况有所不同，具体可以参见本章第一节第三小节中的说明，这里主要针对复审程序中依据《专利法》第二十五条第一款第（二）项审查的情况进行评析。

依据《审查指南 2006》，判断权利要求请求保护的方案是否属于《专利法》第二十五条第一款第（二）项所述的智力活动的规则和方法，主要在于判断该权利要求是否包括技术特征，如果包含了技术特征，则不应当以《专利法》第二十五条第一款第（二）项排除其获得专利权的可能性。由此可见，依据《专利法》第二十五条第一款第（二）项的判断方式与依据《专利法实施细则》第二条第一款、第二款的判断能否授予专利权的方式有很大的影响。《专利法实施细则》第二条第一款主要是在权利要求包括技术特征的情况下考察该权利要求是否具有"技术三要素"，即解决了技术问题、利用了技术手段并获得了技术效果。

本案中，权利要求的内容中包括移动探测器（1）、利用例如 GPS 定位系统、测速仪、出租车上的停顿时间计测器来获得各种数据的技术特征，虽然这些技术特征均属于现有技术，但该权利要求就整体而言并不是一种智力活动的规则和方法，不应当依据《专利法》第二十五条第一款第（二）项排除其获得专利权的可能性。（撰稿人：马  燕）

### 三、疾病的诊断和治疗方法

疾病的诊断和治疗方法，是指以有生命的人体或者动物体为直接实施对象，进行识别、确定或消除病因病灶的过程。出于人道主义的考虑和社会伦理的原因，这类方法不宜为个别人所独占，医生在诊断和治疗过程中应当有选择各种方法和条件的自由。另外，这类方法通常直接以有生命的人体或动物体为实施对象，无法在产业上利用，不属于专利法意义上的发明创造。

《专利法》第二十五条第一款第（三）项所规定的疾病的诊断和治疗方法实际上包括诊断方法和治疗方法两类内涵和评价标准完全不同的方法，因此下面分别结合案例进行说明。

#### 1. 疾病诊断方法

诊断方法，是指为识别、研究和确定有生命的人体或动物体病因或病灶状态的过程。《审查指南》第二部分第一章第4.3.1.1节规定："一项与疾病诊断有关的方法如果同时满足以下两个条件，则属于疾病的诊断方法，不能被授予专利权：

（1）以有生命的人体或动物体为对象；

（2）以获得疾病诊断结果或健康状况为直接目的。

如果一项发明从表述形式上看是以离体样品为对象的，但该发明是以获得同一主体诊断结果或健康状况为直接目的，则该发明仍然不能被授予专利权。

如果请求专利保护的方法中包括了诊断步骤或者虽未包括诊断步骤但包括检测步骤，而根据现有技术中的医学知识和该专利申请公开的内容，只要知晓所说的诊断或检测信息，就能够直接获得疾病的诊断结果或健康状况，则该方法满足上述条件（2）。"

上述规定表明，在判断要求保护的方案是否属于《专利法》第二十五条第一款第（三）项中所说的疾病诊断方法时，应当注意以下问题：①《审查指南》中所列的上述条件（1）、（2）只是充分条件，而不是必要条件，也就是说，与疾病诊断有关的方法如果满足上述两个条件必然属于疾病诊断方法，但不满足的则不一定必然不属于《专利法》第二十五条第一款第（三）项中所列的疾病诊断方法；② 诊断方法不以样品是否离体为判断依据，因为随着医学技术的发展，诊断已经不限于在人身上进行的在体诊断方法，还包括了各种离体诊断方法，即，对来自于有生命的人体或动物体的样品或材料进行研究，也是一种识别、确定该有生命的人体或动物体病因或病灶的诊断方法；③ 诊断方法判断的关键在于，考查从要求保护的方案所获得的诊断或检测信息能否直接获得疾病的诊断结果或健康状况。不能够获得疾病的诊断结果或健康状况的诊断或检测信息称为中间结果，而是否属于中间结果的判断则需要借助现有技术中的医学知识和该专利申请中公开的内容，即，现有技术和专利申请中是否给出了诊断结果或健康状况与该结果之间的关联性，只有依据该信息不能得出诊断结果或健康状况时，该方法所得到的结果才是中间结果，反之则属于疾病诊断结果。

显然，上面几点内容中，最关键也是最难判断之处就在于，如何区分诊断或检测信息属于中间结果还是属于能从中直接获得疾病或健康状况的诊断结果。下面的案例主要就从这方面分析如何判断与疾病诊断相关的方法是否属于《专利法》第二十五条第一款第（三）项所规定的疾病诊断方法范畴。

值得注意的是，《专利法》第二十五条第一款第（三）项中所规定的"疾病"不仅仅限于传统意义上的患病状态，在很多情况下，有关健康状况、亚健康状况、患病风险度、疾病预后的评估方法也属于疾病诊断方法的范畴，因为在现代医学当中，"疾病"和"健康"已经没有了绝对的界限。由此就不难理解，在《审查指南》第二部分第一章第 4.3.1.1 节末，列举的疾病诊断方法例子中还包括了"患病风险度评估方法""疾病治疗效果预测方法"等有可能在健康个体上实施的方法。

(1) 在体诊断方法

【案例】 基于闪光视觉诱发电位原理的无创颅内压监测方法及装置（第 10962 号无效宣告请求审查决定）

2007 年 12 月 25 日，专利复审委员会作出第 10962 号无效宣告请求审查决定。该决定涉及名称为"基于闪光视觉诱发电位原理的无创颅内压监测方法及装置"的 02133601.6 号发明专利，其授权公告时的权利要求 1、3、4 的内容为：

"1. 一种基于闪光视觉诱发电位原理的无创颅内压监测方法，该方法包括：

设置刺激人眼的可控脉冲式闪光信号，由其构成诱发电位的激励信号；通过电极拾取该信号，经过放大、滤波处理及模数转换后输入计算机，首先确定闪光视觉诱发电位信号潜伏期，再利用闪光视觉诱发电位信号潜伏期与颅内压的对应关系找出颅内压数值；其特征在于：

(1) 设置的刺激人眼的可控脉冲式闪光信号的闪光频率、闪光脉冲宽度、闪光次数、光亮度值分别为：

0.75 ~ 1.0Hz、5.33 ~ 7.33ms、50 ~ 60 次、20 000 ~ 25 000cd/m$^2$；

光亮度定量控制，并维持稳定不变的闪光刺激强度，以保证无创颅内压检测的适应性和一致性；

(2) 采用无创性电极拾取来自被测者头颅 $F_{PZ}$、$F_Z$、$O_1$、$O_2$ 点位的闪光视觉诱发电位信号；

(3) 将拾取的 $F_{PZ}$、$F_Z$、$O_1$、$O_2$ 点位的闪光视觉诱发电位信号通过放大器放大后、经 A/D 转换为数字信号输入计算机，由计算机对闪光视觉诱发电位 - 潜伏期波形进行动态聚类叠加、截断法数字滤波、以及滑动平移法光顺，显示闪光视觉诱发电位－潜伏期特征曲线，并确定该曲线Ⅲ波波峰处的潜伏期值；

（4）根据颅内压与Ⅲ波波峰潜伏期值的函数关系，确定颅内压值，即

① 根据公式 $ICP = a \times Ⅲ Latency + b$ 确定急性颅内压增高患者的颅内压，其中 $ICP$ 为颅内压，$a$ 的取值范围为 $4.732 \times (1\% \pm 5\%)$，$b$ 的取值范围为 $-326.17 \times (1\% \pm 5\%)$；

或②根据公式 $ICP = \alpha \times EXP(\beta \times Ⅲ Latency)$ 确定非急性颅内压增高患者及正常人的颅内压，其中 $ICP$ 为颅内压，$\alpha$ 的取值范围为 $9.3356 \times (1\% \pm 5\%)$，$\beta$ 的取值范围为 $0.0199 \times (1\% \pm 5\%)$，$Ⅲ Latency$ 为Ⅲ波波峰潜伏期值；

在显示屏上即显示出闪光视觉诱发电位－潜伏期曲线上Ⅲ波波峰负相点所对应的颅内压值。"

"3. 根据权利要求1所述的基于闪光视觉诱发电位原理的无创颅内压监测方法，其特征在于：所述无创性电极为葵花状电极。

4. 根据权利要求1所述的基于闪光视觉诱发电位原理的无创颅内压监测方法，其特征在于：所述动态聚类叠加、截断法数字滤波、滑动平移法光顺处理为：

① 动态聚类叠加：对 $N$ 次检测采样曲线进行叠加并平均，再经聚类分析后剔除 $n$ 个奇异样本，所述 $N$ 代表闪光次数，所述 $n = N \times 10\%$；

② 截断法数字滤波：包括低通数字滤波、工频截频滤波、肌电截频滤波，其中截断法为：

设欲取用的闪光视觉诱发电位－潜伏期特征曲线长度为 $L$，则事先提取长度为 $2L$ 的区段进行数字滤波处理，然后掐头 $1/2L$ 去尾 $1/2L$，最终只取用所需的中间段 $L$；

③ 滑动平移法光顺。"

针对上述专利权，请求人于2007年4月6日向专利复审委

员会提出无效宣告请求。请求人提出的无效宣告请求理由为：本专利的权利要求1、3、4属于《专利法》第二十五条第一款第（三）项所述的疾病的诊断和治疗方法的范围，应予以宣告无效。

对于上述无效宣告请求的理由，专利权人认为：本发明只能得到闪光视觉诱发电位的潜伏期值，属于中间结果的信息，颅内压增高只是临床多种疾病的一种共有体征，根据颅内压增高与否不能诊断患者患有何种疾病，临床医师根据获取的患者潜伏期及颅内压信息，还需要结合临床分析判断才能对症治疗，因此本专利的权利要求1、3、4不属于《专利法》第二十五条第一款第（三）项所规定的疾病的诊断治疗方法。

经审查，专利复审委员会认为：本专利权利要求1涉及一种基于闪光视觉诱发电位原理的无创颅内压监测方法，该方法通过对人眼进行闪光刺激，随后采集人脑各相关部位的闪光视觉诱发电位信号，再经过一系列的计算机处理后得出颅内压值，由此可见，该方法是一种以有生命的人体为实施对象的方法；另外，关于颅内压，在说明书第1页第2段中有如下解释："颅内压是反映脑功能状态的一项重要指标""颅内压监测结果就是为准确诊断、积极治疗及疗效评估提供直接依据"，根据该解释不难看出，临床医师在获得颅内压监测结果后根据现有技术中的医学常识就可以作出诊断结果。综上所述，权利要求1是一种以有生命的人体为实施对象、以获得疾病的诊断结果或健康状况为直接目的的方法，属于《专利法》第二十五条第一款第（三）项所述疾病的诊断及治疗方法，应予以无效。基于同样的道理，引用权利要求1的从属权利要求3、4也属于《专利法》第二十五条第一款第（三）项所述疾病的诊断及治疗方法的范畴。

**【案例评析】**

本案涉及的焦点问题为在体检测方法是否属于《专利法》

第二十五条第一款第（三）项规定的不授予专利权的疾病诊断方法的判断。

在判断一项方法权利要求是否属于《专利法》第二十五条第一款第（三）项规定的诊断方法时，通常会首先根据《审查指南》第二部分第一章第4.3.1.1节规定的两个条件来进行判断，即（1）是否以有生命的人体或者动物体为对象；（2）是否以获得疾病诊断结果或健康状况为直接目的。

对于在体检测方法而言，上述第（1）个条件是很容易满足的。例如在本案中，权利要求1、3、4涉及一种通过可控脉冲闪光信号刺激人眼，进而构成诱发电位信号，然后通过一系列的数据处理，最终得到测试者的颅内压数值的方法。不难看出，该方法是以有生命的人作为实施对象，故满足《审查指南》第二部分第一章第4.3.1.1节中关于诊断方法的判断原则的第（1）个条件。在这一点上，双方当事人均无异议。

然而，对于在体检测的方法来说，判断的难点在于，《审查指南》第二部分第一章第4.3.1.1节中规定的上述第（2）个条件是否满足，这也是本案的争议焦点，即，通过实施本专利权利要求的方法得到的颅内压值是诊断过程中的一种中间结果，还是基于现有医学常识就能获取诊断结果的诊断信息呢？《审查指南》第二部分第一章第4.3.1.1节规定，根据现有技术中的医学常识和本专利申请公开的内容，只要知晓所说的诊断或监测信息，就能够直接获得疾病的诊断结果或健康状况，则该方法满足上述条件（2）。

本案中，本专利说明书第1页第2段中有如下解释："颅内压是反映脑功能状态的一项重要指标""颅内压监测结果就是为准确诊断、积极治疗及疗效评估提供直接依据"。从该解释不难看出，临床医师在获得颅内压监测结果后根据现有技术中的医学常识就可以直接获取准确的诊断结果，因而，专利权人在本案中辩称的"颅内压属于中间结果"的这一主张并不能成立。

综上所述，本专利权利要求 1 所涉及的方法同时满足《审查指南》第二部分第一章第 4.3.1.1 节中关于诊断方法的判断原则的两个条件，因此属于专利法意义上的诊断方法，不属于专利法保护的客体。鉴于从属权利要求 3、4 是在权利要求 1 的基础上所作出的进一步限定，其实质上也属于专利法意义上的诊断方法，不属于专利法保护的客体。（撰稿人：刘　畅）

（2）离体诊断方法

**【案例 1】　一种用于诊断萎缩性胃炎的方法（第 12093 号复审请求审查决定）**

2007 年 12 月 18 日，专利复审委员会作出第 12093 号复审请求审查决定。该决定涉及申请号为 02803495.3，名称为"一种用于诊断萎缩性胃炎的方法"的发明专利申请。

经实质审查，国家知识产权局原审查部门于 2005 年 4 月 8 日以本申请部分权利要求属于疾病的诊断方法，不符合《专利法》第二十五条第一款第（三）项的规定、部分权利要求不清楚，不符合《专利法实施细则》第二十条第一款的规定为由驳回了本申请。驳回决定针对的权利要求 1 的内容如下：

"1. 一种通过测定分析物的胃蛋白酶原 I（PGI）、胃泌素和幽门螺杆菌感染标志物来评估受试者胃粘膜状况的方法，特别是用于诊断粘膜胃变化，例如萎缩性胃炎，所述方法包括：

－从所述受试者的样品中测量胃蛋白酶原 I 和胃泌素浓度，并另外测定幽门螺杆菌的标志物（Hp－标志物）的浓度或有无，和

－将得到的所述分析物数据输入到数据处理器中，该数据处理器包括操作系统、用于收发及处理数据的工具，所述的数据处理器适合执行下列步骤：

－将分析物浓度测量值与该分析物的预定临界值进行比较，得到受试者特定的比较结果的组合，并产生相应于所述比较结果的组合和任选的其他输入数据的信息。"

复审请求人不服上述驳回决定，于 2005 年 7 月 25 日向专利复审委员会提出复审请求。复审请求人认为，权利要求 1 涉及在体外测定受试者样品中的分析物，为体外方法，该方法不是以有生命的人体或动物体为对象，因此不属于《专利法》第二十五条第一款第（三）项规定的不授予专利权的内容。

经审查，专利复审委员会发出"复审通知书"指出：本申请部分权利要求涉及一种通过测定分析物的胃蛋白酶原 I（PGI）、胃泌素和幽门螺杆菌感染标志物来评估受试者胃粘膜状况，诊断萎缩性胃炎的方法。虽然该方法是以离体样品为对象，但却是以获得诊断萎缩性胃炎为直接目的，通过检测信息即可获得诊断结果，因此权利要求属于《专利法》第二十五条第一款第（三）项的疾病的诊断方法，不应当被授予专利权；此外，该"复审通知书"中还指出了本申请中存在的其他一些问题，包括驳回决定指出的权利要求不清楚的问题。

在随后的审查程序中，复审请求人将涉及疾病诊断方法的权利要求全部删除，并针对"复审通知书"中指出的其他问题一一进行了修改。在此基础上，专利复审委员会作出复审请求审查决定，在修改文本的基础上撤销了驳回决定。

## 【案例评析】

本案涉及的主要问题为离体诊断方法的判断。

在审查实践中，人们经常会对离体样品的检测是否能够构成诊断方法存在争议，为此，《审查指南 2006》第二部分第一章第 4.3.1.1 节中明确规定："如果一项发明从表述形式上看是以离体样品为对象的，但该发明是以获得同一主体诊断结果或健康状况为直接目的，则该发明仍然不能被授予专利权。"虽然《审查指南 2001》没有上述明示内容，但审查实践中所掌握的判断原则其实并无二致。因为众所周知，现代医学的诊断技术早已不限于在体诊断，离体诊断被广泛应用于各种各样的疾病诊断监测当中。

驳回决定针对的权利要求 1 的测定分析物是受试者的胃蛋白酶原、胃泌素和幽门螺杆菌感染标志物，其属于离体样品分析，但这些物质却是与萎缩性胃炎相关联的，如果其浓度测定结果大于正常值，则表明了样品供体很可能患有萎缩性胃炎，因此该权利要求的方案是以获得样品供体是否患有萎缩性胃炎的诊断结果为直接目的的，通过实施权利要求方案所获得的信息，本领域技术人员可以直接知晓样品供体是否患有萎缩性胃炎，因此其属于《专利法》第二十五条第一款第（三）项的疾病的诊断方法，不应当被授予专利权。（撰稿人：高桂莲）

【案例 2】　根据人类 HIV 病毒株的表型药物敏感性控制 HIV 阳性病人化疗的方法（第 10073 号复审请求审查决定）

2007 年 1 月 19 日，专利复审委员会作出第 10073 号复审请求审查决定。该决定涉及申请号为 97191904.6，名称为"根据人类 HIV 病毒株的表型药物敏感性控制 HIV 阳性病人化疗的方法"的发明专利申请。

经实质审查，国家知识产权局原审查部门于 2004 年 12 月 3 日以本申请权利要求 1 ~ 24 属于《专利法》第二十五条第一款第（三）项所规定的疾病治疗方法为由驳回了本申请。驳回决定所针对的独立权利要求 1、6、8 的内容如下：

"1. 一种筛选最佳 HIV 抑制剂的方法，包括用一个经过从病人的生物学材料的样品分离病毒 RNA 并逆转录所述 pol 基因的所需区域获得的 HIV pol 基因的序列和已缺失该序列的 HIV - DNA

构建体转染对 HIV 感染敏感的细胞系，培养所述转染的细胞以产生嵌合病毒的原种，评价所述嵌合病毒对 HIV pol 基因编码的所述酶的抑制剂的表型敏感性并对其指定一个值，构建含有所述嵌合病毒敏感性值及 HIV 嵌合野生型病毒株的相应值的数据组，重复至少二个其他的抑制剂的敏感性评价从而构建总共至少三个该数据组，以二维或三维图解形式表示该数据组使各数据组中嵌合型和野生型敏感性之间的区别提供嵌合原种对所述抑制剂处理的抗性的肉眼测量值，以及根据所测量的抗性图示选择最佳抑制剂。"

"6. 一种筛选最佳 HIV 抑制剂的方法，它包括如下步骤：

（a）定期评价根据权利要求 1～5 中任一权利要求的病人 HIV 病毒株样品的表型敏感性；和

（b）发布指令用选定的抑制剂维持化疗，而特定的 HIV 病毒株保持对所选的化疗敏感；和

（c）如果且当初始抑制剂的敏感性降低时，选择不同的抑制剂。"

"8. 一种确定病人中个体 HIV 病毒株对 HIV pol 基因编码的至少两种酶的抑制剂的表型药物敏感性的方法，它包括用一个经过从病人的生物学材料的样品分离病毒 RNA 并逆转录所述 pol 基因的所需区域获得的 HIV pol 基因的序列和已缺失该序列的 HIV – DNA 构建体转染对 HIV 感染敏感的细胞系，培养所述转染的细胞以产生嵌合病毒的原种并评价所述嵌合病毒对 HIV pol 基因编码的所述酶的抑制剂的表型敏感性。"

复审请求人对上述驳回决定不服，于 2005 年 3 月 18 日向专利复审委员会提出了复审请求，同时提交了权利要求书的修改替换页，其中仅删除了原权利要求 6，并修改了相应权利要求的引用关系。复审请求人认为：① 本申请的技术方案在体外进行，未以有生命的人体或动物体为直接实施对象；② 其直接目的不

是治疗 HIV 疾病,而是筛选抗 HIV 药物和评价病毒对药物的表型敏感性;③ 从本申请说明书中可看出,该方法还具有获得抗病毒图、并可用于治疗 HIV 的临床控制仪上的其他用途。

经审查,专利复审委员会认为:① 尽管本申请权利要求的技术方案是在体外进行的,但这种体外试验只是获得患病个体信息的一种手段,其试验样品取自该患病个体,其实质研究对象是该患病个体本身的病因和病灶状况,同时获得了该患病个体对药物可能的敏感性信息,因而其技术方案是以获得同一主体疾病诊断结果或健康状况为直接目的,仍然不能被授予专利权;② 尽管筛选抗 HIV 药物和评价病毒对药物的表型敏感性是权利要求形式上所包括的最后步骤,但通过说明书可以看出,本发明的目的不止于此,按照技术方案获得的信息可直接确定所使用或将要使用的治疗 HIV 的药物(所述最佳 HIV 抑制剂),因此实质上本申请的方法的目的就是为了治疗 HIV;③ 此外,说明书中对本方法其他用途的说明十分简略,只提出了一种构思而没有具体描述,况且这些用途实质上也涉及对 HIV 病毒表型的诊断和药物筛选,根据其结果本领域技术人员就能获得检测对象的患病状况和药物疗效,因此所述方法的其他用途并不能改变本申请的方法是一种疾病诊断和治疗方法结论。基于上述理由,合议组发出"复审通知书",指出本申请权利要求请求保护的方案实质上涉及疾病的诊断方法,属于《专利法》第二十五条第一款第(三)项规定的不授予专利权的客体范畴。

复审请求人针对上述"复审通知书"提交了意见陈述书,但未修改权利要求书。复审请求人认为:本申请技术方案所筛选出的抑制剂不只适用于具体的患者个体,还可用于治疗所有类似的 HIV 患者;而且本申请的技术方案是筛选 HIV 抑制剂和评价病毒对药物的表型敏感性,其直接目的并非用于疾病的诊断和治疗,任何制备药物的方法都是应当被允许的,尽管所有药物最终用于治疗疾病。

针对上述意见陈述，合议组认为：① 本申请的技术方案中样品来自特定的患者个体，根据说明书可知，其筛选抑制剂的目的就是治疗该特定患者个体的 HIV 疾病，尽管所筛选出来的药物在理论上可以治疗所有同类患者的疾病，但是对于未知 HIV 类型的患者来说，不采用本申请技术方案的方法就不能得知其是否属于同类患者，即不能得知其是否对所述抑制剂敏感，因此本申请的技术方案并非一般意义上筛选药物的方法，而是针对患者个体进行药物治疗之前采用的诊断或辅助治疗方法；② 尽管本申请权利要求形式上记载的是筛选 HIV 抑制剂和评价病毒对药物的表型敏感性的方法，其中也未记载直接获得疾病诊断结果或进行治疗的步骤，但其并非如复审请求人所述是一种药物制备方法，而是一种在实施药物治疗之前进行的诊断或辅助治疗方法，因为根据本申请权利要求技术方案所获得的信息，本领域技术人员足以直接确定样品供体的疾病状况或为进一步治疗（使用最佳 HIV 抑制剂）做好了辅助准备工作，因此其在客观上检测出了特定对象的患病状况并能够直接确定进一步的治疗方案，也就是在客观上实现了疾病诊断和治疗的直接目的。基于上述事实和理由，专利复审委员会作出了维持驳回决定的复审请求审查决定。

**【案例评析】**

本案涉及的主要问题是权利要求以其他形式出现，但实质上仍为诊断方法的技术方案的甄别。

本案中，权利要求请求保护筛选最佳 HIV 抑制剂的方法或者患病个体中 HIV 病毒对药物敏感性的方法，其主题看似为与药物制备过程相关的筛选步骤和测试步骤，然而就其内容而言，实际上是利用来自特定患病（HIV 感染）个体的生物学样品，将其中的 HIV 病毒基因构建敏感细胞系并进行药物试验，从而筛选出针对该患病个体的 HIV 病毒有效抑制剂或者评价该患者病毒表型对候选抑制剂的敏感性。

复审请求人认为上述药物筛选方案是在体外进行的,且直接目的不是治疗 HIV,而是筛选 HIV 药物或评价病毒对药物的表型敏感性,因此不属于疾病的诊断方法范畴。

针对复审请求人的上述观点,第 10073 号复审请求审查决定中详细地评述了其不足以改变本申请属于疾病的诊断方法实质。首先,样品是否离体不是诊断方法的判断依据,现代医学的发展使得很多诊断都是基于离体样品的检测,只要样品与检测结果是属于同一主体的,并且基于该检测结果能够得知该主体的病因和病灶状况,就属于诊断方法。其次,在判断权利要求的技术方案是否属于诊断方法时,应该从实质上分析对象、结果、疾病或健康状况之间的关系,而不应将眼光停留于权利要求的撰写形式上。

因此,尽管本申请权利要求以药物筛选方法作为保护的主题形式,并且技术方案从表述形式上看似以离体样品为实施对象,其中也未记载直接获得疾病诊断结果或进行治疗的步骤,但其实质上仍然是以有生命的人体为对象(患病个体),实施了识别、确定其病因或病灶(确定其 HIV 的表型)的过程。按照该方法获得的结果信息,本领域技术人员足以得知该患病个体的 HIV 类型,筛选出针对该患病个体的有效药物以进行进一步的治疗,也就是说,足以获得样品供体的疾病状况或为进一步治疗做好了辅助准备工作,因此该方法实质上仍然属于《专利法》第二十五条第一款第(三)项所述的疾病的诊断方法范畴,不能被授予专利权。

实际上,除了本案中以药物筛选方法形式出现的诊断方法权利要求之外,在审查实践中还遇到许多以其他形式出现的诊断方法权利要求,《审查指南》第二部分第一章第 4.3.1.1 节也列举了患病风险度评估方法、疾病治疗效果预测方法等属于诊断方法的例子,通常以这类形式出现的权利要求被冠以健康状况筛查等名义，希望规避依据《专利法》第二十五条第一款第（三）项的审查。

然而，"疾病诊断"和"健康状况诊断"只是说法上的不同，如果一种方法能够获得个体是否患有某种疾病的诊断结果，则也可以说该方法能够获得个体针对该疾病是否处于健康状态的诊断结果。而且在很多情况下，"疾病"和"健康"并没有绝对的界限，都是一个范围，特别是，现代医学对人体的各种生物参数都进行了测量，其数值大体上服从统计学中的常态分布规律，即可以计算出一个均值和95%健康个体的所在范围，习惯上称在这个范围内的值为"正常"（"健康"），超出这个范围便是"不正常"（"患病"），而接近这个范围界限的参数值则有能预示个体将来"正常"或"不正常"的可能性，这就衍生出"疾病预后"（包括"疾病治疗效果预测"等）"患病风险预测"等各种诊断项目。

因此，"疾病的诊断方法"只是一种概括的说法，它不仅仅包括对个体当前是否患病（健康）和患病（健康）程度的判断，也包括对健康个体将来患病风险的评估以及对患病个体将来康复可能的预测，也就是说，属于《专利法》第二十五条第一款第（三）项规定不授予专利权客体范畴的"疾病诊断方法"并不局限于诊断疾病的主题形式，有时候健康状况检测、患病风险度评估、药物筛选方法等多种形式都有可能实质上属于专利法意义上的疾病诊断方法范畴。（撰稿人：周　航）

（3）不属于诊断方法的发明

【案例1】　基于脉搏熵的多点脉搏信息融合方法（第11703号复审请求审查决定）

2007年11月7日，专利复审委员会作出第11703号复审请求审查决定。该决定涉及名称为"基于脉搏熵的多点脉搏信息融

合方法"的 200510002277.9 号发明专利申请。本申请公开时的
权利要求 1 的内容为：

"1. 一种基于脉搏熵的多点脉搏信息融合方法，首先由多路
传感器模块拾取人体多点脉搏信号，经过放大、滤波和采样的预
处理后，得到多路脉搏信号 $S_{ij}$，其中 $S_{ij}$ 是由压力传感器把脉搏
压力信号转变为电压信号，是各采样点对应的脉搏信号幅度，
$i = 1, 2 \cdots M$，$j = 1, 2 \cdots N$，$M$ 为信号路数，$N$ 为每路信号的采样
点数，然后多路脉搏信号 $S_{ij}$ 通过 RS 232 总线或 USB 接口等方式
传入计算机。本发明的特征还包括以下步骤：

1）计算机读取经过上述预处理的多路脉搏信号 $S_{ij}$ 存入
内存；

2）计算 $M$ 路信号在同时刻各采样点的比重 $p_{ij}$：

$$p_{ij} = \frac{S_{ij}}{\sum_{i=1}^{M} S_{ij}} \qquad (i = 1,2\cdots M, j = 1,2\cdots N) \qquad ①$$

3）计算 $M$ 路信号在同时刻各采样点的脉搏熵 $E_{ij}$：

$$E_{ij} = -p_{ij}\log_2^{p_{ij}} \qquad (i = 1,2\cdots M, j = 1,2\cdots N) \qquad ②$$

4）计算 $M$ 路信号在同时刻采样点的均熵 $\overline{E_{1j}}$：

$$\overline{E_{1j}} = -\frac{1}{M}\sum_{i=1}^{M} E_{ij} \qquad (i = 1,2\cdots M, j = 1,2\cdots N) \qquad ③$$

5）运用近一化规则，计算 $M$ 路信号各采样点的近一化熵
比 $e_{ij}$：

$$e_{ij} = \frac{E_{ij}}{E_{1j}} \qquad (i = 1,2\cdots M, j = 1,2\cdots N) \qquad ④$$

6）取近一化熵比 $e_{ij}$ 中同时刻采样点的最大熵比 $e_{1j}$：

$$e_{1j} = \text{MAX}(e_{ij}) \qquad (i = 1,2\cdots M, j = 1,2\cdots N) \qquad ⑤$$

其中在步骤 2）到步骤 6）的过程中，进行计算 $M$ 路信号在
同时刻采样点的均值 $\overline{S_{1j}}$：

$$\overline{S_{1j}} = \frac{1}{M}\sum_{i=1}^{M} S_{ij} \qquad (i = 1,2\cdots M, j = 1,2\cdots N) \qquad ⑥$$

7）输出一路优化脉搏信号 $W_o$：

$$W_o = \overline{S_{1j}}e_{1j} \qquad (i = 1,2\cdots N) \qquad ⑦$$

$W_o$ 是近一化后的最大熵比融合脉搏信号数据，其保持与脉搏信号实际值相对应，又能提取多路脉搏信号在同时刻的最大特征信息，为后续处理提供较好的脉搏信息。

8）对融合后的脉搏信号 $W_o$ 进行现有技术的时频域分析处理，计算诊断需要的指标参数。"

经审查，国家知识产权局专利局实质审查部门于 2006 年 11 月 24 日以本申请属于《专利法》第二十五条第一款第（三）项规定的情形为由驳回了本申请。具体理由为：本申请请求保护"一种基于脉搏熵的多点脉搏信息融合方法"，它是以有生命的人体/动物体为直接实施对象；以获得疾病诊断结果为直接目的；本申请是通过对获取的脉搏信号进行处理后，再计算诊断需要的指标，从而根据该参考指标本领域技术人员能够获得疾病诊断结果，因此本申请同时满足《审查指南 2006》第二部分第一章第 4.3.1.1 节中判断一项与疾病有关的方法所需的以上两个条件的与疾病诊断有关的方法，属于《专利法》第二十五条第一款第（三）项所述的疾病的诊断和治疗方法，因此不能被授予专利权。

复审请求人不服上述驳回决定，于 2006 年 12 月 15 日向专利复审委员会提出复审请求，其认为：本发明仅仅涉及生理参数即脉搏熵的多点脉搏融合方法，根据医学常识本领域技术人员不能获得疾病的诊断结果或健康状况。

经审查，专利复审委员会认为：本申请的权利要求 1 请求保护一种基于脉搏熵的多点脉搏信息融合方法，其采用传感器固定在人体的桡动脉上从而采集脉搏信号，将采集到的信息传入计算机从而计算出相关参数。根据说明书的记载（见说明书第2页第3段），采用权利要求1所限定的方法，对经多路传感器采集和预处理后的多点人体脉搏信息进行融合，在提取各点信号最大信息量的同时，又能减少脉搏信号存储和传输的数据量，降低后续信号处理的复杂度，便于后续进行的脉搏时频域处理分析，也就是说，本申请的直接目的在于对信号处理的改进。

此外，根据现有技术中的医学知识和本申请公开的内容，在知晓该相关参数后并不能直接获得疾病的诊断结果或健康状况。由此可见，采用本申请权利要求1所限定的方法得到的只是一种中间结果，要得到诊断所必需的信息仍需进一步利用计算机进行数据处理，而根据现有医学知识无法从这一中间结果直接得出诊断结果，因而，根据《审查指南》第二部分第一章第4.3.1.2节的相关规定，权利要求1所限定的技术方案不属于《专利法》第二十五条第一款第（三）项所述的疾病的诊断和治疗方法。

【案例评析】

本案涉及中间结果是否属于《专利法》第二十五条第一款第（三）项规定的疾病的诊断和治疗方法的判断。

《审查指南》第二部分第一章第4.3.1.2节规定了几种不属于诊断方法的例子，其中第（2）项是：直接目的不是获得诊断结果或健康状况，而只是从活的人体或动物体获取作为中间结果的信息的方法，或处理该信息（形体参数、生理参数或其他参数）的方法。

本案的争议焦点在于，根据本申请权利要求书所限定的技术方案所得到的结果究竟是不是《审查指南》所规定的中间结果。这一问题从本申请的说明书所记载的内容可以得到相关的解答。在本申请说明书中记载了如下内容：本申请对经多路传感器采集和预处理后的多点人体脉搏信息进行融合，在提取各点信号最大信息量的同时，又能减少脉搏信号存储和传输的数据量，降低后续信号处理的复杂度，便于后续进行的脉搏时频域处理分析。通过对本申请说明书上述内容分析可知，本申请的直接目的在于改进信号处理的方式，而不是诊断疾病。

此外，实施本申请中的方法所得到的结果只是对所提取到的人体脉搏信息进行融合的结果，若要得到确切的诊断结果，还需要对所述结果进行必要的数据处理，例如本申请说明书中提到的后续脉搏时频域处理分析。也就是说，依据本申请方法得到结果并应用常规的医学常识还不能够得出确切的诊断结果，因而依据该申请方法得出的结果属于一种中间结果。

综上所述，本申请所述的方法不属于诊断方法，不应依据《专利法》第二十五条第一款第（三）项的规定排除其授予专利权的可能性。（撰稿人：刘　畅）

【案例 2】　用可变 X 射线源到影像间距离的三维重现系统及方法（第 15349 号复审请求审查决定）

2008 年 9 月 27 日，专利复审委员会作出第 15349 复审请求审查决定。该决定涉及名称为"用可变 X 射线源到影像间距离的三维重现系统及方法"的 02822519.8 号 PCT 发明专利申请。

在实质审查过程中，国家知识产权局原审查部门在审查意见通知书中指出本申请不符合《专利法》第二十二条第三款以及《专利法》第二十五条第一款第（三）项的有关规定，并于 2007 年 9 月 21 日以部分权利要求不符合《专利法》第二十二条第三款的规定为由作出驳回决定。

复审请求人对上述驳回决定不服，于 2007 年 12 月 21 日向专利复审委员会提出复审请求，同时对权利要求书进行了修改，独立权利要求为权利要求 1、12、19、28，其中独立权利要求 12、28 的内容分别如下：

"12. 一个采集多个 X 射线影像的方法，该方法用于重现患者信息的三维体，该方法包括：

至少在第一及第二扫描角向位置（408、409）之间围绕着中心轴线（133）旋转 X 射线源（123）及接受器（124），所述中心轴线（133）对应于在患者体内的感兴趣区域；

提供用于移动 X 射线源及接受器沿着径向作朝向和背离 C 形臂部件的中心轴线的运动的托架；

当在所述第一扫描角向位置（408）时径向地移动所述 X 射线源（123）及接受器（124）二者中的至少一个至相对于所述中心轴线（133）的第一径向距离上，而当在所述第二扫描角向位置（409）时径向地移动所述 X 射线源（123）及接受器（124）二者中的至少一个至相对于所述中心轴线（133）的第二径向距离上；

在所述至少第一及第二扫描角向位置（408、409）上采集至少第一及第二影像；以及

根据所述至少是第一及第二影像重现三维体数据集。"

"28. 一个采集多个 X 射线影像的方法，该方法用于重现患者信息的三维体，该方法包括：

至少在第一及第二扫描角向位置之间围绕着中心轴线旋转 X 射线源及接受器，所述中心轴线对应于在患者体内的感兴趣区域；

当在所述第一扫描角向位置时移动所述 X 射线源及接受器至相对于所述中心轴线的第一距离以保持所述中心轴线，而当在所述第二扫描角向位置时移动所述 X 射线源及接受器至相对于所述中心轴线的第二距离以保持所述中心轴线（133）；

在所述至少第一及第二扫描角向位置上采集至少第一及第二影像；以及

根据所述至少第一及第二影像重现三维体数据集。"

经审查，专利复审委员会撤销了驳回决定，对于实质审查阶

段曾经指出的权利要求 12～18 和 28～30 不符合《专利法》第二十五条第一款第（三）项规定的问题，合议组意见如下：权利要求 12 请求保护一种采集多个 X 射线影像的方法，该方法是在围绕患者进行 X 射线成像时，径向移动 X 射线源和接受器，从而使 X 射线源、患者和接受器三者在各个曝光位置的径向上位于恰当的位置，以避免所得的图像在三维重建过程中出现聚焦光点锐度下降、图像模糊的缺陷，可见，权利要求 12～18 请求保护的方法的目的是提高图像质量，使其更适于进行三维重现，而非对所得 X 射线图像的内容进行分析以得到诊断结果，因此权利要求 12～18 请求保护的技术方案不属于《专利法》第二十五条第一款第（三）项的情形。基于类似的理由，权利要求 28～30 请求保护的采集多个 X 射线影像的方法也不属于《专利法》第二十五条第一款第（三）项所述的情形。

【案例评析】

本案涉及医学诊断领域的成像方法与利用影像来诊断疾病的方法之间的区分，实际上这也属于中间结果的认定问题。

医学诊断领域的成像方法与利用影像来诊断疾病的过程都利用了成像技术获得患者的影像信息，该信息或多或少能够反映出一些患者的状况，从是否属于中间结果入手认定为是否属于诊断方法相对较难，而区别影像诊断与成像方法的关键在于权利要求结合说明书的解释所反映出的方案的直接目的，因此，可以从技术方案的整体内容入手，判断该方法直接目的是改进成像条件以便获取图像或对图像进行处理，还是根据图像进行诊断分析以得出诊断结果。如果方案是以改进成像条件或提高图像质量（包括消除噪声、伪影及提高图像对比度、分辨率）等为直接目的，则应当属于成像方法；如果该方法包括了对影像进行分析的过程并能由此获得分析主体的诊断结果，则属于影像诊断方法。

本案中，权利要求 12 ~ 18 和权利要求 28 ~ 30 请求保护的技术方案是一种采集多个 X 射线影像的方法，该方法通过一系列步骤和措施，最终进行患者三维信息的重现。从是否满足《审查指南》第二部分第一章第 4.3.1.1 节规定的疾病诊断方法两个条件的角度来看，上述权利要求的技术方案是以有生命的人体为对象，满足条件之一。但从权利要求中成像方法的直接目的来看，其不是对所得的 X 射线影像的内容进行诊断分析以获得诊断结果，而是为了改进成像条件，进行更好地成像，最终能够重现患者的三维体数据。因此权利要求 12、28 请求保护的技术方案不满足疾病诊断方法的另一个条件。此外，由于本申请方法的直接目的在于改进 X 射线成像的条件，故其使用的 X 射线成像方法只是为获取有关对象的 X 射线图像或者对所获得的 X 射线图像进行处理而采用的技术手段，不涉及对所获图像的内容进行分析和判断，因此该方法所获得的患者信息也只是一种普遍意义上的三维信息，属于一种中间结果。综上所述，本申请权利要求 12 ~ 18 和权利要求 28 ~ 30 请求保护的技术方案不属于第二十五条第一款第（三）项中疾病诊断方法的情形。

值得说明的是，X 光诊断法在《审查指南》第二部分第一章第 4.3.1.1 节中作为诊断方法的一种实例专门被列举出来，因为 X 光诊断实际上就是分析 X 射线图像的具体表现并进行病理解释的方法，因此通过该方法获得病理的信息可以得出疾病诊断的结论，该方法属于诊断方法的一种。然而，并非所有涉及 X 光图像生成的方法都能够获得临床诊断结果，如本申请权利要求那样，X 光图像的生成目的并不在于具体疾病的诊断，只是该技术领域中为提高图像质量所必然借助的技术手段。因此，针对最终能够获得 X 射线图像的方法的权利要求，不能一概而论断定其就属于诊断方法，还要根据权利要求所反映的具体情况来加以判断。（撰稿人：赵　鑫　周　航）

## 2. 疾病治疗方法

疾病治疗方法，是指为使有生命的人体或者动物体恢复或获得健康或减少痛苦，进行阻断、缓解或者消除病因或病灶的过程。根据《审查指南》第二部分第一章第4.3.2节的规定，治疗方法包括以治疗为目的或者具有治疗性质的各种方法，预防疾病或者免疫的方法视为治疗方法。因此，专利法意义上的治疗方法应作广义的理解，例如，为治愈疾病而实施的方法；缓解或减轻由于某些自然状况造成的不适症状（如由于环境状况导致的疲劳、头疼等症状）；由医务人员实施或者在医务人员的监督下实施的方法。一般来说，不给予专利保护的疾病治疗方法是指以治疗或预防疾病为直接目的，直接在有生命的人体或动物体上实施的方法。

对于既可能包含治疗目的，又可能包含非治疗目的的方法，应当明确说明该方法用于非治疗目的，否则不能被授予专利权。实际上，在审查实践中发现很多申请并没有区分方案是用于治疗目的还是用于非治疗目的，而且很多情况下区分这两者也是一件比较困难的事情，许多方法本身就很难界定属于治疗目的还是非治疗目的。比如减肥方法，传统意义上被认为是一种美容方法，但对于因肥胖引起疾病的患者来说，减肥就成了治疗目的的方法；又如，输氧方法一般意义上被认为属于对呼吸困难患者的治疗方法，但如果为健康个体输送氧气以使其有舒服的享受，则这种方法又具有非治疗性的目的。

随着人们对我国专利制度的了解的不断深入，明显属于疾病治疗方法的专利申请越来越为人所认知，而如上面所列举的一些疾病预防方法及具有治疗性质的方法逐渐成为争议的焦点。在判断一种方法是否属于疾病治疗方法时，应当整体理解其权利要求书和说明书的内容并考虑本领域的常识，如果权利要求的方法既可以用于治疗目的，又可能用于非治疗目的，则该方法仍属于《专利法》第二十五条第一款第（三）项所述的疾病治疗方法的范畴。

由于疾病治疗方法种类繁多，这里不可能每个类型都涉及，下面仅以四个案例加以说明。

**【案例1】　蕲艾油洗、搽剂及其用途（第6518号复审请求审查决定）**

2005年6月2日，专利复审委员会作出第6518号复审请求审查决定。该决定涉及发明名称为"蕲艾油洗、搽剂及其用途"的01114225.1号发明专利申请。

经实质审查，国家知识产权局原审查部门以本申请权利要求1不符合《专利法》第二十二条第三款的规定及权利要求2不符合《专利法》第二十五条第一款的规定为由驳回了本申请。驳回决定所针对的权利要求1、2的内容如下：

"1. 蕲艾油洗、搽剂，其特征在于是由蕲艾油、薄荷油类助渗剂、甘油类增稠剂、调香剂、酒精混合而成的淡黄色澄明液体，有蕲艾油香味，各部分的重量比％为：

蕲艾油4－6　助渗剂1－2

增稠剂2－3　调香剂1

酒精　余量

2. 蕲艾油洗、搽剂的用途，其特征在于：

a. 用做搽于皮肤过敏处与蚊蝇叮咬处的搽剂，

b. 用做洗剂：

按1∶500－1 000的重量比加水作大众型浴用香精，

按1∶100－500的重量比加水作婴儿型浴用香精，

按1∶50－100的重量比加水作妇科洗剂，

按1∶50－100的重量比加水作性病洗剂。"

驳回决定认为：权利要求 2 请求保护的实际上是权利要求 1 中蕲艾油洗、搽剂的用途，根据其表述，其中包括用做皮肤过敏的搽剂的用途、用做妇科洗剂的用途、用做性病洗剂的用途，这些用途均属于《专利法》第二十五条第一款第（三）项所述的疾病治疗方法的范围。

复审请求人对上述驳回决定不服，于 2003 年 12 月 29 日向专利复审委员会提出了复审请求。关于权利要求 2 属于疾病治疗方法的问题，请求人认为：该方法没有被列入《审查指南》中所述的疾病的诊断和治疗方法的范围，应不属于疾病的诊断和治疗方法。因此请求人在提出复审请求时没有修改申请文件。

经审查，专利复审委员会作出维持驳回决定的第 6518 号复审请求审查决定，该复审请求审查决定认为：就本申请而言，权利要求 2 要求保护的是蕲艾油洗、搽剂的用途，而这些用途中包括了作为搽剂用于皮肤过敏和蚊蝇叮咬处及作为洗剂用于性病和妇科疾患，由于权利要求 2 所述的用途中涉及如上所述对皮肤过敏症状、性病和妇科疾患的治疗，而蚊蝇叮咬也会造成皮肤的破损和感染，因此，该权利要求 2 属于《专利法》第二十五条第一款第（三）项规定的疾病治疗方法。

【案例评析】

本案涉及的主要问题是本申请所要求保护的蕲艾油洗、搽剂的用途是否属于疾病的治疗方法。

《审查指南 2006》第二部分第一章第 4.3.2.2 节规定："以下几类方法是不属于治疗方法的例子，不得依据《专利法》第二十五条第一款第（三）项拒绝授予其专利权……（5）单纯的美容方法，即不介入人体或不产生创伤的美容方法，包括在皮肤、毛发、指甲、牙齿外部可为人们所视的部位局部实施的、非治疗目的的身体除臭、保护、装饰或者修饰方法……（7）杀灭人体或者动物体外部（皮肤或毛发上，但不包括伤口和感染部位）的细菌、病毒、虱子、跳蚤的方法。"

　　根据上述规定可知，杀灭人体外部（或称体表）皮肤的细菌、病毒的方法以及不介入人体或不产生创伤的美容方法均不属于治疗方法。反之，在人体皮肤的伤口和感染部位上进行杀菌、杀灭病毒、虱子、跳蚤的方法则应当属于治疗方法。因此，是否属于治疗方法与是否属于消除病因或病灶、是否为在伤口或感染部位上实施的方法密切相关。

　　本案中，蕲艾油可用做搽于皮肤过敏处与蚊蝇叮咬处的搽剂，其按不同比例与水混合后也可以分别用做妇科洗剂、性病洗剂、大众型浴用香精和婴儿型浴用香精。其中用做大众型浴用香精或婴儿型浴用香精的用途属于杀灭人体正常皮肤或毛发上的细菌等的方法，其不涉及任何病因或病灶，不属于疾病的治疗方法；但是用做皮肤过敏处的搽剂或妇科和性病中的洗剂分别以消除过敏症、妇科病和性病为目的，均属于对皮肤感染部位或伤口上实施的方法，另外，蚊蝇叮咬通常也会造成皮肤的破损和感染，蚊蝇叮咬处实质上也属于皮肤感染部位，蕲艾油用做搽于蚊蝇叮咬处的搽剂实质上也是为了消除皮肤感染症状。因此蕲艾油用做搽于皮肤过敏处与蚊蝇叮咬处的搽剂、用做妇科洗剂与性病洗剂的用途均属于《专利法》第二十五条第一款第（三）项规定的疾病的治疗方法。

　　从以上分析可知，权利要求2的方案既可用于疾病治疗目的，也可用于非治疗目的。由于权利要求中未对此进行区分，故该权利要求仍属于《专利法》第二十五条第一款第（三）项所述的疾病治疗方法的范畴，不能被授予专利权。

（撰稿人：李晓娜）

**【案例2】 防治牙石的假牙粘合剂组合物（第 10309 号复审请求审查决定）**

2006 年 12 月 15 日，专利复审委员会作出第 10309 号复审请求审查决定。该决定涉及名称为"防治牙石的假牙粘合剂组合物"的 00816864.4 号发明专利申请。

经实质审查，国家知识产权局原审查部门于 2004 年 9 月 24 日以本申请说明书不符合《专利法》第二十六条第三款的规定为由驳回了本申请。驳回决定针对的独立权利要求 1 的内容为：

"1. 一种通过在口腔中施用假牙粘合剂组合物，以减少、控制、抑制、预防、保护以避免或降低口腔中结石、牙石、牙菌斑或牙斑的方法，其特征在于，所述的假牙粘合剂组合物包括：

安全有效粘合量的假牙粘合剂成分；和

安全有效量的非水假牙粘合剂载体。"

复审请求人不服上述驳回决定，向专利复审委员会提出复审请求。

经审查，专利复审委员会向复审请求人发出"复审通知书"，指出本申请权利要求 1 要求保护的通过在口腔中使用假牙粘合剂组合物以减少、控制、抑制、预防、保护从而避免或降低口腔中结石、牙石、牙菌斑或牙斑的方法是在有生命的人体或动物体上直接实施的方法，其目的是预防或治疗疾病，并且，权利要求 1 所述方法包括阻断、减缓或消除病因或病灶的过程，属于疾病的治疗方法，权利要求 2 ~ 18 是权利要求 1 的从属权利要求，同样属于疾病的治疗方法，所以权利要求 1 ~ 18 的保护主题属于《专利法》第二十五条第一款第（三）项规定的不授予专利权的客体。

针对"复审通知书"指出的上述缺陷，复审请求人将权利要求 1 ~ 18 修改为物质的制药用途权利要求。修改后的独立权利要求 1 如下：

"1. 含有下述组分（a）和（b）的假牙粘合剂组合物在制备用于减少、控制、抑制、预防、保护以避免或降低口腔中结石、牙石、牙菌斑或牙斑的组合物中的用途：

（a）安全有效粘合量的假牙粘合剂成分，和

（b）安全有效量的非水假牙粘合剂载体。"

鉴于修改后的权利要求的保护主题为物质的制药用途，不再涉及疾病的治疗方法，克服了"复审通知书"所指出的涉及《专利法》第二十五条第一款第（三）项规定的缺陷，因此，第10309号复审请求审查决定在同时认定了本申请说明书符合《专利法》第二十六条第三款规定的基础上撤销了驳回决定。

**【案例评析】**

本案涉及《专利法》第二十六条第三款和《专利法》第二十五条第一款第（三）项的规定，其中后一条款虽然不是驳回决定所依据的理由，但属于明显的实质性缺陷，因此合议组在复审程序中主动引入该条款进行审查，这里只对该条款的适用情况加以分析。

《审查指南》第二部分第一章第4.3.2.2节规定：单纯的美容方法，即不介入人体或不产生创伤的美容方法，包括在皮肤、毛发、指甲、牙齿外部可为人们所视的部位局部实施的、非治疗目的的身体除臭、保护、装饰或者修饰方法不属于治疗方法，不得依据《专利法》第二十五条第一款第（三）项拒绝授予其专利权。鉴于本申请权利要求1～18要求保护的减少、控制、抑制、预防、保护以避免或降低口腔中结石、牙石、牙菌斑或牙斑的方法是在牙齿外部可为人们所视的部位局部实施的，不介入人体，未产生创伤，并且牙结石、牙石、牙菌斑或牙斑的去除有美容效果，因而或许有人会据此认为本申请的方法属于《审查指南》上述内容中所列举的单纯的美容方法，而不是疾病的治疗

方法。

然而，根据《审查指南》第二部分第一章第4.3.2节中对于治疗方法的定义可知，治疗方法是为使有生命的人体或者动物体恢复或获得健康或减少痛苦，进行阻断、缓解或者消除病因或病灶的过程，其包括以治疗为目的或者具有治疗性质的各种方法。本申请中涉及的牙菌斑、牙石、牙结石与龋齿和牙周病的发生密切相关，在龋齿和牙周病的预防和治疗中，彻底清除牙菌斑、牙石、牙结石是至关重要的，因此本申请所要求保护的减少、控制、抑制、预防、保护以避免或降低口腔中结石、牙石、牙菌斑或牙斑的方法在获得美容效果的同时不可避免地具有预防、治疗龋齿和牙周病的作用，因此属于疾病的治疗方法。

在判断包含有美容目的或美容性质的方法是否为单纯的美容方法时，如果该美容方法具有治疗目的或治疗效果，且无法明确将该治疗目的或治疗效果与美容效果区别开，则该方法属于治疗方法。值得注意的是，如果权利要求中的美容方法是由于介入人体、对人体产生创伤而不属于单纯的美容方法，即使其不具有治疗目的或治疗效果，但该美容方法仍属于非治疗目的的外科手术方法，应当根据《审查指南》第二部分第五章第3.2.4节的规定，认为这种方法不具备《专利法》第二十二条第四款规定的实用性，这部分内容可参见本书第二章的相关内容。（撰稿人：葛永奇）

【案例3】　含有羟基酸或类视色素（第9603号复审请求审查决定）

2006年11月7日，专利复审委员会作出第9603号复审请求审查决定。该决定涉及名称为"含有羟基酸或类视色素"的98107039.6号发明专利申请。

经实质审查，国家知识产权局原审查部门以本申请权利要求 7 不符合《专利法》第二十五条第一款第（三）项的规定为由作出驳回决定。驳回决定所针对的权利要求 7 的内容为：

"7. 一种用于减轻由局部应用含有羟基酸或类视色素的组合物而诱发的刺痛或刺激的护肤方法，该方法包括以有效减轻由该组合物诱发的刺激的量来局部应用 Trichodesma lanicum 种子提取物。"

驳回决定认为：外界物质的使用所导致的刺痛和刺激是一种人体不正常的生理状态，而疾病或病况就是指不正常的生理状态，因此，权利要求 7 中的刺痛或刺激应当被认为是一种病况，减轻刺痛或刺激的方法应当属于医学方法，尽管从权利要求 7 的表述形式来看，其要求保护一种护肤方法，但实际上包含了以减轻刺痛或刺激为目的的医疗目的，实质上属于一种医学上的治疗方法，不能被授予专利权。

复审请求人对上述驳回决定不服，向专利复审委员会提出复审请求，复审请求人认为：首先，"刺痛或刺激"是在护肤过程中因施用某类刺激性物质而引起的，并不存在什么病因或病灶，因此这种"刺激或刺痛"不能被认为是一种疾病；其次，本发明目的在于缓解护肤过程中刺激物的影响，根本上还是一种护肤方法，这在权利要求中也已明确限定，对于这种明确说明用于"非治疗目的"的方法，应当是予以允许的。

经审查，专利复审委员会向复审请求人发出"复审通知书"，复审意见如下：本申请说明书指出羟基酸和类视色素可转用护肤有效剂，但它们在高浓度时的使用往往会伴随对皮肤的刺激，例如在应用时皮肤发红和有刺痛感（见说明书第 1 页第 2 段）。本领域技术人员知道，羟基酸和类视色素护肤的机理在于它们与皮肤角质层产生离子键结合，破坏角质层细胞间的相互连接，去除多余的角质层、抗角化，但当高浓度使用时会引起表皮剥脱，并且会有刺激、刺痛等副反应，严重者甚至会引起起泡和灼伤，需要就医并外敷药物以缓解症状。由此可见，应用含有羟基酸或类视色素的组合物时会引起皮肤的病态变化，该组合物即是引发所述病态的病因，受到损伤的皮肤即是病灶，而产生的刺激和刺痛感正是这种病态的症状反应，这时使用者的皮肤处于有别于健康状况的疾病状态。权利要求7虽然在形式上被表述为一种"护肤方法"，但是在其达到护肤目的的同时不可避免地具有对以刺激或刺痛为症状的皮肤病态的治疗作用，因此无论是否将该方法限定为"非治疗目的"，其实质上都是具有治疗性质的。综上所述，权利要求7所要求保护的方法是在含有羟基酸或类视色素的组合物导致以刺激或刺痛为症状的皮肤疾病状态发生时局部应用 Trichodesma lanicum 种子提取物以减轻刺激或刺痛症状的技术方案，由此可见，权利要求7包括为使有生命的人体或者动物体恢复或获得健康或减少痛苦，进行阻断、缓解或者消除病因或病灶的过程，属于《专利法》第二十五条第一款第（三）项规定的疾病的诊断和治疗方法，不能被授予专利权。即使对权利要求7进行修改，以体现羟基酸/类视色素与 Trichodesma lanicum 种子提取物存在于同一组合物中，在刺激和刺痛未发生时即可阻止其产生而不是在刺激和刺痛发生后再进行缓解的含义，该权利要求也不可避免地具有预防疾病的性质，是以预防疾病为目的的技术方案，而预防疾病的方法视为治疗方法，同样属于《专利法》第二十五条第一款第（三）项规定的疾病的诊断和治疗方法的范畴，不能被授予专利权。

　　针对上述"复审通知书"，请求人提交了权利要求书修改替换页，删除了上述权利要求7。基于此，专利复审委员会作出复审请求审查决定，在修改文本的基础上撤销了驳回决定。

## 【案例评析】

　　单纯的美容方法是指不介入人体或不产生创伤的美容方法，

包括在皮肤、毛发、指甲、牙齿外部等可视部位局部实施的、非治疗目的的身体除臭、保护、装饰或者修饰方法。单纯的美容方法不属于治疗方法。

但对于包含美容目的或美容性质的方法，需要注意两点：① 是否具有治疗目的或治疗效果；② 是否带有外科手术步骤。如果该美容方法具有治疗目的或治疗效果，并且该治疗目的或治疗效果与美容效果不可区分，则应当属于治疗方法。如果该美容方法不具有治疗效果，但包括外科手术处置步骤，则属于非治疗目的的外科手术方法，不具备《专利法》第二十二条第四款规定的实用性。

本案例就属于上述第①种情况，虽然权利要求 7 在形式上被表述为一种"护肤方法"，但是该方法实质上具有治疗性质。"复审通知书"中对此进行了详细的分析，如含有羟基酸或类视色素的组合物即是引发病态的病因，受到损伤的皮肤即是病灶，而产生的刺激和刺痛感正是这种病态的症状反应，应用的Trichodesma lanicum 种子提取物能减轻所述刺激或刺痛症状。由此可见，权利要求 7 的方法包括为使有生命的人体或者动物体恢复或获得健康或减少痛苦，进行阻断、缓解或者消除病因或病灶的过程。该方法实际上具有治疗目的和治疗效果，与所宣称的护肤效果不可区分，应当属于《专利法》第二十五条第一款第（三）项规定的不授予专利权的范畴。

此外，预防疾病的方法也视为治疗方法。如本案例的"复审通知书"中所述，即使对权利要求 7 进行修改，以体现向人体施用羟基酸/类视色素与 Trichodesma lanicum 种子提取物存在于同一组合物中的方法，即，在刺激和刺痛未发生时即可阻止其产生而不是在刺激和刺痛发生后再进行缓解，由于该权利要求也不可避免地具有预防疾病的性质，是以预防疾病为目的的技术方案，而预防疾病的方法视为治疗方法，故同样属于《专利法》第二

十五条第一款第（三）项规定的疾病的诊断和治疗方法，不能被授予专利权。（撰稿人：郭 婷）

**【案例4】 用于锻炼人类视力的方法和装置（第11140号复审请求审查决定）**

2007年7月3日，专利复审委员会作出第11140号复审请求审查决定。该决定涉及申请号为98814262.7，名称为"用于锻炼人类视力的方法和装置"的发明专利申请。

经实质审查，国家知识产权局原审查部门于2004年7月30日作出驳回决定，驳回理由是：权利要求1请求保护的一种方法的实施对象是"患者"，其目的是实现后一区域（即待锻炼的区域，包括过渡区或视力损伤更严重的区域或剩余视力功能更弱的区域或视力系统基本完全损坏的区域）中视力的改善，因此该权利要求属于一种治疗方法，属于《专利法》第二十五条第一款第（三）项规定的不授予专利权的范围，其从属权利要求2~8以及以装置在治疗上的应用为主题的权利要求16~21也属于治疗方法，属于《专利法》第二十五条第一款第（三）项规定的不授予专利权的范围。

复审请求人不服上述驳回决定，于2004年11月12日向专利复审委员会提出复审请求，同时提交了权利要求书的修改替换页，修改后的权利要求书中权利要求1~9请求保护一种装置、权利要求10~17请求保护一种用于操作权利要求1~9中任一个所述的装置的方法，其中独立权利要求1和10的内容如下：

"1. 一种装置，该装置包括：

——中央数据处理装置，用来记录、存储、处理和发出传送到和/或来自该设备的其他装置的数据；

——至少一个视力刺激物发出装置；

——可以固定人视野的固定位置点装置；

——输入装置，用来输入人对感觉到的视力刺激物的反应；

——控制装置，用来依照人对感觉到的视力刺激物的反映出的表现，控制所述至少一个光学刺激物作用装置。"

"10. 一种用于操作根据上述权利要求中任一个所述的装置的方法，包括以下步骤：

——确定人的视力系统；

——提供视力刺激物，所述视力刺激物的大部分位于所述过渡区内或附近；

——记录人视力系统的特征的变化；

——根据所述变化调整提供给所述过渡区的刺激物；和

——重复前面的步骤，使得所述过渡区被转变到视力退化较大的区域中。"

经审查，专利复审委员会向复审请求人发出"复审通知书"，指出：本申请独立权利要求10请求保护的方法包括了"根据所述变化调整提供给所述过渡区的刺激物""使得所述过渡区被转变到视力退化较大的区域中"这些步骤，其中具有"视力退化较大的区域"的人必然是"患者"，并且，根据说明书的记载，带有刺激物的过渡区被转变到视力退化较大的区域，就是为了实现本申请"所述刺激物作用在所述患者的完好视野内的区域中和所述患者的完好视野外的区域中，后一个区域包括待锻炼的区域，从而实现所述后一个区域中的视力的改善"的发明目的，因此，权利要求10请求保护的方法能够使具有"视力退化较大的区域"的患者获得"视力的改善"，从而消除"视力退化"等疾病，其实质上只能是一种治疗方法；另外，根据权利要求1～9中包括的特征以及说明书的记载，权利要求1～9请求保护的装置实质是一种依靠人对视力刺激物的反映来控制光学刺激物作用，从而进行视力改善或矫正的锻炼人们视力的装置，因此权利要求10请求保护的一种用于操作根据权利要求1～9中任一个所述的装置的方法，实质上是一种操作上述进行视力改善或矫正的装置的方法，实际应用中操作这种装置的唯一目的就是进行视力改善或矫正，从而治疗人的眼睛。从上述分析中可见，权利要求 10 请求保护的方法的确是以治疗疾病为直接目的，在有生命的人体或动物体上实施的方法，属于疾病的治疗方法范畴，是《专利法》第二十五条第一款第（三）项规定的不能授予专利权的客体。此外，其从属权利要求 11～17 是对上述治疗方法的实施步骤的进一步限定，也同样属于治疗方法，同样属于《专利法》第二十五条第一款第（三）项规定的不能授予专利权的客体。

复审请求人针对上述"复审通知书"提交了权利要求书修改替换页，将上述文本中的权利要求 10～17 删除，仅保留了权利要求 1～9。在此基础上，复审委员会作出在修改文本的基础上撤销驳回决定的复审请求审查决定。

**【案例评析】**

本案争议的焦点在于，应用于人体的装置的操作方法是否以治疗为目的或者具备治疗性质。《审查指南》第二部分第一章第4.3.2 节规定："治疗方法包括以治疗为目的或者具有治疗性质的各种方法。"

本案中，复审请求人在提出复审请求时对申请文件进行了修改，修改后的权利要求 10～17 请求保护一种操作装置的方法。首先，该方法的步骤包括根据人视力系统的变化调整过渡区中的刺激物，并将带有刺激物的过渡区转变到视力退化较大的区域中，即，根据人视力的好坏给予相应的刺激，锻炼视力退化的区域，改善该区域的视力情况。从上述内容可见，该方法是以具有视力退化区域的人体作为直接实施对象，为改善其视力情况而进行缓解或消除病灶的过程，符合《审查指南》第二部分第一章

第4.3.2节中对治疗方法的定义。其次，权利要求10～17中操作的装置是权利要求1～9中所限定的装置，而权利要求1～9中限定的装置是根据人视力系统对刺激物的反映来控制刺激物作用的装置，其目的是进行视力改善或者矫正，从而锻炼视力。因此，权利要求10～17中操作这种装置的目的就是矫正视力，该操作方法是以治疗为目的的具有治疗性质的方法。（撰稿人：杨军艳）

## 四、动物和植物品种

专利法所称的动物是指不能自己合成，而只能依靠摄取自然的碳水化合物及蛋白质来维系其生命的生物。专利法所称的植物是指可以借助光合作用，以水、二氧化碳和无机盐等无机物合成碳水化合物、蛋白质来维系生存，并通常不发生移动的生物。

关于动物和植物品种不能授予专利权的原因有不同的理解：一种观点认为动物和植物是自然生长和存在的，属于自然创造的，不是人创造的；另一种观点认为动物、植物与工业产品不同，受自然条件的影响大，缺乏人工方法"绝对重现"的可能性，不具备实用性。

TRIPS一方面规定缔约成员可以不对除微生物之外的植物和动物授予专利权，世界上大部分国家基于此不予专利保护而是采用专门法保护，我国目前也选择了暂不采用专利保护的模式；但另一方面，TRIPS中同时规定，缔约成员应以一定的制度形式保护植物新品种。考虑到我国是农业大国，在植物品种的开发研究方面具有一定的优势，针对这种情况，我国对植物新品种采取了单独立法（《中华人民共和国植物新品种保护条例》）保护的做法，以对符合该法律规定的植物新品种予以保护。

需要注意的是：① 专利法所称的动物不包括人，与人身有关的发明创造不应依据《专利法》第二十五条第一款第（四）

项的规定不授予专利权，但应当判断其是否符合其他相关条款的规定；② 根据《专利法》第二十五条第二款的规定，对动物和植物品种的生产方法可以授予专利权，但这里说的生产方法是指人的技术介入起决定作用的非生物学的方法；③ 微生物既不属于动物，也不属于植物，因此微生物不属于《专利法》第二十五条第一款第（四）项的范畴。

随着科学技术的发展和人们对动物、植物本质的认识的不断加深，动物和植物品种并不限于传统意义上的活的生物个体。对于动物品种，《审查指南》第二部分第十章第9.1.2.3节中规定："动物的胚胎干细胞、动物个体及其各个形成和发育阶段例如生殖细胞、受精卵、胚胎等，属于本部分第一章第4.4节所述的'动物品种'的范畴，根据《专利法》第二十五条第一款第（四）项规定，不能被授予专利权。"对于植物品种，《审查指南》上述章节中规定："可以借助光合作用，以水、二氧化碳和无机盐等无机物合成碳水化合物、蛋白质来维系生存的植物的单个植株及其繁殖材料（如种子等），属于本部分第一章第4.4节所述的'植物品种'的范畴，根据《专利法》第二十五条第一款第（四）项规定，不能被授予专利权。"由此可见，一定发育阶段的动物胚胎、人工改造的动植物模型甚至某些植物组织等都有可能构成专利法意义上的动物或植物品种。

【案例】　编码类黄酮途径酶的遗传序列及其应用（第14412号复审请求审查决定）

2008 年 8 月 25 日，专利复审委员会作出第 14412 号复审请求审查决定。该决定涉及名称为"编码类黄酮途径酶的遗传序列及其应用"的 02159393.0 号发明专利申请。

国家知识产权局原审查部门于 2005 年 11 月 11 日以本申请的权利要求 1 和 8 得不到说明书的支持，不符合《专利法》第二十六条第四款的规定为由驳回了本申请。

复审请求人因对上述驳回决定不服而向专利复审委员会提出了复审请求，同时对权利要求书进行了修改。该修改文本中的权利要求 22～25 的内容如下：

"22. 一种转基因切花，其来自于携带稳定地导入的核酸分子的转基因植物，该核酸分子包含编码或互补于编码类黄酮 3′，5′－羟化酶或其衍生物或部分的序列的核苷酸序列，其中所述序列包含图 9 或图 10 所示核苷酸序列的基本上全部或部分序列或者与其有至少 40% 同一性，或者能在低严格条件下与图 9 或图 10 中所示核苷酸序列或其互补序列相杂交。

23. 根据权利要求 22 的转基因切花，其中所述切花是玫瑰、牵牛花、菊花、荷兰石竹、非洲菊、鸢尾、郁金香、百合、lisianthus、小苍兰、飞燕草、补血草或天竺葵。

24. 根据权利要求 23 的转基因切花，其中所述切花是荷兰石竹。

25. 根据权利要求 23 的转基因切花，其中所述切花是玫瑰。"

经审查，专利复审委员会向复审请求人发出"复审通知书"，其中除了指出权利要求不符合《专利法》第二十六条第四款的规定外，还进一步对本申请所涉及的明显实质性缺陷进行了审查，指出本申请权利要求 22～25 要求保护的主题为一种转基因切花，符合《审查指南》第二部分第一章第 4.4 节中对植物的定义，因此属于《专利法》第二十五条第一款第（四）项规定的不能授予专利权的客体。

针对上述"复审通知书"指出的问题，复审请求人提交了"意见陈述书"及修改后的权利要求书全文替换页，其中将"复审通知书"针对的权利要求 22～25 修改为权利要求 20～23，并指出切花并不是整个植株，而且不能借助光合作用来维系生存，因此不属于植物品种。

　　针对上述修改文本，专利复审委员会以本申请部分权利要求的技术方案属于《专利法》第二十五条第一款第（四）项规定的动物植物品种，不能授予专利权为由作出了维持驳回决定的复审决定，主要理由为：本申请权利要求20～23要求保护一种转基因切花。根据本领域技术人员的公知常识可知，切花是从栽培花卉植株上，带茎叶剪切下来制作花束、花篮、花圈、花环、瓶花、盆花、壁花、胸饰花等观赏用品的鲜花，一般还包括观叶切花和观果切花（参见《切花栽培》，前言第1～3行，黄章智编，中国林业出版社出版，1986年8月）。对于可以通过扦插繁殖的植物，例如菊花、玫瑰、荷兰石竹等，剪取其茎叶在合适的条件下即可生根，从而借助光合作用，以水、二氧化碳和无机盐等无机物合成碳水化合物、蛋白质来维系生存，成为独立的新植株。而且有些切花对培养条件要求较低，例如只要将富贵竹的切花插入清水中即可生根并生长，成为完整的植株。因此复审请求人认为切花并不是整个植株，不属于植物品种的理由不能成立，而基于上述分析可知，权利要求20～23中所要求保护的技术方案中包括了可发育成完整植株的转基因切花，属于《专利法》第二十五条第一款第（四）项规定的不能授予专利权的客体。

　　【案例评析】

　　本案涉及《专利法》第二十五条第一款第（四）项和第二十六条第四款的规定，在此仅对《专利法》第二十五条第一款第（四）项有关植物品种判断的内容进行评析。

　　根据《审查指南》第二部分第十章第9.1.2.3节和第9.1.2.4节的规定可知，植物品种不限于传统意义上的活的植株个体，凡是可以借助光合作用，以水、二氧化碳和无机盐等无机物合成碳水化合物、蛋白质来维系生存的植物的单个植株及其繁殖材料（如种子等），都属于植物品种的范畴。转基因植物本身也具有上述特性，因此也属于植物品种的范畴。

因此，判断一项权利要求所保护的主题是否属于植物品种，关键是判断所述的产品是否具有"借助光合作用，以水、二氧化碳和无机盐等无机物合成碳水化合物、蛋白质来维系生存"的特性。可以发育成独立植株的植物繁殖材料由于具有上述特性而被列入植物品种的范畴。

本案的焦点问题之一是转基因切花是否可以借助光合作用，以水、二氧化碳和无机盐等无机物合成碳水化合物、蛋白质来维系生存，是否可以发育为独立的植株。本领域技术人员已知，植物产生同自己相似的个体称为繁殖，这是植物生命的基本特征之一。自然界植物种类繁多，繁殖方法也多种多样。除了借助种子、孢子等进行繁殖外，许多植物还可以借助根、茎、叶等植株的一部分发育成独立的植株。本案中所述的切花是从栽培花卉植株上，带茎叶剪切下来制作花束、花篮、花圈、花环、瓶花、盆花、壁花、胸饰花等观赏用品的鲜花。而对于可以通过扦插繁殖的植物，例如菊花、玫瑰、荷兰石竹等，剪取其茎叶在合适的条件下即可生根，从而借助光合作用，以水、二氧化碳和无机盐等无机物合成碳水化合物、蛋白质来维系生存，成为独立的新植株。而且有些切花对培养条件要求较低，例如只要将富贵竹的切花插入清水中即可生根并生长，成为完整的植株。因此复审请求人认为切花并不是整个植株，不属于植物品种的理由不能成立。

由本案可知，凡是可发育为独立植株的种子、根、茎、叶等繁殖材料，以及通过嫁接、转基因、组培等技术手段获得的植物均属于专利法意义上的"植物品种"的范畴，对涉及此类内容的权利要求，应具体情况具体分析，而不应单纯从字面上判断其保护主题。（撰稿人：尹　昕）

## 五、用原子核变换方法获得的物质

原子核变化方法，是指使一个或几个原子核经分裂或者聚合，形成一个或几个新原子核的过程，例如：完成核聚变反应的磁镜阱法、封闭阱法以及实现核裂变的各种方法等。用原子核变换方法所获得的物质，主要是指用加速器、反应堆以及其他核反应装置生产、制造的各种放射性同位素，这些同位素不能被授予发明专利权，但这些同位素的用途以及使用的仪器、设备属于可以被授予专利权的客体。

用原子核变换方法所获得的物质不给予专利保护的主要原因在于，这类方法所获得的物质关系到国家的经济、国防、科研和公共生活的重大利益，关系到国家安全，不宜为单位或私人垄断，有的还不宜公开。因此用原子核变换方法所获得的物质不能被授予专利权。

在审查实践中涉及原子核变换方法和用原子核变换方法获得的物质的案例很少，在此不再举例说明。

# 第二章 实用性

《专利法》第二十二条第四款规定："实用性，是指该发明或者实用新型能够制造或者使用，并且能够产生积极效果。"

上述概念表明，专利法意义上的实用性包括两方面内容：一是技术方案具有可实施性；二是技术方案具有积极的效果。建立专利制度的目的是为了鼓励发明创造，并促进发明创造的推广应用，从这一宗旨出发，发明创造不能只停留在理论和思维层面上，也不能是明显无益、脱离社会需要的，其必须能够在实践中加以应用，并具有一定的积极效果，因此，授予专利权的发明和实用新型都应当满足实用性的要求。

《审查指南》第二部分第五章第 2 节对上述实用性的概念作了进一步的解释："实用性，是指发明或者实用新型申请的主题必须能够在产业上制造或者使用，并且能够产生积极效果。

授予专利权的发明或者实用新型，必须是能够解决技术问题，并且能够实际应用的发明或者实用新型。换句话说，如果申请的是一种产品（包括发明和实用新型），那么该产品必须在产业中能够制造，并且能够解决技术问题；如果申请的是一种方法（仅限发明），那么这种方法必须在产业中能够使用，并且能够解决技术问题。只有满足上述条件的产品或者方法专利申请才可能被授予专利权。

所谓产业包括工业、农业、林业、水产业、畜牧业、交通运输业以及文化体育、生活用品和医疗器械等行业。

在产业上能够制造或者使用的技术方案，是指符合自然法则、具有技术特征的任何可实施的技术方案。这些方案并不一定意味着使用机器设备，或者制造一种物品，还可以包括例如驱雾的方法，或者将能量由一种形式转换成另一种形式的方法。

　　能够产生积极效果，是指发明或者实用新型专利申请在提出申请之日，其产生的经济、技术和社会的效果是所属技术领域的技术人员可以预料到的。这些效果应当是积极的和有益的。"

　　从上述解释可以看到，一方面，实用性要求的可实施性是指在"产业上的可实施性"，这意味着发明创造不能是无法实现的抽象理论，也不能是偶然出现而不可再现的东西，其必须能够在产业中实施，即规模化重复实施，以满足发明创造能够被推广应用的需要，因而这里产业的含义非常广泛，不仅仅指传统意义的物质生产行业，而且包括流通和服务业等在内的所有能利用自然规律、具有技术性质的行业；另一方面，实用性要求的"积极效果"属于一种正面定性的要求，而非对方案先进性和完善性方面的要求，只要方案有一定的效果而不是明显的倒退或者集体变劣即可。任何发明创造都难免会有不足之处，而优缺点通常是辩证地存在于任何事物中，例如洗衣机的发展经历了从手摇到电动的过程，虽然以通常的角度来看，电动洗衣机省力且自动化程度高，较为先进，但从另一方面讲，手摇洗衣机却有着省电、环保的优点，可以在电力不足的情况下使用。因此在实践中，"产业上的可实施性"为实用性审查的主要方面，而"积极效果"一般来说很容易满足，不必过分地强调其程度。

　　实用性是专利申请获得授权的最基本条件之一，由于它所要求的"产业上的可实施性"和"积极效果"对于一般的发明创造来说都是比较容易满足的，因而不具备实用性的案件实际数量很少，所属的情况种类也比较有限，大多集中在无再现性、违背自然规律、非治疗目的的外科手术方法等几种类型。然而，在审查实践中发现，有相当一部分无效宣告请求案件中的请求人经常会主张涉案专利不具备实用性的无效宣告请求理由，但最终其主张能得到专利复审委员会支持的数量非常少，究其原因还是社会公众对于专利法意义上的实用性理解存在一些误区，例如，容易将"方案是否具备产业上的可实施性"与"方案如何实施是否被充分公开"或者"方案是否好用"相混淆。本章针对上述实用性理解中可能存在的误区以及常见的不具备实用性的类型，汇集了专利复审委员会在审查实践中遇到的一些案件并详细分析了如何正确判断其实用性，其中第一节先围绕实用性的判断原则给出了一些具备实用性的案例分析，以澄清人们在判断时经常存在的几个误区，接着第二节根据《审查指南》第二部分第五章第3.2 节中给出的几种不具备实用性的主要情形提供了一些相关的案例供读者参考。

## 第一节　实用性的判断原则

《审查指南》第二部分第五章第3.1 节规定了审查发明或者实用新型专利申请实用性的原则："（1）以申请日提交的说明书（包括附图）和权利要求书所公开的整体技术内容为依据，而不仅仅局限于权利要求所记载的内容；（2）实用性与所申请的发明或者实用新型是怎样创造出来的或者是否已经实施无关。"上述原则表明，技术方案不具备实用性的缺陷是由技术方案本身固有的缺陷引起的，因此方案不具备实用性与方案在说明书中的公开程度、方案实施起来的难易程度和完善程度甚至与方案是否符合国家的相关标准等因素都没有必然的关系。

实用性的规定比较容易与《专利法》第二十六条第三款有关说明书充分公开的规定相混淆。各国专利制度中都有类似实用性的规定，例如，欧洲专利局（EPO）的相关法规中将其表述为"Industrial Application"，即工业实用性，并且认为工业实用性在大多数情况下应当理解为不证自明的，除不授权主题（包括外科手术、诊断和治疗方法等）和违背定律之外的任何可以在工业上制造或适用的技术方案都具备实用性；美国专利商标局（USPTO）的相关法规中将其表述为"Utility"，即"有用性"，不满足有用性要求是指方案没有用或者无法实施。参考这些关于实用性的表述及其内涵不难体会，实用性关注的是方案实施的可能性，这种可能性是客观存在的，与专利申请文件如何撰写无关，也就是说，无论说明书记载的内容多么详细，一旦申请不具备实用性这种固有缺陷存在，都会使得发明无法实施。相比之下，根据《专利法》第二十六条第三款的规定，判断申请文件是否充分公开的标准为该申请文件对要保护的发明或实用新型的说明是否让"所属技术领域的技术人员能够实现"，这种判断取决于说明书公开的程度，如果说明书没有对发明作出清楚、完整的说明，导致所属领域技术人员不能实现该发明，应属于公开不充分，有关说明书充分公开的判断在本书第三章有更详细的介绍，这里只需要说明的是，说明书充分公开关注的是方案的公开程度，即，申请文件中是否清楚记载了实施方案的具体内容，如果没有记载清楚，即使所属技术领域人员认为方案具有实施的可能性，但仅凭说明书的记载内容也无法具体实施。由此可见，实用性和说明书充分公开要求的是不同层面的内容，具备实用性的发明创造，其申请文件的撰写不一定能够满足说明书充分公开的要求，而不具备实用性的发明创造，即使说明书撰写得再清楚、完整，也不可能满足实用性所要求的"产业上的可实施性"。

　　另外，实用性所要求的"产业上的可实施性"还容易与人们通常所说的"方案是否好用"相混淆，例如，一些无效宣告请求人提出有关涉案专利不具备实用性的具体理由是认为其技术方案存在很多缺点，因而不实用或者不如现有技术好用，实际上，这是对专利法意义上的实用性的另一个误解。如上面所述，"产业上的可实施性"关注的仅仅是方案本身是否存在不能在产业上实施的固有缺陷，而"方案是否好用"含义有很多种，例如，如果认为方案与现有技术相比没有进步，则应当根据《专利法》第二十二条第二款、第三款的规定判断其是否具备新颖性和创造性；而如果认为方案实施的具体条件在申请文件中没有记载清楚因而很难或无法具体实现，或者认为方案不能实现其所声称的发明目的，则应当根据《专利法》第二十六条第三款的规定，判断其方案是否被说明书充分公开；甚至在有些情况下，"方案是否好用"的内涵根本不属于《专利法》所能规范的范畴，因为专利法所规范的只是专利权最基本的正当性，而不是合法专利权被接受的程度。专利制度被称为"在智慧之火上添上利益之油"，授予专利权的目的是以法律保障一定的经济利益的形式来促使专利权人推广应用其发明创造，所以拥有专利权只是获得法律保障的前提，而该专利权的技术方案最终能否推广应用并获得经济利益还要取决于市场需要等多方面的因素，比如，某发明创造在产品性能方面的提升幅度远远不及制造成本方面的上升幅度，从而所属领域的市场主体不会去选择使用（即人们通常所说的"不实用"），这就并非专利法律法规所能及的范畴，而只能留待市场去检验。

因此，《专利法》第二十二条第四款所规定的实用性仅为授予专利权的入门级条款之一，在判断实用性时应当注意并严格遵循上面给出的两点判断原则，考察方案是否具有使之不能在产业上实施的固有缺陷。为了更直观地解读实用性的判断原则，避免走入实用性判断的误区，下面通过案例来进一步说明。

**【案例1】　一种电风扇（第6628号无效宣告请求审查决定）**

2004年10月29日，专利复审委员会作出的第6628号无效宣告请求审查决定。该决定涉及名称为"一种电风扇"的97208750.8号实用新型专利。本专利授权公告时的独立权利要求 1 的内容如下：

"1. 一种电风扇，其机体中设置有高比表面积的水工质立体蒸发装置及其供水装置，在水工质立体蒸发装置腔体内设置有由叶轮、电动机及送风机构构成的高真空高压送风装置，其特征在于：所说的高比表面积的水工质立体蒸发装置由安装在机体内的罩式蒸发板和设置在蒸发板上的网状蒸发器构成，所说的蒸发板顶部设置有工质槽，所说的供水装置由工质箱、潜水泵和工质管构成，潜水泵安装于工质箱中，工质管与潜水泵相接，另一端接蒸发板的工质槽中，所说的高真空高压送风装置由离心式径向叶轮、电动机及由前挡风板、后挡风板、左右导风片、上下导风片、摆动连杆和微型同步电动机构成的送风机构构成，高真空高压送风装置安装在水工质立体蒸发装置内，其电动机与叶轮连接并驱动叶轮向前挡风板、后挡风板、左右导风片、上下导风片构成的风道送风，所说的工质箱侧壁装有水位尺。"

针对上述专利权，请求人于 2002 年 9 月 26 日向专利复审委员会提出宣告本专利权无效的请求，其无效宣告请求理由之一是该专利不具备实用性，其具体理由为：本专利的权利要求 1 中所述的"高比表面积的水工质立体蒸发装置由安装在机体内的罩式蒸发板和设置在蒸发板上的网状蒸发器构成"这一技术特征中的"罩式蒸发板"这一结构在本专利的说明书及其附图中均找不到具体说明，而请求人认为该"罩式蒸发板"应理解为封闭成一体的板罩，采用该结构是无法将风送出的，实现不了蒸发降温的目的，因此本专利不具备实用性。

经审理，专利复审委员会作出维持了本专利有效的第 6628 号无效宣告请求审查决定，其中对请求人提出的有关实用性的理由意见如下：

从本专利的说明书中可以看出上述"罩式蒸发板"的作用是为了支撑"网状蒸发器"，虽然其名称中称其为"板"，同时在本专利说明书及其附图中也未明确指明其对气流有导通作用，但本领域普通技术人员根据本专利的装置的功能及各部件的作用不会将其理解为"一块不透风的板"，而气流应当能够穿过该板而进入"网状蒸发器"而使其发挥作用。因此，本专利权利要求1所述的技术方案能够实施，请求人认为本专利不符合《专利法》第二十二条第四款所规定的实用性的无效宣告请求理由不能成立。

**【案例评析】**

本案涉及实用性判断原则的应用。无论是在本案无效宣告请求审理程序所适用的《审查指南2001》，还是在后来的《审查指南2006》中，以下两点原则都包括在实用性的审查之内：以申请日提交的说明书（包括附图）和权利要求书所公开的整体技术内容为依据，而不仅仅局限于权利要求所记载的内容；实用性与所申请的发明或者实用新型是怎样创造出来的或者是否已经实施无关。

上述原则表明，实用性条款是对方案本身固有特性的定性要求，也就是总体上评判专利申请的方案（产品或方法）是否具有在产业上实施的可能性，因此缺乏实用性是由技术方案本身固有的缺陷引起的，与说明书的公开程度无关，即，方案中每个细节的考察并不是由实用性条款来约束的。本案中请求人仅根据对本专利某一个未被详述的局部零件的结构作出的进一步推测来主张本专利的产品不具备实用性，这是混淆了《专利法》第二十二条第四款有关实用性的条款中规定的"能够制造或者使用"的标准和《专利法》第二十六条第三款有关说明书充分公开条款中规定的"所属技术领域的技术人员能够实现"的标准。虽然二者文字上比较相似，但实用性的条款中规定的"能够制造或者使用"关注的是一种可能性，而《专利法》第二十六条第三款有关说明书充分公开条款中规定的"所属技术领域的技术人员能够实现"关注的则是公开的程度。

具体而言，请求人主张该专利实现不了其"蒸发降温"目的的理由在于，该专利"电风扇"中的"罩式蒸发板"的具体结构在其专利说明书中没有作具体描述，从该零件名称的字面上理解其应是封闭成一体的板罩，而采用这种封闭结构无法将风送出。可见，请求人的上述主张是基于专利说明书的公开程度不够，导致本领域技术人员不知如何具体实施而得出该专利的发明目的不能得以实现的结论，即使其主张成立，这种不能实现显然也不是由于技术方案存在固有缺陷引起的，因为带有"罩式蒸发板"的电风扇技术方案并没有违背自然规律且具有再现性，他在产业上具有制造的可能性，因而该方案已经满足了实用性的概念条款中的"能够制造或者使用"的要求，至于"罩式蒸发板"究竟为何种构造，带有这种"罩式蒸发板"的电风扇实际怎样创造出来，这些是考察说明书公开程度是否充分时要考量的因素，实用性的审查过程并不涉及这一层面。因此，如果请求人认为该专利说明书中有关"罩式蒸发板"的内容撰写得不够清楚，以致本领域技术人员无法得知具体应采用何种结构才能实现其所声称的"蒸发降温"的发明目的，应当提出《专利法》第二十六条第三款作为无效宣告请求的理由，基于这种请求，合议组的审查才会深入到说明书公开程度是否足够的层面，本案中依据《专利法》第二十二条第四款有关实用性的规定提出的无效宣告请求理由是不恰当的，因此合议组没有支持。（撰稿人：陈海平 周　航）

**【案例2】** 红外线探照点校准仪（第 1718 号无效宣告请求审查决定）

1999 年 12 月 27 日，专利复审委员会作出第 1719 号无效宣告请求审查决定。该决定涉及名称为"红外线探照点校准仪"的 93244279. X 号实用新型专利权。该专利授权公告的权利要求的内容如下：

"1. 一种红外线探照点校准仪，它包括立方体外壳（12）及其下部的电池盒（1），以及外壳内的电子元器件，其特征在于：

a. 外壳正面板上设有二极管（D1-D11）的显示窗口（8），调频旋钮（10）和间歇对比度旋钮（11），外壳顶面板上设有电源开关（2），尖端装有微型灯泡（3）的伸缩杆（4），表明整机工作的指示管（5），备用灯泡（6）和调压旋钮（7），外壳侧面设有用于连接探头输出的馈线（9）和用于连接强光源的插孔（13）；

b. 充电电路由桥式整流电路、电容降压电路、电阻稳压电路和充电显示电路组成，由电阻 R20 和 R21 串联组成的稳压电路，并联于桥式整流电路 D14-D17 的两个输入端，由并联的发光二极管 D18 和电阻 R22 串接电阻 R23 组成的充电显示电路，接于桥式整流电路的正极端和电池组负极之间，桥式整流电路的负极端接于电池组正极和开关 K 的交点，220V 交流电的一个端子通过降压电容 C12 接于桥式整流电路的输入端，交流电的另一个端子直接接于桥式整流电路的另一个输入端；

c. 自激多谐振荡器采用集—基耦合电路，三极管 BG1 的 RC电路：电位器 W2 串接并联的电容 C10、C11，电位器 W3 串接电阻 R19，电位器 W2 一端接三极管 BG1 集电极，电阻 R19 与并联电容 C10、C11 的交点接于三极管 BG2 基极，电位器 W3 的一端接电源正极，三极管 BG2 的 RC 电路：电阻 R18 一接电源 E 正极，并联电容 C8、C9 的一端接三极管 BG2 集电极，电阻 R18 和并联电容 C8、C9 的交点接于三极管 BG1 基极，作为负载的并联的继电器 J 和二极管 D13 接于三极管 BG1 集电极和电源正极之间，作为负载的微型灯泡 Z1 或大功率灯泡 Z2 接于三极管 BG2

集电极和电源正极之间；

　　d. 电平驱动校对显示电路由集成块（IC）的 10 个接线脚与限流电阻（R1－R5）或（R7－R11）和发光二极管（D11－D1）对应串联构成。"

　　针对上述实用新型专利权，请求人以本专利不具备《专利法》第二十二条第四款规定的实用性为由向专利复审委员会提出无效宣告请求，其认为：① 本专利所采用的校正热源是一个发光灯泡，由于其温度较低，所产生的信号弱，因而通过记录纸带上的波形很难判别探照点是否正确，是不能采用的；② 由于灯泡温度低，在夏季或阳光直接照射校准架校验区时，以及当轴温探测仪灵敏度高或低时，该校准仪无法使用；③ 本专利在校验探照点的过程中，是通过校准仪发光二极管的发光个数来判断探照点位置是否准确的，缺乏连续显示的直观效果，由于其发光电路电压不是由探测仪探头接收的热源信号调制分流出来的，所以其电压与探头接收的热源信号不成完全的正比关系，这就造成校准仪发光的二极管个数与探照点的正确位置有一定差异。因此，本专利不能达到校点的目的，没有实用性。

　　经审查，专利复审委员会认为：第一，从本专利说明书、附图和权利要求书所公开的内容中，可清楚看出本专利的结构、所用零部件、元器件相互之间的连接关系和位置关系，以及该校准仪的工作原理和使用方法，其所使用的零部件和元器件都是现有技术能够制造的，或者是采用现有的标准件，因此，本专利产品是能够在产业上制造的，符合实用性中有关专利产品必须能够在产业上制造的要求；第二，从本专利说明书中可以看出，应对红外线探头的照射面进行校对（每天两次），使照射面始终在车辆轴的确定区域上，本专利申请日前的校对方法是工作人员手持蚊香或烟头在测试架规定点（相当于车辆轴端面）附近来回摆动，通过毫伏表的测试值判断探头是否照射在轴的确定区域上，即判断探测点是否准确，这种凭经验的手工摆动方式，其摆动频率不稳、幅度不稳、热源温度不稳、易受气候影响，而本专利的校对方法是采用微型灯泡作为模拟热源，这种方式具有点面积小、频率稳定、找点又快又准、不受气候影响、操作容易、携带方便等优点，由于设有强光热源和间歇对比度旋钮，探照点信号的波形能够清晰地显示在记录纸带上。从上述对比可看出，本专利的技术方案相对现有技术，其效果是可以预料到的，也是积极的和有益的，同时这些效果的实现也使得本专利的目的得以实现。因此本专利具备实用性。

对于请求人认为本专利存在的问题，专利复审委员会认为：① 接收端记录纸带上所记录的波形与发光灯泡的强度有关，灯泡强度愈高，波形愈明显。在本专利说明书第 3 页第 10 行"由于设有强光热源和间歇对比度旋钮，探照点信号的波形能够清晰地显示在记录纸带上"和第 6 页第 15～18 行"为了记录波形，可将大功率灯泡 Z2 的导线插头插入孔 13……可在记录纸上看到峰谷分明的波形"的相关文字都清楚地说明了如何才能得到较明显的波形。而请求人在请求书中只指出校正热源是一个发光灯泡，其温度较低，产生的信号弱，所记录的波形很难判断探照点位置是否正确，未说明采用大功率灯泡是否也不能得到较为明显的波形。同时，请求人也未提出任何证据证明发光灯泡其发光强度必须在多少以上，才能在记录纸带上记录下能够用来判断探照点位置是否正确的波形，而本专利中使用的微型灯泡或者大功率灯泡其发光强度未达到标准。② 本专利能否在夏季或阳光直接照射校准架校验区时使用并不重要，只要看在其规定的使用范围及条件下能否使用即可。而本专利说明书中也没有规定本专利产品必须要在这样的条件下工作。因此，本专利即使不能在夏季或阳光直接照射校准架校验区时使用，也不能充分说明本专利缺乏专利法所规定的实用性。③ 请求人既没有证据表明本专利的校准仪必须具备连续显示功能，也没有说明如不具备连续显示功能，则影响本实用新型专利目的的实现。并且从本专利的说明书中也看不出"连续显示功能"是本专利要达到的目的之一。因此，本校准仪是否具备"连续显示功能"，都不会对本专利的实用性产生影响。

**【案例评析】**

本案中无效宣告请求人认为本专利不具备实用性的观点存在几个误区。

第一，技术方案是否具备实用性与是否在该方案中说明或限定了实施条件没有必然关系。任何一项专利技术的实施及其功能的发挥都或多或少地依靠一定的实施条件或者遵循一定的使用方法等，本专利的校准仪的使用也不例外。这些条件或者方法有的是明示的；有的虽不是明示的，但却是在该行业或领域中被普遍遵守的，或是一种大家所了解的基本常识。即使正如请求人所说，"由于灯泡温度低，在夏季或阳光直接照射校准架校验区时，以及当轴温探测仪灵敏度高或低时，该校准仪无法使用"，也不能因此直接得出本专利不具备实用性的结论。因为：① 本专利权利要求请求保护的技术方案并未限定为上述苛刻的条件；② 本专利说明书具体描述了如何实施本专利的技术方案；③ 本领域技术人员在实际应用本专利时会避免遭遇上述不利的苛刻条件，并且，即使出现了上述苛刻条件，本领域技术人员也会采用一些常规方法来解决因此出现的新的技术问题。

第二，不能以实际产品在使用中所存在的问题来直接否定本专利的积极效果。因为实际生产的产品可能由于其他问题，如加工工艺、相关制造技术不成熟或者设备等原因而导致其实际效果与理论效果存在差距，不同的生产厂家、使用不同的生产设备和原材料以及采用不同的生产工艺等因素都可能影响最终产品的使用效果。

第三，专利是否能够取得积极效果可以根据自然规律从理论上来分析，也可以通过实践检验评判，但不宜以实际产品在某些特定条件或环境下的使用效果为依据就轻易得出其不具备实用性的结论，因为影响产品实际使用效果好坏的其他因素很多，并不一定是发明或者实用新型技术方案本身的问题。

总之，评价一项专利是否具备实用性，要紧紧围绕专利法意义上的实用性，即"根据该项专利的主题是否能够在产业上制造或者使用，并且能够产生积极效果"来判断，而与技术方案是否限定了具体实施条件、产品或方法的完善程度或使用效果好坏没有必然关系。（撰稿人：陈迎春　孙跃飞）

【案例3】　游梁平衡调径变矩节能抽油机（第 2509 号无效宣告请求审查决定）

2000 年 8 月 25 日，专利复审委员会作出第 2509 号无效宣告请求审查决定。该决定涉及名称为"游梁平衡调径变矩节能抽油机"的 97231916.6 号实用新型专利权。本专利授权公告时的权利要求书共有 10 项权利要求，其中独立权利要求 1 的内容如下：

"1. 一种游梁平衡调径变矩节能抽油机，包括驴头、游梁、支架、连杆横梁、底座、曲柄、减速器、动力机、悬绳器，其特征在于吊臂前端的上部或下部铰接在游梁尾端，而吊臂前端的下部或上部与游梁尾端之间安装有配重力臂调节装置，吊臂尾端安装有配重装置。"

针对上述专利权，无效宣告请求人于 1999 年 11 月 28 日向专利复审委员会提出无效宣告请求，认为本专利不具备新颖性、创造性、实用性，请求宣告本专利权利要求 1 ~ 10 全部无效。其中与实用性有关的无效宣告请求理由为：①"调径变矩原理"错误的实质是违背了下置平衡产生的 △M 可完全平衡、也只能平衡抽油机系统惯性力这个客观规律，也就是说，当抽油机悬点载荷发生变化，而抽油机系统的惯性力未改变的情况下，通过调径变矩无法实现游梁抽油机的平衡，也不可能达到节能的目的，只有通过增减配重来实现新的平衡；② 权利要求 1 及权利要求 3 ~ 6 所述的"配重力臂调节装置"徒然使抽油机结构复杂化，制造成本增加，现场装配困难，调节工作又很难操作。因此本专利不具备实用性，不符合《专利法》第二十二条第四款的规定。

经审查，专利复审委员会认为本专利权利要求 1 ~ 10 具备新颖性、创造性和实用性，维持本专利有效。在无效宣告请求审查决定中有关实用性的审查意见如下：

第一，关于本专利"调径变矩原理"。（1）请求人对抽油机惯性力的平衡的分析及论述，未提出任何证据予以支持。（2）请求人认为本专利仅通过调径变矩来实现游梁抽油机平衡，从而达到节能目的的观点是不全面的，也是无依据的。对于本专利的工作原理，首先，通过本专利说明书中的描述无法直接得出本发明目的是仅通过调径变矩来实现的；其次，对于游梁式抽油机来说，调整配重重量仍然是调节其平衡的重要手段，对于本专利所述的抽油机也不例外；最后，当井下工艺参数（如泵径、泵挂深度等参数）或油的粘度等情况发生变化时，通过调整配重重量和配重质心位置通常比仅通过调整配重重量或配重质心位置所获得的效果要好，因为每种方式都有其局限性，难以完全适应复杂的采油工况。（3）在请求人意见陈述中，请求人也认为本专利所采用的平衡方式是游梁下置平衡，并通过调整平衡装置质心/作用质心相对游梁的下置距离 H 来适应抽油机惯性力矩的变化。从其意见陈述中可以看出，请求人并不否认本专利能够通过调径变矩来改变其平衡装置质心相对游梁的下置距离，从而达到平衡抽油机的惯性力矩的目的。因此，请求人认为本专利"调径变距原理"违反自然规律而导致本专利不具备实用性的观点不成立。

第二，关于"配重力臂调节装置"。由于本专利产品的制造在产业上是没有问题的，其产生的效果也是可以预料到的，且是积极的和有益的。因此，本专利符合《专利法》第二十二条第四款规定的实用性。

**【案例评析】**

实用性判断包含两个方面，一是所述技术方案能否制造或者使用；二是能否产生积极效果。判断一项权利要求是否满足实用性条件，首先，要从所述权利要求的技术方案的整体来看，不能只看该权利要求中的某一个技术特征是否符合实用性；其次，技术方案实施的难易程度等因素不是判断是否具备实用性的充分必要条件；最后，所述的积极效果是指发明或者实用新型专利申请在提出申请之日，其产生的经济、技术和社会的效果是所属技术领域的技术人员可以预料到的。

判断一项发明创造是否符合自然规律和客观情况，要着重看其技术方案是否符合自然规律和客观情况，是否能解决该专利现有技术中所指出的缺陷或不足，不能就说明书中某些概念或者原理的表述不当或不准确就否定一项发明的积极效果和进步意义，而要从实际出发，从说明书整体内容出发，客观的分析其表述的错误是否导致该技术方案不能实现该发明目的，或者该技术方案完全不能实施。

就本案来说，请求人主张本专利不具备实用性的理由在于：本专利技术方案中所采用的"调径变矩原理"是错误的；"配重力臂调节装置"不具备实用性，以及"配重力臂调节装置"使抽油机结构复杂化，制造成本增加，现场装配困难，调节工作又很难操作。从实用性判断标准来看，请求人的观点中存在几点问题：第一是概念错误，即，判断一项专利是否具备实用性，是以整体技术内容为依据，而不仅仅局限于其中一个技术特征来判断；第二是对"调径变矩原理"的力学分析未提供任何证据予以支持，且说明书对"调径变矩原理"及"配重力臂调节装置"的描述不存在明显错误，因而导致其主张不被接受；第三是"配重力臂调节装置"本身的不足并不是判断一个技术方案不具备实用性的充分必要条件；第四是没有针对本专利所针对的技术问题、所提出的技术解决方案及所达到的技术效果作整体分析，即，没有从本专利所述技术方案涉及的产品在产业上是否能够制造，以及该产品是否具有积极效果进行分析。

进一步来讲，由于是否具备实用性与技术方案实施的难易程度无必然关系，因此即使请求人所声称的本专利"'配重力臂调节装置'使抽油机结构复杂化，制造成本增加，现场装配困难，调节工作又很难操作"的观点成立，也不足以支持其认为本专利不具备实用性的主张。"现场装配困难，调节工作又很难操作"在这里如果仅仅是增加了技术方案实施的烦琐和复杂程度，例如需要耗费较多的时间和工序来装配，调节操作需要一定的水平和技巧，但并没有导致该方案在产业上无法制造和使用，或导致该方案无法产生积极效果，并不影响该方案具备实用性。（撰稿人：陈迎春　孙跃飞）

【案例4】　多功能病床（第2708号无效宣告请求审查决定）

2000年9月20日，专利复审委员会作出第2708号无效宣告请求审查决定。该决定涉及1996年4月17日授权公告的名称为"多功能病床"的95204539.7号实用新型专利权（下称"本专利"）。本专利授权公告的权利要求1~4的内容如下：

"1. 一种多功能病床，由铰轴连接在一起的活动床板和床板驱动机构所组成，其特征是活动床板包括背位板、臀位板和腿位板三部分，该三部分活动床板又沿床的纵向分成两半，腿位板又分成大腿位板、小腿位板和脚垫板三段，相邻的活动床板间由铰轴连接，在床框上分别装有使背位板、腿位板作横向折叠运动的起背驱动机构和屈膝驱动机构，以及使活动床板作纵向折叠运动的侧身驱动机构。

2. 按权利要求 1 所述的多功能病床，其特征是：

（1）臀位板中间设有一便孔封板，在其之下的床框的滑道上放置着便盒，且床框上还装有使便孔封板升降的封板升降机构；

（2）床的四个支承脚为套管结构，外管固定在床框上，内管上装有螺母，与螺母连接的丝杆上端固定着链轮，丝杆又抵住外管，四个链轮用链条连接，床框上装有使链条运动的床升降驱动机构。

3. 按权利要求 2 所述的多功能病床，其特征是：

（1）床头处的床框上设有插孔，床头板的下部带有与插孔配合的销柱；

（2）床框的纵向两侧边上装有滑道，滑道中装有滑竿，滑竿的上端又以转轴连接着桌面架；

（3）活动床板旁有两块纵向的固定边块，其下面的床框上固定有套管，随床配备的活动扶手的竖杆插装在套管中。

4. 按权利要求 2 所述的多功能病床，其特征是：

（1）背位板及腿位板的纵向铰轴上固定有套管，板背面固定着开口卡，套管中装有横杆，横杆的两端位于开口卡中，相应的驱动机构中的齿条作用于横杆上，

（2）侧身驱动机构是以半圆蜗轮作用在活动床板上，固定套管设在臀位板上，开口卡设在背位板和腿位板上，纵杆装在固定套管中并同时卡在开口卡中。"

针对上述实用新型专利权，请求人于 1998 年 5 月 26 日向专利复审委员会提出无效宣告请求，其认为本专利不符合《专利法》第二十二条第四款的规定，具体理由是：本专利的名称为多

功能病床，是为满足危重病人的护理要求而设计的，护理人员在给危重病人翻身时尚且十分小心谨慎，因而不可能用一块床板随便翻身，况且，实现翻身功能还必须将病人放在特定的位置上，否则翻身功能就无法实现，绝大多数情况最终仍然需要护理人员用手帮助病人翻身，在这里，所谓的翻身功能实际上不过只是一种摆设而已。本专利产品在功能设置上不实用，如整体升降功能、翻身功能等都不实用，有实用性的功能如起背、曲腿、餐桌功能等，在我国现行同类产品中早已普及，因此，本实用新型无实用性。

经审查，专利复审委员会认为：专利法意义上的实用性是指专利产品能够制造或者使用，并能够产生积极效果。本实用新型的多功能病床能够制造、使用并达到一定效果，显然已满足了上述要求。

【案例评析】

一项技术方案是否具备专利法意义上的实用性，关键在于判断该方案能否解决技术问题、能否实际应用。只要依据该技术方案能够制造出相应的产品，并且能够解决一定的技术问题，就应当认为该技术方案具备专利法意义上的实用性。至于依据本专利说明书和权利要求书的描述生产出来的产品在使用中是否确实方便、实用，不是专利法中实用性审查的内容。也就是说，是否具备实用性与产品功能的完善程度没有必然关系，产品有缺陷、不完善或者功能实际用处不大，并不足以导致技术方案没有实用性。

本案中，即使如请求人认为的那样，权利要求 1~4 所述的多功能病床在用于危重病人的护理时，存在设计上考虑不周之处，其所具备的整体升降功能、翻身功能在实际使用时并不方便，从而导致使用者认为该产品功能不够实用而最终不会购买使用。但根据本专利权利要求 1～4 所限定的特征，符合其限定的多功能病床在实际中是可以生产制造出相应产品的，并非违背自然规律或因其他固有缺陷不能再现的技术方案，该多功能病床所带有的活动床板设置也具有技术性，其技术效果并不属于明显倒退或集体变劣的情形。因此，请求人所主张的该产品功能设置的实用与否与专利法中所规定的实用性并不是同一含义，获得专利授权的产品或方法是否确因设计考虑不周而不适于推广应用（即能用但不好用），最终会由市场会去检验，而并非专利法中实用性条款所规范的范畴。综上所述，本专利权利要求 1～4 不属于缺乏《专利法》第二十二条第四款所规定的实用性的情形。（撰稿人：刘　蕾　孙跃飞）

【案例 5】　取代卷烟条盒包装的专用涂布膜（第 6755 号无效宣告请求审查决定）

2004 年 12 月 23 日，专利复审委员会作出第 6755 号无效宣告请求审查决定。该决定涉及名称为"取代卷烟条盒包装的专用涂布膜"的 02243507.7 号实用新型专利权。该专利授权公告时共有 10 项权利要求。

针对上述实用新型专利权，无效宣告请求人于 2003 年 7 月 28 日向专利复审委员会提出无效宣告请求，其理由是本专利权利要求 1～10 不具备新颖性或创造性，权利要求 9、10 不具备实用性。

专利权人在指定期限内对权利要求书进行了修改。修改后的权利要求书包括 3 项权利要求，其内容是：

"1. 一种取代卷烟条盒包装的专用涂布膜，包括用于包装若干个小盒烟的基材（1），其特征是：在基材（1）的上、下表面分别涂有涂料层（2）、（3），所述基材（1）是薄膜或纸张，所述薄膜基材（1）的厚度是 $10\mu m～60\mu m$，所述纸张基材（1）

的厚度是 $10\mu m \sim 200\mu m$，所述的涂料层（2）、（3）是由底涂层（4）和面涂层（5）组成，所述的底涂层（4）为粘合剂，所述的底涂层（4）的厚度为 $0 \sim 15\mu m$，所述的面涂层（5）的厚度为 $0 \sim 20\mu m$，所述基材（1）的上或/和下表面进行印刷形成印刷层。

2. 根据权利要求1所述的取代卷烟条盒包装的专用涂布膜，其特征是：所述的面涂层（5）是聚偏二氯乙烯（PVDC）。

3. 根据权利要求1所述的取代卷烟条盒包装的专用涂布膜，其特征是：所述的面涂层（5）是丙烯酸（AC）。"

请求人认为权利要求1不具备实用性的具体理由是：权利要求1中产品的总厚度上限远高于行业标准，下限低于行业标准，这样的设计要求浪费材料，不具备实用性；另外，若面涂层为0，基材上只有黏合剂，当包装人员包装条盒或者售货员及顾客触及条盒时，都会导致条盒粘连于手和烟盒粘连于条盒的事故，这样的发明创造明显无益、脱离社会需要和不能产生积极效果，不具备实用性；若底涂层为0，基材与面涂层无法粘牢，会导致面涂层与基材脱离，达不到包装效果，这样的发明创造也明显无益、脱离社会需要和不能产生积极效果，不具备实用性；当采用纸张作基材时，其所采用的纸张应与本专利背景技术提到的纸皮条盒的纸相同，本专利相对于其背景技术来说，增加了涂覆工序，从而增加了成本，越改越劣，明显无益、严重浪费能源和资源，不具备实用性。

经审查，专利复审委员会对于请求人认为本专利不符合《专利法》第二十二条第四款的理由的意见如下：

第一，尽管权利要求1所限定的薄膜厚度的上、下限都超出了行业标准的规定，但是，一项专利是否符合行业标准，并不是判断其是否具备实用性的基准。并且，行业标准中也表明，特殊规格由供需双方协商确定。

第二，权利要求 1 限定的涂布膜不包括只有底涂层或只有面涂层的情况，所以也不存在粘手或粘结不牢的问题。

第三，当本专利采用纸张作基材时，不能必然认为此"纸张"与本专利背景技术中的纸皮条盒的"纸"相同。即便所采用的纸张相同，也不能仅仅因为本专利增加了成本就认为其没有实用性。不同的方案有不同的目的取向，有的以降低成本为目的而忽略了功能和效果，有的以增强功能和效果为目的而忽略了成本，但都不能说其脱离社会需要和明显无益，更不能由此说其不具备实用性。

【案例评析】

本案涉及如何理解专利法意义上的实用性与相关的制定标准的关系问题。

标准是对重复性事物和概念所做的统一规定，其以科学、技术和实践经验的综合成果为基础，经有关方面协商一致，由主管机构批准，以特定形式发布，作为共同遵守的准则和依据，其目的是确保材料、产品、过程和服务能够符合需要。在我国，标准分为国家标准、行业标准、地方标准和企业标准，标准的制定是为了规范一定范围内的秩序，比如有利于合理利用国家资源、推广科学技术成果、提高经济效益、保障安全和人民身体健康、保护消费者的利益、保护环境、有利于产品的通用互换及标准的协调配套等，其规范的是可能存在的物品或行为的质量。因此，方案是否符合相关的制定标准与实用性所说的"产业上的可实施性"并没有必然的联系。当然，在专利审查的过程当中，相关的制定标准也并非绝对没有参考意义，有些标准是基于底线性质的，不符合该标准可能意味方案属于技术方案的明显倒退，在这种情况下要综合考虑方案的整体内容和相关标准的性质和内容，判断方案不符合该标准会产生何种后果，能否导致技术方案在产业上无法制造和使用并且无法产生积极效果。

本案中虽然权利要求 1 限定的薄膜厚度的上、下限都超出了行业标准的规定，但根据其限定的特征，该技术方案在实际中是可以生产制造出相应产品的，并非不能实施，其效果也并非脱离社会需要和明显无益。因此，本专利权利要求 1 满足《专利法》第二十二条第四款的规定，具备实用性。（撰稿人：刘　蕾　孙跃飞）

## 第二节　不具备实用性的主要情形

上一节介绍了实用性的判断原则，从这些原则不难看出，《专利法》第二十二条第四款所规定的实用性条款实际上是一条"门槛很低"的规定，它只是定性地要求发明创造能够实施和具有一定的积极效果，因此大部分申请的技术方案都无需证明而当然地具备实用性。尽管如此，实践中仍然存在一些申请不满足该条款的要求，《审查指南》第二部分第五章第 3.2 节给出了六种不具备实用性的主要情形：

第一，无再现性。再现性是指所属技术领域的技术人员，根据公开的技术内容，能够重复实施专利申请中为解决技术问题所采用的技术方案。

第二，违背自然规律。具备实用性的发明或者实用新型专利申请应当符合自然规律，违背自然规律的发明或者实用新型专利申请必然是不能实施的，因而不具备实用性。

第三，利用独一无二的自然条件的产品。具备实用性的发明不能是由自然条件限定的独一无二的产品，因为自然条件具有独特性和唯一性，不能任意复制和重复，由它们限定的产品必然也就无法在产业上制造和使用，所以无法满足实用性的要求。

第四，人体或者动物的非治疗目的的外科手术方法。外科手术方法包括治疗目的和非治疗目的的手术方法，其中，以治疗为目的的外科手术方法属于不授予专利权的客体；非治疗目的的外科手术方法，由于是以有生命的人或者动物为实施对象，无法在产业上使用，因此不具备实用性。

第五，测量人或者动物体在极限情况下的生理参数的方法。测量人体或者动物体在极限情况下的生理参数需要将被测对象置于极限环境中，这样会对人或者动物的生命构成威胁，不同的人或动物个体可以经受的极限条件存在差别，需要测试人员依据其经验根据被测对象的情况来确定其耐受的极限条件，测试人员的从业经验对极限条件的确定有着决定性作用，因此这种测量方法无法在产业上使用，不具备实用性。

第六，无积极效果。具备实用性的发明应当能够产生预期的积极效果。明显无益、脱离社会需要的发明不能产生预期的积极效果，不具备实用性。对于能够产生积极效果，但其产品在实际应用中存在一些缺陷，技术有待优化的情形，或者不良影响与积极效果并存，而不良影响可以克服且与有益效果相比微不足道的情形，仍应当认定发明具备实用性。

上述六种情形中的前五种对应于实用性条款所要求的"能够制造或者使用"，第六种情形则对应于"能够产生积极效果"。其中，第五种情形"测量人或者动物体在极限情况下的生理参数的方法"应用的范围有限，再加上其会威胁人或动物生命的性质使这类方案的实施同时可能受到道德或其他法律的约束，故实际案件非常少见，本节就不再针对这种情形举例说明。另外，前面曾经提到，实用性条款所要求的"积极效果"仅属于一种正面定性的要求，而优点和缺点通常总是辩证地存在于任何事物中，所以真正属于上述第六种情形的"无积极效果"的案件也十分稀少，在实践中遇到更多的是请求人有关"无积极效果"的主张不能成立的情形，本章第二节第五小节中列举的相关案例也属于上述情形，主要用于说明实用性审查中如何正确考虑方案的"积极效果"。对于上述不具备实用性的其余四种情形，本节的相应小节中均提供了实际案例予以说明，其中有关"无再现性"和"利用独一无二的自然条件的产品"的情形，由于审查实践中遇到请求人的相关主张不能成立的情况也较多，故同时给出了这类案例作为参考。

## 一、无再现性

**【案例1】**　一种诱发水稻抗氯磺隆体细胞突变体的方法（第12717号复审请求审查决定）

2008年1月31日，专利复审委员会作出第12717号复审请求审查决定。该决定涉及名称为"一种诱发水稻抗氯磺隆体细胞突变体的方法"的200410013211.5号发明专利申请。

经实质审查，国家知识产权局原审查部门以本申请权利要求1不具备《专利法》第二十二条第四款规定的实用性为由作出驳回决定。驳回决定针对的权利要求1的内容如下：

"1. 一种诱发水稻抗氯磺隆体细胞突变体的方法，它包括下列步骤：

A. 配制培养基，诱导培养基：NB培养基中加入2mg/L二氯苯氧乙酸和20～30mg/L5－溴尿嘧啶；继代培养基：NB培养基中加入2mg/L2，4－D和0.2mg/L6－苄基氨基嘌呤；筛选培养基：NB培养基中加入2mg/L2，4－D和0.2mg/L6－BA及25～50mg/L氯磺隆；分化培养基：MS培养基中加入2mg/6－BA和0.5mg/L萘乙酸；再分化培养基：MS培养基中加入2mg/L6－BA和0.5mg/LNAA及50～60mg/L氯磺隆；

B. 培养时间，诱导培养：将已消毒的成熟胚接于诱导培养基上，进行诱导愈伤组织培养18～20天；继代培养：将诱导培养基上的愈伤组织转入继代培养基上培养18～20天扩大愈伤组织抗氯磺隆细胞群体；筛选培养：将继代培养获得的愈伤组织切割成直径为 1.5～2.0mm，转入筛选培养基上培养 18～20 天，筛选抗氯磺隆体细胞；分化培养：将筛选培养基上已成活的愈伤组织转入分化培养基上培养 15～16 天分化绿块；再分化培养：将已分化的绿块转入再分化培养基上培养 15～16 天，筛选抗氯磺隆除草剂再生绿苗；

C. 在黑暗条件下进行诱导、继代、筛选培养；在光照条件下进行分化、再分化培养，12～14h 光周期；

D. 诱导、继代、筛选、分化、再分化培养温度控制在 26℃～27℃。"

复审请求人不服驳回决定，向专利复审委员会提出复审请求，其主要理由为：本发明的诱变方法不是凭空而想的，也不是随机，在诱导细胞期间提高了选择效率，再现效率高，并且通过实验印证表明本发明的诱变方法具有再现性，因此具备实用性。

经审查，专利复审委员会认为：本申请权利要求 1 请求保护的诱发水稻抗氯磺隆体细胞突变体的方法应用了化学诱变技术，与组织培养结合，采用了离体诱导、继代、筛选、分化、再分化培养程序，根据本领域技术人员的公知常识，用化学方法进行人工诱变实际上是诱导生物材料遗传性物质 DNA 复制过程中的一个或几个碱基发生变化，然后从中筛选出表现出育种目标特征的生物材料。由于化学诱变条件下生物材料碱基的变化是随机的，所以即使清楚地记载了诱变条件，也很难通过重复诱变条件而得到完全相同的诱变结果，即本申请权利要求 1 请求保护的技术方案的实施结果是随机变化的，无再现性，故本申请权利要求 1 不符合《专利法》第二十二条第四款有关实用性的规定。

【案例评析】

本案涉及无再现性的技术方案。再现性，是指所属技术领域的技术人员，根据公开的技术内容，能够重复实施专利申请中为解决技术问题所采用的技术方案，这种重复实施不得依赖任何随机的因素，并且实施结果应该是相同的。无再现性导致了技术方案不可能在产业上规模化重复实施，因此不具备实用性。

在目前的科学技术水平下，基因突变是无再现性的方案的代表。基因突变是由于遗传物质在复制过程中一个或者几个碱基发生随机变化，可能导致基因的功能和表达发生变化，是生物进化的前提之一。任何生物体在自然条件下都有一定的几率发生随机的基因突变，但这种基因突变的几率一般是极低的。随着生物技术的发展，人们逐渐掌握了一些可以提高基因突变几率的方法，例如，通过向生物体施加一定的理化手段，如紫外线、完全失重、特定化学物质等，都可能人工诱发基因突变，这种人工诱发基因突变的方法被用于生物工程中筛选产生新的生物材料。然而，无论是自然条件下发生的基因突变，还是通过理化手段进行的人工诱变，突变的结果都具有随机性，也就是说，基因突变发生的时间、个体、位点、方向，都是随机产生的，不以人的意志为转移，至少目前的科学技术水平下是如此。即使清楚地记载了诱变条件，也很难通过重复诱变条件而得到完全相同的结果，从而导致这种方法无再现性，即无法在产业上实施，因此不具备《专利法》第二十二条第四款规定的实用性。当然，随着科学技术的发展，如果能提供足够的证据证明在一定的诱变条件下经过诱变必然得到特定的生物材料，则这种基因突变的技术方案有可能具有再现性。

本申请权利要求1请求保护一种诱发水稻抗氯磺隆体细胞突变体的方法，该方法利用化学诱变技术，与组织培养相结合，采用了离体诱导、继代、筛选、分化、再分化的培养程序。首先，本申请说明书中提及："本发明具有以下优点：1. 利用化学剂适宜浓度处理可提高愈伤组织诱发突变频率10~100倍，而植物体细胞离体自发突变频率极低，约为 $10^{-6} \sim 10^{-7}$"（参见说明书第2页第 $20 \sim 22$ 行），也就是说，本申请的诱变方法仅仅提高了基因突变的发生几率，对于个体来说，发不发生基因突变并未改变其随机的性质。其次，对于那些发生了基因突变的个体，其基因突变的结果也是随机的。正因为如此，本申请的技术方案在化学诱变步骤之后，需要经过大量的筛选才有可能获得所需的抗氯磺隆体细胞突变体。最后，请求人也未能给出足够的证据证明在本申请的诱变条件下必然得到所需的抗氯磺隆体细胞突变体。因此，在本申请权利要求 1 中的化学诱变条件下，基因突变的发生和结果均依赖于随机因素，导致该技术方案无再现性，不符合《专利法》第二十二条第四款有关实用性的规定。（撰稿人：孙跃飞）

## 【案例2】 活吃活鲤鱼的烹饪方法（第 11038 号复审请求审查决定）

2007 年 6 月 29 日，专利复审委员会作出第 11038 号复审求审查决定。该决定涉及名称为"活吃活鲤鱼的烹饪方法"的02148558.5 号发明专利申请。

国家知识产权局原审查部门于 2004 年 10 月 22 日驳回了本申请，其理由是：权利要求 1 ~ 8 要求保护一种活吃活鲤鱼的烹饪方法，但要达到"活吃"的目的，所述操作必须在一定的时间内完成，而且需要一定的技巧。任何步骤时间上的拖延，或者操作上的差别、动作的轻重等，都可能导致鱼在中间处理过程中死亡，并且所选用的鲤鱼也存在个体差异，对最终结果也会产生影响。因此权利要求 1 ~ 8 所要求保护的烹饪方法存在随机因素，不具有再现性，不能在产业上应用，不符合《专利法》第二十二条第四款的规定。

驳回决定所针对的权利要求书共有 8 项权利要求，其中独立权利要求 1 的内容如下：

"1. 一种活吃活鲤鱼的烹饪方法，其特征是：首先取活鲤鱼去鳞、及去掉除鳃和心脏外的内脏，然后在鱼身上洒上调料，并拍上炸粉，再用湿布包住鱼头将鱼身放入油锅中炸 8～18 秒钟，最后装盆浇上卤汁即可。"

复审请求人对上述驳回决定不服，于 2005 年 1 月 28 日向专利复审委员会提出复审请求，复审请求人认为：本申请的随机因素并不会影响到发明的再现；鲤鱼的个体状况也不会影响"活吃"的实施结果；操作上的差别等偶然因素并不能否定复审请求人于 2005 年 11 月 29 日提交的意见陈述书，并认为本发明具有实用性。

经审查，专利复审委员会作出了维持驳回决定的第 11038 号复审请求审查决定，具体理由如下：

1. 本发明要求保护一种活吃活鲤鱼的烹饪方法，其通过对活鲤鱼进行去除内脏等步骤处理后，用湿布包住鱼头将鱼身放入油锅炸 8～18 秒，最后装盆浇上卤汁。此方法以有生命的鲤鱼为实施对象，为了使烹饪好的鲤鱼存活时间延长，在对活鲤鱼的处理和烹调过程中需要依赖厨师的技巧，厨师在操作步骤上的动作轻重、操作手法等随机因素都可能导致鲤鱼在烹调过程中死亡而无法达到"活吃活鲤鱼"的目的，导致在产业上无法重复实施该技术方案，无再现性，属于不能在产业上应用的烹调方法。因此，本发明不具备《专利法》第二十二条第四款规定的实用性。

2. 复审请求人认为本发明具有明确的操作程序和规范明确的制作步骤，能够在产业上被广泛使用，并能够产生积极的效果，具备实用性，本发明具有再现性和积极效果，要求本发明能够应用于工业化规模生产中无法律依据。针对复审请求人于 2005 年 11 月 29 日提交的意见陈述，合议组认为，具有明确的操作程序和规范明确的制作步骤不会必然使该方法能够在产业上制造或者使用，事实上该方法的实施依赖于厨师的技术、创作等不确定的因素，无法确保所属技术领域的技术人员实施该方法时都能达到同样的效果，因而无再现性，无法在产业上使用。

【案例评析】

本申请的主题是一种烹饪方法，其烹饪的对象是活鲤鱼，烹饪的目的是活吃活鲤鱼，为达到上述"活吃"目的，在对活鲤鱼进行去鳞、去除鳃和心脏外的内脏等常规处理之后，采用湿布包住鱼头的手段将鱼身放入油锅进行炸制和浇卤汁。仔细分析这种烹饪方法可以看出，由于活鲤鱼在离开水之后的存活时间本身很短，而去除鳞及鳃和心脏外的内脏的过程则更加缩短了鲤鱼的存活时间，在这极其短暂的存活期内每条鲤鱼实际能够存活的时间主要取决于操作者处理鲤鱼的手法以及鲤鱼的个体情况，尽管本申请中采用湿布包住鱼头的手法来延长鲤鱼的存活时间，但该手法相对于操作者和鲤鱼本身的个体差异对鲤鱼存活时间造成的影响来说，几乎可以忽略不计。因此即使确保本申请权利要求所限定的全部技术条件，该方法的实施结果仍依赖于操作者每次实施的动作轻重、操作时间长短、鲤鱼个体情况等许多不能复制的不确定因素，从而导致本领域技术人员不可重复实现该技术方案所要求达到的结果。因此，本申请技术方案无再现性，不具备《专利法》第二十二条第四款规定的实用性。（撰稿人：郝兴辉　周　航）

【案例3】　一种分娩方法（第11295号复审请求审查决定）

2004年8月14日，专利复审委员会作出第11295号复审请求审查决定。该决定涉及名称为"一种分娩方法"的200410017282.2号发明专利申请。

经审查，国家知识产权局原审查部门于2006年6月9日以

本申请不符合《专利法》第二十二条第四款有关实用性的规定
为由作出驳回决定，其具体理由是：本申请权利要求请求保护一
种分娩方法，这种分娩方法是以产妇为主体，根据自身的生理情
况自主调整分娩进程，最终完成分娩。由于这种分娩方法的实现
受到个体差异及随机因素的影响，致使所属技术领域的技术人员
不可能重复实现其方案，无再现性，更加无法在产业上使用。驳
回决定针对的权利要求 1 的内容如下：

"1. 一种分娩方法：产妇入院前或入院后先作常规的产前检
查。每人发给一本小册子《怎样生小孩》。接着每天上课，以课
堂形式为佳，可随意提问互相借鉴；也可床前讲解。内容包括有
关解剖生理、分娩机制及具体操作。结合讲课放动物生产录像、
自己分娩操作录像。讲解危急信号、紧急求救、手术守候。讲解
重点为心理辅导，主要解决一个"吓"字，另外，也讲解自己
生的好处。然后填写自己分娩申请表，表示自觉自愿。产房可分
单人产房，允许有陪伴；普通多人大产房，可以有互相观摩照
应。整个产房地面铺垫褥子，要软硬适中，要能吸水吸潮，棉质
为佳，可做成平方块块，以便更换。照明全部装在地上沿墙角四
周。房内有空调；有软便盆脸盆，可用一次性降解白泡沫塑料制
成。另有消毒水、粗丝线、绷带、纱布、剪刀、眼药水。大房间
可有一二监护人，有求救信号按钮。产房内可放软沙发及床。产
妇临产，单人房的在原地；普通房的去多人大产房。开口期：多
多练习爬爬，吃喝拉睡随心所欲。娩出期：沉着、冷静。取蹲
位，前倾身体。感会阴太胀即俯趴。觉宫缩太急太强，生得太快
即俯趴。如有陪护可在产妇前面或后面，顺势助儿头回转屈伸，
助儿肩回转下上。胎盘期：胎儿娩出，脐带暂不管，爬换地方，
等胎盘逼出，再自己或令陪护处理脐带，胎儿滴眼。"

复审请求人不服上述驳回决定向专利复审委员会提出复审请
求，其主要理由为：引导产妇自然分娩具备实用性，能使用和能

产生积极效果。

经审查，专利复审委员会作出维持驳回决定的第 11295 号复审请求审查决定，指出：本申请要求保护一种分娩方法，这种分娩方法是以产妇为主体，在产前学习分娩相关知识，并进行心理辅导，克服恐惧心理，在分娩过程中取蹲位或俯趴位，根据自身的生理情况自主调整分娩进程，最终完成分娩，由于人的生理条件千差万别，在分娩中出现的情况也各不相同，而这些情况受个人体质、心理因素等许多复杂因素的共同影响，很多是难以提前预料的，产妇及医护人员需要根据当时的情况采取不同的措施，制定不同的方案，可以说某一位产妇的分娩过程很难在他人身上完全再现，由此可知，这种分娩方法的实现受到个体差异及随机因素的影响，致使所属技术领域的技术人员不可能重复实现其方案，无再现性，因此本申请不具备实用性；另外，专利法的立法目的在于促进科技进步和创新，只有适合产业应用的方法和产品才能得到专利权的保护，复审请求人的该方法并不适于在产业上推广应用。

## 【案例评析】

本案中请求保护的分娩方法不具备实用性的主要原因在于其无再现性。专利法意义上的"再现性"具有两层含义，其一，技术方案的实施条件、实施过程应当是可以实现并再现的；其二，在此前提下，技术方案多次再现实施所产生的技术效果应当是相同的。

本申请权利要求中请求保护的分娩的方法是以产妇为实施对象，使其在产前学习分娩相关知识，并进行心理辅导，克服恐惧心理，在分娩过程中取蹲位或俯趴位，根据自身的生理情况自主调整分娩进程，最终完成分娩。即使该方法中描述的过程对产妇有一定的参考意义，但由于人的生理条件千差万别，在分娩中出现的情况也各不相同，因此不同产妇心理、生理等因素存在许许多多无法预知和控制的差异，由此导致本案分娩方法的实施条件、实施过程和实施结果都不可能在产业上重复实现。因此，本申请的分娩方法无再现性，不具备《专利法》第二十二条第四款规定的实用性。（撰稿人：崔哲勇）

**【案例4】** 一种利用两系法培育亚种间杂交稻组合的方法（第12015号无效宣告请求审查决定）

2008年7月28日，专利复审委员会作出第12015号无效宣告请求审查决定，该决定涉及名称为"一种利用两系法培育亚交稻组合的方法"的98111352.4号发明专利。本专利授权公告时的权利要求书共7项权利要求，其中独立权利要求1的内容如下：

"1. 一种杂交稻的培育方法，包括播种父母本，在母本植株抽穗期喷施赤霉素，其特征在于：利用籼粳中间型不育系培矮64S作母本，以籼稻9311作父本配制杂交种。"

针对上述专利权，请求人于2007年10月22日向专利复审委员会提出无效宣告请求，其无效宣告请求理由为本专利的权利要求1~7不符合《专利法》第二十二条第四款的规定。具体理由为权利要求1~7的技术方案不能产生积极效果且再现性差，并提交了证据5至13、15、17至20、29、30、39，结合证人当庭的证言来证明权利要求1~7的技术方案不具备实用性。

经审查，专利复审委员会认为：对于一项权利要求所保护的技术方案而言，如果其本身符合自然规律，在产业上可以使用或实施且效果是积极、有益的，则该权利要求具备实用性。专利法意义上因不能制造或使用而导致的不具备实用性是由技术方案本身固有的缺陷引起的，也就是说即使环境条件全部符合，也无法实现该技术方案；如果技术方案在实际生产过程中有可能存在不足或缺陷，但这些不足或缺陷不是由于该技术方案本身内在的、固有的缺陷造成的，则不能认为该技术方案缺乏实用性。

本案中，权利要求 1～7 请求保护一种杂交稻的培育方法，包括：播种父母本，其中母本为培矮 64S，父本为籼稻 9311；确定安全隔离距离；确定父母本播种时间间隔或叶令差；确定父母本株行距；确定喷施赤霉素的时间等。

其中请求人提交的证据 5 至 10、13、15、17、29、30、39 只是说明了环境条件对于培矮 64S 的育性特征和杂交水稻的制种过程很重要，但是没有任何内容能够证明培矮 64S 和籼稻 9311 的杂交组合本身存在固有缺陷，即在环境条件全部符合的情况下，该组合依然无法在农业上种植推广；证据 18 至 20 的内容只是说明在杂交水稻培育过程中种子质量是否合格至关重要以及由于母本种子不合格而导致产量低、制种失败，该组证据与本专利技术方案是否能够在农业生产中应用没有必然联系；证据 11、12 以及证人当庭的证言也说明了本专利的技术方案在农业上是可以种植使用的，只是因为环境条件以及母本种子的质量问题导致产量低、制种失败。因此请求人提交的上述证据均不足以证明本专利的技术方案不具备实用性。

此外，合议组认为，杂交技术是目前农业生产中常用的技术手段，专利权人选择了特定的母本和父本即培矮 64S 和籼稻 9311 进行杂交组合并采用现代杂交技术确定播种安全距离、父母本播种时间、父母本株行距等完全符合自然规律，在农业生产中可以实施推广，并且得到了新的产量高、抗性好的杂交组合品种，其经济和技术效果是积极和有益的。在没有证据证明的情况下，尚无法否定本专利技术方案的实用性，因此请求人的上述无效宣告理由不能成立。

【案例评析】

实用性判断时应当注意无再现性与成品率低之间的区别。无再现性是在确保发明或者实用新型专利申请的技术方案所需的全部技术条件下，所属技术领域的技术人员仍不可能重复实现该技术方案所要求达到的结果。而成品率低的技术方案是能够重复实施的，只是由于实施过程中未能确保某些技术条件（例如环境洁净度、温度等），导致了实施结果成功率不高。

本申请技术方案所涉及的水稻杂交育种技术是一种利用具有不同基因组成的水稻个体（父本和母本）进行染色体基因重组杂交，以获得所需要的表现类型的水稻育种技术。由于父本和母本的染色体结构是已知的，杂交时父本和母本的相应染色体发生交换，基因重新组合形成了不同的子代类型，因此可以从理论上推知所获得杂交子代的染色体结构。在实际操作时，根据父本和母本水稻品系的不同，所获得的重组子代在质量和表现型上也不尽相同，但杂交技术本身就是通过筛选父本和母本品系来获得所需质量和表现型的子代品系，在父本和母本确定的情况下，所获得的子代的所有类型和出现概率也是确定的，通过一定规模的杂交、自交过程以及可识别的性状可以将其筛选出来，因此杂交育种不依赖于随机因素，结果是可以预期的。本申请就是发现利用培矮 64S 和籼稻 9311 作为父本和母本进行杂交可以获得所需质量和表现型（产量高、抗性好）的杂交品种，请求人认为杂交品种易受环境和种子质量的影响，但这些并非杂交技术本身的缺陷，因而不能由此认定本申请的技术方案无再现性而不具备实用性。（撰稿人：周　航）

## 二、违背自然规律

【案例】　低温电能发电机（第 12861 号复审请求审查决定）

2008 年 3 月 17 日，专利复审委员会作出的第 12861 号复审请求审查决定。该决定涉及名称为"低温电能发电机"的 00101224. X 号发明专利申请。

经实质审查，国家知识产权局专利局实质审查部门于 2005 年 10 月 14 日以本申请技术方案违背能量守恒定律，不具备《专利法》第二十二条第四款规定的实用性为由作出驳回决定。驳回决定针对的权利要求 1 的内容如下：

"1. 一种低温电能发电机，其特征在于第一种使用方法中超导筒（7）有两种不同结构，第一种超导筒（7）结构是用超导箔卷成或用溅身制成，在每圈对角线上由两小条高抗磁超导体与两面对角大块低抗磁超导体连接卷成，层与层之间小条高抗磁超导体相在同一位置。大块低抗磁超导体相在同一位置。在超导卷筒（7）层与层之间加有绝缘层（9）。超导筒（7）第二种结构是由两小条高抗磁超导体与两块大超导体箔连接制成闭合回路。在超导筒（7）外有三个超导脉冲线圈或交流脉冲线圈（8）（9）（10）也可以用普通线制成放在瓦瓶外室温内，在超导筒内有三个超导能量输出线圈（5）（6）（7）也可以用普通线制成放在杜瓦瓶外室温内。超导能量输出线圈（4）（5）（6）单独对外输出能量。"

此外，根据本申请说明书的记载，该技术方案的原理是利用超导材料临界态，使超导体相变使磁场进出超导筒，切割能量输出线圈对外界输能量，其只需外界输入一个小电能就可以对外界输出一个大电能。

复审请求人不服上述驳回决定，向专利复审委员会提出复审请求，其主要理由是：从 1911 年超导体诞生后，能量守恒就变成错误的理论，本申请中超导板在移动型磁通泵上，失超与恢复超导态时，第一次移入磁能时，由于闭合回路内没有电流，效率接近 100%，所以超导卷筒用在本申请上相变是没有损耗的，只是吸热与放热相变过程。

经审查，专利复审委员会认为，由能量守恒定律可知，系统能量的增加或减少等于外界能量的减少或增加，总能量保持不变，即，当输入的能量在输出的过程中产生损耗时，其对外输出的能量一定小于其输入的能量。本申请说明书中所述的只需外界输入一个小电能就可以对外界输出一个大电能是违背能量守恒定律而无法实现的，因此不具备实用性。

## 【案例评析】

违背自然规律的专利申请是不能实施的，属于不具备实用性的典型情形。最常见的违背自然规律的情形是违背能量守恒定律，例如永动机。本案就是一个永动机的典型案例。这类专利申请常常被申请人冠以节能减排等积极的技术效果，但究其实质都是违背了能量守恒定律等自然规律的不切实际的构思。

能量守恒定律是自然界最普遍、最重要的基本定律之一，其基本内容是：能量既不会凭空产生，也不会凭空消失，只能从一种形式转化为其他形式，或者从一个物体转移到另一个物体，在转化或转移的过程中其总量不变。虽然能量守恒定律的发现和发展过程曾经受到过质疑，有些物理现象在发现当时还似乎形成了对这一定律的冲击，但最后仍然被证明并没有违背这一基本定律，自然界大到宇宙天体，小到原子核内部，只要有能量转化，就一定服从能量守恒的规律。

根据本申请说明书记载的内容可知，其低温发电机的超导筒由具有一些高抗磁的超导体箔和低抗磁的超导体箔的线圈结构，超导脉冲线圈或交流半波线圈通电后与超导冻结磁通线圈或永磁体磁场所产生的磁场相叠加，通过超导体材料在失超态和超导态之间相变使得相变磁场进出超导筒，切割超导筒内超导能量输出线圈而对外界输出电能。本申请说明书中声称上述结构可以实现只需外界输送一个小电能就可以对外界输出一个大电能的技术效果。首先，从其声称的小电能输入获得大电能输出的原理本身来看，违背了能量守恒定律，是不可能实现的，申请人否定能量守恒定律的主张不符合自然规律，也得不到任何科学理论和客观证据的支持。其次，从本申请权利要求所限定的发电机结构来看，虽然其中采用了超导材料，超导材料具有电阻为零和抗磁性的特性，但这只能说明超导材料能够减少电流传输过程中由于电阻存在而损耗的能量且提高磁场的利用效率，不代表能够凭空产生比输入能量更多的输出能量。具体来说，超导材料维持低温超导状态需要耗费大量的能量，而当超导筒相变到失超状态成为普通导体时电流流通就会产生焦耳热的损耗。此外，超导筒置于随时间突变的磁场中时还会引起电磁损耗等能量损耗，故超导材料的使用可能相对于普通材料来说能够提高发电效率，但最后输出的能量必然少于输入的能量。

综上所述，无论进行何种形式的能量转换，在储能线圈内储存的能量都不可能大于外界送入的能量，即使是在理想的零损耗状态下，结果也只能是系统向外界输出的能量等于输入系统的能量，不可能使系统凭空产生多余的能量，即无法实现本申请说明书中所述的只需外界输入一个小电能就可以对外界输出一个大电能的发明目的，复审请求人主张利用超导体来突破能量守恒定律的方案是不能实施的。需要说明的是，实用性判断不是仅仅局限于权利要求所记载的内容，而要以说明书（包括附图）和权利要求书所公开的整体技术内容为依据，因此尽管本申请权利要求所记载的发电机装置是由具体的线圈结构所组成，但结合说明书的记载来看，该装置是在不能实现的永动机构思的基础上设计形成的，因而本申请技术方案的整体内容不具备实用性。（撰稿人：唐向阳　周　航）

### 三、利用独一无二的自然条件的产品

【案例1】　秦晋两省禹潼运河技术方案（第 953 号复审请求审查决定）

1998 年 4 月 20 日，专利复审委员会作出第 953 号复审请求

审查决定。该决定涉及名称为"秦晋两省禹潼运河技术方案"的 89100275.8 号发明专利申请。

经实质审查，国家知识产权局原审查部门于 1993 年 5 月 15 日以本申请不具备《专利法》第二十二条第四款规定的实用性为由作出驳回决定，驳回决定针对的权利要求 1、2 的内容如下：

"1. 适用于开发黄河小北干流水土、水能资源的一种技术方案，其特征在于所述的方法，是于禹门口上游设取水口（闸）、自流引水，然后开凿河（渠），将水送往下游兴利除害。

2. 按权利要求 1 所述的方法，其特征在于为了改善取水条件，在禹门口卡口位置设坝抬高水位、澄清泥沙，然后自流取水，送往下游兴利除害。"

复审请求人不服上述驳回决定，于 1993 年 8 月 12 日向专利复审委员会提出复审请求。

经审查，专利复审委员会认为，根据本申请文件中的记载，本申请的目的在于满足"黄河小北干流"（禹门口至潼关河段）两岸的灌溉、航运、水电开发等的需要，为了实现其目的，在说明书中描述了这样的技术方案："秦省在禹门口内骆驼巷设闸取水经韩城、合阳、大荔、华阴、潼关五县，泄入黄河；晋省在口内左岸取水经河津、万荣、临猗、永济、芮城五县在风陵渡（和潼关是一个断面）泄入黄河"；其权利要求书要求保护的技术方案是"自禹门口自流取水，至某地终止"。由于本专利申请公开的技术方案利用了从禹门口至潼关这一段独一无二的自然条件，因此该技术方案无法重复实施，无再现性。

## 【案例评析】

无论是本案适用的《审查指南 1993》，还是后来颁布《审查指南 2001》以及《审查指南 2006》，都规定："具备实用性的发明或者实用新型专利申请不得是由自然条件限定的独一无二的产品。利用特定的自然条件建造的自始至终都是不可移动的唯一产品不具备实用性。"

本申请的权利要求请求保护的是一种针对黄河小北干流禹门口至潼关河段的运河系统工程。根据说明书的描述可知，该河段为游荡性河段，主流摇摆不定，经常出现脱流和揭底，灌溉得不到保证，同时该河段河谷宽阔、沙洲浅滩密布，无法行船。本发明的目的就在于提供一种改进的对该河段的取水方案，从而更好地利用河滩的河水资源。由此可见，本申请技术方案需要依赖于黄河小北干流禹门口至潼关河段的特定自然条件，其建造成的运河系统也是仅在该河段存在的不可移动的产品，因而这种运河系统工程的实施及其结果都是不能复制再现的，不能在产业上应用，故这样一种技术方案不具备实用性。（撰稿人：周　航）

【案例2】　土体支护结构及其施工方法（第6849号无效宣告请求审查决定）

2005年1月25日，专利复审委员会作出第6849号无效宣告请求审查决定。该决定涉及名称为"土体支护结构及其施工方法"的99109655.X号发明专利。本专利授权公告时的权利要求书共包括10项权利要求，其中独立权利要求1、6的内容如下：

"1. 一种土体支护结构，该土体支护结构包括沿土体支护壁面设置的水泥土桩排，沿该桩排面形成多个地锚，这些多个地锚朝向桩排支护面后面的土体，沿水平方向或斜向延伸，另外这些多个地锚之间的间距小于2.5m，以便使这些多个地锚承担挡土的作用。"

"6. 一种上述土体支护结构的施工方法，该土体支护结构的施工包括下述步骤：

沿土体支护壁面形成水泥土桩排；

在水泥土桩排支护面上，朝向桩排支护面后面的土体形成沿水平或斜向延伸的，相互间距小于 2.5m 的多个地锚。"

针对上述专利权，请求人于 2003 年 12 月 22 日向专利复审委员会提出无效宣告请求，其理由包括本专利的权利要求 1～10 的技术方案随着自然地质条件和使用条件的不同而不同，无再现性，因此不符合《专利法》第二十二条第四款有关实用性的规定。

经审查，关于本专利权利要求 1～10 不具备实用性的主张，专利复审委员会认为：《审查指南》第二部分第五章第 3.2.3 节规定"具备实用性的发明或者实用新型专利申请不得是由自然条件限定的独一无二的产品；利用特定的自然条件建造的自始至终不可移动的唯一产品不具备实用性"，从本案专利的技术方案可以看出，本案专利的技术方案本身并未利用独一无二的自然条件，因此不属于利用独一无二的自然条件的产品的情形。此外，虽然本案专利的技术方案在实施过程中会根据某一自然条件的不同而进一步细化所采用的具体形式和参数从而形成实施方案，但是，本案专利的技术方案本身并没有变化，同时本领域技术人员也能够根据所述的自然条件重复实施所述的技术方案，并不会因随机的因素而导致其不能实施。因此本案专利具有再现性。请求人关于本案专利不具有实用性的主张不能成立。

【案例评析】

利用独一无二的自然条件的产品不具备实用性是因为所述产品由特定的自然条件所限定，具有独一无二性，所以其不可能在产业上重复实施。但应当注意的是，上述规定并不意味着技术方案的实施一定不能依赖于一定的自然条件，相反，由于技术方案都是遵循自然规律的，故许多技术方案（产品或方法）的实施都要受到自然条件的限制，例如风力发电、水利工程设施、杂交水稻、固定建筑物等，不能因此而否定技术方案的实用性。利用独一无二的自然条件的产品不具备实用性实质上还是因为该产品不具备再现性，因此判断中应当重点考虑是否由于产品及限定该产品的自然条件是独一无二的，而使得其技术方案不可能在产业上重复实施。

本案中，请求保护的技术方案涉及一种土体支护结构及其施工方法，其在实施时必然要与相应自然条件下的土体相结合，但技术方案中所采用的技术手段，如设置水泥土桩排，沿桩排面形成多个地锚；设置地锚延伸方向和间距等，都不依赖于独一无二的自然条件，而是本领域技术人员根据相应的土体自然条件能够重复实施的，因此本专利并不属于《审查指南》第二部分第五章第3.2.3节所规定的"利用独一无二的自然条件的产品"而不具备实用性的情形。（撰稿人：周　航）

## 四、人体或者动物体的非治疗目的的外科手术方法

【案例1】　利用氧气和惰性气体在肺部与血液进行交换测量肺部血流的方法和装置（第10300号复审请求审查决定）

2007年3月16日，专利复审委员会作出第10300号复审请求审查决定。该决定涉及名称为"利用氧气和惰性气体在肺部与血液进行交换测量肺部血流的方法和装置"的97182422.3号发明专利申请。

经实质审查，国家知识产权局原审查部门以本申请权利要求1~19不符合《专利法》第二十二条第四款规定的实用性为由驳回了本申请，其具体理由是：权利要求1~19请求保护的测量肺部血流的方法实质上是以人作为实施对象，必须由专业的操作人员（医生）实施该方法，其效果依赖于操作人员插入导管的准确性等因素，而且即使对于同一受验者，不同的操作人员掌握的尺度不同，得到的效果也不相同。因此，该方法不具有再现性，无法在产业上使用，不具备实用性。驳回决定针对的权利要求1

内容如下：

"1. 一种用于测量受验者体内肺部血流的方法，其特征在于：

把呼吸系统分割成两个或多个部分，所述分割部分包括所述呼吸系统的完整气体交换部分，

用独立的气体混合物为每一所述分割部分通气，至少其中一种所述气体混合物包括一种可溶性惰性气体，

在至少两个所述分割部分测定可溶性惰性气体的摄入量，

测定所述分割部分的相关肺部血流，

在其中至少两个分割部分测定可溶性惰性气体结束潮汐的浓度，

以及根据摄入量的测定值、可溶性惰性气体结束潮汐的浓度值以及相关的肺部血流计算肺部血流。"

复审请求人对上述驳回决定不服，向专利复审委员会提出复审请求，其理由为：① 权利要求 1~19 要求保护的是一种用于测量受验者体内肺部血流的方法，是一种可提供这类信息的方法中侵害人体较少的方法，尽管本发明的方法需要插入导管到受验者气路中，但这种插入可以在不破坏受验者的皮肤的情况下进行，并且将导管合适地插入受验者气路已经是公知技术；② 本发明涉及的是从活的人体或动物体获取形体参数、生理参数或其他参数的方法，其直接目的不是获得诊断结果，也不属于"疾病的诊断和治疗方法"。因此，本申请权利要求 1~19 具备实用性。

经审查，本案合议组向复审请求人发出"复审通知书"，指出：原权利要求 1~19 要求保护的是一种用于测量受验者肺部血流的方法，该方法实质上是将导管插入到人体呼吸系统的气管中，然后在导管中通入气体混合物，通过测量人体吸入/呼出气体或者输入气体/排出气体的参数计算肺部血流，可见该方法是采用器械对有生命的人体实施的介入性的处置方法，属于专利法

意义上的非治疗目的外科手术方法；即使这种方法如复审请求人所述那样"插入可以在不破坏受验者的皮肤的情况下进行"，是否破皮也并非判断是否属于介入性的外科手术方法的标准。因此本申请的权利要求 1 ~ 19 不具备实用性，不符合《专利法》第二十二条第四款的规定。

针对上述"复审通知书"，复审请求人对权利要求书进行了修改，删除了原权利要求 1 ~ 19，从而克服了驳回决定以及"复审通知书"所指出的缺陷，故复审委员会在此基础上作出了撤销国家知识产权局作出的驳回决定的复审决定。

**【案例评析】**

本案主要涉及介入性外科手术方法的判断以及非治疗目的的外科手术方法的法律适用问题。

《审查指南》第二部分第一章第 4.3.2.3 节规定："外科手术方法，是指使用器械对有生命的人体或者动物体实施的剖开、切除、缝合、文刺等创伤性或者介入性治疗或处置的方法，这种外科手术方法不能被授予专利权。"

外科手术方法不但包括剖开、切除、缝合、纹刺等创伤性治疗或处置方法，还包括非创伤性的介入治疗或处置方法。借助一定的器械进入到有生命的人体或者动物体当中，都属于介入性的外科手术方法。由于这种方法是非创伤性的，所以并不以是否具有创口作为介入的判断标准。例如经由人体食道插入胃镜的步骤、将喉镜插入咽喉的步骤等，都属于介入性的外科手术方法。

外科手术方法分为治疗目的的和非治疗目的的外科手术方法。以治疗为目的的外科手术方法，属于治疗方法，根据《专利法》第二十五条第一款第（三）项的规定不授予其专利权。非治疗目的的外科手术方法，适用《审查指南》第二部分第五章第 3.2.4 节的规定，即由于非治疗目的的外科手术方法是以有生命的人或者动物为实施对象，无法在产业上使用，因此不具备实用性，根据《专利法》第二十二条第四款的规定不授予其专利权。可见，外科手术方法虽然因其目的不同而适用法律有所不同，但是，均不得授予专利权。

本申请驳回决定所针对的权利要求 1～19 的测量方法需要将导管通过人体的气管插入到受验者的肺部，进而取得测量数值计算受验者的肺部血流。虽然这一过程可能不会对人体产生创口，但是由于该方法不可避免地将导管通入到人体中，系采用器械对有生命的人体实施的介入性的处置方法，属于专利法意义上的外科手术方法。由于本申请的直接目的不是获得诊断结果或健康状况，只是从活的人体或动物体获取作为中间结果的信息，故不属于疾病的诊断和治疗方法，不适用《专利法》第二十五条第一款第（三）项的规定。但是，由于该方法是以有生命的人或者动物为实施对象，而对于有生命的人或者动物来说，不同个体之间存在较大差异，从而无法在产业上实施，属于专利法意义上的非治疗目的的外科手术方法，因此不具备实用性，不符合《专利法》第二十二条第四款的规定。（撰稿人：刘　妍）

【案例2】 一种纹眉美容方法（第 6546 号复审请求审查决定）

2005 年 6 月 20 日，专利复审委员会作出第 6546 复审请求审查决定。该决定涉及发明名称为"一种纹眉美容方法"的 00113841.3 号发明专利申请。

2004 年 6 月 4 日，国家知识产权局原审查部门以本申请权利要求 1～9 不符合《专利法》第二十二条第四款的规定为由驳回了本申请。驳回决定针对的权利要求书共有 9 项权利要求，其中独立权利要求 1 的内容为：

"1. 一种纹眉美容方法，其特征在于：包括以下操作步骤：

① 描眉：用眉笔描画设计与美容者脸形、眼形相适应的眉形轮廓；

② 消毒；

③ 局部麻醉；

④ 纹眉：开启文饰机，在设计好的眉形范围内，持文饰机沿皮肤表面平稳缓慢的定向移动，文饰针上下运行将文饰液刺入皮肤，每刺入一次会留下一个小黑点，文出的小黑点逐个相连即成细线状，形成一根一根的眉毛形状。"

复审请求人不服上述驳回决定，于 2004 年 9 月 16 日向专利复审委员会提出复审请求，其认为本申请的技术方案虽然介入人体，但只是在人体表皮产生极其轻微的划痕，不产生创伤，是在可视部位局部实施的非治疗目的的修饰方法，属于《审查指南》第二部分第一章第 3.3.2.2 节指出的单纯的美容方法，不属于治疗方法，因此具备《专利法》规定的实用性。

经审查，专利复审委员会认为：本申请权利要求 1~9 利用文饰机对眉部皮肤进行文饰，文饰针要刺入皮肤，可见该方法介入人体并产生了创伤，不属于单纯的美容方法，而是非治疗目的的外科手术方法，因此不具备《专利法》第二十二条第四款规定的实用性。

【案例评析】

本案争议的焦点是本申请中的纹眉方法是属于非治疗目的的外科手术方法，还是单纯的美容方法。

根据《审查指南 2006》第二部分第一章第 4.3.2.2 节的规定，单纯的美容方法是指不介入人体或不产生创伤的美容方法，包括在皮肤、毛发、指甲、牙齿外部可为人们所示的部位局部实施的非治疗目的的身体除臭、保护、装饰或者修饰方法。而根据《审查指南 2006》第二部分第一章第 4.3.2.3 节的规定，外科手术方法，是指使用器械对有生命的人体或者动物体实施的剖开、切除、缝合、文刺等创伤性或者介入性治疗或处置的方法。从上述定义来看，"介入性"成为单纯的美容方法与外科手术方法区分的关键，而如果一件专利申请属于单纯的美容方法，则必然不是外科手术方法，即也不属于非治疗目的的外科手术方法。

本申请涉及利用文饰机进行纹眉美容的方法，权利要求 1 中记载，文饰针上下运行将文饰液刺入设计好的眉形范围内的皮肤，每刺入一次会留下一个小黑点，文出的小黑点逐个相连即成细线状，形成一根一根的眉毛形状。从上述描述来看，文饰针要刺入皮肤，尽管在人体表皮产生的划痕极其轻微，但也不能因此否认文饰针要介入人体并且产生文刺创伤。至于其目的是否用于美容，在专利法意义上并非区分单纯的美容方法与外科手术方法的基准。因此本申请的方法由于介入人体而不属于单纯的美容方法，应当属于专利法意义上的非治疗目的的外科手术方法。（撰稿人：张梅珍）

## 五、无积极效果

**【案例1】** 多功能多路阀（第 4128 号无效宣告请求审查决定）

2002 年 1 月 21 日，专利复审委员会作出第 4128 号无效宣告请求审查决定。该决定涉及名称为"多功能多路阀"的 88108122.1 号发明专利。本专利授权公告时的权利要求 1 的内容为：

"1. 一种由三块多孔平板紧密重叠组成而没有阀腔的多路阀，其三块平板上众多的阀口个个相对，上、下板的外端面上布有多根连通管，上板与下板紧固成一体，下板的外缘是齿轮，经传动使下板与中板发生同轴位移而改变其工况程序，本发明的特征是：

　　（1）阀芯（4）安置在由上阀盖（1）、下阀盖（2）和阀圈（3）所组成的阀腔内，阀芯与上述三者之间留有游动间隙（不是紧密接触）；

　　（2）各阀口开有台阶孔、孔内装有密封圈（7）；

　　（3）上、下阀盖的内端面上开有把各阀口相互隔离的排泄槽（8）；

　　（4）排泄槽经排泄孔（23）与排水连通槽（29）相通；

　　（5）阀芯（4）上的圆孔（22）、（25）内镶嵌有薄板条（6）。"

　　针对上述发明专利权，无效宣告请求人于 2000 年 2 月 17 日向专利复审委员会提出无效宣告请求，其中涉及实用性的无效宣告请求理由为：该专利权利要求 1 中采用薄板条对密封圈进行固定，在剪切力的作用下，在阀门的启闭过程中该薄板条将对密封圈造成损坏，影响其密封效果，故权利要求 1 无积极效果，不具备实用性。

　　经审查，专利复审委员会认为：在阀门的旋转过程中薄板条的确会对密封圈产生剪切力，而且有可能损坏密封圈，但损坏程度的大小将取决于材料及形状的选择（例如可以选择刚性较小的薄板条、强度较大的密封圈，或者选择适当的薄板条形状），只要选择适当，这种现象是可以被消除或减弱的，这种选择对本领域普通技术人员来说不存在任何困难。另外，任何一项发明创造都可能存在缺陷或不足，不能因为某种缺陷或不足的存在而否定其实用性。只要这种缺陷或不足的存在不影响该产品的制造及使用，并能产生一定的积极效果，就符合《专利法》对"实用性"的要求。由于请求人所提供的证据和事实尚不能证明该专利是不能制造或使用的，故对于请求人认为该专利不具备实用性的主张合议组不予支持。

【案例评析】

该案涉及实用性评价时对于"积极的效果"的认定。实用性中所说的"能够产生积极效果"并不意味着其技术效果是十全十美、不存在任何缺陷。任何一项新技术方案的产生必然有其特定的技术效果，这种技术效果的出现，有其利也可能有其弊。我们不应当仅仅因其"弊"的存在而认为其不能够"产生积极效果"。举个简单的例子：现有技术中已经存在一种以内燃机为动力的插秧机，这种设备省时、省力、效率高。有人发明了一种人力驱动的插秧机，不需要依靠任何机械力。这种插秧机与前者相比的确存在若干缺点，甚至被视为"技术倒退"，即便如此，也不能由此而认定其不能"产生积极效果"。因为这种插秧机的出现，至少具有成本低的优点，而且便于在缺少动力条件的情况下使用，这便是这种人力驱动的插秧机对现有技术作出的贡献，也是其产生的积极效果。

按照上述理解，对于请求人所认定的事实——"用薄板条对密封圈进行固定，在剪切力的作用下，在阀门的启闭过程中该薄板条将对密封圈造成损坏，影响其密封效果"，充其量只能认为它是该专利中所存在的缺陷，而这种缺陷的存在也仅仅是一种可能性而已，并非不可避免。因此，上述事实的存在不能影响该专利的实用性。（撰稿人：张荣彦）

【案例2】　一种多级串联逐步切换的固定床催化反应方法及其装置（第6828号无效宣告请求审查决定）

2005年1月7日，专利复审委员会作出第6828号无效宣告请求审查决定。该决定涉及名称为"一种多级串联逐步切换的固定床催化反应方法及其装置"的96109047.2号发明专利权。本专利授权公告的权利要求书共有4项权利要求，其中独立权利要求1内容如下：

"1. 一种多级串联逐步切换的固定床催化反应方法，其特征在于在催化反应操作期间，通过不断同步改变反应原料入口及反应产物出口的位置，使参加催化反应的催化剂床层不断下移并始终保持其高度不变，在操作周期内维持反应平稳、阻力降平稳。"

针对上述发明专利权，无效宣告请求人向专利复审委员会提出无效宣告请求，同时提供了六份证据，其无效宣告请求理由包括：本专利不具备《专利法》第二十二条第二款、第三款、第四款规定的新颖性、创造性以及实用性。其中，请求人关于本专利不具备实用性的主要理由为：本专利把部分失活的催化剂床层切出反应器以减少床层压力降的做法没有实际意义，不能产生积极效果，和附件1相比不具备实用性。

经审查，专利复审委员会作出宣告本专利无效的第6828号无效宣告请求审查决定，对于请求人本专利不具备实用性的无效宣告请求理由，合议组认为：本专利权利要求1~4要求保护一种多级串联逐步切换的固定床催化反应方法，其解决的技术问题是在保证操作周期内起催化作用的催化剂用量不变的前提下，实现了延长单程操作周期和保持反应产物的高选择性，并控制压降不升高的目的，说明书记载了具体工艺过程，实施例也表明所述方法在产业上能够使用并能解决所述技术问题，因此具备实用性；虽然请求人认为，本专利权利要求1~4的技术方案把部分失活的催化剂床层切出反应器以减少床层压力降的做法没有实际意义，不能产生积极效果，和附件1相比不具备更高的实用性，但是《专利法》第二十二条第四款所称的产生积极效果并不是指相对于现有技术是否产生积极效果，而是指该方法本身是否能够带来积极和有益的效果，在请求人也没有给出任何具体的证据证明该方案在产业上不能使用且不能产生积极效果的情形下，请求人认为本专利不具备实用性的理由不能成立。

**【案例评析】**

能够产生积极效果是技术方案具备实用性的条件之一，但在要求技术方案能够产生积极效果时不能过分苛求技术方案只具有积极效果，而没有任何不足之处。一项技术方案可能存在某些方面的缺陷，但在其他方面有益，则应当认为该技术方案能够产生预期的积极效果。不能产生积极效果而不具备实用性所排除的是明显无益、脱离社会需要的技术方案，如果一项技术方案在产业上能够制造或使用，并且能够解决某个技术问题，即可认为其具备实用性。此外，应当注意的是，能够产生积极的效果所关注的是技术方案本身能否带来积极有益的技术效果，是对技术方案所能产生的技术效果在性质方面的要求，而不涉及该技术方案能否相对于现有技术产生更积极、更有益的技术效果。

就本案而言，正如第 6828 号无效宣告请求审查决定中所论述，由于权利要求 1~4 保护的多级串联逐步切换的固定床催化反应方法，能够解决一定的技术问题，即在保证操作周期内起催化作用的催化剂用量不变的前提下，实现延长单程操作周期和保持反应产物的高选择性，并控制压降不升高的目的，因此可以认为权利要求 1~4 能够产生积极效果。至于请求人认为"权利要求 1~4 的技术方案中把部分失活的催化剂床层切出反应器以减少床层压力降的做法没有实际意义，因此不能产生积极效果，和附件 1 相比不具备更高的实用性"，是没有很好地理解实用性的基本概念和"积极效果"的判断标准，故其主张不能成立。（撰稿人：孙跃飞）

# 第三章　充分公开

《专利法》第二十六条第三款规定："说明书应当对发明或者实用新型作出清楚、完整的说明，以所属技术领域的技术人员能够实现为准。"该条款是对专利申请人撰写发明或者实用新型专利申请文件提出的最基本的要求。

专利制度简单地说是在发明人将其发明向社会公众公开的前提下，国家授予其一定期限内独占权的制度。发明人向社会披露其发明创造的内容，增加了社会知识的总量，避免重复研究，节约了社会资源，而国家通过对发明人利益的保护最终实现了专利制度鼓励发明创造、促进科学技术进步和经济社会发展的宗旨。

因此，专利申请人必须将其发明创造的内容向社会充分地公开，达到所属技术领域的技术人员能够实现的程度，否则就不能获得相应的专利权。而说明书是专利文件的重要组成部分，作用是披露发明或者实用新型的具体内容，将其清楚、完整地公开出来，使所属技术领域的技术人员能够理解和实施。也就是说，说明书是专利申请人充分公开其发明创造技术方案的手段和载体。

若一件专利申请的说明书（包括说明书附图）只公开了一些技术概念或者设想，缺乏实施它的具体技术措施，则属于未完成的发明创造。为了避免将未完成的发明创造授予专利权，应当要求申请人在申请专利时充分公开其已经完成的具体技术方案，并以公开的内容为基础限制申请人此后的修改。

在专利申请审查程序中，如果发现申请人没有按照《专利法》第二十六条第三款的规定充分公开其发明或者实用新型，则不能授予其专利权；相应的，不符合《专利法》第二十六条第三款的规定，即请求保护的技术方案在说明书中未充分公开也是法定的无效宣告请求理由之一。

# 第一节　判断原则

《专利法》第二十六条第三款规定，要求说明书对发明或者实用新型作出清楚、完整的说明，并且这种说明应当达到所属技术领域的技术人员能够实现的程度。

该条款中，"所属技术领域的技术人员"是判断的主体，一切判断均应站在该主体的立场上；而"清楚""完整"以及"能够实现"这三方面的要求之间并非完全并列的关系，通过本节内容的介绍和相关案例评析可以看到，"能够实现"是对"清楚""完整"程度上的要求，只有说明书清楚、完整到足以使所属技术领域的技术人员能够实现所述发明或者实用新型的程度，该说明书的公开才是充分的，符合《专利法》第二十六条第三款规定的。此外，说明书充分公开还与权利要求请求保护的技术方案有关，如果说明书未充分公开的内容与权利要求请求保护的技术方案无关，则不应据此作出不利于申请人或专利权人的决定。

因此，要准确把握该法律条款的含义和判断原则，不仅应当理解"所属技术领域的技术人员""清楚""完整"以及"能够实现"这几个重要的概念，而且还应当理解这几个概念之间的内在逻辑关系。

## 一、从所属技术领域的技术人员角度出发

《专利法》第二十六条第三款涉及"所属技术领域的技术人员"的概念，这是专利领域中的一个非常重要的概念。

《审查指南2006》第二部分第四章第2.4节有关创造性的规

定中给出了相关定义："所属技术领域的技术人员，也可称为本领域的技术人员，是指一种假设的'人'，假定他知晓申请日或者优先权日之前发明所属技术领域所有的普通技术知识，能够获知该领域中所有的现有技术，并且具有应用该日期之前常规实验手段的能力，但他不具有创造能力。如果所要解决的技术问题能够促使本领域的技术人员在其他技术领域寻找技术手段，他也应具有从该其他技术领域中获知该申请日或优先权日之前的相关现有技术、普通技术知识和常规实验手段的能力。"

发明创造是否具备创造性，应当基于所属技术领域技术人员的知识和能力进行评价。同样，发明创造的专利说明书是否满足充分公开的要求也应当基于所属技术领域技术人员的知识和能力进行评价。

判断说明书是否充分公开时，判断的主体对于判断所得出的结论至关重要。同样的发明创造技术方案，对于本领域的专家而言，也许仅给出很少的对现有技术作出贡献的信息就能够实施；但对于外行人而言，也许给出非常详细的信息也不一定能够理解并达到实施的程度。因此为了统一判断标准，《专利法》规定了"所属技术领域的技术人员"这样一种法律上虚拟的"人"来作为判断主体，其目的是使理解和判断的结果趋向一致。

因此，从所属技术领域技术人员的角度出发是判断说明书充分公开的一个重要的基础性环节。

【案例】　控制半导体设备的方法（第 5287 号复审请求审查决定）

2004 年 11 月 20 日，专利复审委员会作出第 5287 号复审请求审查决定，涉及申请号为 98108327.7、名称为"控制半导体设备的方法"的发明专利申请。

国家知识产权局原审查部门在对本申请进行实质审查后，以本申请说明书不符合《专利法》第二十六条第三款的规定为由作出驳回决定，驳回决定的具体理由是：本申请的说明书没有清楚、完整地阐明控制半导体设备的方法，使得所属技术领域的技术人员不能实现对半导体制造设备的计算机控制。具体而言，没有公开：① "向主机报告以单位批量在半导体设备的一个设备中当前处理的工艺条件" 中的 "工艺条件" 是什么样的条件；② "主机中的特殊规则" 是什么规则；③ "采取的适当措施" 中的 "适当的措施" 是什么措施；④ 如何进行 "排除故障操作" 等。

　　本申请被驳回后，复审请求人向专利复审委员会提出复审请求。复审请求人提出：① 关于 "向主机报告以单位批量在半导体设备的一个设备中当前处理的工艺条件" 中的 "工艺条件"，是与说明书背景技术中所进行的工艺条件相同的，对于所属技术领域的技术人员而言是公知常识；② 关于 "主机中的特殊规则"，说明书清楚地说明了 "该规则是由主机利用统计工艺控制（SPC）进行的控制限制"，统计工艺控制被广泛用于统计地管理制造过程的质量控制；统计工艺控制不是本发明的发明点，本发明仅仅是利用了统计工艺控制的手段，它是所属技术领域的技术人员利用现有技术可以实现的，同时说明书已说明了 "特殊规则" 和 "控制限制"；③ 关于 "采取适当措施"，是如说明书文字及说明书附图 2 所示，根据在先的分析结果执行报废产品或随后的步骤；④ 关于如何排除故障操作，不是本发明的发明点，其具体方法可以采取任何本领域技术人员公知的方法。因此，本发明符合《专利法》第二十六条第三款的规定。

　　专利复审委员会对该复审请求案进行审查后认为：

　　本申请涉及一种控制半导体设备的方法，该方法针对现有技术中存在的因主机不能识别互锁设备导致操作者意外操作互锁设备，从而可能增加有缺陷的产品和降低工艺可靠性的缺陷，提供了包括如下步骤的技术方案：

"（A）向主机报告以单位批量在半导体设备的一个设备中当前进行处理的工艺条件；

（B）确定报告的工艺条件数据是否处于寄存在主机数据库的该工艺的各步骤的最佳工艺条件范围内；

（C）如果确定报告的数据是处于最佳工艺条件的范围内，则确定报告的数据是否满足寄存在主机中的特殊规则；

（D）如果确定报告的数据不处在最佳处理条件的范围内，则保留和分析通过该工艺处理的产品，和采取适宜的措施；

（E）如果确定报告的数据满足特殊规则，则继续进行处理，并且如果确定该报告的数据不满足特殊规则，则同时互锁该设备和主机的跟踪部件，并把互锁信息自动地存入主机，和停止该工艺处理，直到完全排除掉故障操作后，重复地进行上述步骤，直到完成该工艺。"

通过阅读说明书文字部分记载的内容，并结合附图公开的该方法流程图，所属技术领域的技术人员可以理解，在本申请控制半导体设备的方法中，步骤（A）报告给主机的具体工艺条件是由半导体设备所要制造的产品决定的；步骤（D）在确定报告的数据不处在最佳工艺条件范围内时，所采取的措施应是根据产品分析结果所确定的需要采取的措施，例如说明书所记载的报废产品等；步骤（E）的排除故障操作则是本领域技术人员根据前面步骤的判断结果以及实际故障情况而进行的。

对于步骤（C）、（E）中所涉及的特殊规则，说明书记载了"特殊规则是用在统计工艺控制内（SPC）的控制限制"，以及"该规则是由主机利用统计工艺控制（SPC）进行的控制限制"，说明书还进一步对于不满足特殊规则的四种主要情况进行了举例说明。根据说明书上述各部分的记载，所属技术领域的技术人员可以理解所谓特殊规则实际上是用于控制半导体制造过程以进行质量控制的数据，如统计学数据。如上所述，本申请控制半导体设备的方法所要解决的技术问题是现有技术中主机对于互锁设备的识别问题，而特殊规则在本申请的方法中仅被用作判断是否需要对设备和主机跟踪部件进行互锁的条件，对于该条件的具体设定是属于现有技术的内容，可以由所属技术领域的技术人员根据现有技术所使用的统计工艺控制方法来确定，与本申请解决其技术问题并达到其技术效果所采用的技术手段没有直接关系。

基于以上分析，上述步骤（A）的工艺条件、步骤（C）、（E）的特殊规则、步骤（D）采取的措施以及步骤（E）排除故障操作的具体内容的改变并不影响本申请方法的实施，而且这些具体内容是所属技术领域的技术人员视具体情况运用其所具有的本领域普通技术知识可以确定的。根据本申请说明书记载的内容，所属技术领域的技术人员能够明了本申请控制半导体设备的方法中的步骤（A）到步骤（D）如何实施，以及当判断认为需要互锁半导体设备时，如何执行步骤（E），即通过同时互锁设备和主机的跟踪部件自动地把互锁设备的固有号码输入到主机，以达到防止由操作者意外操作互锁设备的技术效果。

在本申请说明书目前公开内容的基础上，所属技术领域的技术人员能够实现本发明的技术方案，解决现有技术存在的问题，并达到本发明所述的技术效果。因此，说明书对发明作出了清楚、完整的说明，符合《专利法》第二十六条第三款的规定。

## 【案例评析】

本案涉及一种控制半导体设备的方法。正如其说明书所述，控制半导体设备的常规方法是当进行几步工艺处理后，通过测试步骤确定各工艺步骤是否按照最佳处理条件进行处理，并确定处理的产品是否有缺陷；如果产品有缺陷，则显示结果或检测产生缺陷的原因，这可能导致时间和材料的浪费等。为了抑制不良的工艺条件，将该设备中产生的数据与初始寄存在主计算机数据库的特殊数值进行比较，如果该数据不在特殊数值的范围内，则互锁该设备。但按照这种方法控制半导体设备存在某些缺点，如，主机不能识别互锁设备、操作者实际上不能检测全部设备、操作者误操作等。本申请的目的是提供一种控制半导体的方法，该方法能够防止由操作者意外操作而互锁设备。

针对本申请说明书记载的控制方法，驳回决定认为说明书未具体说明：① "向主机报告以单位批量在半导体设备的一个设备中当前处理的工艺条件" 中的 "工艺条件" 是什么；② 寄存在主机中的 "特殊规则" 是什么；③ 当报告数据不处在最佳处理条件内时，采取的是什么样的 "适宜措施"；④ 互锁后如何进行 "排除故障操作"，从而导致说明书不符合《专利法》第二十六条第三款的规定。

那么，上述①~④点是否应当在说明书中具体披露，或者说说明书对其的披露是否达到了能够实施的程度是本案的核心问题。

从本申请文件以及复审请求审查决定可以看出，说明书所述的方法涉及了上述①~④中的概念，除了文字进一步记载 "特殊规则是用在统计工艺控制内（SPC）的控制限制" "该规则是由主机利用统计工艺控制（SPC）进行的控制限制"，以及 "最佳工艺条件的范围是限制不使产品产生任何缺陷的设备数据" 等外，并没有对它们进行更具体的说明。尽管如此，复审请求审查决定还是认定了本申请符合充分公开的要求，究其原因，关键在于判断说明书公开内容时，对判断主体 "所属技术领域的技术人员" 的作用的把握。

《审查指南》第二部分第四章第 2.4 节明确定义了 "所属技术领域的技术人员" 所具有的各种能力，其中特别指出 "他知晓申请日或优先权日之前发明所属技术领域所有的普通技术知识"，并且"具有应用该日期之前常规实验手段的能力"。《专利法》第二十六条第三款对于说明书要求的"应当对发明或者实用新型作出清楚、完整的说明"，是"以所属技术领域的技术人员能够实现为准"的，即需要从所属技术领域的技术人员的角度理解说明书，对说明书记载的发明是否清楚、完整，以至其能够实施作出判断。

由于所属技术领域的技术人员具有上述知识与能力，当面对同样一份说明书时，与普通公众不同，他不仅能够看到说明书文字明确记载的信息，还能够运用其具有的所属技术领域的技术知识和能力，以一个专业人员的角度理解发明内容，将说明书文字记载的信息与相应的技术内容进行关联，并对说明书中某些未作详尽记载的内容进行适当的补充。

就本案而言，申请旨在针对现有技术中存在的因主机不能识别互锁设备导致操作者意外操作互锁设备，从而可能增加有缺陷的产品和降低工艺可靠性的缺陷，提供一种控制半导体设备的方法。因此该方法主要解决主机对于互锁设备的识别问题，而并非针对某种特定的产品和设备。但具体的产品和半导体设备是实施发明必不可少的载体，具体的工艺参数、质量控制的规则、可能需要排除的故障也是实施发明时不能回避的事项，由于这部分内容并非本发明对现有技术作出的贡献，所属技术领域的技术人员应用该领域相应的常规方法即可实现。在本申请提出时，现有技术中已经存在各种半导体产品和用于各种工艺的半导体设备，并且在实践中根据不同的产品需求和设备情况设定各种具体工艺参数、调整控制规则、针对不同的突发状况采取不同的应对方式是所属技术领域的技术人员运用其普通技术知识和常规实验手段能够做到的。比如，根据说明书各部分的记载，所属技术领域的技术人员可以理解，所谓特殊规则实际上是用于控制半导体制造过程以便进行质量控制的数据。

因此，虽然说明书没有进一步记载相关内容的具体情况，但复审请求审查决定正是基于对所属技术领域普通技术知识状况的基本认识以及对所属技术领域技术人员能力的合理判断，得出说明书虽然没有记载这些内容，但不会导致其不符合《专利法》第二十六条第三款的规定的结论。（撰稿人：石　清）

## 二、清楚、完整、能够实现

《审查指南》第二部分第二章分别对说明书内容清楚、完整、能够实现的具体要求作出了明确的规定。

其中，《审查指南》第二部分第二章第2.1.1节规定了"清楚"具体应满足下述要求：

"（1）主题明确。说明书应当从现有技术出发，明确地反映出发明或者实用新型想要做什么和如何去做，使所属技术领域的技术人员能够确切地理解该发明或者实用新型要求保护的主题。换句话说，说明书应当写明发明或者实用新型所要解决的技术问题以及解决其技术问题采用的技术方案，并对照现有技术写明发明或者实用新型的有益效果。上述技术问题、技术方案和有益效果应当相互适应，不得出现相互矛盾或不相关联的情形。

（2）表述准确。说明书应当使用发明或者实用新型所属技术领域的技术术语。说明书的表述应当准确地表达发明或者实用新型的技术内容，不得含糊不清或者模棱两可，以致所属技术领域的技术人员不能清楚、正确地理解该发明或者实用新型。"

关于"完整"的要求，在《审查指南》第二部分第二章第2.1.2节中有以下规定："完整的说明书应当包括有关理解、实现发明或者实用新型所需的全部技术内容""凡是所属技术领域的技术人员不能从现有技术中直接、唯一地得出的有关内容，均应当在说明书中描述"。该节同时还规定了完整的说明书应当包含"帮助理解发明或者实用新型不可缺少的内容""确定发明或者实用新型具有新颖性、创造性和实用性所需的内容"以及"实现发明或者实用新型所需的内容"等几项内容。

而关于"能够实现"，《审查指南》第二部分第二章第 2.1.3 节进一步规定：

"所属技术领域的技术人员能够实现，是指所属技术领域的技术人员按照说明书记载的内容，就能够实现该发明或者实用新型的技术方案，解决其技术问题，并且产生预期的技术效果。

说明书应当清楚地记载发明或者实用新型的技术方案，详细地描述实现发明或者实用新型的具体实施方式，完整地公开对于理解和实现发明或者实用新型必不可少的技术内容，达到所属技术领域的技术人员能够实现该发明或者实用新型的程度。"

《审查指南》第二部分第二章第 2.1.3 节的上述规定实际上是对《专利法》第二十六条第三款的最好诠释。其表明了说明书充分公开所要求的"清楚""完整"和"能够实现"并不是完全并列的标准，"清楚"和"完整"最终都统一于所属技术领域的技术人员能否实现这样一个客观标准。因此，清楚、完整只是说明书充分公开的外在表现形式，能够实现则是说明书充分公开的内在实质，换言之，对于不满足充分公开的说明书而言，通常表现为由于不清楚而导致的所属技术领域的技术人员不能实施，或者由于不完整而导致本领域技术人员不能实施，或者两者兼而有之。

所以，并不是说明书稍有不清楚或不完整就必然导致其公开不充分，只有说明书不够清楚或不够完整以至于所属技术领域的技术人员无法实施所要求保护的技术方案，以解决其技术问题并产生预期的技术效果时，才导致该说明书未满足充分公开的要求。

【案例 1】　饸饹机（第 6507 号无效宣告请求审查决定）

2004 年 10 月 27 日，专利复审委员会作出第 6507 号无效宣告请求审查决定，该决定涉及名称为"饸饹机"的97244354.1号实用新型专利权。本专利授权公告的权利要求1、2、3的内容如下：

"1. 饸饹机，由压杆、压头、拉杆、面缸、底板及支腿构成。其特征是：拉杆固定于底板上，压杆头部同拉杆压力铰接。

2. 根据权利要求1所述的饸饹机，其特征是：活动支腿位于压杆的柄部方向。

3. 根据权利要求1所述的饸饹机，其特征是：底板上有活动支架。"

针对上述实用新型专利权，请求人向专利复审委员会提出无效宣告请求，其无效宣告请求的理由包括本专利说明书不符合《专利法》第二十六条第三款的规定。请求人认为：本专利说明书对饸饹机活动支腿的结构、活动支腿与其他部件的连接关系，以及活动支架的结构、活动支架与其他部件的连接关系没有作出清楚完整的说明，以至于所属技术领域的技术人员需要付出创造性劳动才能使上述结构和连接关系得以实现。因此，本专利说明书不符合《专利法》第二十六条第三款的规定。

经过审查，无效宣告请求审查决定维持了97244354.1号实用新型专利权有效。对于请求人提出的本专利说明书不符合《专利法》第二十六条第三款的理由，专利复审委员会作出的审查意见如下：本专利的说明书已经对其技术方案作出了清楚完整的说明，将说明书的文字与附图1所示的内容结合起来，可以看出活动支腿是位于固定支腿5相对侧的起支撑底板作用的可活动的支腿8，其活动的含义即是可以在一定范围内调节，所属技术领域的技术人员根据说明书文字部分的描述和附图所示完全可以实现活动支腿的结构及其与其他部件的连接关系；此外，附图1中已经清楚地表示出了活动支架的位置和活动方式，说明书文字部分也对其工作方式进行了说明，即"压制食品时合拢，食品压制完成后将其向上旋转 90 度立于底板上，将压杆支于其端部，以便在压杆另一头加压使压头从面缸中取出。"所属技术领域的技术人员根据这样的文字描述和附图所示也完全可以实现其结构及其与其他部件的连接关系。因此，专利复审委员会对请求人关于本专利说明书不符合《专利法》第二十六条第三款的无效宣告请求理由不予支持。

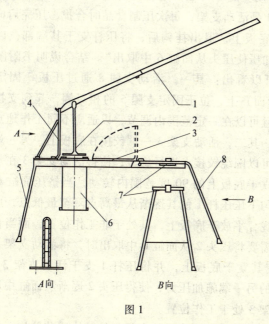

图 1

【案例评析】

本案争议的问题是：专利说明书是否对"活动支腿的结构及其连接关系"以及"活动支架的结构及其连接关系"作出了清楚完整的说明，所属技术领域的技术人员是否在阅读说明书后还需要付出创造性的劳动才能实现上述结构及其连接关系。

根据本专利说明书的记载，饸饹机主要采用挤压成型的原理，一般为螺旋式、螺杆式和齿轮齿条式等，但它们分别存在需要动力电源、工作效率低、不易固定、结构复杂和易产生油污等缺点。该发明的压杆式饸饹机是针对上述缺点而提出的。

关于上述争议问题所涉及的技术内容，即活动支腿 8 和活动支架 3 的结构及其连接关系，本专利说明书文字部分记载了如下内容："活动支腿 8 可在一定范围内调节，以适应实际应用的需要"和"3 是活动支架，每次压制食品时合拢，压完后向上旋转 90 度立于底板上，退出挂钩后，将压杆支于其端部，以便在压杆另一头加压使压头从面缸 6 中取出"。结合说明书附图（参见图 1）则可以看出：其一，活动支腿 8 通过压板 7 固定在底板（即工作台面）上，位于固定支腿 5 的相对侧，起到支撑底板的作用，并且可以在一定范围内调节，以适应不同工作地点的空间位置要求；其二，活动支架 3 一端铰接在底板上，另一端处于自由状态，可以围绕铰接点进行旋转，使得活动支架 3 在从平放于底板上至立于底板上的 90 度范围内转动，当挤压面缸 6 中的食物时，均匀下压压杆 1 使其逐渐从最高点降至最低点，此时活动支架 3 合拢，平放于底板上，其处于非工作位置，而当食品压制完成后，需要将压头 2 从面缸 6 中取出时，将活动支架 3 向上旋转 90 度使其立于底板上，并将压杆 1 支于活动支架 3 的端部，在压杆 1 的另一端施加压力，使得压头 2 逐渐从面缸中取出，此时活动支架 3 处于工作位置。

说明书虽然没有明确活动支腿 8 的具体调节结构，但物体支腿如何在一定范围内调节的具体结构属于常用结构，在明了活动支腿的作用是为了适应实际应用中稳定固定的需要后，具备这种常用知识的技术人员完全能够通过常规的调节结构实现该实用新型的技术方案。因此，所属技术领域的技术人员参阅说明书中关于活动支腿和活动支架的结构描述，以及该饸饹机使用方法的操作描述，并结合说明书附图中所示出的结构位置关系，完全可以依据本身具备的知识和能力实现活动支腿和活动支架的结构及其与其他部件的连接关系,不需要再付出创造性的劳动。

说明书应当对发明或者实用新型作出清楚的说明是指,申请人或专利权人应当以说明书的形式对其所要求保护的技术方案作出说明,必要的时候,可以借助于附图,来帮助所属技术领域的技术人员进行理解。说明书不但包括文字部分内容,还包括附图部分内容,其中每一部分内容都应当是清楚的、准确的、明了的,不应存在含糊不清之处,所属技术领域的技术人员阅读之后才不会产生歧义;并且,文字部分与附图部分内容所构成的整体也应当是清楚的,其两部分并非是完全独立的内容,它们之间有着密切的联系,并且有着准确的对应关系,能够构成一个有机的整体,不应存在相互矛盾之处或者容易产生歧义的内容。这样,所属技术领域的技术人员阅读后,才能准确地理解发明创造的实质内容。(撰稿人:宋鸣镝)

【案例2】　一种新型低风速启动、强制给排气式安全热水器(第 4709 号无效宣告请求审查决定)

2003 年 1 月 13 日,专利复审委员会作出第 4709 号无效宣告请求审查决定。该决定涉及的名称为"一种新型低风速启动、强制给排气式安全热水器"的 99235472.2 号实用新型专利权。

本专利授权的权利要求书包括 10 项权利要求,其中的权利要求 1 和 9 的内容为:

"1. 一种新型低风速启动、强制给排气式安全热水器,包括有燃气阀(1)、燃烧器(2)、热交换器(3)、反馈针(4)、水阀(5)、控制装置(6),其中燃气阀(1)通过管路与燃烧器(2)连接,热交换器(3)置于燃烧器(2)的上方,水阀(5)通过管路与热交换器(3)连接,反馈针(4)置于燃烧器(2)的火排上方,其特征在于燃烧器(2)的下方设置有风机(7),

控制装置（6）包括有电源电路（61）及风机转速控制电路（62），风机转速控制电路（62）的输入端与电源电路（61）连接，输出端与风机（7）连接。"

"9. 根据权利要求1所述的热水器，其特征在于上述燃气阀（1）还连接有燃气—空气随动调节装置，其包括有齿轮传动付（8、8A）及其驱动电机D，齿轮（8）的转轴与燃气阀（1）的转轴连接，齿轮（8A）与齿轮（8）啮合，并与其驱动电机D的输出轴连接，驱动电机D的输入端与设在壳体外的线控操作板K连接，控制装置（6）相应还设有风机风速随动调节电路（67），其包括有主控制电路A、电位器W、双向可控硅G1、光电耦合器G2、电容C41、C42、三极管N1、N2、电阻R41、R42、R43、R44，其中电位器W的旋转与燃气阀（1）的旋钮Z连动，三极管N1的基极通过电阻R41与主控制电路A连接，发射极接地，集电极与继电器J2的一端连接，继电器J2的另一端与继电器J1的一端连接，继电器J1的另一端与三极管N2的集电极连接，三极管N2基极通过电阻R42与主控制电路A连接，发射极接地；光电耦合器G2的一端通过电阻R44与主控制电路A连接，另一端通过电阻R43、电容C41与继电器J1的触点J1-1及继电器J2的触点J2-1的一端连接，继电器J1的触点J1-1及继电器J2的触点J2-1的另一端与电源连接，光电耦合器G2的输出端与双向可控硅G1的触发端连接及通过电容C42接地，双向可控硅G1的输出端与风机（7）连接。"

针对上述实用新型专利权，请求人向专利复审委员会提出了无效宣告请求，在案件审理过程中明确其无效宣告请求的范围和理由为本专利的权利要求9不符合《专利法》第二十六条第三款和第二十二条第四款的规定，并就上述无效宣告请求理由陈述了意见。

经过审查，专利复审委员会作出如下审查决定：

本专利的权利要求 9 引用权利要求 1，权利要求 9 限定"三极管 N1 的基极通过电阻 R41 与主控制电路 A 连接，发射极接地……三极管 N2 基极通过电阻 R42 与主控制电路 A 连接……"对此，说明书只描述了"主控制电路 A 可包括有电源电路（61）及风机转速控制电路（62）、烟道阻塞或者风压过大保护电路（63）、风机堵转、停转和转速过低检测保护电路（64）、过热保护电路（65）、反馈针的检测电路（66），或为其他控制电路"，没有说明控制电路 A 如何控制三极管 N1、N2，而且该控制电路不是常规电路，所属技术领域的技术人员根据说明书的记载，不付出创造性的劳动不能实现本专利权利要求 9 所述的技术方案。因此，本决定认定，本专利说明书没有充分公开权利要求 9 所述的技术方案，不符合《专利法》第二十六条第三款的规定。据此，宣告 99235472.2 号实用新型专利权的权利要求 9 无效，维持权利要求 1～8、10 有效。

**【案例评析】**

根据《审查指南》第二部分第二章第 2.1.2 节的规定，完整的说明书应当包括有关理解、实现发明或者实用新型所需的全部技术内容，其中包括，例如，为解决发明或者实用新型的技术问题而采用的技术方案的具体实施方式等这类实现发明或者实用新型所需的内容。

对于发明或者实用新型专利申请，首先应当明确其所要解决的技术问题是什么，然后还应当清楚、完整地说明要解决该技术问题而采用的技术方案的具体实施方式，也就是实现发明或者实用新型所需的内容。需要注意的一点是，判断上述内容是否记载清楚、完整的主体是"所属技术领域的技术人员"，而判断的标准是"所属技术领域的技术人员"根据所记载的内容能够实现该技术方案。只有"所属技术领域的技术人员"根据说明书对上述内容的记载可以实现所涉及的具体实施方式，才可以认为说明书关于这部分内容的记载是清楚、完整的。

分析本案例，为了解决风机不可调速以及容易产生爆燃的技术问题，本专利权利要求1提出了一种低风速启动、强制给排气式安全热水器，包括燃气阀（1）、燃烧器（2）、热交换器（3）、反馈针（4）、水阀（5）、控制装置（6）等装置，而为了在该热水器中实现燃气－空气的随动调节这一目的，即"使风机的转速及风量随着燃气阀的开度增大或减小作相应改变，其可增大负荷调节范围，实现冬夏调节自如"，本专利权利要求9进一步限定了其控制装置（6）中相应设有风机风速随动调节电路（67）。

从本申请的说明书及其附图可以看出，风机风速随动调节电路（67）包括主控制电路A、电位器W、双向可控硅G1、光电耦合器G2、电容C41、C42、三极管N1、N2以及若干电阻，关于其中的主控制电路A，说明书只描述了"主控制电路A可包括有电源电路（61）及风机转速控制电路（62）、烟道阻塞或者风压过大保护电路（63）、风机堵转、停转和转速过低检测保护电路（64）、过热保护电路（65）、反馈针的检测电路（66），或为其他控制电路"，但没有记载清楚该主控制电路A如何输出信号来控制与其相连的三极管N1、N2等部件，进而控制整个风机风速随动调节电路（67），因此所属领域的技术人员并不清楚该主控制电路A具体实现燃气－空气随动调节的工作方式，进而不清楚该技术方案如何解决燃气－空气随动调节的技术问题。

由于权利要求9中所限定的电路是为解决上述技术问题而设计的，是燃气－空气随动调节技术方案的核心，专利说明书应当清楚、完整地给出这种实现发明或者实用新型的核心内容，否则所属技术领域的技术人员阅读说明书后不能够实施所述技术方案，更无从解决所要解决的技术问题。

因此，本专利的说明书没有清楚、完整地记载控制电路A通过何种方式实现对三极管 N1、N2 等部件的控制，进而控制整个风机风速随动调节电路，使得公开的所述风机风速随动电路不完整，所属技术领域的技术人员根据说明书这种不完整的记载不能够实现该技术方案，由此无效宣告请求审查决定得出本专利说明书以及涉及上述内容的权利要求 9 不符合《专利法》第二十六条第三款规定的结论。（撰稿人：穆丽娟）

【案例 3】  多用途数控车床（第 1655 号复审请求审查决定）

2000 年 7 月 18 日，专利复审委员会作出第 1655 号复审请求审查决定。该决定涉及申请号为 93100578.7、名称为"多用途数控车床"的发明专利申请。

在实质审查程序中，国家知识产权局原审查部门以本申请不符合《专利法》第二十六条第三款规定为由作出驳回决定。驳回决定认为，本专利申请文件中没有清楚地记载发明目的，只是笼统地指出开环式数控车床的不足，从而导致申请文件中没有一种有针对性的、达到该发明目的的技术方案。

复审请求人向专利复审委员会提出复审请求，认为申请文本已清楚、完整地说明了技术方案，所属技术领域的技术人员可以正确理解该技术方案。

经审查，专利复审委员会发出"复审通知书"指出，本专利申请说明书中的发明目的部分没有具体说明本发明可达到什么技术效果，解决什么技术问题，仅仅写到"针对上述不足，提出一种多用途数控车床"，这显然是不够的。

复审请求人提交"意见陈述书"，表示同意合议组意见，同时提交了说明书替换页，将发明目的修改为"本发明目的是针对上述不足，提出一种多用途数控车床，它将普通车床、半自动车床、数控车床集为一体，从而实现车床的三种工作方式，使其具有数控车床一机多用的功能。"

之后，专利复审委员会作出第1655号复审请求审查决定。该决定认为，修改后的发明目的是针对背景技术所存在的问题而提出来的，即"① 开环系统精度低；② 计算机在车床上不能大面积推广；③ 缺少一个设计既能适合计算机对旧机床的数控改造，又适合作为普通车床的替代产品"，并采用了正面语句，直接清楚、客观地写明发明目的为"它将普通车床、半自动车床、数控车床集为一体"，并具体说明可达到的技术效果是"实现车床的三种工作方式，使其具有数控车床一机多用的功能"。由于修改后的发明目的是清楚的，可以将该发明目的与说明书中所提出的技术方案结合起来进行理解、检索和审查。因此，修改后的发明目的符合《专利法实施细则》第十八条第一款第（四）项要求，也符合《专利法》第二十六条第三款的规定，撤销驳回决定。

## 【案例评析】

《专利法》第二十六条第三款规定说明书充分公开应当满足清楚、完整、能够实现的要求，有时候容易与《专利法实施细则》第十八条有关说明书撰写形式的规定发生混淆。本案就涉及这种情况。

《专利法实施细则》第十八条针对专利说明书有以下规定。

"发明或者实用新型专利申请的说明书应当写明发明或者实用新型的名称，该名称应当与请求书中的名称一致。说明书应当包括下列内容：

（一）技术领域：写明要求保护的技术方案所属的技术领域；

（二）背景技术：写明对发明或者实用新型的理解、检索、审查有用的背景技术；有可能的，并引证反映这些背景技术的文件；

（三）发明内容：写明发明或者实用新型所要解决的技术问题以及解决其技术问题采用的技术方案，并对照现有技术写明发明或者实用新型的有益效果；

（四）附图说明：说明书有附图的，对各幅附图作简略说明；

（五）具体实施方式：详细写明申请人认为实现发明或者实用新型的优选方式；必要时，举例说明；有附图的，对照附图。

发明或者实用新型专利申请人应当按照前款规定的方式和顺序撰写说明书，并在说明书每一部分前面写明标题，除非其发明或者实用新型的性质用其他方式或者顺序撰写能节约说明书的篇幅并使他人能够准确理解其发明或者实用新型。

发明或者实用新型说明书应当用词规范、语句清楚，并不得使用'如权利要求……所述的……'一类的引用语，也不得使用商业性宣传用语。

发明专利申请包含一个或者多个核苷酸或者氨基酸序列的，说明书应当包括符合国务院专利行政部门规定的序列表。申请人应当将该序列表作为说明书的一个单独部分提交，并按照国务院专利行政部门的规定提交该序列表的计算机可读形式的副本。"

可见，《专利法实施细则》第十八条主要是针对说明书的撰写方式和顺序以及应当包括的内容和应当避免出现的用语作出的规定，其中也规定了"发明或者实用新型说明书应当用词规范、语句清楚"，这些规定有时候容易与《专利法》第二十六条第三款的规定发生混淆。

然而，根据《专利法实施细则》第五十三条和第六十四条的规定，不符合《专利法》第二十六条第三款为实质审查时的驳回条款，也是提出无效宣告请求的法定理由之一；但不符合《专利法实施细则》第十八条不是实质审查时的驳回条款，也不是可以请求宣告无效的法定理由。因此，上述两条款的适用会导致完全不同的审查结果，而如何正确适用这两个法律条款就变得非常重要，特别是当说明书存在缺少某部分内容，或者用词不规范、语句不清楚等情形时。

实际上，这两个条款是有本质区别的。《专利法》第二十六条第三款是对专利说明书的实质性要求，要求说明书应当"充分公开"发明或者实用新型的技术内容，达到所属技术领域的技术人员能够实现的程度，其落脚点在于所属技术领域的技术人员能够实现，即只有当说明书中公开的内容不清楚、不完整，导致所属技术领域的技术人员无法实现所述的技术方案，从而无法解决提出的技术问题，并产生预期的技术效果时，才适用《专利法》第二十六条第三款的规定。

相比之下，《专利法实施细则》第十八条则是对说明书应当如何撰写作出的形式上的要求，因此，在专利申请说明书仅仅不满足《专利法实施细则》第十八条的规定，但不足以导致所属技术领域的技术人员不能实现时，申请人可以在原始申请文件的基础上进行不超范围的修改，这种缺陷一般不会导致专利申请被驳回的严重后果。

由于本案说明书未清楚完整地记载发明目的，使技术方案与发明目的没有相互对应。如果该缺陷仅仅是形式上的，根据说明书整体内容（包括对现有技术的不足或者该申请取得的技术效果的描述）可以判断出该发明所要解决的技术问题或发明目的，则该缺陷应归于不符合《专利法实施细则》第十八条的规定，可以通过修改说明书来克服所述缺陷，当然，前提是修改满足《专利法》第三十三条的规定。

本专利申请说明书对现有技术存在的问题是这样描述的，"① 开环系统精度低；② 计算机在车床上不能大面积推广；③ 缺少一个设计既能适合计算机对旧机床的数控发行又适合做为普通车床的替代产品。"而其发明目的仅写到"针对上述不足，提出一种多用途数控车床"，没有按照《专利法实施细则》第十八条的规定，明确写明要解决的具体技术问题，即具体发明目的。在复审程序中，复审请求人将发明目的修改为"本发明目的是针对上述不足，提出一种多用途数控车床，它将普通车床、半自动车床、数控车床集为一体，从而实现车床的三种工作方式，使其具有数控车床一机多用的功能。"这种修改未超出原始申请文件记载的范围，并且修改后的发明目的既与所提出的技术方案及其技术效果达到了三者的相互对应，也有利于所属技术领域的技术人员对发明技术方案的理解以及对本申请作出新颖性和创造性判断所进行的检索。

专利申请不符合《专利法》第二十六条第三款规定的情形是其技术方案公开不充分，导致所属技术领域的技术人员无法再现其发明，并无法实现其技术效果，这种导致发明不能实现的公开不充分通常是无法通过修改来克服的。因此，要注意区分说明书充分公开所要求的清楚、完整、能够实现的要求与《专利法实施细则》第十八条对说明书撰写形式的要求。（撰稿人：陈迎春）

## 三、请求保护的技术方案

根据《专利法》第二十六条第三款的规定，发明人获得专利权是以其向社会充分公开发明为代价的。也就是说，一方面，发明人应当将其发明向社会充分公开，达到所属技术领域的技术人员能够实现的程度；另一方面，在该专利申请满足充分公开及其他专利授权条件的情况下，应当授予其专利权。因此，《专利法》第二十六条第三款虽然是对专利说明书提出的要求，实际上还与请求保护的技术方案密切相关。

从权利与义务对等的角度理解，既然授予专利权的技术方案应当满足充分公开的要求，那么对于申请人虽然在说明书中提及，但未在权利要求书中请求保护的技术方案，没有理由要求申请人必须在专利说明书中充分公开。《审查指南》第二部分第二章第 2.1.3 节中规定的"所属技术领域的技术人员能够实现"，是指所属技术领域的技术人员按照说明书记载的内容，能够实现权利要求请求保护的发明或者实用新型的技术方案，解决其技术问题，并且产生预期的技术效果。

**【案例】** **鳜鱼弹状病毒毒株及制备方法和应用（第 7535 号复审请求审查决定）**

2005 年 12 月 7 日专利复审委员会作出第 7535 号复审请求审查决定。该决定涉及申请日为 2003 年 11 月 13 日，申请号为 200310116241.4，名称为"鳜鱼弹状病毒毒株及制备方法和应用"的发明专利申请。

国家知识产权局原审查部门经实质审查后，驳回了本申请。驳回决定所针对的权利要求 1、2、3 的内容为：

"1. 一种鳜鱼弹状病毒毒株，其特征是在于鳜鱼弹状病毒毒株 Siniperca chuatsi rhabdovirus，$SCRV_{0208}$，CCTCC NO：V202008。

2. 根据权利要求 1 所述的一种鳜鱼弹状病毒毒株，其特征是病毒微形态特征是：大小为 $70 - 110 \times 30 - 45nm$，形态是一端尖头，另一端平头的弹状病毒。

3. 一种实现权利要求 1 所述的一种鳜鱼弹状病毒毒株的制备方法，包括下列步骤：首先是 $GCF_{0208}$ 细胞经 TC199 培养基加 10% 新生牛血清，培养 12 ~ 14 小时，长成单层细胞，用 0.1ml $SCRV_{0208}$ 病毒液接种后，铺上一层琼脂糖，继续在 25℃ 恒温培养箱中培养；其次是在接种病毒后培养 12 ~ 36 小时，在不同培养时段取样，超薄切片观察，确定在 $SCRV_{0208}$ 接种到 $GCF_{0208}$ 单层细胞中培养 20 小时后进行挑斑；第三是反复进行 7 次挑斑，获得克隆的鳜鱼弹状病毒株 $SCRV_{0208}$ 后，扩大培养，再经差速离心、蔗糖梯度离心，就可获得纯化的 $SCRV_{0208}$。"

驳回决定认为，本申请涉及一种鳜鱼弹状病毒毒株及制备方法和应用，而对于该病毒毒株制备方法中涉及的"草鱼鳍细胞 $GCF_{0208}$"，说明书中没有记载其具体获得途径，该生物材料既没有按照《专利法实施细则》第二十五条的要求对新生物材料进行保藏，也不符合《审查指南》第二部分第十章第7.3（2）节对已知生物材料的描述要求，而本申请鳜鱼弹状病毒毒株的制备方法中必须使用该"草鱼鳍细胞 $GCF_{0208}$"。因此，本发明的技术方案没有公开到所属技术领域的技术人员能够实施的程度，本申请说明书不符合《专利法》第二十六条第三款的规定。

复审请求人向专利复审委员会提出复审请求，认为其在本申请审查过程中提交的证据1中的"GCF"和"$GCF_{0208}$"属同种细胞，"$GCF_{0208}$"的下标0208是复审请求人在中国典型培养物保藏中心保藏该细胞时标注的编号，而在发表论文时没有必要标注该编号；"$GCF_{0208}$（草鱼鳍细胞）"已经在中国典型培养物保藏中心（武汉大学）保存并登记，可参见其在本申请审查过程中提交的证据3。因此，本发明中的生物材料公众可以获得。

复审请求人在本申请审查过程中提交的相关证据如下：

证据1："Isolation of a lethal rhabdovirus from the cultured Chinese sucker Myxocyprinus asiaticus"，《Diseases of Aquatic Organisms》2000，Vol. 42，共2页；

证据2："Infection and propagation of lymphocystis virus isolated form the cultured flounder Paralichthys olivaceus in grass carp cell lines"，《Diseases of Aquatic Organisms》2003，Vol. 57，公开日为2003年12月3日，共1页；

证据3："中国典型培养物保藏中心用于专利程序的培养物保藏登记表"，共1页。

专利复审委员会经审查后向复审请求人发出"复审通知书",指出:

本申请涉及一种鳜鱼弹状病毒毒株及制备方法和应用,权利要求 3 要求保护权利要求 1 的鳜鱼弹状病毒毒株的制备方法,该方法中用到了 $GCF_{0208}$,根据说明书的记载可知"草鱼鳍细胞 $GCF_{0208}$"是本申请鳜鱼弹状病毒毒株制备方法中必不可少的一种生物材料,但是说明书中没有记载其获得途径,复审请求人没有在申请时或申请日起四个月内提交保藏单位出具的对该生物材料的保藏证明和存活证明,复审请求人也没有提交过能够充分证明"草鱼鳍细胞 $GCF_{0208}$"在本申请申请日之前已经为所属技术领域的技术人员所公知公用的证据。

复审请求人提交的证据 1 虽然提及细胞系"GCF",但是没有说明"GCF"和"草鱼鳍细胞 $GCF_{0208}$"之间的关系,两者的概念可能不同,而且该文献没有说明"草鱼鳍细胞 $GCF_{0208}$"的获得途径,也没有提供"草鱼鳍细胞 $GCF_{0208}$"的持有者保证从申请日起二十年内向公众发放该生物材料的证明,同时,该文献也不能证明"草鱼鳍细胞 $GCF_{0208}$"在本申请申请日之前已经为所属技术领域的技术人员所公知公用,本申请原始说明书中也没有引用该文献,因此,证据 1 并不能证明本申请符合《专利法》第二十六条第三款的规定。证据 2 的公开日 2003 年 12 月 3 日在本申请申请日之后,不能证明本申请符合《专利法》第二十六条第三款的规定。证据 3 为鳜鱼弹状病毒的保藏证明,该保藏证明虽然记载宿主细胞是 $GCF_{0208}$,但是根据该保藏证明尚无法证明公众能够获得未经感染的 $GCF_{0208}$,该证据也不能证明本申请符合《专利法》第二十六条第三款的规定。

上述证据无法证明复审请求人的主张。根据原始说明书的内容,所属技术领域的技术人员也无法清楚理解"草鱼鳍细胞 $GCF_{0208}$"究竟是一种什么物质以及如何能够获得该生物材料,无法再现本发明的技术方案，也无法解决其技术问题并产生预期的技术效果。因此，本申请权利要求3要求保护的技术方案在原始说明书中未充分公开，不符合《专利法》第二十六条第三款的规定。

针对"复审通知书"指出的问题，复审请求人提交了"意见陈述书"和申请文本的修改替换页，同意"复审通知书"中的审查意见，删除了权利要求3。修改后的权利要求书内容如下：

"1. 一种鳜鱼弹状病毒株，其特征是在于鳜鱼弹状病毒毒株 Siniperca chuatsi rhabdovirus，$SCRV_{0208}$，CCTCC NO：V202008。

2. 根据权利要求1所述的一种鳜鱼弹状病毒毒株，其特征是病毒微形态特征是：大小为 $70 \sim 110 \times 30 \sim 45nm$，形态是一端尖头，另一端平头的弹状病毒。"

经审查，专利复审委员会作出如下复审请求审查决定：

复审请求人新提交的说明书恢复到了原始申请文本的说明书，修改文本没有超出原始申请公开的范围，符合《专利法》第三十三条的规定。

复审请求人删除了权利要求3，权利要求1和2都要求保护一种鳜鱼弹状病毒毒株 $SCRV_{0208}$，并限定了该病毒毒株的拉丁文学名为 Siniperca chuatsi rhabdovirus $SCRV_{0208}$，保藏号为 CCTCC NO：V202008。说明书中清楚记载了该病毒毒株的拉丁文学名及其保藏信息，复审请求人在申请日提交了保藏号为 CCTCC NO：V202008 的保藏证明，证明公众根据说明书的内容能够在申请日时及以后获得权利要求1、2要求保护的鳜鱼弹状病毒毒株，即权利要求1和2要求保护的发明可以实现，本申请说明书符合《专利法》第二十六条第三款的规定。

虽然本申请说明书的内容还涉及鳜鱼弹状病毒毒株 $SCRV_{0208}$ 的制备方法，该方法中用到的"草鱼鳍细胞 $GCF_{0208}$"是该制备方法中必不可少的一种生物材料，而说明书中没有记载其获得途径，但是因为本申请没有要求保护有关鳜鱼弹状病毒毒株 SCRV$_{0208}$的制备方法，其权利要求 1 和 2 要求保护的鳜鱼弹状病毒毒株 SCRV$_{0208}$并不依赖于所述制备方法获得，而可以通过保藏中心的发放获得。

因此，说明书中没有记载"草鱼鳍细胞 GCF$_{0208}$"的获得途径并不影响说明书已经清楚、完整地公开权利要求 1~2 要求保护的技术方案的事实，也不导致本申请不符合《专利法》第二十六条第三款的规定。

在此基础上专利复审委员会作出了撤销驳回决定的复审请求审查决定。

【案例评析】

为了达到充分公开的目的，发明或者实用新型专利说明书必须披露现有技术中没有的相关技术内容，并对其作出清楚、完整的描述。说明书的记载要达到何种程度才能满足"清楚"、"完整"的标准，应以所属技术领域的技术人员能够实现为判断依据，而判断能否实现的对象，即《专利法》第二十六条第三款中所述的"发明或者实用新型"，是指请求保护的发明创造，也就是请求保护的技术方案。

对于说明书的某些内容描述不够清楚、完整，但并不影响所属技术领域的技术人员实现该申请权利要求请求保护的技术方案的，并不属于《专利法》第二十六条第三款所规制的对象。同理，在说明书未清楚、完整说明部分权利要求所述的技术方案时，不能因此而排除其他权利要求的授权前景，特别是独立权利要求所述的技术方案已经在说明书中充分公开了，而某些从属权利要求的附加技术特征未充分公开时，或者当申请涉及多项发明，而说明书没有清楚、完整地公开某项发明时，如果申请人能够通过删除权利要求中相应的技术方案，消除公开不充分的缺陷，则不能简单地以不符合《专利法》第二十六条第三款的规定为由拒绝该申请。

本案原权利要求3请求保护一种鳜鱼弹状病毒毒株的制备方法，但说明书没有对实现该制备方法必不可少的一种生物材料进行清楚、完整的说明，也没有进行生物保藏，所属技术领域的技术人员阅读说明书后无法实现该技术方案，因此与权利要求3有关的说明书内容存在公开不充分的问题。然而，对于权利要求1、2而言，复审请求人已经对其中所述的生物材料进行了符合规定的保藏，公众可以按照规定获得该鳜鱼弹状病毒毒株，也就是说，权利要求1、2的实现可以不依赖于权利要求3所述制备方法的充分公开，因此，本申请的权利要求1、2符合《专利法》第二十六条第三款规定。

当复审请求人删除了权利要求3所述的制备方法，只请求保护权利要求1、2所述的一种鳜鱼弹状病毒毒株后，本申请的说明书已经对所要求保护的技术方案进行了清楚、完整的说明，所属技术领域的技术人员完全能够实现这两个技术方案，并达到相应的技术效果。因此，复审委员会认定本申请符合《专利法》第二十六条第三款的规定。

在无效宣告程序中，也存在类似情况。当请求人以专利说明书不符合《专利法》第二十六条第三款的规定为由请求宣告专利权无效时，如果未充分公开的内容仅涉及部分权利要求的保护范围，则应当宣告所涉及该部分的权利要求无效，维持其余部分权利要求有效。（撰稿人：何　炜）

## 第二节　典型的说明书公开不充分的情形

《审查指南》第二部分第二章第2.1.3节列举了由于缺乏解决技术问题的技术手段而被认为无法实现的五种典型情形：

"（1）说明书中只给出任务和/或设想，或者只表明一种愿望和/或结果，而未给出任何使所属技术领域的技术人员能够实施的技术手段；

（2）说明书中给出了技术手段，但对所属技术领域的技术人员来说，该手段是含糊不清的，根据说明书记载的内容无法具体实施；

（3）说明书中给出了技术手段，但所属技术领域的技术人员采用该手段并不能解决发明或者实用新型所要解决的技术问题；

（4）申请的主题为由多个技术手段构成的技术方案，对于其中一个技术手段，所属技术领域的技术人员按照说明书记载的内容并不能实现；

（5）说明书中给出了具体的技术方案，但未给出实验证据，而该方案又必须依赖实验结果加以证实才能成立。例如，对于已知化合物的新用途发明，通常情况下，需要在说明书中给出实验证据来证实其所述的用途以及效果，否则将无法达到能够实现的要求。"

上述列举并非穷举，但却是实践中最为常见的几种情形，通过对这几种典型情形的分析，可以帮助我们更准确地理解《专利法》第二十六条第三款对说明书应当对发明或者实用新型作出清楚、完整的说明，并以所属技术领域的技术人员能够实现为准的要求。

## 一、仅有设想，未给出技术手段

【案例】　双联双重定位式胞内疫苗（第 7445 号复审请求审查决定）

2005 年 11 月 29 日专利复审委员会作出第 7445 号复审请求审查决定。该决定涉及申请号为 02100099.9，名称为"双联双重定位式胞内疫苗"的发明专利申请。

国家知识产权局原审查部门进行实质审查后驳回了本申请，驳回决定所针对的权利要求 1 的内容为：

"1. 一种按照最新型的'定向精确制导型药物'的制造技术方法，所创造设计的抗艾滋病（AIDS）的双联双重定位式胞内疫苗，其特征为：它将联结着可阻遏艾滋病毒（HIV）的药物，例如，抗体 I 号、抗体 II 号，抗逆转录酶的 AZT（叠氮胸腺嘧啶核苷），齐多夫定（Zidovudine）及抗逆转录蛋白酶等，核苷与非核苷类似物的两种疫苗：A 型疫苗与 B 型疫苗，通过它们所联结的特殊的转运蛋白也称为'运载体蛋白'，分别将这些药物转运至淋巴细胞 T4 细胞的细胞质与细胞核内，其中，A 型疫苗所携带的药物被转运至 T4 细胞的细胞质内，而 B 型疫苗所携带的药物，被转运至 T4 细胞的细胞核内，其中 A 型疫苗所携带的药物，可直接消灭已感染艾滋病病毒的 T4 细胞的细胞质内的病毒逆转录酶及其辅酶，使病毒不能生长；而 B 型疫苗所携带的药物，例如抗体 I 号或抗体 II 号，可直接阻遏已整合到宿主 T4 细胞 DNA 中的病毒 DNA 的 tat 基因等，或是其他可转录部分病毒逆转录酶 RN aseH 基因，使它们失去转录病毒的逆转录酶的功能，永久性地阻止病毒的再复制，从而达到彻底根治艾滋病的目的。由于需要同时使用 A 型和 B 型疫苗，所以称它们为'双联疫苗'；再由于所使用的 B 型疫苗需要连续两种转运蛋白，才能将其所携带的药物转运至 T4 细胞的细胞核内，所以称 B 型疫苗为'双重疫苗'；而由于上述'双联双重疫苗'可专一性地定位作用于 T4 细胞的细胞质与细胞核内，因此又总称它们为'双联双重定位式胞内疫苗'，其中胞内所指的是细胞质内和细胞核内。"

驳回决定所依据的理由为：对所属技术领域的技术人员来说，本申请说明书没有记载足以证明所述技术方案确实可以达到预期效果的实验材料选择、实验步骤、实验结果等定性或定量的数据，而所记载的发明必须依赖上述资料和数据加以证实才能成立。因此，本申请说明书未对发明作出清楚、完整的说明，不符合《专利法》第二十六条第三款的规定。

在复审请求审查程序中，复审请求人认为：本申请不是一种特定的专门针对艾滋病的疫苗，而是一种最新型的药品"定向精确制导型药物"的制造方法，因此只要写明制造方法即可，无需提出实验临床数据。本申请的"定向精确制导型药物"在申请专利时暂时未能实现，所以说明书对"杀伤装置"所用药物仅作笼统说明。复审请求人还提出：《专利法实施细则》规定，对于产品制造或生产方法，可以先提出设计，申请专利，而后制造，并且对于有关产品的制造方法，只要能合理地说明它的制造方法，就可授予专利权，不应该要求在有关方法发明的说明书中，写出实现这一方法发明的工艺步骤、工艺条件及相应的物质原料，这样做是不合理的。专利技术的开发很有可能在未来的几年后才能实现，这是因为还需要相关数以千计的产品发明专利的支持，还需要技术人员在产品发明专利方面的创造性劳动。

专利复审委员会发出"复审通知书"，指出本申请说明书没有清楚地记载技术方案，仅仅给出了一个技术方案的设想，没有说明完成技术方案的相应原料物质、工艺步骤和工艺条件，也没有公开任何具体实施方式或实施例，因此，所属技术领域的技术人员根据说明书的描述和现有技术知识，不付出创造性劳动就无法完成本发明所构思的技术方案，也不能证实本发明的技术效果。由于本申请说明书没有清楚、完整地公开发明的技术方案，也没有公开任何关于所述产品技术效果的实验数据，所属技术领域的技术人员不经过创造性的劳动无法根据现有技术理论制造出该发明所述的产品，无法确信所述产品具有其声称的效果，故本申请不符合《专利法》第二十六条第三款的规定。

对此，复审请求人认为：方法发明只要讲清楚其技术方法的理论机制就可以，"复审通知书"要求方法发明中也需要提供实现这一方法发明的具体工艺技术条件的要求是不正确的，因为本申请的开发很有可能在未来的几年后才能实现。

复审委员会最终作出维持驳回决定的复审请求审查决定，该复审请求审查决定中认为：本申请要求保护一种"双联双重定位式胞内疫苗"，说明书给出的技术方案是由两种疫苗混合而成的，一种是负责将抗艾滋病毒的药物转运至 T4 细胞的细胞质之中，可称为 A 型疫苗；另一种是可将能阻遏艾滋病毒 DNA 转录复制逆转录酶基因的抗体蛋白转运到 T4 细胞核内的疫苗，可称为 B 型疫苗。本申请要达到的技术效果是："双联双重定位式胞内疫苗"不仅可以将抗艾滋病的药物专一地、定位地作用于 T4 细胞的细胞质和细胞核内，从而达到彻底杀死艾滋病毒的目的。如果"双联双重定位式胞内疫苗"携带抗癌药物及其他抗病毒的药物，也可以用于癌症及其他种种病毒引发的人类疾病的治疗。然而，要完成本申请的技术方案，以下几个问题必须解决：① 如何将可作用于 T4 细胞质内艾滋病毒的逆转录酸酶及其辅酶的药物与 gp120 蛋白相结合，以及如何将阻遏病毒 DNA 逆转录基因的抗体蛋白与 gp120 蛋白和核定位顺序结合；② 如何制备 A 疫苗使其能将抗艾滋病毒逆转录酶的药物转运到 T4 细胞质内，从而使抗逆转录酶药物一旦进入 T4 细胞质就能立即消灭存在于 T4 细胞质内的全部艾滋病毒的逆转录酶及其辅酶；如何制备 B 疫苗使其能将阻遏病毒 DNA 逆转录基因的抗体蛋白应用 gp120 和核定位顺序导入 T4 的细胞核，达到从根本上消灭艾滋病的目的。本申请说明书中对技术方案的描述没有清楚地记载如何解决上述两方面的问题以完成所述的技术方案，现有技术中也没有给出解决上述两个问题的教导，本申请说明书仅仅给出了一个设想，没有说明完成技术方案的相应原料物质、工艺步骤和工艺条件，也没有公开任何具体实施方式或实施例，故本申请不符合《专利法》第二十六条第三款的规定。

**【案例评析】**

根据本申请文件以及复审请求人的陈述可知，本申请只提出了一种"理论"设想，其实际上仅是一种基于解决生产"定向精确制导型药物"的愿望而提出的初步设想，而不是一项申请时即能实现，并可以达到说明书中所述发明目的的技术方案；其中对应采用什么样的原料物质，以怎样的工艺步骤和工艺条件实现这种设想，整个申请文件只字未涉及。

技术方案是对要解决的技术问题所采取的利用了自然规律的技术手段的集合。因此，如果说明书中只给出任务和/或设想，或者只表明一种愿望和/或结果，而未给出任何具体的技术措施或技术手段，更没有形成一个完整的技术方案，那么所属技术领域的技术人员将无法实施其设想。这种情形显然没有达到专利法有关说明书公开充分的规定，即没有达到所属技术领域的技术人员阅读说明书后能够实施的要求。

复审请求人认为本申请中公开了"技术方法的理论机制"，并主张可以先提出理论设计申请专利，未来再实现具体工艺条件的开发，这种观点没有任何法律依据。对于方法发明创造而言，若不清楚或没有充分公开实现所述方法的工艺技术条件和原料物质，或者需要技术人员通过创造性劳动进一步开发这些工艺技术条件和原料物质，则本申请在申请时只是停留在理论设想阶段，对于所属技术领域的技术人员来说属于未完成的发明创造，未给出实现目的的具体技术手段，更未构成一个完整的可以实施的技术方案，因而必然不符合《专利法》第二十六条第三款的规定，不能被授予专利权。（撰稿人：何　炜）

## 二、技术手段含糊不清

【案例】　用浪机（第 3792 号复审请求审查决定）

2003 年 8 月 18 日专利复审委员会作出第 3792 号复审请求审查决定。该决定涉及名称为"用浪机"的 97105872.5 号发明专利申请。本专利申请公开的权利要求 1~4 的内容如下：

"1. 利用无商品价值的能量的机器，其特征是：用浮动体来接受浪的作用，用选择器来将不能利用的运动转化为可以利用的运动，用连接杆传递运动。

2. 根据权利要求 1、所述机器，其特征是：机件名称是概念性名称，实际往往是一个机件多种功能，且位置不定。

3. 根据权利要求 1、所述机器，其特征是：利用棱锥型箱作浮动体。

4. 根据权利要求 1、所述的机器，其特征是：重力体置于浮动体外面且置于水中。"

本申请说明书没有附图，对其技术方案中涉及的名词在说明书中有一些简单的说明，例如"浮动体：接受浪的作用而运动的物体。重力体：依靠重力作用而与浮动体发生相对运动的物体。选择器：将往复运动改为单向运动的器具。施为器：使符合需要的力发生作用的器具。连接杆：在浮动体、重力体，选择器、施力器之间起连接、传动作用的机件。限动板：限制运动方向的板。限动轴：固定限动板，使其发生作用的机件。单向浆：只在向一个方向运动时浆板打开的浆"，此外，说明书中提供了两个实施例。

国家知识产权局原审查部门以本申请不符合《专利法》第二十二条第四款和第二十六条第三款的规定为由将其驳回。

复审请求人向专利复审委员会提出复审请求，认为：其于申请日提交的申请文件的权利要求 1~4 具备《专利法》第二十二条第四款规定的实用性；而说明书已经对本申请作出了清楚、完整的说明，符合《专利法》第二十六条第三款的规定。随后复审请求人又陈述了意见：本申请的用浪机要保护的是一类机器，保护它的工作原理，而不是具体机械，符合本申请工作原理的都是本申请的保护范围。

专利复审委员会经过审查，决定维持驳回决定。对其中复审请求人认为本专利申请说明书符合《专利法》第二十六条第三款的理由，合议组意见如下：

实施例1中，在棱锥形箱的每一条棱上"设有两个限动轴，其上装有仅可以在对角线所在剖面所在的平面上往复运动的单向桨。单向桨的桨面如一个仅可以展开成平面的铰链，两扇可以闭合，又仅能展开成平面的板称为桨板，在桨板闭合方向上有垂直于展开的桨板又不影响桨板开合的挡板，挡板的作用是使桨板的运动受到限制，总是在挡板两面，挡板上有用来推开闭合桨板，使其在水的作用下展开成平面的弹簧"。复审请求人描述了"限动轴""单向桨"及其相互关系，"轴"的一般概念是其他部件绕其转动的部件，而"限动轴"却不是一个工程机械中通用的部件，"单向桨"虽然可以理解为只能单向运动的桨，但也不属于一种通用部件，所属技术领域的技术人员不能想象出其具体结构，它们都是复审请求人为本申请所定义的特殊部件。因为它们不是现有技术中存在的公知通用的部件，所以说明书中必须给出详细而具体的描述，充分公开它们的具体结构和相互关系，使所属技术领域的技术人员根据说明书中的描述，在不需要付出创造性劳动的基础上就可以制造出这样的部件，这是《专利法》第二十六条第三款所要求的。显然，实施例1中有关限动轴、单向桨等的描述并不满足这一要求；而且由于机械领域中存在着单凭文字描述很难描述清楚部件的形状以及相互关系的情形，所以《专利法》第二十六条第三款中还规定必要时要有附图，但本申请却没有必要的附图予以辅助说明。所以，所属技术领域的技术人员根据说明书实施例1的描述无法作出限动轴和单向桨等部件，更无法制造出所述的用浪机。

实施例2中，旋转体内的旋转轴、带有圆锥齿轮的轴、架、圆锥齿轮以及齿轮等的相互关系，以及单向轮、固定架台等部件的具体结构形状含混不清，使得所属技术领域的技术人员根据实施例2中的描述无法制造出所述的用浪机。

综上所述，本申请说明书因文字部分描述不清楚，也没有必要的附图辅助说明，不符合《专利法》第二十六条第三款的规定。

【案例评析】

本申请说明书的发明内容部分对用浪机所涉及的专用名词进行了说明，其中涉及浮动体、重力体、选择器、施力器、连接杆、限动板、限动轴和单向桨，并且说明其工作原理为：浮动体在浪的作用下，与重力体产生相对运动，而该相对运动经过选择器的选择、连接杆的传动和施力器的作用而转变为可以为人类利用的运动。由此可以得出，本申请说明书记载的用浪机装置由多个组成部件组成，但说明书发明部分并没有对形成本发明技术方案的具体技术手段进行描述。在可以帮助所属技术领域的技术人员理解和实现发明技术方案的实施例部分，说明书虽然给出了两个实施例，其中涉及一些具体技术手段，如棱锥形水箱、限动轴、单向桨、铰链等，但是，两个实施例所给出的这些关键技术手段对所属技术领域的技术人员来说是含糊不清的，且无附图辅助说明，所属技术领域的技术人员根据说明书记载的内容，根本无法具体实施上述两个实施例和本申请要求保护的技术方案，由此最终导致本申请所述的技术方案对所属技术领域的技术人员来讲是不能实现的。

此外，复审请求人在"意见陈述书"中指出，"本申请是一类机器，而不是一种、两种""用浪机专利申请是要保护一种机械的工作原理，而不是具体机械""至于用浪机是什么样的，它有很多样，现在是有数的几样，将来还会有很多样。只要符合此工作原理都为本专利保护范围。"但是，《专利法实施细则》第二条中明确规定，专利法所保护的发明是指对产品、方法或者其改进所提出的新的技术方案。这里所说的技术方案是利用自然规律解决人类生产、生活、科研实验中各种问题的技术手段的集合，它或者是具有具体结构的产品，或者是包含具体工艺、步骤、流程等的方法，而不应仅仅是一个抽象的工作原理的描述。显然，复审请求人所述的工作原理不能被授予专利权。

本案明显属于《审查指南》第二部分第二章第2.1.3节列出的"说明书中给出了技术手段，但对所属技术领域的技术人员来说，该手段是含糊不清的，根据说明书记载的内容无法具体实施"的情形。（撰稿人：宋鸣镝）

## 三、技术手段不能解决其技术问题

【案例1】　休闲折叠椅（第10881号无效宣告请求审查决定）

2007年12月21日，专利复审委员会就名称为"休闲折叠椅"的200420025362.8号实用新型专利权的无效宣告请求作出第10881号无效宣告请求审查决定。本专利授权公告的权利要求1~8的内容如下：

"1. 一种休闲折叠椅，其特征是：有一个椅面框架及一个椅背框架，椅面及椅背框架上蒙有面布，椅面框架及椅背框架由一对铰接件连接，铰接件还与一个后腿架连接，椅面框架前端与一个前腿架连接，前腿架、后腿架的上端与一对扶手相连接，扶手还与椅背架的中部连接。

2. 根据权利要求 1 所述的休闲折叠椅，其特征是：铰接件为一折弯件，在该折弯件的两端有连接孔，而在折弯件的中部也有连接孔。

3. 根据权利要求 2 所述的休闲折叠椅，其特征是：折弯件一端的连接孔及中部的连接孔分别与椅背框架的下部及椅面框架的后部经螺栓连接，折弯件另一端的连接孔则经螺栓将后腿架的中部与椅面框架后部的前述连接点前的部位连接。

4. 根据权利要求 1、2 或 3 所述的休闲折叠椅，其特征是：在前腿架的下端装有一对折叠式踏脚板。

5. 根据权利要求 4 所述的休闲折叠椅，其特征是：前腿架的下端的折叠式踏脚板有一个与前腿架固定的连接体，连接体的下端经铰链连接有脚板，脚板与连接体间还连接有拉索。

6. 根据权利要求 1、2 或 3 所述的休闲折叠椅，其特征是：椅面框架下还连接有车架连接部件。

7. 根据权利要求 6 所述的休闲折叠椅，其特征是：椅面框架下连接的车架连接部件中有一根主杆，主杆前部固定有前端固定杆，主杆后部依靠螺栓装有活动的后端连接片，在主杆两端下，则经螺栓连接有车架前后连接固定片。

8. 根据权利要求 7 所述的休闲折叠椅，其特征是：前端固定杆上有向前折弯的卡头，后端连接片上有向后折弯卡头。"

针对上述专利权，无效宣告请求人向专利复审委员会提出无效宣告请求，理由之一是本专利说明书不符合《专利法》第二十六条第三款的规定，具体理由是：本专利中的铰接件与椅面之间的位置固定，不能作圆周运动，仅椅背可以与椅面和铰接件的整体作圆周运动，如此制作出的椅子无法实现折叠，因此，权利要求 3 所述技术方案不符合《专利法》第二十六条第三款的规定。

在口头审理中，专利权人认可本专利权利要求 3 及说明书相应附图、文字中所描述的铰接件与椅面框架有两个点连接是错误的，导致该折叠椅无法实现折叠。

经过审查，专利复审委员会作出无效宣告请求审查决定，认为：本专利说明书中记载了一种休闲折叠椅产品，所要解决的技术问题是使其折叠、打开方便；说明书全文（包括文字和附图）对该休闲折叠椅的铰接件与椅面框架的连接方式均描述为两点连接，即铰接件中部的连接孔与椅面框架的后部连接，铰接件另一端的连接孔将椅面框架后部的前述连接点前的部位连接，除此之外说明书中并未给出铰接件与椅面框架之间的其他任何不同于上述连接的方式，因此根据说明书的描述来制作该折叠椅时，铰接件与椅面框架之间只能采用说明书所描述的两点连接方式，但该连接方式将导致制造出的折叠椅无法折叠，从而通过所述的技术手段，无法实现该发明要解决的技术问题，更达不到其预期的技术效果，而且本专利说明书中的上述描述并非明显笔误。因此，本专利的说明书没有达到充分公开实用新型的要求，不符合《专利法》第二十六条第三款的规定。

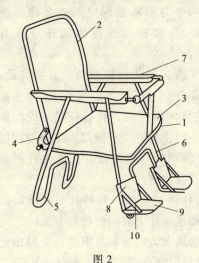

图 2

（1 椅面框架，2 椅背框架，3 面布，
4 铰接件，5 前腿架，6 后腿架，7 扶手，
8 连接体，9 脚板，10 拉索）

**【案例评析】**

根据《专利法》第二十六条第三款的规定，说明书应当对发明或者实用新型作出清楚、完整的说明，应当达到所属技术领域的技术人员能够实现的程度。也就是说，说明书的内容应当清楚、完整地记载发明或者实用新型的技术方案，其清楚、完整的要求是使所属技术领域的技术人员按照说明书记载的内容就能够实现请求保护的发明或者实用新型的技术方案，解决其技术问题，并且产生预期的技术效果。

但在某些情况下，尽管说明书给出了技术手段，所属技术领域的技术人员采用给出的技术手段却不能解决发明所要解决的技术问题，此时应当认定说明书没有充分公开，属于《审查指南》第二部分第二章第 2.1.3 节所述技术手段不能解决技术问题的典型情形。

本案中，针对通常用于自行车或电动车上的儿童坐椅拆卸麻烦，安装在车上影响车辆的美观及正常使用的问题，本专利请求保护了一种休闲折叠椅，其目的是要实现该折叠椅折叠、打开方便，便于与自行车等连接、脱离。说明书及其附图中对该折叠椅的具体结构进行了描述，其具体结构中只包括一种铰接件与椅面框架之间的具体连接方式，没有给出其他不同的连接，但是，该铰接的具体技术手段——铰接件与椅面框架的连接方式却使所述折叠椅根本无法折叠。也就是说，所属技术领域的技术人员按照说明书中记载的技术手段，无法解决想要解决的技术问题，也达不到其预期的技术效果，因此本专利说明书对权利要求保护的技术方案的相应内容公开不充分，不符合《专利法》第二十六条第三款的规定。（撰稿人：岑　艳）

**【案例2】　点、线、十字转换激光水平尺（第 8020 号无效宣告请求审查决定）**

2005 年 12 月 5 日，专利复审委员会作出第 8020 号无效宣告请求审查决定。该决定涉及 01205813.0 号实用新型专利权，其名称为"点、线、十字转换激光水平尺"。该专利授权公告的权利要求 1、2 的内容如下：

"1. 一种点、线、十字转换激光水平尺，其特征在于该水平尺包括激光管座罩盖（1）、激光管座（3）、尺身壳体（4）、水平水准器（5）、垂直水准器（7）、按钮开关（9）、电池（11）、电池盒（12）、激光管（15）、调节座（16）、光束转换器（17）、光学透镜（18）、透镜座（19），其中，激光管座（3）和调节座（16）固定在尺身壳体（4）的头部内腔中，激光管座（3）和调节座（16）之间通过调节螺钉（2）连接在一起，激光管（15）的管身设在激光管座（3）中，激光管（15）的尾部固定在调节座（16）上，激光管座罩盖（1）固定在尺身壳体（4）的头部，光学透镜（18）通过透镜座（19）固定在激光管座（3）的前侧，可对光束进行点、线、十字转换的光束转换器（17）固定在透镜座（19）的前侧，水平水准器（5）通过水平水准器座（6）固定在尺身壳体（4）的顶部，垂直水准器（7）通过垂直水准器座（8）固定在尺身壳体（4）上，按钮开关（9）装在尺身壳体（4）上，电池（11）装在尺身壳体（4）上的电池盒（12）内。

2. 根据权利要求 1 所述的点、线、十字转换激光水平尺，其特征在于在尺身壳体（4）的底部设有磁块（14）。"

针对上述实用新型专利权，无效宣告请求人向专利复审委员会提出无效宣告请求，其理由是该专利不符合《专利法》第二十六条第三款、第四款和《专利法》第二十二条第二款、第三款的规定，并提交了 9 份证据证明该专利不具备新颖性和创造性。

请求人关于该专利不符合《专利法》第二十六条第三款的理由是：专利说明书中没有具体描述光束转换器的结构，而光学透镜通过透镜座固定在激光管座的前侧，光束转换器固定在透镜座的前侧，这将导致该激光水平尺不能实现对光束进行点、线、十字转换。

针对请求人的上述意见，专利权人认为光束转换器是"实质为具多孔的可位移的平板状物"，在专利说明书所公开的技术内容的指导下，所属技术领域的技术人员完全可以实现该实用新型的技术方案，因此符合《专利法》第二十六条第三款的规定。

经过审查，专利复审委员会本案合议组意见如下：

根据专利说明书的记载，本专利发明的目的是提供一种可进行点、线、十字光线转换的激光水平尺。说明书没有描述光束转换器的具体结构，但描述了该激光水平尺各部件间的关系：激光管座和调节座固定在尺身壳体的头部内腔中，二者之间通过调节螺钉连接在一起；激光管的管身设在激光管座中，激光管的尾部固定在调节座上；激光管座罩盖固定在尺身壳体的头部；光学透镜通过透镜座固定在激光管座的前侧，可对光束进行点、线、十字转换的光束转换器固定在透镜座的前侧。

由上述部件间的关系描述可知，一旦调节好水平和垂直位置之后，激光管、光学透镜和光束转换器就都固定不能移动了，无法再进行光束转换，说明书也没有描述如此组成的激光水平尺如何实现将激光管射出的激光束分别设定为激光点、激光线及激光十字线。

对于专利权人将该光束转换器解释为"实质为具多孔的可位移的平板状物"的意见，合议组认为与说明书中的描述相互矛盾，没有予以支持。

因此，所属技术领域的技术人员采用说明书中给出的技术手段不能解决所述的技术问题，不能得到可对光束进行点、线、十字转换的激光水平尺。由于本专利权利要求1、2均包括了上述内容，合议组认为权利要求1、2所述的技术方案在说明书中没有充分公开，不符合《专利法》第二十六条第三款的规定，最终宣告本专利权利要求全部无效，对于请求人的其他无效宣告请求理由没有进行审查。

**【案例评析】**

根据《审查指南》的相关规定，在判断说明书是否充分公开时要结合其所要解决的技术问题，考虑给出的技术手段是否能够解决该技术问题。只有说明书中公开的技术手段能够解决该技术问题时，说明书才达到了《专利法》规定的使所属技术领域的技术人员能够实现的标准；否则，即使说明书中公开的技术手段能够实施，由于其解决不了发明或实用新型所要解决的技术问题，也不能认为其符合《专利法》第二十六条第三款的规定，此时应当认为说明书的公开是不充分的。

根据本案专利说明书的记载，要解决的技术问题是提供一种能够进行点、线、十字光线转换的激光水平尺，即该水平尺能够变换地发射出点光线、线光线和十字光线。但是，从说明书描述的结构来看，与发射光线有关的部件，即激光管和光学透镜，他们在调整好水平与垂直位置之后都是固定不动的，且与转换光线有关的光束转换器固定于透镜之前，在专利本身没有对该光束转换器作出特殊说明的情况下，只能将该光束转换器理解为是一个一体的部件，固定之后是不可移动的。因此，虽然按照说明书中的记载可以制作出相应结构的激光水平尺，但是这种结构的激光水平尺中发射光线和转换光线的部件都固定不动，只能发出单一的光线，不能实现点、线和十字光线的转换，即不能解决本专利所要解决的技术问题。可见，该专利说明书中记载的内容没有达到《专利法》所规定的使所属技术领域的技术人员能够实现的标准，说明书的公开是不充分的。

此外，虽然专利权人在《意见陈述书》中将光束转换器解释为"实质为具多孔的可位移的平板状物"，但由于该专利文件没有对其中的光束转换器的具体结构作任何记载，说明书只说明该光束转换器需要固定在透镜前面，专利权人的这种事后解释不是能够从原始申请文件中得到或概括得出的内容，合议组不能支持专利权人的意见。（撰稿人：杨军艳）

## 四、多个技术手段中的某个技术手段无法实现

【案例】　新型可逆反击锤式破碎机（第6034号无效宣告请求审查决定）

2004年3月9日，专利复审委员会作出第6034号无效宣告请求审查决定，该决定涉及名称为"新型可逆反击锤式破碎机"的01272637.0号实用新型专利权。

本专利授权公告时的权利要求1、2的内容如下：

"1. 新型可逆反击锤式破碎机，包括壳体、进料口、出料口、转子、锤盘、锤头组件、反击板体、反击板，其特征在于反击板体通过上、下油缸连接在壳体上。

2. 根据权利要求1所述的新型可逆反击锤式破碎机，其特征在于锤头组件延轴向螺旋排列在锤盘上。"

请求人于2003年11月10日向专利复审委员会提出宣告本专利权无效的请求，其理由是本专利不符合《专利法》第二十二条第二款、第三款及第二十六条第三款的规定。同时提交了8份相关证据证明其不具备新颖性和创造性。

专利权人在本案审查过程中陈述了如下意见：本专利的附图只是部分剖视图，实际上，上油缸的左端是通过一横杆与反击板连接，只不过在附图中看不出。

经审查，专利复审委员会作出以下无效宣告请求审查决定：

本专利涉及一种反击锤式破碎机。从其说明书中可以看出，该破碎机包括壳体1、进料口2、出料口10、转子3、锤盘9、锤头组件4、反击板体6和反击板5。反击板体6通过上、下油缸

7、8 连接在壳体 1 上。通过说明书附图可以看出，其下油缸 8 与反击板 5 相连接，通过下油缸的伸缩，可以调节反击板与锤头组件之间的间距。但是无论从说明书文字部分还是从说明书附图中均看不出上油缸 7 是如何与壳体相连接并进行工作的。虽然在口头审理过程中专利权人对上油缸 7 与壳体的连接方式以及如何进行工作的情况进行了说明，但这些内容均未记载在本专利的说明书中，本领域的普通技术人员通过阅读说明书及其附图也不可能得知被请求人所陈述的具体结构及工作过程。因此，可以认定，本专利的说明书未能对该实用新型作出清楚、完整的说明，以使所属技术领域的技术人员能够实现，故不符合《专利法》第二十六条第三款的规定。

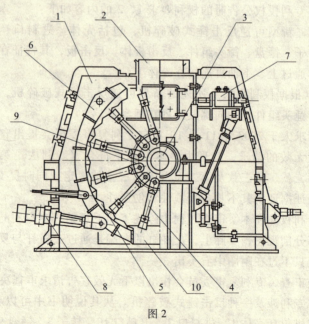

图 2

(1 壳体，2 进料口，3 转子，4 锤头组件，5 反击板，6 反击板体，
7 上油缸，8 下油缸，9 锤盘，10 出料口)

由于从本专利的说明书中无法了解本实用新型的具体技术方案，因而也就无法确认本专利的权利要求 1 和 2 的技术方案究竟是什么。由于缺少具体的对比对象，而且本专利的说明书又存在"公开不充分"的实质性缺陷，所以不再对本专利权利要求 1 和 2 的创造性进行具体评述。宣告 01272637.0 号实用新型专利权无效。

【案例评析】

技术方案通常是由一个或多个技术手段构成的，如果在请求保护的技术方案中，某个技术手段对于所属技术领域的技术人员来说是不清楚或不完整的，按照说明书记载的内容不能实现，则会导致该技术手段所在的技术方案存在未充分公开的问题。

本实用新型专利涉及一种可调破碎粒度且出料口不会形成料堵的新型可塑反击锤式破碎机，其是针对现有技术破碎机中存在的无法对反击板进行调整，致使有的成品颗粒大于出料口所设算孔不能通过该算孔而形成料堵的问题设计的。本专利说明书中有如下记载，"本实用新型的优越性：可调式反击板可方便调节物料的破碎粒度和破碎率，满足用户的不同要求，不必在出料口设算板，直通式出料口可避免出料口的料堵现象；工作过程中，锤头组件的循环式螺旋线排列可减小机腔内转子旋转时产生的风堵现象，降低腔压，达到提高打击效率，减小出料阻力的作用。"

然而，本专利的说明书非常简单，在装置的具体结构和工作方式方面只有如下记载："本实用新型包括壳体、进料口、出料口、转子、锤盘、锤头组件、反击板体、反击板，其特点是反击板体通过上、下油缸连接在壳体上。上述锤头组件延轴向螺旋排列在锤盘上""壳体 1 以轴向中心为界分成两部分，各部分壳体沿轴向两侧分别设置有液压传动装置，各锤头组件 4 的一端分别固定在以转子 3 中轴向固定的锤盘 9 上，且呈循环式螺旋线状排列，转子 3 上方设进料口 2，下方设直通式出料口 10，在破碎工作过程中，物料通过进料口 2 进入机腔并随转子 3 放置并不断与反击板 5 及锤头组件 4 发生撞击而破碎，此时，若调节上油缸 7 或下油缸 8，即可改变反击板体 6 的状态，使反击板 5 与锤头组件 4 之间的间隙发生变化，从而达到撞击破碎力量和程度发生变化，获得不同料度要求的破碎物，物料按一定时间和要求进行破碎后，便可以直通式出料口 10 输出，由于本实用新型的出料口为直通式，故出料口迅速彻底，不会造成机腔内料堵。"本专利的说明书附图也只有一幅（见图 2）。

不过，通过阅读说明书及其附图大致还是可以理解本专利要解决的技术问题及其发明构思。由图 2 可以看出，破碎机靠近"下油缸"侧的结构被公开的比较清楚，结合说明书文字部分的描述基本上可以理解该破碎机是如何使"反击板 5 与锤头组件 4 之间的间隙发生变化，从而使撞击破碎力发生变化"的。但是，却看不出"上油缸"侧的内部结构，且从其附图中可以明显看出该破碎机的"上油缸"侧与"下油缸"侧属于不对称式结构。说明书的文字部分也未对其"上油缸"侧的具体结构及工作方式作任何说明，使本领域技术人员无法得知该"上油缸"及其相关结构在该破碎机工作过程中如何动作并解决出料口"易形成料堵"的技术问题，从而带来"改变反击板体 6 的状态，使反击板 5 与锤头组件 4 之间的间隙发生变化"的技术效果。只是在本案口头审理的过程中，专利权人才对该破碎机"上油缸"侧的结构作了详细说明，即"上油缸的左端是通过一横杆与反击板连接，只不过在附图中看不出"，但其未记载于说明书中的内容已经不是本领域普通技术人员通过说明书所公开的技术内容能够直接、毫无疑义确定的技术内容。

应当说本专利的破碎机如果结合专利权人的解释是完全可以被制造出来并能够正常工作的，而且可能是一项不错的发明创造。而本案专利之所以被宣告专利权无效，是因为其说明书未对组成本实用新型技术方案中的技术手段之一"上油缸"作出清楚、完整的说明，即虽然说明书给出了要使用"上油缸"的技术手段，但对该技术手段的记载和描述是含糊不清的，以至于所属技术领域的技术人员无法根据说明书所公开的技术内容完全理解该破碎机的结构及其位置关系，从而无法具体实施该技术方案。因此，本专利被宣告无效是由于其说明书撰写不完善导致的，实属可惜，对此应当引以为戒。（撰稿人：张荣彦）

## 五、缺乏实验结果证实

【案例】　具有 $CB_1$ 拮抗、激动或部分激动活性的噻唑衍生物（第 14873 号复审请求审查决定）

2008 年 10 月 24 日，专利复审委员会就申请日为 2003 年 3 月 17 日，名称为"具有 $CB_1$ 拮抗、激动或部分激动活性的噻唑衍生物"的 03801558.7 号发明专利申请作出第 14873 号复审请求审查决定。

国家知识产权局专利实质审查部门以说明书不符合《专利法》第二十六条第三款的规定为由驳回了本申请，驳回决定所针对的权利要求 1 的内容为：

"1. 式（I）的化合物或其立体异构体或盐

（I）

（具体取代基定义略）。"

本申请被驳回后，复审请求人向专利复审委员会提出复审请求。

专利复审委员会本案合议组经过审查，最终作出维持驳回决定的复审请求审查决定，该复审请求审查决定的意见如下：

权利要求 1 要求保护式（I）的化合物或其立体异构体或盐，根据说明书的描述，式（I）化合物是有效的大麻素 $CB_1$ 受体的拮抗剂、激动剂或部分激动剂，可用于治疗涉及大麻素 $CB_1$ 神经传递的精神和神经疾病及其他疾病，例如精神病、焦虑、抑郁、注意力缺乏症、记忆障碍、早老性痴呆、哮喘等疾病。在说明书中记载了可采用中国仓鼠卵巢（CHO）细胞膜制备物测定大麻素 $CB_1$ 受体的亲和能力，以及通过人类大麻素 $CB_1$ 受体在其中被稳定表达的 CHO 细胞进行功能研究来测定本申请化合物的大麻素 $CB_1$ 受体拮抗、激动或部分激动活性。但是，说明书中对于本申请化合物的上述用途仅进行了如"本发明化合物可以拮抗这种 $CB_1$ 受体介导的响应"的概括性描述而未提供任何试验数据。

《审查指南》第二部分第十章第 3.1 节规定，对于新的药物化合物，如果本领域技术人员无法根据现有技术预测发明能够实现所述医药用途、药理作用，则应当记载对于本领域技术人员来说，足以证明发明的技术方案可以解决预期要解决的技术问题或者达到预期效果的实验室试验（包括动物试验）或者临床试验的定性或定量数据。

与本申请最接近的对比文件 1（CN1043936A，公开日为 1990 年 7 月 18 日）公开了具有预防或治疗人和动物的血栓形成、高血压、心血管或脑血管疾病、变应性炎症，特别是血栓形成作用的下式化合物：

（具体取代基定义略）

通过比较可以发现，本申请权利要求 1 中的化合物与上述化合物结构相似，二者都可用于治疗相同或类似的具体疾病，例如哮喘和老年性痴呆，但对比文件 1 中没有涉及其中的化合物治疗上述疾病的作用机理。本申请声称其式（I）化合物是有效的大麻素 $CB_1$ 受体的拮抗剂、激动剂或部分激动剂，因而可用于治疗涉及大麻素 $CB_1$ 神经传递的精神和神经疾病及其他疾病，但本申请说明书仅提供了实验方法并概括性描述了所述化合物的技术效果，未提供任何实验数据。因此，所属技术领域的技术人员根据公开的内容和现有技术无法预测出本申请化合物或其立体异构体或盐能够作为有效的大麻素 $CB_1$ 受体的拮抗剂、激动剂或部分激动剂，并且就是通过该作用机理来治疗有关具体疾病的，本申请的说明书不符合《专利法》第二十六条第三款的规定。

复审请求人在提出复审请求时认为：本申请说明书已经定性地正面描述了本申请化合物的药用用途，本领域技术人员简单地按照说明书中描述的方法测试一种或若干种化合物后就能得到定量的效果数据，不需要任何创造性劳动来确认本发明化合物的技术效果。

对此，合议组认为：① 定性数据是指一般描述事物属性的数据，可以是对事物属性的观测值，或者是对事物属性顺序关系的观测值，例如目测溶液是澄清或者混浊，这些数值或符号只表述顺序或程度，彼此之间不能运算，一般不能用有统一单位的数值表示，其与结论性的声称是完全不同的，本申请说明中如"本发明化合物具有高的大麻素 $CB_1$ 受体结合力，是有效的 $CB_1$ 受体拮抗剂、激动剂或部分激动剂"的描述仅为结论性的声称，而非请求人所称的定性数据；② 本申请说明书第 3 页的实验方法中明确指出，"在加入或不加入本发明的化合物的情况下，通过用玻璃纤维过滤器过滤来分离束缚配体和游离配体，过滤器上的放射性通过液体闪烁计数法进行测量；以一种依赖浓度的方式，通过 $CB_1$ 受体激动剂（如 CP－55, 940 或（R）－WIN－55, 212－2）的 $CB_1$ 受体伴随活性可以减少由毛喉素诱导的环 AMP

的累积"。可见，如果按照本申请记载的方法测定，无论是本申请化合物对大麻素 $CB_1$ 受体的结合力，还是 $CB_1$ 受体拮抗、激动或部分激动活性的测定结果均应当是定量的实验数据，而说明书中既没有记载这样的定量实验数据，更没有在数据的基础上进行分析，这进一步佐证了说明书仅是给出了断言式的结论，不能称之为定性结果。

此外，复审请求人在答复"复审通知书"时提出两个观点：① 化合物的用途是化合物本身的固有属性，只要化合物的结构和制备方法公开，就不需要再公开该用途；② 对药用化合物和非药用化合物的充分公开持不同要求是不合理的。

对于以上观点①，合议组认为，专利申请说明书公开的意义在于指导本领域技术人员实施和再现要求保护的技术方案，而不是在没有任何实验效果数据的情况下，让本领域技术人员从说明书公开的大量技术信息中通过反复实验来验证并最终发现申请人实际要求保护的技术方案。在说明书没有公开任何实验效果数据的情况下，本领域技术人员完全有理由怀疑该技术方案并非建立在真实的科学试验基础上，而仅仅是一种推测，有可能根本就不去实施所述技术方案；即使去实施，由于没有任何可供参考的实验数据，因而也无法对实施结果加以验证以确认是否再现了本申请的技术效果。诚如请求人所述，"化合物所具有的治疗作用是其固有属性"，但是，在本领域技术人员无法根据现有技术预测出，本申请也没有提供证据证明所述属性确实为该化合物所有的情况下，根据以上论述，应当认为该化合物未能充分公开。也就是说，即使本领域技术人员能够根据本申请的说明书中记载的内容获得所述化合物，但由于缺少证实其用途的定性和定量实验数据，该化合物仍然不能被授予专利权。

对于以上观点②，合议组认为，如前所述，《审查指南》从化学产品的确认、制备以及用途和/或使用效果这三方面对于化学产品发明的充分公开进行了规定，虽然《审查指南》用列举的方式，在用途和/或使用效果方面对新的药用化合物发明提出了"如果本领域技术人员无法根据现有技术预测发明能够实现所述医药用途、药理作用，则应当记载对于本领域技术人员来说，足以证明发明的技术方案可以解决预期要解决的技术问题或者达到预期的技术效果的实验室实验（包括动物实验）或者临床实验的定性或者定量数据"的要求，但其中蕴含的立法本意和精神却并不因此而仅局限于药用化合物。对于非药用化合物来说，如果所属技术领域的技术人员无法根据现有技术预测发明能够实现所述用途和/或使用效果，则说明书中同样应当记载对于本领域技术人员来说，足以证明发明的技术方案可以实现所述用途和/或达到预期效果的定性或者定量数据（参见《审查指南》第二部分第十章第3.1节），故《审查指南》对于药用和非药用化合物充分公开的要求并无差异，复审请求人所称的"对于药用化合物的公开提出比非药用化合物的公开更高的要求"主张不能成立。因此，合议组对复审请求人的上述主张均不予支持。

基于类似的理由，权利要求 2～9 的技术方案均没有在说明书中充分公开，也不符合《专利法》第二十六条第三款的规定。

## 【案例评析】

《审查指南》第二部分第二章第2.1.3节列出了"说明书中给出了具体的技术方案，但未给出实验证据，而该方案又必须依赖实验结果加以证实才能成立"的典型情形，本案即涉及这种典型的情形。由于这种情形一般出现在化学领域，《审查指南》第二部分第十章第3.1节关于化学领域发明专利申请的审查规定指出，对于新的药物化合物，"如果本领域技术人员无法根据现有技术预测发明能够实现所述医药用途、药理作用，则应当记载对于本领域技术人员来说，足以证明发明的技术方案可以解决预期要解决的技术问题或者达到预期效果的实验室实验（包括动物实验）或者临床试验的定性或定量数据。"

　　根据上述规定，判断说明书是否应当记载实验数据，首先需要判断所属技术领域的技术人员是否能够根据现有技术预测发明能够实现所述技术方案，解决所述技术问题。本案中，关于本专利申请是否符合《专利法》第二十六条第三款的讨论就是在最接近的现有技术，即对比文件 1 的基础上进行的。

　　本申请技术方案是建立在其化合物治疗机理基础之上的，在首先审查了该申请说明书，发现其中并未提供对上述机理加以证明的实验数据的情况下，合议组比较了作为现有技术的对比文件 1 公开的化合物与本申请权利要求 1 中的化合物在结构及其治疗具体疾病上的相似性，尽管本申请与对比文件 1 涉及的化合物有一定程度的相似性，具体疾病也有少数几种相同或类似，但对比文件 1 却没有揭示其治疗机理，所属技术领域的技术人员仍然无法依据对比文件 1 公开的技术方案预测出本申请式（I）的化合物或其立体异构体或盐能够作为有效的大麻素 $CB_1$ 受体的拮抗剂、激动剂或部分激动剂，从而也无法确定本申请就是通过该作用机理来治疗有关的具体疾病的。因此，本申请的说明书对其请求保护的化合物缺乏必要的实验结果证实，不符合《专利法》第二十六条第三款的规定。

　　本案中，复审委员会合议组除指出了需要说明书给出实验证据来证实其所述的用途以及效果之外，还分析了效果的断言性说明和定性实验证据的区别，并论述了实验证据对化学领域发明充分公开的重要性和必要性，对于相关领域的专利实践具有一定的参考意义。（更多类似情形请参见本章第三节）（撰稿人：侯　曜）

## 第三节　化学领域发明创造充分公开的判断

　　在为数众多的专利申请中，化学领域的发明专利申请具有某些特殊性，该领域属于实验性较强、可预测性较低的科学领域，影响发明结果的因素较多，且相互交叉、错综复杂，有些因素甚至迄今未知，这类发明可称之为"实验型"发明。在多数情况下，仅靠设计构思提出的技术方案不一定能够确定地实施以解决发明所述的技术问题，要实施其发明，必须依靠实验结果加以证实；在没有相应的实验数据证明时，所属技术领域的技术人员无法预见其结果。

对于这类发明，为了证明其在申请日之前已经完成，所属技术领域的技术人员阅读说明书后能够实施，并达到所述的技术效果，专利说明书仅记载一般性推论或描述是不够的，而应当记载已经完成的相应实验，充分公开实验数据。因此实验数据（证据）或者实施例在化学发明专利申请中占有特别突出的地位。

本节内容分为四个小节，前三小节分别对化学领域中相关产品的确认、制备和用途/效果方面的充分公开问题进行说明，应当注意的是，化学产品的确认、制备和用途/效果往往是相互联系、密不可分的，比如有时候确认一种化学产品需要借助其用途/效果方面的性能参数或者其制备方法表征，而化学方法发明或化学产品用途发明也离不开对其中所涉及的化学产品进行确认。此外，第四小节还介绍了需要进行保藏的生物材料的充分公开问题。

## 一、化学产品及化学方法所延及的产品的确认

化学领域的产品发明是指可以在化学工业及其相关产业上制造或使用的，其结构或形状得以改进的新的有形物体，或者其组成或性质得以改进的新物质或新材料发明。与机械等领域不同，化学产品的结构、组成属于微观范畴，若发明涉及一种化学产品，仅仅设计出该化合物的分子式或者结构式，而不通过实验证据证明其结构和组成，则所属技术领域的技术人员有时很难通过

原料和制备方法得知其是否如发明设计那样得到所述产品，从而难以确定发明已经完成。

因此，《审查指南》第二部分第十章第 3.1 节规定："对于化合物发明，说明书中应当说明该化合物的化学名称及结构式（包括各种官能基团、分子立体构型等）或者分子式，对化学结构的说明应当明确到使本领域的技术人员能确认该化合物的程度；并应当记载与发明要解决的技术问题相关的化学、物理性能参数（例如各种定性或者定量数据和谱图等），使要求保护的化合物能被清楚地确认。此外，对于高分子化合物，除了应当对其重复单元的名称、结构式或者分子式按照对上述化合物的相同要求进行记载之外，还应当对其分子量及分子量分布、重复单元排列状态（如均聚、共聚、嵌段、接枝等）等要素作适当的说明；如果这些结构要素未能完全确认该高分子化合物，则还应当记载其结晶度、密度、二次转变点等性能参数。

对于组合物发明，说明书中除了应当记载组合物的组分外，还应当记载各组分的化学和/或物理状态、各组分可选择的范围、各组分的含量范围及其对组合物性能的影响等。

对于仅用结构和/或组成不能够清楚描述的化学产品，说明书中应当进一步使用适当的化学、物理参数和/或制备方法对其进行说明，使要求保护的化学产品能被清楚地确认。"

除了化学产品发明之外，对于化学方法发明，包括制备方法发明和用途发明，其中也通常会涉及相关的化学产品，例如终产物、中间产物、原料、催化剂等，如果这些化学产品是新的，则同样要求对这些请求保护的方法发明中所涉及的化学产品进行确认，以达到充分公开的目的；如果这些化学产品属于现有技术，则说明书对这些产品的说明应当达到所属技术领域的技术人员能够确认并得到的程度，例如记载原料化合物的名称、分子式、性能参数、购买途径、制备方法等，以足以使所属技术领域的技术人员能够确认和获得为度。

另外，无论是化学产品发明还是化学方法发明，必要时说明书中还应当对方法所生成的产品进行关联性确认，即，建立产品与方法之间的对应性，使所属技术领域的技术人员确信该方法的结果确为其预期得到的产品。

【案例1】　十三元氮杂大环内酯类化合物及其作为抗生剂的应用（第12343号复审请求审查决定）

2007年12月24日，专利复审委员会作出第12343号复审请求审查决定。该决定涉及名称为"十三元氮杂大环内酯类化合物及其作为抗生剂的应用"的99813464.3号发明专利申请。

在实质审查程序中，国家知识产权局原审查部门驳回了本申请。驳回理由是本申请说明书公开不充分，不符合《专利法》第二十六条第三款的规定。驳回决定所涉及的权利要求1、2、22、24的内容如下：

"1. 式1的化合物或其可药用盐：

1

其中：（具体取代基定义略）

2. 式 15 的化合物或其可药用盐：

15

其中：（具体取代基定义略）"

" 22. 一种用于治疗哺乳动物、鱼类或鸟类中的细菌性感染或原生动物感染的药物组合物，其中含有治疗有效量的权利要求 1 或 2 的化合物和可药用载体。"

"24. 权利要求 1 或 2 的化合物用于制备治疗哺乳动物、鱼类或鸟类中的细菌性感染或原生动物感染的药物的用途。"

复审请求人对上述驳回决定不服，向专利复审委员会提出复审请求，并提交附件1《相关化合物的理化数据分析》及其中译文。其复审请求的理由为：本申请说明书已经详细描述了本发明化合物的合成路线、代表性化合物的详细制备过程，例如 16 个实施例，通过这些反应物和制备过程必然会得到所述终产物；说明书还详细介绍了化合物的作用机理，其活性的测定方法，所属技术领域的技术人员根据本申请的描述可以预见或者获得有关数据；附件1特别描述了化合物 1N、1B 和 1O 的理化数据分析，可以证明在递交本申请之时已经完成本发明；没有证据证明说明书记录的内容与所述理化数据所证明的化合物结构之间有任何冲突。本申请说明书已经对本发明技术方案进行了清楚的描述，符合《专利法》第二十六条第三款的规定。

专利复审委员会本案合议组经审查发出"复审通知书"，其中指出：

① 本申请说明书描述的合成路线 1 和 2 中虽然提供了所用的酸、碱、温度、加热时间、溶剂、纯化条件等内容，但这些内容仅仅是对合成路线反应过程的一般性描述。

② 在本申请说明书全部实施例（实施例 1～17）中，仅仅记载了所得目标产物的颜色、形态和产率，所属技术领域的技术人员不能区分目标化合物和副产物、起始原料等可能共存的其他化学物质，也无法确认最终反应得到的化合物具有本申请所示的化学结构或分子式以及其中指定的全部取代基。

③ 本申请请求保护新的十三元氮杂大环内酯类化合物和其制备方法及其作为抗生剂的医药用途，尽管说明书描述了所述化合物的作用机理、设计了测定活性的试验 I – IV，并指出"本发明的化合物在上述试验之一，尤其是试验 IV 中表现出抗菌活性"，然而，本申请说明书没有记载利用何种结构的具体的十三元氮杂大环内酯类化合物进行活性实验，也没有记载在这些活性实验中哪些十三元氮杂大环内酯类化合物具有所述抗菌效果的定性或定量实验数据，使所属技术领域的技术人员无法得出本申请请求保护的十三元氮杂大环内酯类化合物具有抗菌活性的结论。

④ 复审请求人在提出复审请求时提交的附件 1 既不是申请日或优先权日之前公众能够得知的现有技术，也不是本申请原始说明书记载的内容，因此无法证实本申请说明书已经充分公开。

复审请求人针对上述通知书修改了权利要求书，仅保留一项权利要求，修改后的权利要求书内容如下：

"1. 具有下式的化合物 1N 或其药学上可接受的盐：

其中 R¹ 为

。"

复审请求人在答复意见中认为：《专利法》第二十六条第三款没有规定数据和性质的证明，也没有规定实施例作为唯一的公开充分的部分；修改后的权利要求要求保护化合物 1N，本申请说明书实施例 15、16 描述了该化合物的制备，特别是在合成过程中用 TCL 和 HPLC 对反应过程进行检测；说明书还介绍了化合物的作用机理、活性测定，所属技术领域的技术人员根据本申请说明书的描述可以预期化合物的活性或获得有关数据；附件 1 及其中译文给出了化合物的理化数据，因此，按照说明书记载的内容肯定会得到所要保护的化合物并将其用于作为抗生素的用途。

专利复审委员会在此基础上作出复审请求审查决定，指出：

修改后的权利要求 1 请求保护化合物 1N，该化合物是一种具体的十三元氮杂大环内酯化合物，本申请说明书实施例 15、16 分别描述了该具体化合物的不同制备方法，但是实施例 15、16 均没有对合成的最终产物进行任何定性的描述，更没有给出任何可以确认已经制备得到的化合物的理化参数。复审请求人认为通过实施例 15、16 中记载的反应物和制备过程必然会得到所述终产物 1N，该观点没有依据。化合物 1N 为十三元氮杂大环内酯类化合物，具有多个取代基且具有 18 个手性中心。从其结构来看，本领域技术人员可以预知在制备该化合物的合成过程中容易产生副产物，最终能否得到该化合物需要实验结果加以证实。

根据本申请说明书记载的内容，本申请的十三元氮杂大环内酯化合物具有抗菌活性，可用于治疗细菌性感染或原生动物感染。对于新结构的化合物来说，作为具有抗菌活性的抗生剂的医药用途，由于所属技术领域的技术人员根据现有技术无法预测到此类十三元氮杂大环内酯类化合物能够具有所述效果和用途，也无法根据现有技术得出其具有抗菌活性的结论，因而，本申请说明书应当记载对于所属技术领域的技术人员来说，足以证明此类化合物具有上述用途或达到预期效果的实验室试验或临床试验的定性或定量实验数据。然而，本申请说明书并未记载利用权利要求 1 所述的十三元氮杂大环内酯化合物 1N 进行的活性试验，也没有记载该化合物具有所述抗菌效果的定性或定量实验数据，使本领域技术人员无法得出本申请请求保护的十三元氮杂大环内酯化合物 1N 具有抗菌活性的结论。

无论是复审请求人在实质审查阶段提供的有关活性数据的附件，还是在提出复审请求时提交的相关附件，都既不是申请日（优先权日）之前公众能够得知的现有技术，也不是本申请原始说明书记载的内容，对于这些申请日之后补交的实验数据合议组不予考虑。

基于上述理由，合议组维持对本发明专利申请作出的驳回决定。

【案例评析】

本案涉及了化学产品发明中的如何确认产品、验证用途以及如何考虑审查过程中补充材料等的常见问题，这里只对化学产品的确认问题进行分析。

对于化学合成或者天然来源提取分离的具体化合物，通常不能够从理论上或者从合成方法、提取方法本身预测或确定化合物的结构，因此说明书一般应当记载能有效鉴别该化合物结构的数据，例如核磁、紫外、红外和质谱数据等，使得要求保护的化合物的结构能够被清楚地确认。

本案审查过程中，尽管复审请求人通过修改权利要求书放弃了囊括成百上千种具体化合物的通式化合物，最终只要求保护一个具体化合物1N，而且强调说明书中记载了通过两种不同途径合成该化合物的两个制备实施例（实施例15、16），但上述实施例仅描述了最终产物的颜色、状态和收率，这些性质不能准确表征化合物的结构且容易因操作者、操作条件等因素的差异而改变，属于非本质的特性，不足以使所属领域的技术人员确认所述方法制备的产品确实为其预期得到的化合物1N。化合物1N为十三元氮杂大环内酯类化合物，具有多个取代基且具有18个手性中心，因此从其结构来看，所属技术领域的技术人员可以预知在制备该化合物的合成过程中容易产生副产物，故该方法最终能否得到该化合物需要实验结果加以证实，从本申请说明书内容来看，对于请求保护产品的确认在说明书中公开不充分，所属技术领域的技术人员无法合理预期按照实施例15、16的方法制备得

到的化合物就是化合物 1N。（撰稿人：周英姿）

**【案例 2】** 化合物 N － 2 － 甲磺酰乙基 － 2β － 羰甲氧基 －
3β － （4 － 氯苯基）去甲基托烷及其合成方法（第 14365 号复审
请求审查决定）

2008 年 8 月 20 日，专利复审委员会作出第 14365 号复审请
求审查决定，涉及发明名称为"化合物 N － 2 － 甲磺酰乙基 －
2β － 羰甲氧基 － 3β － （4 － 氯苯基）去甲基托烷及其合成方法"
200510038767.4 号发明专利申请。

国家知识产权局原审查部门以说明书不符合《专利法》第
二十六条第三款的规定为由驳回了本申请。

驳回决定认为：本申请请求保护一种化合物 N － 2 － 甲磺酰
乙基 － 2β － 羰甲氧基 － 3β － （4 － 氯苯基）去甲基托烷及其合成
方法，说明书中仅公开了所述化合物的制备过程及其性状，化合
物制备过程是可以根据所要制备的目标产物设计的，性状的描述
也不足以证明该化合物可明确得到，两者均不能作为证明和确认
化合物已被制备得到的证据，因此本申请的说明书未对其技术方
案作出清楚、完整的说明，使所属技术领域的技术人员不能实现
所述发明，不符合《专利法》第二十六条第三款的规定。

驳回决定针对权利要求书共 3 项权利要求，其中权利要求 1
请求保护一种氟［18］－ N － 2 － 氟乙基 － 2β － 羰甲氧基 － 3β －
（4 － 氯苯基）去甲基托烷标记前体化合物，权利要求 2 为上述化
合物的合成方法，权利要求 3 从属于权利要求 2。

复审请求人对上述驳回决定不服，向专利复审委员会提出复
审请求，并修改了权利要求书，将驳回决定针对的权利要求 1、
3 删除，只保留了权利要求 2，修改后的权利要求书内容如下：

"1. 一种氟［18］－ N － 2 － 氟乙基 － 2β － 羰甲氧基 － 3β －
（4 － 氯苯基）去甲基托烷的合成方法，其特征是合成路线的化

学反应式为：

具体合成步骤：

2β－羰甲氧基－3β－（4－氯苯基）去甲基托烷采用文献方法合成；

A）N－（2－羟乙基）－2β－羰甲氧基－3β－（4－氯苯基）去甲基托烷的合成：N2 气氛下，0.28g 2β－羰甲氧基－3β－（4－氯苯基）去甲基托烷、0.50g 2－溴乙醇、0.75mL 三乙胺加于 15mL 无水乙腈中，先常温搅拌 10～15min，使 2β－羰甲氧基－3β－（4－氯苯基）去甲基托烷溶解完全，停止通 N2，油浴加热至 60℃反应 4h，停止加热，减压浓缩得到浅黄色固体，用 35mL 二氯甲烷溶解，依次用 20mL 5% NaOH、20mL 水洗涤，有机相用无水 Na2SO4 干燥，蒸去 CH2Cl2 得粗产品，硅胶柱层析纯化：粗产品:硅胶＝1:80，展开剂为乙醚:三乙胺:甲醇＝7:0.1:0.1，得白色固体 0.27g，产率 83%；

B）N－（2－甲磺酰乙基）－2β－羰甲氧基－3β－（4－氯苯基）去甲基托烷的合成：N－（2－羟乙基）－2β－羰甲氧基－3β－（4－氯苯基）去甲基托烷 162mg 和甲基磺酸酐 186mg，于 2mL 二氯甲烷中在 30℃条件下搅拌 36h，用 C18 柱，

CH3OH：H2O：Et3N ＝75：25：0.2 高效液相鉴测反应进行程度，反应 4 小时后，边搅拌边加入 4mL 乙醚沉淀，倾去上清液，残余物再加入 1mL 二氯甲烷溶解；再重复进行沉淀、溶解、沉淀，将所得粘稠物真空干燥，得白色固体，即为产物。"

专利复审委员会依法组成合议组，对本案进行审查。合议组首先发出"复审通知书"，该通知书认为，本申请请求保护的合成方法为两步合成反应，在这两步反应过程中，均有可能得到其他的反应产物，在此情况下，所属技术领域的技术人员需要产物的化学结构测定数据才能确定产物的化学结构。本申请说明书仅记载所述合成方法的原料、合成步骤等技术信息，没有记载该方法得到的最终产物的结构鉴定数据，无法确认按照权利要求 1 的方法得到的产物是否为 N－2－甲磺酰乙基－2β－羰甲氧基－3β－（4－氯苯基）去甲基托烷。因此，说明书对权利要求 1 的技术内容公开不充分，不符合《专利法》第二十六条第三款的规定。

对此，复审请求人提交了"意见陈述书"和一篇参考文献（附件 1："N-Substituted Analogs of 2β－Carbomethoxy－3β－(4'-iodophenyl) tropane (β－CIT) with Selective Affinity to Dopamine or Serotonin Transporters in Rat Forebrain"，John L. Neumeyer 等，J. Med. Chem，第 39 卷，第 543－548 页，1996 年）。复审请求人的主张包括，其提供的附件 1 公开了与本申请相似的反应，其主要产品是确定的，不会有大量副产物生成，这一附件佐证了本申请符合《专利法》第二十六条第三款的规定。

专利复审委员会在此基础上作出复审决定，该决定认为：

权利要求 1 要求保护 N－（2－甲磺酰乙基）－2β－羰甲氧基－3β－（4－氯苯基）去甲基托烷的合成方法，说明书记载了该化合物的化学合成路线，实施例 1 详细记载了所述合成方法所需的原料、合成步骤、合成条件等技术信息，但没有记载该方法制备得到的最终产物（即说明书实施例 1 中所述的"白色固体"）的结构鉴定数据。

附件 1 公开了一种制备 2β－羰甲氧基－3β－（4′－碘苯基）去甲基托烷的 N 取代衍生物的方法，具体为以 2β－羰甲氧基－3β－（4－碘苯基）去甲基托烷为起始原料，与溴丙醇反应得到作为中间产物的 N－（3－羟丙基）－2β－羰甲氧基－3β－（4－碘苯基）甲基托烷，然后再与甲基磺酸酐反应制备得到作为终产物的 N－（3′－甲磺酰丙基）－2β－羰甲氧基－3β－（4－碘苯基）去甲基托烷的方法，并通过元素分析、1H NMR 等数据证明了该方法能够顺利实施。

将本申请权利要求 1 要求保护的制备方法与附件 1 公开的制备方法对比后可知，两者都涉及 2β－羰甲氧基－3β－（4′－卤代苯基）去甲基托烷的 N 取代衍生物的合成，制备方法中涉及的反应位置、所使用的反应条件和反应步骤均基本相同，不同之处仅在于第一步中所使用的去甲基托烷反应底物和溴代烷基醇略有差别，但根据所属技术领域的一般技术常识，去甲基托烷 3β 位置上的 4－氯代苯基和 4－碘代苯基是化学性质基本相同的取代基团，因此本申请所使用的反应底物和附件 1 所使用的反应底物化学性质基本相同；溴代乙醇和溴代丙醇也是化学性质基本相同的化合物，在其所参与的化学反应底物基本相同、反应位置相同、反应条件也基本相同的情况下，仅有一个碳原子的区别尚不足以对反应过程带来任何实质性影响。因此，对于所属技术领域的技术人员而言，本申请的制备方法和附件 1 的制备方法基本相同。

基于附件 1 的制备方法已被证实能够顺利实施，所属技术领域的技术人员将能预期到本申请的制备方法也能顺利实施，在此情况下，尽管本申请说明书未公开产品的结构鉴定数据，所属技术领域的技术人员也不会据此认为本申请要求保护的制备方法不能够顺利进行。

专利复审委员会作出了撤销驳回决定的第 14365 号复审请求审查决定。

**【案例评析】**

本案涉及新化合物的制备方法充分公开的问题。对于新化合物的制备方法的权利要求而言，对该化合物本身的充分公开也是不可缺少的，因此往往需要公开那些用以确认化合物能够被制备得到的相关理化参数，例如各种定性或定量的数据和图谱，这样才能使得所属技术领域的技术人员确信这一方法可以获得目的物质。

那么，是否必须通过在说明书中记载目的物质的理化参数才足以确认获得了该物质呢？该复审决定实际上已经对这一问题作出了回答，该决定作出的理由和结论说明，常规的理化参数，如数据或图谱等固然是确认产物的有效手段，但是如果根据现有技术的信息可以证明该方法能够顺利实施并且根据其方法能够确定得到所述产品，则即使说明书没有公开上述理化参数，该说明书也满足充分公开的要求。

本案中，复审决定所针对的权利要求 1 涉及 N − （2 − 甲磺酰乙基）−2β − 羰甲氧基 − 3β − （4 − 氯苯基）去甲基托烷，说明书中没有相应的理化参数证明该方法确能得到这一产物。一般来讲，由于有机化学反应机理复杂，反应位点较多甚至不确定，且往往伴随副反应，一般需要通过理化参数等证明可以得到目的物质，当缺少相应的理化参数时，往往会因此不能满足充分公开的要求而遭驳回，本申请似乎属于这一情形。但是，复审请求人提供了一篇至关重要的现有技术文献，该文献公开了一种与本申请非常类似的制备方法，并且还记载了通过元素分析、1H NMR 等数据证明了该方法能够顺利实施。两者涉及同类目标物质的合成，制备方法中涉及的反应位置、所使用的反应条件和反应步骤均基本相同，所使用的反应物虽有差别，但差别细微，化学性质基本相同。因此，对于所属技术领域的技术人员而言，本申请的制备方法和该文献的制备方法基本相同。

我们知道，判断说明书公开充分与否的主体是所属技术领域的技术人员。具体到本案，所属技术领域的技术人员通过现有技术——附件1，可以直接获知所述反应能够顺利实施，同时，基于其所属领域的普通技术和知识，还可以确认与其非常类似的反应也能够顺利实施，而且通过对比发现，本申请涉及的反应恰与该文献的反应类似，所以，本申请请求保护的制备方法能够实施并得到预期的产物。

由此可见，虽然说明书记载化合物的理化参数谱图等数据可以用于确认化学产品，但是它却并不是唯一的确认化学产品的途径，在专利审查实践中，不应当机械地、僵硬地一律要求说明书中记载实验数据，而应当根据具体案情，以所属技术领域技术人员的知识、能力为基础进行判断，并考虑现有技术。如本案，现有技术文献也可以是确认化学产品的途径和证据。但是需要强调的是，所提供的现有技术文献必须恰当，使所属技术领域的技术人员能够依据它确信请求保护的技术方案能够实现。（撰稿人：李彦涛）

## 二、化学产品的制备和化学方法发明

充分公开化学产品的制备是化学产品发明充分公开的重要条件。广义上讲，化学产品的制备是一种对物质的转化处理过程，其产物不一定是最终产物，也可能是中间产物。而化学方法发明中的化学方法除了包括化学产品的制备方法之外，还包括其他一些处理方法，例如利用化学原理对物质进行检测的方法等。无论是化学产品发明，还是化学方法发明，都与化学物质的处理过程有关，为达到充分公开的目的，说明书中应当记载与实施所述处理方法和/或得到所述化学物质相关的信息，例如化学产品制备方法或其他化学方法中所使用的原料物质、工艺步骤和工艺条件、专用设备等，使所属技术领域的技术人员能够实施，必要时还应当记载方法对目的物质性能的影响，使所属技术领域的技术人员按照说明书中记载的方法实施时，能够解决该发明要解决的技术问题。

当然，化学方法所涉及的化学物质仍然存在确认的问题。例如，方法所用的原料物质，应当说明其化学成分、性能参数、来源等情况，使得所属技术领域的技术人员能够得到。新的原料物质，不能从现有技术中得到的，应当公开其制备方法，否则其也不符合《专利法》第二十六条第三款的规定。原料物质为天然物质的，除了公开产地外，还应当说明其基本化学成分或能确认该物质的基本参数。对于化合物发明，通常需要有制备实施例。

因此，对于化学产品的制备和化学方法发明，一般的原则是，应当使所属领域的技术人员足以理解所述制备过程或方法发明如何实施。

【案例1】　以二羧酸二酯为基础的带有至少二个亲水基和至少二个疏水基的两亲化合物（第5368号复审请求审查决定）

2004年11月25日，专利复审委员会作出第5368号复审请求审查决定。该决定涉及申请日为1995年11月17日，优先权日为1995年2月17日，名称为"以二羧酸二酯为基础的带有至少二个亲水基和至少二个疏水基的两亲化合物"的95197649.4号发明专利申请。

本申请提供了一种带有至少二个亲水基和至少二个疏水基的两亲化合物的结构通式，关于该化合物的制备方法，说明书只记载了"可通过磺化的两亲二羧酸二酯得到解决，它们例如可通过磺化二羧酸二脂肪醇酯或通过磺化带短烷基链的二羧酸二烷基酯并随后与脂肪醇反应并中和磺酸而制得""上述的化合物可由下列方式制得：对二羧酸二脂肪醇酯进行双重磺化，或对带短烷基链的二羧酸二烷基酯进行双重磺化，随后与脂肪醇反应，并用含水碱－或碱土金属氢氧化物或氨或烷醇胺中和磺酸。必要时，产物在水溶液中用过氧化氢（以固体物计为 0.1%～2.0%）漂白"。

经实质审查后，国家知识产权局原审查部门以说明书不符合《专利法》第二十六条第三款规定为由驳回了本申请。驳回决定认为：本申请要求保护一类两亲化合物，但是说明书中对这类化合物的制备仅进行了一般性的描述，没有提供任何实施例，也没有任何实验数据证明申请人确实在申请日之前得到了这类化合物并对其进行了与发明目的和任务相关的性能测定；即使考虑了现有技术，本申请化合物的制备，如在工艺条件、反应物等的选择方面，仍需付出创造性劳动；更为重要的是，由于上述原始公开的申请文件中的缺陷，导致无法将本申请化合物与已知化合物区别和比较。综上，本申请不符合《专利法》第二十六条第三款的规定。

复审请求人针对上述驳回决定向专利复审委员会提出复审请求。复审请求人认为：本申请化合物可采用两种方法制备，且这两种方法中涉及的反应均是化学领域技术人员所公知的反应，即磺化反应和酯交换反应，通过参考文献 2 第 324 页对现有技术的描述以及实质审查阶段补交的实施例，可以看出本领域技术人员完全能够制备本申请化合物，并不需要付出创造性劳动。所述参考文献如下：

参考文献 1：Jerry March, Advanced Organic Chemistry, Wiley-Interscience New York, 1985 年，第 537 页和出版信息页；

参考文献 2：Kirk Othmer, Encyclopedia of chemical technology, 第 13 卷, Interscience Publishers New York, 1954 年，第 324 页及扉

页和出版信息页；

参考文献 3：Jerry March，Advanced Organic Chemistry，Wiley-Interscience New York，1985 年，第 351 页；

参考文献 4：Kwetkat，Journal. Of colloid and Interface Science 235，2001 年，第 119－129 页。

专利复审委员合议组经审查认为：本申请权利要求请求保护以通式Ⅰ表示的带有至少二个亲水基和至少二个疏水基的两亲化合物或该化合物的用途，但是，对于上述以通式形式表征的化合物，本申请说明书仅公开了通式Ⅰ化合物的定义及其优选定义范围，以及对通式Ⅰ化合物制备方法反应流程的简要文字描述；没有公开任何该通式所涉及的具体化合物的化学名称、结构式和/或化学式，更加没有公开任何具体化合物的制备实施例和实验例，致使所述技术领域的技术人员难以理解和再现本申请，不花费创造性劳动无法制备出本申请的通式化合物，并解决本申请所提出的技术问题；此外，也没有公开任何足以证实申请人在申请日之前确实得到了这类化合物，并对其进行了与发明目的相关的性能测试的物理和/或化学数据，证实其解决了技术问题且产生了预期的效果，说明书中公开的只是对反应流程的简单文字描述，未公开任何具体反应原料、反应产物、反应试剂、反应步骤和反应条件以及实验数据等内容。

针对复审请求人提供的参考文献 1~4，合议组查明：参考文献 1、2 简单描述了羧酸的磺化反应，参考文献 3 简单描述了酯交换反应，但上述文献均未公开本申请通式Ⅰ化合物及其制备方法和用途，也未公开任何一个本申请通式化合物涉及的具体化合物，更没有记载本申请制备方法的具体反应条件；特别是，复审请求人提交的参考文献 4 公开于 2001 年，其中所涉及的内容当然无法用以证实本申请在 1995 年提出申请时被充分公开。合议组认为，就本申请而言，原始申请说明书中未充分公开的缺陷显然无法通过参考上述参考文献来克服。至于复审请求人在申请日之后补交的补充实施例不能用以证明本申请在其申请日时已经被充分公开。

因此，本申请说明书对上述通式 I 两亲化合物发明的公开不符合《专利法》第二十六条第三款的规定。

针对合议组的上述意见，复审请求人坚持认为：解决本发明技术问题的具体实施方式不一定非要以具体化合物的实施例的方式来表达，本申请说明书公开了通式化合物的制备方法，参考文献中详细记述了上述本申请化学反应的条件，故根据本申请说明书中的描述结合参考文献，本领域技术人员不需要付出创造性劳动就能够制备本申请所请求保护的化合物。

最终，专利复审委员会合议组以本申请不符合《专利法》第二十六条第三款规定为由作出维持驳回决定的复审请求审查决定。

## 【案例评析】

通式化合物权利要求（即马库什化合物权利要求）是化学领域产品权利要求中最常见的类型之一。一项通式化合物权利要求通常采用带有多个变量的通式结构来表征所要求保护的化合物的保护范围，通过这些变量的相互组合导致该权利要求请求保护的范围中涵盖了成千上万个化合物。

作为所属技术领域的技术人员，在科技发达的今天，针对欲解决的技术问题，技术人员完全可以基于构效关系通过计算机技术模拟出新的通式化合物和具体化合物，而模拟出的化合物又可以根据已有化学合成的经典反应设计出可能的合成路线，还可以针对发明目的在已有方式中选择出对其可能的性能效果进行验证的实验模型。通常这种工作对于一项有机化学发明的完成而言尚停留在构思阶段，在作为实验科学的有机化学领域中，尽管这样的构思可以层出不穷，但这种构思的相当部分将永远停留在纸上谈兵的阶段；一般来说，只有通过实验验证了其技术方案能够成立、其技术问题能够得以解决，才能将一项有机化学方面的构思领入具有实际应用可能性的发明创造的殿堂，从而被授予专利权。

　　因此，为满足《专利法》第二十六条第三款规定的规定，对于一项化合物发明，根据《审查指南》第二部分第十章第3.1节的相关规定，其说明书中应当公开：① 确认化合物的有关内容，包括该化合物的化学名称、结构式和/或分子式，以使所属技术领域的技术人员能够确认该化合物，还包括与发明要解决的技术问题相关的理化参数，以使所属技术领域的技术人员能够清楚辨认该化合物与已知化合物的区别，并确认申请日之前申请人确实得到了该化合物；② 制备化合物的有关内容，包括必须至少公开一种制备方法，并且该方法应具体说明原料、工艺步骤和条件等以使所属技术领域的技术人员能够实施，且必须具备制备实施例；③ 化合物的用途和/或使用效果的有关内容。

　　具体到化合物发明以通式形式来表征时，其请求保护的是通式定义的一类化合物，此类化合物的保护范围涉及由通式上各取代基所代表的基团进行各种排列组合形成的若干化合物，其说明书中应当公开该通式定义中涉及的具体化合物及其实施例，具体包括：① 确定化合物的有关内容，除通式化合物定义外，还应记载通式定义中涉及的具体化合物的化学名称、结构式和/或分子式以及理化参数；② 制备化合物的有关内容，除通式化合物的制备流程外，还应记载具体化合物的制备实施例，其中应具体说明原料、工艺步骤和条件等以使所属技术领域的技术人员能够实施；③ 化合物的用途和/或使用效果，如果所属技术领域的技术人员无法根据已有技术预见到所述用途或效果可以实现，则还需记载具体化合物的相关效果数据。

可见，对于这类化合物产品发明而言，其制备方法是充分公开的重要内容。本案涉及一种通式化合物，说明书中仅公开了通式化合物的取代基定义范围，没有公开任何该通式所涉及的具体化合物的化学名称、结构式和/或化学式，对于其制备方法流程也只有泛泛地一般性说明，更加没有公开任何具体化合物的制备实施例和实验例，显然不符合化合物产品制备方法充分公开的需要。

就通式化合物发明的充分公开而言，巨大的通式化合物就好像梵蒂冈宏伟教堂的美丽穹顶，而支撑这个穹顶的是由说明书具体公开的数个具体化合物制成的巨柱以及由相关实验证据构成的基石。如果没有这样的支撑，则美丽的穹顶势必坍塌，所谓的通式化合物发明则将化为空中楼阁。（撰稿人：李　越）

**【案例2】　一种甲苯甲基化制对二甲苯联产低碳烯烃的方法**（第13960号复审请求审查决定）

2008年7月9日，专利复审委员会作出第13960号复审请求审查决定。该决定涉及申请日为2004年7月14日，公开日为2006年1月18日，名称为"一种甲苯甲基化制对二甲苯联产低碳烯烃的方法"的200410069205.1号发明专利申请。

经过实质审查，国家知识产权局原审查部门以本申请说明书不符合《专利法》第二十六条第三款的规定为由驳回了本申请。驳回决定认为：本申请的目的是要提供一种在同一催化剂上进行甲苯甲基化制对二甲苯同时高选择性地联产乙烯的方法，其中，用不同的元素对ZSM－5进行改性时获得的催化剂的活性不同，但是说明书就如何对催化剂进行选择性化改性没有作出清楚、完整的说明，致使所属技术领域的技术人员不能实现本发明，不符合《专利法》第二十六条第三款的规定。

驳回决定针对的权利要求1的内容如下：

"1. 一种甲苯甲基化制对二甲苯联产低碳烯烃的方法，通过一个反应过程并使用一种催化剂同时获得高选择性的对二甲苯与乙烯和丙烯；操作条件：反应物甲苯与甲基化试剂分子比 10 - 0.1，反应温度 300℃~600℃，甲苯和甲基化试剂进料总重量空速 0.1~10h$^{-1}$，反应物料与催化剂接触时间 0.1~5s。"

复审请求人对上述驳回决定不服，向专利复审委员会提出复审请求，认为：① 甲苯甲醇烷基化制对二甲苯技术是一个被广泛研究的课题，对催化剂的制备方法已有许多相关专利和文献进行过详细说明，本申请使用的催化剂即是在此基础上制备的催化剂；② 现有技术都是以高选择性地生产对二甲苯为唯一目的，本发明的创新点在于甲苯甲醇烷基化制对二甲苯的同时联产低碳烯烃，通过调节甲醇和甲苯的比例，可以有效地调整低碳组分的产物分布，如采用较高的甲醇和甲苯比例时，就可以获得较多的低碳组分产物，从而实现了甲苯甲基化制对二甲苯并联产低碳烯烃的技术，对于使用的催化剂因采用的是已公开技术，所以没有做详细描述。

专利复审委员会向复审请求人发出"复审通知书"，指出：本申请要解决的技术问题是既能高选择性地生产对二甲苯，又能高选择性地生产低碳烯烃，现有技术中任何一种选择性化改性的催化剂均不能同时使这两个反应过程在同一催化剂上进行，但说明书并未对其催化剂的选择性化改性进行记载，使得所属技术领域的技术人员无法得到所述分子筛催化剂，不能够实现本申请所述的使用一种催化剂同时高选择性地获得对二甲苯与低碳烯烃的联产方法。因此，本申请说明书未对发明作出清楚、完整的说明，不符合《专利法》第二十六条第三款的规定。

对此，复审请求人认为：本申请的创新性在于提出了"甲苯甲基化制对二甲苯联产低碳烯烃"的新概念，这一技术在较低性能催化剂上也是可以实现的；本申请结合两个反应过程中催化剂的制备技术制备了催化剂，目的是对这一新概念给出具体的实施结果；在该催化剂上，对二甲苯在二甲苯异构体中选择性在90wt%左右，乙烯和丙烯在C1－C5中选择性在75wt%左右，这种较低的反应结果，在该领域相关催化剂上是可以实现的，本申请使用的不是特殊制备的催化剂。

专利复审委员会经审查认为：权利要求1要求保护一种甲苯甲基化制对二甲苯联产低碳烯烃的方法，通过使甲苯和甲基化试剂，如甲醇，在同一种催化剂的存在下反应，同时高选择性地获得对二甲苯以及高选择性地获得乙烯和丙烯。但甲苯甲基化反应制对二甲苯和甲醇制低碳烯烃这两个反应过程虽然均为酸催化反应，均要求择形催化作用，均使用改性HZSM－5分子筛作为催化剂的活性组分，但是由于目的产物（即，对二甲苯和低碳烯烃）不同，两个过程的催化剂的特点又存在很大的差异，现有技术中任何一种选择性化改性的催化剂均不能同时满足既能高选择性地生产对二甲苯，又能高选择性地生产低碳烯烃的要求。本申请要解决的技术问题就是使这两个反应过程在同一催化剂上进行，所以，催化剂的选择对于本申请方法能否顺利实现是至关重要的。

然而，本申请仅在说明书中记载，所述方法使用的催化剂是以选择性化改性的具有MFI、MEL或AEL结晶骨架结构的硅铝酸盐或硅铝磷酸盐分子筛为活性组分，与黏结剂及孔结构调节剂混合成型的固体催化剂，但其中未清楚描述用于示例性说明本申请所述方法的TMMC－709催化剂的活性组分，即实施例1中使用何种物质对HZSM－5分子筛进行选择性化改性的；未说明对具有MFI、MEL或AEL结晶骨架结构的硅铝酸盐或硅铝磷酸盐分子筛进行改性时使用什么样的改性组分、什么样的改性方法和条件。

由于不同骨架结构的分子筛对甲苯甲基化反应和甲醇制低碳

烯烃的反应影响不同，采用不同物质、不同方法乃至不同条件对同一分子筛进行改性，对于这两个反应中产物的选择性也有很大的影响。因此，在本申请说明书未对所述方法使用的分子筛催化剂的选择性化改性作出清楚说明的前提下，所属技术领域的技术人员无法得到所述分子筛催化剂，不能实现使用一种催化剂同时高选择性地获得对二甲苯与低碳烯烃的联产方法。

复审请求人主张本申请的创新点在于提出了联产低碳烯烃的概念，因采用的催化剂是已公开技术，所以无需详细描述。但合议组认为：本申请说明书中提到，现有技术中的任何一种选择性化改性的催化剂均不能同时满足既能高选择性地生产对二甲苯又能高选择性地生产低碳烯烃的要求，这意味着使用现有技术的催化剂并不能实现本申请所要求保护的这种联产方法，说明书公开的内容与复审请求人的上述主张自相矛盾。

因本申请说明书未对发明作出清楚、完整的说明，不符合《专利法》第二十六条第三款的规定，专利复审委员会作出了维持驳回决定的复审请求审查决定。

**【案例评析】**

本案涉及化学产品制备方法发明的充分公开问题。复审请求审查决定之所以维持驳回决定，是由于本申请说明书没有对该方法的关键所在，即所使用的催化剂进行充分的公开。催化剂的一个重要特点是专一性，一种催化剂只能催化少数几种化学反应，不存在广泛通用的催化剂，本申请应当具体公开反应中使用的催化剂是什么，否则所属技术领域的技术人员难以基于说明书的记载实现本发明。然而，本申请说明书未对所述方法使用的分子筛催化剂的选择性化改性作出清楚、完整的说明，所属技术领域的技术人员无法得到所述分子筛催化剂，也不能实现使用一种催化剂同时高选择性地获得对二甲苯与低碳烯烃的联产方法。

复审请求人在陈述意见时主张：申请所采用的催化剂是已公开的技术，所以无需详细描述。但本申请说明书记载，现有技术中的任何一种选择性化改性的催化剂均不能同时满足既能高选择性地生产对二甲苯，又能高选择性地生产低碳烯烃的要求，也就是说，使用现有技术的催化剂并不能实现本申请所要求保护的这种联产方法。显然，说明书记载的内容与复审请求人的意见陈述中的主张是矛盾的，且没有证据证明复审请求人的主张。因此，复审请求审查决定认定，本案涉及的甲苯甲基化制对二甲苯和甲醇制低碳烯烃这两个反应的催化剂有很大不同，现有技术中不存在既能够高选择性地催化生产对二甲苯，又能高选择性地生产低碳烯烃的催化剂。因现有技术中没有这种催化剂，本申请说明书应当清楚、完整地对该催化剂进行说明，如该催化剂的原料物质、使用的工艺步骤及工艺条件等，否则属于说明书未充分公开化学产品制备方法的情形。（撰稿人：李彦涛）

## 三、化学产品的用途和/或使用效果

对于化学产品的用途和/或使用效果的充分公开，《审查指南》第二部分第十章第3.1节及第3.3节进一步规定：

"对于化学产品发明，应当完整的公开该产品的用途和/或使用效果，即使是结构首创的化合物，也应当至少记载一种用途。"

"对于化学产品用途发明，在说明书中应当记载所使用的化学产品、使用方法及所取得的效果，使得本领域技术人员能够实施该用途发明。"

"如果本领域的技术人员无法根据现有技术预测该用途，则应当记载对于本领域技术人员来说，足以证明该物质可以用于所述用途并能解决所要解决的技术问题或者达到所述效果的实验数据。"

从以上规定可以看出，在化学领域中，效果往往占有十分突出的地位，这是由化学领域的特点决定的。化学是一门经验的、实践的学科，虽然化学发展至今，产生了很多理论，但是多为粗线条的框架性理论；或者虽存在某些经验规则，但这些经验规则的应用范围不清楚或受到诸多局限，因此很多情况下，虽然能够在一定的理论或经验的指导下设计技术方案，但是该方案能否实施却往往难于预测，必须借助于实验结果证实之后才能得到确认。不像诸如机械、电学等领域，理论的可预见性强，在清楚地公开了技术手段之后，根据相应的理论、原则，通常能够较容易地确定所述技术手段的组成方案能否实施，是否能够达到所述效果；对于化学领域的发明而言，仅根据所属技术领域的技术人员的知识水平，往往无法预测和确定化学领域发明所取得的效果，光凭主观断言性说明也是远远不够的，必须以实验数据为证据才有说服力。

【案例1】　利用 NK-1 受体拮抗剂的联合抗呕吐治疗（第 4679 号复审请求审查决定）

2004 年 5 月 27 日，专利复审委员会作出第 4679 号复审请求审查决定。该决定涉及申请日为 1996 年 10 月 17 日、申请号为 96112447.4、名称为"利用 NK-1 受体拮抗剂的联合抗呕吐治疗"的发明专利申请。

经实质审查，国家知识产权局原审查部门以本申请说明书不符合本申请说明书《专利法》第二十六条第三款的规定为由，驳回了本申请。驳回决定所针对的独立权利要求 1 的内容为：

"1. 将 NK-1 受体拮抗剂和一种或多种其他选自（a）糖皮质激素或皮质类甾醇，（b）苯并二氮䓬类，（c）metaclopramide，和（d）细胞内分子清除剂的活性组分联合用于制备用于治疗或预防哺乳动物呕吐的药物，其中，在联用药物中，每种活性组分的量为使得并用药物产生协同抗呕吐作用的量。"

复审请求人对上述驳回决定不服，向专利复审委员会提出复审请求，其理由是：①《专利法》第二十六条第三款以及《审查指南》相关的部分从未绝对要求必须在申请文件中包括特定的实验数据，本申请的原始说明书虽未提供具体的协同作用活性数据，但已经十分详尽地描述了本发明化合物联合应用的技术方案，复审请求人提交的附件2（《临床肿瘤学杂志》（第17卷，第1期（1月），1999：338-343））表明，所属技术领域的技术人员完全可以将NK-1受体拮抗剂与一种或多种选自（a）糖皮质激素或皮质类固醇，（b）苯并二氮杂卓，（c）metaclopramide，（d）细胞内分子清除剂的活性组分联合用药，产生协同作用；②本申请的说明书详细描述了本发明中活性成分以何种剂量施用和如何施用，所属技术领域的技术人员根据描述完全可以实施本发明的技术方案。

在复审程序中，专利复审委员会合议组向复审请求人发出了"复审通知书"，认为：

本申请所要解决的技术问题是提供一种治疗或预防哺乳动物包括人呕吐的"协同联合给药法"，该技术方案是将NK-1受体拮抗剂和一种或多种其他选自（a）糖皮质激素或皮质类固醇，（b）苯并二氮卓类，（c）metaclopramide和（d）细胞内分子清除剂的活性组分联合使用，并调控每种活性组分的量使得联用药物产生协同抗呕吐的作用。

根据说明书的描述，现有技术已经提到利用NK-1受体拮抗剂治疗呕吐，并提到了将其与5HT3受体拮抗剂联合使用来治疗呕吐，但现有技术从未公开或者有启示将NK-1受体拮抗剂与选自上述（a）、（b）、（c）和（d）的物质联合使用可以产生协同抗呕吐的作用。

所属技术领域的技术人员知道，已知的两种或者两种以上的药物联合使用能否产生协同的药效很难从联合使用的各个药物本身的化学结构及其性能上加以推测，通常必须通过药学实验数据或者药学实验方法的测试结果才能予以确定。但是，本申请说明书既没有任何有关 NK－1 受体拮抗剂与选自上述（a）、（b）、（c）和（d）的物质联合使用可以产生协同药效的理论分析和说明，也没有任何实验方法或实验数据支持本发明的技术方案具有所声称的协同技术效果。

　　尽管本申请的说明书列举了联合用药的部分活性成分的具体物质，并给出了使用剂量范围以及使用方法的教导，但所属技术领域的技术人员即使考虑到本申请提交时的普通技术知识，仍然无法根据其说明书的记载得出本申请的联合用药具有治疗或预防哺乳动物呕吐的协同药效，即所属技术领域的技术人员根据说明书的内容，不能够理解到所述技术方案可以解决所述技术问题，从而也无法做到不付出创造性的劳动就可以实施本发明。

　　对于复审请求人提供的附件 2，由于其属于本申请申请日之后公开的资料，不能用来说明申请日时其已经成为本申请的现有技术。

　　鉴于此，本申请的说明书没有清楚、完整地公开其发明，致使所属技术领域的技术人员不能理解、实现本发明，因此本申请不符合《专利法》第二十六条第三款的规定。

　　复审请求人针对"复审通知书"提交了"意见陈述书"和一份新的权利要求书。其陈述意见如下：① 本申请说明书已经十分详尽地描述了本发明组合物的作用效果，虽然没有提供协同作用的实验数据，但所属技术领域的技术人员只需简单地按照本发明的描述完全可以再现本发明，制得该组合物，将其用于治疗呕吐并预见其作用或者可以通过常规试验获得有关协同数据，由此可证明在递交本申请时确实已经完成了本发明的技术方案；② 本申请是在《审查指南 2001》之前提出的，应当适用《审查指南 1993》，而《审查指南 1993》对于未提供试验数据证明协同效果规定为不具备实用性，可以通过补交试验数据来支持发明的实用性。复审请求人新提交的独立权利要求1的内容为：

"1. NK-1 受体拮抗剂和糖皮质激素或皮质类甾醇相连合用于制备治疗或预防哺乳动物呕吐的药物的用途，其中，在联用药物中，每种活性组分的量为使得联用药物产生协同抗呕吐作用的量。"

经过审查，专利复审委员会合议组认为本案的焦点在于《专利法》第二十六条第三款的法律适用，以及《审查指南 2001》的适用问题。

依据《专利法》第二十六条第三款的规定，一项发明专利申请，一方面应当清楚、完整地记载所要解决的技术问题以及解决技术问题的技术方案；另一方面应当清楚地说明该技术方案所能够获得的有益技术效果，以使所属技术领域的技术人员理解所要求保护的技术方案确实能够解决所述技术问题。而对于有益技术效果的说明，既可以通过对发明技术方案的理论分析加以阐明，也可以通过列出实验数据的方式予以说明，但不得只断言发明具有某种有益技术效果。

本申请要求保护的是一种具有协同抗呕吐作用的联合用药的用途发明，该技术方案是将 NK-1 受体拮抗剂和糖皮质激素或皮质类甾醇按照能够产生协同作用的量联合使用，但是，本申请的说明书既没有记载任何有关 NK-1 受体拮抗剂与糖皮质激素或皮质类甾醇联合使用可以产生协同药效的实验数据，也没有提及任何现有技术的理论可以证实这种协同效果的存在，因此，所属技术领域的技术人员根据说明书的描述和其普通技术知识，无法合理地得出本发明的联合用药具有治疗或预防哺乳动物呕吐的协同药效的结论，也无法理解本发明在申请日时已经被确定地完成而不仅仅是一种主观臆测。

虽然复审请求人在答复"复审通知书"的意见陈述中强调，本发明在递交申请时已经完成，并认为所属技术领域的技术人员依据说明书可以制得 NK－1 受体拮抗剂与糖皮质激素或皮质类甾醇的组合物，进而可将其用于治疗呕吐并预见其作用或者通过常规试验而获得有关协同数据，但合议组认为，一项已完成的发明不仅要有确定的技术方案，而且还要有确定的或者所属技术领域的技术人员能够合理预期的技术效果；当发明的技术效果根据其性质无法由现有技术的理论合理预测时，实验数据对于确定技术效果从而证明发明已完成变得必不可少。

关于适用《审查指南 2001》的问题，复审请求人的意见表明如果适用《审查指南 1993》应该允许补交实验数据。对此，合议组认为：① 2001 年 10 月 18 日公布的国家知识产权局局长令（第十二号）明确宣布，《审查指南 2001》于其公布之日起施行，而 1993 年 3 月 10 日发布的《审查指南》及其后发布的《审查指南公报》同时废止，因此，国家知识产权局于 2003 年 4 月 4 日适用《审查指南 2001》驳回本申请并无不当；②《专利法》第二十六条第三款的规定没有禁止申请人于申请日之后补充提交实验数据或参考资料，但问题的关键是其提交的实验数据或者参考资料是否能够证明在申请日时申请人已经充分公开了其发明这样一个待证事实，显然，附件 2 为本申请的申请日之后公开的资料，其不能证明在申请日时所公开的内容已经成为本申请的现有技术，进而也不能证明本专利申请已经清楚、完整地公开了所述的发明。

基于上述理由，合议组得出结论：本申请的说明书没有对发明作出清楚、完整的说明，致使所属技术领域的技术人员不能够确定发明技术方案的技术效果并预见该技术方案能够解决所述的技术问题，进而无法实现本发明，因此，不符合《专利法》第二十六条第三款的规定。

**【案例评析】**

在专利申请的实质审查中，尤其是化学领域专利申请，审查员常常对某些申请的技术方案是否能够达到发明目的提出怀疑，认为说明书虽然给出了具体的技术方案，但没有提供实验证据证明其发明效果，因此说明书没有充分公开，不符合《专利法》第二十六条第三款的规定。对此，有些专利申请人则认为，《专利法》第二十六条第三款根本没有要求提交实验证据；而且，基于说明书中所公开的具体的技术方案，所属技术领域的技术人员只需要简单地试验就可以获得并验证发明的技术效果，根本不需要付出创造性的劳动，有的申请人甚至通过提交补充的实施例和实验效果数据来说明所要求保护的发明确实具有其说明书中所述的技术效果。因此，如何考虑发明效果实验数据与专利申请说明书充分公开的关系，是否允许申请人在审查程序中补充实施例和实验效果数据，是确定说明书是否充分公开的重要问题。

本案集中体现了上述问题，具体表现为：① 一件发明专利申请，尤其是化学领域的发明申请，其如何公开发明的有益技术效果才算符合《专利法》第二十六条第三款的规定；② 如何考虑申请人在申请日之后提交的证明其已充分公开发明的补充资料，包括实验效果数据。

《专利法》第二十六条第三款规定说明书必须充分公开，以使所属技术领域的技术人员能够实现所述发明，并未对说明书是否必须包括实验效果数据作出规定。然而，根据《审查指南》第二部分第二章第 2.1.3 节的规定，《专利法》第二十六条第三款中所属技术领域的技术人员能够实现，"是指所属领域技术人员按照说明书记载的内容，能够实现该发明或者实用新型的技术方案，解决其技术问题，并获得预期的技术效果"。也就是说，一件专利申请，它不仅应当清楚、完整地记载所述技术方案，还应当清楚地说明该技术方案所解决的技术问题及其获得的技术效果，使所属技术领域的技术人员理解所要求保护的技术方案确实能够解决所述的技术问题，并能够实现该发明或者实用新型的发明目的。

关于技术效果的公开，《审查指南》第二部分第二章第2.2.4节规定："说明书应当清楚、客观地写明发明或者实用新型与现有技术相比所具有的有益效果……有益效果可以通过对发明或者实用新型结构特点的分析和理论说明相结合，或者通过列出实验数据的方式予以说明，不得只断言发明或者实用新型具有有益的效果"。同时，《审查指南》第二部分第十章第1节对于化学领域发明专利申请审查的若干规定中还进一步指出："在多数情况下，化学发明能否实施往往难以预测，必须借助于试验结果加以证实才能得到确认；有的化学产品的结构尚不清楚，不得不借助于性能参数和/或制备方法来定义。"

本案中，复审请求人提出"《专利法》第二十六条第三款以及《审查指南》相关的部分从未绝对要求必须在申请文件中包括特定的实验数据"的意见。对此，复审委员会合议组认为：在药物组合物这一技术领域，已知的两种或者两种以上的药物联合使用能否产生协同的药效很难从联合使用的各个药物本身的化学结构及其性能上加以推测，通常必须通过药学实验数据或者药学实验方法的测试结果才能予以确定；本申请要求保护的是具有协同药效的联合给药方法，而该联合用药本身是否产生了协同的技术效果，在根据联合用药的各个构成组分的化学结构及其性能难以推知的情况下，需要申请人在说明书中公开实验数据来证明，而不能仅凭申请人的断言来确定。本申请的说明书没有清楚、完整地公开相应的实验数据证明其确实能够达到所述效果，所属技术领域的技术人员不能确认其发明，故不符合《专利法》第二十六条第三款的规定。

对于如何看待审查程序中申请人补充提交的实验数据或者有关参考资料，从本案复审决定可以看出：这一问题的关键不在于是否允许申请人补充提交有关实验数据或者参考资料，而在于提交的实验数据或者参考资料能否证明申请时提交的说明书所述内容已经足以使所属技术领域的技术人员实现技术方案并达到所述技术效果。本案由于附件2为专利申请的申请日后公开的资料，既不能证明其公开的内容是所属技术领域的技术人员具备的普通技术知识，也不能证明其属于现有技术，自然也不能够证明申请时提交的说明书所述内容，已经足以使所属技术领域的技术人员实现技术方案并达到所述技术效果，该证据因与待证事实没有关联性而被排除。

此外，在复审程序中，复审请求人提到所属技术领域的技术人员按照本申请的描述完全可以再现发明，制得该组合物并将其用于治疗呕吐，进而预见其作用，或者可以通过常规试验获得有关协同数据，由此可证明在递交本申请时确实已经完成了该发明的技术方案。理论上讲，专利申请必须是一件已经完成的发明，专利法不保护未完成的发明。但是，一件已完成的发明不仅要有确定的技术方案，而且还要有确定的或者所属技术领域的技术人员能够合理预期的技术效果；当发明的技术效果根据其性质无法由现有技术的理论合理预测时，实验数据对于确定技术效果从而证明发明已完成就必不可少。有人认为说明书中给出了具体技术方案而没有实验效果数据属于"未实施的发明"和"处于技术构思阶段的技术方案"，是已完成的发明。事实上，正如本案复审审查决定所述，一件发明不仅包括技术方案本身，还包括技术效果，尤其在现有技术的理论还不成熟的技术领域，效果实验数据对于确定发明已经完成是十分重要的。（撰稿人：张　沧）

**【案例2】** 人类肝癌衍生生长因子4、其编码序列、制法及用途（第9355号复审请求审查决定）

2006年11月6日，专利复审委员会作出第9355号复审请求审查决定，其涉及申请日为 2002 年 1 月 11 日，名称为"人类肝癌衍生生长因子 4、其编码序列、制法及用途"的 02110536.7 号发明专利申请。

国家知识产权局原审查部门驳回了本申请，理由为：本申请说明书中没有实验数据证明 HDGF4 具有人类肝癌衍生生长因子 4 的功能，从而导致说明书不符合《专利法》第二十六条第三款的规定。驳回决定针对的权利要求书 1 的内容如下：

"1. 一种分离出的 DNA 分子，其特征在于，所述 DNA 分子编码一多肽，该多肽含有 SEQ ID NO. 2 所示的氨基酸序列。"

申请说明书中描述："小鼠 HDGF 家族成员氨基末端（HATH 区）具有高度保守性，被认为是该家族成员的特征性序列，而本发明的人 HDGF 其氨基末端与小鼠 HDGF 家族其他成员都有较高的同源性，说明书附图 1 给出了本发明的人 HDGF4 氨基末端与比较多肽氨基末端的氨基酸残基同一性比较，其序列具有较高同源性，鉴于此，认为本发明的人 HDGF4 属于肝癌细胞衍生生长因子家族，具有与该家族成员相似的功能。"

本申请被驳回后，复审请求人向专利复审委员会提出了复审请求，认为本申请已经公开充分，符合《专利法》第二十六条第三款的规定。复审请求人在提出复审请求以及答复"复审通知书"时主张的具体理由是：① 并非所有的化学产品的技术方案都需要生物学实验结果，而基于现有蛋白（如已知的肝癌衍生生长因子）的已有实验结果，以及本发明蛋白与现有蛋白的相似性以及拥有 HATH 结构域，所属技术领域的一般技术人员足以非常合理地认可本发明蛋白和核苷酸的功能和用途，本发明已经充分公开了本发明蛋白和核酸的用途和效果；② 复审请求人在实质审查过程中提交的实验证据进一步证明了本申请说明书中基于"现有蛋白 + 结构相似性"所推导和公开的化学产品的用途和效果是正确的。

经审查，合议组认为：① 本申请所要求保护的所有产品或方法充分公开的基础是本申请中所述的人 HDGF4 蛋白多肽是否具有特定的功能；② 根据说明书的相关描述可知，说明书中并没有给出实验数据来证实人 HDGF4 的功能，而是仅根据其与比较多肽的氨基末端氨基酸水平同一性分析结果从比较多肽的功能来推测其功能；对于这种推测，首先，由于其基础是"与之相比较的多肽具有特定功能"，而对于这些比较多肽，说明书中只是泛泛指出它们是一种较为重要的生长因子，并没有给出其中任何一个的确切功能，也即，它们本身的功能和/或用途是未知的，因此，基于同源性分析得到的人 HDGF4 的功能和/或用途也必定是未知的；其次，不同蛋白质在一级序列上的高度同源性并不必然导致这些蛋白质具有相同的功能，更何况就本案而言，图 1 中显示的其与比较多肽的氨基酸同源性比对仅涉及氨基末端的部分残基，这并不能证明人 HDGF4 与上述比较多肽之间具有高同一性，因此这种推测本身就缺乏足够的依据；基于此，复审申请人主张的这种功能推测并不能成立；③ 对于申请人在实质审查过程中提交的实验数据，合议组认为：附件 1 的提交日在本申请的申请日之后，其中的内容并未记载在本申请原始申请文件中，不能用作判断本申请是否公开充分的依据。

基于此，合议组最终认定，本申请没有充分公开该发明多肽的功能，发明的多肽以及以该多肽为基础的其他要求保护的内容在说明书中也均未得到充分公开，本申请不符合《专利法》第二十六条第三款的规定。

## 【案例评析】

根据《审查指南》第二部分第十章第 9.2.2 节的规定，对于涉及基因、载体、重组载体、转化体、多肽或蛋白质、融合细胞、单克隆抗体等的发明，除应当在说明书中明确记载其确认和制备外，还应在说明书中提供对本领域技术人员来说足以确信所述基因等产品基因具有特定功能的证据，对于结构基因，应该证明所述基因编码的多肽或蛋白质具有特定的功能。

本案即涉及核酸、蛋白质/多肽在说明书中是否公开充分的问题，更具体地说，涉及在说明书没有用实验证据证明核酸或蛋白质/多肽序列的功能的情况下，可否利用同源性/同一性比对结论来证明该功能的问题。

在生物化学研究领域中，核酸或蛋白质/多肽序列同源性比对是一种用于推测蛋白质功能的常用研究手段，其原理是利用序列间的编码相似性，来从一种已知蛋白质的功能推断所研究蛋白质的功能。但是这仅仅是一种预备的研究手段，除非序列间完全相同，否则并不能据此百分之百地确定所研究的蛋白质功能，也就是说，同源性研究只是基础，它只是提供一种可能性，而在此之上还需要进一步地实验验证才能得出所研究蛋白质的确切功能为何的结论。因此，对于核酸或蛋白质/多肽序列来说，仅仅用同源性来推测蛋白质功能通常是不能满足《专利法》第二十六条第三款规定的要求的。

本案即属于这种情况，其专利申请要求保护多种产品和方法，这些技术方案都衍生自申请中所述的核酸（SEQ ID NO.1）/多肽（SEQ ID NO.2）序列，因此，所有这些技术方案能否得到充分公开，其基础都在于所述序列的充分公开，其中即包括序列功能的证实。根据说明书的描述，将所述多肽（说明书中称作"人HDGF4"）与小鼠HDGF家族的蛋白质氨基末端作序列同源性比对，能够发现所述多肽中存在与之相似的"结构域"，故此本申请推测所述多肽具有与小鼠HGDF家族成员相似的功能。这是典型的根据一种/多种蛋白质的功能推知另一种蛋白质的功能的情况，而且本申请甚至没有进行序列的全局比对（只比较了氨基末端），因此在没有实验证据的情况下，这种推测结论是不能被接受的，因而导致本申请不符合《专利法》第二十六条第三款的规定。

实际上，仅凭这一个理由，就足以认定本申请并不符合《专利法》第二十六条第三款的规定，这是最为常见的情形。但本案更值得关注的一点在于，对序列同源性比对中作为比对基础的蛋白质的分析。如前述可知，同源性比对能够用于推知另一种蛋白质的基本前提在于，作为比对基础的蛋白质其功能是已知的。而从本案来看，用作比对基础的是一个蛋白质家族（包括一系列蛋白质），它们并不是本领域中所公知的蛋白质，说明书中也只是泛泛指出它们是一种较为重要的生长因子，却并没有给出其中任何一个蛋白质的确切功能，也即，所属技术领域普通技术人员在阅读说明书后并不能知晓上述这些作为比对基础的蛋白有何具体的生物学功能或者产业用途，那么在这种情况下，将其作为功能基础来推知其他蛋白质的功能，无异于建造空中楼阁，是完全没有根基的。因此，从逻辑上来说，这种缺陷更为致命，因为，如果作为比较基础的蛋白质功能未知，那么即便序列同源性比对结果能够达到百分之百，即序列完全相同，也不能证明所述序列的功能已经被充分公开。（撰稿人：叶　娟）

## 四、生物材料的保藏

生物技术是一个飞速发展的技术领域，生物技术在充分公开的问题上有其特殊要求。

在生物技术这一特定的领域中，有时文字记载很难描述生物材料的具体特征，并且有时候由于生物材料获得的随机性和偶然性，即使描述了其制备方法、生物学特征，所属技术领域的技术人员也不能重复得到同一种生物材料，因而仍然不能实施发明。因此，为了满足《专利法》第二十六条第三款的要求，《专利法实施细则》第二十五条规定，"申请专利的发明涉及新的生物材料，该生物材料公众不能得到，并且对该生物材料的说明不足以使所属技术领域的技术人员实施其发明的，除应当符合专利法和本细则的有关规定外，申请人还应当办理下列手续：

（一）在申请日前或者最迟在申请日（有优先权的，指优先权日），将该生物材料的样品提交国务院专利行政部门认可的保藏单位保藏，并在申请时或者最迟自申请日起4个月内提交保藏单位出具的保藏证明和存活证明；期满未提交证明的，该样品视为未提交保藏。

（二）在申请文件中，提供有关生物材料特征的资料。

（三）涉及生物材料样品保藏的专利申请应当在请求书中写明该生物材料的分类命名（注明拉丁文名称）、保藏该生物材料品的单位名称、地址、保藏日期和保藏号；申请时未写明的，视为未提交保藏。"

按照上述规定，申请人应当到国家知识产权局认可的保藏单位将所涉及的生物材料进行保藏。如果发明包含一个或者多个核苷酸或者氨基酸序列的，说明书还应当包括作为一个单独部分提交的符合国务院专利行政部门规定的序列表，并且按照国务院专利行政部门的规定在递交申请文件的同时提交该序列表的计算机可读形式的副本。对于涉及基因、载体、重组载体、转化体、多肽或蛋白质、融合细胞、单克隆抗体等的发明，应在说明书中描述其用途和/或效果，明确记载获得所述效果所需的技术手段、条件等。

【案例】　合成的和嵌合的启动子、表达盒、质粒、载体、含有它们的转基因植物和种子以及其产生方法（第13313号复审请求审查决定）

2008年4月29日，专利复审委员会作出第13313号复审请求审查决定，涉及名称为"合成的和嵌合的启动子、表达盒、质粒、载体、含有它们的转基因植物和种子以及其产生方法"的00803238.6号发明专利申请。

经实质审查，国家知识产权局原审查部门以说明书不符合《专利法》第二十六条第三款的规定为由驳回了本申请。驳回决定针对的权利要求书中包含的部分独立权利要求1、5、18、21、22、31的内容如下：

"1. 嵌合表达启动子，其包含至少一段衍生自高分子量小麦麦谷蛋白的编码基因的核酸序列。"

"5. 嵌合表达启动子，其特征在于，它包含一段衍生自编码高分子量小麦麦谷蛋白的基因的核酸序列，并且它在3′位置包含一个'TATA'框和一个转录起始位点（+1）。"

"18. 表达盒，其包含至少一段衍生自编码高分子量小麦麦谷蛋白的基因的核酸序列，并且所述序列以功能性方式连接于待表达的、编码所要产生的多肽的核酸序列，而所述多肽编码序列本身连接于一个转录核酸序列。"

"21. 分离的启动子核酸序列，其特征在于，它对应于衍生自序列鉴定号为SEQ. ID01的序列。

22. 分离的启动子核酸序列，其特征在于，它对应于选自以下序列鉴定号的序列：SEQ. ID02、SEQ. ID03、SEQ. ID04、SEQ. ID05、SEQ. ID06、SEQ. ID07、SEQ. ID08、SEQ. ID09、SEQ. ID10、SEQ. ID11、SEQ. ID12、SEQ. ID13、SEQ. ID16、SEQ. ID17、SEQ. ID18、SEQ. ID19、SEQ. ID20、SEQ. ID21和SEQ. ID22。"

"31. 在细胞中表达编码待产生的多肽的核酸序列或基因的方法，其特征在于，所述方法包括以下步骤：

——用包含按照权利要求1~17或21或22中任一项的至少一个启动子或至少一个启动子核酸序列的载体转化所述细胞；

——在允许编码所述多肽的核酸序列或基因表达的条件下制备

所述细胞的培养物。"

　　驳回决定认为：本申请说明书实施例 2.1 中所用质粒 pMRT1097、实施例 4 所用双元质粒 pMRT1118 和 pMRT1195 分别出自专利文献 FR9903635 与 FR9911112，两篇专利文献的公开日均在本申请的申请日（2000 年 9 月 28 日）和优先权日（1999 年 9 月 30 日）之后，说明书中也没有这两个质粒的构建过程和图谱，本领域的普通技术人员无法根据这两个质粒得到克隆载体 pGEM3Z－1，从而也无法构建得到表达质粒 pMRT1125、pMRT1128、pMRT1127、pMRT1126，以及含有嵌合启动子的质粒 pMRT1130、pMRT1131、pMRT1135、pMRT1138 和双元质粒 pMRT1177、pMRT1178、pMRT1179、pMRT1180、pMRT1207 等，所以本领域的普通技术人员无法根据说明书的记载得出本发明所述的启动子所具有的功能；说明书实施例 8 中描述了质粒 pMRT1231 的构建和对烟草的遗传转化，实施例 9 描述了双元质粒 pMRT1263、pMRT1266 和 pMRT1209 的构建和转移到土壤农杆菌中得到的克隆，都没有在烟草中表达的数据，这些质粒能否表达，其中所含的启动子是否具有本申请所述的功能没有数据予以证实，因此，说明书对这些质粒和所含的启动子公开不充分，不符合《专利法》第二十六条第三款的规定。

　　复审请求人向专利复审委员会提出复审请求，专利复审委员会合议组经审查后认为：本申请权利要求涉及相应于 SEQIDNO.02－06、09－13、16、17、19－22 的分离的启动子核酸序列、含有这些核酸序列的细胞以及利用这些启动子核酸序列表达核酸序列或者基因的方法。为了验证所要求保护的启动子的活性，本申请说明书在几个实施例中使用了诸如 pMRT1126、pMRT1127、pMRT1130、pMRT1131、pMRT1135、pMRT1139、pMRT1199、pMRT1213、pMRT1216、pMRT1217 等质粒，而这些质粒均直接或间接衍生于本申请申请日（2000 年 9 月 28 日）和优先权日（1999 年 9 月 30 日）之后公开的质粒 pMRT1097（该质粒公开于专利文献 FR9903635，公开日为 2000 年 9 月 29 日）、或质粒 pMRT1118 或 pMRT1195（这两个质粒公开于专利文献 FR991112，公开日为 2001 年 3 月 9 日），并且质粒 pMRT1097、pMRT1118 和 pMRT1195 均未经保藏，在本申请的申请日（优先权日）之前公众无法得到。因此所属领域的技术人员无法依照本申请说明书提供的具体实施例验证所述启动子序列是否具有所需的活性，即使本领域技术人员可以将上述启动子序列构建到本领域公知的其他质粒载体中，但本申请的启动子序列是否具有启动子功能也无法根据本申请说明书的内容和现有技术确定。

　　复审请求人在提出复审请求时陈述了如下意见：根据说明书第 12 页第 16～25 行的内容可以获得质粒 pMRT1144，无需 pMRT1097 也可获得与来源于 pMRT1097 的质粒结构完全相同的质粒；实施例 6 和图 5～7 中的实验充分测试了本发明要求保护的启动子的活性，并不需要用 pMRT1118 和 pMRT1195 再现稳定表达实验中获得的结果。对此，合议组认为：① 本申请说明书第 12 页第 16～25 行的内容只是明确了阴性对照质粒 pMRT1144 衍生自质粒 pGEM3Z，在其中引入了序列 uidA – IV2/tem – nos，并没有明确其与质粒 pMRT1097 的关系，因此所属领域技术人员无法由 pMRT1144 获知 pMRT1097 的结构，也无法得知如何由 pMRT1144 获得与来源于 pMRT1097 的质粒结构完全相同的质粒，从而无法利用质粒 pMRT1144 或 pMRT1097 实施验证启动子活性的步骤，而且由于基于本申请说明书记载的内容，本领域技术人员无法实施实施例的方案而确定要求保护的核酸序列具备启动子功能，也无法推知采用其他替代质粒载体实施所述步骤能够获得要求保护的核酸序列具有启动子活性的结果；② 说明书实施例 6 和图 5～7 虽然记载了在玉米或烟草中表达的本申请部分启动子的活性，但这些启动子的构建仍以质粒 pMRT1097 或 pMRT1118

为基础，在本领域技术人员未获得 pMRT1097 或 pMRT1118 的情况下，无法实施实施例 6 以及图 5～7 的结果；③ 因为本申请中质粒均以质粒 pMRT1097 或 pMRT1118 为基础，这二者不公开无法获得本申请所用的其他质粒。

综上所述，依据本申请说明书公开的内容并结合现有技术无法得到本申请所用质粒，从而也无法验证并确认所要求保护的核酸序列的功能活性。因此本申请说明书没有充分公开其发明，不符合《专利法》第二十六条第三款的规定。

**【案例评析】**

本案的争议焦点在于，说明书中提及的生物材料即质粒 pMRT1097、pMRT1118 和 pMRT1195 对于判断本申请说明书是否充分公开了发明的技术方案以符合《专利法》第二十六条第三款的规定是否为必不可少的。

通常情况下，说明书应当通过文字记载充分公开申请专利保护的发明。在生物技术这一特定的领域中，有时由于文字记载很难描述生物材料的具体特征，或者即使有了这些描述也不能重复得到这些生物材料，故所属技术领域的技术人员看到说明书的内容仍然不能实施发明。在这种情况下，为了满足《专利法》第二十六条第三款规定要求，应当按规定到国家知识产权局认可的保藏单位将所涉及的生物材料进行保藏。

一方面，申请人在复审程序中陈述意见认为，在本申请说明书提供了衍生自已知质粒 pGEM3Z 的阴性对照质粒 pMRT1144 的情况下，无需质粒 pMRT1097 也可获得与来源于 pMRT1097 的质粒结构完全相同的质粒，也就是说，申请人试图说明本申请仅通过说明书的文字描述，所属技术领域的技术人员即可得到所需的生物材料，从而实施发明。但事实上，本申请说明书中并没有明确阴性对照质粒 pMRT1144 与质粒 pMRT1097 之间在结构上有何种关系，所属技术领域的技术人员无法由质粒 pMRT1144 获知 pMRT1097 的结构，因此仅仅由说明书的文字描述不能得到说明书充分公开所需的生物材料。另一方面，尽管本申请说明书通过引证外国专利文献的方式指明了所述生物材料的出处，但是其所引证的外国专利文献的公开日在本申请的申请日和优先权日之后，根据《审查指南》第二部分第二章第 2.2.3 节有关引证文件的规定，不能认为本申请说明书中记载了引证文件中的内容，故不能认为公众可以由其他途径得到所述生物材料。因此，在本申请说明书既没有以文字形式对所述生物材料进行清楚、完整的描述，公众又无法由其他途径获得所述生物材料的情况下，应当按照相关规定到国家知识产权局认可的保藏单位将所述生物材料进行保藏。然而，本申请说明书中所涉及的实现发明必不可少的生物材料即质粒 pMRT1097、pMRT1118 和 pMRT1195 未被保藏，从而导致所属技术领域的技术人员无法实施发明，本申请说明书不符合《专利法》第二十六条第三款的规定。

关于生物材料保藏的作用和意义，除了上述满足专利法对"充分公开"的要求，确保本领域普通技术人员可以重复已授权的专利并再生产已授权的专利产品之外，将专利申请中涉及的生物材料保藏于专利程序认可的保藏机构，也为解决专利申请授权后的侵权争端提供了证据，并在专利权终止或正常保护期限届满后，使其作为社会共同财富，他人能够合法地利用。（撰稿人：葛永奇）

# 第四章　权利要求以说明书为依据

《专利法》第二十六条第四款规定："权利要求书应当以说明书为依据，说明要求专利保护的范围。"

《专利法》第五十六条第一款规定："发明或者实用新型专利权的保护范围以其权利要求的内容为准，说明书及附图可以用于解释权利要求。"

专利说明书的作用主要在于将发明或者实用新型的技术方案清楚、完整地公开出来，使所属技术领域的技术人员能够理解和实施，并向社会公众提供更多的技术信息。而权利要求的主要作用在于明确专利保护范围，一旦专利申请被授予专利权，社会公众根据权利要求能够知道该专利权保护的技术是什么，避免侵犯他人的权利；对于专利权人来说，如果他人未经许可实施的技术落入了专利权保护的范围内，则构成侵权，并应当为该行为承担相应的法律责任。

一般来说，权利要求是在说明书的基础上，以简明的语言限定发明或者实用新型的技术特征，所有这些技术特征构成发明或者实用新型的技术方案，由此说明要求专利保护的范围。

由于专利的授权条件首先要求申请人充分公开其发明创造，因而申请人得到的权利范围也应当与其将该发明创造向社会公众公开的程度相适应，这样才符合专利法鼓励发明创造、促进科学技术进步的立法目的。因此，专利说明书与权利要求有着密切的联系，在确定专利保护范围时，必须考虑说明书对发明创造的公开程度，每一项权利要求请求保护的技术方案必须是所属技术领域的技术人员能够从说明书公开的内容中得到或者概括得出的，也就是说权利要求应当以说明书为依据。

# 第一节　判断原则与方法

《审查指南 2006》第二部分第二章第 3.2.1 节规定："权利要求书应当以说明书为依据，是指权利要求应当得到说明书的支持。权利要求书中的每一项权利要求所要求保护的技术方案应当是所属技术领域的技术人员能够从说明书充分公开的内容中得到或概括得出的技术方案，并且不得超出说明书公开的范围。"

具体来说，每一项权利要求所述的技术方案都应当在说明书中清楚地记载，这就要求技术方案中的技术特征以及它们之间的关系、作用方式等应当在说明书中有所记载或反映，使所属技术领域的技术人员能够理解；对于概括得出的权利要求，其概括应当是对说明书中记载的一个或多个具体技术方案的适当概括，一般来说，要想概括出一个较宽范围的权利要求，说明书记载的具体实施方式应足够多，如果概括范围过宽，与发明人对社会作出的技术贡献不适应，则不能被授予专利权。

应当注意的是，判断权利要求是否能够从说明书中得到或者概括得出，应该站在所属技术领域的技术人员的角度，依据其所具备的知识和能力对说明书公开的情况进行判断。

因此，判断一项权利要求是否符合《专利法》第二十六条第四款的规定，即是否得到说明书的支持时，应当从所属技术领域的技术人员的角度出发，以说明书公开的内容为基础，判断权利要求请求保护的技术方案是否能够从说明书中得到或者概括得出。

## 一、从所属技术领域的技术人员的角度出发

本书第三章强调，在判断专利说明书是否符合《专利法》第二十六条第三款的规定时，应当从所属技术领域的技术人员的

角度出发进行判断。本章在判断权利要求是否得到说明书支持时，同样应当从所属技术领域的技术人员的角度出发。

实际上，所属技术领域的技术人员的概念贯穿于整个专利审查实践中，因为对技术方案的理解和判断都应当站在所属技术领域技术人员的角度。特别是，在判断权利要求是否能够从说明书中概括得出时，需要根据说明书描述的具体实施方式预测其是否存在等同替代或明显变形等情况，并预测权利要求所覆盖的方案能否解决同样技术问题，带来同样技术效果；显然，不具备所属技术领域的普通技术知识和常规实验手段能力的人是无法完成所述预测和概括的。

## 【案例1】　油井控制线管（第6331号无效宣告请求审查决定）

2004年8月10日，专利复审委员会作出第6331号无效宣告请求审查决定。该决定涉及名称为"油井控制线管"的01218033.5号实用新型专利权，该专利授权公告的权利要求1的内容如下：

"1. 一种油井控制线管，包括管壁（1）和管壁（1）上的焊缝（2），其特征在于：所述焊缝（2）的顶部为弧面且位于管壁（1）的外圆周面上，焊缝（2）的根部位于管壁内孔（3）圆周切线之外，所述控制线管的长径比大于八万倍。"

针对上述专利权，请求人向专利复审委员会提出无效宣告请求，其中一个无效理由是本专利不符合《专利法》第二十六条第四款的规定，请求人认为，权利要求1中包含的"所述控制线管的长径比大于八万倍"这一技术特征中的"大于"是一个不确定的概念，具有无穷大的意义，而在说明书给出的两个实施例中，控制线管的长径比分别为125490倍和566930倍，这样的两个实施例无法支持权利要求1中没有比值上限，只包含"所述控制线管的长径比大于八万倍"的技术特征，故权利要求1所限定的技术方案得不到说明书的支持。

针对上述无效理由，第6331号无效宣告审查决定认定，本专利权利要求1中所包含的"所述控制线管的长径比大于八万倍"这一技术特征，只是对控制线管长径比的下限进行了限定，没有对上限进行限定，这并不意味着上限无穷大，应当将该上限值理解为，所属技术领域的技术人员根据技术手段所能达到的对实际应用有意义的数值。"所述控制线管的长径比大于八万倍的"表述方式的含义是明确的，根据本专利说明书对于控制线管的长径比给出的两个实施例，所属技术领域的技术人员可以预测"长径比大于八万倍"的线管可以实现发明目的。因此，权利要求1中包含的"所述控制线管的长径比大于八万倍"这一技术特征得到了说明书的支持。

【案例评析】

本案的争议焦点在于权利要求中开放式的数值范围能否得到说明书的支持。

对于权利要求1中"所述控制线管的长径比大于八万倍"的限定，请求人提出，这种限定没有给出控制线管长径比的上限，使得该长径比具有无穷大的意义，而说明书中所给出的两个具体数值（125490倍和566930倍）无法支持权利要求1这种无穷大的范围。

在发明或者实用新型专利申请的技术方案中，经常会出现只限定某数值的最低限或最高限的情形。如何看待这种限定，特别是如何考虑说明书对这种权利要求的支持，不同的人有不同的理解。本案权利要求1限定"长径比大于八万倍"，从字面上看，普通读者可能会觉得一个无穷大的范围确实很难依据某个或某几个具体的数值概括得出，那么权利要求1必然不符合《专利法》

第二十六条第四款的规定吗？答案是否定的，对权利要求技术方案的解读以及是否支持的判断，显然不应当仅仅停留在字面含义，也不能将任何人都作为判断的主体，而应当基于贯穿整个专利审查中的"所属技术领域的技术人员"的概念，站在这种假想人的角度，结合说明书的具体内容具体分析判断。

本专利说明书记载了在石油开采中当油井出现故障、异常时，需要远距离控制油井的关闭，现有技术使用液压阀关闭海洋油井的方法应对油井出现的故障和异常具有关闭力矩大、动作准确的特点，但存在控制油管短、难以实现远程控制液压阀的缺点。本专利提供一种油井控制线管，用以在采用液压阀关闭油井的方法时能够很好地实现远程控制。可见，油井控制线管是用于实现对海洋油井的远程控制，因此在技术上要求管长和管径的长径比要大。关于长径比，说明书中给出了两个具体的数值，并说明"控制线管的尺寸不限于上述尺寸，还可根据实际情况采用其他相应的尺寸"。所属技术领域的技术人员根据说明书中的上述内容可以知晓，本专利意欲解决远程关闭海洋油井的技术问题，为此而提供一种长径比足够大的油井控制线管，所属技术领域的技术人员根据该领域的技术常识，可以理解当该长径比达到一定值时才能实现海洋油井的远程控制。

虽然说明书只公开了两个长径比的实施例，但所属技术领域的技术人员能够理解，本发明提出要克服现有技术的缺点，远程控制海洋油井，就应使得线管的长径比较大，本发明对现有技术作出的贡献即在于此。所以，独立权利要求1对控制线管长径比的下限作出了限定就足够了，至于需不需要限定比值的上限，以及未对上限作出限定时，权利要求是否就意味着上限可以无限大，也应当由所属技术领域的技术人员来进行判断。

本案权利要求1对长径比的下限限定为八万倍，对所属技术领域的技术人员而言，"所述控制线管的长径比大于八万倍"实际上意味着，其要求保护的技术方案中要控制线管长径比的范围是从八万倍到工程实践中有意义的任意大数值。对于这些有实际意义的值，只要其满足大于八万倍，就能够如同实施例一样完成海洋油井的远程控制，因而不能将其理解为无效请求人所说的理论上无限大而没有任何实际意义的值。并且实际实施本发明时，所属技术领域的技术人员一般也需要根据具体情况，在此范围内选择适当值的控制线管。因此，无效宣告请求人以权利要求没有限定该长径比上限而得不到说明书支持的理由不能成立。

可见，同一个技术特征被不同的人解读会得到不同的结论，而为了确保解读的正确性和一致性，必须有统一的尺度，这就是要从"所属技术领域的技术人员"角度出发来分析判断，不能偏离所属技术领域的技术人员这一判断主体，望文生义，以偏概全。（撰稿人：魏　屹　张梅珍）

**【案例 2】　散热器的制造方法（第 11328 号无效宣告请求审查决定）**

2008 年 4 月 7 日，专利复审委员会作出第 11328 号无效宣告请求审查决定。该决定涉及名称为"散热器的制造方法"的 02125517.2 号发明专利权。该专利授权公告的权利要求 1 内容如下：

"1. 一种散热器的制造方法，包括板材与管材，其特征是：其制造方法依次为：将板材侧面或中部冲制若干个排列的孔后折弯成 U 形材；再将与 U 形材组对的管材串穿入与其匹配的 U 形材孔内，然后在 U 形材内部将管材与 U 形材接口密封焊接，最后将 U 形材改压制成 D 形管后将接口密封焊接。"

针对上述专利权，请求人向专利复审委员会提出无效宣告请求，认为权利要求 1 不符合《专利法》第二十六条第四款的规定，具体理由是：权利要求 1 中采用"压制"的方法将 U 形材改成 D 形管，但压制是一类金属压力加工的方法，包括很多具体的加工方法如轧制、滚压等，而说明书实施例仅仅给出了通过专用模具冲压成型的方法，没有说明如何对 U 形材轧制、滚压成 D 形管，事实上普通的轧制无法将本专利的 U 形材改制成 D 形管，因此，权利要求 1 没有得到说明书的支持，不符合《专利法》第二十六条第四款的规定。

专利权人则认为，说明书具体实施方式给出的两个例子都采用了"压制"的方式，而且权利要求 1 记载的技术方案在说明书中得到了充分支持，所以权利要求 1 符合《专利法》第二十六条第四款的规定。

经过审查，专利复审委员会认为，本专利权利要求 1 涉及一种散热器的制造方法，包括板材与管材，其制造方法包括：将板材冲孔后折弯成 U 形材，将管材与板材上的孔组对密封焊接，之后将 U 形材改压制成 D 形管。很显然本权利要求中的"压制"是指对板材施加压力使之弯曲变形成所需要的形状。对于该"压制"的含义，所属技术领域的技术人员应理解为适用于对板材加压使之变形成所需形状的方法，如冲压、滚压，而不包含明显不适应于对金属板材加压变形的轧制等加工方法。专利说明书公开了采用模具冲压将 U 形材改压制成 D 形管的方法，所属技术领域的技术人员根据说明书公开的内容，可以想到其他的等同技术手段，如滚压方法来实现将 U 形材改压制成 D 形管，而滚压的具体方法对于所属技术领域的技术人员来说是常规手段，根据专利公开的内容即可以实现。所以，请求人关于本专利权利要求 1 没有以说明书为依据，不符合《专利法》第二十六条第四款规定的无效宣告请求理由不能成立。

## 【案例评析】

本案双方当事人对权利要求 1 中的"压制"一词的理解不

同，由此导致对权利要求使用"压制"一词是否能得到说明书的支持产生争议。请求人主张"压制"包含多种下位概念，其中某些方式（例如轧制）不能解决本发明的技术问题，也得不到说明书的支持。专利权人则认为说明书给出了两种"压制"的实施例，权利要求 1 得到了说明书的支持。

本专利说明书公开了两个实施例，均利用模具将 U 形材压制成 D 形材，未涉及其他的压制方式；权利要求 1 限定"最后将 U 形材改压制成 D 形管后将接口密封焊接"。若仅从"压制"一词的本身含义讲，其包含多种下位概念的压制方法，如冲压、锻压、滚压、轧制等，其中的一些（如轧制）一般不能使本权利要求 1 所述的 U 形材变为 D 形材。

一方面，对于技术方案的理解，应当站在"所属技术领域的技术人员"的角度。虽然所属技术领域的技术人员知晓"压制"的含义为"用压力制造"，包含了使用压力制造的各种加工方式，如请求人所述的轧制以及滚压、冲压等，但其同时还知晓轧制、冲压、滚压等加工方法各自的特点，具体来说"轧制"是将金属坯料通过一对旋转轧辊的间隙，因受轧辊的压缩使材料截面减小，长度增加的压力加工方法；"冲压"是借助于常规或专用冲压设备的动力，使板料在模具里直接受到变形力并发生变形；"滚压"是应用滚柱等滚压工具在工件表面上作相对滚动，施加一定压力使金属表层产生塑性变形。当然从金属加工领域来看，"压制"还包括挤压、旋压等加工方式。由于在本专利中，权利要求限定了制造散热器时压制的结果是将 U 形材改成 D 形管，故所属技术领域的技术人员在面对上述技术问题时，知晓并非所有的"压制"手段都适用，必然会根据"压制"所包含的具体加工手段的特点，选择其中能够完成上述变型的加工方式。并且，说明书中已经给出了利用模具冲压的方式，所属技术领域的技术人员根据自己掌握的普通技术知识，例如滚压、挤压等方法的特点，能够得知除了冲压之外还存在其他方式，例如利用滚压工具施加到 U 形材上同样能够将其变型为 D 形管；虽然"轧制"加工属于"压制"方法的一种，但其显然不能将 U 形材改成 D 形管，所属技术领域的技术人员不会将其作为"将 U 形材改压制成 D 形管"的等同替代或明显变形方式，属于明显排除于本专利技术方案之外的压制方式。

另一方面，在理解权利要求的限定术语时，不应脱离该术语所处的技术环境，孤立、片面地理解，而应当从所属技术领域的技术人员的角度出发，结合包含该技术术语的技术方案以及说明书的内容，恰当地理解该术语的含义。具体到本案，不应片面地理解权利要求 1 中的"压制"，而应将"将 U 形材改压制成 D 形管"作为一个整体看待，其中的"压制"是将 U 形材变成 D 形材的压制方法，所属技术领域的技术人员知道，前述明显不能实现该功能的"压制"不包含在其保护范围内。（撰稿人：王 森 张梅珍）

## 二、以说明书公开的内容为基础

权利要求书应当以说明书为依据，《专利法实施细则》第十八条规定了说明书一般应包括技术领域、背景技术、技术方案内容、附图说明和具体实施方式等部分，这些部分对所属技术领域的技术人员理解发明都很重要，其中技术方案、实施例部分对支持权利要求更为关键。

权利要求的技术方案通常出自说明书的技术方案和实施例部分，一般由说明书记载的一个或多个实施例概括而成，因此，在判断权利要求是否得到说明书支持时，往往需要重点考虑技术方案和实施例部分。但是，说明书各组成部分也是相辅相成、密切相关并且互为补充的，因此，除重点考虑实施例部分外，还应当将说明书作为一个整体全面考察。《审查指南》第二部分第二章第 3.2.1 节指出："在判断权利要求是否得到说明书的支持时，应当考虑说明书的全部内容，而不是仅限于具体实施方式部分的内容。如果说明书的其他部分也记载了有关具体实施方式或实施例的内容，从说明书的全部内容来看，能说明权利要求的概括是适当的，则应当认为权利要求得到了说明书的支持。"需要注意的是，附图是说明书的组成部分，其明确公开的内容可以作为支持权利要求的依据。

此外，《审查指南》第二部分第二章第3.2.1节还规定："权利要求的技术方案在说明书中存在一致性的表述，并不意味着权利要求必然得到说明书的支持。只有当所属技术领域的技术人员能够从说明书充分公开的内容中得到或者概括得出该项权利要求所要求保护的技术方案时，记载该技术方案的权利要求才被认为得到了说明书的支持。"该规定强调在全面考察说明书记载内容的同时，对于权利要求与说明书仅仅存在一致性描述的情形，应当由所属技术领域的技术人员来判断权利要求的技术方案是否实际上得到了说明书的支持。也就是说，说明书不应仅在形式上与权利要求技术方案一致，而应当提供实质上的支持。

【案例1】 一种聚氨酯胶粘剂（第9435号无效宣告请求审查决定）

2006年12月30日，专利复审委员会作出第9435号无效宣告请求审查决定，该决定涉及名称为"一种聚氨酯胶粘剂"的00105757.X号发明专利权。该专利授权公告的权利要求1的内容如下：

"1. 一种聚氨酯胶粘剂，其是由主剂和固化剂组成的双组分胶粘剂，其特征在于主剂和固化剂的重量比为：主剂：固化剂＝100:1~10；所述主剂的组成及其以组成成分总重量之和为100的重量百分含量为：聚氨酯预聚物（羟值为5~60mg KOH/g）10%~80%，SBS热塑性弹性体0~50%，有机溶剂10%~85%；

所述的固化剂为异氰酸根值为 5% ~ 12% 的、甲苯二异氰酸酯与多元醇按 [NCO] / [OH] < 2 的比例反应的加成物，而且游离 TDI 含量不大于 0.1% ；有机溶剂为酯类、酮类、芳香烃类溶剂中的一种或几种。"

针对上述发明专利权，请求人向专利复审委员会提出无效宣告请求，其理由是本专利不符合《专利法》第二十六条第四款的规定。请求人认为，实施例中固化剂的异氰酸根值（其中实施例 1 ~ 4 公开了固化剂的异氰酸根值为 13.5% 或 12.8% ）均大于 12% ，与独立权利要求 1 限定的固化剂的异氰酸根值范围为 5% ~ 12% 没有关系，因此权利要求得不到说明书的支持。

专利权人认为，本专利的权利要求与说明书是一致的，作为双组分聚氨酯胶的固化剂，其对异氰酸根值的一般要求应是所属技术领域的技术人员所知道的，说明书不需要提供固化剂的异氰酸根值为 5% ~ 12% 的实施例，权利要求得到了说明书支持。

经过审查，专利复审委员会作出第 9435 号无效宣告请求审查决定。审查决定认为：

权利要求 1 要求保护一种聚氨酯胶粘剂，是由主剂和固化剂组成的双组分胶粘剂；其要解决的技术问题是克服现有聚氨酯胶粘剂在用于含镀铝膜结构的复合膜时剥离强度急剧下降的缺点，发明目的是提供一种粘接性能好、适用于镀铝膜基材复合材料的聚氨酯胶粘剂，采用本专利聚氨酯胶粘剂制得的镀铝膜结构的复合膜剥离强度高，即该聚氨酯胶粘剂粘接性能好，粘接强度高。说明书提供的四个实施例阐明了制备聚氨酯胶粘剂的方法，并证明所制备的聚氨酯胶粘剂获得了上述预期的技术效果。然而，剥离强度合乎本专利应用要求的四个实施例中，固化剂的异氰酸根值为 13.5% 或 12.8% ，显然，该数值不在权利要求 1 概括的 5% ~ 12% 的固化剂异氰酸根植范围之内。

所属技术领域的技术人员知道，双组分聚氨酯胶粘剂是本领域公知的一类聚氨酯胶粘剂，对于本专利涉及的此类双组分聚氨酯胶粘剂，影响其粘接性能和复合膜剥离强度的因素很多，但主要有：所得聚氨酯固化物的化学结构、主剂的化学结构和分子量以及羟值、所用固化剂的化学结构和异氰酸根值、所用扩链剂的种类、主剂与固化剂的配比等。本专利所述技术问题的解决和预期技术效果的实现均与主剂的羟值、固化剂的异氰酸根值以及主剂与固化剂的配比密切相关。

在将说明书实施例记载的固化剂异氰酸根值扩展到权利要求1概括的 5%～12% 的数值范围时，所属技术领域的技术人员难以预先确定和评价由此获得的聚氨酯胶粘剂在用于镀铝膜基材结构的复合膜时所达到的技术效果。因此权利要求1得不到说明书的支持，其从属权利要求 2～4 也得不到说明书的支持。

【案例评析】

本案涉及两个问题，第一，作为双组分聚氨酯胶的固化剂，其对异氰酸根值的一般要求应是所属技术领域的技术人员所知道的，说明书不提供固化剂的异氰酸根值为 5%～12% 的实施例，权利要求是否可以得到说明书支持；第二，本专利权利要求的技术方案与说明书技术方案部分的描述一致，权利要求是否必然得到了说明书的支持。

对于第一个问题，该无效决定进行了详细的分析。

本专利说明书实施例部分没有记载权利要求限定的异氰酸根值为 5%～12% 的任何技术方案，所属技术领域的技术人员更不能由此了解权利要求的技术方案是否能够解决该专利的技术问题，并达到所述的技术效果。

从说明书可以知道，本专利要克服现有技术的缺点，提供一种粘接性能良好、适用于镀铝膜基材复合材料的聚氨酯胶粘剂，使由该胶粘剂制得的镀铝膜结构的复合膜剥离强度高。并且所属技术领域的技术人员知道，对于这种双组分聚氨酯胶粘剂，固化剂的异氰酸根值是影响其粘结性能和复合膜剥离强度的因素之一，也就是说，固化剂的异氰酸根值直接关乎本专利是否能克服现有技术的缺陷，达到所述的技术效果。

合议组虽然认同专利权人关于"对异氰酸根值的一般要求应是所属技术领域的技术人员所知道的"的观点，但一般来说，在相同配方下，聚氨酯中固化剂组分含量增大，所得聚氨酯胶粘剂的内聚力和粘接力就会提高，与基材粘接后剥离强度亦相应增大；但是，主剂和固化剂两组分配胶时，如果异氰酸酯基过量太多，则固化不完全，且固化的胶层硬而脆，不利于基材的粘接，如果含羟基的组分过量较多，则胶层软、内聚力低、粘接强度差。此外，固化时分子量增长不够也导致粘接强度差，一定程度的胶联能提高胶粘剂的粘接强度，但过分的胶联则会损害胶层的内聚强度。因此，即使所属技术领域的技术人员知晓对固化剂异氰酸根值的一般要求，但是基材不同、应用领域和应用环境的不同，往往对异氰酸酯胶粘剂的性能要求也会不同，相应的配方设计也相差较远。固化剂异氰酸根值范围的选择直接影响到聚氨酯固化物的性能，换言之，固化物的异氰酸根值范围与剥离强度的高低密切相关。

因此，根据本专利的说明书，当固化剂异氰酸值低于12%，甚至趋向5%时，所属技术领域的技术人员即使结合所属技术领域的一般知识，也不能确定将如此得到的聚氨酯胶粘剂在用于镀铝膜基材结构的复合膜时，能够获得本专利预期的剥离强度，解决说明书提出的技术问题。所以本专利说明书以具体实施例证明含有5%～12%的固化剂异氰酸根值特征的技术方案能够达到所述预期效果是必要的，由于说明书没有记载上述必要的具体实施例及其效果，导致权利要求的技术方案得不到说明书的支持。

对于第二个问题，专利权人认为说明书技术方案部分有与权利要求一致的描述，所以权利要求应该得到说明书的支持。然而，两者文字上的一致性，特别是权利要求与说明书技术方案部分文字上的一致，有时候只是出于形式统一的目的而记载的，并不必然意味着权利要求得到了说明书的支持。

从上述对第一个问题的分析可以看出，因说明书没有充分公开固化剂异氰酸值为 5% ~ 12% 范围内的具体实施例，仅在技术方案部分有固化剂异氰酸值为 5% ~ 12% 的一致性描述，而这种文字上的一致性并未使所属技术领域的技术人员能够确定权利要求所限定的技术方案可以实现说明书所声称的发明目的，达到所述的技术效果。因此，说明书仅保证与权利要求有文字上的一致性描述，但不记载影响发明的关键因素如何实施，或者关键因素是否真正能够解决发明要解决的技术问题是远远不够的。

"以说明书为依据"，应当是说明书内容对权利要求所述技术方案的实质支持，通常要求所属技术领域的技术人员能够从实施例中得到或者概括得出相应的技术方案，而非仅仅在表述形式上一致；若一致性表述不足以使所属技术领域的技术人员概括得出权利要求所述的技术方案，即所属技术领域的技术人员不理解该技术方案能够解决所述技术问题，达到所述技术效果，则说明书没有对权利要求所述的技术方案提供实质支持，不符合《专利法》第二十六条第四款的规定。（撰稿人：张梅珍）

【案例 2】　分离活塞式双外径液压钻具稳定器（第 10562 号无效宣告请求审查决定）

2007 年 9 月 14 日，专利复审委员会作出第 10562 号无效宣告请求审查决定。该决定涉及名称为"分离活塞式双外径液压钻具稳定器"的 00246661.9 号实用新型专利权。本专利授权公告的权利要求 1、2 的内容如下：

"1. 一种能防止石油钻井在起下钻柱过程中遇阻、遇卡的分离活塞式双外径液压钻具稳定器，有一个外径较普通钻具稳定器小的本体（1），本体上在一排螺旋线上加工有一组均布的圆柱镗孔，圆柱孔内安装有液压缸（3），并由固定螺栓（2）将其固紧在本体上，液缸的下端安装有 O 型密封圈（4），液压缸内部安装有支承头（5）和活塞（8），其特征在于二者是各自独立的两体；支承头（5）上装有摩擦环（7），与液压缸内径滑配合；内部有平衡孔（10），支承头顶端焊有耐磨硬质合金（6），活塞（8）安装在支承头（5）的下部，活塞上装有 Y x 密封圈，并与液缸滑配合。

2. 根据权利要求 1 所述分离活塞式双外径液压钻具稳定器装置，其特征在于支承头（5）的下平面上有一内凹平面，并与平衡孔（10）相通，平衡孔出口在支承头与液缸滑动配合的圆柱面上。"

针对上述实用新型专利权，请求人向专利复审委员会提出无效宣告请求，其理由之一是权利要求 2 不符合《专利法》第二十六条第四款的规定。请求人认为：权利要求 2 中的技术特征"支承头（5）的下平面上有一内凹平面，并与平衡孔（10）相通"和"平衡孔出口在支承头与液缸滑动配合的圆柱面上"在说明书中未记载，故本权利要求得不到说明书的支持。

专利复审委员会经过审查，决定维持 00246661.9 号实用新型专利权有效。对请求人认为权利要求 2 不符合《专利法》第二十六条第四款的主张，合议组意见如下：尽管在说明书正文中并未记载上述技术特征，但从说明书附图 3（参见图 1）中可以看出，支承头（5）的下平面上有一内凹平面，并与平衡孔（10）相通，且平衡孔（10）出口在支承头（5）与液缸（3）滑动配合的圆柱面上，因此所属技术领域的技术人员能够从说明书充分公开的内容中得到权利要求 2 所要求保护的技术方案，权利要求 2 实质上得到了说明书的支持。

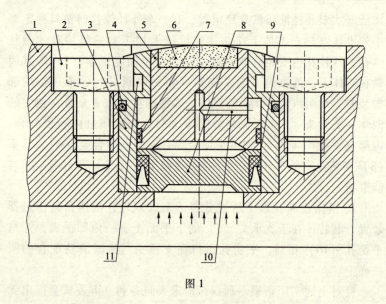

图1

## 【案例评析】

本案争议的问题是：专利说明书文字部分未记载权利要求2中的"支承头（5）的下平面上有一内凹平面，并与平衡孔（10）相通"和"平衡孔出口在支承头与液缸滑动配合的圆柱面上"这两个技术特征，但说明书附图以图示的方式表达了这两个技术特征，此时权利要求2是否能得到说明书的支持。

关于上述争议问题所涉及的技术内容，即支承头与平衡孔之间的结构位置关系，在说明书文字部分仅仅记载了如下内容："支承头（5）安装在液压缸（3）内，活塞（8）装在液压缸（3）的下部。支承头（5）与活塞（8）是各自独立的，它们之间的液体可通过平衡孔（10），由支承头外的间隙排出，保证二者紧密接触"，其中记载了平衡孔（10）的作用，未记载其具体位置，也没有记载支承头（5）下平面的具体结构以及平衡孔

（10）出口的位置。说明书文字没有记载的这些技术特征，对形成权利要求 2 的技术方案是至关重要的，它们都与支承头和活塞之间的液体流动与排出相关。

说明书附图 3 是一个支承头总成在钻具稳定器本体镗孔内安装的细部结构图，所属技术领域的技术人员将说明书的文字描述与附图结合起来可以看出：第一，支承头（5）的下平面具有一内凹平面，活塞（8）的上平面也具有一内凹平面，由此，在支承头（5）与活塞（8）周边接触时，它们之间仍然可以形成一定间隙的空腔，该空腔用于容纳说明书文字部分所述的液体；第二，平衡孔（10）一端延伸到支承头（5）与液压缸（3）接触的圆柱表面上，另一端则延伸到与支承头（5）内凹平面相连通的垂直连通孔上，同时由于活塞（8）所具有的往复运动会推动支承头（5），使其也产生往复运动，故而支承头（5）与液压缸（3）之间具有滑动配合关系。由此，在支承头（5）与活塞（8）内凹平面之间的空腔、支承头（5）内的垂直连通孔、平衡孔（10）、支承头（5）与液压缸（3）之间的滑动配合圆柱表面四者之间，形成了依次相互液体连通的关系，具有一定压力的液体可以在其中顺序流过，以保证支承头与活塞两者之间既可以相对运动，又可以紧密接触。因此，所属技术领域的技术人员根据说明书文字部分的描述，以及说明书附图所示出的结构位置关系，能够得知液压缸（3）内支承头（5）与活塞（8）的工作过程，并在此基础上得出权利要求 2 记载的技术方案。

由本案可以看出，在判断一项权利要求请求保护的技术方案是否得到说明书支持时，应当由所属技术领域的技术人员根据说明书充分公开的全部内容来判断，而不是仅限于说明书的文字部分甚至于仅限于具体实施方式部分。应当说，根据实施例或实施方式判断权利要求得到说明书的支持问题比较常见。一般情况下，说明书该部分最详细地记载了技术方案的具体实现方式、所达到的技术效果等，以致所属技术领域的技术人员对实施例及实施方式投入了大量的精力来关注，其次才是说明书其他文字部分的描述和附图。然而，说明书是一个有机的整体，发明内容的概述和具体实施方式或实施例均是围绕发明内容展开的，附图也是说明书的重要组成部分，与说明书文字部分有着密切的相互对应关系，是对说明书文字部分的补充和解释，因此所属技术领域的技术人员在阅读说明书文字部分的内容和说明书附图时，不可能将它们完全地割裂开来，只有将它们作为一个整体来考虑，才能完整准确地理解发明创造的实质内容。同理，在判断权利要求是否得到说明书支持时，也不应当仅考虑说明书的文字部分，甚至仅考虑实施例和实施方式，而是应当全面考虑整个说明书包括附图明确公开的技术内容。

　　本案中，说明书文字部分已经描述了其发明独立权利要求所述的技术方案，及其所要解决的技术问题、达到的技术效果，只是从属权利要求技术方案中的某些技术特征没有用文字描述，而是以附图的方式示出。说明书附图不仅是说明书的一部分，也是一种通常用于示例性地说明具体实施方式的工程语言，其明确公开的内容可以作为支持权利要求的依据。因此，将说明书各个部分作为一个整体综合考虑后，如果所属技术领域的技术人员能够得出权利要求的技术方案，则权利要求能够得到说明书的支持。
（撰稿人：宋鸣镝　张梅珍）

## 三、从说明书中得到或概括得出

　　在了解了从所属技术领域的技术人员角度出发，并以说明书公开的内容为基础来判断权利要求是否得到说明书支持的重要性后，本小节重点涉及从说明书得到或概括得出的判断问题，它是判断权利要求是否得到说明书支持的核心。如果一项权利要求请求保护的技术方案对应于说明书中充分公开的一个或多个实现发明创造的具体方式，则属于"得到"的情形；而如果一项权利要求请求保护的技术方案是根据说明书充分公开的一个或多个实现发明创造的具体方式概括而成的，则属于"概括得出"的情形。显然，后一种情况相对比较复杂。权利要求的保护范围是由权利要求记载的全部内容来限定的，而说明书应当以其公开的整体内容来理解。因此，判断概括出的权利要求是否得到说明书的支持，所属技术领域的技术人员先要正确确定权利要求的保护范围以及说明书公开的整体内容，然后判断权利要求的概括范围是否适当。

《审查指南》第二部分第二章第 3.2.1 节规定："如果所属技术领域的技术人员可以合理预测说明书给出的实施方式的所有等同替代方式或明显变型方式都具备相同的性能或用途，则应当允许申请人将权利要求的保护范围概括至覆盖其所有的等同替代方式或明显变型的方式。对于权利要求概括得是否恰当，审查员应当参照与之相关的现有技术进行判断。"

对此，我们可理解为，若所属技术领域的技术人员可以合理预测出权利要求覆盖的所有等同替代方式或明显变型方式与说明书给出的具体实施方式具有相同的性能或用途，则权利要求能够得到说明书的支持；相反，若所属技术领域的技术人员在合理程度内难于预见权利要求所限定的范围中，除说明书实施例已经给出的方式之外还存在其他能够解决技术问题并产生预期技术效果的方式，甚至有理由怀疑权利要求中包括了不能解决技术问题、不能产生预期技术效果的方式，则应当认为该权利要求得不到说明书的支持。

当然，所属技术领域的技术人员在根据说明书的全部内容判断权利要求是否概括适当时，应当考虑现有技术的状况。一方面，现有技术数量越多，内容越丰富，相对来说越容易预测；另一方面，对于开拓型发明创造，现有技术中不存在任何技术教导，则相比改进型发明创造而言，其可以有更宽的概括范围。然而，无论是改进型发明创造，还是开拓型发明创造，其权利要求的保护范围必须与其自身说明书所公开的范围相适应，不能游离于说明书内容之外。

**【案例1】　一种水壶（第9846号无效宣告请求审查决定）**

2004年5月30日，专利复审委员会作出第9846号无效宣告请求审查决定。该决定涉及名称为"一种水壶"的02248474.4号实用新型专利权。该专利授权公告的权利要求1~3的内容为：

"1. 一种水壶，由壶体（1）、壶体（1）上的壶盖（2）和焊接在壶体（1）上的壶嘴（3）构成，其特征在于壶体（1）上固定有一支架（4），支架（4）的上端有一挂钩（10），挂钩（10）通过顶销（11）安装在一活动提手（5）中部的凹槽（9）内，挂钩（10）的后端顶住凹槽（9）的后壁，活动提手（5）的前端顶住一安装在支架（4）上的杠杆（6）的一端，杠杆（6）通过支耳（12）安装在支架（4）的前销（13）上，杠杆（6）的另一端接一壶嘴盖（7）。

2. 根据权利要求1所述的一种水壶，其特征在于所述的支架（4）上有横杆（24），横杆（24）的下面挡住活动提手（5）的前端。

3. 根据权利要求1所述的一种水壶，其特征在于杠杆（6）的下方设置有一复位装置。"

针对上述实用新型专利权，请求人向专利复审委员会提出无效宣告请求，其理由包括本专利权利要求3不符合《专利法》第二十六条第四款的规定。请求人认为，针对权利要求3中的特征"复位装置"，说明书只给出了弹簧片的实施方式，所属技术领域的技术人员无法推知弹簧片以外的其他复位装置，因此，权利要求3得不到说明书的支持。

针对上述无效宣告请求理由，第 9846 号无效宣告请求审查决定意见如下：

权利要求 3 中的复位装置是指能够回复到原来位置的装置。根据本专利说明书的记载，权利要求 3 的复位装置所要解决的技术问题及所达到的技术效果是，在倒完水后使杠杆（6）与提手（5）接触的一端上翘，另一端向壶嘴（3）移动，从而使壶嘴（3）被盖上，亦即，使杠杆（6）回复到没有外力作用时的状态。尽管说明书只给出了弹簧片的实施方式，但根据这一装置在本发明中的作用，本领域的技术人员可以合理预测，凡是能够回复原位的装置均能够解决上述技术问题并达到使壶嘴被盖上的技术效果，而并不局限于弹簧片这一种方式，因此，权利要求 3 的上述概括是合理的，能够得到说明书的支持，符合《专利法》第二十六条第四款的规定。

【案例评析】

本案权利要求 3 中的"复位装置"是典型的"功能＋装置"的描述，而说明书中仅公开了实现复位功能的一种实施方式——弹簧片，对于"功能＋装置"的描述是否能得到说明书支持的判断，关键在于，根据所属技术领域的技术人员的知识和能力判断，该功能是否仅能以说明书中的特定方式来完成。如果仅以说明书中的特定方式完成，则该"功能＋装置"的描述不能被允许；如果除了说明书所述的方式之外，所属技术领域的技术人员能够想到其他等同替代或明显变型的方式，并且该"功能＋装置"涵盖的所有方式均是说明书中所述方式的等同替代或明显变型，均能解决说明书所提出的技术问题，达到预期的技术效果，则此种概括是允许的。

本案权利要求 3 中的特征"复位装置"是一种功能性限定的技术特征。该特征所解决的技术问题较为简单，本实用新型在水壶提手与壶嘴盖之间设置杠杆来实现提壶倒水的单手操作，为了实现倒水完毕壶嘴盖自动关闭，需要使杠杆回复到没有外力作用时的状态。具体实施方式中采用了弹簧片来使杠杆回复到没有外力作用时的状态，说明书记载"在杠杆6的下方还可设置有一复位装置，复位装置是一弹簧片6"，并描述了弹簧片6使杠杆回复的整个过程。由此，所属技术领域的技术人员完全可以合理地得知，现有技术中存在许多实现上述复位功能的技术手段，而不仅限于弹簧片，即，所属技术领域的技术人员依据其知识和能力，容易想到其他多种能够回复原位的方式均能解决该发明所要解决的技术问题，且预见概括出的技术方案能够实现相同的功能，这些方式属于弹簧片的等同替代或明显变型方式，以这些等同或明显变型的技术手段实现本实用新型并不需要付出创造性的劳动。因此，权利要求3中"复位装置"的概括能够得到说明书的支持。（撰稿人：崔哲勇　张梅珍）

**【案例2】** 检测和纯化对 HLA 体系中存在的肽特异的 CD8 + T 淋巴细胞群的方法（第 12242 号复审请求审查决定）

2007 年 9 月 3 日，专利复审委员会作出第 12242 号复审请求审查决定。该决定涉及名称为"检测和纯化对 HLA 体系中存在的肽特异的 CD8 + T 淋巴细胞群的方法"的 00801877.4 号发明专利申请。

在复审程序中，针对合议组指出的权利要求得不到说明书支持的问题，复审请求人将权利要求 1 ~ 3 的内容修改为：

"1. 从 I 类 MHC 重组蛋白质类似物制备的四聚体复合物，其特征在于所述蛋白在重链和 T 淋巴细胞的 CD8 共同受体相互作用的区域具有至少一个氨基酸取代，从而降低了所述重链与 CD8 相互作用的亲和力。

2. 按照权利要求 1 的四聚体复合物，其中所述取代位于所

述单体重链的 α3 结构域。

3. 按照权利要求 1 或 2 的四聚体复合物，其中 MHC 单体以与 MHC - 结合肽的复合物形式存在。"

在此基础上，第 12242 号复审请求审查决定最终认定，修改后的权利要求 1~3 依然得不到说明书的支持，理由在于：

本发明目的在于通过突变 I 类 MHC 单体重链和 CD8 共同受体相互作用区，降低其与 CD8 共同受体的相互作用，从而增加对目标 T 细胞的特异性结合，来解决由于 CD8 与 I 类 HLA 结合导致产生 I 类 HLA 四聚体与带有 HLA 非特异性 TCR（T 细胞受体）的 CD8 + 淋巴细胞结合的背景噪声的问题。为了实现发明目的，本发明的四聚体复合物应当降低与 T 淋巴细胞 CD8 共同受体的亲和力，同时仍具备与 TCR 特异性结合等生物学活性，以能够与具有特异性的 TCR 的 T 淋巴细胞结合。

本申请说明书仅公开了一种突变 HLA - A0201 四聚体，其是通过在 HLAα3 结构域的 245 位丙氨酸突变为缬氨酸并以四个单体聚合的特定方式而获得的，除此之外，说明书没有公开其他可用于实现发明目的的四聚体复合物，也没有公开为实现发明目的而在 I 类 MHC 重组蛋白重链与 T 淋巴细胞的 CD8 共同受体相互作用区进行氨基酸突变和修饰的具体位置、数量和类型。

现有技术也没有教导在 I 类 MHC 重组蛋白重链与 T 淋巴细胞的 CD8 共同受体相互作用区进行怎样的突变和修饰后，由该蛋白制备的四聚复合物在降低了与 T 淋巴细胞 CD8 共同受体的亲和力的同时，仍具备与 TCR 特异性结合等生物学活性，以能够与具有特异性的 TCR 的 T 淋巴细胞结合。

因此，基于唯一公开的突变 HLA - A0201 四聚体，所属技术领域的技术人员无法推导出权利要求 1~3 的四聚体复合物均可用于解决本发明的技术问题，权利要求 1~3 不符合《专利法》第二十六条第四款的规定。

**【案例评析】**

《审查指南》第二部分第二章第 3.2.1 节规定，如果一项权利要求的概括包括申请人推测的内容，而且其效果又难以预先确定和评价，应当认为这种概括超出了说明书公开的范围，得不到说明书的支持。

对于判断权利要求的概括是否包括申请人推测的内容及其效果能否预先确定和评价，并不能仅仅从实施例入手，认为一旦权利要求的概括超出了实施例的范围就意味着其得不到说明书支持。通常来说，应当首先分析发明创造意欲解决什么技术问题，实施例提供了什么样的解决方案，权利要求概括的方案排除实施例的具体情形后还包含哪些情形，这些情形是否都能取得如同实施例一样的技术效果，能够解决发明创造所提出的技术问题。

另外，判断权利要求概括的方案排除实施例的具体情形后还包含哪些情形、这些情形是否都能取得如同实施例一样的技术效果，也应当从所属技术领域的技术人员出发，考虑现有技术状况，现有技术给出相关的教导越多，越容易预测到是否能解决所提出的技术问题；相反，相关的现有技术越少越难以预测。

第 12242 号复审请求审查决定正是沿用上述思路，首先分析要解决的技术问题，而后将权利要求的内容与说明书进行比较。权利要求 1～3 要求保护从 I 类 MHC 重组蛋白质类似物制备的四聚体复合物，虽然其限定该四聚体包含的重组蛋白在重链和 T 淋巴细胞的 CD8 共同受体相互作用的区域具有至少一个氨基酸取代，从而降低了所述重链与 CD8 相互作用的亲和力。但是基于说明书的记载可知，所述四聚体复合物在降低与 T 淋巴细胞 CD8 共同受体的亲和力的同时，应当仍具备与 TCR 特异性结合等生物学活性，以能够与具有特异性的 TCR 的 T 淋巴细胞结合，才能解决本发明的技术问题。如果权利要求 1～3 的四聚体复合物是否具备与 TCR 特异性结合的活性是难以预先确定和评价的，则应当认为权利要求 1～3 的概括超出了说明书公开的范围，得不到说明书的支持。

本案说明书仅公开了一种突变 HLA－A0201 四聚体，其是通过在 HLAα3 结构域的 245 位丙氨酸突变为缬氨酸并以四个单体聚合的特定方式而获得的。复审请求人正是在该例子的基础上推测：在重链和 T 淋巴细胞的 CD8 共同受体相互作用的区域，具有至少一个降低了所述重链与 CD8 相互作用亲和力的氨基酸取代重组蛋白构成的四聚体复合物均可用于实现发明目的。

对于从特定的四聚体复合物 HLA－A0201 能否合理概括成权利要求的上述范围，要看所属技术领域的技术人员基于说明书的内容以及所掌握的基本常识，能否确认上述概括出的技术方案都能解决技术问题，达到预期效果。本申请说明书并没有公开为实现发明目的而在 I 类 MHC 重组蛋白重链与 T 淋巴细胞的 CD8 共同受体相互作用区进行氨基酸突变和修饰的其他具体位置、数量和类型，也未给出可实现本发明目的的规律性的氨基酸取代。而所属技术领域的技术人员知晓，不同位置上发生不同数量、类型的氨基酸突变和修饰对蛋白质或多肽的性能影响不同，而且发生突变和修饰的氨基酸位点越多，蛋白质或多肽的性能发生改变的可能性越大。权利要求 1～3 的四聚体复合物存在至少一个氨基酸取代，降低了所述重链与 CD8 相互作用的亲和力，表明其相对于突变前的四聚体复合物已经在性能、一级结构和空间结构等方面发生改变，给评价所述四聚体复合物的特异性结合 TCR 活性增加了更多变数。

因此，由说明书公开的一个特定 HLA－A0201 四聚体，不足以说明在重链和 T 淋巴细胞的 CD8 共同受体相互作用的区域进行的降低了所述重链与 CD8 相互作用的亲和力的任何氨基酸取代均不影响四聚体复合物与 TCR 特异性结合的活性。也就是说，权利要求 1～3 概括超出了说明书公开的范围，得不到说明书的支持，不符合《专利法》第二十六条第四款的规定。（撰稿人：
吴通义　张梅珍）

**【案例3】　碱性芽孢杆菌淀粉酶（第9561号复审请求审查决定）**

2006年12月6日，专利复审委员会作出第9561号复审请求审查决定。该决定涉及名称为"碱性芽孢杆菌淀粉酶"的95192312.9号发明专利申请。

在复审程序中，专利复审委员会合议组向复审请求人发出"复审通知书"，指出下述权利要求1不符合《专利法》第二十六条第四款的规定。

"1. 一种 α - 淀粉酶，其特征在于它具有：

（a）用 Phadebas® 为底物的 α - 淀粉酶活性测试方法测得，在25℃ ~ 55℃范围内的任一温度和pH10时，其比活性至少比 Termamyl® 的比活性高25%，和

（b）SEQ ID NO. 1所示的氨基酸序列或至少与SEQ ID NO. 1所示的氨基酸序列有90%的同源性，或

（c）SEQ ID NO. 2所示的氨基酸序列或至少与SEQ ID NO. 2所示的氨基酸序列有90%的同源性。"

合议组认为，在权利要求1的（b）和（c）中都采用了"或至少与……所示的氨基酸序列有90%的同源性"的表述，复审请求人在其复审请求理由中陈述了该"同源性"可以通过许多计算机软件来确定以及本领域普通技术人员可以用常规技术如丙氨酸扫描诱变法来确定其中重要的氨基酸残基，但是：（1）本领域技术人员已知的仅仅是具有相同活性或功能的蛋白质可能具有高同源性，该同源性可以通过已知的计算机软件进行计算，但是这并不表示具有高同源性的蛋白质序列必定具有相同的活性功能，而本说明书中也并没有给出其任意得到的与SEQ

ID NO.1 或 2 具有 90% 同源性的氨基酸序列能够具有与 SEQ ID NO.1 或 2 相同的活性的实例；（2）本申请说明书中并没有给出 SEQ ID NO.1 或 2 的可突变活性位点以及给出具体的保持酶活性的突变方式。虽然通过一些现有的技术，例如复审请求人所说的丙氨酸扫描诱变法，在一定程度上可以辅助确定对酶活性而言重要的氨基酸残基，但是这并不意味着根据这些方法可以必然地、完全地、可靠地获知对酶活性而言重要的所有氨基酸残基，也即对于所属技术领域的普通技术人员来说，确定对酶活性而言很重要的所有氨基酸残基是需要付出创造性劳动的。而且即使本领域普通技术人员能够获知所有对酶活性而言重要的氨基酸残基，根据这些氨基酸残基进行取代、缺失、插入突变以及各种突变组合，来选择出具有权利要求 1 中所限定的功能且具有与 SEQ ID NO.1 或 2 具有 90% 同源性的氨基酸序列仍然需要付出创造性的劳动。因此，根据说明书目前所记载的内容，本领域普通技术人员无法预见与 SEQ ID NO.1 或 2 具有 90% 同源性的蛋白序列均能具有 α-淀粉酶活性；而从与 SEQ ID NO.1 或 2 具有 90% 同源性的序列中确定出具有 α-淀粉酶活性的序列是需要本领域普通技术人员付出创造性劳动的；"至少与……所示的氨基酸序列有 90% 的同源性"的表述使得权利要求 1 得不到说明书的支持。

针对"复审通知书"指出的问题，复审请求人将权利要求 1 修改为：

"1. 一种 α-淀粉酶，氨基酸序列由 SEQ ID NO.1 或 SEQ ID NO.2 所示。"

在此基础上，合议组作出撤销驳回决定的第 9561 号复审请求审查决定。

【案例评析】

本案权利要求 1 采用的是生物技术领域常见的"功能性限

定＋序列同源性限定"的撰写方式。其中特征（a）限定了请求保护的α-淀粉酶所具有的活性，属于功能性限定，特征（b）、（c）则限定了该α-淀粉酶的同源性序列。

对于包含功能性特征限定的权利要求来说，《审查指南》第二部分第二章第3.2.1节规定："对于权利要求中所包含的功能性限定的技术特征，应当理解为覆盖了所有能够实现所述功能的实施方式。"

从本申请说明书来看，说明书中仅记载了氨基酸序列为 SEQ ID NO.1 或 2 的α-淀粉酶作为本申请的实施方式，上述α-淀粉酶是发明人分离出来的，在 25℃～55℃范围内的任一温度和 pH10 时，其比活性比 Termamyl® 的比活性高 25%。但是上述α-淀粉酶是特定的实施例，说明书中并没有提供除了 SEQ ID NO.1 或 2 之外的具有所述比活性的其他同源性序列。

说明书中还记载了用于确定序列同源性的计算机算法以及用于测定α-淀粉酶活性的实验方案。同源性是指两种核酸分子的核苷酸序列之间，或者两种蛋白质分子的氨基酸序列之间相同的程度。虽然所属技术领域的技术人员根据说明书中提供的计算机算法可以确定与 SEQ ID NO.1 或 2 有 90% 的同源性的氨基酸序列，但是 SEQ ID NO.1 或 2 全长均为 485 个氨基酸，与 SEQ ID NO.1 或 2 有 90% 的同源性的氨基酸序列的数量是巨大的。这些同源性氨基酸序列虽然与 SEQ ID NO.1 或 2 之间具有 90% 的序列结构相似性，但是也存在一定的序列结构差异，这种序列结构的差异将会导致该氨基酸序列的功能发生不可预期的变化，包括其不可预期的活性变化。

在此情况下，即使在与 SEQ ID NO.1 或 2 有 90% 的同源性的氨基酸序列中可能存在比 Termamyl® 的比活性高 25% 的氨基酸序列，对于所属技术领域普通技术人员来说，在本申请说明书没有给出 SEQ ID NO.1 或 2 的可突变活性位点以及保持酶活性的具体突变方式的技术信息的情形下，如果要在这些氨基酸序列中确定具有权利要求 1 的特征（a）所限定的活性的全部氨基酸序列，也需要付出大量的劳动。例如首先确定对 SEQ ID NO. 1 或 2 的酶活性起到重要影响的所有氨基酸残基，然后选择具有该活性氨基酸残基的序列，或者通过制备所有具有 90% 同源性的序列并进行活性测定筛选。但这些方式均要以大范围的同源性序列作为筛选对象，通过付出大量劳动甚至创造性劳动才能实现。也就是说，权利要求 1 中采用的活性加同源性限定方式对于所属领域技术人员来说，仅根据说明书的内容和所属技术领域的常识并不能确定和预期，即，不能得知具体哪些结果具有与 SEQ ID NO. 1 或 2 相同的活性，可以解决本申请所要解决的技术问题并达到相同的技术效果。

综上所述，申请人仅仅在说明书中提供用于确定序列同源性的计算机算法和用于测定 α - 淀粉酶活性的实验方案，并不足以构成与权利要求 1 中功能性限定所覆盖范围相匹配的实施方式的公开，这样的公开内容当然也不足以概括得出权利要求 1 所限定的技术方案。（撰稿人：吴通义）

## 第二节　几种形式的权利要求是否得到说明书支持的判断

本章第一节阐述了权利要求是否以说明书为依据的判断原则和方法。然而，专利审查实践中遇到的权利要求形式是各种各样的，对不同形式的权利要求是否得到说明书的支持，均应当遵循前述总的判断原则和方法进行判断，但以不同形式撰写的权利要求也具有不同的特点，在判断它们能否从说明书中概括得出时，还应根据撰写形式的不同，对需要考虑的因素有所侧重。

　　《审查指南2006》第二部分第二章第3.2.1节规定：对于用上位概念概括或用并列选择方式概括的权利要求，"如果权利要求的概括包含申请人推测的内容，而其效果又难于预先确定和评价，应当认为这种概括超出了说明书公开的范围。如果权利要求的概括使所属技术领域的技术人员有理由怀疑该上位概括或并列概括所包含的一种或多种下位概念或选择方式不能解决发明或实用新型所要解决的技术问题，并达到相同的技术效果，则当认为该权利要求没有得到说明书的支持。"

　　"对于权利要求中所包含的功能性限定的技术特征，应当理解为覆盖了所有能够实现所述功能的实施方式"。因此，"如果权利要求中限定的功能是以说明书实施例中记载的特定方式完成的，并且所属技术领域的技术人员不能明了此功能还可以采用说明书中未提到的其他替代方式来完成，或者所属技术领域的技术人员有理由怀疑该功能性限定所包含的一种或几种方式不能解决发明或者实用新型所要解决的技术问题，并达到相同的技术效果，则权利要求中不得采用覆盖了上述其他替代方式或者不能解决发明或实用新型技术问题的方式的功能性限定"。另外，"如果说明书中仅以含糊的方式描述了其他替代方式也可能适用，但对所属技术领域的技术人员来说，并不清楚这些替代方式是什么或者怎样应用这些替代方式，则权利要求中的功能性限定也是不允许的"。并且"纯功能性的权利要求得不到说明书的支持，因而也是不允许的"。

　　此外，对于含有数值范围的权利要求，通常应给出两端值附近（最好是两端值）的实施例，当数值范围较宽时，还应当给出至少一个中间值的实施例。

　　本节主要针对几种常见形式的权利要求来进一步分析其能否得到说明书的支持。

# 一、上位概括或并列选择方式的概括

## 1. 上位概括

**【案例1】 头孢菌素晶体及其制备方法（第 6921 号无效宣告请求审查决定）**

2005 年 3 月 9 日，专利复审委员会作出第 6921 号无效宣告请求审查决定，涉及名称为"头孢菌素晶体及其制备方法"的 98801211.1 号发明专利权。

授权公告的权利要求有 10 项，其内容分别如下：

"1. 由下式所代表的头孢菌素晶体，

(1)

其中 R 为对甲氧基苄基或二苯基甲基，当 R 代表对甲氧基苄基时，该晶体具有下列 X－射线粉末衍射图谱（数据略），该图谱由 λ = 1.5418 的铜射线穿过单色仪丝滤器而获得的：

当 R 代表二苯基甲基时，该晶体具有下列 X－射线粉末衍射图谱（数据略），该图谱由 λ = 1.5418 的铜射线穿过单色仪丝滤器而获得的：

其中 d 为晶面间距，I/Io 为相对强度。

2. 制备下式所代表的头孢菌素晶体的方法，

(1)

其中 R 为对甲氧基苄基或二苯基甲基，该方法包括使下式所示的油状头孢菌素在含醇的溶剂中结晶析出的步骤，

(1)

其中 R 如上所定义。

3. 如权利要求 2 所述制备头孢菌素晶体的方法，其中所述的醇是饱和的低级脂族醇。

4. 如权利要求 3 所述制备头孢菌素晶体的方法，其中所述的饱和的低级脂族醇是选自由甲醇、乙醇、异丙醇所组成的组中的至少一种醇。

5. 如权利要求 2 所述制备头孢菌素晶体的方法，其中将油状头孢菌素溶于溶剂中而得的溶液加入到冷却的醇中以使头孢菌素晶体析出。

6. 如权利要求 5 所述制备头孢菌素晶体的方法，其中所述冷却的醇的温度为 −20℃ 至 15℃。

7. 如权利要求 5 所述制备头孢菌素晶体的方法，其中所述冷却的醇的温度为 0℃ 至 5℃。

8. 如权利要求 5 所述制备头孢菌素晶体的方法，其中用于溶解油状头孢菌素的溶剂与醇的重量的比为 100∶100 至 100∶10000。

9. 如权利要求 5 所述制备头孢菌素晶体的方法，其中用于溶解油状头孢菌素的溶剂与醇的重量的比为 100∶200 至 100∶3000。

10. 如权利要求 5 所述制备头孢菌素晶体的方法，其中用于溶解油状头孢菌素的溶剂与醇的重量的比为 100∶400 至 100∶1000。"

针对上述专利权，请求人提出无效宣告请求，其理由包括权利要求 1 不具备新颖性、权利要求 2～10 不具备创造性、权利要

求 3、5~10 得不到说明书的支持以及权利要求 2~7 缺乏解决技术问题的必要技术特征等。关于权利要求得不到说明书支持的问题，请求人认为由于说明书实施例仅公开了甲醇－二甲基甲酰胺一种溶剂体系，因此权利要求 2 中的上位概念"含醇的溶剂"和权利要求 3 中的"饱和的低级脂肪醇"得不到说明书的支持；同理，直接或间接引用这两个权利要求的权利要求 5~10 也得不到说明书的支持。

针对本无效宣告请求，专利权人在审查过程中删除了权利要求 1~6。

专利复审委员会本案合议组在认定权利要求 2~5 应当被宣告无效后，审查了请求人关于权利要求 7~10 得不到说明书支持的请求。

对于权利要求 7~10，合议组认为，权利要求 7 直接从属于权利要求 5，并间接从属于权利要求 2，其中对用于"沉淀头孢菌素的醇"使用了上位概念"醇"来概括。根据说明书的记载，所属技术领域的技术人员可以知道，本专利实际要解决的技术问题是提供一种能够高产率地得到式（1）所示的头孢菌素晶体的制备方法。说明书提供的技术方案是将式（1）的油状头孢菌素溶解于溶剂中，然后向冷却至 0~5℃ 的醇中加入上述溶液以沉淀头孢菌素晶体。该方法必然要求某一范围的"醇"，以使头孢菌素化合物高产率地结晶。但所属技术领域的技术人员知道，低级醇和高级醇之间的理化性质差异很大，在本专利说明书实施例中仅给出甲醇能够析出式（1）化合物结晶的情况下，所属技术领域的技术人员无法预料使用除甲醇之外的其他醇，例如高级脂肪醇或芳香醇也能获得式（1）化合物结晶。因此，权利要求 7 中使用的上位概念"醇"使该权利要求的概括包含了申请人推测的内容，而其效果难于预先确定和评价，所以权利要求 7 得不到说明书的支持，不符合《专利法》第二十六条第四款的规定。

权利要求 8～10 中同样使用上位概念"醇",即没有进一步限定醇的范围,由上面的分析可知权利要求 8～10 也不符合《专利法》第二十六条第四款的规定。

**【案例评析】**

本案属于用上位概念概括权利要求的情形。在判断这种权利要求是否得到说明书支持的问题上,合议组的基本思路为:首先考虑权利要求保护的技术方案所要解决的技术问题和所产生的技术效果,争议技术特征在权利要求保护的技术方案中所起的作用,对最终效果的影响;然后考虑权利要求中以争议技术特征概括的上位概念所包含的所有方式,这些方式是否都具有与实施例所公开的方式相同的性质,是否能够使该技术方案解决同样的技术问题,并且产生相同的效果。如果该上位概念包含了与说明书实施例公开的方式相比性质差异较大的其他要素,则有理由怀疑这些方式不能解决发明的技术问题并产生期望的效果。此时若专利权人没有足够的理由说明或者没有充分的证据证明这些方式也能解决发明的技术问题,并产生期望的效果,则应当认为权利要求的上位概括得不到说明书的支持。

本案关于权利要求是否得到说明书支持的焦点集中在:说明书公开的用于沉淀头孢菌素晶体的"甲醇"是否能够支持权利要求 7～10 所限定的上位概念——"醇"。

权利要求 7 要求保护制备特定结构的头孢菌素晶体的方法。在该技术方案中"醇"是用来沉淀头孢菌素晶体的溶剂,基于此,该溶剂应当具有一些基本性质,例如应当不溶解头孢菌素的极性溶剂,否则很难将头孢菌素晶体沉淀出来。说明书所有实施例中均采用甲醇作为沉淀溶剂,所记载的实验效果以及专利权人的意见陈述都强调,本发明能够高产率地得到头孢菌素晶体。基于所属技术领域的技术人员具备的技术常识分析,在该结晶方法中，沉淀溶剂的选择、沉淀溶剂的温度、沉淀溶剂的加入次序等因素会对是否高产率地结晶析出头孢菌素晶体产生重要影响，其也正是本发明的发明点所在。

权利要求中将沉淀溶剂限定为"醇"，化学领域的普通技术人员知道，"醇"是一个上位概念，它包含一大类化学物质，一般分为芳香醇和脂肪醇，而脂肪醇又分为低级醇、高级醇以及一元醇、二元醇、三元醇和多元醇，其中例如甲醇、乙醇和丙醇可与水以任何比例相溶；4 至 11 个碳的醇为油状液体，仅可部分地溶于水；而高级醇为无臭、无味的固体，不溶于水。随着相对分子质量的增大，烷基对整个分子的影响越来越大，从而使高级醇的物理性质与烷烃近似。由此可见，不同种类的醇，性质差异较大。本专利说明书实施例中描述的用于沉淀头孢菌素晶体的醇只有甲醇，而未涉及其他的醇。甲醇属于低级脂肪醇，极性强，满足作为沉淀溶剂的基本要求。而很多其他类型的醇，例如中、高级脂肪醇、芳香醇等大多极性小，与甲醇性质差异很大，很难满足作为沉淀溶剂的基本要求，更无法保证高产率地得到头孢菌素晶体。基于上述所属技术领域的技术常识，技术人员有理由怀疑说明书实施例的沉淀溶剂"甲醇"无法支持权利要求所概括的上位概念"醇"。

本专利说明书未表明，专利权人也未能说明或者证明除甲醇外的其他醇能够使该结晶方法达到高产率地获得头孢菌素晶体的效果。

基于以上思路，合议组认定权利要求 7 的技术方案得不到说明书的支持；相应的，权利要求 8～10 也得不到说明书的支持。

值得注意的是，如果权利要求意图对某项技术特征概括较大的范围，应对上位概念中涵盖的在该技术特征所需性质上差异较大的不同类别分别提供代表性实施例，以使所属技术领域的技术人员能够确信权利要求的上位概念中的方式均能够使所述技术方案解决技术问题并产生预期技术效果。对于化学领域的发明，往往存在权利要求概括的上位概念的各要素性质比较接近的情形，但是由于发明的作用机理不明，即使非常类似的要素也可能产生不同结果，也就是说，如果所属技术领域的技术人员无法预测除实施例以外的其他替换方式都能产生类似的效果，此时，申请人应尽可能提供多一些的实施例来支持上位概括的技术特征。（撰稿人：马文霞）

**【案例2】　大扭矩力臂自锁式收球网（第8498号无效宣告请求审查决定）**

2006年6月28日，专利复审委员会作出第8498号无效宣告请求审查决定，涉及名称为"大扭矩力臂自锁式收球网"的03272479.9号实用新型专利权。

该专利授权公告的权利要求1的内容为：

"1. 一种大扭矩力臂自锁式收球网，包括简体、网板、转轴、胶球引出管、导流板、传动、执行装置和操纵装置，网板转轴置于简体上，网板的下部设有旋摆支座，其特征在于：简体上固定有两相向抱紧力臂，两相向抱紧力臂通过滑块和滑轨与收球网相连，构成收球网的两个半圆台侧表面结构由两个固定于简体的上支撑耳轴支撑。"

针对上述专利权，请求人向专利复审委员会提出宣告该专利权无效的请求，其理由之一是认为权利要求1没有得到说明书的支持，不符合《专利法》第二十六条第四款的规定，具体理由为：说明书中的连杆机构不能支持权利要求1中的传动装置。

对此，专利权人认为所属技术领域的技术人员根据连杆机构可以概括出传动装置这一上位概念。

经过审查，合议组意见如下：

本专利权利要求 1 的技术方案中限定有传动装置，而本专利说明书及其附图中公开了这样的工作过程，即，"执行机构输出的直行程推力通过连杆机构转化为角向扭转力矩，该力矩通过刚性轴传递至抱合双臂，双臂经滑块与收球网的滑轨联动实现网件的开合运动"。

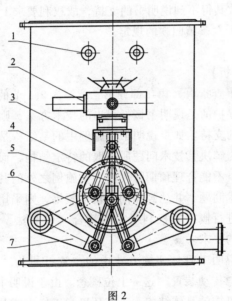

图 2
（1 上支撑耳轴，2 执行机构，3 挡板，
4 端盖，5 推拉杆，6 连杆，7 连杆）

根据本专利说明书公开的内容，执行机构输出的直行程推力必须转化为刚性轴的角向扭矩，限定了位于执行机构和刚性轴之间通过连杆机构进行传动，因此该连杆机构的具体结构、工作环境和工作方式是特定的，这就决定了此处的"传动装置"是特定的，如其说明书实施例所述的连杆机构，而不能是任意的"传动装置"，故本专利说明书所公开的连杆机构不能支持本专利权

利要求 1 中"传动装置"这一上位概念。

此外，说明书中明示了为了避免丝杠螺母传动机构容易堵塞、卡死的弊端而采用了连杆机构。所属技术领域的技术人员根据说明书公开的内容不能得出其他传动装置都能够实现该实用新型的发明目的，权利要求 1 的"传动装置"概括了一个过宽的保护范围，导致其得不到说明书的支持，故权利要求 1 不符合《专利法》第二十六条第四款的规定。

【案例评析】

根据《审查指南》第二部分第二章第 3.2.1 节的规定，若权利要求请求保护的是说明书概括得出的技术方案，则这种概括应得到说明书的支持。如果说明书实施例中的某结构是针对特定的工作环境并为解决其技术问题所采取的特定结构，而所属技术领域的技术人员不能合理预期除说明书实施例之外的其他结构来解决同样的技术问题，并达到相同的技术效果，则采用上位概念对该具体结构进行概括的权利要求不符合《专利法》第二十六条第四款规定的要求。

本案将说明书具体实施方式中的"连杆机构"概括为权利要求 1 中的"传动装置"这一上位概念。由于说明书及其附图中公开的连杆机构的具体结构、工作环境和工作方式是特定的，即"执行机构输出的直行程推力必须转化为刚性轴的角向扭矩，该力矩通过刚性轴传递至抱合双臂，双臂经滑块与收球网的滑轨联动实现网件的开合运动"，因此决定了执行机构和刚性轴之间需要采用连杆机构进行传动，并且能够避免丝杠螺母传动机构容易堵塞、卡死的弊端。而权利要求 1 保护的却是采用任意的一种传动装置的技术方案，所属领域的技术人员难以判断除连杆机构以外的其他传动装置均能将执行机构输出的直行程推力转化为刚性转轴的角向扭矩，而且难以预先评价不同于连杆机构的传动装置所带来的技术效果。因此，这样的概括不能得到说明书的支持，不符合《专利法》第二十六条第四款的规定。（撰稿人：欧 兰 崔哲勇）

【案例3】 立体选择性糖基化方法（第9525号无效宣告请求审查决定）

2007年2月28日，专利复审委员会作出第9525号无效宣告请求审查决定，涉及名称为"立体选择性糖基化方法"的93109045.8号发明专利权。

本专利授权公告的权利要求1的内容为：

"1. 制备下式β异头物富集的核苷的方法

（I）；

其中T为氟而R为选自如下基团的核碱

其中 $R_1$ 选自氢，烷基，取代的烷基和卤素：$R_2$ 选自羟基，卤素，叠氮基，伯胺基和仲胺基；$R_4$，$R_5$ 和 $R_6$ 独立地选自氢，-OH，-$NH_2$，N(烷基) W，卤素，烷氧基和硫代烷基；Q 选自 CH，$CR_8$ 和 N；其中 $R_8$ 选自卤素，甲酰氨基，硫代甲酰氨基，烷氧羰基和氰基，该方法包括用至少一摩尔当量的选自如下的核碱($R''$)：

其中 $R_1$、$R_2$、$R_4$、$R_5$、$R_6$、Q 和 M + 如前定义；Z 为羟基保护基；W 为氨基保护基；任选地在一种适宜溶剂中进行 $S_N2$ 亲核取代下式 α 异头物富集的糖的磺酰氧基（Y）；

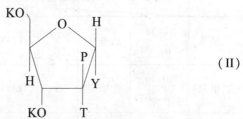

（Ⅱ）

其中 X 独立地选自羟基保护基而 T 如前定义，所述的 $S_N2$ 取代反应是在约 170℃ ~ –120℃ 的温度下进行的：

和将所述的式（Ⅱ）的化合物脱去保护以生成式（Ⅰ）的化合物。"

本专利说明书记载："异头物富集"单独或结合地表示异头物混合体，其中特定异头物的比例大于 1∶1 并包括基本纯净的异头物。说明书给出了 58 个实施例和 3 个表格例（包括 46 组数据），共 104 组数据，其中 58 个实施例均能够得到 β 异头物与 α 异头物之比大于 1∶1 的核苷，但表格例中有 11 组数据（参见下表）的 β 异头物与 α 异头物之比小于或等于 1∶1，表格例中的其他数据均能得到 β 异头物与 α 异头物之比大于 1∶1 的核苷。

| 溶剂 | 糖 | 碱（R′） | (R′)当量 | 温度 | 糖浓度 | α/β 核苷比 | 产率 |
|---|---|---|---|---|---|---|---|
| 二甲苯 | α – OMs | 胞嘧啶 | 1.5 | 127℃ | 20% | 1.5∶1 | 15% β |
| 二甲苯 | α – OMs | 胞嘧啶 | 1.5 | 127℃ | 50% | 1.5∶1 | 15% β |
| 苯甲醚 | α – OMs | 胞嘧啶 | 2 | 105℃ | 20% | 1.3∶1 | 18% β |

续表

| 溶剂 | 糖 | 碱 (R′) | (R′) 当量 | 温度 | 糖浓度 | α/β 核苷比 | 产率 |
|---|---|---|---|---|---|---|---|
| 二甲苯 | 70:30 α:β - OTs | 胞嘧啶 | 3 | 123℃ | 20% | 1.7:1 | 6% β |
| 二甲苯 | 70:30 α:β - OTs | 胞嘧啶 | 5 | 125℃ | 20% | 1.7:1 | N/D |
| 二甲苯 | 70:30 α:β - OTs | 胞嘧啶 | 10 | 125℃ | 20% | 1.3:1 | 23% β |
| 二甲苯 | 85:15 α:β - OBs | N - 乙酰基 胞嘧啶 | 5 | 110℃ | 20% | 1:1 | N/D |
| 二氯甲烷 | | 胞嘧啶 | 1.5 | 23℃ | | 1:1 | 17% |
| 二氯甲烷 &1，2 - 二 氯乙烷 | | 尿嘧啶 | 2 | - 20℃ | | 1:1 | N/D |
| 二氯甲烷 | | 胞嘧啶 | 3.5 | - 78℃ | | 1.3:1 | 10% |
| 二氯甲烷 | | 5 - F - 尿嘧啶 | 15 | 23℃ | | 1:1 | N/D |

　　针对上述发明专利权，四个请求人分别向专利复审委员会提出了宣告专利权无效的请求，理由之一均涉及本专利权利要求 1 不符合《专利法》第二十六条第四款的规定。

　　四个请求人均认为，根据本专利说明书的表格例可看出，采用权利要求 1 的条件，用至少 1 摩尔当量的核碱与 α 异头物富集的 1 位是磺酰氧基的糖进行 $S_N2$ 亲核取代反应不一定能得到 β 异头物富集的核苷。

此外，第四请求人还认为，本专利说明书披露的实施例无法得出目的产物获得与反应条件之间的规律变化，本领域技术人员无法方便地寻找优选方案。

因此，四个请求人主张所属技术领域的技术人员由本专利说明书给出的信息不能概括得出在权利要求 1 限定的反应原料用量、温度、溶剂等条件下，该方法所制备出的产品均为 β 异头物富集的核苷。权利要求 1 得不到说明书的支持，不符合《专利法》第二十六条第四款的规定。

对此，专利权人认为：权利要求 1 请求保护的技术方案在说明书中有清楚的描述，说明书提供了 58 个实施例以及 3 个表格例来教导本领域技术人员如何优化反应条件，其中包括碱当量的范围、温度范围、溶剂范围、离去基等。说明书中已经给出了充分的教导如何立体选择性地制备二氟核苷，从而使 β - 异头物富集的二氟核苷的比例得以提高。

专利复审委员会最终以所有权利要求不符合《专利法》第二十六条第四款的规定为由，作出宣告第 93109045.8 号发明专利权无效的第 9525 号无效宣告请求审查决定。

在该决定中，合议组首先确定了以下的判断方法作为审查的依据："权利要求要求保护的技术方案通常由说明书的一个或多个实施方式或实施例概括而成。如果所属技术领域的技术人员根据说明书的教导并考虑本领域普通技术知识，仍然需要进行大量的反复实验或者过度劳动才能确定权利要求概括的除实施例以外的技术方案能否实现，那么权利要求的概括超出了说明书公开的范围，不能得到说明书的支持。"

其次合议组从以下三个方面进行了阐述：① 根据说明书的描述，影响所述立体选择性方法的因素较多，而且这些因素相互影响、相互制约，尤其是在核碱过量程度和原料糖 α 异头物富集程度比较低的情况下，存在过多无法预见产物 β 异头物是否富集的情形，虽然在以某一个具体的点为基础的条件下，均有可能制备得到 β 异头物富集的二氟核苷，但权利要求请求保护的是一个范围，在这一范围内，各种反应条件的排列组合无穷，而且说明书的表 1、表 2 也说明了并非所有组合均能制备得到 β 异头物富集的二氟核苷，所属领域技术人员仍然需要进行大量的反复实验或者过度劳动才能从各种反应条件，尤其是糖中 α 异头物的富集程度、溶剂、温度和核碱的当量比的各种排列组合中筛选出能够实现权利要求 1 所要保护的技术方案；② 权利要求 1 将能够解决本发明技术问题的技术方案以及不能够解决本发明技术问题的技术方案全部概括成要求保护的技术方案，使得所属领域技术人员根据说明书的教导并考虑本领域普通技术知识，仍然需要进行大量的反复实验或者过度劳动才能实现权利要求所要保护的技术方案；③反应条件优化的前提是在可以解决本发明技术问题的技术方案中寻找优选的技术方案，而不应当是要求所属领域技术人员进行大量的反复实验或者过度劳动从本发明保护范围内筛选出能够解决本发明技术问题的技术方案。因此，权利要求 1 的概括超出了说明书公开的范围。

【案例评析】

如果说明书中披露的部分实施例达不到发明目的或发明效果时，应当认为该权利要求没有得到说明书的支持。

具体到本案，发明要达到的技术效果是提高二氟核苷中 β 异头物的比例至大于 1:1，所采用的技术方案可以概括为：① 采用 1 位为磺酰氧基取代的 α 异头物富集的糖和至少 1mol 当量的核碱作为反应原料；② 采用适宜溶剂；③ 反应温度为约 170℃ ~ -120℃。专利说明书给出了 104 组数据，其中 58 个实施例均能够得到 β 异头物与 α 异头物之比大于 1:1 的核苷，但表格例中有

11 组数据的 β 异头物与 α 异头物之比小于或等于 1∶1，不能达到制得 β 异头物富集的核苷的发明效果，而该 11 组数据中的反应原料、溶剂、温度、核碱的结构均落入权利要求 1 记载的技术特征的范围内。

本案的核心问题在于这 11 组数据的存在是否说明本专利的权利要求书不符合《专利法》第二十六条第四款的规定。

专利复审委员会在决定中全面考虑了本专利说明书记载的内容后认为，权利要求 1 中确实存在较多 β 异头物富集的立体选择性方法，例如实施例 1~58 和若干表格例的方法，但是也应该看到，由说明书给出的描述和表格例中给出的 β 异头物不富集的实施方式表明，在权利要求 1 所概括的较宽泛范围中，还存在过多无法预见其产物是否为 β 异头物富集的情形，固然，所属技术领域的技术人员可以确定说明书公开的少数非 β 异头物富集的实施方式不在权利要求 1 的保护范围之内，但是要想通过实验选择其中所有的非 β 异头物富集的实施方式却需要进行大量的反复实验或者过度劳动才能实现。因此，只要说明书中公开的部分实施例或实施方式不能达到发明目的或发明效果，却又被概括纳入权利要求书的保护范围，则应当认为该权利要求得不到说明书的支持。

此外，复审请求审查决定中还阐述了这样一种观点，即，所属领域技术人员根据说明书的教导并考虑本领域普通技术知识，仍然需要进行大量的反复实验或者过度劳动才能实现的权利要求所要保护的技术方案，得不到说明书的支持。然而，这种"大量的反复试验或者过度的劳动"的观点，并没有出现在我国的相关的法律法规部门规章之中，在实践中常常引起争议。

实际上，上述观点是对国外专利审查制度的借鉴。欧洲申诉委员会认为，当所属技术领域的技术人员必须通过反复试验或试错法（by trial and error）才能确定其具体选择（particular choice of numerous parameters）是否能够达到满意效果时，这种试验就构成过度劳动（T 32/85 Case Law 2006 年第 5 版第 177 页）。《美国专利审查程序手册》中指出，在确定是否构成过度劳动时至少需要考虑以下因素：① 权利要求的范围；② 发明的性质；③ 现有技术的状态；④ 普通技术人员的水平；⑤ 本领域的可预测性水平；⑥ 发明人提供的信息量；⑦ 实际完成的实施例（working example）；⑧ 基于说明书的内容制备或使用发明所需要的实验数量。

在我国的审查实践当中，尤其是对于化学领域的发明创造来说，由于这一学科的试验性强而可预测性较低，条件稍微变化对于物质结构或性能的影响往往都是所属领域技术人员难以预测的，因此当说明书给出的实施例或实施方式较少，而权利要求概括的范围较宽时，通常需要付出非合理范围内的"过度劳动"甚至创造性劳动，才能确定权利要求书概括的整个范围是否能够解决说明书中所述的技术问题。因此，虽然未在专利法律法规中明确规定，但上述"大量的反复试验或者过度的劳动"的观点可以认为是"不能由本领域技术人员根据说明书合理预测"的一种具体解释，是在化学领域发明专利审查中普遍存在的一种情形。因为权利要求允许概括的范围是所属技术领域的技术人员能够"合理预测"或者按照"常规试验容易确定"的范围。"合理预测"的范围应当理解为所属技术领域的技术人员根据说明书的记载，结合其所具有的普通技术知识，能够预见权利要求所保护的技术方案都能够实现。"常规试验容易确定"的范围应当理解为所属技术领域的技术人员根据说明书公开的实施方案，通过简单的常规试验即可实现权利要求的技术方案。当超出此种"合理预测"或者"常规试验容易确定"的范围，即需要大量反复试验或者过度劳动才能实现技术方案时，由于专利权人并没有给出明确的、毫无疑义的指引，其效果难以预先合理判断，应当认为

权利要求没有得到说明书的支持。（撰稿人：朱 芳）

【案例4】 一种以 20（S）－原人参二醇为有效成分的抗癌辅助药物及应用（第 10423 号无效宣告请求审查决定）

2007 年 8 月 28 日，专利复审委员会作出的第 10423 号无效宣告请求审查决定，涉及名称为"一种以 20（S）－原人参二醇为有效成分的抗癌辅助药物及应用"的 02146549.1 号发明专利权。

本专利授权公告的权利要求 1 的内容如下：

"1. 20（S）一原人参二醇在制备增强抗癌药物疗效的药物中的应用，它具有以下结构：

"

请求人主张权利要求 1 不符合《专利法》第二十六条第四款的规定，认为说明书仅仅证明了 20（S）－原人参二醇对环磷酰胺具有增效作用，但抗癌药物或化疗药物的范围远大于环磷酰胺，因此权利要求 1 中的"增强抗癌药物疗效"概括了一个过宽的范围，权利要求 1 得不到说明书的支持，不符合《专利法》第二十六条第四款的规定。

专利权人认为：环磷酰胺治疗肿瘤的动物模型是考察抗癌辅助药物疗效和评价药物对白细胞减少症防治效力的经典动物模型，在使用该模型证明治疗效果的基础上，本领域技术人员可以确信 20（S）－原人参二醇具有抗癌辅助治疗效果以及升高白细胞的作用，而且这样的效果不限于对环磷酰胺的辅助效果；20（S）－原人参二醇可以显著提高生物反应调节剂 IL－2 水平，而生物反应调节剂与抗癌药物的配合可以肯定地提高抗癌药物的疗效并减轻不良反应。本专利不仅从增效功能的直接指标证明了本专利的效果，而且从作用机理上揭示了这些治疗效果。因此，权利要求 1 完全可以得到说明书的支持，符合《专利法》第二十六条第四款的规定。

针对上述争议焦点，专利复审委员会本案合议组认为：本专利说明书证明了 20（S）－原人参二醇可以显著增加机体淋巴细胞增殖、NK 细胞活性、IL－2 水平等，而所属技术领域的技术人员已知 IL－2 是一种公知的生物反应调节剂，生物反应调节剂能够增强、调节和恢复机体免疫应答，并且与抗癌药物配合可以肯定提高疗效并减轻其不良反应。由于 20（S）－原人参二醇提高 IL－2 的水平是肯定的，并且属于其本身内在的药理作用，因此，所属技术领域的技术人员能够预见到，其通过提高 IL－2 水平来增强抗癌药物的疗效并减轻其不良反应的作用不会由于抗癌药的不同而发生改变，应该适用于所有抗癌药而不仅仅局限于具体的药物环磷酰胺。因此，合议组对请求人提出的本专利权利要求 1 不符合《专利法》第二十六条第四款的规定的主张不予支持。

**【案例评析】**

本案同样涉及了用上位概念概括的权利要求是否能够得到说明书支持的问题。专利说明书的具体实施方式部分证明了 20

（S）－原人参二醇对环磷酰胺具有增效作用，但权利要求请求保护 20（S）一原人参二醇在制备增强抗癌药物疗效的药物中的应用。由于"抗癌药物"属于"环磷酰胺"的上位概念，判断其是否能够得到说明书的支持时，应当考虑所属技术领域的技术人员是否有理由怀疑该上位概念所包含的一种或多种下位概念不能解决发明所要解决的技术问题，并达到相同的技术效果。

在判断上述问题时，应该注意以下两个方面：一是应该考虑说明书公开的全部内容，而不是限于具体实施方式或实施例的内容；二是除了要考虑说明书记载的内容之外，还应该参照与之相关的常用技术知识。

在本案中，权利要求 1 要求保护 20（S）－原人参二醇在制备增强抗癌药物疗效的药物中的应用，说明书提供的增效作用实验仅仅表明 20（S）－原人参二醇能够增强环磷酰胺药物的疗效，对于其他的抗癌药物，说明书中并没有提供证明 20（S）－原人参二醇能够增强疗效的实验证据。由于抗癌药物品种繁多，各个抗癌药物的结构和作用机理也存在较大差异，因此如果单独依据说明书提供的增效作用实验，可能会得出权利要求书概括的范围过宽的结论。但事实上，说明书除了提供了增效作用实验外，还提供了 20（S）－原人参二醇对荷瘤小鼠 IL－2 活性影响的实验，该实验表明对小鼠给药 20（S）－原人参二醇后，小鼠体内产生的 IL－2 的量明显增加。由于所属技术领域的技术人员知道 IL－2 是一种公知的生物反应调节剂，其与抗癌药物（不限于某一种具体的抗癌药物）配合可以肯定提高抗癌药物的疗效，因此根据说明书记载的内容，所属技术领域的技术人员可以认定 20（S）－原人参二醇具有增强所有"抗癌药物"疗效的作用，而不限于仅仅增强"环磷限胺"的疗效。

综上所述，权利要求 1 中上位概括"增强抗癌药物疗效"能够得到说明书的支持。（撰稿人：李人久）

## 2. 并列选择

**【案例1】** 一种美容药（第 9510 号复审请求审查决定）

2006 年 11 月 22 日，专利复审委员会作出第 9510 号复审请求审查决定。本决定涉及名称为"一种美容药"的 01117762.4 号发明专利申请。

经过实质审查，国家知识产权局专利实质审查部门驳回了本申请。驳回决定所针对的权利要求的内容为：

"1. 一种用于治疗面部疤痕、凹洞、增生瘤的化妆美容药，其特征在于是由下列重量配比的中药材组成：冬虫夏草 10g、薄荷 30g、红花 20g、骨粉 50g、当归 6g、白芷 4g、维生素 C0.5g、维生素 E0.5g、维生素 0.5g。"

复审请求人对上述驳回决定不服，向专利复审委员会提出复审请求。经审查，合议组在"复审通知书"中指出：本申请仅证明了其产品对凹洞治疗有效，而疤痕和增生瘤的机理以及疾病表现与凹洞不同，所以在没有证据表明该产品可用于治疗面部疤痕、增生瘤的情况下，仅通过该产品可用于对凹洞产生美容作用的实施例，所属技术领域的技术人员难以预见到其对疤痕、增生瘤都有治疗效果，也难以预见到其可用于所有其他化妆美容目的，所以权利要求 1 不符合《专利法》第二十六条第四款的规定。

针对上述"复审通知书"，复审请求人修改了权利要求书，修改后的权利要求内容如下：

"1. 一种治疗面部凹洞的化妆美容药，其特征在于是由下列重量配比的中药材组成：冬虫夏草 10g、薄荷 30g、红花 20g、骨粉 50g、当归 6g、白芷 4g、维生素 C 0.5g、维生素 E 0.5g、维生素 $B_2$ 0.5g。"

针对修改后的申请文件，合议组作出了撤销驳回决定的复审请求审查决定。

**【案例评析】**

驳回决定所针对的权利要求 1 属于并列选择的概括方式，对于此类权利要求是否符合《专利法》第二十六条第四款的规定，应当审查以并列选择方式概括的权利要求中的各个技术方案是否都能解决发明所要解决的技术问题，并达到相同的技术效果。如果所属领域的技术人员有理由怀疑并列技术方案中所包含的一种或多种选择方式不能解决发明专利申请所要解决的技术问题，或达不到相同的技术效果，则应当认为该权利要求没有得到说明书的支持。

本案中，驳回决定所针对的权利要求 1 中实际上包含三个并列的技术方案，即一种用于治疗面部疤痕化妆美容药、一种用于治疗面部凹洞的化妆美容药、一种用于治疗面部增生瘤的化妆美容药。从本申请说明书记载的内容来看，其中记载的实施例只有用本申请所述的化妆美容药可治疗美容面部凹洞，没有记载该美容药对面部疤痕和增生瘤也有治疗美容作用的实施例。面部疤痕、增生瘤的机理以及疾病表现与凹洞不同，所以在没有证据表明本申请的美容药可用于治疗面部疤痕、增生瘤的情况下，仅通过对面部凹洞治疗产生美容作用的实施例，所属技术领域的技术人员难以预见到其对疤痕、增生瘤都有治疗效果，也难以预见到其可用于所有其他化妆美容目的，所以驳回决定所针对的权利要求 1 的并列概括包含了不能解决该发明所述的技术问题、达不到相同技术效果的技术方案，因此得不到说明书的支持，不符合《专利法》第二十六条第四款的规定。（撰稿人：李金光）

**【案例 2】 抗溃疡药物硝酸盐（第 6564 号复审请求审查决定）**

2005 年 6 月 22 日，专利复审委员会作出第 6564 号复审请求审查决定，涉及名称为"抗溃疡药物硝酸盐"的 99803534.3 号发明专利申请。

实质审查程序中，国家知识产权局原审查部门驳回了本专利申请，驳回决定所针对的独立权利要求 1 的内容为：

"1. 选自下列一组化合物的一种或多种成分的硝酸盐：

（A）

（B）

（对该通式化合物的具体限定略）。"

驳回决定认为：说明书公开了制备得到（B）类化合物的硝酸盐，并验证了其具有改善的胃保护活性，然而，对于（A）类化合物，不仅没有制备得到（A）类化合物的硝酸盐，也没有任何实验数据表明（A）类化合物的硝酸盐也具有改善的胃保护活性；（A）、（B）两类化合物在结构上的差异是显著的，由（B）类化合物的硝酸盐具有改善的胃保护活性推导不出（A）类化合物的硝酸盐也具有改善的胃保护活性。因此，在没有制备得到（A）类化合物的硝酸盐，并验证其保护活性的基础上，权利要求 1～12 中涉及（A）类化合物的技术方案得不到说明书的实质支持，不符合《专利法》第二十六条第四款的规定。

复审请求人针对上述驳回决定向专利复审委员会提出复审请求，其认为：本领域中成盐是一个简单的变化，在说明书给出一般性步骤，并提供了一定的实施例后，所属技术领域的技术人员完全能实施本发明。实施例列举了（B）类具体化合物及其制备，由于（A）和（B）类化合物具有共同的化学特征，即它们都是胺，因此它们的成盐具有一定的相似性。此外，在本申请的实质审查阶段，复审请求人曾提供了有关奥美拉唑（其属于（A）类化合物，并且是一种公知的市售产品）硝酸盐的制备和作用的附件，目的是要证明，虽然说明书中没有关于（A）类化合物硝酸盐的实施例，但所属技术领域的技术人员在说明书的基础上通过成盐来制备（A）类化合物的硝酸盐是毫无困难的，同时，（A）类化合物与（B）类化合物虽然结构上存在差异，但它们均是胺，并且可以视为抗酸分泌的化合物。在（B）类化合物硝酸盐具有改善的胃保护活性的基础上，完全能推断（A）类化合物硝酸盐具有改善的胃保护活性，因此，独立权利要求1及其从属权利要求符合《专利法》第二十六条第四款的规定。

经审查，合议组向复审请求人发出"复审通知书"，认为，就驳回决定所针对的权利要求书而言，本申请所要解决的技术问题是，在溃疡和胃消化不良的治疗中提供改善的胃保护活性，同时提供抗酸分泌性，其解决技术问题的手段是（A）类化合物和（B）类化合物与硝酸盐成盐得到（A）和（B）两类化合物的硝酸盐，但说明书提供的实验证据仅仅涉及西咪替丁和雷尼替丁的硝酸盐（它们均属于（B）类化合物的硝酸盐）具有改善的胃保护活性，而没有提供实验证据表明（A）类化合物的硝酸盐也同样具有改善的胃保护活性；另外，由于（A）和（B）这两类化合物的化学结构不同，抗溃疡机理也不同，因此所属技术领域的技术人员也难以由属于组胺 $H_2$ 受体阻滞剂的（B）类化合物的硝酸盐具有改善的胃保护活性来推知属于 $H+/K+$ ATP 酶抑制剂的（A）类化合物的硝酸盐也同样具备改善的胃保护活性。据此，合议组认为，权利要求1中所要求保护的（A）类化合物的硝酸盐的改善的胃保护活性效果难于预先确定和评价，包含了申请人推测的内容，这种概括得不到说明书的支持，不符合《专利法》第二十六条第四款的规定。

针对"复审通知书"，复审请求人提交了新的权利要求书，删除了所有权利要求中关于（A）类化合物硝酸盐的技术方案，因此克服了权利要求书中关于（A）类化合物的硝酸盐的技术方案得不到说明书支持的缺陷。另外，由于说明书中不仅公开了（B）类化合物（西咪替丁、雷尼替丁）的硝酸盐的制备方法和制备实施例，而且还提供了实验数据证明（B）类化合物具有改善的胃保护活性，因此，权利要求书中关于（B）类化合物的硝酸盐的技术方案能得到说明书的支持。

【案例评析】

本案驳回决定所针对的权利要求包括了并列选择的（A）、（B）两类化合物的硝酸盐。根据说明书的记载，现有技术中治疗溃疡的药物是具有抗酸分泌作用的化合物，其缺陷在于它们的胃保护活性差，患者用药后经常出现消化不良现象。发明所要解决的技术问题是，在溃疡和胃消化不良的治疗中提供抗酸分泌性的同时，还提供改善的胃保护活性。

说明书中仅仅记载了西咪替丁和雷尼替丁的硝酸盐的制备方法和制备实施例，以及证明它们具有改善的胃保护活性的实验数据。由于西咪替丁和雷尼替丁均具有（B）类化合物的结构，因此，所属技术领域的技术人员根据说明书中公开的西咪替丁和雷尼替丁的硝酸盐具有改善的胃保护活性，能够预期上位概括的（B）类化合物的硝酸盐能够解决发明所要解决的技术问题，并达到相同的改善胃保护活性的技术效果。

　　然而，对于（A）类化合物，因其结构与（B）类化合物不同，虽然二者均属于抗酸分泌剂，但如说明书所述，现有技术中很多具有抗酸分泌性的化合物的胃保护活性差。因此，在说明书中没有记载关于（A）类化合物的硝酸盐具有改善的胃保护活性的实验数据的情况下，所属技术领域的技术人员难以由（B）类化合物的结构以及（B）类化合物的硝酸盐改善的胃保护活性来推测（A）类化合物的硝酸盐同样具有改善的胃保护活性，也无法由（A）类化合物的抗酸分泌性来推测（A）类化合物的硝酸盐具有改善的胃保护活性。因此，权利要求1的概括包含了申请人推测的内容，而其效果又难于预先确定和评价，应当认为这种概括超出了说明书公开的范围。

　　综上所述，驳回决定所针对的权利要求1，由具体化合物（西咪替丁和雷尼替丁的硝酸盐）具有改善的胃保护活性能够概括得出上位概括的（B）类化合物的硝酸盐也具有改善的胃保护活性，但是却不能概括得出用并列选择方式概括的结构不同的另一类（A）类化合物的硝酸盐也能解决发明要解决的技术问题，并达到与（B）类化合物的硝酸盐相同的改善胃保护活性的技术效果，因此该权利要求没有得到说明书的支持。（撰稿人：朱　芳）

## 二、功能性限定

【案例1】　带有电缆通信电路的微处理机卡（第10869号复审请求审查决定）

　　2007年6月15日，专利复审委员会作出第10869号复审请求审查决定。该决定涉及名称为"带有电缆通信电路的微处理机卡"的99802445.7号发明专利申请。

　　复审请求审查程序启动后，合议组审查所针对的权利要求1的内容为：

　　"1. 一种具有微处理机（10）和触针（22）的卡（30），其中微处理机（10）借助于通信装置（40）与终端（20）进行通信，通信装置（40）以硬接线电路的形式安置在触针（22）与微处理机（10）之间，并且随着被传输的信号的完整性的校验根据异步通信协议进行操作，其特征在于：所述的通信装置（40）包括一个装置，该装置根据接收的信号的完整性把至少一项信息返回到终端（20）。"

　　合议组发出"复审通知书"指出：本申请对现有技术作出的贡献在于使用了说明书中特定的通信装置，从而实现微处理机可抽出时间用于其他一些任务，而且也可以留出存储器的容量用于这类其他的任务，该特定的通信装置包括分析电路（34）、校验电路（36）、地址或数据的确定电路（38）、第一寄存器（42）、第二寄存器（44）、命令确认电路（52）、第三寄存器（46）和传输电路（48）。权利要求1中仅仅使用了功能性限定的方式描述了所述的通信装置，对于所属技术领域的技术人员来说，除本申请说明书中已经明确公开的"通信装置"的组成部件及其连接方式外，不清楚此功能还可以采用说明书未提到的其他替代方式来完成，以及如何应用这些替代方式。因此，权利要求1不恰当地使用功能性限定概括了一个较宽的保护范围，不符合《专利法》第二十六条第四款的规定。

　　随后，复审请求人对上述权利要求1进行了修改，但依然不满足《专利法》第二十六条第四款的规定。

　　最终，合议组作出复审请求审查决定，维持了驳回决定。

**【案例评析】**

　　本案涉及含有功能性限定的权利要求能否得到说明书支持的判断。功能性限定的技术特征应当理解为覆盖了所有能够实现所述功能的实施方式。因此，判断功能性限定的技术特征是否能得到说明书支持的关键在于，说明书公开的信息是否足以使所属技术领域的技术人员概括得出这种较大范围的权利要求。

若权利要求限定的功能在说明书中只是以特定的方式完成，所属技术领域的技术人员不能确定该功能所覆盖的其他方式也能解决发明的技术问题，达到相同的效果，则权利要求不能被允许。

对于发明对现有技术作出贡献的部分，说明书应当尽可能多地给出具体实施例，以支持权利要求的技术方案，如果所属技术领域的技术人员依然难于由这些实施方式想到实现该功能的其他方式，或不能确定其他方式能够解决相同的技术问题，达到预期的技术效果，则说明书中公开的实施方式依然是特定的。

本案的发明专利申请对现有技术作出的贡献在于使用特定的通信装置，实现了微处理机可抽出时间用于其他一些任务，且可以留出存储器的容量用于这类其他任务，而现有技术中并不存在这样的通信装置。从发明能够实现的角度来看，说明书也公开了该特定通信装置包括：分析电路（34）、校验电路（36）、地址或数据的确定电路（38）、第一寄存器（42）、第二寄存器（44）、命令确认电路（52）、第三寄存器（46）和传输电路（48）。权利要求1没有限定通信装置包括的具体部件、电路等，而使用了"该装置根据接收信号的完整性把至少一项信息返回到终端"的功能性限定，对于所属技术领域的技术人员来说，除说明书明确公开的"通信装置"外，不清楚权利要求限定的功能还可以采用其他替代方式来完成，以及为了解决发明的技术问题，如何应用这些替代方式。因此，含有该功能性限定的权利要求1得不到说明书支持。（撰稿人：孙治国　张梅珍　崔哲勇）

【案例2】　用于扫描光记录载体的装置（第10494号复审请求审查决定）

2007年4月25日，专利复审委员会作出第10494号复审请求审查决定。该决定涉及名称为"用于扫描光记录载体的装置"的 99801371.4 号发明专利申请。

在复审程序中，经复审请求人修改后的独立权利要求 1 的内容为：

"1. 一种用于扫描其上具有沿记录道分布的可用光学方式检测之标记的光学记录载体的装置，该装置包括用于发射辐射束的一个辐射源、用于将辐射束引导到所说记录载体上的一个物镜系统和用于从所说记录载体接收辐射的一个辐射敏感检测系统，所说检测系统包括设置在分界线两侧的至少两个检测器，每个检测器具有用于产生检测器信号的一个输出端，该装置还包括用于根据来自每个检测器的检测器信号生成聚焦误差信号的一个电子电路，其特征在于，所说电子电路用于确定在来自每个检测器的检测器信号与在具有一个第一范围内的空间频率的多个标记上的辐射束通路有关的预定部分之间的第一时间或相位差，和在来自每个检测器的检测器信号与在具有在一个不同的、第二范围内的空间频率的多个标记上的辐射束通路有关的预定部分之间的第二时间或相位差，该电路进一步用于根据所说第一时间或相位差和第二时间或相位差之差来生成所说聚焦误差信号。"

经过审查，合议组向复审请求人发出"复审通知书"，指出：权利要求 1 特征部分中有关"电子电路"的特征概括了一个较宽的保护范围，导致该权利要求 1 得不到说明书的支持，不符合《专利法》第二十六条第四款的规定。

复审请求人提交了"意见陈述书"，认为本申请说明书中提供了附图 4 未示出的至少三个额外的实施例，每一个实施例均能取得本发明的效果，并且可以被所属技术领域的技术人员容易地实现，因此，权利要求 1 能够得到说明书的支持。复审请求人未修改权利要求书。

最终合议组作出第 10494 号复审请求审查决定，认定权利要求 1 特征部分记载的内容仅仅表述了电子电路所实现的功能。根据说明书记载的内容，权利要求 1 特征部分限定的"电子电路"的功能是以说明书实施例中记载的特定方式完成的，即采用具有附图 4 中所描述的电子电路结构来实现本申请的发明目的，所属技术领域的技术人员难于预见此功能还可以采用说明书中未提到的其他替代方式来完成，并且均能解决发明的技术问题，达到相同的技术效果。

针对复审请求人的意见陈述，复审决定指出，尽管说明书中给出了产生聚焦误差信号的几种替代实施方式，但是这些电子电路的实施方式也都是以附图 4 中描述的电子电路为基础的，仍然局限于附图 4 所示的特定技术思路，不能扩展到上述权利要求 1 所限定的功能性描述。

因此，权利要求 1 得不到说明书的支持，不符合《专利法》第二十六条第四款的规定。

【案例评析】

本案的权利要求同样包含功能性限定的技术特征，但说明书却只记载了以特定的方式完成其发明。所属技术领域的技术人员难于预见此功能还可以采用说明书之外的其他替代方式来完成，并且能解决发明的技术问题，达到相同的技术效果。

复审请求人认为说明书中提供了附图 4 未示出的至少三个额外的实施例，因此，权利要求 1 能够得到说明书的支持。而合议组认为，尽管说明书中给出了产生聚焦误差信号的几种替代实施方式，但是这些电子电路的实施方式也都是以附图 4 中描述的电子电路为基础的，仍然局限于附图 4 所示的特定技术思路，权利要求可以在此基础上概括出适当的一类限定，但不能将其扩展到权利要求所限定的功能性描述。

因此，虽然说明书针对权利要求中以功能性限定的技术特征给出了多个实施方式或实施例，但若这些实施方式或实施例均属于该功能性限定特征所覆盖的某一个特定技术构思，则多个实施方式或实施例所给出的技术教导也仍然局限于一个较窄的技术范畴之内，将其直接认定为非特定方式也是不妥的。第 10494 号复审请求审查决定即能反映上述观点。（撰稿人：武　磊　张梅珍　崔哲勇）

【案例 3】　投影型显像装置（第 9706 号复审请求审查决定）

2006 年 12 月 15 日，专利复审委员会作出第 9706 号复审请求审查决定。该决定涉及名称为“投影型显像装置”的 01117090.5 号发明专利申请。

国家知识产权局原审查部门驳回了本申请，其中驳回理由包括权利要求 6 的内容不符合《专利法》第二十六条第四款的规定。驳回决定所针对的权利要求 6 的内容为：

“6. 一种投影型显像装置，包括

用于产生并投射光线的光源；

用于偏振传输由光源发射的光线的偏振装置；

用于从入射光产生图像并反射所产生的图像的反射型成像装置，

设置在偏振装置和成像装置之间的光学路径上的偏振光束分离器，用于根据偏振方向改变入射光的传播路径；

光折射装置，用于折射由成像装置反射的并穿过偏振光束分离器的图像；以及

投影透镜，用于放大并传输由光折射装置折射的图像以向一屏幕传播；

其中光折射装置包括：

第一光折射装置，用于初级折射并传输被成像装置反射的图

像；以及

第二光折射装置，其布置成与第一光折射装置相邻，用于折射并传输穿过第一折射装置的光线。"

驳回决定认为：本申请的目的是利用光折射装置来改善解析度，而该目的是通过由电极板、电源、液晶等构成的光折射装置来实现的，对此，说明书只提供了一个实施例，公开了一种具体的光折射装置，在此基础上，所属技术领域的技术人员难以预料权利要求 6 的功能性概括中除其实施例之外的所有方式均能达到本申请的目的。

复审请求人对上述驳回决定不服，向专利复审委员会提出复审请求。复审请求人认为，权利要求所限定的电学式光折射装置对于所属技术领域的技术人员来说是可以通过很多方式来实现，而不仅仅是说明书具体实施例中给出的例子。

经审查，合议组认为：

权利要求 6 请求保护一种投影型显像装置，其中包含功能性限定的技术特征，即，"光折射装置，用于折射由成像装置反射的并穿过偏振光束分离器的图像"；"其中光折射装置包括：第一光折射装置，用于初级折射并传输被成像装置反射的图像；以及第二光折射装置，其布置成与第一光折射装置相邻，用于折射并传输穿过第一折射装置的光线"。

说明书实施例中记载了一种具有特定结构的光折射装置，即，该光折射装置是一种电学式光折射装置，其由第一、第二光折射装置组成，每个光折射装置都包括两个电极板、设置在这两个电极板之间的液晶以及电源，通过第一、第二光折射装置的通、断电而使光沿不同的光学路径折射。

对于这种概括，所属技术领域的技术人员有理由怀疑该功能性限定所包含的一种或几种方式不能解决要解决的技术问题，并达到相同的效果。比如，用两个沿光轴设置的透镜来代替本申请的电学式光折射装置，使第一透镜用于初级折射并传输被成像装置反射的图像，使第二透镜与第一透镜相邻，用于折射并传输穿过第一透镜的光线。但这样的由两个透镜构成的光折射装置并不能解决本申请所要解决的利用光折射装置来改善解析度的问题，并达到提高光利用效率的效果。

也就是说，并非能够实现权利要求限定的功能的所有光折射装置都能解决本申请所要解决的技术问题，并达到相同的效果。因此，权利要求6没有以说明书为依据，不符合《专利法》第二十六条第四款的规定。

【案例评析】

权利要求中包含的功能性限定的技术特征，应当理解为覆盖了所有能够实现所述功能的实施方式。因此，权利要求6中的"光折射装置"应当包括所有实现其中所述功能的光折射装置。对于权利要求的这种功能式限定，应当包括多种实现方式，但只有在其覆盖的所有等同替代方式或者明显变形方式都能够解决发明的技术问题，达到相同的效果时，才是被允许的。

如果所属技术领域的技术人员能够了解权利要求限定的功能只能以说明书公开的特定方式完成，则权利要求的限定是不适当的；特别是所属技术领域的技术人员有理由怀疑该功能性限定所包含的一种或几种方式不能解决发明或者实用新型所要解决的技术问题，并达到相同的技术效果，则权利要求得不到说明书的支持。

本案中，合议组在说明书只公开了一种具体实施方式的情况下，结合所属技术领域的技术人员具备的知识和能力，对权利要求6的功能性限定提出了明确的质疑，并列举了该功能性限定所涵盖的不能解决改善解析度的技术问题、并达到相同的效果的实例；而复审请求人没有充分的理由和证据反驳合议组的质疑，特别是没有充分的理由和证据反驳列举出的实例。因此，包含该功能性限定的权利要求得不到说明书的支持，不符合《专利法》第二十六条第四款的规定。（撰稿人：崔哲勇）

【案例4】 远程通信系统、编译控制程序的设备和代码产生方法（第 13328 号复审请求审查决定）

2008 年 4 月 28 日，专利复审委员会作出第 13328 号复审请求审查决定。该决定涉及名称为"远程通信系统、编译控制程序的设备和代码产生方法"的 97191730.2 号发明专利申请。

针对本申请，国家知识产权局原审查部门作出驳回决定，驳回决定所针对的独立权利要求 1 的内容为：

"1. 一种远程通信系统，包括一个分布式控制系统，该分布式控制系统包括多个互连的计算机和用于编译计算机控制程序的设备，该编译设备包括：

用于当前系统操作参数的存储器；和

具有第一部分和第二部分的编译器，

第一部分用于（a）对初始源程序中的注释进行响应，注释包括所要求的系统操作的具体规范，这种响应是通过访问来自于存储器的适当的系统操作参数，评估所要求的系统操作是否被初始源程序满足，且在得到负面评估结果时，产生适当的附加源程序语句和编译器指令，并通过将附加源程序语句和编译器指令合并到初始源程序中来产生修改后的源程序，和（b）第二部分用于响应初始源程序中的可执行语句，或在上述得到负面评估结果的时候对修改后的源程序进行响应以产生可执行代码。"

驳回决定认为：权利要求 1 请求保护的远程通信系统记载了包括"具有第一部分和第二部分的编译器"以及编译器的第一部分所能完成的功能，但是并不清楚编译器的第一部分（即预编译器）是怎样来完成这样的功能的，即不清楚能够实现上述功能的预编译器的具体结构，因而导致权利要求 1 不符合《专利法实施细则》第二十条第一款的有关规定。

复审请求人对上述驳回决定不服，向专利复审委员会提出了复审请求。审查过程中，复审请求人修改了权利要求，修改后的独立权利要求 1 的内容为：

"1. 一种远程通信系统，包括一个分布式控制系统，该分布式控制系统包括多个互连的计算机和用于编译计算机控制程序的设备，该编译设备包括：

系统数据存储器，用于存储系统数据；

预编译器；

编译器；

源代码存储器，用于存储源程序；以及

可执行代码存储器，用于存储由该编译器产生的可执行代码；

该预编译器可操作用以对在该源代码存储器中存储的初始源程序中的注释进行检查，以找到一个或多个所要求的系统操作的具体规范，以及对于这样找到的具体规范或每一个具体规范，访问该系统数据存储器中当前存储的相应的系统数据，评估所要求的系统操作能否被初始源程序满足，且在得到负面评估结果时，产生适当的附加源程序语句和编译器指令，并通过在其中合并所述附加源程序语句和编译器指令来修改该源程序，以及

该编译器在该预编译器的操作之后可操作用以响应在该源代码存储器中当前存储的该源程序中的可执行语句，产生可执行代码以及将这样产生的可执行代码存储在该可执行代码存储器中。"

复审请求人认为：① 由于修改后的权利要求 1 清楚地限定了编译设备包含的各个部件，从而清楚地限定了编译设备的结构特征；② 关于预编译器，尽管在权利要求 1 中采用了一些功能性描述，但作为编译器的结构，可以通过软件实现，只要提供相

应的功能描述，所属技术领域的技术人员都可以设计出相应的编译器结构，因此权利要求 1 的保护范围是清楚的。

在上述工作的基础上，专利复审委员会作出了撤销驳回决定的第 13328 号复审请求审查决定，决定的主要内容是：

① 关于功能性限定的法律适用。本申请的实质审查程序和复审审查程序经历了《审查指南 2001》的修改交替过程。因"功能性限定"的相关法律适用在两版审查指南中发生了变化，并且《审查指南 2006》过渡办法规定，2006 年 7 月 1 日之前提出的专利申请和根据该申请授予的专利权，除过渡办法规定的事项之外❶，自 2006 年 7 月 1 日起也适用修订后的《审查指南 2006》的规定。因合议组审查该复审请求以及作出复审决定时，《审查指南 2006》已经实施，虽然实质审查部门依据《专利法实施细则》第二十条第一款作出驳回本申请，但复审决定适用《审查指南 2006》，因此，对包含功能性限定的权利要求，合议组依据《专利法》第二十六条第四款的规定进行审查。

② 本申请权利要求 1 请求保护的远程通信系统中包含预编译器，即编译器的第一部分，在上述权利要求中采用功能性描述的方式对所述预编译器进行了限定。所属技术领域的技术人员都知道，预编译器是编译器的一种，通常依据其功能进行设计，而不是依据其结构进行设计，也即预编译器是以公知的硬件平台为

---

❶　《审查指南 2006》过渡办法规定的事项是指，对 2006 年 7 月 1 日之前提出的申请在处理以下三类事项时适用《审查指南 2001》：① 分案申请改变原申请类别的；② 同一申请人就同样的发明创造提出两件专利申请，为克服不符合《专利法实施细则》第十三条第一款的规定的缺陷而放弃其已经获得的专利权的；③ 在 2006 年 7 月 1 日之前提出的无效宣告请求，其外文证据中文译文的提交以及对其于无效宣告请求之日起一个月后提出的新理由、新证据的审查。

基础，利用软件即计算机程序的方式实现其功能的。对所属技术领域的技术人员来说，只要根据对预编译器相关功能特征描述，就能够设计出实现该功能的预编译程序，从而构成预编译程序，也即预编译器，并且，所属技术领域的技术人员利用该技术领域的惯用编译手段，能够直接且肯定地实现并验证该功能。因此，所属技术领域的技术人员能够从说明书记载的内容中概括得出权利要求 1 的技术方案，该权利要求能够得到说明书的支持。

【案例评析】

本案主要涉及《审查指南 2001》和《审查指南 2006》有关功能性限定审查方式的变化，以及是否允许利用功能特征来限定发明的判定的问题。

对于"功能性限定"，《审查指南 2001》在关于权利要求以说明书为依据和权利要求应当清楚两部分都有涉及，其相关法律条款分别是《专利法》第二十六条第四款和《专利法实施细则》第二十条第一款；而《审查指南 2006》中，将"功能性限定"的内容统一修改至《审查指南》第二部分第二章第 3.2.1 节关于权利要求以说明书为依据一节中，即其相关法律条款只涉及《专利法》第二十六条第四款。对于本案，因其实质审查程序和复审审查程序历经两版审查指南的交替过程，根据《审查指南 2006》过渡办法的规定，该复审请求审查决定首先对"功能性限定"所涉及的变化进行了说明，明确复审程序适用《审查指南 2006》，复审决定根据《专利法》第二十六条第四款的规定作出。

《审查指南 2006》第二部分第二章第 3.2.1 节对"功能性限定"的规定如下："通常，对产品权利要求来说，应当尽量避免使用功能或者效果特征来限定发明。只有在某一技术特征无法用结构特征来限定，或者技术特征用结构特征限定不如用功能或效果特征来限定更为适当，而且该功能或者效果能通过说明书中规定的实验或者操作或者所属技术领域的惯用手段直接和肯定地验证的情况下，使用功能或者效果特征来限定发明才可能是允许的。"

本申请的目的在于将面向对象技术应用到分布式处理中，因此其采用了下述方式：将分布式系统运行时所需的系统操作规范的功能性需求作为面向对象语言的注释域输入，该注释域被常规的编译器忽略，从而可供单处理器使用，当该面向对象语言供分布式系统中的多台计算机使用时，则先利用预编译器执行一个预编译处理，将注释域的系统操作规范数据解释到面向对象语言中，而后由常规的编译器执行常规的编译处理，最终实现将面向对象技术应用到分布式处理中的目的。说明书结合附图 10 ~ 14 介绍了在数据访问过程中预编译器在对象尺寸/数目、利用度、可访问性、安全性、并发性、时间性等方面的编译操作过程。由此可见，只有采用了上述说明书所述预编译器执行预编译处理，才能使面向对象技术应用到分布式处理中；而权利要求 1 请求保护一种远程通信系统，其包含预编译器，并采用功能性描述的方式对所述预编译器进行了限定。

本案审查的关键在于能否利用功能性限定的方式来限定专利申请的预编译器。

所属技术领域的技术人员都知道，编译器是将高级语言书写的程序翻译成等价的机器语言程序或汇编语言程序的处理系统，其是以公知的硬件平台为基础，利用软件方式即以计算机程序实现的，因此编译器也称为编译程序。编译器在逻辑上由分析和综合两大部分组成，并且结构上均采用词法分析器、语法分析器、语义分析器、存储分配器、代码优化器以及代码生成器这六个逻辑结构模块。也就是说，对于编译器而言，其结构都是相同的，因此通常依据其功能进行设计，而不是依据其结构进行设计。预编译器属于编译器的一种，作用为在常规编译器进行编译之前对源文件中的#include、#ifdef、#endif 等预处理指令、宏定义以及注释等进行预先处理。在本案例申请中，预编译器即是对注释进行预先处理，将注释域中的关于系统操作规范的功能性需求的附加源代码加入到初始源代码中，以形成扩展后的目标源代码，其在逻辑上同样由分析和综合两部分组成，结构也是相同的，同样依据其功能进行设计，而不是依据其结构进行设计。

因此，对于以公知硬件为基础而以计算机程序实现的预编译器而言，因为其硬件平台的结构是公知的，仅仅是利用计算机程序来实现编译器的功能，所以采用功能特征限定比采用结构特征限定更为适当。对所属技术领域的技术人员来说，对预编译器相关功能的描述，通常就是对预编译器所执行的计算机程序处理过程的描述。所属技术领域的技术人员根据这种功能描述性语言，就能够将其转换为计算机编程语言形式的预编译程序，从而构成预编译器。因此，对于产品发明的权利要求中是否允许使用功能性限定技术特征，应当考查某一技术特征是否无法用结构特征来限定，或者功能性限定技术特征是否比结构特征更能够合理地概括发明的技术方案，并且该功能或效果是否能通过说明书中规定的实验或者操作或者所属技术领域的惯用手段直接和肯定地验证。（撰稿人：曲　颖　崔哲勇）

## 三、数值范围

【案例 1】　Sm－Fe－N 系列合金粉末及其制造方法（第 10718 号复审请求审查决定）

2007 年 6 月 11 日，专利复审委员会作出第 10718 号复审请求审查决定。该决定涉及名称为"Sm－Fe－N 系列合金粉末及其制造方法"的 98812663.X 号发明专利申请。

国家知识产权局原审查部门以本发明不符合《专利法》第二十六条第四款的规定为由驳回了本申请。驳回决定所针对的独立权利要求 1 和 2 的内容为：

"1. 一种 Sm – Fe – N 系列合金粉末，其特征在于，上述合金粉末是 Sm – Fe – N 系列磁性粉末，它的平均粒径为 0.5 ~ 4μm，以下式中的针状度的粒子平均数值来表示的平均针状度在 80% 以上，矫顽力在 10kOe 以上，剩磁在 100emu/g 以上，

$$针状度 = (b/a) \times 100\%$$

式中，$a$ 是粒子图像中的最长直径，$b$ 是与 $a$ 垂直的最大直径。

2. 一种 Sm – Fe – N 系列合金粉末，其特征在于，上述合金粉末是 Sm – Fe – N 系列磁性粉末，它的平均粒径为 0.5 ~ 4μm，以下式中的圆度的粒子平均数值来表示的平均圆度在 80% 以上，矫顽力在 10.8kOe 以上，剩磁在 94emu/g 以上，

$$圆度 = (4\pi S/L^2) \times 100\%$$

式中，$S$ 是粒子的投影面积；$L$ 是粒子图像的周长。"

驳回决定的主要理由是：独立权利要求 1 和 2 请求保护平均粒径为 0.5 ~ 4μm 的合金粉末，但是说明书实施例部分仅给出了平均粒径 2.0 ~ 2.5μm 时的磁性能，图 4 ~ 7 也仅仅显示了平均粒径为 1.5μm 时磁粉的平均针状度或平均圆度与磁性能之间的关系，因此，所属技术领域的技术人员难于预见平均粒径采用 0.5 ~ 4μm 中除 2.0 ~ 2.5μm 以外的其他数值时，平均针状度或平均圆度与磁性能之间是否也满足权利要求所要求保护的技术方案，是否也能解决其技术问题，并达到相同的技术效果，因而，权利要求 1 和 2 所保护的技术方案实质上得不到说明书的支持。

复审请求人对该驳回决定不服，向专利复审委员会提出复审请求。在复审程序中，复审请求人提交了修改后的权利要求第 1 ~ 7 项，新修改的独立权利要求 1 和 4 的内容如下：

"1. 一种 Sm – Fe – N 系列合金粉末，其特征在于，上述合

金粉末是 Sm－Fe－N 系列磁性粉末，它的平均粒径为 0.6～10μm，以下式中的针状度的粒子平均数值来表示的平均针状度在 80% 以上，矫顽力在 12.5kOe 以上，剩磁在 100emu/g 以上，

$$针状度 = (b/a) \times 100\%$$

式中，$a$ 是粒子图像中的最长直径；$b$ 是与 $a$ 垂直的最大直径。"

"4. 一种 Sm－Fe－N 系列合金粉末，其特征在于，该合金粉末为 Sm－Fe－N 系列磁性粉末，它的平均粒径为 0.6～10μm，以下式中的圆度的粒子平均数值来表示的平均圆度在 80% 以上，矫顽力在 10.8kOe 以上，剩磁在 94emu/g 以上，

$$圆度 = (4\pi S/L2) \times 100\%$$

式中，$S$ 是粒子的投影面积；$L$ 是粒子图像的周长。"

在此基础上，专利复审委员会作出了复审请求审查决定，撤销了驳回决定。该复审请求审查决定认为：

本申请所要解决的技术问题是借助于使合金粉末具有最佳的粒径和粒子形状，提供一种具有高磁力性能，特别是高矫顽力的 Sm－Fe－N 系列合金粉末。由本申请说明书可知，该合金粉末的平均粒径和粒子形状综合决定了合金粉末所能获得的矫顽力和剩磁的大小。平均粒径越接近其单磁区的粒子直径，其矫顽力越高；而平均针状度和平均圆度作为评价粒子形状的参数，数值越接近于 100%，其矫顽力和剩磁就越高。虽然说明书中仅给出粒径分别为 1.5μm、2.0μm、2.5μm、2.8μm 的实施例，但根据说明书中描述的粒径和针状度、平均圆度对矫顽力和剩磁的影响，可知在粒径偏离单磁区的粒子直径时，提高针状度、平均圆度，同样可以达到高矫顽力和高剩磁。因此，通过说明书整体内容可以判断独立权利要求 1 和 4 的技术方案能够解决本申请所要解决的问题，达到预期的技术效果，符合《专利法》第二十六条第四款的规定。

【案例评析】

本案主要涉及当权利要求中限定了某个参数的数值范围，而说明书仅给出离散数值的实施方式时，如何判断权利要求书是否得到说明书支持的问题。

首先，上述权利要求属于一种对数值范围的概括，因此，判断这样的权利要求是否得到说明书的支持，即是判断数值范围的概括是否恰当。也就是由所属技术领域的技术人员在说明书披露的全部内容的基础上，判断权利要求概括得出的技术方案所包含的所有实施方式是否都能解决发明所要解决的技术问题。

就本案而言，专利申请所要解决的技术问题是使合金粉末具有最佳的粒径和粒子形状，以便提供一种具有高磁力性能，特别是高矫顽力的 $Sm-Fe-N$ 系列合金粉末。

关于粒径，本申请的附图3显示了平均针状度为95%以上的 $Sm_2Fe_17N_3$ 合金粉末的平均粒径与矫顽力的关系曲线，所属技术领域的技术人员从该关系曲线以及说明书中对该图的表述可知：合金粉末的平均粒径越接近其单磁区的粒子直径，其矫顽力越高，并且当合金粉末的平均粒径为其单磁区的粒子直径时，该合金粉末的矫顽力达到最高。关于粒子形状，本申请用平均针状度和平均圆度作为评价粒子形状的参数，且平均针状度和平均圆度的数值越接近于100%，粒子的形状就越接近于球状。本申请的附图4~7分别表示了平均粒径为 $1.5\mu m$ 时 $Sm_2Fe_{17}N_3$ 合金粉末的粒子形状与矫顽力和剩磁之间的关系，用于说明合金粉末的平均针状度或平均圆度越高其矫顽力和剩磁就越高。并且当合金粉末的平均针状度为80%以上时，剩磁为102emu/g以上，矫顽力在12.8kOe以上；当合金粉末的平均圆度为80%以上时，剩磁为94emu/g以上，矫顽力在10.8kOe以上。虽然附图4~7是取平均粒径为 $1.5\mu m$ 的单一合金粉末作出的关系曲线，但其只是为了说明对于相同平均粒径的合金粉末，其平均针状度或平均圆度的取值大小对矫顽力和剩磁的影响，很显然所属技术领域的技术人员通过附图 4 ~ 7 和说明书中相应的描述，能够明了对于所有平均粒径的合金粉末来说，均满足合金粉末的平均针状度或平均圆度越高，其矫顽力和剩磁就越高的规律。

此外，本申请的说明书还给出了三个 $Sm^2Fe_17N_3$ 合金粉末的实施例，实施例 1 中合金粉末的平均粒径为 2.5μm，平均针状度为 83%，平均圆度为 87%，矫顽力为 15.8kOe，剩磁为 120emu/g；实施例 2 中合金的粉末的平均粒径为 2.8μm，粒子都具有球的形状，矫顽力为 18kOe，剩磁为 140emu/g；实施例 3 中合金粉末的平均粒径为 2μm，平均针状度为 78%，平均圆度为 81%，矫顽力为 12kOe，剩磁为 102emu/g。从这三个实施例可以看到，实施例 2 中合金粉末的平均粒径虽然比实施例 1、3 更偏离该合金粉末的单磁区粒径（近似 1 ~ 2μm），但是由于实施例 2 中的合金粉末的粒子形状更接近球形，因此实施例 2 中的合金粉末的矫顽力和剩磁更高。另外，虽然实施例 3 中合金粉末的平均粒径在三个实施例中最近似其单磁区粒径，但是由于实施例 3 中的合金粉末的平均针状度和平均圆度比实施例 1 和 2 中的要低，故该合金粉末的矫顽力和剩磁比实施例 1 和 2 中的要低。因此，所属技术领域的技术人员通过这些实施例可以明确知道，合金粉末的平均粒径和粒子形状综合决定了合金粉末所能获得的矫顽力和剩磁的大小。

现在看一下权利要求 1 和 4，其限定 Sm - Fe - N 系列合金粉末的平均粒径为 0.6μm ~ 10μm、平均针状度或平均圆度在 80% 以上。虽然从说明书实施例和附图所描述的信息可知，并不是平均粒径为 0.6μm ~ 10μm、平均针状度或平均圆度在 80% 以上的数值范围内的所有取值的合金粉末的矫顽力和剩磁的取值，一定都在所需要的矫顽力和剩磁的范围中，比如平均粒径为 0.6μm 或 10μm、平均针状度或平均圆度为 80% 的合金粉末。但是根据说明书的上述内容可以得知：合金粉末的平均粒径和粒子形状综合决定了合金粉末所能获得的矫顽力和剩磁的大小。因此在选定平均粒径之后完全可以选择合适的平均针状度或平均圆度，同样可以达到较高的矫顽力和剩磁，例如，对于平均粒径为 $0.6\mu m$ 的合金粉末，如果该粉末的平均针状度为 95% 以上，其矫顽力可达到 15kOe。重要的是，权利要求 1 和 4 又进一步限定了该合金粉末所应当具有的矫顽力和剩磁的下限值，如权利要求 1 中限定："矫顽力在 12.5kOe 以上，剩磁在 100emu/g 以上"，权利要求 4 中限定："矫顽力在 10.8kOe 以上，剩磁在 94emu/g 以上"；这种双重限定排除了上述范围内不能达到所需矫顽力和剩磁的合金粉末，依据这种下限值，所属技术领域的技术人员可以在前述平均粒径与平均针状度范围内选择。因此，这样限定的独立权利要求 1 和 4 的技术方案能够解决本申请所要解决的问题，达到其预期的技术效果，符合《专利法》第二十六条第四款的规定。
（撰稿人：李双庆　张梅珍）

【案例 2】 基于杂芳氧乙酰胺类的除草剂（第 3633 号复审请求审查决定）

2003 年 7 月 22 日，专利复审委员会作出第 3633 号复审请求审查决定。该决定涉及名称为"基于杂芳氧乙酰胺类的除草剂"的 93108375.3 号发明专利申请。

经实质审查，国家知识产权局原审查部门以权利要求 1 不符合《专利法》第二十六条第四款的规定为由驳回了本申请。驳回理由为：① 权利要求 1 中记载了一个较宽的数值范围"式 I-1 化合物与嗪草酮的重量比 1∶0.1 与 1∶30 之间"，而说明书中的实施例只公开了其中的式（I-1）化合物和嗪草酮组成的重量比为 1∶0.06、1∶0.12、1∶0.24，所属技术领域的技术人员根据本申请文件的记载内容，难于预见到采用权利要求 1 中数值范围内的所有数值均能达到发明目的，因此，该项权利要求得不到说明书的实质支持，不符合《专利法》第二十六条第四款的规定；② 申请人在实质审查程序中提交的芽前实验报告 A－4 至 A－9 和芽后实验报告 B－10 属于后补交的实施例，不予考虑。

驳回决定所针对的权利要求 1 的内容为：

"1. 除草剂，其特征是其活性组成由式（I－1）的 N－异丙基－N－（4－氟苯基）－（5－三氟甲基－1，3，4－噻二唑－2－基－氧）乙酰胺和嗪草酮组成，其中式（I－1）的化合物与嗪草酮的重量比是在 1∶0.1 与 1∶30 之间。

复审请求人对上述驳回决定不服，向专利复审委员会提出复审请求，并随复审请求提交了芽前实验报告 A－10 至 A－14 和芽后实验报告 B－11 至 B－21。复审请求人认为，本发明的式 I－1 化合物与嗪草酮在广泛的配比范围结合时，都能达到发明目的，芽前实验报告 A－4 至 A－14 和芽后实验报告 B－10 至 B－21 可以证明，即使在式 I－1 化合物与嗪草酮的重量比接近甚至超过 1∶30 时，也能达到本发明目的，而且，由于说明书文字记载了权利要求 1 中的式 I－1 化合物与嗪草酮的配比范围为 1∶0.1 至 1∶30，所以权利要求 1 得到了说明书的支持；此外，说明书中的实施例只是进一步举例说明该发明的方案，而不是对该发明的限制。

专利复审委员会本案合议组向复审请求人发出"复审通知书"。经复审请求人进一步陈述意见，合议组作出如下认定：

（1）本申请涉及一种新的除草剂组合物，该组合物具有特

别高的活性，可选择性地用于许多作物中。说明书实施例 B-4
至 B-9 表明，式（I-1）化合物和嗪草酮之间确实存在着协同
作用，尽管实施例只列举了有限的（I-1）化合物和嗪草酮的配
比，但是由于本发明首次发现式（I-1）化合物和嗪草酮之间的
协同作用，现有技术没有任何有关这种组合的技术教导和启示，
因此，在本发明实施例的基础上，所属技术领域的技术人员会进
一步推测出上述两种化合物在较大范围比如 1:0.1 与 1:30 之间
存在着协同作用；而且，按照说明书记载的内容，所属技术领域
的技术人员通过简单的有限的试验就可以很容易地实现本发明所
要求的技术方案并获得其技术效果，不需要经历复杂的试验或付
出创造性的劳动。因此，在本申请说明书记载的实施例和技术内
容的基础上，所属技术领域的技术人员容易概括得出权利要求 1
的技术方案，权利要求 1 符合《专利法》第二十六条第四款的规
定。

　　（2）关于在审查程序中补充提交的芽前实验报告 A-4 至
A-14 和芽后实验报告 B-11 至 B-21 这一问题，应予指出，
《专利法》第二十六条第四款规定的"以说明书为依据"是指以
原始说明书公开的内容为依据，不包括申请日之后提交的任何材
料，因此对于申请日之后提交的实验数据，不允许作为支持权利
要求保护范围的依据。但是，当审查员对发明或实用新型在权利
要求所概括的范围内能否实施提出合理怀疑时，申请人为了说明
权利要求范围的合理性，除了可以通过理论阐述、逻辑分析进行
解释外，还可以通过提供诸如实验数据等证据来说明其主张。本
案中的复审请求人提供的实验报告是用来说明所属技术领域的技
术人员根据说明书的内容推测出权利要求保护的技术方案，并预
测其技术效果并不困难。补充实验报告表明，权利要求 1 中式
（I-1）化合物和嗪草酮在重量比为 1:0.1~1:30 的范围内确实
存在着协同作用，可以达到发明目的；同时也表明，以说明书所

给出的信息为基础，通过简单的试验就可以容易地得到权利要求1的技术方案及其技术效果。因此，请求人关于权利要求1中所要求保护的"式（I-1）的化合物和嗪草酮重量比在1：0.1～1：30"构成的技术方案，可以由所属技术领域的技术人员根据说明书公开的内容概括得出的主张可以成立，不存在包含有推测且其技术效果难于确定和评价的情形。

基于上述理由，合议组撤销了本申请的驳回决定。

**【案例评析】**

本案中，争议焦点在于，在说明书实施例记载的式（I-1）化合物与嗪草酮重量比为1：0.06、1：0.12、1：0.24三组数值具有协同作用的基础上，所属领域技术人员能否合理预测上述两化合物组分在1：0.1～1：30这一较宽的重量比范围内仍具有协同作用。

对于包含较宽数值范围的权利要求来说，一般情况下，为满足以说明书为依据的要求，值得推荐的专利申请文件撰写方式是，在说明书举例说明权利要求技术方案的具体实施的情况时，应在所述数值范围内尽可能多地给出几个代表不同区段的具体取值的实施例。然而，在实践中经常会遇到形式上并没有按照上述推荐方式撰写的申请文件。在说明书实施例中的具体取值看似不能代表整个数值范围的情况下，不能一概认为权利要求中概括的数值范围不能得到说明书的支持，而仍然要从所属领域技术人员的角度出发，整体考虑发明创造的技术方案，看是否能够从说明书中公开的有限具体数值实施例中，合理地预测在权利要求所概括的数值范围内实施均能解决相同的技术问题并实现相同的技术效果。本案即对此作出了很好的诠释。

该复审请求审查决定从两个方面考查权利要求1中两组分重量比范围是否能够"合理预测"：一是考虑发明对现有技术的贡

献以及给予所属技术领域的技术人员的技术启示；二是所属技术领域的技术人员的水平。关于前者，复审决定明确其是一种新的除草剂活性成分的组合，发明创造是基于首次发现式（I-1）化合物和嗪草酮之间的协同作用，现有技术没有任何有关这两种组分组合的技术教导和启示；关于后者，复审决定认为，根据说明书记载的内容，所属技术领域的技术人员可以通过简单的有限试验容易地实现本发明所要求的技术方案并获得其技术效果，不需要经历复杂的试验或付出创造性的劳动。

　　由于本发明对现有技术的贡献在于发现了式（I-1）化合物和嗪草酮之间的协同增效作用，正如本申请说明书中说明的那样，式（I-1）化合物和嗪草酮并不是新发明的化合物，而都是已知的可用于去除杂草的化合物，故这两种化合物本身分别能够用于去除杂草的用途都是现有技术中已知的，本发明发现并利用的是上述两种物质组合起来的活性高于单个成分作用的总和的特殊性质。因此，为了证明上述新发现的性质，应当在说明书中给出这两种化合物在一起组合使用能够起到协同增效除草效果的实验数据，而在本申请说明书中已经给出了部分实施例证明上述问题的情况下，对于这两种化合物具体使用的比例问题，只要其在一个合理的范围之内，比如权利要求中限定的比例在 10 倍数量级范围内，基于所属技术领域技术人员的背景知识和理解能力应该可以合理地预测，这种协同增效作用都是能够实现的，并且基于这种合理预测结果的验证也是所述领域技术人员很容易实现的。由此可见，在本申请说明书记载的实施例和技术内容的基础上，所属技术领域的技术人员能够合理概括得出权利要求 1 的技术方案并预测其技术效果，权利要求 1 符合《专利法》第二十六条第四款的规定。

　　此外，本案还涉及如何看待申请人为争辩其权利要求的概括符合《专利法》第二十六条第四款规定时，而补充提交的实验数据问题。如复审决定中所指出：《专利法》第二十六条第四款规定的"以说明书为依据"，是指以原始说明书公开的内容为依据，不包括申请日之后提交的任何材料，因此对于申请日之后提交的实验数据，不允许作为支持权利要求保护范围的依据。但是，当审查员对发明或实用新型在权利要求所概括的范围内能否实施提出合理怀疑时，申请人为了说明权利要求范围的合理性，除了可以通过理论阐述、逻辑分析进行解释外，还可以通过提供诸如实验数据等证据来说明其主张。复审请求人在审查程序中补充提交的实验报告本身不能作为判断权利要求是否得到说明书支持的基础，但在说明书中已经给出具体实施例证明了式（I-1）化合物和嗪草酮之间的协同增效作用的基础上，面对驳回决定中质疑的权利要求1所概括的数值范围是否合理时，复审请求人提交的实验数据让合议组在之前认定内容的基础上进一步确认，权利要求中的数值范围是可以基于说明书公开内容合理概括得出的，也就是说，该实验数据只是加强合议组内心确认的辅助材料，并不直接作为审查依据使用。（撰稿人：张　沧）

# 第五章　保护范围清楚

　　《专利法实施细则》第二十条第一款❶规定："权利要求书应当说明发明或者实用新型的技术特征，清楚、简要地表述请求保护的范围。"

　　《专利法》第五十六条第一款❷规定："发明或者实用新型专利权的保护范围以其权利要求的内容为准，说明书及附图可以用

---

❶　在 2008 年第三次修改的《专利法》（简称新法）中将原《专利法》第二十六条第四款的内容与原《专利法实施细则》第二十条第一款的内容合并，表述修改为"权利要求书应当以说明书为依据，清楚、简要地限定要求专利保护的范围"，作为新法第二十六条第四款的规定。修改原因在于"权利要求应当以说明书为依据"和"权利要求应当清楚、简要"是权利要求应当满足的两个实质性要求，权利要求要起到合理、准确地界定专利权的保护范围的作用，二者缺一不可，不应当由法律位阶不同的《专利法》和《专利法实施细则》分别予以调整。需要说明的是，虽然对于权利要求应当满足的这两个实质性要求在新法修改前后其法条的位置发生了变化，文字内容也稍有调整，但其实质性的内容以及相应的审查标准并未发生变化。

❷　在 2008 年第三次修改的《专利法》中，对本条变为第五十九条，其内容的修改涉及三个方面：一是在本条第一款最后增加"的内容"的措辞，更为明确地规定用说明书及附图进行解释的对象；二是将本条第二款中所述的"外观设计专利权的保护范围以表示在图片或者照片中的该外观设计专利产品为准"，修改为"外观设计专利权的保护范围以表示在图片或者照片中的该产品的外观设计为准"；三是在本条第二款中增加了"简要说明可以用于解释图片或者照片所表示的该产品的外观设计"的补充规定。本书不涉及外观设计。

于解释权利要求。"

　　从上述法律条款可以看出，《专利法实施细则》第二十条第一款的规定不仅是对权利要求撰写的形式要求，而且也是规范权利要求的实质性条款，它既是专利审批程序中的一项驳回理由，同时也是在专利授权之后，无效宣告程序中可以提起的一项无效理由。权利要求保护范围清楚的重要作用及意义在于：首先，权利要求书作为整个专利文件的核心部分，其请求保护的范围清楚是专利审批程序中审查新颖性、创造性等其他授权实质性条件的基础；其次，专利权人通过权利要求对其发明创造进行界定，权利要求为专利权人的独占权划定了边界，而对于社会公众而言，权利要求则具有公示、宣告专利权利范围的作用，第三人不得随意进入权利要求确定的保护圈；再者，明确、清楚的保护范围，是专利权人和社会公众的权利得到保障的基础，也是专利侵权程序中判定侵权与否的主要依据。因此在专利审批程序中力争使权利要求的保护范围明确和清楚也是对后续侵权程序顺利进行的保障。

　　此外，在其他国家的专利制度中也能看到有关权利要求清楚的类似规定，例如：日本专利法第三十六条第六款规定，"第二款规定的专利请求保护范围的记载必须符合下列各项规定：一、欲获得专利的发明是发明的详细说明中记载的；二、欲获得专利的发明是明确的；三、分请求项的记载简洁；四、按照经济产业省令其他规定进行记载。"在日本实用新型法❶中也有关于权利

————————————

　　❶　日本实用新型法第五条第六款规定，"第二款实用新型登记请求范围的记载，必须符合下列各项规定：一、欲获得实用新型登记的设计必须是设计的详细说明中记载的设计；二、欲获得实用新型登记的设计必须明确；三、按请求项进行的记载必须简洁；四、经济产业省令规定所做的其他记载。"引自日本国会. 日本专利法 [M]. 2版. 杜颖，译. 北京：经济科学出版社，2009：82 - 83.

要求清楚的类似规定；美国专利法第一百一十二条中规定了权利要求应当特别指明和清楚地界定申请人认为是其发明的标的；《欧洲专利公约》统一规范的欧洲各国专利法中也具有对于权利要求清楚的有关规定。在现代专利法体系中，通过权利要求界定发明或者实用新型专利已经是各国通行的做法，权利要求保护范围清楚也就成为各国专利法中对于权利要求应当满足的实质性要求之一。

　　基于上述保护范围清楚重要性的分析，权利要求书作为一份确定专利权保护范围的法律文件，应当尽可能地做到不依赖其他文件即可根据其自身的表述清楚、明确地限定出具有确定性的保护范围。但是，由于发明或者实用新型的权利要求书通常是用文字语言来表述的，语言作为表达意思、交流思想的工具本身并不是精确无疑的，因此在权利要求中可能会出现模糊、不确切或有歧义的用语，为了探求这些用语的真实含义，需要借助《专利法》第五十六条第一款的规定依据说明书及其附图对权利要求进行解释，实质上对权利要求进行解释的过程也是确定专利权保护范围的过程。❶

　　由此可见，权利要求书清楚与否，对于确定发明创造的保护范围极其重要，因此《审查指南》不仅要求权利要求书中的每一项权利要求应当清楚，还要求构成权利要求书中的所有权利要求作为一个整体也应当清楚。根据《审查指南》第二部分第二章第3.2.2节的规定，对于权利要求书清楚可以分为三个层次来审查，分别为权利要求的类型清楚、权利要求的保护范围清楚和权利要求书整体清楚，我们在本章第一节中详细论述了这三个方面的原则性规定。本章第二节则是针对几种特殊类型的权利要

---

❶　闫文军. 专利权的保护范围：权利要求解释和等同原则适用 [M]. 1版. 北京：法律出版社，2007：30.

求，即方法表征的产品、产品表征的方法、包含参数特征以及用含量限定的组合物四类权利要求，它们除了要满足本章第一节所述的原则性规定以外，根据其自身的特点还应当符合一些具体的要求。

# 第一节　判断原则及方法

《审查指南》第二部分第二章第3.2.2节将《专利法实施细则》第二十条第一款规定的"清楚"具体诠释为：其一，每项权利要求的类型应当清楚；其二，每项权利要求所确定的保护范围应当清楚；其三，构成权利要求书的所有权利要求作为一个整体应当清楚。

为了更好地领会上述规定的具体含义，有必要分析权利要求的构成方式。每一项权利要求都可以分为两部分，一部分是主题名称，另一部分是技术特征。主题名称在一项权利要求中具有引其纲之作用，决定了技术方案中的技术特征均其，始终围绕主题名称是对主题名称的限定。因此，《审查指南》第二部分第二章第3.2.2节在论述权利要求的类型应当清楚时，进一步明确了权利要求的主题名称应当能够清楚地表明该权利要求的类型是产品权利要求还是方法权利要求，不允许采用模糊不清的主题名称。可见，权利要求的类型清楚主要是指权利要求的主题名称清楚。此外，权利要求的主题名称还应当与权利要求的技术内容相适应。

权利要求的保护范围是由构成技术方案的技术特征予以表述和限定的，因此记载在权利要求中的每一项技术特征都会对权利要求的保护范围产生影响。权利要求的保护范围是否清楚、明确取决于每一项技术特征是否清楚、明确，而每一项技术特征是否清楚、明确则取决于用语是否清楚、明确。用语清楚包括权利要求中的用词应当含义清楚、确定，语言表述应当清楚、符合逻辑。

权利要求书整体清楚，其实质是指权利要求书中的各项权利要求之间的引用关系清楚、明确。采用引用方式撰写权利要求可以使得整个权利要求书简洁明了，但不适当的引用可能导致权利要求之间的引用关系混乱或者逻辑不清，从而导致权利要求的保护范围不清楚，也使得整个权利要求书不清楚。

上述三方面的判断原则中，保护范围清楚，即用语清楚的判断是个难点，涉及用语含义的理解问题。在一般情况下，权利要求中的用词应当理解为相关技术领域通常具有的含义，除非说明书中指明了某词具有特定的含义，并且使用了该词的权利要求的保护范围由于说明书中对该词的说明而被限定得足够清楚。此外，在适用上述判断原则时，仍然应当注意要从所属技术领域技术人员的角度出发对保护范围、用语是否清楚进行考量，避免仅从字面逻辑上孤立地理解其含义。特别是对于已经授予专利权的权利要求，例如在专利无效程序中对权利要求保护范围的界定，依据《专利法》第五十六条的规定，在以权利要求内容为准的前提下，可以依据专利说明书及附图对其予以解释，使所属领域的技术人员能够更为合理、准确地界定专利的保护范围。

应当注意的是，解释应当以权利要求中明确记载的技术特征为基础，不应通过解释将权利要求中未明确记载的技术特征附加到权利要求中。解释只能是所属领域的技术人员在依据专利说明书及附图的基础上进行，结合专利说明书背景技术、发明所要解决的技术问题及取得的预期技术效果来综合考虑。只有当权利要求中不清楚、不确切或者存在歧义的用语依据说明书解读到的是唯一正确和合理的意思时，才能将其解释到权利要求中，否则，说明书的解释作用将导致公众不能以合理的确定性预知专利权的保护范围，破坏专利权人与公众之间的利益平衡，有违《专利法》第五十六条的立法本义。

## 一、权利要求的类型清楚

众所周知，权利要求有两种基本类型，即产品权利要求和方法权利要求。在类型上区分权利要求的目的是为了确定权利要求的保护范围，因为在确定权利要求的保护范围时，权利要求中的所有特征均应当予以考虑，而每一个特征的实际限定作用则最终体现在权利要求所要求保护的主题上。从此意义上说，权利要求的类型清楚是保证其保护范围清楚的最根本的要件。

《审查指南 2006》第二部分第二章第 3.2.2 节对权利要求的"类型清楚"作了如下规定："每项权利要求的类型应当清楚。权利要求的主题名称应当能够清楚地表明该权利要求的类型是产品权利要求还是方法权利要求。不允许采用模糊不清的主题名称，例如'一种……技术'，或者在一项权利要求的主题名称中既包含有产品又包含有方法，例如，'一种……产品及其制造方法'。"由此可以看出，权利要求的类型是根据权利要求的保护主题名称确定的，而不是根据权利要求中记载的技术特征的性质来确定的。❶

与此同时，《审查指南 2006》还规定了权利要求的主题名称应当与权利要求的技术内容相适应。具体来说，首先，每一项技术方案都涉及相应的技术领域，主题名称应该能够反映出所要求保护的技术方案的技术领域，如果主题名称所反映的技术领域与该技术方案的实际技术领域相差甚远，或者主题名称根本没有反映出该技术方案的技术领域，仍然会导致权利要求不清楚。其次，权利要求的类型应当与权利要求的限定特征相适应，即产品

---

❶  张清奎. 专利审查概说 [M]. 北京：知识产权出版社，2002：235.

权利要求适用于产品发明或者实用新型，通常应当用产品的结构特征来描述；方法权利要求适用于方法发明，通常应当用工艺过程、操作条件、步骤或者流程等技术特征来描述。但并不是说在产品权利要求中出现了方法特征，或者在方法权利要求中出现了产品特征，就必然意味这些技术特征与所要求保护的主题不相适应，其有时反而能够更清楚地表征所要求保护的主题，因此应当具体分析这些表面上看似与所要求保护的主题不相适应的技术特征与主题之间的关系，以及对主题的限定是否清楚。还需要说明的是，权利要求的主题名称虽然对于确认权利要求的类型起到了相当关键的作用，但是权利要求中的限定特征如果在整体上与权利要求的类型不相适应，仍然会导致整个权利要求不清楚。

【案例】　一种防治对虾病毒病的卵黄免疫球蛋白及其制备方法和应用（第13384号复审请求审查决定）

2008年5月16日，专利复审委员会作出第13384号复审请求审查决定。该决定涉及名称为"一种防治对虾病毒病的卵黄免疫球蛋白及其制备方法和应用"的200410020691.8号发明专利申请。

驳回决定所针对的权利要求1的内容为：

"1.一种防治对虾病毒病的卵黄免疫球蛋白及其制备方法和应用，其特征在于该特异性卵黄免疫球蛋白IgY是将引致对虾病毒病的病毒的核酸作为人工抗原免疫产蛋禽类，收集免疫母禽所产禽蛋，从其卵黄中提取的抗对虾病毒病特异性IgY。"

驳回决定认为：权利要求1要求保护一种防治对虾病毒病的卵黄免疫球蛋白及其制备方法和应用，这种描述导致权利要求的类型不清楚，其中既包含了免疫球蛋白的产品主题，同时又包含制备方法和应用主题，难以确定其要求保护一种免疫球蛋白产品，还是该免疫球蛋白的制备方法，或是该免疫球蛋白的应用，因此，权利要求1的类型不清楚，导致其保护范围不清楚，不符合《专利法实施细则》第二十条第一款的规定。另外，由于权利要求2～7、9均引用了权利要求1，因此，权利要求2～7、9存在同样的缺陷。

复审请求人对驳回决定不服，向专利复审委员会提出复审请求，同时提交了新修改的权利要求书全文替换页。

其中，修改后的权利要求1、6的内容如下：

"1. 一种防治对虾病毒病的卵黄免疫球蛋白，是抗对虾病毒病的特异性卵黄免疫球蛋白IgY或含该IgY的组合物，其特征在于：该IgY是将引致对虾病毒病的一类病毒中的一种或一种以上病毒的核酸作为人工抗原用于免疫产蛋禽类，收集该被免疫的禽类所产禽蛋，从其卵黄中提取的抗对虾病毒病特异性卵黄免疫球蛋白的生物制品。"

"6. 一种防治对虾病毒病的卵黄免疫球蛋白IgY制备方法和应用，其特征在于白斑综合症病毒感染的宿主是指甲壳动物的脊尾白虾、南美白对虾、斑节对虾、日本对虾、墨吉对虾、东方白虾、长毛对虾、中国对虾、印度对虾、桃红对虾、蓝对虾、褐对虾、周氏新对虾、日本樱虾、近缘新对虾、长臂虾、刀额新对虾、虾蛄、毛虾。"

专利复审委员会组成合议组对本复审请求案进行了审理，于2008年3月7日向复审请求人发出"复审通知书"，指出：

① 权利要求1的前序部分"一种防治对虾病毒病的卵黄免疫球蛋白，是抗对虾病毒病的特异性卵黄免疫球蛋白IgY或含该IgY的组合物"，包含了卵黄免疫球蛋白IgY本身和含其的组合物两个产品主题，权利要求6的前序部分"一种防治对虾病毒病的卵黄免疫球蛋白IgY制备方法和应用"，包含了卵黄免疫球蛋白IgY的制备方法和应用两个主题，因此权利要求1、6的主题类型不清楚，导致权利要求1、6的保护范围不清楚，不符合

《专利法实施细则》第二十条第一款的规定。

② 如果复审请求人将权利要求 6 的保护主题修改为"一种防治对虾病毒病的卵黄免疫球蛋白 IgY 的应用",由于该权利要求是对有生命的对虾提供具有免疫活性的产品,这属于目的在于预防或治疗对虾病毒病的应用方法,因此,上述修改的权利要求 6 的技术方案属于《专利法》第二十五条第一款第(三)项规定的"疾病的诊断和治疗方法"的范畴,不能被授予专利权。

针对"复审通知书"指出的问题,复审请求人提交了"意见陈述书",表示同意合议组的审查意见,同时删除了权利要求 1 前序部分中的"或含该 IgY 的组合物",并将权利要求 6 的主题由"一种防治对虾病毒病的卵黄免疫球蛋白 IgY 制备方法和应用"改为"根据权利要求 1 或 2 所述的一种防治对虾病毒病的卵黄免疫球蛋白"。

修改后的权利要求 1、6 的内容如下:

"1. 一种防治对虾病毒病的卵黄免疫球蛋白,是抗对虾病毒病的特异性卵黄免疫球蛋白 IgY,其特征在于:该 IgY 是将引致对虾病毒病的一类病毒中的一种或一种以上病毒的核酸作为人工抗原免疫产蛋禽类,收集该被免疫的禽类所产禽蛋,从其卵黄中提取的抗对虾病毒病特异性卵黄免疫球蛋白的生物制品。"

"6. 根据权利要求 1 或 2 所述的一种防治对虾病毒病的卵黄免疫球蛋白,其特征在于白斑综合征病毒感染的宿主是指甲壳动物的脊尾白虾、南美白对虾、斑节对虾、日本对虾、墨吉对虾、东方白虾、长毛对虾、中国对虾、印度对虾、桃红对虾、蓝对虾、褐对虾、周氏新对虾、日本樱虾、近缘新对虾、长臂虾、刀额新对虾、虾蛄、毛虾。"

在此基础上合议组作出了第 13384 号复审请求审查决定,撤销国家知识产权局对 200410020691.8 号发明专利申请作出的驳回决定。

**【案例评析】**

根据《审查指南》第二部分第二章第3.2.2节的规定，权利要求的主题名称应当能够清楚地表明该权利要求的类型是产品权利要求还是方法权利要求或是用途权利要求，并且一项权利要求中只能有一项产品权利要求主题或一项方法权利要求主题或一项用途权利要求主题。

本案的问题之一是对于产品权利要求而言，其权利要求中应当只能有一项性质相同的产品权利要求主题。根据说明书第3～4页的记载，本申请对现有技术的贡献在于提供一种防治对虾白斑综合征的新型卵黄免疫球蛋白（IgY）及其制备方法和用途。通常情况下，独立权利要求1应保护卵黄免疫球蛋白产品，但驳回决定针对的权利要求1的主题同时包括产品、方法和用途（即卵黄免疫球蛋白、制备方法及其应用）三项主题。当驳回决定指出权利要求1既包含了免疫球蛋白的产品主题，同时又包含制备方法和应用主题后，复审请求人将权利要求1的主题修改为卵黄免疫球蛋白，但是，合议组仔细核对发现，权利要求1的前序部分"一种防治对虾病毒病的卵黄免疫球蛋白，是抗对虾病毒病的特异性卵黄免疫球蛋白IgY或含该IgY的组合物"，实质上隐含了卵黄免疫球蛋白IgY本身和含其的组合物的两个产品主题，由于"含该IgY的组合物"与"卵黄免疫球蛋白"属于不同的产品主题，使人难以确定权利要求1究竟要求保护一种卵黄免疫球蛋白产品，还是含有该卵黄免疫球蛋白的组合物，故上述修改后的权利要求1仍然不符合《专利法实施细则》第二十条第一款的规定。

针对"复审通知书"的意见，复审请求人删除了权利要求1前序部分中的"或含该IgY的组合物"，只保留了"抗对虾病毒病的特异性卵黄免疫球蛋白IgY"，修改后的权利要求1主题类型清楚，克服了驳回决定及"复审通知书"所指出的权利要求1

不符合《专利法实施细则》第二十条第一款的缺陷。

本案的问题之二是对于方法权利要求而言，其不能同时包含制备方法和用途两种主题。由于本申请提供了一种能够防治对虾白斑综合征的新型卵黄免疫球蛋白，那么该卵黄免疫球蛋白的制备方法和用途自然就成了附属于产品的两个主题。在复审请求人提交的权利要求书中，由于权利要求 6 的前序部分"一种防治对虾病毒病的卵黄免疫球蛋白 IgY 制备方法和应用"，包含了卵黄免疫球蛋白 IgY 的制备方法和应用两个主题，因此权利要求 1、6 的主题类型不清楚，导致权利要求 1、6 的保护范围不清楚，不符合《专利法实施细则》第二十条第一款的规定。

最后，复审请求人将权利要求 6 的主题由"一种防治对虾病毒病的卵黄免疫球蛋白 IgY 制备方法和应用"改为"根据权利要求 1 或 2 所述的一种防治对虾病毒病的卵黄免疫球蛋白"，这种修改并未超出原始说明书和权利要求书公开的范围，并且修改后的权利要求 6 主题类型清楚，保护范围清楚，克服了"复审通知书"所指出的权利要求 6 不符合《专利法实施细则》第二十条第一款的缺陷。（撰稿人：曹克浩）

## 二、权利要求的用语清楚

权利要求清楚的内涵中，很重要的一点就是其保护范围边界清楚。为此，《审查指南》第二部分第二章第 3.2.2 节关于权利要求清楚的规定中，对权利要求特征表达的用语进行了非常详细的规定，明确列出了在权利要求中不得使用的用语或者表达方式，其具体内容如下。

权利要求中不得使用含义不确定的用语，如"厚"、"薄"、"强"、"弱"、"高温"、"高压"、"很宽范围"等，除非这种用语在特定技术领域中具有公认的确切含义，如放大器中的"高频"。对没有公认含义的用语，如果可能，应选择说明书中记载的更为精确的措辞替换上述不确定的用语。

权利要求中不得出现"例如"、"最好是"、"尤其是"、"必要时"等类似用语。因为这类用语会在一项权利要求中限定出不同的保护范围，导致保护范围不清楚。当权利要求中出现某一上位概念后面跟着一个由上述用语引出的下位概念时，应当要求申请人修改权利要求，允许其在该权利要求中保留其中之一，或将两者分别在两项权利要求中予以限定。

在一般情况下，权利要求中不得使用"约"、"接近"、"等"、"或类似物"等类似的用语，因为这类用语通常会使权利要求的范围不清楚。当权利要求中出现了这类用语时，审查员应当针对具体情况判断使用该用语是否会导致权利要求不清楚，如果不会，则允许。

除附图标记或者化学式及数学式中使用的括号之外，权利要求中应尽量避免使用括号，以免造成权利要求不清楚，例如"（混凝土）砖模"。然而，具有通常可接受含义的括号是允许的，例如"（甲基）丙烯酸酯""含有10%～60%（重量）的A"。

从上述规定可以看出，所有会导致权利要求保护范围不清楚、不确定的用语及其表达方式，在权利要求的用语表述中都有可能被排除使用。但这并不意味着使用了此类用语的权利要求其保护范围就一定不清楚，我们可以从两个角度来进行分析：首先，权利要求保护范围清楚的实质含义，是以权利要求客观、明确地反映发明或实用新型的技术方案为前提的，例如，对于机械装配关系精度本身要求并不高的技术方案而言，虽然权利要求使用了"基本上""大致"等类似的用语来限定这种精度，此时由于这种限定客观地反映了技术方案的技术要求，也就不会导致权利要求不清楚；其次，从所属技术领域技术人员的角度出发，如果所属技术领域的技术人员凭借所掌握的知识或者依据说明书公开的内容能够确定此用语在该技术方案中的含义，或者认为此用语的使用并不会导致权利要求的保护范围不清楚，那么这些表面上含义不确切但对所属技术领域的技术人员来说实质上是清楚的用语，是允许在权利要求中使用的。该结论也能在《审查指南》的上述规定以及本小节所介绍的相应案例中得到确认和印证。因此，对于权利要求中技术特征的表述是否清楚、保护范围是否清楚的审查，不能机械地只从单一词汇本身来判断，而必须从所属领域技术人员的角度出发，在理解整个技术方案的基础上，具体问题具体分析。

本小节还涉及自定义特征的问题。根据《审查指南》第二部分第二章第3.2.2节的规定，权利要求的保护范围应当根据其所用词语的含义来理解。一般情况下，权利要求中的用词应当理解为相关技术领域通常具有的含义。在特定情况下，如果说明书中指明了某词具有特定的含义，并且使用了该词的权利要求的保护范围由于说明书中对该词的说明而被限定得足够清楚，那么可以允许这种自定义行为。但是在授权之前的专利审批程序中，审查员应当要求申请人尽可能修改权利要求书，将这种自定义补入权利要求中，使得根据权利要求的表述即可明确其含义。但是在某些情况下，特别是实用新型专利申请不经过实质审查的客观情况，导致专利授权后存在未将这种自定义补入权利要求中的情况时有发生，如果据此宣告专利权无效显失公平的话，专利复审委员会在此情形下通常会引入《专利法》第五十六条第一款对权利要求进行解释这种手段来弥补。

还应当说明的是，并不仅仅是上述自定义特征会产生需要对权利要求进行解释的问题，因为发明或者实用新型的技术方案是通过语言文字进行表述的，语言文字本身具有一定的局限性，存在一词多义或词不达意的现象，难以精确地反映专利技术，对于在权利要求中存在的这些文字层面含义不确定或有歧义的用语，就需要依据说明书及其附图对权利要求进行解释来确定这些用语的真实含义。

在本小节所介绍的案例中，涉及了权利要求中出现错误或矛盾用语、非规范性用语时，如何理解以及利用《专利法》第五十六条第一款对权利要求进行解释时适用的问题。

为简便起见，我们将以下案例中所涉及的有关权利要求清楚与否的用语依其性质分为相对用语、模糊用语、自定义特征、错误或矛盾用语以及非规范用语，冠于案例之前，用以简练地反映相应案例介绍的主旨。

## 1. 相对用语

**【案例】** 智能串联式电池充电器（第 7295 号无效宣告请求审查决定）

2005 年 6 月 6 日，专利复审委员会作出第 7295 号无效宣告请求审查决定。该决定涉及名称为"智能串联式电池充电器"的 02207970. X 的实用新型专利。该专利授权公告的权利要求书的内容如下：

"1. 一种智能串联式电池充电器，其特征是：包括一充电区段，该充电区段至少包括第一和第二并联分路，所述第一并联分路包括一电子可控旁路开关，所述第二并联分路包括一充电电池的充电端子和一串联的单向电子装置，该旁路开关在接通时有一低阻抗且在关闭时有一高阻抗，该单向电子装置在电流从所述充电区段流入所述电池端子时有一低阻抗且在所述旁路开关接通时有一高阻抗。

2. 如权利要求 1 所述的智能串联式电池充电器，其特征是：进一步包括一用来监测所述正在充电电池的至少一个参数的微控制器，并在监测上述电池参数时通过形成一跨接于所述第一并联分路的低阻抗分路来接通所述旁路开关。

3. 如权利要求 1 所述的智能串联式电池充电器，其特征是：

所述单向电子装置包括一个二极管。

4. 如权利要求 1 所述的智能串联式电池充电器，其特征是：所述旁路开关是一个场效应晶体管，包括 MOSFET。

5. 如权利要求 4 所述的智能串联式电池充电器，其特征是：所述场效应晶体管的栅极连接到上述微控制器以接通或关闭所述旁路开关。

6. 如权利要求 2 所述的智能串联式电池充电器，其特征是：所述电池参数包括以下参数中的一项或多项：断路电压，闭路内电压和该电池的温度。

7. 如权利要求 6 所述的智能串联式电池充电器，其特征是：所述电池参数进一步包括对所述电池的类型和存在的检测。

8. 如权利要求 1 的电池充电器，其特征在于：充电器包括多个如权利要求 1 所述的充电区段串联相接及微控制器，微控制器可选择性地接通各充电区段的旁路开关。

9. 如权利要求 8 所述的智能串联式电池充电器的充电线路块，其特征是：微控制器进一步用来监测所述正在充电电池的至少一个参数，并在一个或更多上述测得的电池参数满足一预定的条件监测上述电池参数时通过形成一跨接于所述第一并联分路的低阻抗分路来打开接通所述旁路开关。”

针对上述专利权，请求人于 2004 年 1 月 7 日向专利复审委员会提出无效宣告请求。请求人认为本专利权利要求 1~9 不符合《专利法实施细则》第二十条第一款的规定，其具体理由为：权利要求 1 中所述的“高阻抗”“低阻抗”含义不确定，导致权利要求 1 不清楚，其从属权利要求 2~9 也不清楚；此外，权利要求 5 中所述的“微控制器”在其引用的权利要求中没有出现，导致权利要求 5 不清楚；权利要求 8 中所述的“充电区段”和“微控制器”在其引用的权利要求 1 中没有出现，因此，权利要求 8 不清楚。请求人同时提交了八份证据来证明本专利不具备新颖性和创造性。

　　专利复审委员会经过审理，决定宣告 02207970. X 号实用新型专利权的权利要求 1~9 全部无效。但对于请求人认为本专利权利要求 1~4、6~9 不符合《专利法实施细则》第二十条第一款的无效宣告理由未予支持，支持了请求人认为权利要求 5 不符合《专利法实施细则》第二十条第一款的无效宣告理由。合议组意见如下：权利要求 1 中特征"高阻抗"和"低阻抗"的含义是清楚的，所属技术领域的技术人员可清楚地理解到高阻抗的含义在于阻抗高至能使分路断开，而低阻抗的含义在于阻抗低至能使分路接通，因此权利要求 1 是清楚的；权利要求 5 附加技术特征中出现的"上述微控制器"，在其引用的权利要求 1 中没有出现，导致权利要求 5 不清楚；权利要求 8 附加技术特征中的"充电区段"在其引用的权利要求 1 中已经存在，其附加技术特征中的"微控制器"是首次出现的，不需要在权利要求 1 中出现，因此权利要求 8 是清楚的。综上，直接或间接引用权利要求 1 的从属权利要求 2~4、6~9 也是清楚的。

　　另外，合议组认为，权利要求 1~4、6 不具备新颖性，不符合《专利法》第二十二条第二款的规定。权利要求 7~9 不具备创造性，不符合《专利法》第二十二条第三款的规定。因而作出第 7295 号无效宣告请求审查决定，宣告 02207970. × 号实用新型专利权全部无效。

　　【案例评析】

　　本案涉及的无效宣告理由较多，在此仅对《专利法实施细则》第二十条第一款的相关内容进行评析。

　　《专利法实施细则》第二十条第一款主要是强调权利要求应当"清楚"，也就是说，申请人对权利要求的撰写能否使得本领域技术人员阅读该权利要求后能够清楚无误地确定其所要求的保护范围。在申请阶段，专利审查部门根据该确定的权利范围对权利要求进行新颖性、创造性审查；而在授权后阶段，司法机关以及地方专利管理机关则根据该确定的权利范围对专利权进行司法或行政保护。

　　本案权利要求 1 中使用了"高阻抗"和"低阻抗"的用语，从字面来说阻抗的"高""低"是相对的，故具有范围的不确定性。然而，本领域技术人员通读权利要求 1 后容易理解，权利要求 1 所要求保护的技术方案是提供一种串联式的电池充电器，为了避免反向漏电流或者电池反向放电，每一充电区设置一高反向阻抗的隔流装置，而该隔流装置在电池充电阶段必须具备低阻抗性质使得正向充电电流流入电池。也就是说，本领域技术人员根据其掌握的现有技术，可清楚地理解到高阻抗的含义在于阻抗高至能使分路断开，而低阻抗的含义在于阻抗低至能使分路接通，至于"高阻抗"和"低阻抗"的具体数值完全可以根据电路具体情况自由设置。因此，对于所属领域技术人员而言，权利要求 1 的保护范围是清楚的，在独立权利要求清楚的情况下，引用该独立权利要求 1 的从属权利要求 1~4、6~9 也是清楚的，符合《专利法实施细则》第二十条第一款的规定，不应仅以权利要求中包含"高""低"等相对性概念的术语而认定权利要求的保护范围不清楚。事实上，有如二极管的正向低阻抗和反向高阻抗一样，本领域技术人员完全可以理解正向低阻抗是为了电流的正向通过，反向高阻抗是为了抑制反向电流，如果此时强制要求申请人明确高、低阻抗的具体数值，反而有失公允。（撰稿人：高海燕）

## 2. 模糊用语

**【案例】** 改善上胃肠道功能的方法（第 13235 号复审请求审查决定）

　　2008 年 4 月 29 日，专利复审委员会作出第 13235 号复审请求审查决定。该决定涉及名称为"改善上胃肠道功能的方法"的 98807330.7 号发明专利申请。

经实质审查，国家知识产权局原审查部门以该申请不符合《专利法》第二十六条第四款的规定为由作出驳回决定。

复审请求人不服该驳回决定，向专利复审委员会提出复审请求。

专利复审委员会组成合议组后，向复审请求人发出"第一次复审通知书"，其中指出，由于权利要求中不得出现"类似物"这种使保护范围不清楚的用语，因此记载有"类似物"并且未对其作进一步限定的权利要求不符合《专利法实施细则》第二十条第一款的规定。

针对"第一次复审通知书"指出的问题，复审请求人提交了权利要求书替换页，在权利要求中对"GLP-2 类似物"进行了限定。

专利复审委员会向复审请求人发出"第二次复审通知书"，指出修改后的权利要求书中还存在未作具体限定的"IGF-1 类似物""IGF-2 类似物""GH 类似物""胰岛素样生长因子-1 类似物""EGF 类似物""HGF 类似物""KGF 类似物"，这些用语的存在仍然使得权利要求的保护范围不清楚，不符合《专利法实施细则》第二十条第一款的规定。

针对"第二次复审通知书"指出的问题，复审请求人再次提交了权利要求书替换页，删除了"EGF 类似物""HGF 类似物""KGF 类似物"，并对"IGF-1 类似物""IGF-2 类似物""GH 类似物"和"胰岛素样生长因子-1 类似物"进行了具体限定，同时在"意见陈述书"中说明，"胰岛素样生长因子-1 类似物"就是"IGF-1 类似物"。

专利复审委员会向复审请求人发出"第三次复审通知书"，指出复审请求人在"意见陈述书"中认为，其在新修改的权利要求书中对"IGF－1类似物（胰岛素样生长因子－1类似物）""IGF－2类似物"和"GH类似物"所作的具体限定公开于说明书第21页第30行至第22页第7行中引用的参考文献，然而复审请求人没有提供这些参考文献。复审请求人应在指定期限内提交这些参考文献以及所引用部分的中文译文，并标示、陈述每处修改的具体出处，同时陈述此修改符合《专利法》第三十三条规定的具体理由。

针对"第三次复审通知书"指出的问题，复审请求人再次提交了权利要求书替换页，删除了"GH类似物"，提交了说明书第21页第30行至第22页第7行中引用的七篇参考文献，并在"意见陈述书"中通过列表方式说明了具体限定权利要求中的"IGF－1类似物"和"IGF－2类似物"在这七篇文献中的具体出处。

经审查，合议组认为：① 由于本申请说明书第21页第32行至第22页第1行已经指明，"关于可以有效地应用于本发明的IGF－1、IGF－2和GH的特定类似物及突变体的指导参见下列在此引入作为参考的出版物（后附七篇文献的作者、年份、期刊、卷号、页码、专利公布号等）"，且这七篇文献都是在本专利最早优先权日之前公开的出版物，本申请说明书中也附有这七篇文献的出处及相关信息，因此，这七篇文献中公开的有关"IGF－1类似物"和"IGF－2类似物"的内容可以作为本申请原始说明书记载的内容，作为判断修改是否超范围的依据，由于这七篇文献中公开了经修改加入的具体"IGF－1类似物"和"IGF－2类似物"，因此，该修改后的内容是能够从原申请记载的信息中直接地、毫无疑义地确定的，该修改符合《专利法》第三十三条的规定。② 由于在最后一次提交的权利要求书中，"GLP－2类似物"已被进一步限定为"所述类似物保持GLP－2受体激动剂的活性并包含至少一个氨基酸的替代、缺失或修饰"；"IGF－1

类似物""IGF – 2 类似物"和"胰岛素样生长因子 – 1 类似物"已用具体物质进行了限定;"EGF 类似物""HGF 类似物""KGF 类似物""GH 类似物"已被删除,因此,复审请求人已经通过修改克服了"复审通知书"中指出的权利要求不符合《专利法实施细则》第二十条第一款的规定的缺陷。③ 最后一次提交的权利要求书也已经克服了驳回决定所指出的本申请不符合专利法第二十六条第四款的规定的缺陷。最终,在复审请求人最后一次提交的权利要求书的基础上专利复审委员会作出撤销驳回决定的复审请求审查决定。

【案例评析】

根据《专利法实施细则》第二十条第一款的规定,权利要求所确定的保护范围应当清楚。《审查指南》第二部分第二章第 3.2.2 节对该规定作了进一步的说明,其中包括"在一般情况下,权利要求中不得使用'约''接近''等''或类似物'等类似的用语,因为这类用语通常会使权利要求的范围不清楚"。

本案的权利要求书中出现了"GLP – 2 类似物""IGF – 1 类似物""IGF – 2 类似物""GH 类似物""胰岛素样生长因子 – 1 类似物""EGF 类似物""HGF 类似物""KGF 类似物"这些用语。由于"类似物"本身的含义是指大致相似的物质,这导致"GLP – 2 类似物""IGF – 1 类似物"等用语并不具有确定的指代对象或清晰的范围边界,因此,这些用语会导致权利要求的保护范围不清楚,不允许存在于权利要求书中。

当权利要求书中已经存在"类似物"用语时,可以通过如下几种途径来克服不清楚的缺陷:① 删除"类似物"用语,例如,复审请求人删除了权利要求中的"EGF 类似物""HGF 类似物""KGF 类似物"和"GH 类似物";② 对权利要求中保留的

"类似物"进行进一步限定，例如，请求人将权利要求书中的"GLP-2 类似物"进一步限定为"所述类似物保持 GLP-2 受体激动剂的活性并包含至少一个氨基酸的替代、缺失或修饰"；③ 将"类似物"限定或替换为具体物质，例如，复审请求人用具体物质替换了原权利要求书中的"IGF-1 类似物""IGF-2 类似物"和"胰岛素样生长因子-1 类似物"。在采用上述②、③的修改方式时尤其要注意修改后的技术方案应当在原始申请文件中有所记载，或者能够从原始申请文件记载的信息中直接地、毫无疑义地确定。

另外，需要说明的是，虽然本案的驳回理由是《专利法》第二十六条第四款的规定，不涉及"类似物"的问题，但是在复审程序中如果发现审查文本存在足以用驳回决定作出前已告知过申请人的其他理由予以驳回的缺陷，或者存在驳回决定未指出的明显实质性缺陷时，可以对该缺陷进行审查。本案涉及"类似物"不符合《专利法实施细则》第二十条第一款规定的缺陷同时即属于这两种情况，因此，在复审程序中引入了对该缺陷的审查。（撰稿人：郭　婷）

## 3. 自定义特征

【案例】 用于治疗血栓形成的抗凝血剂（第 14574 号复审请求审查决定）

2008 年 9 月 25 日，专利复审委员会作出第 14574 号复审请求审查决定。该决定涉及申请号为 97192981.5，名称为"用于治疗血栓形成的抗凝血剂"的发明专利申请。

国家知识产权局原审查部门驳回了本申请，驳回理由之一是：权利要求 11、12 中没有清楚记载分泌所述单克隆抗体的杂交瘤保藏号，导致权利要求的保护范围不清楚，不符合《专利法实施细则》第二十条第一款的规定。

驳回决定所针对的权利要求 11、12 的内容如下：

"11. 单克隆抗体，其选自：SB 249413、SB 249415、SB 249416、SB 249417、SB 257731、SB 257732、9E4（2）F4 和 11G4（1）B9。

12. 权利要求 11 的单克隆抗体，其为 SB 249417。"

复审请求人对上述驳回决定不服，于 2006 年 1 月 27 日向专利复审委员会提出复审请求。针对驳回决定指出的权利要求 11、12 不清楚的问题，复审请求人将相关权利要求的主题修改为"人源化单克隆抗体"，并认为上述权利要求中具体限定了单克隆抗体的名称为"SB 249413、SB 249415、SB 249416、SB 249417、SB 257731 和 SB 257732"，由于这些抗体可以通过 DNA 克隆和蛋白表达等常规的生物技术方法制备出来，不必通过杂交瘤分泌的途径，说明书（实施例 6、说明书第 30～36 页）中清楚地描述了这些人源化抗体的序列和其制备过程和方法，本领域技术人员完全清楚这些抗体的结构，因此修改后的上述权利要求能够清楚地表述要求保护的范围，符合《专利法实施细则》第二十条第一款的规定。

在复审程序中，合议组针对复审请求人的上述理由指出：如果所述人源化抗体不通过杂交瘤分泌的途径，而通过 DNA 克隆和蛋白表达这些常规的生物技术就能制得，则所述抗体就应该用其重链和轻链的氨基酸序列（或核苷酸序列）进行限定，否则本领域技术人员不清楚什么样特征的"人源化单克隆抗体"能够实现该权利要求的技术方案，从而造成权利要求的技术方案和其保护范围不清楚，不符合《专利法实施细则》第二十条第一款的规定。

复审请求人对权利要求书中出现的"SB 249413"等一系列的单克隆抗体进行了进一步限定，最终修改后的独立权利要求 1 和 12 的内容如下：

"1. 人源化单克隆抗体在制备动物中抑制血栓形成的药物中

的用途，所述人源化单克隆抗体选自 SB 249413、SB 249415、SB
249416、SB 249417、SB 257731 和 SB 257732，其中所述 SB
249413 其重链具有 SEQ ID NO.31 中提出的氨基酸序列，其轻链
具有如 SEQ ID NO.44 中列出的氨基酸序列；所述 SB249415 其重
链具有 SEQ ID NO.52 中提出的氨基酸序列，其轻链具有如 SEQ
ID NO.57 中提出的氨基酸序列；所述 SB 249416 其重链具有 SEQ
ID NO.52 中提出的氨基酸序列，其轻链具有如 SEQ ID NO.62 中
提出的氨基酸序列；所述 SB 249417 其重链具有 SEQ ID NO.52
中提出的氨基酸序列，其轻链具有如 SEQ ID NO.74 中提出的氨
基酸序列；所述 SB 257731 其重链具有 SEQ ID NO.52中提出的氨
基酸序列，其轻链具有如 SEQ ID NO.78 中提出的氨基酸序列；
所述 SB 257732 其重链具有 SEQ ID NO.89 中提出的氨基酸序列，
其轻链具有如 SEQ ID NO.99 中提出的氨基酸序列。"

　　"12. 人源化单克隆抗体，其选自：SB 249413、SB 249415、
SB 249416、SB 249417、SB 257731 和 SB257732，其中所述 SB
249413 其重链具有 SEQ ID NO.31中提出的氨基酸序列，其轻链
具有如 SEQ ID NO.44 中列出的氨基酸序列；所述 SB249415 其重
链具有 SEQ ID NO.52 中提出的氨基酸序列，其轻链具有如 SEQ
ID NO.57 中提出的氨基酸序列；所述 SB 249416 其重链具有 SEQ
ID NO.52 中提出的氨基酸序列，其轻链具有如 SEQ ID NO.62 中
提出的氨基酸序列；所述 SB 249417 其重链具有 SEQ ID NO.52
中提出的氨基酸序列，其轻链具有如 SEQ ID NO.74 中提出的氨
基酸序列；所述 SB 257731 其重链具有 SEQ ID NO.52 中提出的
氨基酸序列，其轻链具有如 SEQ ID NO.78 中提出的氨基酸序列；
所述 SB 257732 其重链具有 SEQ ID NO.89 中提出的氨基酸序列，
其轻链具有如 SEQ ID NO.99 中提出的氨基酸序列。"

　　在上述修改的权利要求的基础上专利复审委员会依法作出复
审请求审查决定，撤销了驳回决定，复审请求审查决定中认为：

　　权利要求的保护范围应当根据其所用词语的含义来理解。一般情况下，权利要求中的用词应当理解为相关技术领域通常具有的含义。如果说明书中指明了某词具有特定的含义，则此时申请人应尽可能修改权利要求，使得根据权利要求的表述即可明确其含义。

　　本案中的人源化单克隆抗体 SB 249413、SB 249415、SB 249416、SB 249417、SB 257731 和 SB 257732 是发明人针对所发明的单克隆抗体而自定义的符号（见说明书第 15 页倒数第 3 行至第 16 页第 12 行），上述符号具有特定的含义，复审请求人按照说明书的记载，在涉及上述抗体的权利要求 1、12 中分别限定了每种抗体的重链和轻链的氨基酸序列特征，使得本领域技术人员根据权利要求的表述即可明确其含义，因此修改后的权利要求 1、12 保护范围清楚，符合《专利法实施细则》第二十条第一款的规定。

## 【案例评析】

　　本案涉及权利要求中使用自定义特征的问题。

　　一般来说，申请人在专利申请文件中使用自定义特征主要是为了方便对技术方案的叙述，其通常用较为简短的文字或符号来指代较复杂的含义，但这种文字或符号对于所属领域的技术人员来说并不熟悉，或者有可能与所属领域已有的，但含义不同的相同或相似的文字或符号相混淆，因此只有在该文字或符号的定义者解释的基础上所属领域的技术人员才可能明了其含义。

　　对于这类自定义特征是否允许出现在权利要求当中，《审查指南》第二部分第二章第 3.2.2 节中有这样的规定："一般情况下，权利要求中的用词应当理解为相关技术领域通常具有的含义。在特定情况下，如果说明书中指明了某词具有特定的含义，并且使用了该词的权利要求的保护范围由于说明书中对该词的说明而被限定得足够清楚，这种情况也是允许的。但此时也应当要求申请人尽可能修改权利要求，使得根据权利要求的表述即可明确其含义。"

上述规定表明，权利要求中应当尽量使用所属技术领域的技术术语，但也并不绝对排除使用自定义特征，前提是该自定义特征的含义在说明书中是明确的，对于所属领域技术人员来说，不会因该自定义特征的使用而对包含该自定义特征的权利要求的保护范围造成理解困难和理解错误。而且，通常情况下，该自定义特征的含义还应当被写入权利要求中，以使所属技术领域的技术人员仅根据权利要求的表述即可清楚确定请求保护的范围。当然，如果该自定义特征表达的含义太长或者过于复杂，例如生物领域常见的氨基酸或核苷酸序列表、蛋白质的酶切图谱等，也可允许在权利要求中不直接写入该定义而采用引用的方式撰写。

本案中，权利要求中出现的"SB 249413""SB 249415""SB 249416""SB 249417""SB 257731"和"SB 257732"都是发明人针对所发明的人源化单克隆抗体而自定义的名称，并非本领域的通用术语。如果本领域普通技术人员单纯阅读权利要求书，并不能清楚这些人源化单克隆抗体的结构、制备方法等通常用于表征产品的信息，从而也不能确定权利要求的保护范围，因此，仅用上述自定义的名称来表征所发明的人源化单克隆抗体产品是不够的，这导致了权利要求不清楚，不符合《专利法实施细则》第二十条第一款的规定。

针对上述问题，驳回决定给出了这样一种修改方式，即，在包含上述自定义抗体名称的权利要求中记载分泌所述单克隆抗体的杂交瘤保藏号；而在复审程序中，合议组又给出了另一种修改方式，即，在权利要求中进一步限定所述单克隆抗体的重链和轻链的氨基酸序列（或核苷酸序列）。

对于本领域技术人员来说，上述两种方式的限定都能够清楚地表征特定的单克隆抗体，一方面，杂交瘤是单克隆抗体制备过程中形成的融合细胞，其能分泌针对目标抗原的均质的高特异性抗体，也就是说，单个杂交瘤细胞对应着一种单克隆抗体，故用作为杂交瘤细胞身份证的保藏号来限定特定的单克隆抗体足以让本领域技术人员明了如何获得该单克隆抗体，实际上这种限定方式在《审查指南》第二部分第十章第 9.3.1.7 节中有明确的规定，即"针对单克隆抗体的权利要求可以用产生它的杂交瘤来限定"，当然，所述杂交瘤应当是本领域已知的或者是按照《专利法实施细则》第二十五条的规定进行了保藏并将相关信息记载在说明书中的；另一方面，抗体作为蛋白质的一种，也可以用作为其基本结构单元的氨基酸序列或相应的核苷酸序列来确定，如《审查指南 2006》第二部分第十章第 9.3.1.5 节中所规定，涉及多肽或蛋白质的权利要求可以撰写成："（1）限定氨基酸序列或编码所述氨基酸序列的结构基因的碱基序列。（2）当其氨基酸序列记载在序列表或说明书附图中时，可以采用直接参见序列表或附图的方式进行描述"，具体在本案中，由于单克隆抗体是由二条相同的重链和轻链构成的对称四肽链结构，故只要知道特定单克隆抗体的重链和轻链的氨基酸序列或相应的核苷酸序列，本领域技术人员也就能够确定出该单克隆抗体的结构。由此可见，本案中采用上述两种方式来表征都可以清楚地界定出所请求保护的单克隆抗体的产品技术方案。

　　当然，从权利要求的保护力度来看，用杂交瘤保藏号来表征特定的单克隆抗体不如用氨基酸序列或相应的核苷酸序列来表征该单克隆抗体，因为前者将该单克隆抗体局限在了用特定的杂交瘤所制得的范围内，故所保护的产品不仅结构是唯一确定的，而且制备方法也是唯一的；而后者则只对产品结构进行限定，即无论用何种方法制得，只要序列相符，均落入权利要求的保护范围之内。由于本案中复审请求人强调这些抗体可以通过 DNA 克隆和蛋白表达等常规的生物技术方法制备出来，不必通过杂交瘤分泌的途径，故合议组引导复审请求人采用氨基酸序列或相应的核苷酸序列限定的方式来明确其自定义的单克隆抗体名称的含义，即，将说明书中明确记载的所述单克隆抗体的重链和轻链的氨基酸序列（或核苷酸序列）以引用的方式补充进权利要求中（因为氨基酸序列冗长而复杂，故采用引用方式）。由此，修改之后的权利要求克服了驳回决定所指出的权利要求保护范围不清楚的缺陷，符合《专利法实施细则》第二十条第一款的规定。（撰稿人：方　华　周　航）

4. 错误或矛盾用语

【案例】　墨盒、喷墨记录设备、供墨系统及方法（第 8296 号无效宣告请求审查决定）

2006 年 6 月 1 日，专利复审委员会作出第 8296 号无效宣告请求审查决定。该决定涉及名称为"墨盒、喷墨记录设备、供墨系统及方法"的 95117800.8 号发明专利。

本专利授权公告的权利要求书共包括 62 项权利要求，其中，独立权利要求共 6 项，分别为权利要求 1、21、40、59、60 和 62。该专利的独立权利要求 1 的内容为：

"1. 一种喷墨式记录设备用的墨盒，包括：

在所述墨盒中形成至少一个室的多个壁；

一个供墨口延伸穿过所述至少一个室的至少一个壁，以便允许油墨通过所述至少一个室流出；其特征在于：

在所述供墨口内安装一个漏斗形密封件，所述密封件具有：一个宽的端部，其尺寸足于接合所述供墨口；一个窄的端部，其尺寸小于所述供墨口；一个通孔，其穿过所述漏斗形密封件，所述通孔具有一个宽的端部和一个窄的端部，所述通孔的宽度的端部的尺寸大于所述供墨口的尺寸，所述通孔的窄的端部的尺寸足于接纳喷墨式记录设备的供墨针状体，并弹性地紧靠在所述供墨针状体的外周界面上，所述供墨针状体插入所述供墨口时，所述漏斗形密封件容许油墨只从所述供墨口流动到所述供墨针状体。"

针对本专利权，请求人于 2004 年 4 月 21 日以本专利权利要求 1~62 不符合《专利法实施细则》第二十条第一款的规定为由向专利复审委员会提出了无效宣告请求。

请求人认为：

本专利独立权利要求 1、21、40、59、60 和 62 中的技术特征"所述通孔的宽度的端部的尺寸大于所述供墨口的尺寸"在说明书中除了有相同的文字描述之外再无任何解释和说明，而且无法通过对说明书特别是说明书中相应实施例及附图的阅读而理解上述技术特征，因此，上述独立权利要求没有清楚地表述出所请求保护的范围，而且，其相应的从属权利要求也未对上述技术特征进行进一步的限定和说明，同样也未清楚地表述所请求保护的范围，因此，权利要求 1~62 均不符合《专利法实施细则》第二十条第一款的规定。

专利权人则认为：

独立权利要求 1、21、40、59、60 和 62 中的技术特征"所述通孔的宽度的端部的尺寸大于所述供墨口的尺寸"存在两处打字错误，本专利的说明书和附图已清楚地公开了漏斗形密封件的技术特征，本领域技术人员可以很容易地辨认出上述打字错误，并可通过本专利说明书所公开的内容直接且肯定地推断出这些技术特征所表达的正确含义应为"所述通孔的宽的端部的尺寸大于供墨针状体的尺寸"，而且这也是对所述漏斗形密封件技术特征的唯一解释。即使关于漏斗形密封件技术特征的这些明显打字错误使得上述独立权利要求的表述不确切，根据本专利说明书的描述，本领域技术人员可以容易地理解到所述通孔的宽的端部的尺寸只能是大于供墨针状体的尺寸，而不可能是大于供墨口的尺寸，因为密封件需要安装在供墨口之内，并且所述通孔用于与所述供墨针状体一起工作。另外，在本专利的实质审查过程中，专利权人针对"第一次审查意见通知书"陈述意见时也曾经提到

"由于本申请案的漏斗形密封件的上述特征,该通孔的宽的端部的尺寸大于该供墨针状体……"因此专利权人明显是请求保护所述通孔的宽的端部的尺寸大于供墨针状体而不是供墨口。因此带有上述打字错误的权利要求均可以被本领域技术人员正确理解,故上述独立权利要求及其从属权利要求符合《专利法实施细则》第二十条第一款的规定。

经审理,合议组认为:

就本专利独立权利要求 1 中记载的技术特征"所述通孔的宽度的端部的尺寸大于所述供墨口的尺寸"而言,首先在字面上存在语言不通顺的缺陷,即其中的"所述通孔的宽度的端部的尺寸"语言不通顺,但是,结合其上下文,"所述通孔具有一个宽的端部和一个窄的端部""所述通孔的窄的端部的尺寸……"可以推断出该处的"宽度的端部"应为明显的打字错误,其唯一正确和合理的解释应当是"宽的端部";其次,根据权利要求 1 的文字描述可知,漏斗形密封件是安装在供墨口之内,且该漏斗形密封件的宽的端部的尺寸足于接合所述供墨口,而其窄的端部的尺寸小于所述供墨口,而所述的通孔位于所述漏斗形密封件上并穿过所述漏斗形密封件,既然如此,那么所述通孔的宽的端部的尺寸则不可能大于所述供墨口,也就是说,技术特征"所述通孔的宽的端部的尺寸大于所述供墨口的尺寸"明显与权利要求中的其他技术特征相互矛盾和抵触,而且除了在说明书的技术方案部分中有类似的文字描述之外,在说明书中再无其他任何的解释和说明,因此,"所述通孔的宽的端部的尺寸大于所述供墨口的尺寸"这一技术特征也明显与本专利说明书和附图的描述相背离;另外,本专利的说明书和附图根本也不能支持"在将漏斗形密封件安装到供墨口中之前,漏斗形密封件的所述通孔的宽的端部的尺寸大于所述供墨口的尺寸"的解释。因此,可以认定该技术特征存在着明显的错误并与权利要求中的其他技术特征相矛盾和抵触。

因此，本专利独立权利要求 1 是否清楚地界定了保护范围之关键在于，上述存在明显错误并与权利要求中的其他技术特征相矛盾和抵触的技术特征是否可结合该权利要求的上下文并借助于专利说明书和附图而得到唯一正确和合理的解释。

首先，根据权利要求 1 的文字描述，由该技术特征的上、下文可推断出，这里所欲表达的应当是漏斗形密封件的所述通孔的宽的端部的尺寸与某一技术特征的尺寸进行比较，由本专利的说明书和附图 2、3、7（a）和 7（b）可看出，漏斗形密封件 530 安装在供墨口 513 之内，其开口向上，且由弹性材料制成。该漏斗形密封件的管状部分 531 的下端比其他部分厚，其圆锥形部分 532 的上部圆形边缘 533 与供墨口 513 的台阶部分 513a 相接触，该漏斗形密封件 530 具有凸缘 535，该凸缘位于供墨口 513 的内壁的槽 527 中，且漏斗形密封件的管状部分 531 和圆锥形部分 532 之间的交界面为薄的连接部分 534，供墨针状体 550 的圆锥部分 551 穿过漏斗形密封件 530 并与漏斗形密封件的圆锥部分 532 相配合。显然，独立权利要求 1 中的“所述通孔”应当是指由漏斗形密封件 530 的圆锥形部分 532 所形成的开口，“所述通孔的宽的端部”就是上述开口的上端，也就是漏斗形密封件 530 的圆锥形部分 532 与供墨口 513 的台阶部分 513a 相接触的上部圆形边缘 533 的内口端。但是，根据以上的描述，对于由漏斗形密封件 530、供墨口 513 以及供墨针状体 550 所构成的组件而言，存在着与“所述通孔的宽的端部”也就是上述内口端密切关联的多个技术特征，而且由于漏斗形密封件由弹性材料制成且供墨口和供墨针状体与其直接关联，因此，“所述通孔的宽的端部”也就是上述内口端同与其密切关联的多个技术特征之间的尺寸的相对大小具有一定的技术意义，不同的限定会形成不同的技术方案，也就是说，对于“所述通孔的宽的端部的尺寸大于所述供墨口的尺寸"这一存在明显错误并与权利要求中的其他技术特征相矛盾和抵触的技术特征，在本专利的说明书和附图中存在着多种可能的合理解释，而并不能唯一地推断出是"所述通孔的宽的端部"与供墨针状体进行尺寸比较并进而得出"所述通孔的宽的端部的尺寸大于供墨针状体的尺寸"的结论。

综上所述，本专利独立权利要求 1 中存在着明显错误并与该权利要求中的其他技术特征相互矛盾和抵触的技术特征，并且其不能从本专利的说明书和附图中获得唯一正确和合理的解释，故独立权利要求 1 所界定的保护范围不清楚，不符合《专利法实施细则》第二十条第一款的规定。

基于同样的理由，独立权利要求 21、40、59、60 和 62 也未清楚地限定其保护范围，不符合《专利法实施细则》第二十条第一款的规定。

另外，上述独立权利要求相应的从属权利要求也未对上述不清楚的技术特征进行进一步的限定和说明，因此也同样存在未清楚地表述所请求保护的范围的缺陷，也不符合《专利法实施细则》第二十条第一款的规定。

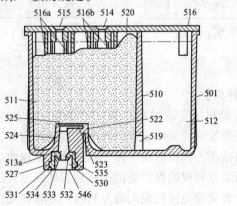

图 2

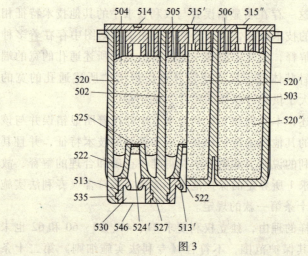

图 3

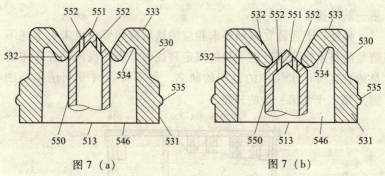

图 7（a）　　　　　　　　图 7（b）

【案例评析】

　　根据《专利法实施细则》第二十条第一款的规定，权利要求应当由反映发明或实用新型内容的技术特征构成，清楚地限定请求保护的范围，其目的在于使公众能够以合理的确定性预知发明或实用新型专利权的保护范围，有意识地规范自己实施有关技术的行为，自觉避免侵犯他人的专利权，并且在发生纠纷时作为是否侵权的判定基准。一项权利要求请求保护的范围清楚，当然也就要求构成该权利要求的各技术特征的含义清楚。

本案所涉及的错误或矛盾用语，从其性质上可区分为两类：一类是所属领域的技术人员不仅能够看出该用语是错误或矛盾的，而且还能够根据专利文件的整体内容判断出正确的用语应该是什么；另一类是所属领域的技术人员只能判断出该用语是错误或矛盾的，但并不能确定正确的用语是什么。在无效宣告程序中，这两种类型的错误或矛盾用语对权利要求清楚与否的影响可能会有所不同，下面将结合具体案情予以说明。

本专利权利要求 1 所记载的技术特征"所述通孔的宽度的端部的尺寸大于所述供墨口的尺寸"中的"宽度的端部"根据该权利要求上、下文字的描述可以毫无疑义地推断出应为"宽的端部"。该错误即属于上述第一种类型的错误，无论是所属领域的技术人员，还是其他任何人，通过结合该权利要求的上、下文即可明了正确的用语是什么，并且其答案是唯一的，此种情形并不会对权利要求的保护范围造成任何实质上的影响，虽然该权利要求在此处的撰写存在瑕疵，但该瑕疵还不足以导致其保护范围不清楚。但"所述通孔的宽的端部的尺寸大于所述供墨口的尺寸"却又与该权利要求中的其他技术特征相矛盾，因为根据权利要求 1 的文字描述可知，所述通孔的宽的端部的尺寸不可能大于所述供墨口。该错误即属于上述第二种类型的错误，本案合议组为探求其真正含义，试图借助专利说明书及附图对该权利要求进行解释。根据专利说明书和附图可以看出，"所述通孔的宽的端部"是指由漏斗形密封件 530 的圆锥形部分 532 所形成的开口的上端，而在说明书中并没有任何有关上述开口上端与其他相关技术特征进行尺寸比较的文字描述。如附图 2、3、7（a）和 7（b）所示，漏斗形密封件 530、供墨口 513 和供墨针状体 550 三者密切关联，"所述通孔的宽的端部的尺寸大于供墨针状体的尺寸"只是其中一种可能的合理解释，并非是唯一的，其中还存在着其他多种可能的合理解释，而这些不同的解释都具有相应的技术意义，会形成不同的技术方案。如果在这些可能的合理解释中选取一种将其解释到权利要求中，则违反《专利法》第五十六条的立法本意，同时也会导致公众不能以合理的确定性预知专利权的保护范围，破坏了专利权人与公众之间的利益平衡。

因此，只有当权利要求中模糊不清的术语依据说明书解读到的是唯一正确、合理的意思时，才能将其解释到权利要求中。该专利权利要求1中所存在的缺陷并不能通过专利说明书和附图的解释而予以澄清，从而也就不能够清楚地限定出具有确定性的保护范围，该项权利要求应当被宣告无效。（撰稿人：崔　峥　柴爱军）

### 5. 非规范用语

**【案例1】** 改进的折叠式自行车（第 7055 号无效宣告请求审查决定）

2005 年 4 月 19 日，专利复审委员会作出第 7055 号无效宣告请求审查决定。该决定涉及名称为"改进的折叠式自行车"的 02219926.8 号实用新型专利权。该专利授权公告的权利要求书内容如下：

"1. 一种改进的折叠式自行车，包括前叉、车把、车轮，链轮和由上、下梁、前、后柱及后叉构成的车架，其特征是：所述车架的上梁（4）两端固联短管，其前端短管分别与前叉（16）和前柱固联，其后端短管分别与车座和后柱（7）固联；短管与上梁（4）两端的连接处内分别设有轴套，由销轴（3、5）分别将其连接在上梁的两端内；前柱（15）的下端由销轴（14）与下梁（12）的前端连接，下梁的后端和中部分别由销轴（11）和（13）与后叉（9）的下端及后柱（7）的下端连接，后叉的上端与上梁（4）的后端由销轴（15）连接。

2. 如权 1 所述的一种自行车，其特征是：所述的后叉（9）为上、下两段（9-1、9-2），其间由自锁器（8）连接。

3. 如权 2 所述的一种自行车，其特征是：所述的自锁器（8）由矩形固定板、销轴和弹簧组成，矩形固定板（8-1）的两条宽边及相邻的一条长边分别向里弯边形成两个定位槽（8-4），固定板的面面由销轴（8-2）贯穿的两条宽边的弯边端，销轴上套联弹簧（8-3）。

4. 如权 1 所述的一种自行车，其特征是：所述的前叉（16）与车把（1）之间由快速锁紧扣（17）连接固定。

5. 如权 1 所述的一种自行车，其特征是：所述的前叉（16）的叉体上设有弹簧（16-1）。"

针对上述实用新型专利权，请求人于 2004 年 4 月 29 日向专利复审委员会提出无效宣告请求，其理由是本专利不符合《专利法》第二十二条第二款、第三款，《专利法实施细则》第二十条第一款的规定。并提交了一份证据证明本专利不具备新颖性和创造性。

其中，请求人认为本专利权利要求 1 不符合《专利法实施细则》第二十条第一款的理由是：按照权利要求 1 所述内容"所述车架的上梁（4）两端固联短管，其前端短管分别与前叉（16）和前柱固联，其后端短管分别与车座和后柱（7）固联"，短管与上梁两端的固定连接以及短管与前柱、车座及后柱的固定连接如何实现自行车的折叠？"固联"的含义不清楚，故权利要求 1 不符合《专利法实施细则》第二十条第一款的规定。

专利复审委员会经过审理，决定宣告 02219926.8 号实用新型专利权的权利要求 1～5 全部无效。但对于请求人认为本专利不符合《专利法实施细则》第二十条第一款的理由未予支持，相关意见如下：

在对技术方案中的一术语所代表的含义进行理解时，不能仅仅根据其字面进行判断，在存有歧义时可结合说明书、附图以及所属领域的常识来正确理解该术语所指。就本专利的权利要求 1 而言，虽然由字面上看，"固联"表示固定不动的连接，但是根据说明书中所披露的"短管与上梁前后两端的连接处内分别设有轴套，轴套分别由销轴 3 和 5 将其连接在上梁的前后两端内"，并结合附图 1、2 及附图 4 可知，上梁与前柱以及后柱之间的夹角可变，即上梁与前柱以及上梁与后柱可以绕各自的销轴发生相对转动。同时由于短管焊接于上梁之上，故上梁前端短管与前柱是通过轴套借助于销轴彼此相连的。上梁后端短管以及后柱之间同样也是通过轴套借助于销轴彼此相连的。即在此，"固联"应理解为只是体现了两个相应部件之间（上梁与前柱以及上梁与后柱）一种相互连接的关系，而不能简单的根据字面将其理解为一种固定不动的具体连接方式。综上所述，合议组认为，虽然权利要求 1 中"固联"这一措辞所表现的部件之间的连接关系确有不妥，但结合说明书的描述可知，上述缺陷并不足以导致权利要求 1 的保护范围不清楚，即本专利权利要求 1 清楚地表述了请求保护的范围，符合《专利法实施细则》第二十条第一款的规定。合议组对请求人认为本专利之权利要求 1 不符合《专利法实施细则》第二十条第一款的主张不予支持。

**【案例评析】**

本案涉及《专利法》第二十二条第二款、第三款，《专利法实施细则》第二十条第一款的相关规定，在此仅对《专利法实施细则》第二十条第一款规定的相关内容进行评析。

《审查指南》第二部分第二章第 3.2.2 节对《专利法实施细则》第二十条第一款作出了进一步的解释："权利要求的保护范围应当根据其所用词语的含义来理解。一般情况下，权利要求中的用词应当理解为相关技术领域通常具有的含义。在特定情况下，如果说明书中指明了某词具有特定的含义，并且使用了该词的权利要求的保护范围由于说明书中对该词的说明而被限定得足够清楚，这种情况也是允许的。"

《审查指南》的上述规定正是《专利法》第五十六条立法本意的体现。《专利法》第五十六条第一款规定："发明或者实用新型专利权的保护范围以其权利要求的内容为准，说明书及附图可以用于解释权利要求。"撰写专利文件的主体是专利权人或专利申请人，他们的知识水平和用词习惯存在着个体差异，个别专利权人或专利申请人偶尔会使用一些晦涩难懂或用词不准确的表述也在所难免，此时，如果脱离专利权人或专利申请人在专利文件中明确表述的本意，而仅仅简单苛刻地按照字面含义理解专利文件特别是权利要求中的用词的含义，将过于形而上学，不利于促进科学技术进步和经济社会发展。

本案中，合议组在判断本专利权利要求是否符合《专利法实施细则》第二十条第一款规定时，体现了《审查指南》中规定的判断标准。合议组以所属技术领域的技术人员为判断主体，综合考虑权利要求书、说明书及附图的相关内容，发现说明书中虽然没有采用直接定义的形式对"固联"一词的含义进行限定，但通观说明书中技术方案对相关部件的其他描述可以认定，本专利中使用"固联"一词仅仅是为了表达两个相应部件之间的相互连接关系，而并非表示其具有固定不动的具体连接方式，因此不能再简单地按照字面含义理解"固联"一词。专利权人使用"固联"一词限定部件之间的上述连接关系虽有不妥，但采用"固联"限定的技术方案保护范围是清楚的。这样的限定既不会影响其他权利人的合法权益，也不会损害公共利益，因此不应当以此为由宣告权利要求无效。（撰稿人：宋鸣镝）

**【案例2】**　一种安全自毁式一次性使用的注射器（第11475号无效宣告请求审查决定）

2008年5月12日，专利复审委员会作出第11475号无效宣告请求审查决定。该决定涉及名称为"一种安全自毁式一次性使用的注射器"的 200520068572. X 号实用新型专利权。

针对上述实用新型专利权（下称本专利），请求人于 2007 年 6 月 15 日向专利复审委员会提出无效宣告请求。在审理过程中，专利权人对本专利授权公告权利要求书进行了修改，修改后的权利要求 1 和 4 的内容如下：

"1. 一种安全自毁式一次性使用的注射器，包括一空心针筒、一安装在所述针筒内的推杆和一安装在所述推杆前端的胶塞，所述针筒的前端安装有一针座，其特征在于：针座包括锥座和支撑座；锥座上设有一鲁尔圆锥，锥座本体外圆和针筒之间安装多个"O"型胶圈；锥座外侧下部设立多个弹性卡位块，在与卡位块相对应处的针筒上设有限位槽，其大小和卡位块相配合；锥座内侧壁下部设置一凸圈；支撑座设立在锥座内腔里，其内孔前端设立一弹性撑爪；支撑座外部前端设置一前凸缘，其直径与锥座内孔相配合；支撑座外部设置一中凸缘，可与锥座的弹性卡位块配合；所述推杆前端有一锥型突起，锥型突起的中部设立一拉钩；推杆中部设有三个易拉断点；所述的锥座内壁上的凸圈，只能在支撑座的前凸缘和中凸缘之间移动，可与支撑座的前凸缘啮合。"

"4. 如权利要求 1 所述的一种安全自毁式一次性使用的注射器，其特征在于：所述的推杆中部的三个易断点不在同一平面内。"

针对修改后的权利要求，请求人认为其仍然应当被宣告无效，其理由之一是本专利不符合《专利法实施细则》第二十条第一款的规定，具体理由是：权利要求 4 中记载了"三个易断点不在同一平面"，而"三点成一平面"是最基本的公知原理，因此权利要求 4 不符合《专利法实施细则》第二十条第一款的规定。

　　对于请求人的上述主张，专利权人辩称，三点确定一个平面，而不是三点在同一平面上，根据说明书第4页倒数第5行的说明并结合附图1和图3，本专利中所说三点不在同一平面是指不在同一高度的平面，这是为了避免在同一高度会产生摇摆，而导致刚性不好，因此将三点设置成不在同一轴向平面上的。

　　经审理，合议组认为：本案中权利要求4中的"三个易断点不在同一平面内"的表述确实存在一定问题，其没有明确三点不在"哪个"平面上。但是本领域技术人员应当了解，三点一定能够确定一个平面，因此权利要求4中所述的"不在同一平面内"不是指任一平面，而是指某一特定平面。而如何确定这一平面，根据《专利法》第二十六条第四款、第五十六条的规定，应当参考说明书来确定。

　　《专利法》第二十六条第四款规定："权利要求书应当以说明书为依据，说明要求专利保护的范围。"《专利法》第五十六条规定："发明或者实用新型专利权的保护范围以其权利要求的内容为准，说明书及附图可以用于解释权利要求。"根据上述规定，可知在确定权利要求的保护范围时，应当参考说明书。而根据本专利说明书，可以确定权利要求4中的"三个易断点不在同一平面内"指的是同一"轴向"平面。

　　综上所述，合议组认为，权利要求4中的记载虽然不够严谨，但还不足以造成其保护范围不清楚，请求人认为本专利不符合《专利法实施细则》第二十条第一款的主张不能成立。

　　最终，专利复审委员会没

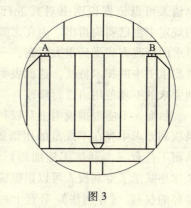

图3

有支持请求人认为本专利不符合《专利法实施细则》第二十条第一款的无效宣告请求理由。

**【案例评析】**

本案中请求人认为本案专利权利要求4中所述的"三个易断点不在一个平面"与"三点确定一个平面"的公理相悖，由于权利要求中存在上述缺陷，导致其保护范围不清楚，因此不符合《专利法实施细则》第二十条第一款的规定。

权利要求用于确定专利保护的范围，如果其记载的内容不清楚，则会使专利的保护范围难以确定，并会带来一系列不利后果。因此，法规中专门对权利要求应当清楚作了规定，并在《审查指南》中对如何清楚的限定权利要求进行了具体要求。《审查指南》第二部分第二章第3.2.2节中，对于权利要求中应当如何规范用语作了很多的规定和示例，通过这些规定和示例可以看出，权利要求中的用语应当含义清楚、准确，不会产生歧义。

但是，上述内容是在《审查指南》中的"实质审查"部分规定的，在实质审查程序中，如果权利要求中存在一些不够规范、不够确切的用语，只要通过说明书能够对其进行解释说明，申请人可以依据说明书对其进行修改，这在上述《审查指南》的规定中也已明确指出。而在无效宣告程序中，专利权人对权利要求的修改方式受到很大限制，一般不得增加未包含在授权的权利要求书中的技术特征，这就表明专利权人不能根据说明书对权利要求的不规范用语进行修改。

然而，不能根据说明书对权利要求进行修改，并不意味着如果权利要求中存在不规范的用语就必然导致其保护范围不清楚，从而不符合《专利法实施细则》第二十条第一款的规定，因为法律还赋予了专利权人可以根据说明书对权利要求保护范围进行解释的权利。《专利法》第五十六条规定："发明或者实用新型专利权的保护范围以其权利要求的内容为准，说明书及附图可以用于解释权利要求。"根据该规定，如果在授权后的权利要求中存在不规范的用语，虽然专利权人不能依据说明书对其进行修改，但是可以依据说明书对其进行解释，如果经解释后其保护范围可以确定，则不应认为该权利要求保护范围不清楚。

就本案的情况而言，由于"三点确定一个平面"是公理，因此"三个易断点不在一个平面"指的并不是不在任何一个平面，而应当指的是某一个特定平面。从本专利说明书的附图说明可知，图3显示了本案专利的推杆易断点放大图，在该图中可以明显看出三个易断点位于推杆不同高度上，这和专利权人解释的"三点不在一个轴向平面"是对应的；并且在说明书中对图3相应说明的部分也记载了"它们（三个易断点）不在同一平面内错位布置，既保持了推杆的刚性，又便于开模，轻松一拉就可以断裂"，这也和专利权人对于三易断点不在同一轴向平面的效果的说明是相符的。因此，专利权人的上述解释可以在说明书中找到依据，是应予允许的，权利要求4虽然存在不规范的用语，但尚不会导致其保护范围不清楚。（撰稿人：刘颖杰）

## 三、权利要求书整体清楚

《审查指南》第二部分第二章第3.2.2节规定："构成权利要求书的所有权利要求作为一个整体也应当清楚，这是指权利要求之间的引用关系应当清楚。"

权利要求书可以有一项或多项独立权利要求，每一项独立权利要求又可以有一项或多项直接或者间接引用的从属权利要求。直接引用的从属权利要求是指该从属权利要求直接引用了在前的独立权利要求的编号，间接引用的从属权利要求是指该从属权利要求通过其他在前的从属权利要求引用了独立权利要求的编号。从属权利要求中的附加技术特征，可以是对所引用的权利要求的技术特征作进一步限定的技术特征，也可以是增加的技术特征。由于从属权利要求用附加的技术特征对所引用的权利要求作了进一步的限定，所以其保护范围落在其所引用的权利要求的保护范围之内。

《审查指南》第二部分第二章第3.1.2节和第3.3.2节中对权利要求书作为一个整体在撰写中应当注意的问题进行了详细规定。这些内容很多被认为是形式上的要求，例如有些观点认为独立权利要求和从属权利要求利用引用方式撰写只是为了简要，而与清楚无关。但是应当注意的是，很多情况下正是由于引用关系混乱或者不正确，从而导致权利要求保护的技术方案出现不清楚的情况。《专利法实施细则》第二十条第一款有关权利要求书整体清楚的规定，主要规范的内容正在于此。

引用关系混乱或者不正确主要表现为两类形式：一类是单纯的引用关系错误，常与所引用的权利要求的编号有关，例如，当从属权利要求是多项从属权利要求时，其引用的权利要求的编号未以"或"或者其他与"或"同义的择一引用方式表达，或者存在多项从属权利要求引用多项从属权利要求的情形；另一类是特征引用错误，例如，从属权利要求的限定部分可以对所引用的权利要求中的技术特征进行限定，但由于撰写失误致使所引用的技术特征并不存在于所引用的权利要求中，或者某独立权利要求明确排除某技术特征，但在其从属权利要求中仍然包含该技术特征的情形。以上情形均会导致权利要求的保护范围不清楚。

对于上述第一类引用关系错误是比较容易判断的，对于第二类引用关系错误，需要对有引用关系的权利要求所要求保护的技术方案进行具体分析才能作出判断，下面我们将以实例介绍第二类引用关系错误的判断方法以及可能需要考虑的相关问题。

**【案例】　单管塔（第 10681 号无效宣告请求审查决定）**

2007 年 11 月 14 日，专利复审委员会作出第 10681 号无效宣告请求审查决定，涉及名称为"单管塔"的 00247957.5 号实用新型专利权。本专利授权公告的部分权利要求内容如下：

"1. 一种单管塔，包括中空杆体及爬梯，其特征在于所述杆体内腔固定有爬梯，在杆体上开有可进出杆体内腔的门洞。

2. 如权利要求 1 所述的单管塔，其特征在于所述杆体采用多节连接，所述相邻的杆体采用内法兰进行连接。"

"4. 如权利要求 2 所述的单管塔，其特征在于所述防雨机构是在其中一只法兰设一凹孔，另一只法兰的内腔设一可插入所述凹孔的凸台。

5. 如权利要求 2 所述的单管塔，其特征在于所述爬梯由梯架及固定在梯架上的脚钉组成，所述梯架竖向固定在杆体内壁。

6. 如权利要求 2 所述的单管塔，其特征在于所述梯架为一长圆杆，在杆体内壁竖向固定有若干只底托，梯架通过固定在其上的"U"字形包箍套在底托外，底托与包箍固定连接，脚钉穿过梯架固定在梯架上。"

针对上述专利权，请求人向专利复审委员会提出无效宣告请求，请求人提出的无效宣告请求的理由包括权利要求 4～6 引用关系错误，导致权利要求的保护范围不清楚，不符合《专利法实施细则》第二十条第一款的规定。

在口头审理中，专利权人当庭提交了权利要求书的修改替换页，其中部分权利要求内容如下：

"1. 一种单管塔，包括中空杆体及爬梯，其特征在于所述杆体内腔固定有爬梯，在杆体上开有可进出杆体内腔的门洞。

2. 如权利要求 1 所述的单管塔，其特征在于所述杆体采用多节连接，所述相邻的杆体采用内法兰进行连接，所述爬梯由梯架及固定在梯架上的脚钉组成，所述梯架竖向固定在杆体内壁。"

"4. 如权利要求2所述的单管塔，其特征在于所述防雨机构是在其中一只法兰设一凹孔，另一只法兰的内腔设一可插入所述凹孔的凸台。"

"6. 如权利要求4所述的单管塔，其特征在于所述脚钉分为左、右两种，所述左、右脚钉上、下交错布置。"

专利复审委员会经审查认为上述修改文本符合相关规定，故在此基础上进行进一步审查。针对请求人提出的本专利权利要求不符合《专利法实施细则》第二十条第一款规定的无效宣告理由，合议组经审查后认为，修改后的权利要求书中，权利要求2是引用独立权利要求1的从属权利要求，权利要求4进一步引用了权利要求2，其附加技术特征对防雨机构作了进一步限定，然而在其引用的权利要求2和权利要求1中均未出现防雨机构这一特征，因此权利要求4的保护范围不清楚，不符合《专利法实施细则》第二十条第一款的规定。权利要求6是引用权利要求4的，上述缺陷同样导致了权利要求6的保护范围不清楚，也不符合《专利法实施细则》第二十条第一款的规定。

【案例评析】

本案中，权利要求4为引用权利要求2的权利要求，其附加技术特征中出现了"防雨机构"这一技术特征，然而在其引用的权利要求2和权利要求1当中均未出现"防雨机构"该技术特征。那么技术特征"防雨机构"是否属于在权利要求4中增加的技术特征呢？因为从属权利要求中的附加技术特征，既可以是对所引用的权利要求的技术特征作进一步限定的技术特征，也可以是增加的技术特征。我们从其表述上看，"其特征在于所述防雨机构"应当是指向所引用的权利要求中已描述的技术特征，是对所引用的权利要求中的技术特征所作的进一步限定，并非属于在权利要求 4 中增加的技术特征。

　　分析上述权利要求的技术方案，权利要求 1 所述的单管塔包括中空杆体及爬梯两个部分，其中爬梯固定于杆体内腔中；权利要求 2 进一步限定了中空杆体和爬梯的结构以及二者的位置关系；权利要求 4 仅是对防雨机构的结构作了具体的描述，由此并不能确定出防雨机构与中空杆体以及爬梯在结构上的位置关系。权利要求 4 作为一项产品权利要求，构成该产品的各个部件之间的配置关系是不清楚的，也就说明了权利要求 4 所描述的技术内容不能清楚地反映所要求保护的技术方案。该缺陷的产生实质上源于权利要求 4 对所引用的权利要求中根本不存在的技术特征作了进一步的限定，这种引用关系是不清楚的，从而导致权利要求 4 的技术方案不清楚。权利要求 6 是引用权利要求 4 的从属权利要求，上述缺陷同样导致了权利要求 6 的保护范围也不清楚。由于上述权利要求之间的引用关系不清楚，继而导致权利要求书整体不清楚，不符合《专利法实施细则》第二十条第一款的规定。

　　在某些情况下，权利要求书中可能会存在形式上的从属权利要求（即其包含有从属权利要求的引用部分），这种形式上的从属权利要求实质上可能是独立权利要求。例如，独立权利要求 1 为"包括特征 X 的机床"。在后的另一项权利要求为："根据权利要求 1 所述的机床，其特征在于用特征 Y 代替特征 X"。在这种情况下，后一权利要求与前一权利要求之间存在特征替换，使得上述两个权利要求之间构成相互并列的技术方案，彼此不存在从属关系，因此，后一个权利要求也是独立权利要求。本案中，权利要求 4 虽然引用了权利要求 2，但如果能够构成形式上的从属权利要求，则应当认定该权利要求不存在引用关系不清楚的问题。下面具体分析一下权利要求 4 是否属于该种情形。

　　权利要求 4 与其引用的权利要求 2 和独立权利要求 1 具有相同的保护主题，因此，存在形式上构成从属权利要求的可能性。

然而，构成形式上的从属权利要求应当与其他独立权利要求之间存在诸如特征替换的情况，以使两个权利要求之间构成相互并列的技术方案，彼此不存在从属关系。权利要求4的附加技术特征对"防雨机构"作了进一步限定，但其引用的权利要求2和独立权利要求1中均未出现"防雨机构"这一结构特征，也不存在能够与之相互替换的结构特征，因此，权利要求4不能构成形式上的从属权利要求。同理，权利要求6也不能构成形式上的从属权利要求。

根据上述对本案的分析可知，在判断一项权利要求是否由于存在引用关系错误而导致权利要求不符合《专利法实施细则》第二十条第一款规定的情况时，还应当考虑其是否能够构成形式上的从属权利要求（即实质上是独立权利要求）。（撰稿人：王　冬　柴爱军）

## 第二节　几种特殊类型权利要求保护范围清楚的判断

原则上讲，产品权利要求应当尽可能用其本身的结构特征来描述；方法权利要求则应当尽可能用工艺过程、操作条件、步骤或者流程等技术特征来描述。这样要求的目的并不仅仅在于规范权利要求的撰写，而主要在于易于清楚地确定权利要求的保护范围，使相关问题在专利审批程序中、无效宣告程序中，乃至侵权诉讼程序中都比较容易处理。但是，由于专利技术涉及的技术领域非常广泛，不同的技术领域又会有其自身的特点，加上当今科学技术迅猛的发展，很多专利技术都涉猎了交叉学科，发明创造内容本身的复杂性日益突显，这些客观条件导致很难用单一、常规的表征方式来定义所发明的产品或者方法。另外，从鼓励发明创造的角度来说，允许采用其他适当的方式描述发明创造的技术内容，也有利于反映发明人对现有技术所作出的贡献，因此借助例如用方法特征表征产品、用产品特征表征方法、用参数或性能限定产品或方法的表述方式也有其存在的必要性，但无论申请人采用什么样的表征方式，这些表征手段都应当是清楚的。

针对上述问题，《审查指南》不仅规定了权利要求撰写的常规方式，也规定了可以采用其他表征方式的一些特殊情况。然而，如何处理这些特殊情况和《审查指南》规定的常规情况之间的关系，即满足何种条件才允许这种例外情况。此外，在出现这种特殊情况时，如何理解这些技术特征的限定作用，确定权利要求的保护范围。

《审查指南》第二部分第二章第 3.2.2 节规定了权利要求采用特殊表征方式的一些限制条件。《审查指南》第二部分第三章第 3.2.5 节有关新颖性的规定中涉及对于产品权利要求中性能、参数、用途、制备方法中的限定作用的理解。虽然《审查指南》的上述规定中并未穷尽所有特殊情况下的判断原则，例如没有规定对于方法权利要求中的产品特征如何理解，对于使用与产品 A 无包含关系的产品 B 中的结构来限定产品 A 时如何理解产品 B 的限定作用，但是可以从上述规定中提炼出一些指导方法，来解决这些特殊情况下的审查问题。

综合《审查指南》的上述规定和第五章第一节的观点，可以明确以下几点：第一，优先选用最确切的表征方式，即产品应当优先用产品本身的结构特征来定义，方法应当优先用工艺过程、操作条件等技术特征来定义，只有当根据《审查指南》规定的常规方法无法清楚限定权利要求技术方案的时候，才可以采用其他表征方式来对其进行限定；第二，确定权利要求的保护范围应当考虑权利要求中的所有技术特征；第三，权利要求中所有技术特征的限定作用均应当以其对权利要求的主题是否有技术上的影响以及何种影响来判断，产品权利要求中的参数、方法特征如此，方法权利要求中的产品特征也是如此。

此外，本节还涉及用含量限定的组合物权利要求在确定保护范围清楚判断中的一些问题，对于以各组分含量的配比为特征的组合物产品发明，其实质上也是属于以参数的选取为主要内容的发明创造，与本节所谈到的包含参数特征的权利要求有共性之处，但也有其独特之处，下面通过一些案例来说明。

## 一、方法表征的产品权利要求

以方法表征的产品权利要求，是指仅以方法表征的产品权利要求，或者除方法特征外，还包含产品特征的产品权利要求。此类权利要求中虽然包含了方法特征，但其保护的主题仍然是产品。对这一类用方法表征的产品权利要求的保护范围如何理解，其中的方法特征对产品是否起到限定作用，在业界一直存在着两种观点。

有观点认为，根据《专利法》的立法思想，产品专利应受到绝对的保护，这主要体现在《专利法》第十一条的规定上，即对于产品专利，其保护该产品的制造、使用、许诺销售、销售和进口，而不受具体的制备方法和应用领域及应用方式的限制。以方法表征的产品仍然属于产品专利，理应享受不受方法限制的绝对保护，其中的方法特征不应对产品起限定作用。

亦有观点认为，根据《专利法》第五十六条的规定，发明或者实用新型专利权的保护范围以其权利要求的内容为准，说明书及附图可以用于解释权利要求。也就是说，权利要求的保护范围应当考虑权利要求的全部技术特征，权利要求中的所有技术特征都对权利要求的保护范围起到限定作用。该类产品权利要求既然含有方法特征，在确定权利要求的保护范围上就不能抛开这些方法特征，否则将违背用权利要求确定保护范围的原则。按照该观点，以方法表征的产品应当受到方法特征的限制，其保护范围就是用该方法所获得的产品，其保护效力无疑等同于方法专利保

护所延及的直接产品。❶

上述两种观点各有道理，且均有一定的法律依据和实际案例予以支持。但是，这两种观点是截然矛盾的，且均具有一定的片面性。我们在考虑以方法表征的产品权利要求的保护范围时，既不能完全脱离方法特征，即以割裂的方式来确定专利权的保护范围；也不能不考虑方法特征对要求保护主题的实际限定作用，不加区分一味地认定方法特征对专利权的保护范围均起到实质上的限定作用。在确定权利要求的保护范围时，我们应当从所属领域的技术人员的角度出发，将其作为整个技术方案的前提进行确定，权利要求中的所有特征均应当予以考虑，而每一个特征的实际限定作用应当最终体现在该权利要求所请求保护的主题上。从此意义上讲，对于方法表征的产品权利要求，其中的方法特征的实际限定作用取决于其对请求保护的产品本身带来何种影响，即考虑该方法特征是否导致或者隐含了要求保护的产品具有某种特定的结构和/或组成。这是目前在专利审查实践中的具体操作原则。

此外，在一些产品权利要求中，常常会出现用途限定的问题，如何看待这些用途特征的限定作用，长期以来也存在着两种观点。

例如，欧洲专利局认为，产品权利要求中的用途限定仅仅是对产品应用领域的列举性说明，其目的在于使公众更易于理解权利要求的技术方案，因此对于权利要求的保护范围并无影响。在大多数情况下，产品权利要求中的方法类特征，包括用途限定技术特征应当被忽略，认为其不起限定作用。

而我国则认为，权利要求的保护范围应当考虑权利要求的全

---

❶　张清奎. 化学领域发明专利申请的文件撰写与审查［M］. 北京：专利文献出版社，1998：544 - 545.

部技术特征，包括其中的用途限定。在我国，专利授权和侵权程序中都持该观点。这是因为，专利权是一种具有技术属性的权利，它的授权条件到侵权要件都是以技术方案和技术特征为判断客体的，而技术领域是考量技术方案和技术特征所表达技术含义的前提，同样的技术特征在不同的技术领域中，其表达的技术内涵是有特定性或排除性的。权利要求中的"用途限定"实质是对发明主题应用领域的限定，对于权利要求的整个技术方案和其中技术特征的理解具有技术限定作用。最为典型的是被称为"转用发明"的发明类型，该发明获得授权的原因就在于其将原有的技术方案应用于新的技术领域，从而打破了人们原先所持有的那种技术特定性和排除性的认识壁垒。因此，如果权利要求中使用"用途限定"这样的技术特征对技术领域进行限定，那么必须对这类限定进行考量。

【案例1】　确定电极区的方法（第12087号复审请求审查决定）

2007年12月9日，专利复审委员会作出第12087号复审请求审查决定。该决定涉及名称为"确定电极区的方法"的96193269.4发明专利申请。

经实质审查，国家知识产权局原审查部门以本申请权利要求1和22不符合《专利法实施细则》第二十条第一款的规定为由，于2006年2月10日作出了驳回本申请的决定。其中，关于权利要求22的驳回理由是：权利要求22的技术方案中既包含产品技术特征，又包含方法技术特征，从而导致该权利要求不清楚。驳回决定所针对的权利要求22内容如下：

"22. 一种电化学检测器，包括：多孔基底；和基底一侧上的电极；其中基底的一个区域被压缩到一定范围形成一个边界，阻止电解质在基底内迁移，该压缩的区域确定、或者与基底的边缘或电极的边缘一起确定预定区域的电极上的一个区。"

复审请求人不服上述驳回决定，于2006年5月25日向专利复审委员会提出了复审请求，同时提交了权利要求书全文的修改替换页。复审请求人认为，经过修改后的权利要求22消除了驳回决定中所指出的问题。修改后的权利要求22内容如下：

"22. 一种电化学检测器，包括：多孔基底；基底一侧上的电极；和压缩的区域，它是通过压缩基底的一个区域到一定范围形成一个边界而得到的，它能阻止电解质在基底内迁移，该压缩的区域确定、或者与基底的边缘或电极的边缘一起确定预定区域的电极上的一个区。"

专利复审委员会经过审查作出复审请求审查决定。其中，关于修改后的权利要求22，该决定认为：权利要求22中使用产品的结构特征"多孔基底；基底一侧上的电极；和压缩的区域"来描述产品权利要求"电化学检测器"，并且使用方法特征"它是通过压缩基底的一个区域到一定范围形成一个边界而得到的"来表征"压缩的区域"，由于本申请的压缩的区域是通过压缩基底到一定范围所形成的，用常规的结构特征无法清楚地表征该压缩的区域的结构，根据《审查指南2006》第二部分第二章第3.2.2节的规定，用上述方法特征能够清楚地限定出该压缩的区域的结构特征，从而清楚地限定该权利要求请求保护的范围，因此，权利要求22中使用方法和结构特征对请求保护的主题进行限定，符合《专利法实施细则》第二十条第一款的规定。

【案例评析】

本案涉及利用方法特征限定产品权利要求的问题。

权利要求书应当清楚，意味着其中每一项权利要求都应当清楚。而每一项权利要求应当清楚，首先是指类型应当清楚，也就是说，一项权利要求的主题名称应当能够清楚地表明该权利要求的类型是产品权利要求还是方法权利要求，并且该主题名称还应当与权利要求的技术内容相适应。通常情况下，产品权利要求应当用产品的结构特征来描述，方法权利要求应当用工艺过程、操作条件、步骤或者流程等技术特征来描述。然而，当产品权利要求中的技术特征不能用结构特征予以清楚地表征时，《审查指南2006》第二部分第二章第3.2.2节作了如下规定：特殊情况下，当产品权利要求中的一个或多个技术特征无法用结构特征予以清楚地表征时，允许借助物理或化学参数表征；当无法用结构特征并且也不能用参数特征予以清楚地表征时，允许借助于方法特征表征。

　　根据上述规定可以看出，对于产品权利要求来说，是否允许使用物理或化学参数以及方法特征来表征的判断关键，在于以下两个条件：① 产品权利要求的技术特征无法用结构和/或参数特征进行表征；② 使用参数或方法特征表征产品权利要求中的特征是清楚的。

　　具体到本案，本案中的权利要求22属于典型的利用方法特征来限定产品的权利要求。

　　权利要求22请求保护一种电化学检测器，按性质划分，该权利要求属于产品权利要求而非方法权利要求。根据其产品权利要求的类型属性，通常应当用产品的结构特征来描述该权利要求。然而，权利要求22对现有技术作出改进之处在于使用压缩方法制得"压缩的区域"，"压缩的区域"产生微观结构变化，最终使得这部分"压缩的区域"具有新的性质和功能。这种压缩方法对基底的化学性质和组成并未产生改变。本领域技术人员也很难知晓该"压缩的区域"的结构具体有哪些微观改变，因此无法用结构特征来对此改变进行描述，也无法用结构特征来定义该"压缩的区域"与其他"未压缩的区域"之间的区别，因此最终无法直接用结构特征来表征该"压缩的区域"。因此，权利要求 22 属于产品权利要求中的技术特征无法用结构特征予以清楚地表征的特殊情况，根据《审查指南》第二部分第二章第3.2.2 节的规定，允许借助于方法特征来表征该技术特征。

综上，用方法特征"它是通过压缩基底的一个区域到一定范围形成一个边界而得到的"来表征"压缩的区域"不会导致该权利要求 22 的类型不清楚。此外，该方法特征所定义出的技术含义是清楚的，不会导致该权利要求 22 的保护范围不清楚，因而，使用上述方法特征来表征权利要求 22 的技术特征符合《专利法实施细则》第二十条第一款的规定。（撰稿人：杨加黎）

## 【案例 2】　用 IIA 族化合物改性的双金属氰化物配位催化剂（第 5337 号复审请求审查决定）

2004 年 12 月 20 日，专利复审委员会作出第 5337 号复审请求审查决定。该决定涉及名称为"用 IIA 族化合物改性的双金属氰化物配位催化剂"的 99804230.7 号发明专利申请。

2003 年 7 月 18 日，国家知识产权局原审查部门以权利要求 1 不符合《专利法实施细则》第二十条第一款的规定为由驳回了本申请。被驳回的权利要求 1 的内容如下：

"1. 一种包括一种双金属氰化物的双金属氰化物配位催化剂，其中该双金属氰化物配位催化剂用一种不含氰化物的钙化合物所改性。"

驳回决定认为：权利要求 1 中的"改性"特征实质是采用了方法特征对产品进行限定，所以，应当对改性方法作具体、明确的描述，否则其最终得到的产品保护范围是不清楚的。

复审请求人对上述驳回决定不服，于 2003 年 10 月 31 日向专利复审委员会提交了复审请求书。复审请求人认为：权利要求 1 中如何改性没有必要写入权利要求 1 中，因为审查员并未检索到任何否定本申请专利性的对比文件，在独立权利要求中写入了与现有技术的区别技术特征就应该满足了专利法的要求。

专利复审委员会对本复审请求进行审查,于 2004 年 9 月 24 日向复审请求人发出"复审通知书",指出:"权利要求书应当说明发明或者实用新型的技术特征,清楚、简要地表述请求保护的范围;每项权利要求所确定的保护范围应当清楚;权利要求的保护范围应当根据其所用词的词义来理解。由于'改性'一词不是本领域的技术术语,且说明书中也没有具体限定该词的定义,因此权利要求 1 的保护范围是不清楚的,不符合《专利法实施细则》第二十条第一款的规定。"

针对上述"复审通知书",复审请求人于 2004 年 11 月 8 日向复审委员会提交了"意见陈述书"和修改的权利要求书,其中对权利要求 1 进行了修改,修改后的权利要求 1 的内容为:

"1. 一种包括一种双金属氰化物的双金属氰化物配位催化剂,其中该双金属氰化物配位催化剂是由一种金属盐与一种金属氰化物盐,在一种不含氰化物的钙化合物存在下反应制得的。"

至此,专利复审委员会作出复审请求审查决定,该决定认为:

对于组合物权利要求,《审查指南》第二部分第十章第 4.2 节和第 4.3 节规定,组合物权利要求应当用组合物的组分或者组分和含量等组成特征来表征,只有在仅用组分或者组分和含量等组成特征不能够清楚表征组合物时,才允许采用物理—化学参数和/或制备方法来定义组合物。也就是说,要清楚地表述一项组合物权利要求的保护范围,首先应当在权利要求中清楚地记载该组合物的组分和含量,而在要求保护的组合物的组分和含量不能够准确确定而导致无法使用组分和含量等组成特征表征时,可以允许采用要求保护的组合物的制备方法进行限定,只要该制备方法是所属领域的技术人员根据说明书的描述和本领域的普通知识能够清楚理解的。

具体就本案而言，权利要求 1 要求保护一种双金属氰化物配位催化剂，其是由一种金属盐和一种金属氰化物盐在不含氰化物的钙化合物反应下制得的。由于催化剂通常是成分比较复杂的组合物，因此在用组分特征不足以清楚限定权利要求的保护范围时，用制备方法来限定产品权利要求是允许的，只要本领域技术人员按照所述的制备方法能够直接得到所要求保护的组合物，这种限定就是清楚的。复审请求人在修改后的权利要求 1 中采用"由一种金属盐与一种金属氰化物盐，在一种不含氰化物的钙化合物存在下反应而制得的"来限定双金属氰化物配位催化剂应该认为是清楚的。

## 【案例评析】

在判断一项权利要求是否清楚时，其出发点应当基于说明书的描述以及相关领域技术人员所具备的本领域的认知。

本案中，复审请求审查决定实际上解决了以下问题，即，该组合物是否允许使用制备方法来表征；所述方法应当表述到何种程度而使得权利要求的保护范围被认为是清楚的。

关于该问题，《审查指南》第二部分第十章第 4.3 节规定，允许用制备方法来表征化学产品权利要求的情况是，用制备方法之外的其他特征不能充分定义权利要求的化学产品，并且制备方法给予了该化学产品新的特性，使其能用于特定的用途。所述制备方法之外的特征是指化学名称或结构式，以及物理化学参数。

本案中，由于催化剂组合物组分的复杂性，使用化学名称或结构式以及物理化学参数无法清楚地限定权利要求的技术方案，更不要说权利要求中仅使用组分特征，即该催化剂包括一种双金属氰化物来进行限定。此时，对于该催化剂组合物应当允许使用制备方法表征产品。但是，使用制备方法来表征产品必须达到通过该制备方法能够直接得到产品的程度，在驳回决定针对的权利要求 1 中，关于制备方法仅有"其中……催化剂用一种不含氰化物的钙化合物改性"的表述，而"改性"不是本领域有明确定义的技术术语，说明书也没有具体限定该术语的定义，此时，所属领域的技术人员无法按照本领域通常具有的含义或说明书的描述确定术语"改性"的技术意义，因此，该术语表征的产品是不清楚的。此时，复审请求人所持的"在没有检索到否定本申请专利性的对比文件的情况下，就不应当怀疑权利要求的保护范围清楚与否"的观点不能成立。

复审请求人将有关制备方法修改为"由一种金属盐与一种金属氰化物盐，在一种不含氰化物的钙化合物存在下反应制得"，从催化剂原料、改性剂的种类以及改性过程三方面清楚地描述了"改性"的方法，使通过该方法获得的产品确定且唯一，因此可以达到使用方法特征清楚地限定产品的要求。（撰稿人：侯　曜　崔哲勇）

**【案例 3】** 一种用于生产石英谐振器基座支架片的框架带（第 13460 号无效宣告请求审查决定）

2009 年 5 月 22 日，专利复审委员会作出的第 13460 号无效宣告请求审查决定。该决定涉及名称为"一种用于生产石英谐振器基座支架片的框架带"的 200520084729.8 实用新型专利权。

本专利授权公告时的权利要求书内容如下：

"1. 一种用于生产石英谐振器基座支架片的框架带，其特征在于框架带上均匀分布着冲压而成、与所需石英谐振器基座支架片形体结构一致、间距不大于 5mm 的形体模。

2. 按照权利要求 1 所述一种用于生产石英谐振器基座支架片的框架带，其特征在于所述冲压而成框架带上的支架片形体模的间距为不大于 4.34mm。

3. 按照权利要求 1 所述一种用于生产石英谐振器基座支架

片的框架带，其特征在于所述冲压而成框架带上的支架片形体模的间距为不大于4mm。

4. 按照权利要求1所述一种用于生产石英谐振器基座支架片的框架带，其特征在于所述冲压而成框架带上的支架片形体模的间距为不大于3mm。

5. 按照权利要求1所述一种用于生产石英谐振器基座支架片的框架带，其特征在于所述冲压而成框架带上的支架片形体模的间距为3mm。"

请求人向专利复审委员会提出无效宣告请求的理由包括本专利不符合《专利法实施细则》第二十条第一款的规定。请求人认为：权利要求1中包含方法特征"冲压而成"、权利要求1中的特征"用于生产……"是用途描述，因而造成权利要求1的保护范围不清楚；权利要求2~5引用权利要求1，故权利要求2~5也不符合《专利法实施细则》第二十条第一款的规定。

经审查，合议组认为：产品权利要求中可以包含方法特征和用途特征，如果该方法特征或用途特征未造成权利要求保护范围不清楚，则通常是允许的；本专利权利要求1~5中的方法特征和用途特征本身是清楚的，其中"冲压"可以表明形体模与框架带为一体形成且材料相同。"用于生产石英谐振器基座支架片的框架带"使本专利所要求保护的框架带区别于用于其他领域的框架带，可见这些方法特征或用途特征对技术方案的具体结构起到了清楚的限定作用，未造成权利要求保护范围不清楚。综上所述，权利要求1~5符合《专利法实施细则》第二十条第一款的规定，请求人认为本专利不符合《专利法实施细则》第二十条第一款规定的无效宣告理由不能成立。

【案例评析】
产品权利要求通常应当用产品的结构特征进行描述，但其中也可以包含非结构特征。

对于本案权利要求 1 中的"用于……"一类的用途限定而言,《审查指南》虽未明确产品权利要求的撰写中针对此类特征的具体要求,但在其第二部分第三章第 3.2.5 节新颖性部分指出:针对包含用途特征的产品权利要求,应当考虑权利要求中的用途特征是否隐含了要求保护的产品具有某种特定结构和/或组成……《审查指南》第二部分第二章第 3.1.1 节同时还指出,对于含有用途限定的产品权利要求,其中的用途限定在确定该产品权利要求的保护范围时应当予以考虑,但其实际的限定作用取决于对所要求保护的产品本身带来何种影响。

可见,《审查指南》中的规定并未排除用途特征在产品类权利要求中存在的合法性,并且未对用途特征的出现设置类似针对方法特征的"门槛要求"。根据《审查指南》第二部分第二章第 3.2.2 节的规定,方法特征在产品类权利要求中的出现必须具备一定的前提,即一个或多个技术特征无法用结构特征并且也不能用参数特征予以清楚地表征;而用途特征在产品类权利要求中的出现则无此类要求。此外,产品权利要求中的用途特征的限定作用如同方法特征的限定作用一样,都有可能会对权利要求的保护范围造成影响。

本案中,"用于生产石英谐振器基座支架片的框架带"的发明主题虽然是"框架带"这种产品,但通过"用于生产石英谐振器基座支架片"这样的用途限定将该框架带与其他领域的框架带完全予以区分。"用于生产……"这一用途特征含义清楚,且与其他技术特征无矛盾之处。另外,本案的发明点在于对现有技术中生产石英谐振器基座支架片的框架带的某一部分结构进行改进,而非提出全新的框架带结构,因此主题名称"用于生产石英谐振器基座支架片的框架带"中的用途限定实际上限定了本专利与现有技术框架带结构的共同技术特征,具有特定技术含义和限定作用。

　　关于本案中的第二个问题，即产品权利要求中具有方法特征的限定是否会导致权利要求不清楚的问题作如下分析。首先，可以明确的是"冲压"对所属领域的技术人员来说是清楚的，其是一种在加工领域中常用的工艺方法。其次，仔细分析权利要求，就可以看出在权利要求中不仅描述了形成形体模的方法特征，还同时描述了形体模的结构特征，即"在框架带上均匀分布、与所需石英谐振器基座支架片形体结构一致、间距不大于5mm"的这些技术特征，并非单纯用方法特征对支架片形体模进行限定，且这些结构特征已基本清楚地表明了权利要求所要求保护的框架带，同时"冲压"也表明了形体模与框架带为一体形成且材料相同。因此，该方法特征与结构特征共同对技术方案的具体结构作出了清楚的限定，并未造成权利要求的保护范围不清楚。（撰稿人：詹靖康　柴爱军）

## 二、产品表征的方法权利要求

　　产品表征的方法权利要求，是指在该权利要求中除包含方法特征以外，还包含产品特征的方法权利要求。《审查指南》第二部分第二章第3.2.2节虽然规定方法权利要求通常应当用工艺过程、操作条件、步骤或者流程等技术特征予以描述，但对一项方法发明进行定义时，有时不可避免地会涉及所使用的装置或者设备，特别是对于利用工艺过程、步骤或流程等方式进行描述时更是如此。因此，在方法权利要求中包含必要的产品特征不仅不会造成权利要求的保护范围不清楚，反而有助于清楚地描述方法发明，同时也更益于所属领域的技术人员对技术方案的理解。

　　对于方法权利要求中的产品特征是否具有实质的限定作用，仍然要站在所属领域的技术人员的角度上，对整个技术方案予以考量。

**【案例】** 用户自行点播视听节目的方法和点播机（第7438号无效宣告请求审查决定）

2005年7月11日，专利复审委员会作出第7438号无效宣告请求审查决定。该决定涉及专利号为95112714.4、名称为"用户自行点播视听节目的方法和点播机"的发明专利。该专利授权公告的权利要求书包括9项权利要求。

针对上述专利权，请求人于2002年8月2日向专利复审委员会提出无效宣告请求。本案案情较复杂，此处只介绍其中与《专利法实施细则》第二十条第一款的无效宣告理由相关的信息。

在本案的审查过程中，专利权人于2003年9月4日提交"意见陈述书"，对权利要求书进行了修改。修改后的权利要求1~2的内容如下：

"1. 一种用户自行点播视听节目的方法，利用电视台、站视听节目源，电视播送接收设备，及电话线路，其特征在于：在电视台、站加装用户自行点播视听节目的点播机，点播机配置有视听节目点播软件，点播机与载有视听节目源的音像载体的驱动器组相连，点播机与用户的点播键盘由电话线路相连，点播机的输出信号由电视台、站电视发送机发送，并由用户电视接收机接收；用户按动点播键盘向点播机发出指令后，视听节目点播软件向用户提供初始菜单和提示符号，用户根据菜单和提示符号通过点播键盘向点播机发出指令逐级选看菜单，直至点中视听节目源中所需的视听节目，点播机将被点中节目发送出来；所述的电话线路采用城乡公用程控电话网；点播机输出信号通过无线或有线电视发送系统或信号分配系统发送至用户电视接收机；点播键盘采用电话机或电视遥控器、专用点播键盘。

2. 根据权利要求1所述的用户自行点播视听节目的方法，其特征在于：所述的载有视听节目的音像载体，采用激光视盘或

Video CD 视盘、激光唱盘、可读写光盘、磁盘；音像载体驱动器组采用多个只读的或可读写光盘驱动器组成的光盘塔、或由多个磁盘驱动器组成的磁盘塔、由一个或多个只读的或可读写光盘驱动器及由多张光盘组成的光盘库、由一个或多个磁盘驱动器及多张磁盘组成的磁盘库。"

请求人认为，修改后的权利要求 1～2 不符合《专利法实施细则》第二十条第一款的规定，其具体理由为：权利要求 1～2 作为方法权利要求，应按照点播方法的步骤进行描述，而该两项权利要求是按照点播系统的组成进行描述的，因此造成了其保护范围不清楚。

对此，合议组认为：权利要求 1 作为方法权利要求，与所述点播方法相关的步骤是其必须具备的技术特征，而事实上该权利要求完整地叙述了相关点播步骤。在这种情况下，在权利要求中述及与该点播方法相关的点播系统的组成不会造成该权利要求保护范围的不清楚，相反使得公众对该点播方法的理解更加容易和清晰，因此权利要求 1 并不存在不清楚之处，符合《专利法实施细则》第二十条第一款的规定；在权利要求 1 不存在不清楚的问题的情况下，权利要求 2 对音像载体和音像载体驱动器组的进一步限定也不会造成该权利要求的不清楚，权利要求 2 符合《专利法实施细则》第二十条第一款的规定。

**【案例评析】**

本案例涉及方法权利要求中的产品结构特征是否导致权利要求不清楚的问题。

根据《审查指南》第二部分第二章第 3.2.2 节的规定，方法权利要求通常应当用工艺过程、操作条件、步骤或者流程等技术特征来描述。

对于《审查指南》的这一规定，应当注意其措辞为"通常应当"，也就是说，《审查指南》的这一规定并未完全排除其他可能性，特别是对于方法权利要求中除了上述有关工艺过程、操作条件、步骤或者流程等的技术特征以外，是否还能包括其他技术特征（例如产品结构特征），《审查指南》并未给出明确规定。因此，不能单纯以方法权利要求中包括了产品结构特征为由得出权利要求保护范围不清楚的结论。事实上，有经验的申请人、专利代理人及审查员均会发现，在基于某具体产品或系统而提出的方法发明中，要想清楚地限定方法，有时离不开对其所基于的产品或系统的结构特征的描述，这往往能够有助于更为清晰地界定该方法权利要求的保护范围；甚至在某些情况下，如果不对方法所基于的产品或系统的结构特征进行描述，则无法清楚地限定该方法。可见，方法权利要求中的产品结构特征对于方法权利要求保护范围的清楚界定有时是有益的，而且，即便是方法权利要求中的产品结构特征对于该方法没有实际限定作用，该权利要求中涉及产品结构特征也不必然成为该权利要求保护范围不清楚的理由。

具体到本案，权利要求1所述的方法是基于由用户的点播键盘、电话线路、加装在电视台站的配置有视听点播软件的点播机、载有视听节目源的音像载体的驱动器组、电视台站电视发送机、用户电视接收机所构成的特定点播系统的。正是基于这样的系统，才可能提出权利要求1所述的点播方法，而且该权利要求通过对信号传输过程、用户操作过程的限定，已经完整地限定了相关的点播步骤；同时，该权利要求中有关点播系统的限定对于该点播方法也起到了限定作用，即，该方法的相关步骤是由点播系统的哪一组成部分完成的、完成相关步骤的系统相应组成部分的具体构成是怎样的以及该方法涉及的信号在系统中是如何传递的等，都由于该权利要求对于点播系统的限定而得到了相应的限定。可见，本案正是属于需要限定系统的结构特征才能清楚地限定相应的方法的情况，方法权利要求中的产品结构特征不但没有导致权利要求保护范围不清楚，相反，其有助于更为清楚地限定方法权利要求。（撰稿人：聂春艳）

### 三、包含参数特征的权利要求

当产品权利要求中的一个或多个技术特征无法用结构特征和/或组成特征予以清楚地表征时，允许借助物理或化学参数表征。对于方法权利要求来说，通常是用工艺过程、操作条件、步骤或流程等技术特征予以描述的，所以在上述表征中经常会涉及参数的使用。模糊或含义不清的参数可能会导致权利要求的保护范围不清楚，也可能会掩盖权利要求不具备新颖性或创造性的事实。因此，权利要求中所使用的参数特征本身必须是清楚的，这里的"清楚"包括两层含义：其一，权利要求中所用参数的名称和/或技术含义对于所属领域的技术人员来说应当是清楚的；其二，参数的测量方法对于所属领域的技术人员来说也应当是清楚的。

以上谈到了在权利要求中使用参数特征的两个实质问题，简言之，即，什么情形下允许通过参数特征表征产品或者方法，特别是产品权利要求；以及参数满足什么条件才是属于清楚、明确的。下面将通过案例来进一步阐述这两个问题。

【案例1】　吸水物、用该吸水物的吸水性物品及吸水性树脂（第12008号复审请求审查决定）

2007年11月19日，专利复审委员会作出第12008号复审请求审查决定。该决定涉及申请号为01115838.7、名称为"吸水物、用该吸水物的吸水性物品及吸水性树脂"的发明专利申请。

经实质审查后，国家知识产权局原审查部门于2004年6月4日作出了驳回决定，驳回理由涉及本申请权利要求1、4~9不符合《专利法实施细则》第二十条第一款的规定，具体理由为：权利要求1、4~9中记载的参数是采用本发明所特有的实验方法得到的参数，在现有技术中没有记载，并且采用这些参数不能使其定义的产品与现有技术区别开，即权利要求1、4~9不能清楚地表达出其所要保护的技术方案的范围，不符合《专利法实施细则》第二十条第一款的规定。

复审请求人不服上述驳回决定，于2004年9月17向专利复审委员会提出复审请求，并于2007年8月29日提交了权利要求书的修改替换页，修改后的权利要求1的内容如下：

"1. 一种薄片状或大致圆筒状的吸水物，其含有吸水性树脂和纤维材料，其中对部分中和的聚丙烯酸的交联物进行表面交联而形成吸水性树脂，所述交联物中的未中和聚丙烯酸的比例范围是1摩尔%~60摩尔%，所述交联物的羧基的中和用碱性金属盐和/或铵盐进行，所述吸水物在23℃下吸收生理盐水时在2.0kPa的加压下60min后的吸水放大率为24g/g以上，其中所述生理盐水具有重量比为0.9%的氯化钠水溶液，并且在吸收生理盐水的湿润状态、4.9kPa的加压下的通气阻抗为50kPa·sec/m以下。"

权利要求4~9存在类似权利要求1中的方法和参数限定，这里不再具体列出。

复审请求人认为，修改后的上述权利要求采用技术参数与组成和结构特征相结合来限定本发明的吸水树脂，完全可以清楚地限定其要保护的范围，符合《专利法实施细则》第二十条第一款的规定。

专利复审委员会依法组成合议组对本案进行了审理，合议组在复审请求审查决定中认为：本申请权利要求1、4~9分别请求保护一种产品，其中对吸水性树脂采用了其制备方法和物理-化学参数进行描述，由于本申请涉及的吸水性树脂属于一种混合物，难以用单一的结构或组成来清楚表征，应当允许其以物理—

化学参数和/或制备方法来表征；此外，由于本申请的说明书中详细公开了所使用的参数的测定方法，所属技术领域的技术人员根据说明书的教导是能够对现有技术中的同类产品进行测定的，可以清楚而可靠地对这些物理—化学参数加以确定。因此，权利要求1、4~9要求保护的范围是清楚的，符合《专利法实施细则》第二十条第一款的规定。

专利复审委员会在上述修改文本的基础上作出了撤销原驳回决定的第12008号复审请求审查决定。

【案例评析】

《审查指南》第二部分第二章第3.2.2节指出："产品权利要求适用于产品发明或者实用新型，通常应当用产品的结构特征来描述。特殊情况下，当产品权利要求中的一个或多个技术特征无法用结构特征予以清楚地表征时，允许借助物理或化学参数表征；当无法用结构特征并且也不能用参数特征予以清楚地表征时，允许借助于方法特征表征。使用参数表征时，所使用的参数必须是所属技术领域的技术人员根据说明书的教导或通过所属技术领域的惯用手段可以清楚而可靠地加以确定的。"

《审查指南》第二部分第十章第4.3节特别就涉及化学领域的发明专利申请对《专利法实施细则》第二十条第一款的规定作了具体阐释，其中指出："对于仅用结构和/或组成特征不能清楚表征的化学产品权利要求，允许进一步采用物理—化学参数和/或制备方法来表征。（1）允许用物理—化学参数来表征化学产品权利要求的情况是：仅用化学名称或者结构式或者组成不能清楚表征的结构不明的化学产品。参数必须是清楚的。（2）允许用制备方法来表征化学产品权利要求的情况是：用制备方法之外的其他特征不能充分表征的化学产品。"

本案的问题之一是，对于权利要求1、4~9涉及的吸水树脂是否允许采用制备方法和/或物理—化学参数对其进行表征？根据本申请说明书的记载，其吸水性树脂是由部分中和的聚丙烯酸的交联物进行表面交联而形成的，可见该吸水性树脂是一种高分子材料，其本身属于一种混合物，此类混合物没有固定的化学结构式，很难用结构特征对其进行表征，因此，采用制备方法和/或物理—化学参数对其进行表征是允许的。纵观本案权利要求1、4～9中涉及的吸水性树脂，分别采用了组成、制备方法、物理—化学参数对其进行了表征，并且本申请的说明书中已详细记载了权利要求1、4～9中涉及的物理参数、化学参数的测定方法，因此本领域的技术人员根据说明书的教导可以清楚地确定这些参数。因此上述采用制备方法和/或物理—化学参数对产品进行表征的权利要求是清楚的。

本案的问题之二是，采用参数表征的产品权利要求不能使其定义的产品与现有技术区别开，是否导致该权利要求的保护范围不清楚？首先，本案涉及的权利要求1、4～9中的参数特征对其所表征的吸水性树脂是具有限定作用的；其次，即使考虑了上述参数特征对产品权利要求的限定作用，所述产品权利要求保护的范围依然不能与现有技术区别开，那只能表明上述权利要求1、4～9请求保护的产品属于现有技术，而不能说明所述权利要求保护的范围不清楚。

综上所述，本案涉及的权利要求1、4～9中采用参数对其中涉及的吸水性树脂进行表征，符合《专利法实施细则》第二十条第一款的规定。（撰稿人：高桂莲）

【案例2】 液晶显示器的保护膜、具有该膜的液晶显示器及保护方法 （第5681号复审请求审查决定）

2005年1月20日，专利复审委员会作出第5681号复审请求审查决定。该决定涉及名称为"液晶显示器的保护膜、具有该膜的液晶显示器及保护方法"的 00137404.4 号发明专利申请。

2000 年 4 月 23 日，国家知识产权局原审查部门以权利要求 1、5、8、12、15、16 不符合《专利法实施细则》第二十条第一款的规定为由，驳回了该申请。驳回决定所针对的权利要求 1、5、8、12、15、16 的内容为：

"1. 一种用于保护液晶显示器显示表面的膜，包括一种聚合物膜，该聚合物膜的弯曲应力系数 k 可用如下公式表示：$k = Eh^3$，其中 E 是在轴向的抗拉弹性模量（$N/mm^2$）、h 是厚度（mm），k 值不小于 0.01N. mm，该膜在温度为 35℃、相对湿度为 80% 的条件下 72 小时内湿气渗透的量不小于 $100g/m^2 \cdot 72hr$。"

"5. 如权利要求 1 所述的膜，通过 CIE 1976 L＊a＊b＊比色系统的测量，在覆盖了保护膜的部分显示表面和没有覆盖保护膜的显示表面部分之间产生的感官染色性系数 a＊的差值 Δa＊不超过 0.2，其中通过将其偏振片的部分显示表面覆盖上保护膜，并将其放置在温度为 35℃、相对湿度为 80% 的环境下 72 小时，确定覆盖部分和不覆盖部分的系数，由此得到该差值。"

"8. 一种保护液晶显示器显示表面的膜，包括一种层压膜，该层压膜包括聚合物膜、在聚合物膜一面上的黏性层；或者是包括上述聚合物膜、在聚合物膜一面上的黏性层和在聚合物膜的另一面上的背覆层的层压膜，该聚合物膜的弯曲应力系数 k 可用如下公式表示：$k = Eh^3$，其中 E 是在轴向的抗拉弹性模量（$N/mm^2$）、h 是厚度（mm），k 值不小于 0.01N. mm，该膜在温度为 35℃、相对湿度为 80% 的条件下 72 小时内湿气渗透的量不小于 $100g/m^2 \cdot 72hr$。"

"12. 如权利要求 8 所述的膜，通过 CIE 1976 L＊a＊b＊比色系统的测量，在覆盖了保护膜的部分显示表面和没有覆盖保护膜的显示表面部分之间产生的感官染色性系数 a＊的差值 Δa＊不超过 0.2，其中通过将其偏振片的部分显示表面覆盖上保护膜，并将其放置在温度为 35℃、相对湿度为 80% 的环境下 72 小时，确定覆盖部分和不覆盖部分的系数，由此得到该差值。"

"15. 一种保护液晶显示器显示表面的膜，包括聚合物膜，该聚合物膜的弯曲应力系数 k 可用如下公式表示：$k = Eh^3$，其中 E 是在轴向的抗拉弹性模量（$N/mm^2$）、h 是厚度（mm），k 值不小于 0.01N. mm，该膜在温度为 35℃、相对湿度为 80% 的条件下 72 小时内湿气渗透的量不小于 100g/$m^2$ · 72hr，且不大于 7000 g/$m^2$ · 72hr。

16. 一种保护液晶显示器显示表面的膜，包括一种层压膜，该层压膜包括聚合物膜、在聚合物膜一面上的黏性层；或者是包括上述聚合物膜、在聚合物膜一面上的黏性层和在聚合物膜的另面上的背覆层的层压膜，该聚合物膜的弯曲应力系数 k 可用如下公式表示：$k = Eh^3$，其中 E 是在轴向的抗拉弹性模量（$N/mm^2$）、h 是厚度（mm），k 值不小于 0.01N. mm，该膜在温度为 35℃、相对湿度为 80% 的条件下 72 小时内湿气渗透的量不小于 100g/$m^2$ · 72hr 且不大于 7000 g/$m^2$ · 72hr。"

驳回决定认为：权利要求 1、5、8、12、15 和 16 均为产品权利要求，而对于产品权利要求，应该用其组成和结构等对产品进行清楚的限定，从而使得所要求保护的产品与现有技术产品相区别，但这几项权利要求中均只采用了弯曲应力系数、湿气渗透量和 CIE 1976 L * a * b * 比色系统这三个参数及测量方法来对液晶显示器显示表面的膜进行限定，因此并不能清楚地表征该化学产品，不符合《专利法实施细则》第二十条第一款的规定。

复审请求人对上述驳回决定不服，向专利复审委员会提出复审请求，其理由是：本发明的膜是现有技术已知的，如说明书第 13 ~ 14 页的表 1 和 2 所述，其结构也是现有技术已知的，本发明是从这些现有技术已知的膜中选择具有特定参数的膜来达到发明目的的，必然以限定被选择的对象的参数来定义，不必像对非选择发明的新产品那样对所发明的组分、结构进行整体定义。

经审查，合议组认为：权利要求1为一项产品权利要求，该发明通过产生色调变化机理的研究从而发现使用一种在特定环境下能渗透超过一定量湿气以及弯曲应力系数满足特定要求的聚合物膜作为保护膜，可以消除液晶显示器的显示表面的彩色阴影的发生，因此，对权利要求1的产品而言，只要所述聚合物膜在特定环境下的湿气渗透量和弯曲应力系数满足一定要求，即可解决本发明的技术问题，在此情况下，为了清楚和准确地表述权利要求1的保护范围，不便于也无法通过组成和结构等方式对产品进行限定，且驳回决定也没有举出证据证明可用组成和结构等方式来限定所述的聚合物膜。另外，从权利要求1所记载的技术特征来看，弯曲应力系数和湿气渗透量是本领域技术人员能够清楚理解的参数，根据本领域的技术知识和说明书记载的方法，本领域技术人员能够对这些参数进行测定和验证，从而可由权利要求1中记载的技术特征清楚地确定该权利要求请求保护的范围。基于上述理由，合议组认为，原驳回决定认定的权利要求1不符合《专利法实施细则》第二十条第一款的规定的理由不成立。基于同样的理由，权利要求5、8、12、15和16也清楚地表述了请求保护的范围，符合《专利法实施细则》第二十条第一款的规定。

**【案例评析】**

本案复审请求审查决定涉及权利要求1、5、8、12、15和16，鉴于问题的性质相同，在此仅对权利要求1是否符合《专利法实施细则》第二十条第一款的规定进行评析。

对于产品权利要求，应当尽量用产品的结构和/或组成特征来表征。当产品权利要求中的一个或多个技术特征不便于也无法用结构和/或组成特征予以清楚地表征时，应当允许采用物理—化学参数表征。在这种情况下，如果本领域技术人员根据说明书的教导或者通过所属技术领域的普通技术常识可以清楚而可靠地确定所使用的物理—化学参数的技术含义和测量方法是清楚的，则可以认为该参数是清楚的。

具体到本案而言，首先，权利要求1请求保护一种用于保护液晶显示器显示表面的膜。发明要解决的技术问题是：① 防止在安装和发送液晶显示器的过程中，液晶显示器的显示表面发生色调变化，出现彩色阴影；② 要求保护膜具有一定的机械强度。此外，说明书中还记载了任何聚合物膜均可作为本发明的保护膜，只要这些膜具有所要求的机械强度并且湿气渗透量满足特定要求即可。由于发明是从现有技术已知的膜中选择具有特定参数的膜来解决上述技术问题，因此，对于权利要求1请求保护的产品，是无法通过产品的结构和/或组成特征进行表征的，此时，应当允许申请人采用物理—化学参数表征其产品权利要求。

其次，通过说明书实施例和对比例中对本申请要求保护的产品与现有技术的公知产品的比较，可以发现将弯曲应力系数和湿气渗透量设定在特定范围内，可以消除液晶显示器的显示表面出现彩色阴影，解决了发明的技术问题，因此，弯曲应力系数和湿气渗透量这两个参数的技术含义是清楚的。

最后，说明书中详细地记载了如何测定湿气渗透量的方法，还记载了弯曲应力系数根据 ASTM D-822 测量。因此，根据本领域的普通技术知识和说明书的记载，本领域技术人员能够对这些参数进行测定和验证。

总之，权利要求1请求保护的用于保护液晶显示器显示表面的膜所使用的参数的技术含义和测量方法是本领域技术人员根据说明书的教导或者通过所属技术领域的普通技术常识可以清楚而可靠地加以确定的，因此所述参数是清楚的，从而可由权利要求1中记载的技术特征清楚地确定该权利要求请求保护的范围。

（撰稿人：朱　芳）

### 四、用含量限定的组合物权利要求

组合物权利要求也是在案件的审理中容易适用《专利法实施细则》第二十条第一款的情形。

组合物权利要求通常用组合物的组分或者组分和含量等组成特征来表征。组合物权利要求分为开放式和封闭式两种表达方式：开放式表示组合物中并不排除权利要求中未指出的组分；封闭式则表示要求保护的组合物由所指出的组分组成，没有别的组分，但可以带有杂质，该杂质只允许以通常的含量存在。

根据《审查指南 2006》第二部分第十章第 4.2.2 节的规定，在涉及用组合物含量限定的技术方案时，对于该类权利要求满足清楚的实质要件还有以下具体的规定：

① 在限定组分的含量时，不允许有含糊不清的用词，例如"大约"、"左右"、"近"等，如果出现这样的词，一般应当删去，组分含量可以用"$0 \sim X$"、"$< X$"或者"$X$以下"等表示，以"$0 \sim X$"表示的，为选择组分，"$< X$"、"$X$以下"等的含义为包括 $X = 0$，通常不允许以"$> X$"表示含量范围。

② 一个组合物中各组分含量百分数之和应当等于 100%，几个组分的含量范围应当符合以下条件，即，

某一组分的上限值 + 其他组分的下限值 ≤100

某一组分的下限值 + 其他组分的上限值 ≥100。

③ 用文字或数值难以表示组合物各组分之间的特定关系的，可以允许用特性关系或者用量关系式，或者用图来定义权利要求，图的具体意义应当在说明书中加以说明。

④ 用文字定性地表述来代替数字定量表示的方式，只要其意思是清楚的，且在所属技术领域是众所周知的，就可以接受，例如"含量为足以使某物料湿润"、"催化量的"等。

在审查实践中，对于用含量限定的组合物权利要求来说，经

常会遇到两种比较典型的影响权利要求清楚的情形。

第一种情形，权利要求中未限定某组分含量的上限值或下限值。对于未限定某组分含量上限值的情形，我们是否就可以理所当然地认为其上限值即为100%；而对于未限定某组分含量下限值的情形，我们是否就可以不加区分地将其下限值视为0呢？恐怕不能对该问题作如此简单的理解，因为对于一个技术方案来说，不仅构成该技术方案的各个技术特征之间具有一定的联系，而且整个技术方案在付诸于实施和应用时也是需要一定的技术平台和基础来支持的。显然，仅考虑由若干技术特征有机组成的技术方案中的某个局部问题是不全面的。对于在组合物中未限定上限值或下限值的某组分，其含量范围的确定需要站在所属领域技术人员的角度上，对于个案的情况具体分析和判断。但我们可以明确的是，这类权利要求在撰写上是存在瑕疵的，该瑕疵对于权利要求清楚与否的影响程度则可能根据个案的情形有所不同。例如，在某些情形下，本领域技术人员具有排除明显不能实施的数值的能力，只要权利要求的范围能够得到说明书的支持，则这种由于未规定上、下限值的权利要求的范围在本领域技术人员看来实际上并不包含导致明显不能实施的数值的情况，也不会造成权利要求保护范围不清楚。

第二种情形，组合物中各组分含量百分数之和不等于100%，或者各组分的含量范围不符合"某一组分的上限值＋其他组分的下限值≤100"或"某一组分的下限值＋其他组分的上限值≥100"的规定。在撰写用含量限定的组合物权利要求时，尤其应当注意组合物中各组分含量之间关系是否符合《审查指南2006》第二部分第十章第4.2.2节的规定。在考虑上述问题时，还需要考虑含量特征的不同表达方式对组合物权利要求保护范围可能产生的影响，例如，开放式权利要求描述了组合物的主要组分或者说是部分组分，故所述组分含量百分数之和可能小于

100%；而封闭式权利要求由于描述了组合物的完整组分，故所述组分含量百分数之和应当等于 100%。因此，在考量组合物中组分含量的限定是否清楚时，不能孤立地审查组合物中各组分的含量范围，而应当从权利要求所描述的整个技术方案出发考察各组分含量的限定是否合适、清楚。

至于组合物中组分含量的限定问题，通常可以允许申请人通过修改来克服一些缺陷，例如，申请人可以用说明书中公开的其他数值（如优选范围或实施例中的具体数值）进一步缩小和限定组合物中某组分的含量范围。

## 【案例1】  活性炭及其制造方法（第 9466 号复审请求审查决定）

2006 年 11 月 28 日，专利复审委员会作出第 9466 号复审请求审查决定。该决定涉及名称为"活性炭及其制造方法"的 02801859.1 号发明专利申请。

被驳回的权利要求 1 的内容如下：

"1. 一种脱硫和脱硝用活性炭，该活性炭是以煤为原料制造的活性炭，其特征在于，该活性炭的挥发分在 2.0% 或以上、固定碳为 87% ~ 94%、$Fe_2O_3 + TiO_2$ 为 0.7% 或以上，$K_2O + Na_2O + CaO + MgO$ 为 0.3% ~ 1.0%。"

驳回理由为：由于权利要求 1 中没有限定"挥发分"和"$Fe_2O_3 + TiO_2$"的上限，其上限应当视为 100%，则权利要求 1 中几个组分的含量范围不符合《审查指南》第二部分第十章第 4.2.2 节规定的"某一组分的上限值 + 其他组分的下限值 ≤100"，因此本申请权利要求不符合《专利法实施细则》第二十条第一款的规定。

复审请求人不服驳回决定，提出复审请求并在复审程序中提交了新的权利要求 1，加入了"并且活性炭的挥发分、固定碳、

$Fe_2O_3 + TiO_2$ 和 $K_2O + Na_2O + CaO + MgO$ 的总量不超过 100%" 的限定特征。

专利复审委员会认为：上述修改符合《专利法》的相关规定，根据权利要求 1 中各成分的含量范围，即"挥发分在 2.0% 或以上、固定碳为 87% ~ 94%、$Fe_2O_3 + TiO_2$ 为 0.7% 或以上、$K_2O + Na_2O + CaO + MgO$ 为 0.3% ~ 1.0%"，可以确定"挥发分"和"$Fe_2O_3 + TiO_2$"合计含量的上限值不可能超过 100% - 87% - 0.3% = 12.7%，因此将两者含量的上限值认定为 100% 是不合乎逻辑的；本领域技术人员可以很容易地在修改后的权利要求 1 所限定的含量范围内对"挥发分"和"$Fe_2O_3 + TiO_2$"适当地选取合乎逻辑的含量值，因而权利要求 1 中各组分的含量范围是清楚的，符合《专利法实施细则》第二十条第一款的规定。

## 【案例评析】

在评价组合物权利要求中含量的限定是否清楚时，对于未规定具体上限值或下限值的成分，其含量范围的确定要根据个案的具体情况加以分析判断。脱离具体案情，运用单纯的逻辑分析、判断权利要求是否符合《审查指南》关于组分的含量范围的有关规定显然是不正确的。

本案的关键点在于，驳回决定所针对的权利要求 1 中"挥发分"和"$Fe_2O_3 + TiO_2$"的含量上限是否应该理解为 100%。首先，正如该复审请求审查决定中指出的，根据权利要求 1 中各成分的含量范围可以确定，"挥发分"和"$Fe_2O_3 + TiO_2$"合计含量的上限值不可能超过 12.7%，将两者含量的上限值认定为 100% 显然是不合乎逻辑的。其次，"挥发份"和"$Fe_2O_3 + TiO_2$"各自的上限含量应当由本领域技术人员以其具有的普通技术常识并结合具体案情分析，选择合理的上限值，排除明显不能实施的含量值。因此不能因权利要求 1 未限定上限值而认为其不符合《专利法实施细则》第二十条第一款的规定。（撰稿人：崔　震）

【案例 2】　模内标签用三层共挤压双轴延伸聚丙烯纸及透明膜的制造（第 3774 号复审请求审查决定）

2003 年 9 月 4 日，专利复审委员会作出第 3774 号复审请求审查决定。该决定涉及申请号为 99119235.4，发明名称为"模内标签用三层共挤压双轴延伸聚丙烯纸及透明膜的制造"的发明专利申请。

经实质审查，国家知识产权局原审查部门于 2003 年 1 月 31 日对本申请作出了驳回决定。驳回理由为：① 申请人在审查程序中对本申请说明书以及权利要求书中有关数值的修改不符合《专利法》第三十三条的规定；② 权利要求 3 的发泡中间层的各组分含量数值中，碳酸钙粉末的上限值 50% 与其他成分的下限值之和超过 100%，包含了不可能实现的情况，导致权利要求 3 的保护范围不清楚，不符合《专利法实施细则》第二十条第一款的规定。驳回决定所针对的权利要求 3 的内容为：

"3. 如权利要求 1 所述的供模内标签用聚丙烯珠光合成纸及透明膜的制法，其特征在于所说的聚丙烯树脂和无机组合物为主要原料的三种不同配料和挤压加工，对珠光合成纸而言，其三层或三种配料成分和押出机分别为：A：纸面层是由顺式度 97% 以上的高结晶性聚丙烯树脂 97～50 重量%，聚乙烯 0～30 重量%，抗粘剂 0～5 重量%，紫外线吸收剂 0～5 重量%，抗静电剂 0～3 重量%、碳酸钙粉末 0～50 重量%，二氧化钛粉末 0～20 重量% 组成，由具有侧供料装置的可抽气双螺杆#1 副押出机押出；B：发泡中间层是由 97% 以上高结晶性聚丙烯树酯 88～45 重量%，抗静电剂 2～5 重量%，碳酸钙粉末 5～50 重量%，二氧化钛粉末 5～10 重量% 组成，由具有侧供料装置的可抽气式双螺杆主押出机押出；C：粘接层是由 97% 以上高结晶性聚丙烯树脂 100～50 重量%，聚乙烯 0～30 重量%，高密度聚乙烯 0～20 重量% 组成，由具有侧供料装置的可抽气式双螺杆#2 副押出机押出；对透明膜而言其三层或三种配料成分及押出机分别为：A：上层树脂是由顺式度 97% 以上高结晶性聚丙烯 97～77 重量%、聚乙烯 0～20 重量%、抗粘剂 3～5 重量% 组成，由单螺杆#1 副押出机押出，B：中层树脂层由顺式度 97% 以上高结晶性聚丙烯 97～87 重量%、聚乙烯树脂 0～10 重量%，抗静电剂 3～5 重量% 组成，由单螺杆主押出机押出；下层粘接层是由高结晶性聚丙烯 100～50 重量%、聚乙烯 0～30 重量%、高密度聚乙烯 0～20 重量% 组成，由单螺杆#2 副押出机押出。"

　　复审请求人对上述驳回决定不服，向专利复审委员会提出复审请求，并修改了权利要求 3～4。复审请求人认为，将原权利要求 3 中记载的 B：发泡中间层是由 97% 以上高结晶性聚丙烯树脂 "88～45 重量%" 修改为 "75～45 重量%"，数值 "75 重量%" 在原说明书第 7 页的实施例 1 中有记载，而且这种修改也缩小了原来的范围，应当是允许的。

　　2003 年 6 月 11 日，专利复审委员会合议组向复审请求人发出 "复审通知书"，指出：① 复审请求人提交的修改后的说明书中有关数值的修改超出了原说明书和权利要求书记载的范围，不符合《专利法》第三十三条的规定；② 复审请求人于复审请求时提交的权利要求 3 中记载 "B：发泡中间层是由 97% 以上高结晶性聚丙烯树脂 75～45 重量%，抗静电剂 2～5 重量%，碳酸钙粉末 5～50 重量%，二氧化钛粉末 5～10 重量%"，对于上述组成的发泡中间层 B 而言，当碳酸钙粉末取上限值 50% 时，它与其他成分的下限值之和超过 100%，不符合《审查指南 2001》第二部分第十章第 3.2.2 节有关 "某一组分的上限值 + 其他组分的下限值≤100%" 的规定，同时，当碳酸钙粉末取下限值 5% 时，它与其他成分的上限值之和小于 100%，不符合《审查指南 2001》第二部分第十章第 3.2.2 节有关 "某一组分的下限值 + 其他组分的上限值 ≥100%" 的规定。因此，权利要求 3 不符合

《专利法实施细则》第二十条第一款的规定。

复审请求人针对上述"复审通知书",修改了说明书和权利要求书。复审请求人认为,将原来权利要求 3 中记载的 B:发泡中间层是由 97% 以上高结晶性聚丙烯树脂"75～45 重量%"修改为"75～70 重量%",碳酸钙粉末"5～50 重量%"修改为"15～20 重量%"之后,权利要求 3 符合了《专利法实施细则》第二十条第一款的规定,修改的数值在说明书的实施例 1 和 2 中有明确的记载。

针对复审请求人提交的修改后的说明书和权利要求书,合议组经过合议认为:修改后的说明书和权利要求书符合《专利法》第三十三条的规定;修改后的权利要求 3 中发泡中间层各组分含量范围的限定满足《审查指南》相关规定,符合《专利法实施细则》第二十条第一款的规定,故撤销了国家知识产权局于2003 年 1 月 31 日针对本申请作出的驳回决定。

## 【案例评析】

本复审请求案主要涉及采用组分含量特征限定组合物的清楚表达。

组合物,顾名思义是由两种或者两种以上物质组合构成,其通常采用组合物的组分或者组分和含量特征来表征。当采用组分含量的百分比限定组合物的构成时,须注意各组分含量百分比之和应当等于 100%。

根据《审查指南 2001》第二部分第十章第 3.2.2 节的规定,对于采用组分含量百分比范围限定组合物的权利要求,几个组分的含量范围应当符合以下条件:

某一组分的上限值 + 其他组分的下限值 ≤100%

某一组分的下限值 + 其他组分的上限值 ≥100%。

如果组合物中组分含量百分比范围限定不符合上述《审查指

南 2001》的规定，则会导致权利要求的保护范围不清楚，不符合《专利法实施细则》第二十条第一款的规定。

在本案中，权利要求 3 涉及一种供模内标签用聚丙烯珠光合成纸及透明膜的制法，其中在制备发泡中间层 B 时，是将由 97% 以上高结晶性聚丙烯树酯、抗静电剂、碳酸钙粉末、二氧化钛粉末按一定比例组成的组合物，由具有侧供料装置的可抽气式双螺杆主押出机押出。所述制备发泡中间层 B 的组合物采用组分和以重量百分比表达的含量范围来限定，其各组分含量百分数之和应满足上述《审查指南 2001》的规定，否则，权利要求没有清楚地表达发泡中间层 B 的组合物，导致整个权利要求 3 的保护范围不清楚。在本案复审审查程序中，复审请求人修改发泡中间层 B 的组合物各构成组分的百分比范围，使发泡中间层 B 的组合物组分百分比含量范围符合了上述《审查指南 2001》的规定，克服了由于权利要求 3 保护范围不清楚致使其不符合《专利法实施细则》第二十条第一款规定的缺陷。

本案例对于组合物权利要求的撰写具有一定启示意义。当采用组合物各组分含量百分比范围来表征组合物时，应当注意各组分含量百分比范围之间关系的协调，确保符合上述《审查指南 2001》规定的条件，否则，权利要求中含量百分比范围可能起不到限定保护范围的作用，反而导致权利要求的保护范围不清楚。此外，本案复审请求人通过修改组合物百分比含量数值范围，克服了本申请权利要求不符合《专利法实施细则》第二十条第一款规定的缺陷。这里需要提醒广大申请人，当采用组合物各组分含量百分比范围来表征组合物时，原始申请文件中最好多公开一些组分百分比含量的数值，这样可以在不超出原申请文件记载内容的基础上修改组合物百分比数值范围，以满足《专利法》第三十三条的要求。（撰稿人：张　沧）

# 第六章　必要技术特征

《专利法实施细则》第二十一条第二款规定："独立权利要求应当从整体上反映发明或者实用新型的技术方案，记载解决技术问题的必要技术特征。"**❶**

从文义上来讲，上述规定有两层含义：一是独立权利要求应当从整体上反映发明或实用新型的技术方案；二是独立权利要求应当记载必要技术特征。《审查指南2006》第二部分第二章第3.1.2节对此进一步规定："必要技术特征是指，发明或者实用新型为解决其技术问题所不可缺少的技术特征，其总和足以构成发明或者实用新型的技术方案，使之区别于背景技术中所述的其他技术方案。"结合《审查指南2006》的上述规定可见，必要技术特征的总和足以构成发明或者实用新型的技术方案，因此，对于上述《专利法实施细则》第二十一条第二款中两层含义的关系可以这样理解："整体反映技术方案"是总的要求，而"记载必要技术特征"是具体条件，"整体反映技术方案"的具体要求就是"记载必要技术特征"，如果独立权利要求已经记载了全部的必要技术特征，则通常应当认为其能够从整体上反映相应的技术方案。

从我国专利制度设计的角度来说，上述条款既是我国专利制度中关于发明和实用新型专利/申请独立权利要求撰写时要记载必要技术特征的要求，同时也是实质审查程序的驳回依据和无效

---

**❶**　在2008年修改的《专利法》相配套的《专利法实施细则》中，本条款修改为第二十条第二款。

宣告请求理由。该条款和我国专利制度中规定的其他专利授权条件具有相同的法律效力。但纵观《专利法》和《专利法实施细则》组成的规范体系可以发现，我国专利制度中关于必要技术特征的规范的客体仅涉及独立权利要求。

从立法的目的而言，该条款主要是为了限制申请人（专利权人）通过减少权利要求中必要技术特征的数量而获得过宽的保护范围。众所周知，权利要求中记载的技术特征越少其保护的范围越大，而独立权利要求应当是所有权利要求中保护范围最大的。《专利法实施细则》第二十一条第二款规定，独立权利要求应当记载必要技术特征，也就是限定了其必须记载的技术特征的最少数量，从而也就限定了其要求保护的最大范围。如果专利申请/专利权超出这个范围，则不能得到授权或者要承担被宣告无效的后果。

# 第一节　判断原则

根据《审查指南 2006》第二部分第二章第 3.1.2 节中的规定可知，必要技术特征应当满足三个条件：一是发明或者实用新型为解决其技术问题所不可缺少的；二是总和应足以构成发明或者实用新型的技术方案；三是构成的技术方案应区别于背景技术中所述的其他技术方案。上述三个条件中，第二个条件是对必要技术特征与发明或实用新型的技术方案的关系的要求，其不是判断某技术特征是否构成必要技术特征的原则。因此判断独立权利要求是否记载了必要技术特征的原则实际上有两个原则：① 该独立权利要求的技术方案是否能解决发明或实用新型提出的技术问题；② 该独立权利要求保护的技术方案是否区别于背景技术中所述的其他技术方案。

应当注意这里提到的"技术问题"与创造性判断中涉及的

"技术问题"的区别。《审查指南 2006》第二部分第四章第
3.2.1.1 节对创造性的判断方法中规定，判断创造性的第二步是
"确定发明的区别特征和发明实际解决的技术问题"，其中提到
的"技术问题"指的是将权利要求请求保护的技术方案与现有
技术相比较之后，根据区别技术特征重新确定的发明或者实用新
型实际解决的技术问题，这不同于在判断必要技术特征时所确定
的发明或者实用新型要解决的技术问题。判断必要技术特征时所
确定的发明或者实用新型要解决的技术问题，是该发明或者实用
新型本身提出的技术问题，通常是申请人在申请文件中明确提及
或者是通过申请文件的内容可以得知的技术问题，而不是审查过
程中通过与现有技术相比较之后确定的技术问题。根据《专利法
实施细则》第十八条的规定，发明或者实用新型所要解决的技术
问题应当记载在说明书的发明内容中，因此确定发明或者实用新
型要解决的技术问题的根据应当是该专利申请或者专利的说明
书。值得注意的是，确定一项发明或者实用新型所要解决的技术
问题不能仅仅根据说明书的发明内容作出判断，而是应当在考虑
说明书整体内容的情况下作出合理的认定。

　　下面就通过两个案例对上述判断原则进行说明。

## 一、所要解决的技术问题

**【案例】　大型球罐整体热处理方法（第 9146 号无效宣告请
求审查决定）**

　　2006 年 12 月 19 日，专利复审委员会作出第 9146 号无效宣
告请求审查决定。该决定涉及名称为"大型球罐整体热处理方
法"的 97106544.6 号发明专利权。该专利授权公告的权利要求
书内容如下：

　　"1. 一种大型球罐整体热处理方法，其特征在于：a. 以所要
处理的球罐为炉膛，用工业锅炉燃烧器作为热源，将工业锅炉燃

烧器与球罐的下入孔密封对接，工业锅炉燃烧器将来自于储油罐的燃油压缩雾化点燃，同时燃烧器内的鼓风机对点燃后的火焰施加助燃风强迫火焰充分进入球罐内部燃烧；b. 用装在球罐的上入孔上带有挡板的烟囱对球罐内的压力进行调节，使火焰在球罐内充分燃烧，当球罐内的温度上升至 620℃ ±20℃后进入保温。"

针对上述专利权，请求人向专利复审委员会提出无效宣告请求，其理由之一是本专利权利要求 1 中没有记载如何控制温度的技术特征，仅仅用装在球罐的上入孔上带有挡板的烟囱对球罐内的压力进行调节不能达到控制温度的目的。因此，权利要求 1 缺乏解决技术问题的必要技术特征，不符合《专利法实施细则》第二十一条第二款的规定。

对于上述问题，专利权人则认为：本专利所要解决的是大型球罐受热不均匀、火焰不够的问题，温度调节不是其所要解决的技术问题，因此权利要求 1 并不缺少必要的技术特征。

经审查，合议组认为：本发明所要解决的技术问题是克服现有技术中大型球罐整体热处理方法存在的因局限于火焰自然进入或负压进入球罐造成球罐受热不均匀，不能对 5 000m³ 以上的大型球罐进行热处理的问题，为此，本专利权利要求 1 采用工业锅炉燃烧器作为热源，将工业锅炉燃烧器与球罐的下入孔密封对接，工业锅炉燃烧器将来自于储油罐的燃油压缩雾化点燃，同时燃烧器内的鼓风机对点燃后的火焰施加助燃风强迫火焰充分进入球罐内部燃烧，用装在球罐的上入孔上带有挡板的烟囱对球罐内的压力进行调节，使火焰在球罐内充分燃烧，从而解决了上述技术问题，而如何控制温度并不是本发明所要解决的技术问题，并且请求人也没有提供充分的证据表明在本专利权利要求 1 中没有记载有关证据所述的内容就不能实现本专利的发明目的，因此，合议组对请求人关于本专利权利要求 1 缺少必要技术特征的主张不予支持，权利要求 1 符合《专利法实施细则》第二十一条第二款的规定。

## 【案例评析】

通过本案所要说明的是如何确定发明或者实用新型所要解决的技术问题。

根据《专利法实施细则》第十八条的规定，发明或者实用新型说明书应当包括技术领域、背景技术、发明内容、附图说明和具体实施方式等内容，其中发明内容应当"写明发明或实用新型所要解决的技术问题以及解决技术问题采用的技术方案，并对照现有技术写明发明或实用新型的有益效果"。因此，对于审查实践而言，发明内容是确定所要解决的技术问题的主要依据。需要强调的是，虽然《专利法实施细则》规定将说明书分成了五个部分，但说明书本身还应当作为一个整体来反映其技术方案，因此在确定技术问题时不仅仅要考虑发明内容部分，也要考虑说明书的其他部分，如背景技术部分中关于现有技术存在的问题和缺点的相关记载内容等。

就本案而言，本专利说明书第二段描述的现有技术中存在的问题是：对于大型球罐，现有的热处理方法成本高，热处理效率低，而且不能对 $2\,000m^3$ 以上的大型球罐进行处理，对于燃油法而言，通常是以所要处理的球罐本身为炉膛，利用靠近下入孔端口安装单个高速喷嘴和气体点火器将液体燃料压缩雾化点燃，高速喷嘴与下入孔有一段间隙，雾化点燃后的火焰自然进入球罐燃烧并对球罐进行加热；CN1080662 公开了一种 $2\,000\sim5\,000m^3$ 球罐的多喷嘴燃油热处理方法，该方法将单个高速喷嘴变为多个高速喷组，但仍然是局限于火焰自然进入或由负压引入球罐的方法，仍然不能对 $5\,000m^3$ 以上的球罐进行热处理。

说明书的第三、第四、第五段记载了本发明的目的是：针对上述燃油法存在的缺点，提供一种大型球罐整体热处理方法，利用该方法可以对 5 000m³ 以上的球罐进行热处理。为了实现上述目的，本发明采用如下方法：以所要处理的球罐为炉膛，用工业锅炉燃烧器取代高速喷嘴，将工业锅炉燃烧器与球罐的下入孔密封对接，工业锅炉燃烧器将来自于储油罐的燃油压缩雾化点燃，同时燃烧器内的鼓风机对点燃后的火焰施加助燃风（二次风）强迫火焰充分进入球罐内部燃烧；由于本发明采用工业锅炉燃烧器与所要处理的球罐的下入孔密封对接并使燃油雾化燃烧，同时用助燃风（二次风）使点燃后的火焰强迫进入球罐内部，所以解决了因压缩雾化点燃的火焰仅靠自然进入或负压进入球罐而不能充分燃烧，难以对 5 000m³ 以上的大型球罐进行热处理的问题。

根据上述内容可以确定，本专利所要解决的技术问题是现有技术中采用燃油法对大型球罐进热处理时，由于高速喷嘴与下入孔存在间隙且火焰自然进入或由负压引入球罐，因而燃烧不充分，热处理效率低，而采用的技术方案是用工业锅炉燃烧器取代高速喷嘴，将工业锅炉燃烧器与球罐下入孔密封对接并对点燃后的火焰施加阻燃风强迫火焰充分燃烧。另外，说明书第七段对于现有的燃油法和 CN1080662 技术的描述，以及第九段对本专利具体实施方式的叙述，也都和第二～第五段的上述内容相对应，可以进一步证实上述对本专利所要解决的技术问题的判断。

在本专利的独立权利要求 1 中已经记载了以锅炉燃烧器取代高速喷嘴，将工业锅炉燃烧器与球罐下入孔密封对接并对点燃后的火焰施加阻燃风强迫火焰充分燃烧等技术特征的情况下，该独立权利要求的技术方案可以解决本专利所要解决的技术问题，符合《专利法实施细则》第二十一条第二款的规定。（撰稿人：刘颖杰）

## 二、区别于背景技术

**【案例】**　一种快速检测盐酸克伦特罗残留的胶体金试纸（第 12890 号复审请求审查决定）

2008 年 3 月 12 日，专利复审委员会作出第 12890 号复审请求审查决定。该决定涉及名称为"一种快速检测盐酸克伦特罗残留的胶体金试纸"的 200510083198.5 号发明专利申请。该申请公开时的权利要求书共包括 6 项权利要求，其中独立权利要求 1和 2 的内容如下：

"1. 一种快速检测盐酸克伦特罗残留的胶体金试纸，其特征在于是由底板（7）、吸水板（1）、硝酸纤维素膜（2）、盐酸克伦特罗单克隆抗体金标垫（5）、样品吸液层（6）组成；底板中部为硝酸纤维素膜，硝酸纤维素膜上有一条试验线（4）和一条多克隆抗体控制线（3），底板一端端头为吸水板，另一端端头为样品吸液层，硝酸纤维素膜两端分别与吸水板和盐酸克伦特罗单克隆抗体金标垫相互交叠连接，在盐酸克伦特罗单克隆抗体金标垫上压有样品吸液层，利用免疫胶体金法来检测畜类产品中的是否有盐酸克伦特罗残留。

2. 一种快速检测盐酸克伦特罗残留的胶体金试纸，其特征在于此试纸是利用双抗夹心原理制成。"

经实质审查，国家知识产权局专利实质审查部门作出驳回决定，其理由是本申请权利要求 1～6 不具备新颖性或创造性，不符合《专利法》第二十二条第二款或第三款的规定。

复审请求人对上述驳回决定不服，向专利复审委员会提出了复审请求。

专利复审委员会本案合议组审查后发出"复审通知书"指出：本申请独立权利要求 1 请求保护一种快速检测盐酸克伦特罗残留的胶体金试纸，根据说明书中所述，本发明的目的是利用特异性强、灵敏度高的双抗体夹心法来检测盐酸克伦特罗。由本领域的常识可知，盐酸克伦特罗是一种作为半抗原的小分子物质，不易制备出符合双抗体夹心法需要的两种针对同一抗原的不同决定簇的单克隆抗体，因而传统方法中多采用只需建立一种单克隆抗体的竞争性免疫测定法来检测。本申请为了克服现有技术中的上述问题，采用了不同的盐酸克伦特罗单克隆抗体建立方法，即用高低两种剂量的盐酸克伦特罗 – BSA 来诱导小鼠，经筛选后得到两株配对的单克隆抗体 I 和 II，从而实现了其发明目的。因此，本申请中采用的盐酸克伦特罗单克隆抗体建立方法以及将所得到的两种单克隆抗体分别应用于检测试纸的金标垫和试验线上的手段，是使其方案区别于背景技术、解决其技术问题所必不可少的技术特征，而独立权利要求 1 和 2 的技术方案中并没有包含上述必要技术特征，因此不符合《专利法实施细则》第二十一条第二款的规定。

针对上述"复审通知书"，复审请求人提交了权利要求书的修改替换页，其中修改后的独立权利要求 1 的内容如下：

"1. 一种快速检测盐酸克伦特罗残留的胶体金试纸，是利用胶体金双抗夹心法制成，由底板（7）、吸水板（1）、硝酸纤维素膜（2）、单克隆抗体金标垫（5）、样品吸液层（6）组成，底板中部为硝酸纤维素膜，硝酸纤维素膜上有一条试验线（4）和一条多克隆抗体控制线（3），底板一端端头为吸水板，另一端端头为样品吸液层，硝酸纤维素膜两端分别与吸水板和金标垫相互交叠连接，其特征在于，采用高低两种剂量盐酸克伦特罗 – BSA 免疫小鼠诱导出抗体，通过配对筛选，获得针对同一抗原的不同决定簇的配对单抗 I、II，抗体 I 用于包被试验线，另一株抗体 II 用于胶体金标记。"

修改后的权利要求 1 是在原独立权利要求 1 的基础上增加了技术特征"是利用胶体金双抗夹心法制成"（即原独立权利要求

2 的特征部分）和"采用高低两种剂量盐酸克伦特罗 – BSA 免疫小鼠诱导出抗体，通过配对筛选，获得针对同一抗原的不同决定簇的配对单抗 I、II，抗体 I 用于包被试验线，另一株抗体 II 用于胶体金标记"（即"复审通知书"中认定为必要技术特征的内容）。

经审查，合议组认为，上述增加的技术特征包含了"复审通知书"中指出的本申请区别于现有技术的技术特征，因此上述修改使本申请克服了"复审通知书"中指出的独立权利要求缺乏必要技术特征的缺陷。此外，复审决定中还认定，上述修改后的全部权利要求相对于对比文件 1 具备新颖性和创造性，因此在修改文本的基础上撤销了驳回决定。

【案例评析】

通过本案所要说明的问题是必要技术特征与背景技术之间的关系。

从《专利法实施细则》第二十一条第二款和《审查指南》第二部分第二章第 3.1.2 节的规定可以看出，权利要求中的"必要技术特征"是与所要解决的技术问题紧密联系在一起的，而这里所说的"所要解决的技术问题"是指根据说明书内容可以确定的背景技术中存在的需要改进之处，即通过解决其所要解决的技术问题使得发明或者实用新型要求保护的技术方案能够区别于背景技术中的其他方案，因此必要技术特征的判断也与背景技术的确定密切相关。不过，由于必要技术特征的判断过程中，确定技术方案所要解决的技术问题与创造性判断过程中，确定发明或实用新型实际解决的技术问题所考虑的因素有所不同，故这里所说的"背景技术"与创造性判断中所说的"最接近的现有技术"也不一样。具体而言，在必要技术特征判断时，技术方案所要解决的技术问题既包括说明书中明确提出的该发明或者实用新型技术方案欲加以改进/克服的现有技术问题，也包括说明书中虽未明确记载，但通过其背景技术、作用效果介绍等间接方式使本领域技术人员能够明了的其技术方案所要解决的技术问题，然而，其并不包括与该专利申请或者专利文件内容之外的现有技术相比确定的发明/实用新型所要解决的技术问题。相应的，判断必要技术特征时，对背景技术的确定一般来说也仅根据说明书内容确定即可，而无需进一步检索其他的现有技术，必要技术特征应当能够使发明或者实用新型要求保护的技术方案区别于背景技术中的其他技术方案。

就本案而言，根据说明书的记载和本领域的常识可知，盐酸克伦特罗是一种作为半抗原的小分子物质，不易制备出符合双抗体夹心法需要的两种针对同一抗原的不同决定簇的单克隆抗体，故背景技术给出的方法中多是采用只需制备针对该抗原的一种单克隆抗体的竞争性免疫测定法来检测，这种方法存在检测特异性较差、灵敏度较低的问题。因此，本申请所要解决的技术问题是提高盐酸克伦特罗检测的灵敏度和特异性，解决该技术问题的技术手段是用特异性强、灵敏度高的双抗体夹心法来代替常规的竞争性免疫测定法来检测盐酸克伦特罗。进一步阅读申请文件可知，要针对盐酸克伦特罗制备出符合双抗体夹心法需要的两种单克隆抗体，本申请提出的具体技术手段体现为，采用不同于现有技术的盐酸克伦特罗单克隆抗体建立方法，即用高、低两种剂量的盐酸克伦特罗－BSA 来诱导小鼠，经筛选后得到两株配对的单克隆抗体 I 和 II，这两种单克隆抗体即为针对同一抗原的不同决定簇的单克隆抗体，将这样得到的两种单克隆抗体分别应用于检测试纸的金标垫和试验线上之后就可制得以双抗体夹心法为检测原理的盐酸克伦特罗胶体金试纸。由此可以确定，上述具体技术手段是解决本申请所述技术问题、区别于其背景技术所必不可少的技术特征。

驳回决定所针对的独立权利要求 1 和 2 均涉及一种快速检测盐酸克伦特罗残留的胶体金试纸，权利要求 1 从结构上对该试纸进行了限定，权利要求 2 从检测原理上对该试纸进行了限定。然而，胶体金试纸是一种应用非常广泛的生化物质检测产品，其基本结构（包括底板、吸液层、金标垫等）和检测原理（包括双抗体夹心法、竞争性免疫测定法等）都是公知的，本领域技术人员可以根据需要很容易地将其应用于各种不同的检测对象中，而且盐酸克伦特罗也是一种常见的检测对象，故仅就权利要求中限定的胶体金试纸结构（权利要求 1）和检测原理（权利要求 2）本身来说，都是本领域的常规设置，并未体现出本申请技术方案与其背景技术的区别。因此，该独立权利要求 1 和 2 的技术方案中缺少了解决其技术问题的必要技术特征，没有区别于背景技术中所述的其他技术方案。

通过复审请求人对权利要求进行的修改，在权利要求 1 中增加了"复审通知书"中指出的本申请区别于背景技术的技术特征，即，盐酸克伦特罗单克隆抗体的建立方法以及将所得到的两种单克隆抗体分别应用于检测试纸的金标垫和试验线上，使得修改后的独立权利要求 1 记载了解决本申请所要解决的技术问题的必要技术特征，并使本申请独立要求保护的方案能够区别于背景技术中的其他技术方案，因而修改之后的独立权利要求符合《专利法实施细则》第二十一条第二款的规定。（撰稿人：周　航）

## 第二节　几种典型情形的判断

除了根据前文中对必要技术特征的含义进行判断外，《审查指南》还有一些涉及必要技术特征的规定，这些规定也对判断权利要求是否符合《专利法实施细则》第二十一条第二款的规定有所帮助。

《审查指南》第二部分第二章第 3.1.2 节规定："判断某一技术特征是否为必要技术特征，应当从所解决的技术问题出发并考虑说明书描述的整体内容，不应简单地将实施例中的技术特征直接认定为必要技术特征。"上述规定再次强调了判断某一特征是否为必要技术特征时，应当从所要解决的技术问题出发，充分说明了发明或者实用新型所要解决的技术问题在判断必要技术特征中的重要作用。同时，上述规定还指出，判断必要技术特征要考虑说明书描述的整体内容，不能简单地将涉及具体实施方式的技术特征认定为必要技术特征。因此，在审查实践中判断必要技术特征时要整体考虑，不能简单化处理。

另外，根据《审查指南 2006》第二部分第二章第 3.3.1 节的规定，在独立权利要求的前序部分中，除写明要求保护的发明或者实用新型的技术方案的主题名称外，仅需写明那些与发明或者实用新型技术方案密切相关的、共有的必要技术特征。因此，即使一项技术特征与所要解决的技术问题相关，但如其属于现有技术，则不一定要作为必要技术特征记载在独立权利要求中。

上述关于必要技术特征的规定是我们判断一项独立权利要求是否符合《专利法实施细则》第二十一条第二款规定的依据，下面结合审查实践，通过案例给出以下几种判断某一或者某些技术特征是否构成必要技术特征的典型情形：① 存在多个技术问题时必要技术特征的确定；② 具体实施方式与必要技术特征的确定；③ 现有技术与必要技术特征的确定。需要说明的是，上述几种情形并不是孤立的，而是相互联系的，将其分开是根据案例的特点进行有所侧重的说明。

## 一、存在多个技术问题时必要技术特征的确定

必要技术特征是与发明或者实用新型所要解决的技术问题相联系的，但一项专利可能存在多个所要解决的技术问题，此时是

否意味着独立权利要求必须记载解决所有技术问题的技术特征才满足《专利法实施细则》第二十一条第二款的规定？《审查指南2006》中对此没有明确规定，但在审查实践中一般认为在独立权利要求中并不是必须记载解决所有技术问题的技术特征，而要视情况而定。如果所述多个技术问题是通过一个技术方案予以解决的，那么在独立权利要求中当然要完整地记载这个技术方案，这也就同时记载了解决该多个技术问题的技术特征；而如果该多个技术问题是通过多个技术方案解决的，那么实际上这些技术方案均是发明或者实用新型对其背景技术的贡献，这些技术方案均可以要求保护，此时如果要求将这些技术方案均写入独立权利要求中，则会不公平地缩小了发明或实用新型的保护范围，使权利人应得的权利与其贡献不相符。因此，当发明或实用新型存在多个要解决的技术问题，且这些技术问题是通过多个技术方案加以解决的，判断独立权利要求是否记载了必要技术特征时，不应要求该独立权利要求能够解决该申请/专利所要解决的全部技术问题，只要其形成了一个完整的技术方案，并且能够解决其中一个技术问题，就不应认为其缺少必要技术特征。

【案例1】　一种扣式的液晶显示屏保护装置（第9434号无效宣告请求审查决定）

2007年1月11日，专利复审委员会作出第9434号无效宣告请求审查决定。该决定涉及名称为"一种扣式的液晶显示屏保护装置"的200420070951.8号实用新型专利权。

该专利授权公告的权利要求书共包括4项权利要求，其中独立权利要求1的内容为：

"1.一种扣式的液晶显示屏保护装置，其特征在于：该保护装置包括有一架框、一设置在架框外表面的扣式连接件、一以可旋转方式安装在架框内侧上部的上挡光板及在架框内的左右侧以可旋转及有弹性方式设置的第一挡光板及第二挡光板。"

　　针对上述专利权,请求人向专利复审委员会提出了无效宣告请求,其无效宣告请求的理由之一是本专利不符合《专利法实施细则》第二十一条第二款的规定。

　　请求人认为,根据本专利说明书可知,现有技术中存在"在数码相机的使用过程中,液晶显示屏易沾附沙尘、灰土等细微物,还存在着易被硬物刮花液晶显示屏的问题,从而影响液晶显示屏的显示效果,甚至缩短其使用寿命"的缺陷,为了克服这个缺陷,本专利采用了设置透明片的技术手段,以实现本专利"具有防尘及防刮花功能的数码相机液晶显示屏保护"的目的,达到本专利"具有保护液晶显示屏免受灰尘等细微物影响、免受刮花的功能"的效果,该技术特征应为本专利权利要求1的必要技术特征。因此,本专利的发明目的只有一个,说明书中提出的技术方案也只有一个,权利要求1中未记载权利要求2中限定的附加技术特征,而权利要求1不能实现防尘防刮花的功能,不符合《专利法实施细则》第二十一条第二款的规定。

　　针对请求人的上述主张,专利权人认为,本专利实现了使用简便、可使液晶显示屏免受环境光影响和防尘及防刮花这两个目的,《专利法》《专利法实施细则》和《审查指南》中均未规定说明书中所有技术方案和技术特点均必须反映在独立权利要求中,也未规定独立权利要求必须记载实现所有发明目的的技术方案,"一设置在架框的内侧的透明片"这一技术特征是为了在实现使用简便、可使液晶显示屏免受环境光影响的基础上进一步实现保护液晶显示屏免受灰尘等细微物影响、防刮花的效果。因此权利要求1不缺少必要技术特征,符合《专利法实施细则》第二十一条第二款的规定。

　　合议组经审查认为,本专利针对现有技术中存在的挡光装置安装或拆卸不方便的问题以及液晶显示屏易沾附灰尘、易被刮花的问题作出了改进，其所要解决的技术问题是两个，因此不能因为说明书中将发明目的以连贯的方式撰写而判断其发明目的只有一个，进而认为独立权利要求 1 必须包括实现所有发明目的的全部技术特征。本专利独立权利要求 1 解决了安装或拆卸不方便的技术问题，而其从属权利要求 2 的附加技术特征"在所述的架框的内侧还设置有一透明片"是对权利要求 1 技术方案的进一步改进，由其解决易沾附灰尘、易刮花液晶显示屏的技术问题，就权利要求 1 本身而言，其已经限定了完整的技术方案。同时，独立权利要求 1 中缺少"在所述的架框的内侧还设置有一透明片"的技术特征并不会导致权利要求 1 的技术方案无法实现以及安装或拆卸不方便的技术问题无法解决。

【案例评析】

本案的争议点有两个，一是本专利有几个要解决的技术问题；二是如果本专利存在多个要解决的技术问题，那么独立权利要求 1 中是否应当记载解决所有技术问题的必要技术特征。

对于第一点，根据本专利说明书的描述，其涉及的是数码相机的液晶显示屏。在现有技术中，为了使数码相机免受环境光的影响设置了挡光装置，而常规的挡光装置存在安装或拆卸不方便的缺点，而且在使用过程中液晶显示屏容易沾附灰尘等细微物，存在液晶显示屏易被硬物刮花的问题。由此可知，本专利所针对的技术问题包括两个：① 挡光装置安装或拆卸不方便；② 液晶显示屏易被细微物刮花。虽然在说明书中这两个技术问题是在一句话中提到的，但这两个技术问题之间并没有必然的联系，并且本专利针对这两个技术问题采取了不同的技术方案，因而应当认定本专利所要解决的技术问题是两个。针对技术问题①，说明书中记载了架框、扣式连接件、上挡光板、第一挡光板和第二挡光板等技术手段；针对技术问题②，说明书中采用了透明片的技术手段。

对于第二点，独立权利要求 1 中是否应当记载解决所有技术问题的技术手段才满足《专利法实施细则》第二十一条第二款的规定，在现有的法律法规及《审查指南》中均没有明确规定。但是通过对"必要技术特征"这一概念的分析可知，现有的规定并不要求独立权利要求必须记载解决全部技术问题的技术特征。《审查指南》第二部分第二章第 3.1.2 节规定："必要技术特征是指，发明或者实用新型为解决其技术问题所不可缺少的技术特征，其总和足以构成发明或者实用新型的技术方案，使之区别于背景技术中所述的其他技术方案。"从上述规定可知必要技术特征应当满足三个条件：一是解决（发明或实用新型的）技术问题不可缺少的；二是其全部足以构成（发明或实用新型的）技术方案；三是能够区别于背景技术中的其他技术方案。只要独立权利要求记载的技术特征满足上述三个条件，就应当认为该独立权利要求记载了全部必要技术特征，而对于所要解决的技术问题的数量上述定义中并没有要求。因此即使权利要求中仅记载了解决一个技术问题的技术特征，但只要能够满足上述三个条件，也应当认为是满足《专利法实施细则》第二十一条第二款的规定。

就本案而言，从本专利独立权利要求 1 限定的技术方案来看，其记载了框架、扣式连接件、上挡光板、第一挡光板、第二挡光板等装置，能够解决挡光装置安装、拆卸不便的问题，满足了上述规定的第一个条件；并且权利要求 1 记载的上述技术特征已经构成了一个完整的技术方案，因此也满足上述规定的第二个条件；同时权利要求 1 中记载的上述方案与背景技术中所述的现有的液晶显示屏挡光装置也是有所区别的，因此也满足上述规定的第三个条件。在这种情况下，虽然权利要求 1 中并未包含透明片这一技术特征，不能解决液晶显示屏易被细微物刮花这一技术问题，但依据《审查指南 2006》第二部分第二章第 3.1.2 节的规定，应当认为权利要求 1 已经记载了全部必要技术特征，符合《专利法实施细则》第二十一条第二款的规定。至于"透明片"这一技术特征，可以作为本专利进一步优化的技术方案，记载在从属权利要求中。（撰稿人：张　曦　刘颖杰）

【案例2】　一种渣浆泵（第 9682 号无效宣告请求审查决定）

2007 年 4 月 16 日，专利复审委员会作出第 9682 号无效宣告请求审查决定。该决定涉及名称为"一种渣浆泵"的 01278029.4 号实用新型专利权。

其授权公告的独立权利要求 1 的内容如下：

"1. 一种渣浆泵，泵上有泵轴、轴承、叶轮和泵壳，其特征在于叶轮背面之外的泵壳上有一只逆流水接头。"

请求人向专利复审委员会提出宣告本专利权无效的请求，其理由之一是本专利权利要求 1 不符合《专利法实施细则》第二十一条第二款的规定。

在口头审理过程中，请求人指出本专利权利要求 1 所要求保护的技术方案缺少逆流水接头的具体布置、水环以及泵壳靠近轴承的端口的口径比叶轮的直径大等必要技术特征，因而不符合《专利法实施细则》第二十一条第二款的规定。

经审查，合议组认为本专利所要解决的技术问题是渣浆泵的密封问题、叶轮与泵轴联结不紧问题、更换泵壳时必须去掉叶轮问题、泵轴的磨损问题以及减少叶轮磨损问题。

本专利独立权利要求 1 已经清楚地说明了逆流水接头的安装位置以及其与叶轮之间的位置关系，通过在叶轮背面的泵壳上安装逆流水接头来平衡轴向力，提高密封件使用寿命，在叶轮背面引来的高压水冲走了叶轮背部的渣浆，减少叶轮和其他部件的磨损等技术手段已经能够解决本专利所提出的"延长渣浆泵的使用寿命"的技术问题。

对于请求人所主张的其他技术特征"叶轮和密封、泵腔的关系，水环、泵壳靠近轴承的端口的口径比叶轮的直径大等"也是解决本专利技术问题所必不可少的技术特征的问题，合议组认为，本专利说明书的确记载了多个发明目的或者所要解决的技术问题，但本专利所要实现的多个发明目的仅仅是其具有多个实施方式或者多种优选方案的体现，其独立权利要求所限定的技术方案并不必然要解决本专利所要解决的全部技术问题或者实现其所有发明目的，只要其形成一个完整的技术方案，并能够解决其中一个技术问题或者实现其中一个发明目的，就不应认为其缺少必要技术特征。根据说明书的记载，水环、泵壳靠近轴承的端口的口径比叶轮的直径大、叶轮轮毂的长度在 30mm 以上、泵轴上的密封是机械密封、叶轮孔是圆锥孔、在密封外部的泵轴上装配有甩水圈、泵壳座与泵壳通过不封闭的连接段联结、叶轮轮毂的外壁上套有菱形密封圈、泵壳的上止口端部位设置有衬板等技术特征所组成的技术方案能够解决本专利的一些技术问题，但包含这些技术特征的技术方案是本专利的优选技术方案。综上所述，本专利独立权利要求 1 符合《专利法实施细则》第二十一条第二款的规定。

【案例评析】

本案审查中涉及的一个焦点问题是，在专利申请说明书中记载了多个发明目的或者所要解决的技术问题的情况下，独立权利要求是否必须记载解决其所有技术问题或者实现所有发明目的的全部技术特征。

《专利法实施细则》《审查指南》及欧洲《专利审查指南》认为独立权利要求缺少必要技术特征将会导致权利要求的保护范围"不清楚"。其中欧洲《专利审查指南》第二部分第三章第

4.4 节规定,独立权利要求应当具体明确用来定义发明的全部必要技术特征,除非这些特征以通用术语表述,如:关于"自行车"的权利要求无需提及车轮的存在。当可专利性取决于技术效果时,权利要求的撰写应当包括对产生该技术效果所必需的全部技术特征。而美国《专利审查程序手册》2164.08(c)规定,在确定一个技术特征是否是必要技术特征时,应当在整个公开的基础上考虑,仅仅是优选的技术特征不认为是必要的技术特征。从上述欧洲专利审查指南和美国《专利审查程序手册》的规定可以看出,独立权利要求应当包括解决其技术问题的所有必要技术特征不是独立权利要求撰写的形式要求,而是衡量独立权利要求实质上是否满足了可专利性的最低要求,只有在独立权利要求中记载了解决其技术问题的所有的必要技术特征,该权利要求才能形成一个清楚、完整的技术方案。根据专利权人为社会作出的贡献,合理地限定专利要求保护的最大范围,从而达到专利权人与社会公众利益的合理平衡。

当然,一件专利申请其说明书中可能记载多个发明目的或者多个所要解决的技术问题,说明书的具体实施例中可能描述了能够解决所有技术问题或者达到所有发明目的的全部技术特征,在这种情况下,显然不应当将实施例中的所有技术特征都认定为必要技术特征。在判断必要技术特征时,应当看其独立权利要求所描述的技术方案就某一个技术问题的解决来说是否是完整的。一件专利申请所要实现的多个发明目的仅仅是其具有多种实施方式或者多种优选方案的体现,其独立权利要求所限定的技术方案并不必然要解决该专利所要解决的全部技术问题或者实现其所有发明目的,只要其形成一个完整的技术方案,并能够解决其中一个技术问题或者实现其中一个发明目的的,就不应认为其缺少必要技术特征。

就本案而言,本专利所要解决的技术问题有多个,包括渣浆泵的密封问题、叶轮与泵轴联结不紧问题、更换泵壳时必须去掉叶轮问题、泵轴的磨损问题和减少叶轮磨损问题。解决上述多个技术问题的技术方案分别是装配逆流水接头、加长叶轮轮毂的长度并在叶轮轮毂外壁套装菱形密封圈、改成机械密封、把叶轮孔改为圆锥孔、使泵壳的两端口的口径都大于叶轮的直径、在泵轴上装配甩水圈、泵壳座与泵壳通过不封闭的连接段联结以及在泵壳的上止口端设置衬板。

请求人根据说明书中所记载的上述多个技术问题进而提出本专利独立权利要求应当包含解决上述多个技术问题的所有技术特征。显然，这种要求能够最大限度地缩小专利权的保护范围，但对于专利权人而言，会造成其所付出的劳动或作出的贡献与所受到的保护明显地失衡。故合议组没有支持请求人的主张，而是认为，本专利独立权利要求 1 已经清楚地说明了逆流水接头的安装位置以及其与叶轮之间的位置关系，通过在叶轮背面的泵壳上安装逆流水接头来平衡轴向力，提高密封件使用寿命，在叶轮背面引来的高压水冲走了叶轮背部的渣浆，减少叶轮和其他部件的磨损等技术手段已经能够解决本专利所提出的"延长渣浆泵的使用寿命"的技术问题。因此，该专利的独立权利要求符合《专利法实施细则》第二十一条第二款的规定。（撰稿人：路传亮）

## 二、具体实施方式与必要技术特征的确定

《审查指南》第二部分第二章第 3.1.2 节规定："判断某一技术特征是否为必要技术特征，应当从所解决的技术问题出发并考虑说明书描述的整体内容，不应简单地将实施例中的技术特征直接认定为必要技术特征。"该规定强调在判断必要技术特征时，不应简单地将实施例中的技术特征直接认定为必要技术特征。这是因为权利要求是发明或实用新型的各个具体实施方式的概括，这种概括只要满足《专利法》及《专利法实施细则》的相关规

定就是应当允许的。对于《专利法实施细则》第二十一条第二款而言，不能仅仅因为独立权利要求中没有明确记载某一或者某些实施例中的技术特征就认为其缺少必要技术特征，而是要看该独立权利要求整体是否能够解决发明或者实用新型本身提出的技术问题。例如，对于独立权利要求通过概括的方式记载实施例中使用的技术手段的情形而言，不能因为该独立权利要求中没有用文字记载实施例中的技术特征而认为其缺少必要技术特征，而是应当首先整体考虑发明或者实用新型的内容，确定实施例中的技术特征是否为解决其技术问题必不可少的技术特征，然后再判断该权利要求对实施例中所采用的技术手段的概括是否适当，概括后的技术方案是否符合《专利法实施细则》和《审查指南》中对必要技术特征的规定。

【案例1】　易装拆活页式光纤电缆接头盒（第9409号无效宣告请求审查决定）

2006年12月30日，专利复审委员会作出第9409号无效宣告请求审查决定。该决定涉及名称为"易装拆活页式光纤电缆接头盒"的01256042.1号实用新型专利权。

该专利授权公告的权利要求书共包括10项权利要求，其中独立权利要求1的内容为：

"1.易装拆活页式光纤电缆接头盒，包括竖式盒体（1）、盒罩（2）和转接器（3），盒体（1）上设置密封的筒形缆线进/出口（4）和固定座（5），盒罩（2）将固定座（5）密封；其特征是：转接器（3）由多个易装拆活页式线盘（6）构成，所述线盘（6）与固定座（5）的连接架（7）活动式连接，所述连接架（7）呈扇形或斜坡形、其内侧设有与线盘（6）连接的弹性连接扣，各线盘（6）可向上转30°～60°并且能单独装/拆，固定座（5）上设置余线接收盘（8）、使线盘（6）上的光纤缆线得以延长；位于筒形缆线进/出口（4）一端设置潮湿检测器（9），固定座（5）上分布多个检测点、该检测点通过密封引线连接到潮湿检测器（9）。"

针对上述专利权，请求人向专利复审委员会提出了无效宣告请求，理由之一是本专利权利要求1中未记载弹性连接扣的结构、形状，缺少解决技术问题的必要技术特征，因此不符合《专利法实施细则》第二十一条第二款。

针对上述理由，专利权人认为，权利要求1中限定的"弹性连接扣"既是一种带功能性限定的结构性部件，又是本领域技术人员能够理解和实施的一种结构性部件，根据说明书及其附图的解释，本领域技术人员已经能够清楚了解"弹性连接扣"的结构、形状，实施权利要求1的技术方案已经显而易见，因此权利要求1构成完整的技术解决方案，不缺少必要技术特征。

经审查，合议组认为，根据本专利说明书的记载，本专利所要解决的技术问题之一是：转接器的活页为层叠式结构，必须按顺序从上往下拆卸及从下往上安装，转接、增容或减容操作不方便。针对上述技术问题，独立权利要求1中采用了线盘与固定座的连接架活动式连接，并且在连接架内侧设有与线盘连接的弹性连接扣，线盘能单独装/拆的技术手段，并且还限定了各个部件的连接关系，由此可见，独立权利要求1整体上能够实现一种完整的易装拆活页式光纤电缆接头盒产品，并且也能够解决上述技术问题。合议组认为，技术方案是解决技术问题的技术手段的集合，而某种技术手段可以由多种实施方式来实现，本案的独立权利要求1中限定了通过弹性连接扣使线盘与连接架活动式连接使线盘能单独装/拆，达到了不受安装顺序限制、方便安装线盘的目的，而具体采用何种连接扣以及连接扣的具体结构和形状如何，则是该技术手段的具体实施方式，所属技术领域的技术人员根据权利要求1限定的技术方案，能够对具体的实施方式进行选择，而独立权利要求 1 中没有必要对具体实施方式作出限定，因此独立权利要求 1 不缺少必要技术特征，符合《专利法实施细则》第二十一条第二款的规定。

**【案例评析】**

本案中，请求人与专利权人对本专利所要解决的技术问题没有争议，但双方对于解决该技术问题所涉及的必要技术特征究竟要记载到何种程度存在争议，这一争议构成了该无效宣告案的焦点问题。请求人认为权利要求 1 还应限定"弹性连接扣"的具体结构，而专利权人认为权利要求 1 中记载了"弹性连接扣"已经满足记载必要技术特征的要求。

权利要求是对专利权所要保护的技术方案的记载，这些技术方案是以说明书为依据的，但又不同于说明书中的具体技术方案。《审查指南 2006》第二部分第二章第 3.2.1 节规定，"权利要求通常由说明书记载的一个或者多个实施方式或实施例概括而成"，该规定表明，权利要求一般是由具体的实施例或者实施方式概括而成的，而作为保护范围最大的独立权利要求，申请人往往会在说明书公开的具体实施方式的基础上，概括范围尽可能大的技术方案，如果这种概括满足《专利法》及《专利法实施细则》的各项规定，则是应当允许的。

对于《专利法实施细则》第二十一条第二款而言，其要求独立权利要求中应当记载构成发明或者实用新型的技术方案的全部必要技术特征，而《审查指南 2006》第二部分第二章第 3.1.2 节对于必要技术特征概念的表述除了表明必要技术特征与所要解决的技术问题之间的关系外，还表明了必要技术特征在权利要求中应当记载到何种程度，即"总和足以构成发明或者实用新型的技术方案，使之区别于背景技术中所述的其他技术方案"。同时，《审查指南 2006》同一节还规定了"判断某一技术特征是否为必要技术特征，应当从所要解决的技术问题出发并考虑说明书的整体内容，不应简单地将实施例中的技术特征直接认定为必要技术特征。"这明确指出在认定必要技术特征时，不能简单将具体实施方式的技术特征认定为必要技术特征。根据上述规定，如果独立权利要求对实施例概括而成的技术方案可以解决其提出的技术问题，并且使之区别于背景技术中的其他技术方案，则这种概括就是符合《专利法实施细则》第二十一条第二款规定的。

　　具体到本案，根据说明书的描述，本专利所要解决的技术问题之一是：现有的转接器的层叠式结构操作不方便，必须按顺序进行操作。针对这个技术问题，说明书中记载了采用线盘与固定座的连接架活动式连接，并且在连接架内侧设有与线盘连接的弹性连接扣，线盘能单独装/拆的技术手段。通过这种单片式的活动连接方式，不必再按照顺序拆装线盘。独立权利要求 1 中限定了线盘与固定座的活动连接方式和弹性连接扣的设置，已经能够解决拆卸不便的问题，并且足以使权利要求 1 的技术方案区别于背景技术中所述的现有连接器，因此独立权利要求 1 已经记载了解决其技术问题的全部必要技术特征，符合《专利法实施细则》第二十一条第二款的规定。至于弹性连接扣的具体形状和结构，对于所属技术领域的普通技术人员而言，可以在能够解决所述技术问题的具体形状和结构中进行选择，而无需作为必要技术特征记载在独立权利要求中。（撰稿人：刘颖杰　张　曦）

【案例 2】　火灾探测器（第 5865 号复审请求审查决定）

　　2005 年 3 月 14 日，专利复审委员会作出第 5865 号复审请求审查决定。该决定涉及发明名称为"火灾探测器"的 00106729. X 号发明专利申请。

　　国家知识产权局原审查部门以权利要求 1 不符合《专利法实施细则》第二十一条第二款的规定为由，驳回了该发明专利申请。驳回决定所针对的权利要求 1 的内容为：

"1. 一种火灾探测器，包括：

一个形成有探测火灾的电路的电路板；

一个与电路板相连的光源；以及

一个通过发射从光源发出的光来指示火灾探测器正处于探测状态的指示灯，所述指示灯被设置在一壳体之中或之上；

其特征在于，所述电路板和所述光源被设置在所述壳体之中；所述指示灯位于所述光源的附近；所述指示灯是以通过所述壳体的顶部的一条中心线为中心、按照一个预定的形状形成的；以及当从所述顶部侧观察所述壳体时，所述指示灯是以环形或者沿着一个圆有规则地形成的形状形成的。"

驳回决定认为：① 本申请的目的在于对现有的火灾探测器的结构进行改进，带有一个能从各个方向观察到该火灾探测器是否工作的指示灯，如果光源和指示灯彼此任意放置在现有的火灾探测器内，不能够达到上述目的；② 权利要求 1 应该记载电路板与光源的位置关系、指示灯与盖以及壳体的位置关系、指示灯本身的结构以及引导光源的光进入指示灯的结构。

复审请求人对上述驳回决定不服，在法定期限内向专利复审委员会提出了复审请求，理由如下：① 本发明目的在于提供一种火灾探测器，带有一个能从各个方向观察到该火灾探测器是否工作的指示灯，为完成发明目的，不管光源和指示灯彼此如何放置，不管光源是如何引入指示灯，所述指示灯基本上是以通过壳体的顶部的一条中心线为中心、按照一个预定的形状形成的；以及当从所述顶部侧观察所述壳体时，所述指示灯是以环形或者沿着一个圆有规则地形成的形状形成的，就能够"从各个方向观察到该火灾探测器是否工作"；② 权利要求不是实施例，不能理解为权利要求必须把所要求保护的技术主题的所有技术特征都描述清楚才符合《专利法实施细则》第二十一条条第二款，驳回决定中指出的权利要求 1 必须记载的那些具体技术特征只是本发明的一种实施方式，是实现本发明的其中一种技术手段，而不是为实现本发明的目的所必需的技术特征；③ 光从光源导向指示灯的方式可以采用本发明说明书记载的具体实施方式，也可以采用现有技术中能够采用的任何其他方式。

经审查，合议组认为，根据说明书的描述，本发明目的在于提供一种火灾探测器，该探测器的指示灯能从各个方向观察到该火灾探测器是否工作，而在独立权利要求 1 请求保护的技术方案中，通过下述技术特征"所述指示灯位于所述光源的附近；所述指示灯是以通过所述壳体的顶部的一条中心线为中心、按照一个预定的形状形成的；以及当从所述顶部侧观察所述壳体时，所述指示灯是以环形或者沿着一个圆有规则地形成的形状形成的"，克服了现有技术中指示灯是一个点，不能从各个方向观察到该指示灯的缺陷，实现了"从各个方向观察到该火灾探测器是否工作"的发明目的。因此目前的权利要求 1 技术方案完整，符合《专利法实施细则》第二十一条第二款的规定。

至于驳回决定认为权利要求 1 应当记载以下技术特征："火灾探测器的外部由盖、光导向部件、外壳和底座顺序安装而成，两个发光二极管作为光源表面安装在电路板上，光导向部件由环状构件和光入射部分组成，环状构件制成环状并且是光发射部分，光入射部分制成棒状并且向下延伸，环状构件由一发光面，该发光面是一个当把光导向部件装进火灾探测器时用来把光反射到它的外部表面，该外部表面担负指示灯的职责"。第 5865 号复审请求审查决定认为，上述技术特征构成的方案是本发明的一个实施例，但权利要求保护范围可以不仅仅局限于实施例，在得到说明书支持的前提下可以作概括性的限定，对于本权利要求 1，即便火灾探测器的外部不是由盖、光导向部件、外壳和底座顺序安装而成，即便发光二极管不是两个，即便光入射部分不制成棒状，同样能够实现发明目的；此外，虽然权利要求 1 中没有记载引导光源进入指示灯的结构，但本领域技术人员可以想到除了说明书中所示方式之外的其他方式，例如将数个光源在环状部件中均匀分布，而该环状部件构成指示灯等，就目前的权利要求而言，其已经包含了区别于现有技术的必要技术特征，并不需要记载引导光源进入指示灯的具体结构。

　　基于上述理由，专利复审委员会作出了撤销上述驳回决定的第 5865 号复审请求审查决定。

　　【案例评析】

　　本案涉及的焦点问题是：在技术问题确定的情况下，独立权利要求应当撰写到何种程度。

　　本申请针对现有技术中仅能从特定方向，而不能从任何方向均观察到火灾探测器的指示灯状态的技术问题，提供了一种解决方案：指示灯基本上是以通过壳体的顶部的一条中心线为中心按照一个预定的形状形成，当从所述顶部侧观察所述壳体时，所述指示灯是以环形或者沿着一个圆有规则地形成的形状形成。在本案中，无论复审请求人、原实质审查部门以及专利复审委员会，均对所要解决的技术问题没有争议，但对于独立权利要求应当记载哪些技术特征上存在分歧。驳回决定认为除了上述技术特征之外，还应当记载"火灾探测器的外部由盖、光导向部件、外壳和底座顺序安装而成，两个发光二极管作为光源表面安装在电路板上，光导向部件由环状构件和光入射部分组成，环状构件制成环状并且是光发射部分，光入射部分制成棒状并且向下延伸，环状构件由一发光面，该发光面是一个当把光导向部件装进火灾探测器时用来把光反射到它的外部表面，该外部表面担负指示灯的职责。"将权利要求 1 与驳回决定中要求申请人加入的特征对比，可见原实质审查部门实质上认为驳回决定针对的权利要求 1 撰写不够具体，比如对于权利要求1中记载的"一个通过发射从光源发出的光来指示火灾探测器正处于探测状态的指示灯"，驳回决定认为应当记载引导光源进入指示灯的具体结构，即"光导向部件由环状构件和光入射部分组成……"、对于权利要求1中记载的"所述指示灯是以通过所述壳体的顶部的一条中心线为中心、按照一个预定的形状形成的；以及当从所述顶部侧观察所述壳体时，所述指示灯是以环形或者沿着一个圆有规则地形成的形状形成的"，驳回决定认为应当记载指示灯本身的结构，即"环状构件由一发光面，该发光面是一个当把光导向部件装进火灾探测器时用来把光反射到它的外部表面，该外部表面担负指示灯的职责"。

根据《审查指南》的规定，如果专利/申请说明书只给出任务和/或设想，而未给出使所属技术领域的技术人员能够实施的技术手段，则应当认为其公开不充分。同样，权利要求也不应当只是一种设想而无技术特征予以体现，对于纯粹用功能、效果限定的权利要求，将认为其得不到说明书的支持。但是，权利要求也无需撰写得与实施例一样具体详细，使其保护范围窄到不合理的程度。因此，如何撰写权利要求，使其既不是一种范围很宽、空洞的设想，又不具体到实施例的程度，是专利文件撰写和审查时面临的共同问题。

对于独立权利要求应当记载必要技术特征这一要求而言，《专利法实施细则》第二十一条第一款规定："独立权利要求应当从整体上反映发明或者实用新型的技术方案，记载解决技术问题的必要技术特征。"在此基础上，《审查指南》第二部分第二章第3.1.2节明确了"必要技术特征"的定义，《审查指南》第二部分第二章第3.3.1节针对独立要求的撰写规定又作了进一步细化："独立权利要求的前序部分中，除写明要求保护的发明或者实用新型的技术方案的主题名称外，仅需要写明那些与发明或者实用新型的技术方案密切相关的、共有的必要技术特征"；而其特征部分，"应当记载发明或者实用新型的必要技术特征中与最接近现有技术不同的区别技术特征，这些区别技术特征与前序部分中的技术特征一起，构成发明或者实用新型的全部必要技术特征"。诚然，独立权利要求的撰写并不一定采用前序部分、特征部分的形式，但《审查指南》中的上述内容规定了独立权利要求撰写上包含的最少技术特征：仅需要记载与最接近现有技术不同的区别技术特征以及和该发明创造技术方案密切相关的、与现有技术共有的必要技术特征。

专利文件作为一项技术性很强的法律文件，其撰写本身就有着严格的要求，而权利要求用于确定一项专利保护的范围，其撰写更是需要字斟句酌。通常一项权利要求在清楚、完整的同时，还要比较简明，因为它的撰写和理解应当均基于本领域技术人员的水平，不需要将所有的现有技术都记载进来，并且独立权利要求的保护范围最大，只要按照《审查指南》的上述规定，记载与最接近现有技术不同的区别技术特征以及和该发明创造技术方案密切相关的、与现有技术共有的必要技术特征，让本领域技术人员从独立权利要求中能看到该发明创造相对于现有技术的贡献，并且能够实施该方案即可。进一步来说，不要求将所有的技术特征都写入独立权利要求，使得本领域技术人员完全不借助于说明书公开的内容，仅从权利要求记载的内容就能实施其要求保护的技术方案。

对于本案来说，"所述指示灯是以通过所述壳体的顶部的一条中心线为中心、按照一个预定的形状形成的；以及当从所述顶部侧观察所述壳体时，所述指示灯是以环形或者沿着一个圆有规则地形成的形状形成的"，是保证实现发明目的的技术特征，同时该特征也是使本发明区别于现有技术的技术特征，而本发明涉及指示灯的改进，与最接近现有技术共有的技术特征为：电路板、光源和指示灯。就目前的独立权利要求 1 来说，其记载了与发明的技术方案（对指示灯作改进）密切相关的、与最接近现有技术共有的必要技术特征：电路板、光源和指示灯，同时记载了区别于最接近现有技术的技术特征。因此，本独立权利要求 1 符合《专利法实施细则》第二十一条第二款的规定。（撰稿人：张梅珍）

### 三、现有技术与必要技术特征的确定

在必要技术特征判断中还要注意一个问题就是现有技术与必要技术特征之间的关系。我们可以将必要技术特征分成两类：与最接近的现有技术共有的必要技术特征和区别于最接近的现有技术的必要技术特征。上述分类是以必要技术特征与最接近的现有技术的关系作为基准的，而对于与最接近的现有技术共有的必要技术特征，除了根据前面章节所述的那些标准进行判断外，还要注意《审查指南》其他的相关规定。《审查指南》第二部分第二章第 3.3.1 节规定，"独立权利要求的前序部分，除写明要求保护的发明或者实用新型的技术方案的主题名称外，仅需写明那些与发明或实用新型技术方案密切相关的、共有的必要技术特征。"该规定表明，如果是与最接近的现有技术共有的必要技术特征，则在独立权利要求中仅需记载与其技术方案密切相关的现有技术即可，而不必记载所有相关现有技术。

【案例 1】　具有优良铁损性能的高硅晶粒取向电工钢板的制造方法（第 13007 号复审请求审查决定）

2008 年 4 月 14 日，专利复审委员会作出第 13007 号复审请求审查决定。该决定涉及名称为"具有优良铁损性能的高硅晶粒取向电工钢板的制造方法"的 200380100508.9 号发明专利申请。

国家知识产权局原审查部门以不符合《专利法实施细则》

第二十一条第二款为由驳回了本申请，理由是"钢板的化学成分，制造方法的工艺参数，如温度、时间"是本申请的必要技术特征，独立权利要求 1 缺少上述技术特征。驳回针对的权利要求 1 的内容如下：

"1. 一种制造高硅晶粒取向电工钢板的方法，其包括如下步骤：

再热并热轧钢坯制造热轧钢板；对热轧钢板退火和对退火钢板进行冷轧，调整钢板厚度；对冷轧钢板进行脱碳退火；和对脱碳退火钢板进行二次再结晶最终退火，

该改进法进一步包括以下步骤：在脱碳退火钢板的表面上涂覆浆状的硅化粉末涂层剂，该粉末涂层剂包括 100 重量份的 MgO 粉末和 0.5～120 重量份的包含 $FeSi_2$、$FeSi$、$Fe_5Si_3$ 或 $Fe_3Si$ 中的至少一种且包含 25wt%～70wt% 硅烧结粉末的 Fe–Si 化合物烧结粉末，所述 Fe–Si 化合物烧结粉末的粒度为 –325 目；

干燥所得的脱碳退火钢板；和

在常规条件下对所述钢板进行最终退火。"

复审请求人对上述驳回决定不服，在法定期限内向专利复审委员会提出复审请求。理由为：本发明解决的技术问题是制造因高硅含量而具有优良磁性晶粒取向电工钢板，本发明基于常规的使用冷轧的晶粒取向电工钢板的制造方法，通过在脱碳退火钢板的表面涂覆具有确定粒度和硅含量的浆状的硅化粉末涂层，并且在随后的高温退火过程中扩散退火所得钢板以得到高硅含量和磁性的晶粒取向电工钢板，本发明的特点就在于通过在脱碳退火钢板的表面上涂覆代替隔离退火剂 MgO 组合物的浆状硅化粉末涂层剂并对所得钢板进行最终退火；权利要求 1 记载了常规制造方法的各步骤，并清楚记载了对该常规制造工艺的改进之处，即在脱碳退火钢板的表面上涂覆浆状的硅化粉末涂层剂，该粉末涂层剂包括 100 重量份的 MgO 粉末和 0.5～120 重量份的包含 $FeSi_2$、

FeSi、$Fe_5Si_3$ 或 $Fe_3Si$ 中至少一种且含 25wt%～70wt% 硅烧结粉末的 Fe-Si 化合物烧结粉末，所述 Fe-Si 化合物烧结粉末的粒度为 -325 目，并对所得钢板进行最终退火；本发明使用的脱碳钢板是根据常规晶粒取向电工钢板的制造方法得到的，钢板的成分不是必要技术特征，制造方法中使用的工艺是常规的制造工艺，故诸如温度、时间等工艺参数不是必要技术特征。

经审查，合议组认为：在一定范围内，晶粒取向电工钢板中较高的硅含量会降低铁损、磁致伸缩、矫顽力和磁各向异性并能提高最大导磁率。基于批量生产来制造晶粒取向电工钢板的方法通常包括以下步骤，即，在制钢过程中调节组分含量；制造铸锭；再热铸锭；热轧经再热的铸锭；退火该热压钢板并冷轧经热压的钢板以调节钢板厚度；对经冷轧的钢板进行脱碳退火；对上述钢板进行二次再结晶的高温退火；在钢板上最终涂覆绝缘膜。在批量生产中，便于冷轧是生产的一个重要因素。然而，随着硅含量的增加，硅钢板的伸长率会急剧降低，因此几乎很难通过冷轧的方法制造硅含量超过 3.5% 的硅钢板。

为此，本申请提出一种高硅晶粒取向电工钢板的制造方法，该方法能够通过使用常规冷轧晶粒取向电工钢板的制造方法制造出因具有更高硅含量而具有优异磁性的晶粒取向电工钢板，从而解决在常规冷轧方法中提高硅的含量的技术问题。该方法所采用的技术手段是通过常规工艺（冷轧并脱碳退火）得到脱碳退火钢板后，最终退火之前，在脱碳钢板的表面涂覆浆状硅化粉末涂层剂并进行干燥处理，其中该粉末涂层剂含有 100 重量份的 MgO 粉末，0.5～120 重量份的含 25wt%～70wt% 硅的 Fe-Si 化合物烧结粉末，所述烧结粉末的粒度为 -325 目。

权利要求 1 记载的技术方案不仅包含了限定常规工艺中制造热轧钢板、退火热轧钢板、冷轧退火钢板、脱碳冷轧钢板和最终退火等步骤的技术特征，还包含了本申请改进的技术特征，即

"在脱碳退火钢板的表面上涂覆浆状的硅化粉末涂层剂，该粉末涂层剂包括 100 重量份的 MgO 粉末和 0.5～120 重量份的包含 $FeSi_2$、FeSi、$Fe_5Si_3$ 或 $Fe_3Si$ 中至少一种且包含 25wt%～70wt% 硅烧结粉末的 Fe–Si 化合物烧结粉末，所述 Fe–Si 化合物烧结粉末的粒度为 –325 目；干燥所得的脱碳退火钢板。"虽然制造晶粒取向电工钢板的过程中必然会涉及最初钢坯的成分、诸如温度、时间等工艺参数，但不能据此认为它们是权利要求 1 的必要技术特征，因为判断某一技术特征是否为必要技术特征，应当从所要解决的技术问题出发，并考虑说明书描述的整体内容。本申请最初钢坯的成分以及制造方法中诸如温度、时间等工艺参数，取决于常规制造方法中所采用的最初钢坯的成分以及工艺参数，本申请解决的技术问题是在常规冷轧方法中提高硅的含量，所采取的技术方案也仅为对常规制造方法上的改进，本领域普通技术人员在晶粒取向电工钢板的常规制造方法的基础上通过运用上述改进的技术特征，就能完成本申请所涉及的技术方案并解决其所要解决的技术问题，故独立权利要求 1 符合《专利法实施细则》第二十一条第二款的规定。

**【案例评析】**

本案涉及的焦点问题是在对某一申请的独立权利要求是否符合《专利法实施细则》第二十一条第二款进行审查时，如何看待现有技术与必要技术特征之间的关系。

本申请是一种制造高硅晶粒取向电工钢板的方法，在通常情况下，对于制造钢板的方法而言，"钢板的化学成分，制造方法的工艺参数，如温度、时间"应当是该方法中不可缺少的部分，但在上述复审决定中却认定上述相关的技术特征并非本申请的必要技术特征，其原因之一为上述技术特征是本申请的现有技术。

根据说明书背景技术部分的描述，现有技术中的电工钢板分为晶粒取向电工钢板和无取向电工钢板，晶粒取向电工钢板含3%的硅，但是在高硅钢（含硅6.5%）中，目前只能生产无取向的电工钢板，人们还没有研制出高硅含量并具有晶粒取向的电工钢板。说明书的发明内容部分第二段记载了"本发明的目的之一在于提供一种与常规钢板相比具有更优良高频性的高硅晶粒取向电工钢板，其中通过在钢的表面涂覆含退火隔离剂的浆状粉末涂层剂，并对所得钢板扩散退火来制造上述高硅钢板"；在其说明书发明内容部分的第三段记载了制造高硅晶粒取向电工钢板包括再热并热轧、退火、冷轧、脱碳退火、最终退火等步骤；并在该部分第四段记载了"该改进法的特征在于进一步包括以下步骤：在脱碳退火钢板的表面上涂覆浆状硅化粉末涂层剂，该粉末涂层剂含有……干燥所得脱碳退火钢板；和在常规条件下对所述钢板进行最终退火"。根据上述描述可知，本申请所要解决的是现有技术不能制造高硅晶粒取向的电工钢板的问题，采用的技术方案是在制造过程中在钢板表面涂覆浆状硅化粉末涂层剂，从而得到高硅晶粒取向的电工钢板。

本申请说明书中还记载了，"晶粒取向电工钢板的制造工艺会因制造者不同而稍微有些区别。但是通常每种工艺都包括以下步骤……制造铸锭；再热铸锭；热轧……退火……脱碳退火……高温退火……涂覆绝缘膜。"内容。从这段叙述可知，钢板的制造方法是现有技术，并非本申请的改进之处。同时，在说明书记载的技术方案中，大部分内容是对硅化粉末涂层剂的成分、作用和涂覆量进行的说明，可见这些内容才是本申请与现有技术不同之处。另外，在说明书还有如下记载："本发明使用常规的晶粒取向电工钢板的制造工艺，包括如下步骤：制造钢坯；再热钢坯；热轧……退火……脱碳退火……高温退火……最终涂覆绝缘膜"，"在常规退火条件下将该干燥钢板在高温下进行最终退火……本发明可使用晶粒取向电工钢板的常规高温退火工艺。"上述记载也可以表明本申请采用的钢板制造方法是现有技术，由此，钢板制造方法的工艺参数也当然是现有技术。至于钢板的化学成分，在本申请的技术方案中并没有对其作特殊要求，在说明书中也明确记载了"本发明并不限制最初钢坯的组成"，因此在本申请的方法中，所选取的钢板是已有的钢板，其成分也是现有技术。

对于现有技术与必要技术特征的关系，虽然在《专利法实施细则》第二十一条第二款的规定和《审查指南》中与必要技术特征相关的章节中都没有规定，但是在《专利法实施细则》规定中及《审查指南》的其他章节中可以找到相关依据。《专利法实施细则》第二十二条第一款❶规定："发明或者实用新型的独立权利要求应当包括前序部分和特征部分，按照下列规定撰写：（一）前序部分：写明要求保护的发明或者实用新型技术方案的主题名称和发明或者实用新型主题与最接近的现有技术共有的必要技术特征……。"同时，《审查指南》第二部分第二章第 3.3.1 节规定："独立权利要求的前序部分中，除写明要求保护的发明或者实用新型的技术方案的主题名称外，仅需写明那些与发明或实用新型技术方案密切相关的、共有的必要技术特征。"《审查指南》还在上述章节中举例说明"例如，一项涉及照相机的发明，该发明的实质在于照相机布帘式快门的改进，其权利要求的前序部分只要写出'一种照相机，包括布帘式快门……'就可以了，不需要将其他共有特征，例如透镜和取景窗等照相机零部件都写在前序部分中。"

根据上述规定可知，对于和最接近的现有技术共有的必要技术特征而言，独立权利要求仅需记载和发明或实用新型技术方案

---

❶ 在 2008 年修改的《专利法》相配套的《专利法实施细则》中，本条款修改为第二十条第一款。

密切相关的即可，而不必记载所有相关的现有技术。在本案中，钢板的成分及制造方法是本申请最接近的现有技术，问题的关键就在于权利要求1中是否已经记载了与本申请密切相关的共有技术特征。权利要求1的主题名称已经表明了本申请方法涉及电工钢板，并且在前序部分也记载了与本申请技术方案相关的制造方法，根据上述记载，本领域技术人员完全可以了解与钢板成分及制造方法的工艺参数等相关的现有技术，因而可以认为权利要求1已经记载了与最接近的现有技术密切相关的共有技术特征，满足了《专利法实施细则》第二十一条第二款的规定和《审查指南2006》的相关规定，没有必要对其他现有技术的相关技术特征进行记载。（撰稿人：刘颖杰）

**【案例2】　电脑键盘的按键（第8853号无效宣告请求审查决定）**

2006年11月27日，专利复审委员会作出第8853无效宣告请求审查决定。该决定涉及名称为"电脑键盘的按键"的97243964.1号实用新型专利权。本专利授权公告的独立权利要求1的内容如下：

"1. 一种电脑键盘的按键，包括一个键帽、一个架桥、一个触动件、一薄膜电路板及一个底板，薄膜电路板具有数个接点，其特征在于：

触动件底缘直接粘贴固定在薄膜电路板的接点周缘。"

针对上述实用新型专利权，请求人向专利复审委员会提出无效宣告请求，无效理由之一是本专利权独立利要求1前序部分各部件的连接关系没有明确，缺少必要技术特征，不符合《专利法实施细则》第二十一条第二款的规定。对此，专利权人则认为，权利要求1前序部分各部件的连接关系在说明书背景技术部分有说明，本专利是在背景技术基础上的改进，其中一些连接关系在发明内容中也有所体现，其连接关系并非发明点，无需详细写出。

经审查，对于请求人认为本专利权利要求1不符合《专利法实施细则》第二十一条第二款的理由，合议组意见如下：

权利要求1前序部分各部件的具体连接关系并非均是独立权利要求1的必要技术特征。根据说明书的记载，本专利要解决的问题是增加电脑键盘薄膜电路板裸露的电接点的防水功效，提高电脑键盘的自动化生产效率、稳定质量，使触动件具有不掉落和与按键方便组装的功效，使电脑键盘薄形化，本专利是通过采取"将触动件底缘直接黏贴固定在薄膜电路板的接点周缘"，这一技术特征来解决这一技术问题的，这一技术特征属于本专利的必要技术特征并记载在权利要求的特征部分。根据本专利说明书的记载，本专利是对背景技术记载的现有技术的改进，除触动件底缘和薄膜电路板的连接之外的前序部分各部件的连接均为现有技术，也是本领域技术人员所知晓的惯常连接，因此各部件的其他具体连接关系并非解决技术问题的必要技术特征，可以不记载在独立权利要求1中。

【案例评析】

本案涉及的焦点问题在于独立权利要求1前序部分各部件的具体连接关系是否属于必要技术特征，是否应当记载在权利要求1中。

根据本专利授权文本中说明书的记载，本专利是对背景技术的改进，背景技术中存在的缺陷是：电脑键盘按键中的触动件下方对应的薄膜电路板的接点没有可以阻挡水分的构造，接点处常会因进水而造成短路；触动件为软质而具弹性的材质，而且只是置放在孔洞的置放缘上，并没有固定，所以键帽在柱体对准中空连接体后向下压组时，常会因软质弹性的触动件无法很稳定地保持垂直压缩状态，而歪斜、翘起偏离或弹开压组的方向，造成组装上的缺陷，在采用机械式自动化组装工作时，常常造成瑕疵品，需要人工详细检验产品、并以人工方式修正瑕疵，无法提高生产效率。针对上述缺陷，本专利所要解决的技术问题和欲产生的技术效果是：增加电脑键盘薄膜电路板裸露的电接点的防水功效，提高电脑键盘的自动化生产效率、稳定质量，使触动件具有不掉落和与按键方便组装的功效等。本专利采用的技术手段是："将触动件底缘直接黏贴固定在薄膜电路板的接点周缘"。这是本专利区别于现有技术的技术特征，这一技术特征属于本专利的必要技术特征并记载在权利要求1中。根据本专利说明书的记载，本专利的电脑键盘的按键是在背景技术的电脑键盘按键的基础上进行的改进，电脑键盘按键中包括的键帽、一个架桥、一个触动件、一薄膜电路板及一个底板之间的连接关系并非本专利的改进点，这些均属于本专利与现有技术共有的技术特征，不是本专利区别于现有技术的特征，与待解决的上述技术问题及采用的技术手段亦不存在密切联系。因此，各部件的其他具体连接关系并非解决技术问题的必要技术特征，可以不记载在独立权利要求1中。

一般而言，在判断某一特征是否属于必要技术特征时，需要把握好两方面：一是判断主体，二是说明书的记载。就前者而言，尽管其在《审查指南》第二部分第四章"创造性"中定义了"所属领域技术人员"概念，但是在审查权利要求是否符合《专利法实施细则》第二十一条第二款规定时，仍应以所属领域技术人员为判断主体。根据《审查指南》第二部分第四章第2.4节的规定，所属领域技术人员知晓申请日或者优先权日之前发明所属技术领域所有的普通技术知识，并且具有应用该日期之前常规实验手段的能力。就后者而言，根据《审查指南》第二部分第二章第3.1.2节的规定，判断某一特征是否属于必要技术特征取决于其是否为解决问题所必不可少的，其总和是否足以构成区别于背景技术的技术方案，而这些均依赖于说明书的记载，因此说明书的记载是判断必要技术特征的基本依据，其作用至关重要。

　　说明书的记载是判断必要技术特征的基本依据，也就是说，必要技术特征的判断取决于说明书，特别是取决于说明书中载明的背景技术、要解决的技术问题、采用的技术手段以及产生的技术效果，并受制于专利权人的主观认识和判断。例如，当说明书中载明采用某一技术特征能够解决其欲解决的技术问题，但是采用该技术特征来解决相应的技术问题实际上属于所属领域的常识，或者已经被现有技术所公开和揭示，那么也不能据此认为相应的独立权利要求缺少必要技术特征，不符合《专利法实施细则》第二十一条第二款的规定。而现有技术是客观存在的，其与必要技术特征的认定之间并无必然因果关系。不过，鉴于判断的主体是所属领域技术人员以及说明书撰写的特点，现有技术和必要技术特征的认定之间还是存在一些联系的。几乎所有的发明创造都是在现有技术基础上进行的改进，而说明书中往往只重点指出本发明与现有技术的不同和改进点，至于与现有技术相同的地方，特别是本领域的常规技术手段则往往不再赘述，因此这就使得这些常规技术手段无需写入独立权利要求，不构成必要技术特征。但是，并非所有的常规技术手段均不构成必要技术特征，例如，当技术问题的解决依赖于常规技术手段和其他特定技术手段结合产生的协同效应时，该常规技术手段也应当属于必要技术特征。至于背景技术中的非常规技术手段，其是否属于必要技术特征也同样取决于是否为解决技术问题必不可少，根据具体情况的不同可分别属于或者不属于必要技术特征。（撰稿人：张汉国）

# 第三节　化学领域中必要技术特征的确定

　　化学领域是专利审查中的一个特殊领域，从《审查指南》

第二部分第十章"关于化学领域发明专利申请审查的若干规定"可以看出，化学领域的专利或者专利申请不仅在充分公开、新颖性和创造性等方面的审查有一定的特殊性，在必要技术特征的确定问题上也有更加具体的要求。基于此，本章也专辟一节对化学领域中涉及必要技术特征的一些问题进行分析。但需要说明的是，在化学领域中对必要技术特征的判断方法和标准与前面章节所述其他领域的方法和标准应当是一致的，只是在化学领域中还有一些特殊的规定，主要涉及组合物权利要求中组分和含量的限定。《审查指南》第二部分第十章第4.2.2节规定："（1）如果发明的实质或者改进只在于组分本身，发明要解决的技术问题是要选择组分，而组分的含量是本领域技术人员根据现有技术或者通过简单实验就能够确定的，则在独立要求中可以允许只限定组分；但如果发明的实质或者改进既在组分上，又与含量有关，发明要解决的技术问题不仅要选择组分，而且要确定该组分的特定含量，则在独立权利要求中必须同时限定组分和含量，否则该权利要求就不完整，缺少必要技术特征。（2）在某些领域中，例如在合金领域中，合金的必要成分及其含量通常应当在独立权利要求中限定。"在对化学领域案件的审查中如遇到确定必要技术特征的问题，还要考虑到上述规定的情形。另外，在一些特殊情况下，组合物产品的微观结构可能发生变化，仅靠组分和含量不能完全确定所发明的组合物产品，需要用其特殊的制备方法、处理工艺或者采用性能参数加以限定，此时该制备方法、处理工艺或性能参数也应作为必要技术特征记载在独立权利要求中。

**【案例1】** 防污涂料组合物、涂层膜、覆盖涂层膜的底材和防污方法（第10952号无效宣告请求决定）

　　2007年12月21日，专利复审委员会作出第10952无效宣告请求审查决定。该决定涉及名称为"防污涂料组合物、涂层膜、覆盖涂层膜的底材和防污方法"的 03120256. X 号发明专利权。该专利授权公告的独立权利要求 1、18~20 的内容如下：

"1. 一种防污涂料组合物，它包括：

（A）包含得自可聚合不饱和羧酸甲硅烷酯的组成单元的甲硅烷酯共聚物，

（B）羧酸，

（C）二价或三价金属化合物，和

（D）脱水剂，

所述二价或三价金属化合物（C）的含量是每当量羧酸（B）的羧基为 1.2 当量或更多，以作为二价或三价金属化合物（C）的组成部分的金属当量数计。"

"18. 由权利要求 1~17 中任何一项所述的防污涂料组合物形成的防污涂层膜。

19. 海洋浮式平台、水下设施、捕鱼装置或渔网，其表面覆盖了由权利要求 1~17 中任何一项所述的防污涂料组合物形成的防污涂层膜。

20. 一种使海洋浮式平台、水下设施、捕鱼装置或渔网防污的方法，它包括把如权利要求 1~17 中任何一项所述的防污涂料组合物施涂到海洋浮式平台、水下设施、捕鱼装置或渔网的底材表面上，并干燥施涂的防污涂料组合物，使形成的防污涂层膜覆盖底材表面。"

针对上述专利权，请求人向专利复审委员会提出无效宣告请求，其理由之一是该专利的独立权利要求 1、18~20 不符合《专利法实施细则》第二十一条第二款的规定。具体理由是，防污涂料组合物的各组分含量是实现发明目的所必需的技术特征，应当记载在独立权利要求中。

对此，专利权人认为，本发明的发明点在于使用由羧酸和二价或三价金属化合物形成的羧酸过量金属盐来代替现有技术中常用的羧酸金属盐，本发明关键在于组分 B、C 的当量比，组分 A、B 和 D 是常规量例如附件 1 已经公开，本领域技术人员根据组分 B 的用量和当量比可以直接导出组分 C 的含量，因此权利要求 1、18～20 已经限定了实现发明所需的必要技术特征。

经审查，专利复审委员会作出第 10952 号无效宣告请求审查决定，维持该专利权有效。其中，对于请求人认为本专利不符合《专利法实施细则》第二十一条第二款的理由，决定认为：

本案中，根据说明书背景技术部分记载的内容可知，现有技术的涂料组合物的组分选择范围已经包括有机甲硅烷酯基团的共聚物、羧酸、金属化合物和用于除水的试剂等物质，本专利要解决的技术问题是这些涂料组合物的油漆存储稳定性尚不令人满意、耐龟裂性差、防污性能等不足和缺陷，所提供的关键技术手段是使组合物包括权利要求 1 所述的四种组分并使二价或三价金属化合物与羧酸存在特定当量比，从而克服了因大量未反应的羧酸存在而导致的存储性和防污性差的缺陷（参见说明书），而各组分在防污涂料组合物中的含量则是本领域的技术人员根据现有技术或者通过简单实验就能够确定的。因此，权利要求 1 已经包括了解决其技术问题所不可缺少的技术特征，其总和足以构成发明的技术方案并区别于背景技术部分所述其他技术方案，符合《专利法实施细则》第二十一条第二款的规定。

由于请求人没有提出除上述权利要求 1 缺少必要技术特征的其他事实和理由，在权利要求 1 符合《专利法实施细则》第二十一条第二款的前提下，权利要求 18～20 也符合《专利法实施细则》第二十一条第二款的规定。

【案例评析】

本案涉及的焦点问题为组合物发明各个组分的含量是否必须全部记载在独立权利要求之中。

从文义解释的角度来看，《专利法实施细则》第二十一条第二款规定的"必要技术特征"的内涵在于"发明或者实用新型为解决其技术问题所不可缺少的技术特征"，并且还需要满足"其总和足以构成发明或者实用新型的技术方案，使之区别于背景技术中所述的其他技术方案"这一实质条件，而对于审查实践，对于上述实质条件的判断显然需要考虑背景技术中所述的现有技术的状况。

对于组合物这一特殊技术领域而言，《审查指南2006》第二部分第十章第4.2.2节的规定："如果发明的实质或者改进只在于组分本身，发明要解决的问题是要选择组分，而组分的含量是本领域的技术人员根据现有技术或者通过简单实验就能够确定的，则在独立权利要求中可以允许只限定组分；但如果发明的实质或者改进既在组分上，又与含量有关，发明要解决的技术问题不仅要选择组分，而且要确定该组分的特定含量，则在独立权利要求中必须同时限定组分和含量，否则该权利要求就不完整，缺少必要技术特征。"

本案中，虽然独立权利要求1要求保护的防污涂料组合物必然涉及各组分及其含量（否则，就是化合物），但是，是否必须全部写入各个组分的含量，尚需根据现有技术进行判断。从说明书背景技术部分记载的内容可以看出，现有技术的涂料组合物的组分选择范围已经包括有机甲硅烷酯基团的共聚物、羧酸、金属化合物和用于除水的试剂等物质，但仍存在油漆存储稳定性尚不令人满意、耐龟裂性差、防污性能等不足和缺陷。该专利为解决这一问题所采用的关键技术手段并非是改变组分，例如使用一种前所未有的新组分，而是在现有的包括A、B、C、D四种组分的组合物配方基础上，使其中的两种组分具有特定当量比。由此可见，发明的实质在于选择某些组分的特定含量配合关系。至于各组分在防污涂料组合物中的含量，则是根据现有技术即可常规确定的含量，不应当认为是解决本发明所要解决的技术问题不可或缺的技术特征。因此，在独立权利要求 1 已经限定了所含各组分及其中两种组分的特定当量比的情况下，可以认为其所限定的必要的技术特征之和已经"足以构成发明的技术方案，使之区别于背景技术部分所述的其他技术方案"；而各个组分的含量未写入独立权利要求中，并不导致该独立权利要求不符合《专利法实施细则》第二十一条第二款的规定。（撰稿人：董晓静）

**【案例 2】 稀土快速氮化钢（第 3250 号复审请求审查决定）**

2003 年 3 月 10 日，专利复审委员会作出第 3250 号复审请求审查决定。该决定涉及发明名称为"稀土快速氮化钢"的 99113823.6 号发明专利申请。

国家知识产权局原审查部门以本申请权利要求 1 不符合《专利法实施细则》第二十一条第二款的规定为由驳回了本发明专利申请。驳回决定所针对的独立权利要求 1 的内容为：

"1. 一种稀土快速氮化钢，主要包括：C、Si、Mn、Cr、Mo、Al 或 V、RE，余量为 Fe，其特征在于在含 Al 或 V 量在 0.25～1.10 重量百分比，含 C 量在 0.25～0.50 重量百分比的氮化钢中加 0.1～0.2 重量百分比稀土元素。"

驳回决定认为，由于权利要求 1 没有记载 Si、Mn、Cr、Mo 和 Fe 合金元素的含量，因此权利要求 1 缺少达到发明目的的必要技术特征，不符合《专利法实施细则》第二十一条第二款的规定。

复审请求人对上述驳回决定不服，在法定期限内向专利复审委员会提出了复审请求，其认为，权利要求 1 记载了公知的氮化钢的化学成分，各化学成分的具体含量根据其应用场合的不同而变化，本申请与现有技术的区别在于，对上述氮化钢的成分含量作出了进一步的限定，即"在含 Al 或 V 量在 0.25～1.10 重量百分比，含 C 量在 0.25 ~ 0.50 重量百分比的氮化钢中加 0.1 ~ 0.2 重量百分比稀土元素"。

经审查，合议组认为：本申请公开了一种稀土快速氮化钢，其要解决现有技术中氮化钢存在的氮化速度慢、氮化层薄、脆性较大、氮化工件难以应用于重载零部件的技术问题。本申请说明书背景技术部分简单介绍了在含钒量为 0.10% ~ 0.18% 的铬镍结构钢中加入稀土后氮化可明显提高氮化层硬度。同时，合议组也了解到，在现有技术中，对氮化钢已经进行了很多研究，氮化钢的成分和成分含量范围是多种多样的，比如，《福州大学学报（自然科学版）》第 23 卷第 5 期（1995 年 10 月）、《特殊钢》第 17 卷第 6 期（1996 年）以及《热加工工艺》（1996 年 2 月）上均有文章对氮化钢进行研究并记载了氮化钢的成分及其含量，这表明独立权利要求 1 中使用的氮化钢并非本发明的首创。此外，合议组还注意到，复审请求人在说明书中作为对比的常用氮化钢 38CrMoAl 在上述刊物中也有详细的描述，并给出了其成分和含量，以上情况表明，"氮化钢"这一技术特征的含义对于本领域技术人员而言已是公知的。

从本申请的说明书可以看出，本发明的目的在于通过向现有技术中已有的氮化钢中添加稀土元素以提供一种稀土快速氮化钢，克服现有技术中的不足和缺陷。具体而言，本发明对现有技术的贡献在于，向其中的 Al 或 V、C 具有特定含量的氮化钢中，加入一定量的稀土元素 RE。本申请的独立权利要求 1 中不仅给出了所述氮化钢的成分，而且给出了 Al 或 V、C 和 RE 的含量。因此，合议组认为，在氮化钢为本领域已知技术术语，且没有相反证据证明使用具有权利要求 1 所述组分的氮化钢不能解决本发明技术问题的情况下，原驳回决定所述的权利要求 1 中没有记载其他成分的含量，致使权利要求 1 缺少必要技术特征，不符合《专利法实施细则》第二十一条第二款规定的驳回理由不能成立。

**【案例评析】**

本案涉及的焦点问题是在什么情况下合金的必要成分及其含量可以不作为必要技术特记载到独立权利要求中，具体来说是Si、Mn、Cr、Mo 和 Fe 等合金成分的含量是否为独立权利要求 1 要解决的技术问题的必要技术特征。

与化合物及其他产品明显不同的是，组合物发明不是以产品的结构或形状为特征，而是以物质或材料的组成为其产品的实质性特征。一般而言，确定了组合物的组分和含量，其整个产品就确定了。当然，在少数特殊情况下，组合物产品的微观结构可能发生变化，仅靠组分和含量尚不能完全确定所发明的组合物产品，还应当用其特殊的制备方法或处理工艺或者采用性能参数加以限定。对于合金领域来说，其成分、含量以及特殊情况下的制备方法或处理工艺、性能参数是完整地限定一个合金组合物不可缺少的技术特征。但是，上述技术特征是否为专利法意义上的必要技术特征，还需要由本领域技术人员来判断。

从本申请的说明书可知，利用氮化处理提高钢材料工件的性能已有多年的历史，特别是经过氮化可获得较好的性能，如表层硬度高、具有很高的耐磨性、抗麻点剥落能力、抗热咬合能力、抗蚀性以及较高的疲劳强度等，但也存在着一些问题，如氮化速度慢、氮化层薄、脆性较大以及氮化工件难以应用于重载零部件等。上述问题也就是本申请要解决的技术问题，而本申请采用的技术方案是在普通氮化条件下，在 Al 或 V 量以及 C 量在一定范围的氮化钢中加入一定量的稀土元素，形成稀土快速氮化钢，也就是独立权利要求 1 记载的技术方案。由此可以看出，Al 或 V 量、C 量以及所加入的稀土元素的量均为独立权利要求 1 要解决技术问题的必要技术特征。

　　独立权利要求 1 的技术方案中还记载了其他成分，包括 Si、Mn、Cr、Mo 和 Fe，但是没有记载他们的含量。不可否认的是，上述成分为氮化钢的必要成分，其含量是权利要求 1 所述氮化钢不可或缺的技术特征，如果不清楚它们的含量则所述氮化钢是无法制备的。虽然对于所述氮化钢来说上述成分的含量是不可或缺的技术特征，但正如上述复审请求审查决定所述，在现有技术中，对氮化钢已经进行了很多研究，氮化钢的成分和成分含量范围是多种多样的，"氮化钢"这一技术特征的含义对于本领域技术人员而言已是公知的。独立权利要求 1 的技术方案是通过向已有的特定组成的氮化钢中添加稀土元素以提供一种稀土快速氮化钢，所谓的"特定组成"仅是对已有氮化钢中的 Al 或 V 以及 C 的含量的限定。根据说明书中记载的内容，通过向"特定组成"的氮化钢中加入特定的稀土元素，本申请的技术方案解决了上述技术问题，取得了"在获得相同氮化层深度，本发明比常用氮化钢 38CrMOAl 氮化时间至少缩短 30%，而且氮化物层组织致密，氮化物细小……"等技术效果。在此情况下，应当认为本申请独立权利要求 1 已经记载了解决其技术问题的全部必要技术特征，而独立权利要求 1 所述的其他成分——Si、Mn、Cr、Mo 和 Fe 的含量并不是解决上述技术问题必不可少的技术特征。

　　综上所述，在判断某一技术特征是否为必要技术特征时，应当站在本领域技术人员的角度，从所要解决的技术问题出发并考虑说明书描述的整体内容。对于与解决的技术问题联系不紧密、解决说明书中所提出的技术问题并不是不可或缺的技术特征，不应当认定其为必要技术特征。（撰稿人：李广峰）

## 【案例 3】　一种镇痛药和其制造方法（第 7009 号无效宣告请求审查决定）

　　2005 年 3 月 28 日，专利复审委员会作出第 7009 无效宣告请求审查决定。该决定涉及名称为"一种镇痛药和其制造方法"的98103220.6号发明专利权。该专利授权公告的权利要求1、7的内容如下:

"1. 一种镇痛药,该镇痛药含有活性制剂和药用辅料,其中所说的活性制剂含有天冬氨酸、苏氨酸、丝氨酸、谷氨酸、甘氨酸、丙氨酸、缬氨酸、异亮氨酸、亮氨酸、酪氨酸、苯基丙氨酸、赖氨酸、组氨酸,并且含有尿刊酸、尿嘧啶、次黄嘌呤、黄嘌呤、胸腺嘧啶;该制剂为无色或浅黄色液体,pH值为7.0～8.0,在265～275nm具有紫外吸收,茚三酮反应为阳胜,各种蛋白质检测为阴性,3,5-二羟基甲苯-盐酸反应为阳性,砷钼酸法成色反应为阳性。"

"7. 一种活性制剂,其含有天冬氨酸、苏氨酸、丝氨酸、谷氨酸、甘氨酸、丙氨酸、缬氨酸、异亮氨酸、亮氨酸、酪氨酸、苯基丙氨酸、赖氨酸、组氨酸,并且含有尿刊酸、尿嘧啶、次黄嘌呤、黄嘌呤、胸腺嘧啶;该制剂为无色或浅黄色液体,pH值为7.0～8.0,在265～275nm具有紫外吸收,茚三酮反应为阳性,各种蛋白质检测为阴性,3,5-二羟基甲苯-盐酸反应为阳性,砷钼酸法成色反应为阳性。"

请求人提出无效宣告请求的理由之一是本专利不符合《专利法实施细则》第二十一条第二款的规定,具体为:本专利权利要求1和7中活性制剂的准确限定有赖于制备它的方法,该活性制剂的制备方法、所含组分和含量以及理化性质是能够实现本发明目的并使其区别于现有技术的"必要技术特征",上述权利要求缺少活性制剂制备方法这一必要技术特征,不符合《专利法实施细则》第二十一条条第二款的规定。

经审查,专利复审委员会对于其中涉及本专利不符合《专利法实施细则》第二十一条第二款的无效宣告理由认定如下:

一项发明为解决其技术问题必须采取某些技术手段,反映这些技术手段的技术特征属于该技术方案所不可缺少的必要技术特征，独立权利要求应当记载这些必要技术特征。

根据原始申请文件的记载，本专利的活性制剂均取材于特定的生物来源，即大白兔接种牛痘病毒后的发痘皮肤组织，该发痘组织经过步骤（b）~（g）的多步处理后制成具有镇痛活性且副作用小的制剂。在生物制品领域中，本领域的技术人员知道，构成生物样本的组分复杂多样，提取和处理生物样本的方法和条件通常会影响最终产物的性能。虽然权利要求1限定了所含18种已知物质及其对应的理化参数，但是这些特征仅是最终产物的分析结果，在没有证据证明这些特征是决定该镇痛药的镇痛及安全性能的情况下，制备方法特征（a）~（g）是限定本发明所要保护的镇痛药不可缺少的技术特征。由于权利要求1和7未记载必要技术特征（a）~（g），导致这两项独立权利要求没有从整体上反映本申请的技术方案。因此，独立权利要求1和7不符合《专利法实施细则》第二十一条第二款的规定。合议组并进一步认定，记载了必要技术特征（a）~（g）的其他独立权利要求符合《专利法实施细则》第二十一条第二款的规定。

虽然，专利权人认为，权利要求1和7的活性制剂的实质只在于所述组分本身，即氨基酸和核苷酸的组合，并且权利要求限定的理化性质与其组分相对应，但是，合议组认为，限定活性制剂的18种组分是广泛存在于自然界的已知物质，专利权人并没有提供足以证明用这些已知组分及其相应理化参数限定的制剂能够成为所述镇痛活性制剂的证据。因此，专利权人的上述主张不能成为权利要求1和7符合《专利法实施细则》第二十一条第二款的理由。

【案例评析】

本案涉及的焦点问题是制备方法特征是否属于化学产品权利

要求的必要技术特征。

在化学领域中，化学产品权利要求应当用结构和/或组成特征来表征。另外，对于仅用结构和/或组成特征不能清楚表征的化学产品权利要求，允许进一步采用物理－化学参数和/或制备方法来表征。但是，无论用结构或组分特征，还是用制备方法或理化参数来限定化学产品都应当记载该反映化学产品的技术方案的必要技术特征。

一方面，从分析本案独立权利要求 1 的技术方案可知，其中限定的组分，即 18 种氨基酸、碱基是广泛存在于自然界的已知物质，这些组分并无本申请所述的镇痛活性，专利权人也没有证据证明权利要求 1 所述含量的上述组分已经能够构成达到所述镇痛作用、降低副作用等技术效果的活性组分。同时，独立权利要求 1 限定的 pH 值、茚三酮结果等理化参数是生物制品制备中的常规理化测量结果，本领域技术人员据此无法确定仅仅具备或符合上述参数的所述制品就可以成为镇痛药物，从而达到该发明镇痛药品的镇痛、低副作用的发明目的。

另一方面，整体分析说明书公开的内容可知，该专利的有效镇痛药物不但采用抗原接种发痘的白兔皮肤组织作为原料，而且最终的镇痛活性制剂是经过（a）~（g）限定的处理方法获得的。更进一步来讲，该专利还证明了所述镇痛药或活性制剂在经过（a）~（g）的制备方法技术特征处理之后能够在说明书中采用的热刺激的 Thamr－Smith 法等方法以及皮肤瘙痒试验、腰痛患者临床实验显示出镇痛药的有效性。此外，该发明的制备方法技术特征（a）~（g）限定的独立权利要求可以区别于现有技术。

综上所述，对于该专利要求保护的镇痛药而言，方法技术特征（a）~（g）是构成其技术方案的必要技术特征，缺少上述技术特征的独立权利要求不符合《专利法实施细则》第二十一条第二款的规定。（撰稿人：周英姿）

# 第七章　单　一　性

《专利法》第三十一条第一款规定："一件发明或者实用新型专利申请应当限于一项发明或者实用新型，属于一个总的发明构思的两项以上的发明或者实用新型，可以作为一件申请提出。"

上述条款即是对发明和实用新型专利申请单一性的要求，根据上述要求可知，如果一件申请中仅仅要求保护一项发明或者实用新型，则其毫无疑问符合单一性的要求；但如果一件申请中要求保护两项以上发明或者实用新型，则只有在所有这几项发明或者实用新型属于有同一个总的发明构思使之相互关联的情况下才被允许。上述一件申请中仅要求保护一项发明或者实用新型从而必然具备单一性的情形很容易理解，因此本章中不再对此情形展开分析，仅就一件申请中要求保护两项以上发明或者实用新型的情形通过案例诠释的方式来说明如何判断其单一性。

这里需要说明的是，"一项发明或者实用新型"并不等于"一项权利要求"。通常，单一性问题出现在不同的独立权利要求之间，但当一个权利要求中存在多个并列的技术方案时，也要考察这些多个并列的技术方案之间是否具备单一性。也就是说，即使专利申请文件中仅有一个独立权利要求，但如果这个权利要求中存在多个并列的技术方案，则该专利申请也可能存在单一性的问题。例如，权利要求撰写成："产品 A，其特征为 B 或 C"，就应当考察"产品 A，其特征为 B"和"产品 A，其特征为 C"两个技术方案之间的单一性。实际上，这类情形在化学领域中尤为常见，《审查指南》第二部分第十章关于化学领域发明专利申请审查的若干规定中对"马库什权利要求的单一性"有着专门的规定，本章最后一节将单独针对此情形给出有代表性的案例诠释。

单一性条款设置的主要目的是为了防止申请人只支付一件专利和/或申请的费用而获得几项不同发明或者实用新型专利保护，同时也为了便于专利申请的分类、检索和审查，也就是说，只允许将技术上密切关联的多项发明或者实用新型合并在一起提出，以降低申请人的经济负担和提高专利审批工作的效率。简单地说，单一性条款约束的是作为同一件申请提出的发明创造的数量而不是其质量。因此，与其他的驳回条款，如《专利法》第二十六条第三款有关说明书充分公开、第二十二条第二款、第三款有关新颖性、创造性等条款相比，不符合单一性条款的规定并不会对公众的利益造成直接损害，故单一性的审查仅在专利申请的授权阶段进行，对于缺乏单一性的申请可以依法驳回，但不可以作为专利权无效的理由。因此，本章案例均出自复审案件。

在审查实践中发现，以不具备单一性作为驳回理由的案件相对数量较少，进入复审程序后经过审查仍然以不具备单一性维持驳回决定的则更少。但这并不表示关于单一性条款的争议问题少，而最主要的原因是克服不具备单一性的缺陷比较容易，申请人可以对申请中不具备单一性的权利要求另提一份分案申请并享受原申请的申请日，这除了申请手续稍复杂并且申请费用稍高一些之外，并不会对所要求保护的权利要求范围造成实质性的影响，故有些申请人在"审查意见通知书"指出其申请缺乏单一性的问题之后，为了尽快克服所述缺陷以获得专利权，尽管并不一定同意"审查意见通知书"中的认定，但还是按照该通知书的要求对部分权利要求进行了删除或修改。因此，对于单一性的判断实际上仍然存在许多值得我们探讨研究之处，本章汇集了一些审查实践中发现的具有一定争议性和代表性的案例供读者参考，其中第一节从最基本的概念出发介绍了单一性的判断原则，

第二节和第三节根据是否需要进行检索将单一性的审查判断分为两种情况进行说明，最后一节介绍了化学领域特殊的马库什权利要求的单一性判断。

# 第一节 判断原则

《专利法实施细则》第三十五条规定："可以作为一件专利申请提出的属于一个总的发明构思的两项以上发明或实用新型，应当在技术上相互关联，包含一个或者多个相同或相应的特定技术特征，其中特定技术特征是指每一项发明或者实用新型作为整体，对现有技术作出贡献的技术特征。"

因此，判断一件专利申请中要求保护的两项以上的发明或者实用新型是否满足《专利法》第三十一条第一款所规定的单一性的要求，就是要看其权利要求记载的技术方案的实质内容是否"属于一个总的发明构思"，而"属于一个总的发明构思"则是指这些权利要求中是否包含使它们在技术上相互关联的一个或多个相同或相应的特定技术特征，这就是单一性最基本的判断原则（以下简称为"特定技术特征"判断原则）。

当然，除了上述"特定技术特征"判断原则之外，《审查指南》第二部分第六章第2.2.1节还给出了其他五个判断单一性的基本原则，归纳起来有：① 形式上可以按照该节中列举的六种方式撰写，但并不意味着采用这些方式撰写就具备单一性；② 除了所列举的六种方式之外，也允许采用总的发明构思下的其他撰写方式；③ 单一性与权利要求的撰写方式和排列顺序无关；④ 注意形式上从属而实质上独立的权利要求之间以及独立权利要求被认定不能授权之后其从属权利要求之间单一性的判断；⑤ 缺乏单一性的情形包括明显不具备单一性和检索现有技术之后才能确定不具备单一性的情形。然而，仔细考查这五个原则之后不难发现，其均是围绕上述最基本的"特定技术特征"判断原则而派生出来的对多种情况下单一性判断的提示，即，无论权利要求呈现何种撰写形式、不同的技术方案存在于单个还是多个权利要求之中，或者技术方案属于明显缺乏单一性的情形还是检索之后缺乏单一性的情形，均要基于"特定技术特征"判断原则才能最终得出专利申请是否具备单一性的结论。因此，对于上述五个派生原则，这里不作过多解释，仅着重说明最基本的"特定技术特征"判断原则。

对于"特定技术特征"，《审查指南》第二部分第六章第2.1.2节有进一步的说明："是专门为评定专利申请单一性而提出的一个概念，应当把它理解为是体现发明对现有技术作出贡献的技术特征，也就是使发明相对于现有技术具备新颖性和创造性的技术特征，并且应当从每一项权利要求保护的发明的整体上考虑后加以确定。"上述规定的着重点有二：其一是特定技术特征应当具有使请求保护的技术方案相对于现有技术具备新颖性和创造性的属性；其二是特定技术特征的确定应当建立在要求保护的技术方案整体内容之上（下面简称为"整体考虑"）。

对于上述第一点，其仅仅表示了一种属性而不是代表审查的先后顺序，也就是说，判断单一性之前并非都必须对要求保护的技术方案进行新颖性、创造性的审查，相反，为了便于检索和审查，一件专利申请是否符合单一性的要求一般是在其新颖性和创造性审查之前首先要进行初步判断的，如果其中包含了明显不具备单一性的技术方案，则需要申请人在该专利申请中删除这些技术方案。当然，也有初步判断后认为专利申请具备单一性，但经过进一步审查技术方案的新颖性和创造性之后又发现其不具备单一性的情形。上述两种情形的具体表现、判断方式和相关案例将在本章第二节和第三节中分别予以详细介绍。

上述第二点"整体考虑"是指在确定特定技术特征时，应当将构成技术方案的各个技术特征，包括技术特征之间的关系作为技术方案整体的组成部分来看待，需要时还应结合说明书中对技术领域、所解决的技术问题和产生的技术效果的记载，而不能片面孤立地看待各个技术特征本身。但是应当注意，单一性审查的对象仍然是要求保护的技术方案，即权利要求书的内容，仅在说明书和附图中记载或表示的内容只是用于辅助理解要求保护的技术方案，不是单一性的审查对象。"整体考虑"对于判断单一性十分重要，因为存在于不同类型权利要求或技术方案中的特定技术特征并不一定呈完全一致的描述，甚至有可能差异很大，进行单一性判断时应当整体考虑技术方案的实质内容，不能仅仅因为文字表述方式上的差异而否定相同或相应技术特征的存在。实践中遇到许多存在争议的案例，就是因为没有能很好地把握这一点导致的，下面将通过案例来说明。

## 一、相同的特定技术特征

这里，"相同"并非要求文字上的完全一致，只要其所表达的内容实质上相同即可。如果两项以上的发明或实用新型不具有相同的技术特征，则它们必然不具有相同的特定技术特征。需要注意的是，具有相同特定技术特征的多项发明可以是不同类型的发明或实用新型，例如产品发明和方法发明，也可以是相同类型的发明，例如均为产品发明或者均为方法发明。

【案例】 用于创作针织服装及其式样的方法（第 6963 号复审请求审查决定）

2005 年 9 月 27 日，专利复审委员会作出第 6963 号复审请求审查决定。该决定涉及申请号为 98105346.7、发明名称为"用于创作针织服装及其式样的方法"的发明专利申请。

经实质审查，国家知识产权局专利局实质审查部门认为该申请独立权利要求 1、8、10 和 17 之间没有包含相同或相应的技术特征，不符合《专利法》第三十一条第一款有关单一性的规定，驳回了该申请。此外，原审查部门在实质审查过程中曾经提供了三份对比文件来评价该申请权利要求的创造性。

驳回决定针对的权利要求 1、8、10、17 的内容如下：

"1. 一种用于创作针织服装的方法，其特征在于，包括以下步骤：

形成一种具有与待针织服装的整个展平的三维设计相对应的形状的式样；

将所述式样分成许多个分开的区域，其中，在所述式样的至少一个分开的区域和邻近的分开的区域之间设有一个剪口或缝褶，每个分开的区域限定一个式样片；

创作符合每个所述式样片形状的针织片；和

根据所述分开的区域的安排，通过将所述这些针织片相互接合，形成所述服装。"

"8. 一种用于创作针织服装的式样，其特征在于，包括一种式样，该式样具有与一件待针织的服装的整个展平的三维设计相对应的外形，所述外形包括多个分开区域的形状；

其中，在所述式样的至少一个分开的区域和邻近的分开的区域之间设有一个剪口或缝褶。"

"10. 一种用于创作针织服装的式样，其特征在于，包括通过将所述式样分成多个分开的区域而形成的式样片，

在所述式样的至少一个分开的区域和邻近的分开的区域之间设有一个剪口或缝褶。"

"17. 一种用于创作针织服装的方法，包括以下步骤：

形成一个半身式样，它具有一个与一件待针织的服装的整个三维和对称的设计的左面一半或右面一半中的任一个展平的一个相对应的形状；

将所述半身式样分成多个分开的区域以形成一些式样片，其中，在所述式样的至少一个分开的区域和邻近的分开的区域之间设有一个剪口或缝褶；

创作符合所述式样片的每个形状的针织片；和

通过根据所述分开区域的一种排列将所述针织片相互接合，来形成所述服装的预定的设计。"

复审请求人对上述驳回决定不服，向专利复审委员会提出复审请求，未修改驳回决定针对的权利要求 1、8、10、17。

经审查，合议组认为：该申请涉及用于创作针织服装及其式样的方法，用以形成合适体形的三维针织服装，同时令初学者也能容易地进行编织操作。其中，独立权利要求 1 和 17 请求保护一种用于创作针织服装的方法，独立权利要求 8 和 10 请求保护一种用于创作针织服装的式样，在它们的技术方案中均包含"将用于创作针织服装的式样分成多个分开的区域，每个分开的区域限定一个式样片，在所述式样的至少一个分开的区域和邻近的分开的区域之间设有一个剪口或缝褶"这样的技术特征。由此，将复杂轮廓所包围的区域分成具有简单形状的式样片，令初学者能够根据这些式样片容易地创作针织片，从而简化针织操作；通过接合不同针织片所形成的针织服装具有适合身体的弧形三维形状；在将针织片沿不同方向针织并根据分开区域的安排互相连接时，能够补偿或校正由许多股纱线所造成的针织片的变形，令整个针织服装的形状不变形。

原审查部门引用的对比文件 1 为一种适合幼儿穿的简单服装，对比文件 2 为服装剪裁样板缩放装置，对比文件 3 为其上开有螺旋形开缝的衣裤联体服装。另外，原审查部门认为针对一般面料进行的传统中式服装的创作、在纸上印制服装的裁剪样式以制作服装是所属技术领域的公知常识。基于上述理由，合议组认为，原审查部门所引用的现有技术中均没有公开"将用于创作针织服装的式样分成多个分开的区域，每个分开的区域限定一个式样片，在所述式样的至少一个分开的区域和邻近的分开的区域之间设有一个剪口或缝褶"这一技术特征，也没有给出这样的技术启示，因此上述技术特征构成了该申请对现有技术作出贡献的特定技术特征。由于该申请独立权利要求 1、8、10、17 中均包含有上述特定技术特征，属于一个总的发明构思，因此这些权利要求之间具备单一性，符合《专利法》第三十一条第一款的规定。

【案例评析】

本案的争议焦点在于独立权利要求 1、8、10、17 之间是否具备相同或相应的特定技术特征从而具备单一性。第 6963 号复审请求审查决定认为，上述权利要求中均包含有"将用于创作针织服装的式样分成多个分开的区域，每个分开的区域限定一个式样片，在所述式样的至少一个分开的区域和邻近的分开的区域之间设有一个剪口或缝褶"这一特定技术特征。

需要注意的是，相同的技术特征并不是指文字叙述完全相同，而是指技术特征表达了实质相同的含义。根据权利要求的类型和技术方案的差异，同一技术特征在不同权利要求中所采用的文字叙述方式可能并不完全相同，此时要注意分析文字所表达的技术含义。在本案中，独立权利要求 1 中记载"将所述式样分成许多个分开的区域，其中，在所述式样的至少一个分开的区域和邻近的分开的区域之间设有一个剪口或缝褶，每个分开的区域限定一个式样片"；独立权利要求 8 中记载"该式样具有与一件待针织的服装的整个展平的三维设计相对应的外形，所述外形包括多个分开区域的形状；其中，在所述式样的至少一个分开的区域和邻近的分开的区域之间设有一个剪口或缝褶"；独立权利要求 10 中记载"包括通过将所述式样分成多个分开的区域而形成的式样片，在所述式样的至少一个分开的区域和邻近的分开的区域之间设有一个剪口或缝褶"；独立权利要求17中记载"将所述半身式样分成多个分开的区域以形成一些式样片，其中，在所述式样的至少一个分开的区域和邻近的分开的区域之间设有一个剪口或缝褶"。可见，虽然文字的叙述方式有所不同，但这些文字中均包含了"将用于创作针织服装的式样分成多个分开的区域，每个分开的区域限定一个式样片，在所述式样的至少一个分开的区域和邻近的分开的区域之间设有一个剪口或缝褶"的含义。因此上述独立权利要求中包含有相同的技术特征。

在确定了权利要求中具有相同的技术特征之后，下一步是判断是否因为具备了该技术特征而使得权利要求相对于现有技术具备新颖性、创造性。对于本申请而言，上述技术特征在实质审查过程中提供的作为现有技术的对比文件1、2、3中均未公开，并且该特征也并不等同于"在纸上印制服装的裁剪样式以制作服装"，不能认定其为本领域中的公知常识，并且由于本申请具备上述特征，使得该申请权利要求所要保护的技术方案具有有益的技术效果，因此包含上述技术特征的权利要求1、8、10和17相对于现有技术具备新颖性和创造性。基于上述理由，合议组认定这些独立权利要求之间具有相同的特定技术特征，具备单一性，符合《专利法》第三十一条第一款的规定。（撰稿人：杨军艳 刘颖杰）

## 二、相应的特定技术特征

"相应的特定技术特征"在《审查指南》中并没有明确的定义或解释，但有相关的举例说明。在《审查指南》第二部分第六章2.2.2.1节例2中认为："视频信号时轴扩展器和视频信号时轴压缩器"之间相互关联不能分开使用，两者是彼此相应的特定技术特征。在该节例3中认为："具有特征A的插头和具有与

A 相应特征的插座"具有相应的特定技术特征,其要求保护的插头和插座是相互关联、且必须同时使用的两种产品,因此具备单一性。此外,在《审查指南》第二部分第六章第 2.2.2.2 节例 9 中,权利要求 1 要求保护一种不锈钢带,其与现有技术相比能带来新颖性和创造性的特征是"(该不锈钢带)伸长率为 0.2% 时屈服强度超过 $50\text{kg}/\text{mm}^2$";权利要求 2 为一种生产不锈钢带的方法,其工艺步骤(一定条件下的热轧、退火、冷轧等)正是为生产具有上述屈服强度的不锈钢带而采用的加工方法,因此权利要求 2 中的工艺步骤就是与产品权利要求 1 所限定的强度特征相应的特定技术特征。可见,相应的特定技术特征中的"相应"是指实质内容虽然有所不同但具有对应性和/或关联性。相应的特定技术特征存在于不同的技术方案中,它们或者能够使不同的发明相互配合,解决相关联的技术问题;或者性质类似可以相互替代,并解决相同的技术问题,对现有技术作相同的贡献。

【案例 1】　用人力给飞机提供升力和推动力的方法及人力飞机(第 2452 号复审请求审查决定)

2001 年 12 月 24 日,专利复审委员会作出第 2452 号复审请求审查决定,该决定涉及名称为"用人力给飞机提供升力和推动力的方法及人力飞机"的 98121598. X 号发明专利申请。

该申请经实质审查被国家知识产权局专利实质审查部门驳回,驳回决定指出:该申请权利要求 2 ~ 4 与权利要求 5 及权利要求 1 所要求保护的技术方案不属于一个总的发明构思,技术上无相互关联,没有相同或相应的特定技术特征,不具备单一性,不符合《专利法》第三十一条第一款的规定。驳回决定所针对的三项独立权利要求 1、2、5 的内容如下:

"1. 一种用人力给飞机提供升力的推动力的方法,其特征在于：在飞机上安置蓄能器，以人力踏动为蓄能器积蓄能量到一定值时释放，带动机翼扑动或带动螺旋桨旋转获得飞机飞行的升力和推动力，在随后机翼回复平伸状态，飞机滑翔飞行过程中，飞行员继续用人力蹬踏储存能量以期达到下一次扑翼或启动螺旋桨的能量蓄积值，如此循环，间断性地为飞机提供产生升力的推动力的能量。

2. 一种用人力提供升力和推动力的飞机，包括两机翼和乘人框形支架，其特征在于：在所述框形支架（3）上固定有三角支架（5），所述两机翼（1）相互铰连接，并安装在三角支架下方，三角支架上安装有在机翼上升时能自动钩住机翼的挂钩（6），左右两翼各自安有一条强力弹簧（2），弹簧的下端由软索与框形支架（3）内的脚踏滑轮组（4）中经离合正转卷紧，反转放松软索的卷筒相连，框形支架上还有一当弹簧伸长达到一定值时即能将钩住机翼的挂钩打开，释放机翼的挂钩拉绳（13）。"

"5. 一种用人力提供升力和推动力的飞机，包括左右两机翼和乘人框形支架，其特征在于：在所述框形支架（3）上固定有三角支架（5），所述两机翼（1）相互铰连接，并安装在三角支架下方，框形支架内设有由人力踏动的提供压缩空气的气压缩机（7），空气压缩机与一个压力达到设定值即可打开出口的储气瓶（8）相连，储气瓶出口与一个能带动固定在机身上方螺旋桨（9）的气动马达（10）相连。"

复审请求人向专利复审委员会提出复审请求，经审查，专利复审委员会作出了撤销原驳回决定的复审请求审查决定，该决定的主要意见为：

复审请求人在说明书背景技术部分提到"达·芬奇Ⅲ号"人力直升飞机，通过人力踏动链轮带动螺旋桨实现人力飞行，但因体力不足，留空时间短，升空高度不够。复审请求人在"复审请求书"中也陈述了现有的人力飞机都是用人力直接扇动双翼或驱动螺旋桨而产生升力和推动力。而本发明与上述现有技术的不同之处在于，在飞机上安置蓄能器，把人力积蓄到一定量时释放间断地带动机翼扑动或带动螺旋桨旋转获得飞机飞行的升力和推动力。在没有检索现有技术之前，应将本发明中体现上述区别的技术特征确定为特定技术特征。

权利要求 2 所要求保护的技术方案包括弹簧（即蓄能器）、脚踏滑轮组和当弹簧伸长达到一定值时即能将钩住机翼的挂钩打开、释放机翼的挂钩拉绳等结构，实现了蓄能器积蓄能量达到一定值时释放带动机翼扑动获得飞机飞行的升力和推动力的目的。当扑翼动作结束后，机体存在下降的趋势，必然受到空气的反作用力，该反作用力自动使机翼回复平伸状态，挂钩钩住机翼，飞机处于滑翔状态，此时再用人力蹬踏滑轮组，开始下一轮循环。这样就可以循环间断地产生升力和推动力。基于以上分析，权利要求 2 中包含与上述特定技术特征相应的特定技术特征。

权利要求 5 以压力达到设定值即可打开出口的储气瓶为蓄能器，由人力踏动的提供压缩空气的气压缩机和储气瓶出口与一个能带动固定在机身上方螺旋桨的气动马达相连等结构实现了蓄能器积蓄能量达到一定值时释放而带动螺旋桨旋转获得飞机飞行的升力和推动力的目的。上述结构的人力飞机在螺旋桨旋转时气流使机翼下垂，气压不足时螺旋桨停转，机翼由空气托力自动回升至平伸状态作滑翔飞行，此时再次用人力给储气瓶提供压缩空气，开始下一轮循环。这样就可以循环间断地产生升力和推动力。基于以上分析，权利要求 5 中也包含与上述特定技术特征相应的特定技术特征。

因此，独立权利要求 1、2、5 包含相应的特定技术特征，属于一个总的发明构思的发明，满足《专利法》第三十一条第一款有关单一性的规定。

**【案例评析】**

本复审请求案涉及的主要问题在于在检索之前如何认定相应的特定技术特征。

根据《审查指南》第二部分第六章第 2.2.2 节 "单一性审查的方法和举例" 的规定，检索之前能够确定不具备单一性的发明属于明显不具备单一性的发明。从审查的角度来讲，两项以上的发明明显缺乏单一性有两种情形，一是该多项发明之间没有包含相同或相应的技术特征；二是该多项发明虽然包含相同或相应的技术特征，但是这些技术特征属于本领域的惯用技术手段，不是对现有技术作出贡献的特定技术特征。可以说，该规定对于提高审查效率、节约审查资源是很有利的。但从审查实践的角度来看，在具体的案件中，作出明显缺乏单一性的认定还需要综合考虑发明所属的技术领域、所要解决的技术问题和产生的技术效果，最重要的是要考虑发明所属领域现有技术的状况，并对申请人的答复意见进一步思考。其原因在于，对于第一种情形来说，多项发明之间没有包含相同的技术特征是容易判断的，但是对于是否具有相应的技术特征，则并不是那么容易判断，下文将结合本复审请求案进一步分析探讨；对于第二种情形来说，需要认定多项发明之间相同或者相应的技术特征不是对现有技术作出贡献的特定技术特征，而判断一个或者多个技术特征是否对现有技术作出贡献往往需要现有技术方面的证据，在不进行检索的情况下，作出理由充分的判断显然有一定的困难。

在本复审请求案中，从独立权利要求 1、2 和 5 所记载的文字内容来看，的确不存在相同的技术特征，并且初步看来，权利要求 1 和权利要求 2、5 在技术特征方面也很难对应起来。这也应当是国家知识产权局原审查部门在检索之前就认定该申请权利要求 2~4 以及权利要求 5 与权利要求 1 所要求保护的技术方案不属于一个总的发明构思，技术上无相互关联，没有相同或相应的特定技术特征，不具备单一性的主要原因。

正如第 2452 号复审请求审查决定指出的，对于这种没有检索就认为其不具备单一性的情况，一般应当结合该申请说明书中记载的背景技术来说理。根据背景技术部分记载的内容并结合复审请求人在"复审请求书"中的陈述，可以认定该申请所针对的技术问题是现有技术中的人力直升飞机，通过人力踏动链轮带动螺旋桨实现人力飞行，但因体力不足，留空时间短，升空高度不够。针对上述技术问题，本申请提出的技术方案是"在飞机上安置蓄能器，把人力积蓄到一定量时释放"，其能够达到的技术效果是间断地"带动机翼扑动或带动螺旋桨旋转获得飞机飞行的升力和推动力"。从上述分析可知，在没有其他现有技术进一步佐证的情况下，权利要求 1 中记载的"在飞机上安置蓄能器，以人力踏动为蓄能器积蓄能量到一定值时释放"应当被认为是权利要求 1 对现有技术作出贡献的技术特征，也就是说权利要求 1 中包含特定技术特征。进一步考查权利要求 2 和 5，虽然这两项权利要求中并没有完全相同的技术特征，也没有表述相近似的文字记载，但是，结合本申请说明书中记载的技术内容，可以分析（详见第 2452 号复审请求审查决定"决定理由"部分的内容）得出权利要求 2 和权利要求 5 也是为了解决现有技术中的人力直升飞机通过人力踏动链轮带动螺旋桨实现人力飞行，但因体力不足，留空时间短，升空高度不够的问题，其中，权利要求 2 采用的技术手段是"在左右两翼各自安有一条强力弹簧（2），弹簧的下端由软索与框形支架（3）内的脚踏滑轮组（4）中经离合正转卷紧，反转放松软索的卷筒相连，框形支架上还有一当弹簧伸长达到一定值时即能将钩住机翼的挂钩打开，释放机翼的挂钩拉绳（13）"以形成储蓄人力的蓄能器，权利要求 5 采用的技术手段是"设有由人力踏动的提供压缩空气的气压缩机（7），空气压缩机与一个压力达到设定值即可打开出口的储气瓶（8）相连，储气瓶出口与一个能带动固定在机身上方螺旋桨（9）的气动马达（10）相连"该技术手段也是为了形成储蓄人力的蓄能器。因此，在没有检索的情况下，可以认定权利要求2和5的上述技术特征与权利要求1中的特定技术特征，即"在飞机上安置蓄能器，以人力踏动为蓄能器积蓄能量到一定值时释放"属于相应的特定技术特征。

综上所述，独立权利要求1、2和5包含了相应的特定技术特征，属于一个总的发明构思的发明，具备单一性，符合《专利法》第三十一条关于单一性的规定。（撰稿人：崔国振　刘颖杰）

【案例2】 可橡皮擦除的水性墨水和使用该墨水的书写材料（第12227号复审请求审查决定）

2007年12月13日，专利复审委员会作出第12227号复审请求审查决定，其涉及名称为"可橡皮擦除的水性墨水和使用该墨水的书写材料"的99125562.3号发明专利申请。

经实质审查，国家知识产权局专利实质审查部门以该申请独立权利要求1、14之间不具备单一性，不符合《专利法》第三十一条第一款为由驳回了该申请。驳回决定所涉及的权利要求1和14的内容分别为：

"1. 一种用于书写材料组合物的可橡皮擦除的水性墨水，其包括水、水溶性极性溶剂、和颗粒状粘性着色树脂，所述颗粒状粘性着色树脂包括颜料和粘性树脂，而且其至少一部分表面是粘性的，该颗粒状粘性着色树脂的粒径分布是粒径在 $2\mu m \sim 20\mu m$ 范围内的颗粒的量占所有颗粒重量的70%以上。"

"14. 一种用于书写材料组合物的可橡皮擦除的水性墨水，其包括颗粒状粘性树脂、水、水溶性极性试剂、和包含颜料的颗粒状着色树脂，所述颗粒状着色树脂和颗粒状粘性树脂的粒径分布分别是粒径在 $2\mu m \sim 20\mu m$ 范围内的颗粒的量占相应颗粒所有重量的 70% 以上。"

驳回决定认为权利要求 1、14 不具备相同或者相应的技术特征，并具体指出：① 权利要求 1、14 之间具备共同技术特征 "粒径分布是粒径在 $2\mu m \sim 20\mu m$ 范围内的颗粒的量占所有颗粒重量的 70% 以上"，但实际上该特征不是一个完整的技术特征，从说明书可以看出上述特征的主体必须是特定的主体才能使本发明相对现有技术具备新颖性和创造性；② 即使该共同技术特征增加主体（例如权利要求 1 的 "颗粒状粘性着色树脂" 和权利要求 14 的 "颗粒状粘性树脂及颗粒状着色树脂"），该技术特征也不是被认为特定技术特征，因为 "颗粒状粘性着色树脂" 和 "颗粒状粘性树脂及颗粒状着色树脂" 属于完全不同的特征，在 "颗粒状树脂" 的概念上出现两种完全不同的分支，涉及解决本发明问题的两种完全不同的技术方案，本领域普通技术人员完全不能在其中一种情形的基础上设想到另一情形。

复审请求人不服上述驳回决定，提出复审请求。其复审理由为：① 权利要求 1、14 具有相同的特定技术特征，即 "粒径分布是粒径在 $2\mu m \sim 20\mu m$ 范围内的颗粒的量占所有颗粒重量的 70% 以上"，因为从本申请对现有技术的贡献来说，现有技术已经公布了使用 "颗粒状粘性着色树脂" 或 "颗粒状粘性树脂及颗粒状着色树脂" 的技术方案，本申请对现有技术的贡献在于所使用的颗粒状粘性着色树脂或颗粒状粘性树脂及颗粒状着色树脂的 "粒径分布是粒径在 $2\mu m \sim 20\mu m$ 范围内的颗粒的量占所有颗粒重量的 70% 以上"；② 即使认为权利要求 1、14 的特定技术特征分别是颗粒状粘性着色树脂的粒径分布，以及颗粒状粘性树脂及颗粒状着色树脂的粒径分布，它们也应被认为是相应的特定技术特征，因为本申请说明书已经指出 "颗粒状粘性着色树脂本身具有两种功能，即粘合和着色功能"，本领域技术人员阅读说明书后应能知道 "颗粒状粘性着色树脂" 和 "颗粒状粘性树脂及颗粒状着色树脂"具有相同的功能，在实施权利要求1的技术方案时可以联想到颗粒状粘性树脂和颗粒状着色树脂，因此权利要求1、14属于一个总的发明构思，在技术上相互关联。

　　经审查，专利复审委员会作出了撤销原驳回决定的第12227号复审请求审查决定，该决定认为：

　　如果某种用途的产品，在现有技术中存在着两种不同但近似的技术方案，这两种方案中形成某作用的成分是相类似的。发明人发现上述两种方案中具有所述作用的成分，如果其物理尺寸限定在一特定范围内，则产品某方面的性能直接得到改善，从而解决了现有的两种方案中存在的同样的技术问题。那么基于上述两不同于现有技术、包含了上述相应成分的尺寸限定的两项独立权利要求，它们解决的技术问题相同，且作用机理相同，则该两项权利要求之间具有相应的特定技术特征，属于一个总的发明构思，具备单一性，符合《专利法》第三十一条第一款的规定。

　　本申请要求保护独立权利要求1、14各自所述的用于书写材料组合物的可橡皮擦除的水性墨水，因此需首先判断这两项技术方案对现有技术作出贡献的技术特征。根据本申请说明书对背景技术部分的描述，水性墨水组合物是指包括溶解于作为主要溶剂的水中的色料和载体的一类墨水组合物，现有技术的第5，661，197号美国专利公开了含包胶色料的墨水组合物，第5，621，021号美国专利公开了含粘度为$5\sim35\mathrm{mPa\cdot s}$且成膜温度和玻璃转化温度不超过$0℃$的树脂、粒径$1\mu\mathrm{m}\sim20\mu\mathrm{m}$的颗粒状染色树脂和水的墨水组合物。此外，根据原审查部门在实质审查阶段的检索报告，也仅引用前述第5，661，197号美国专利作为背景技术。从上述文献的技术内容可知，现有技术从整体上已经存在含水、水溶性极性溶剂、颗粒状粘性着色树脂的墨水组合物，和含水、水溶性极性溶剂、颗粒状粘性树脂、颗粒状着色树脂的墨水组合物的两种技术方案，而且颗粒状粘性着色树脂本身以及颗粒状粘性树脂、颗粒状着色树脂二者的结合均是为墨水提供粘性和着色的功能。

根据上述文献可知该专利权利要求1、14对现有技术作出的贡献并不在于选择组分，而在于确定了具备某些特定性能的组分的粒径分布范围，即权利要求1的特定技术特征是"颗粒状粘性着色树脂的粒径分布是粒径在2～20μm范围内的颗粒的量占所有颗粒重量的70%以上"，权利要求14的特定技术特征是"颗粒状着色树脂和颗粒状粘性树脂的粒径分布分别是粒径在2μm～20μm范围内的颗粒的量占相应颗粒所有重量的70%以上"。由于两项权利要求的特定技术特征所述的颗粒不同，因此二者并非相同特定技术特征。然而，两特征所述的颗粒"颗粒状粘性着色树脂"和"颗粒状粘性树脂和颗粒状着色树脂"均是为了提供粘性和着色功能，所属技术领域的技术人员根据本领域知识即可预见它们对于要求保护的技术方案来说是作用、功能或效果相同或相似的一类物质，而且它们各自的粒径分布也均满足每种颗粒中的粒径在2μm～20μm范围内的颗粒量占所有重量的70%以上的条件，体现了技术上的相互关联，使得权利要求1、14对现有技术作出的贡献存在相互对应性。特别是，根据本申请专利说明书的描述，复审请求人提出上述两项技术方案实质上出于解决相同技术问题的考虑，即，复审请求人认为现有技术的第5，661，197号美国专利存在因细色料颗粒较深地渗透入纸中，并被纸固定住，导致墨水组合物难以用橡皮擦除的缺陷；第5，621，021号美国专利也存在因所用颗粒树脂粒径不合适，可较深地渗透入纸中的缺陷，而复审请求人发现这一缺陷的解决手段就是使起着色作用和粘合作用的颗粒具有特定的粒径，就能够使它们不太深地渗透入纸中或者能够容易地防止它们本身较深地渗透入纸中，在权利要求1的方案中，起粘合作用和着色作用的是颗粒状粘性着色树脂，而在权利要求14中则是颗粒状粘性树脂和颗粒状着色树脂。由此可见权利要求1、14的技术方案存在相互关联。因此，相对于本申请所记载的和原审查部门检索报告所列的现有技术的内容，可以认为权利要求1、14的特定技术特征是相应的，二者属于一个总的发明构思，符合《专利法》第三十一条第一款的规定。

**【案例评析】**

一般情况下，技术特征所描述的对象应当为该技术特征的一部分，本案独立权利要求1和14中记载的"粒径分布是粒径在$2\mu m \sim 20\mu m$范围内的颗粒的量占所有颗粒重量的70%以上"所描述的对象并不是完全相同的概念，分别是"颗粒状粘性着色树脂"和"颗粒状粘性树脂及颗粒状着色树脂"，然而，第12227号复审请求审查决定中出于对技术方案的整体考虑，结合本申请说明书中对相关背景技术、本申请所解决的技术问题和产生的技术效果的描述，仍然认定该特征属于权利要求1和权利要求14之间相应的特定技术特征。

从本申请说明书中对相关现有技术的记载可知，对于本申请所要求保护的主题"用于书写材料组合物的可橡皮擦除的水性墨水"来说，无论是"颗粒状粘性着色树脂"还是"颗粒状粘性树脂及颗粒状着色树脂"都是其已知的组成部分，而包含这两类树脂的可橡皮擦除的水性墨水都由于所述树脂颗粒的粒径不合适，存在可较深地渗透入纸中从而不易擦除的缺陷，因此本申请技术方案对现有技术作出的贡献并不在于这两类树脂组分的选择，而是在于其粒径分布范围的选择。并且，根据本技术领域的常识可知，这两类树脂均是为墨水提供粘性和着色功能，即它们对于要求保护的技术方案来说是作用、功能或效果相同或相似的可以相互替代的一类物质。由此可见，就本申请所涉及的可橡皮擦除的水性墨水而言，权利要求1中的特征"所述颗粒状粘性着色树脂的粒径分布是粒径在 $2\mu m \sim 20\mu m$ 范围内的颗粒的量占所有颗粒重量的 70% 以上"和权利要求 14 中的特征"所述颗粒状着色树脂和颗粒状粘性树脂的粒径分布分别是粒径在 $2\mu m \sim 20\mu m$ 范围内的颗粒的量占相应颗粒所有重量的 70% 以上"存在相互关联,是相应的特定技术特征,因此两个权利要求属于一个总的发明构思,符合《专利法》第三十一条第一款的规定。(撰稿人:崔国振　周　航)

## 第二节　明显缺乏单一性的情形

对于含有两项以上发明或实用新型的一件申请,应当在检索前首先判断其是否明显不具备单一性。明显不符合单一性要求的申请包括两种情况:① 包含在一件申请中的两项以上发明没有包含相同或相应的技术特征;② 包含在一件申请中的两项以上发明虽然包含相同或相应的技术特征,但这些技术特征属于本领域惯用的技术手段。在上述两种情况下,包含在一件申请中的两项以上发明不可能包含相同的或相应的体现发明对现有技术作出贡献的特定技术特征,因而明显不具备单一性。反之,如果不属于上述两种情况,则应该进一步审查,不能直接认定为明显缺乏单一性的情形。

明显缺乏单一性的情形按理说应当很容易判断,其不需要和现有技术进行对比,因此只需要看两项以上的发明或者实用新型是否具有相同或相应的技术特征,如果有,则初步判断该相同或相应的技术特征是否为发明相对于现有技术的改进之处,这个初步判断的过程是站在所属领域技术人员的角度结合说明书相关说明的基础上进行的。然而,在审查实践中发现,上述判断过程中容易出现对"特定技术特征是体现发明或实用新型对现有技术作出贡献的技术特征"的片面理解,造成这种情况的主要原因是缺乏对技术方案的整体考虑，只强调文字上的对应性，并且缺乏对单个技术特征在技术方案整体中的作用、效果的综合考虑，上一节第 2452 号复审请求审查决定、第 12227 号复审请求审查决定的案例和以下案例都属于这种情况，应特别予以注意。

【案例】 含碳的多相聚集体和其制备方法（第 7654 号复审请求审查决定）

2005 年 12 月 14 日，专利复审委员会作出第 7654 号复审请求审查决定。该决定涉及名称为"含碳的多相聚集体和其制备方法"的 98806373.5 号发明专利申请。

2004 年 1 月 9 日，国家知识产权局原审查部门以独立权利要求 25 与权利要求 1 之间不具备单一性，而不符合《专利法》第三十一条第一款的规定为由驳回了该申请。

2004 年 4 月 9 日，复审请求人提出复审请求，同时修改了权利要求书。修改后的权利要求 1、25 的内容如下：

"1. 制备含碳相和含硅物质相的聚集体的方法，所说的方法包括下列步骤：

a）把第一原料加入多段反应器的第一段；

b）在所说的第一段的下游位置把至少一种后继原料加入所说的多段反应器中；

其中至少一种原料包括可分解或可挥发含硅化合物和炭黑生成原料的混合物；

c）在足以分解所说的含硅化合物和热解炭黑生成原料温度下反应，操作所说的反应器以形成所说的聚集体；和

d）回收所说的聚集体。"

"25. 制备含碳相、金属物质相和任选地含硅物质相的聚集体的方法，所说的方法包括下列步骤：

a）把第一原料加入多段反应器的第一段；

b）在所说的第一段的下游位置把至少一种后继原料加入所说的多段反应器中；

其中至少一种原料包括炭黑生成原料；至少一种原料包括至少一种可分解或可挥发含金属化合物；和任选地，至少一种原料还包括可分解或可挥发含硅化合物和；

c）在足以分解或挥发所说的含金属化合物、热解炭黑生成原料以及如果有的话，分解或挥发所说的含硅化合物的温度下，操作所说的反应器以形成聚集体；和

d）回收所说的聚集体。"

在"前置审查意见书"中，原审查部门认为：①"含硅物质"是权利要求 1 方法的一个重要特征，"含金属的物质"是权利要求 25 方法的一个重要特征，权利要求 1 和 25 相似的只是工艺步骤本身，而整体上却因为以上的差异而不同；②"含硅物质"和"含金属的物质"是两种本质上不同的物质，本领域的技术人员在构思本发明的技术方案时不可能也没有动机进行两者之间的替换并预期相同或相似的技术效果，也就是说，权利要求 1 和 25 所要求的技术方案的形成需要不同的技术考虑，因此仍然认为权利要求 1 和权利要求 25 之间不具备单一性。

合议组对本案审查后指出：权利要求 1 要求保护制备含碳相和含硅物质相的聚集体的方法，权利要求 25 要求保护制备含碳相、金属物质相和任选地含硅物质相的聚集体的方法，在工艺步骤方面非常相近，存在以下相同的技术特征：

a）把第一原料加入多段反应器的第一段；

b）在所说的第一段的下游位置把至少一种后继原料加入所说的多段反应器中；

c）在足以分解或挥发上述原料的温度下，操作所说的反应器以形成聚集体；和

d）回收所说的聚集体。

并且复审请求人指出：这些工艺步骤的技术特征，特别是多段进料的技术特征，正是本申请对现有技术的贡献所在，因此是相同的特定技术特征。

由此，合议组认为：在没有相反证据的情况下，本申请权利要求1和25在技术上相互关联，包含相同的特定技术特征，因此具备单一性，符合《专利法》第三十一条第一款的规定。

**【案例评析】**

本案中，在实质审查阶段并没有进行检索就认为权利要求1和权利要求25之间不具备单一性，即认为本申请属于明显缺乏单一性的情形。"前置审查意见"中给出了得出上述结论的理由，简而言之，其认为权利要求1和权利要求25的方法所针对的产物并不完全相同，并且这些产物是方法技术方案的重要组成部分，因此两种方法整体上具有差异而不具备单一性。显然，上述认定偏离了单一性判断的基本原则，即，从技术方案的整体考虑，判断不同技术方案是否包含了相同或相应的特定技术特征，这里所说的整体考虑是指结合技术方案的技术领域、所要解决的技术问题和产生的技术效果去判断什么是其特定技术特征的组成部分，而不是要求技术方案的整体内容或每个技术特征都要相同或相对应。换言之，只要几项发明或实用新型之间有部分技术特征相同或相应，并且这相同或相应的技术特征体现了对现有技术作出的贡献，则符合单一性的要求，而并不要求这些特征具有完全一致的记载。

在本案中，由于本申请要求保护的权利要求1和25的制备方法具有相同的工艺步骤特征，即第7654号复审请求审查决定所归纳的步骤a)~d)，并且根据其说明书背景技术的介绍可知，本申请涉及对橡胶之类弹性体的制备方法的改进，上述步骤a)~d)所体现的多段进料手段正是其技术方案相对于现有技术的改进之处。而本领域公知，制备橡胶之类的弹性体通常根据需要来选择含碳相、硅物质相以及金属物质相，因此上述改进的工艺步骤的产物并不局限于特定的某一种，应用上述工艺步骤既可以制得权利要求 1 中的"含碳相和含硅物质相的聚集体"，又可以制备权利要求 25 中的"含碳相、金属物质相和任选地含硅物质相的聚集体"，也就是说，本案中产物的不同并不会对工艺步骤 a）~d）造成单一性判断结果的实质性影响。此外，由于上述工艺步骤特征并非本领域的公知常识，因此在没有进行检索之前，从技术方案整体考虑，应当认定上述工艺步骤特征是本发明对现有技术作出贡献的特征，即特定技术特征。

综上所述，在未进行检索的情况下，本申请权利要求 1 和权利要求 25 具有相同或相应的特定技术特征，不属于明显不具备单一性的情形。（撰稿人：孙跃飞　刘颖杰）

## 第三节　需要检索确定单一性的情形

对于不明显缺乏单一性的两项以上的发明或者实用新型，需要经过检索才能确定它们是否符合单一性的要求，即是否具有相同或相应的特定技术特征。

检索一般是在审查发明或者实用新型技术方案的新颖性和创造性时用以确定相关现有技术的手段，但对于单一性审查来说，检索的结果还能同时用以确定该发明或者实用新型的技术方案是否包含"特定技术特征"。由于特定技术特征是体现发明或实用新型对现有技术作出贡献的技术特征，如果一项发明或者实用新型不具备新颖性或创造性，则其技术方案中就不可能包含特定技术特征，反之，如果一项发明或者实用新型具备新颖性或创造性，则其技术方案中肯定包含特定技术特征。

实际上，在不明显缺乏单一性的情形下，评价两项以上的发明或者实用新型技术方案是否具备单一性仍然应当基于前面所说的"特定技术特征"判断原则，只不过在判断之前需要经过检索确定相关的现有技术。《审查指南2006》第二部分第六章第2.2.2节中对这种情形提供了以下通常采用的分析方法："（1）将第一项发明的主题与相关的现有技术进行比较，确定体现发明对现有技术作出贡献的特定技术特征。（2）判断第二项发明中是否存在一个或者多个与第一项发明相同或者相应的特定技术特征，从而确定这两项发明是否在技术上相关联。（3）如果在发明之间存在一个或者多个相同或者相应的特定技术特征，即存在技术上的关联，则可以得出它们属于一个总的发明构思的结论。相反，如果各项发明之间不存在技术上的关联，则可以作出它们不属于一个总的发明构思的结论，进而确定它们不具有单一性。"

同时还应当注意，在确定特定技术特征时，仍然要坚持技术方案的"整体考虑"，避免在审查过程中不分情况、不分主次地机械拆分技术方案，造成对"特定技术特征"的不恰当认定。下面通过案例来进一步说明不明显缺乏单一性情形下的单一性判断方法。

**【案例1】 一种含粉煤灰的彩色步道板及其制备方法（第3085号复审请求审查决定）**

2003年1月17日，专利复审委员会作出第3085号复审请求审查决定，该决定涉及发明名称为"一种含粉煤灰的彩色步道板及其制备方法"、申请号为98100705.8的发明专利申请。

在实质审查程序中，国家知识产权局原审查部门以本申请独立权利要求1和独立权利要求4不具备单一性，不符合《专利法》第三十一条第一款的规定为由驳回了该申请。驳回决定引用如下两篇对比文件：

对比文件1：1995年第8期《新型建筑材料》中的P37～P39

刊登的文章"彩色地面砖的生产与技术经济分析"一文；

对比文件2：1997年第2期《粉煤灰综合利用》中的P3～P5刊登的文章"粉煤灰彩色地面砖生产技术"一文。

驳回决定所针对的权利要求书中，权利要求1和4的内容如下：

"1. 一种含粉煤灰的彩色步道板，其特征在于是由基层料和面层料所构成的叠层产品，其组成和体积混合比：

基层料包括（A）粉煤灰以及（B）选自白灰、水泥、白灰和石膏、白灰和水泥任一种，（A）和（B）混合比为：50－70:30－50，（B）料中所述的白灰和石膏混合比为：80－90:10－20，所述的白灰和水泥的混合比80－90:1－20；

面层料组成和混合比：砂:白水泥:白灰:色粉＝30－40:25－30:28－42:1。"

"4. 权利要求1所述的彩色步道板的制备方法，其特征在于制备过程包括：（1）将混合均匀的基层料倒入模具中，平整后在其上面倒入混合均匀的面层料，用压坯机压制成型，（2）脱模，洒水，保持其湿润，常温下自然养护28天，即得到所要求强度的产品。"

复审请求人向专利复审委员会提出复审请求，并在复审程序中对本申请的权利要求书进行了修改，其中仅将权利要求4由驳回决定所针对文本中，对权利要求1的引用部分具体限定为权利要求1的内容，修改之后的权利要求1和4的内容如下：

"1. 一种含粉煤灰的彩色步道板，其特征在于是由基层料和面层料所构成的叠层产品，其组成和体积混合比：

基层料包括（A）粉煤灰以及（B）选自白灰、水泥、白灰和石膏、白灰和水泥任一种，（A）和（B）混合比为50－70:30－50，（B）料中所述的白灰和石膏混合比为：80－90:10－20，所述的白灰和水泥的混合比80－90:1－20；面层料组成和混合比为砂∶白水泥∶白灰∶色粉 = 30 – 40∶25 – 30∶28 – 42∶1。"

"4. 一种含粉煤灰的彩色步道板的制备方法，其特征在于基层料和面层料的组成和体积混合比：基层料包括（A）粉煤灰以及（B）选自白灰、水泥、白灰和石膏、白灰和水泥任一种，（A）和（B）混合比为 50 – 70∶30 – 50，（B）料中所述的白灰和石膏混合比为：80 – 90∶10 – 20，所述的白灰和水泥的混合比 80 – 90∶1 – 20；面层料组成和混合比为砂∶白水泥∶白灰∶色粉 = 30 – 40∶25 – 30∶28 – 42∶1，具体制备过程包括：（1）将混合均匀的基层料倒入模具中，平整后在其上倒入混合均匀的面层料，用压坯机压制成型，（2）脱模，洒水，保持其湿润，常温下自然养护 28 天，即得到所要求强度的产品。"

原审查部门在规定的期限内对本复审请求作出了前置审查，坚持驳回决定。

基于上述事实，合议组对该案进行了审查，并提出了如下审查意见：① 将权利要求 1 与对比文件 1 和 2 相比，可以看出，权利要求 1 中保护的彩色步道板包括基层料和面层料，其中对基层料和面层料中组分的配比分别作了进一步的限定，而这些配比在对比文件 1 和 2 中并没有公开，本领域技术人员在现有技术的基础上得出上述配比需要付出创造性的劳动，因此，本申请权利要求 1 中的上述配比特征的限定起到了实质性作用，是对现有技术作出贡献的"特定技术特征"。相应的，在独立权利要求 4 中同样包括这些配比技术特征，也就是说，同样存在上述的"特定技术特征"，而且两者的特定技术特征是相同的，因此，权利要求 1 和权利要求 4 属于一个总的发明构思，具备单一性；② 驳回决定仅指出本申请的独立权利要求 4 与权利要求 1 一个是物理原理，一个是化学原理，从而得出权利要求 4 与权利要求 1 不具备《专利法》第三十一条第一款所规定的单一性的结论，其并没有按照《审查指南》第二部分第六章中规定的判断两项发明之间是否具备单一性的方法和步骤进行审查，既没有确定本申请的第一项发明中是否存在"特定技术特征"，也没有对本申请的两项发明之间是否存在相同或者相应的"特定技术特征"进行判断，因此，驳回决定中认定的本申请权利要求4与权利要求1不具备《专利法》第三十一条第一款规定的单一性的结论缺乏依据。据此，合议组作出了撤销驳回决定的复审决定。

**【案例评析】**

本案涉及在不明显缺乏单一性的情形下，对两项发明之间单一性的判断。

判断一件专利申请中两项以上不同独立权利要求之间是否具备单一性的标准，应当是判断该两项以上独立权利要求之间是否具有相同或相应的特定技术特征。为使单一性的审查标准更为统一，《审查指南》第二部分第六章第2.2.2节中提供了通常的审查方法。

本案实质审查阶段经检索发现了两篇对比文件，在审查的独立权利要求1和权利要求4之间是否具备单一性时，依据《审查指南》的判断方法，应首先对对比文件1和2进行分析，并将权利要求1与对比文件1和2进行比较，经比较可知，权利要求1中对彩色步道板的基层料和面层料中组分的配比的限定在对比文件1和2中均没有公开，且本领域技术人员在现有技术的基础上得出上述配比需要付出创造性的劳动，因此，权利要求1中的上述配比特征的限定是对现有技术作出贡献的特定技术特征。在此基础上，再对独立权利要求4的技术方案进行分析可知，权利要求4中同样包括这些基层料和面层料中组分的配比技术特征，并且上述特征在权利要求4中同样也是对现有技术作出贡献的部分。据此，应当认为权利要求1和权利要求4之间存在相同的特定技术特征，因而两者存在技术上的关联，属于一个总的发明构思，满足单一性的要求。

然而，驳回决定认定本申请不具备单一性时却没有遵循上述判断方法，其既没有确定本申请的第一项发明中是否存在"特定技术特征"，也没有对本申请的两项发明之间是否存在相同或者相应的"特定技术特征"进行判断，而仅简单指出两者其中一个是物理原理，一个是化学原理，从而得出权利要求4与权利要求1不具备《专利法》第三十一条第一款所规定的单一性的结论，因此，该驳回决定的结论是缺乏法定依据的。（撰稿人：温丽萍）

【案例2】 用于图像操作的方法和装置（第14314号复审请求审查决定）

2008年7月28日，专利复审委员会作出第14314号复审请求审查决定，该决定涉及申请号为00817128.9、名称为"用于图像操作的方法和装置"的PCT发明专利申请。

经实质审查，国家知识产权局原审查部门以本申请独立权利要求14、30、32、34、39与独立权利要求1之间不具备单一性，权利要求1~13，24~29相对于对比文件1和2的结合不具备创造性为由驳回了本申请。驳回决定所针对的文本中共包括1、14、24、30、32、34、39七项独立权利要求，关于所指出的权利要求之间不具备单一性的主要理由是：所述权利要求之间相同或相应的技术特征不是对现有技术作出贡献的技术特征，即不是特定技术特征，所以不符合《专利法》第三十一条第一款有关单一性的规定。驳回决定中所使用的现有技术为：对比文件1：CN1191348A；对比文件2：JP10336238A。

复审请求人于2007年5月24日向专利复审委员提出复审请求。在复审程序中，复审请求人修改了权利要求书，最终修改文本的独立权利要求包括1、14、24、30、31五项，其内容分别如下：

"1. 一种图像处理系统，包含：

多个便携式的图像获取设备，其中每个所述的便携式图像获取设备都包含无线发送器；以及

远离所述便携式图像获取设备并且通过经由所述无线发送器可访问的通信链路与所述便携式图像获取设备通信的第一计算机系统，

其中，所有所述多个的所述便携式图像获取设备被配置成响应于由所述便携式图像获取设备获取图像的启动而启动所述图像到所述第一计算机系统的传输。"

"14. 一架相机，包含：

以数字图像作为输出的图像获取电路；

用户启动控制，用来启动图像获取；

无线发送器；

与所述图像获取电路、所述用户启动控制和所述无线发送器相耦合的逻辑电路，其中所述逻辑电路被配置成响应于对所述数字图像进行图像获取的启动，启动所述数字图像到所述无线发送器的传送。"

"24. 一种数字图像处理的方法，包含：

用手提式数码相机获取一幅或更多幅数字图像；

响应于所述获取的启动，启动所述一副或更多数字图像到一网络地址的传输；

把所述的一幅或更多数字图像存储在与所述网络地址相对应的网络服务器管理的一数据库中。"

"30. 一种数码相机系统，包含：

机壳；

装配在机壳中的图像获取电路；

形成在所述机壳里的插孔；

电路插件板，适应于可移动的插入所述的插孔中，所述电路

插件板包含（1）从所述图像获取电路接收图像数据的节点和（2）将所述图像数据发送到第二位置的无线发送器；

用于启动由所述图像获取电路进行图像获取的用户启动控制；以及

与所述用户启动控制耦合的逻辑电路，

其中所述逻辑电路被配置成响应于对所述数字图像进行图像获取的启动，启动所述图像数据到所述无线发送器的传送。

31. 一种处理图像的方法，包含：

授权便携式图像获取设备的操作者访问图像数据库的一部分；

接收从所述便携式图像获取设备的操作者操作的所述便携式图像获取设备发送的图像，其中所述图像的发送是响应于所述便携式图像获取设备对所述图像进行图像获取的启动而启动的；

把所述图像存储在所述图像数据库的所述部分；以及

在验证所述授权后，在所述便携式图像获取设备的操作者的指导下检索所述存储的图像。"

复审请求人认为，本申请独立权利要求中都包含了如下技术特征：响应于由所述便携式图像获取设备获取图像的启动而启动所述图像的传输，即在进行图像获取的同时对该图像的传输进行启动。对比文件 2 没有公开上述技术特征，其中是响应于对图像的存储而进行图像的传输。修改后的各独立权利要求相对于对比文件 2 具备创造性，从而各独立权利要求相对于对比文件 2 具有相同的特定技术特征，所以各独立权利要求也具备单一性。

经审查，合议组认为修改后的独立权利要求 14、30、31 与独立权利要求 1 之间仍然不具备单一性，权利要求 1~13、24~28 相对于对比文件 2 不具备创造性，因此作出维持驳回决定的第 14314 号复审请求审查决定。该决定中关于单一性的理由认定如下：

　　权利要求 14、30、31 与权利要求 1 所要求保护的主题不同，将它们分别与权利要求 1 相对照，权利要求 14 所共有的技术特征是，无线发送器，响应于对数字图像进行图像获取的启动，启动所述数字图像到所述无线发送器的传送；权利要求 30 所共有的技术特征是，响应于用于启动图像获取的所述用户启动控制把所述图像数据发送到所述无线发送器中；权利要求 31 所共有的技术特征是，响应于由所述便携式图像获取设备获取图像的启动而启动所述图像的发送。但上述特征不是这些权利要求和权利要求 1 对现有技术作出贡献的技术特征，即不是特定技术特征。例如：对比文件 2 所披露处理图像的设备，其中的 PDA（10）中包括一个照相输入装置 34 用来捕获照片，无线通信处理装置（36）（参见说明书附图 1、2，说明书第 11 小段）。无线通信装置用来与服务器 15 通信，将照相输入装置所捕获的照片传送到服务器，并且公开了如果 PDA 的存储空间为两张图片大小，那么可以在获取下一张图片的同时传送该图像，对于所属领域普通技术人员，当存储空间更小时，则可以根据需要，在获取图像的同时将图像传输到发送装置以便于发送图像到服务器，并且对于选择图像传输何时启动或者设置其他的触发方式来启动传输，本领域人员在需要数据快速即时传输的情况下，完全可以根据实际需要设置传输启动由获取图像的启动触发，或者设置其他的触发方式来启动传输，从而使获取的图像数据能够在第一时间被传输出去，也就是说将发送启动设置为由获取图像的启动触发，是本领域的常用技术手段。由于权利要求 14、30、31 和权利要求 1 所共有的技术特征不是对现有技术作出贡献的技术特征，即不是特定技术特征，因此所述权利要求和独立权利要求 1 之间不具有相同或相应的特定技术特征，不符合《专利法》第三十一条第一款有关单一性的规定。

　　对于复审请求人认为对比文件 2 是响应于对图像的存储而进

行图像的传输的观点，合议组认为，对比文件2中在具有发送图像数据的无线通信处理装置36和已经获取到的图像之后，需要满足的发送条件与本申请的技术方案相比只缺少何时启动发送，由谁启动发送，而上述条件的实现是所属领域的技术人员根据实际需要可作出的常规选择，因此当所属领域的技术人员需要即时传输图像时其就可以将发送启动的方式设置为由获取图像的启动来启动的这种方式。这种设置对于是否要存储图像也没有任何冲突。因此，合议组对复审请求人的上述答辩理由不予认可。

**【案例评析】**

本案涉及对于不明显缺乏单一性的两项以上的发明，经检索现有技术之后确定它们为不具备单一性的情形。

由于单一性的审查通常首先以申请中的第一项技术方案为基础，判断其余的技术方案中是否存在与其相同或相应的特定技术特征，因而经检索现有技术之后确定它们为不具备单一性的情形又可简单地分为两种情况：一种情况是相对于现有技术，第一项技术方案中具有特定的技术特征，但其余技术方案中不存在与该特定技术特征相同或相应的技术特征；另一种情况是第一项技术方案中就不具有特定技术特征，即相对于现有技术不具备新颖性或创造性，因此其余技术方案也不可能存在与其相同或相应的特定技术特征。

在第一种情况下，一般来说包含第一项技术方案的权利要求（可能是独立权利要求，也可能是其从属权利要求）被认为具有授权前景，此时专利申请审查部门会向申请人发出不具备单一性的"审查意见通知书"，要求申请人对权利要求书进行修改。而在第二种情况下，如果包含第一项技术方案的全部权利要求都没有授权前景，专利申请审查部门一般采取的做法有两种：当包含其余技术方案的独立权利要求与包含第一项技术方案的独立权利要求发明构思非常接近，无需在其他技术领域进行检索时，通常会针对这些独立权利要求一并进行检索和审查，因为这不会增加太多工作量；而当包含上述技术方案的独立权利要求之间发明构思和技术领域相距较大，需要进一步检索和审查才能判断是否具有授权前景时，专利申请审查部门通常只基于之前已有的检索结果判断包含其余技术方案的各独立权利要求之间是否缺乏单一性，然后发出"审查意见通知书"指出包含第一项技术方案的权利要求不具备授权前景的缺陷，同时指出该专利申请缺乏单一性的缺陷。

本案即属于上述第二种情况，专利申请审查部门首先通过检索找到了相关的现有技术，经审查认定独利权利要求 1 及其从属权利要求均缺乏创造性，不具备授权前景，并因此确定独立权利要求 1 中没有体现发明对现有技术作出贡献的特定技术特征，故其余独立权利要求与该独立权利要求 1 之间也就不可能存在相同或相应的特定技术特征。此时由于在其余的独立权利要求中，除了权利要求 24 与权利要求 1 的发明构思接近，为基本对应于权利要求 1 中系统的操作方法之外，权利要求 14、30、31 的主题和技术方案与权利要求 1 都相距较远，需要进一步进行检索才能判断它们是否具有授权前景，为了节约审查行政资源，专利申请审查部门告知申请人独立权利要求 1、24 及其从属权利要求不具备创造性的同时，指出了其余独立权利要求与独立权利要求 1 不具备单一性的缺陷。

由于本案复审请求人认为，本申请的各独立权利要求中都包含了在进行图像获取的同时对该图像的传输进行启动的特定技术特征，因而具备单一性，对此，驳回决定和第 14314 号复审请求审查决定中都指出，虽然该特征是各独立权利要求中都包含的技术特征，但其属于现有技术基础上常用的技术手段，即并不能体现本申请独立权利要求 1、24 的技术方案的相对于现有技术的贡献，因此不能构成特定技术特征，进而权利要求 14、30、31 也不可能与权利要求 1 具有相同或相应的技术特征，即权利要求 14、30、31 与权利要求 1 不具备单一性。（撰稿人：周 航）

## 第四节 马库什化合物的单一性判断

根据《审查指南》第二部分第十章第 8.1.1 节的规定，如果一件申请在一项权利要求中限定多个并列的可选择要素，则构成"马库什"权利要求。这种可选择要素称为马库什要素。马库什权利要求同样应当符合《专利法》第三十一条第一款及《专利法实施细则》第三十五条关于单一性的规定。"马库什"权利要求是一类特殊的权利要求，由于其一项权利要求中存在多个并列的可选择要素，故这些可选择要素之间就具有多种组合方式，而每种特定的组合方式都构成了一个单独的技术方案，因而对于"马库什"权利要求而言，一项权利要求包含了多个技术方案，正因为如此，"马库什"权利要求中的不同技术方案之间就可能存在单一性问题。"马库什"权利要求最为常见的形式存在于化学领域中，特别是在涉及化合物的权利要求中，各种取代基以并列可选择要素的形式存在，对于这类权利要求，如何判断其技术方案之间是否包含特定技术特征，从而具备单一性是个难题。

对于上述难题，《审查指南》上述章节内容中有进一步的规定："当马库什要素是化合物时，如果满足下列标准，应当认为它们具有类似的性质，该马库什权利要求具有单一性：

（1）所有可选择化合物具有共同的性能和作用；和

（2）所有可选择化合物具有共同的结构，该共同结构能够构成它与现有技术的区别特征，并对通式化合物的共同性能或作用是必不可少的；或者在不能具有共同的结构的情况下，所有的可选择要素应属于该发明所属领域中公认的同一化合物类别。

'公认的同一化合物类别'是指根据本领域的知识可以预期到该类的成员对于要求保护的发明来说其表现是相同的一类化合物。也就是说，每个成员都可以互相替代，而且可以预期所要达到的效果是相同的。"

通常而言，在马库什化合物权利要求中，上述第（1）项标准即所有马库什化合物具有共同的性能和作用是容易满足的。而上述第（2）项标准却往往难以满足，例如：在一项权利要求中的各马库什化合物可能不具有共同的结构；或者虽然具有共同的结构，但该共同结构被相关的现有技术所公开从而不能与现有技术区分开，在上述两种情况下，如果这些马库什化合物也不属于发明所属领域中公认的同一化合物类别，这样就导致该马库什化合物权利要求不符合单一性的要求。当然，在上述情况下，申请人或复审请求人可以对马库什权利要求进行修改，例如将马库什化合物的某取代基作进一步限定，使之形成具有与现有技术相区别的共同结构的马库什化合物；或者删除某些化合物，使权利要求保留的化合物均属于该发明所属领域中的同一化合物类别，从而符合单一性要求。

值得一提的是，有相当一部分的观点认为，上述第（2）项标准的后半部分"或者在不能有共同的结构的情况下，所有的可选择要素应属于该发明所属领域中的公认的同一化合物类别"中的"该发明所属领域中的公认的同一化合物类别"前面虽然没有加以明确的限定，但其也应该满足该标准（2）前半部分对"共同的结构"的限定，即"能够构成与现有技术的区别特征，并对通式化合物的共同性能和作用是必不可少"的要求。因为"在不能有共同的结构的情况下"，如果对"所有的可选择要素应属于该发明所属领域中公认的同一化合物类别"的解释不加以任何限定，将出现以下局面：不具有共同结构的可选择化合物，有可能因为其属于所属领域中公认的同一化合物类别而具备单一性；而具有共同结构，但该共同结构没有构成它与现有技术的区别特征的可选择化合物，则即使其属于所属领域中公认的同一化合物类别也不能满足标准（2）。这样将导致《审查指南》对于"不具有任何共同结构"的可选择化合物的单一性标准低于"具有共同的结构，但该共同结构没有构成它与现有技术的区别特征"的可选择化合物的单一性标准，这显然与《专利法》第三十一条第一款的立法精神以及《审查指南》有关"马库什"权利要求单一性判断标准的初中相违背。

马库什化合物的形式是多种多样的，而相关法律规章中的规定和指导却不够细化，因此如何判断这类权利要求的单一性存在着许多争议问题，在没有对应的具体规定的情况下，有时候除了前面所说的判断单一性的基本原则之外，还必须结合单一性的立法初中来进行判断，即，出于降低申请人的经济负担和提高专利审批工作的效率考虑，只允许将技术上密切关联的多项发明并在一起提出。

【案例 1】 用于耐性或抗性油菜作物的除草剂组合物（第7712 号复审请求审查决定）

2005 年 12 月 18 日，专利复审委员会作出第 7712 号复审请求审查决定，该决定涉及名称为"用于耐性或抗性油菜作物的除草剂组合物"的 99810861.8 号发明专利申请。

2004 年 9 月 17 日，国家知识产权局原审查部门以本申请权利要求 1、8～10 不符合《专利法》第三十一条第一款的规定为由驳回了本申请，具体理由是：权利要求 1 中的（A）、（B）活性成分的可选择化合物不具有共同的结构，在本领域也不被认为属于一类化合物，不满足对马库什权利要求可选择要素的要求，不具备单一性，同理，权利要求 8～10 也不具备单一性。本案例中只介绍有关权利要求 1 的内容和审查经过。

驳回决定所针对的权利要求 1 的内容如下：

"1. 除草混剂控制油菜作物中有害植物的用途，其中该除草混剂含有增效活性量的

（A）选自下列一组化合物的一种广谱除草剂

（A1）结构式（A1）化合物

$$H_3C-\overset{\overset{O}{\|}}{\underset{\underset{OH}{|}}{P}}-CH_2-CH_2-\underset{\underset{NH_2}{|}}{CH}-\overset{\overset{O}{\|}}{C}-Z \qquad (A1)$$

其中 Z 是结构式 –OH 基团或结构式 –NHCH（CH$_3$）CONHCH（CH$_3$）COOH 或 –NHCH（CH$_3$）CONHCH［CH$_2$CH（CH$_3$）$_2$］COOH 所示的肽残基，以及它们的酯和盐，以及其他 phosphinothricin 衍生物，

（A2）结构式（A2）化合物及其酯和盐，

$$HO-\overset{\overset{O}{\|}}{\underset{\underset{OH}{|}}{P}}-CH_2-\overset{\overset{H}{|}}{N}-CH_2-\overset{\overset{O}{\|}}{C}-OH \qquad (A2)$$

优选草甘膦和它与胺的碱金属盐

（A3）咪唑啉酮类除草剂以及它们的盐和

（A4）选自原卟啉原氧化酶抑制剂（PPO 抑制剂）和 PPO 抑制剂 WC9717 的除草唑类化合物，

以及

（B）选自下列一组化合物的一种或多种除草剂

（B0）选自除草剂（A1）–（A4）中的除草剂（A），其与前面已使用的组分（A）不同，

（B1）吡唑草胺，氟乐灵，异噁草松，敌草胺，双酰草胺，

噁唑隆和二甲草胺,

（B2）氯甲喹啉酸, 二氯吡啶酸, 哒草特和胺苯磺隆,

（B3）精喹禾灵及其酯, 精噁唑禾草灵及其酯, 精吡氟禾草灵及其酯, 氟吡禾灵和精氟吡禾灵和它们的酯以及噁草酸和

（B4）稀禾啶, 噻草酮和烯草酮

以及油菜作物对混剂中含有的除草剂（A）和（B）具有耐受性, 且, 如必要, 混剂中含有安全剂,

但不包括以下除草混剂的用途

化合物（A1）与化合物噁草酸的混剂,

化合物（A2）与化合物噁草酸或氟乐灵的混剂。"

复审请求人向专利复审委员会提出复审请求, 并修改了权利要求书, 其中修改后的独立权利要求 1 内容如下:

"1. 除草混剂控制油菜作物中有害植物的用途, 其中该除草混剂含有增效活性量的

（A）选自下列一组化合物的一种广谱除草剂

（A1）结构式（A1）化合物

$$H_3C-\underset{\underset{OH}{|}}{\overset{\overset{O}{\|}}{P}}-CH_2-CH_2-\underset{\underset{NH_2}{|}}{CH}-\overset{\overset{O}{\|}}{C}-Z \qquad (A1)$$

其中 Z 是结构式 - OH 基团或结构式 - NHCH（CH$_3$）CONHCH（CH$_3$）COOH 或 - NHCH（CH$_3$）CONHCH［CH$_2$CH（CH$_3$）$_2$］COOH 所示的肽残基, 以及它们的酯和盐, 以及其他 phosphinothricin 衍生物,

以及

（B）选自下列一组化合物的一种或多种除草剂

（B1）吡唑草胺, 敌草胺, 双酰草胺和噁唑隆,

（B2）氯甲喹啉酸，二氯吡啶酸，哒草特和胺苯磺隆，

以及油菜作物对混剂中含有的除草剂（A）和（B）具有耐受性，且，如必要，混剂中含有安全剂。"

原审查部门对本复审请求进行了前置审查，认为复审请求人虽然删去了权利要求 1 中的部分（A）组化合物，但其中的（B）组可选择要素仍然不满足单一性的规定，其他权利要求也不满足单一性的规定，因此坚持原驳回决定。

专利复审委员会在审理过程中，向复审请求人发出"复审通知书"，其中指出：权利要求 1 中组（B）可选择的各个化合物不具有共同的结构，作用机制也并不都相同，本领域技术人员不能认定上述各马库什化合物具有类似的性质，彼此相互替代后都得到相同的效果。因此，权利要求 1 中可供选择的技术方案之间不具备单一性。

针对"复审通知书"指出的问题，复审请求人再次修改权利要求书，修改后的权利要求 1 内容如下：

"1. 除草混剂控制油菜作物中有害植物的用途，其中该除草混剂含有增效活性量的

（A）选自下列一组化合物的一种广谱除草剂

（A1）结构式（A1）化合物

（A1）

其中 Z 是结构式 – OH 基团或结构式 – NHCH（$CH_3$）CONHCH（$CH_3$）COOH 或 – NHCH（$CH_3$）CONHCH［$CH_2CH$（$CH_3$）$_2$］COOH 所示的肽残基，以及它们的酯和盐，以及其他 phosphinothricin 衍生物，

以及

（B）选自下列一组化合物的一种或多种除草剂

（B1）吡唑草胺，敌草胺，双酰草胺，

以及油菜作物对混剂中含有的除草剂（A）和（B）具有耐受性，且，如必要，混剂中含有安全剂。"

依据上述经修改的权利要求书，专利复审委员会作出撤销驳回决定的第7712号复审请求审查决定，在该决定中，关于权利要求1合议组认为：独立权利要求1为马库什权利要求，其中（B）组可选择化合物为吡唑草胺、敌草胺、双酰草胺。首先，根据本申请说明书第2页中的记载，这些化合物与（A1）混合后能产生增效的除草作用，即它们具有共同的性能或作用；其次，这些可选择的马库什化合物虽然不具有共同的结构，但它们的作用机制相同，均为细胞分裂抑制剂，本领域技术人员可以推知这些不同结构的马库什化合物在要求保护的发明的环境中的表现是相同的，因此上述各马库什化合物在发明的相关技术中属于一类化合物，故它们具有类似的性质，因此权利要求1可供选择的技术方案之间具备单一性。

【案例评析】

本案涉及马库什化合权利要求单一性的判断。根据《审查指南》第二部分第十章第8.1.1节的规定，对于马库什要素是化合物的马库什权利要求，如果同时满足下列标准，应当认为它们具有类似性质，该马库什权利要求具备单一性，符合《专利法》第三十一条第一款的规定：

"标准（1）：所有可选择化合物具有共同的性能或作用；和

标准（2）：所有可选择化合物具有共同的结构，该共同结构能够构成它与现有技术的区别特征，并对通式化合物的共同性能或作用是必不可少的；或者在不能有共同结构的情况下，所有的可选择要素应属于该发明所属领域中公认的同一化合物类别。"

其中，"公认的同一化合物类别"是指根据本领域的知识可以预期到该类的成员对于要求保护的发明来说其表现是相同的一类化合物，也就是说，每个成员都可以互相替代，而且可以预期所要达到的效果是相同的。

就本案而言，驳回决定和"复审通知书"所针对的权利要求 1 中，作为除草剂组分的组（A）化合物和组（B）化合物都是一大类化合物，其下面分别包含了两个或两个以上小类的可选择化合物组，如（A1）、（A2）、（B1）、（B2）等。虽然本申请说明书中声称组（A）化合物和组（B）化合物混合后能产生增效的除草作用，但对于本领域技术人员而言，很明显的是，当分别作为组（A）和组（B）中的可选择化合物时，所述小类之间并不具有共同的结构，作用机制也不都相同，且根据说明书的记载也不能认定上述小类属于公认的一类化合物，即具有类似的性质，彼此相互替代后都得到相同的效果。因此该马库什权利要求 1 由于不满足上述标准（2）而不具备单一性。

最后修改的权利要求书中，复审请求人将组（A）化合物限定在具有结构式（A1）的一类化合物中，使之明显满足了上述标准（1）和标准（2），因此本案最后的焦点集中在修改后的权利要求 1 中的组（B）化合物是否满足上述标准（1）和标准（2）。组（B）化合物为选自吡唑草胺、敌草胺和双酰草胺的除草剂，由于这些化合物与（A1）混合后均能产生增效的除草作用，即它们具有共同的性能或作用，因此其满足上述标准（1）。

再来看该马库什权利要求组（B）化学物是否满足上述标准（2）。组（B）化合物选自吡唑草胺、敌草胺、双酰草胺；判断这三种化合物是否具有共同的结构，这三种除草剂的结构如下所示：

吡唑草胺　　　　　　　敌草胺　　　　　　双酰草胺

　　根据上述结构式可以看出，它们均具有碳原子、氢原子、氮原子、苯环和羰基[－C(O)－]。然而，对于共有什么样的结构才能称作"具有共同的结构"，《审查指南》中并没有明确规定，但普遍认为，各化合物之间均具有碳原子、氢原子和氮原子等单独的原子或者简单的基团（例如苯环和羰基）通常并不能称为具有共同的结构，否则，由于几乎所有的化合物均由这些基本原子或简单基团所组成，这样就造成了"共同结构"在单一性判断中失去了实际意义。《审查指南》第二部分第十章第8.1.2节有关"马库什权利要求的单一性"中的例3也间接反映了上述观点，在该例3中，五元、六元或七元环化合物虽然均具有－CH$_2$－CH－，但并不被认为具有共同的结构。因此，虽然本申请中的三种（B）组化合物（吡唑草胺、敌草胺和双酰草胺）均具有苯环和羰基等基团，但这些简单的结构并不能构成"共同的结构"。而且，上述标准（2）中的前半部分"具有共同的结构"还需要满足"该共同结构能够构成它与现有技术的区别特征，并对通式化合物的共同性能或作用是必不可少的"的条件，由于现有技术中许多除草剂乃至许多其他用途的化合物均具有苯环和羰基等基团，故即使将苯环和羰基等基团视为上述三种化合物的共同结构，其也并不能够构成这三种化合物与现有技术的区别特征。

　　因此，这三种化合物不属于上述标准（2）的前半部分所述

"具有共同的结构，该共同结构能够构成与现有技术的区别特征，并对通式化合物的共同性能和作用是必不可少"的情况。在此情况下，如果这三种可选择化合物"吡唑草胺、敌草胺和双酰草胺"属于所属领域中公认的同一种化合物类别，也满足上述标准（2）。

前面已经提到，"公认的同一化合物类别"是指根据本领域的知识可以预期到该类的成员对于要求保护的发明来说其表现是相同的一类化合物，也就是说，每个成员都可以互相替代，而且可以预期所要达到的效果是相同的。首先，上述三种化合物的通用名称均具有"草胺"，这在一定程度上表明其具有相似性；其次，虽然在有些农药教科书中，把"吡唑草胺"和"敌草胺"归类为酰胺类除草剂，把"双酰草胺"归类为氨基甲酸酯类除草剂，但显然双酰草胺从结构上也具有酰胺键，完全可以将其看作酰胺类除草剂；第三，这三种除草剂化合物的作用机制相同，均为细胞分裂抑制剂。因此，本领域技术人员可以预期这三种化合物对于要求保护的发明技术方案来说具有相同的表现，可以相互替代并且得到相同的效果。需要说明的是，只要各化合物的表现大致相同就可以认为它们"具有相同的表现"，要求不同的化合物表现完全相同是不实际的。（撰稿人：李人久）

【案例2】　具有避孕和抗骨质疏松活性的甾族化合物（第11256号复审请求审查决定）

2007年7月24日，专利复审委员会作出第11256号复审请求审查决定，涉及名称为"具有避孕和抗骨质疏松活性的甾族化合物"的98108595.4号发明专利申请，其申请日为1998年2月20日。

经实质审查，国家知识产权局原审查部门于2003年6月13日驳回了本申请，其驳回理由包括权利要求1～10不具备单一性，不符合《专利法》第三十一条第一款的规定。有关单一性的具体驳回理由是，由于权利要求 1 中化合物的 E 环是不确定的，而 E 环和甾体结合所形成的结构为现有技术，都不能构成特定技术特征，因此，权利要求 1 中的化合物没有共同的特定技术特征，不符合《专利法》第三十一条条第一款的规定，同理，权利要求 2~10 也不具备单一性。该案例中只介绍有关权利要求 1 的内容和审查经过。驳回决定所针对的权利要求 1 内容如下：

"1. 具有下式的甾族化合物

式中

$R_3$ 是 $=O$；$-OH$；$=NOR$；$-OR$ 或 $-OOCR$，其中 R 是具有 1~6 个碳原子的烷基；

$R_6$ 是 H；$=CH_2$ 或 $-(CH_2)_mH$，m 为 1 或 2；

$R_7$ 是 H；$C_{1-4}$-烷基；$C_{2-5}$ 链烯基或 $C_{2-5}$ 链炔基，其中烷基，链烯基或链炔基可以被 1~3 个独立选自氟和氯原子的卤原子取代；

$R_{11}$ 是 H；$C_{1-4}$ 烷基，$C_{2-4}$ 链烯基；$C_{2-4}$ 链炔基或 $C_{1-4}$ 亚烷基，其中烷基，链烯基，链炔基或亚烷基可以被 1~3 个独立选自氟和氯原子的卤原子取代；

E 连同 D 环的 16 和 17 位上的碳原子一起代表 4-7 元环，相对于 D 环成 α 位置的所述 E 环被 $R_E$ 取代并任选包括一个或两个桥环双键；

$R_E$ 是 H；$C_{1-6}$ 烷基；$C_{2-6}$ 链烯基；$C_{2-6}$ 链炔基；$C_{1-6}$ 亚烷

基；$C_{2-6}$螺环烷基；-OR；-SR；-OOCR；-NHR；-NRR；-NHCOR，其中 R 是具有 1～6 个碳原子的烷基，在 $R_E$ 为 -NRR 时，R 之间互不相关；-NCO；-(CH$_2$)$_n$-N$_3$ 或 -(CH$_2$)$_n$-CN，n 是 0～5，其中烷基，链烯基，链炔基，亚烷基或环烷基可被 1～3 个独立选自 -OR；-SR；-OOCR；-NHR；-NRR 和 -NHCOR，R 定义如上，氟原子和氯原子的取代基取代；

R$_{17}$是 -OH；-OCH$_2$OR；-OR 或 -OOCR，其中 R 是具有 1～6 个碳原子的烷基；

式中甾族化合物可任选具有一个或多个选自 Δ9（10）；Δ5（10）；Δ4（5）；Δ11（12）；Δ14（15）的双键；或者 A 环或 B 环可以是芳环。"

复审请求人向专利复审委员会提出复审请求，并在复审程序中提交了经修改的权利要求书，其中对权利要求 1 所作的修改是：删除了最后一个特征"式中甾族化合物可任选具有一个或多个选自 Δ9（10）；Δ5（10）；Δ4（5）；Δ11（12）；Δ14（15）的双键；或者 A 环或 B 环可以是芳环"，并将 R$_3$ 的具体限定修改为"-OH；-OR 或 -OOCR，其中 R 是具有 1～6 个碳原子的烷基"，将 E 的具体限定修改为"R3 是 E 连同 D 环的 16 和 17 位上的碳原子一起代表 5－6 元环，相对于 D 环成 α 位置的所述 E 环被 $R_E$ 取代"。

对于修改后的权利要求，专利复审委员会发出"复审通知书"指出：权利要求 1 所示通式中甾族化合物共有的结构是由芳环 A、饱和环 B、C 和 D 组成的结构，但是现有技术中存在具有上述结构且可用于骨质疏松症治疗和避孕的化合物，如雌二醇，因此该结构不能构成权利要求 1 通式化合物与现有技术的区别技术特征；同时也没有任何现有技术表明权利要求 1 中可选择的化合物属于本领域公认的同一化合物类别，因此，权利要求 1 不符合《专利法》第三十一条第一款的规定。

针对合议组提出的审查意见，复审请求人将权利要求 1 修改为：

"1. 具有下式的甾族化合物

式中

$R_3$ 是 $-OH$；$-OR$ 或 $-OOCR$，其中 R 是具有 1~6 个碳原子的烷基；

$R_6$ 是 H；$=CH_2$ 或 $-(CH_2)_mH$，m 为 1 或 2；

$R_7$ 是 H；$C_{1-4}$-烷基；$C_{2-5}$链烯基或 $C_{2-5}$链炔基，其中烷基，链烯基或链炔基可以被 1~3 个独立选自氟和氯原子的卤原子取代；

$R_{11}$ 是 H；$C_{1-4}$烷基，$C_{2-4}$链烯基；$C_{2-4}$链炔基或 $C_{1-4}$亚烷基，其中烷基，链烯基，链炔基或亚烷基可以被 1~3 个独立选自氟和氯原子的卤原子取代；

E 连同 D 环的 16 和 17 位上的碳原子一起代表 6 元环，所述环相对于 D 环成 α 位置，被 $R_E$ 取代；

$R_E$ 是 H；$C_{1-6}$烷基；$C_{2-6}$链烯基；$C_{2-6}$链炔基；$C_{1-6}$亚烷基；$C_{2-6}$螺环烷基；$-OR$；$-SR$；$-OOCR$；$-NHR$；$-NRR$；$-NHCOR$，其中 R 是具有 1~6 个碳原子的烷基，在 $R_E$ 为 $-NRR$ 时，R 之间互不相关；$-NCO$；$-(CH_2)_n-N_3$ 或 $-(CH_2)_n-CN$，n 是 0~5，其中烷基，链烯基，链炔基，亚烷基或环烷基可被 1~3 个独立选自 $-OR$；$-SR$；$-OOCR$；$-NHR$；$-NRR$ 和

－NHCOR，R定义如上，氟原子和氯原子的取代基取代；

$R_{17}$是－OH；－$OCH_2OR$；－OR或－OOCR，其中R是具有1~6个碳原子的烷基。"

针对修改后的权利要求1，合议组认为，其中所涉及的甾族化合物均可用于治疗骨质疏松和避孕，而且其所具有的共同结构，即芳环A、饱和环B、C和D以及环E组成的结构，构成本发明与现有技术的区别特征，因此，修改后的权利要求1符合单一性的规定。

## 【案例评析】

本案同样涉及马库什化合权利要求单一性的判断。对于化合物马库什权利要求而言，其单一性的判断仍然需要遵循单一性判断的一般性原则，即应当判断权利要求的各技术方案之间是否具有相同或相应的特定技术特征。由于"特定技术特征"是指每一项发明或者实用新型作为整体，对现有技术作出贡献的技术特征，因此，对于马库什要素是化合物的权利要求，在所有可选择的化合物具有共同结构的情况下，只有化合物的共同结构能够构成与现有技术的区别特征，并且对于通式化合物的共同性能或作用是必不可少的时候，该权利要求才具备单一性。

具体到本案，由于驳回决定和"复审通知书"所针对的权利要求1中所限定的E环都是不确定的环结构（4－7元环或5－6元环），故该E环实际上不属于权利要求1中的甾族化合物通式的共同结构组成部分，其共同结构仅仅是由芳环A，饱和环B、C和D组成的结构，而现有技术中已知雌二醇等也是以上述结构为共同结构，并且可用于骨质疏松症的治疗和避孕的化合物，因此，该共同结构并不能够构成其与现有技术的区别技术特征，该马库什权利要求1不具备单一性。雌二醇的基本结构式与本申请的甾族化合物基本结构式对比如下。

雌二醇　　　　　　　　　　　　本申请的甾族化合物

　　在最后修改的权利要求书中，复审请求人将 E 环结构具体限定为"E 连同 D 环的 16 和 17 位上的碳原子一起代表 6 元环，所述环相对于 D 环成 α 位置，被 $R_E$ 取代"，此时 E 环就成为了固定的 6 元环结构，进而权利要求 1 中的甾族化合物所具有的共同结构变为由芳环 A，饱和环 B、C 和 D 以及环 E 组成的结构，由于并未发现该共同结构在现有技术中有所公开，故其构成了与现有技术的区别特征，并且根据本申请说明书的记载可知，该共同结构对通式化合物的作用是不可缺少的，同时这些化合物均可用于治疗骨质疏松和避孕，即具有共同的性能和作用，因此，修改后的权利要求 1 具备单一性。（撰稿人：卢　阳）

# 第八章 修 改

《专利法》第三十三条规定："申请人可以对其专利申请文件进行修改，但是，对发明和实用新型专利申请文件的修改不得超出原说明书和权利要求书记载的范围，对外观设计专利申请文件的修改不得超出原图片或者照片表示的范围。"

上述条款是关于专利申请文件修改的内容和范围的规定。根据《审查指南》第二部分第八章第 5.2.1 节的规定，"原说明书和权利要求书记载的范围包括原说明书和权利要求书文字记载的内容和根据原说明书和权利要求书文字记载的内容以及说明书附图能直接地、毫无疑义地确定的内容。"而修改不得超出原说明书和权利要求书记载的范围是指，不能通过增加、改变和/或删除等方式，导致在修改后的申请文件中出现原说明书和权利要求书中未曾记载，同时又不能从其中直接地、毫无疑义地确定的内容。由于本书不涉及外观设计专利，故本章也只涉及对发明或实用新型专利申请文件修改的判断。从《审查指南》上述条款的进一步规定可知，《专利法》第三十三条对于申请人修改其专利文件的限制主要在两个方面的规定：一是修改的依据是原说明书（包括附图）和权利要求书；二是修改的原则是不能超出修改所依据的文本范围，即修改的内容必须能够从修改所依据文本中直接、毫无疑义地确定。

上述规定的原因在于，我国专利实行先申请制，申请日对于申请人来说至关重要。为了能够获得较早的申请日，申请人在提出专利申请时可能没有足够的时间对请求专利保护的范围进行充分思考，或者没有充分的时间斟酌申请文件中的措辞，从而导致申

请文件中难免存在措辞不严谨、表达不准确或者概括范围不适当等
缺陷。对于这些缺陷如果不进行修改，将可能影响专利权保护范围
的确定性以及公众对专利技术信息的利用；但是，如果对修改不加
以限制，导致修改后的申请文件添加了不能从原始申请文件记载的
范围中直接、毫无疑义地确定的内容，则很可能由于修改的效力被
追溯到申请日而使第三人的利益受到损害。因此，申请人对申请文
件的修改必须符合《专利法》第三十三条的规定，否则申请将被驳
回；同时，修改超范围也是授权后宣告无效的理由之一。

除了《专利法》第三十三条就修改的实体方面作出的上述
规定之外，《专利法实施细则》第五十一条、第六十条和第六十
八条❶还对修改的时机和方式进行了程序方面的规定，本书主要
是针对实体层面的问题进行解析，因此，本章也主要讨论如何判
断对申请文件的修改是否符合《专利法》第三十三条的规定，
本章前三节的内容分别以典型案例诠释了修改所依据的"原说明
书和权利要求书记载的范围"指什么、修改所必须遵循的基本原
则是什么以及常见的修改方式有哪些。

此外，无效宣告程序中也可以修改专利文件，但因其属于授
权后程序，修改除了应当符合《专利法》第三十三条的规定外，
还应满足修改方式等方面的要求。本章第四节即是对专利权无效
宣告程序中修改专利文件的诠释。

## 第一节　修改依据

根据《审查指南》第二部分第八章第5.2.1节的规定，申请
人在申请日提交的原说明书、附图和权利要求书是申请人对申请

---

❶ 在2008年修改的《专利法》相配套的《专利法实施细则》中，第
六十条修改为第六十一条，第六十八条修改为第六十九条。

文件进行修改的唯一依据。这里所说的申请日除了PCT（专利合作条约）国际申请外，是指国家知识产权局专利局收到符合规定的专利申请文件之日，如果申请文件是邮寄的，以寄出的邮戳日期为申请日，也就是说，这里所说的申请日不包括优先权日，但由于分案申请可以保留原申请日，故分案申请的申请日是指原申请的申请日。由此可知，说明书摘要和摘要附图以及申请人向国家知识产权局专利局提交的申请文件的外文文本和优先权文件的内容，均不能作为判断申请文件的修改是否符合《专利法》第三十三条规定的依据。而对于进入中国国家阶段的PCT国际申请而言，根据《专利合作条约》确定的国际申请日视为申请人向国家知识产权局专利局提出的申请日，因此对于这类申请，《专利法》第三十三条所述原说明书和权利要求书是指原始提交的国际申请的说明书、权利要求书和附图，而非进入中国国家阶段时提交的原始申请文件的中文文本。

## 一、可以作为修改依据的内容

### 1. 普通申请

普通专利申请文件的修改依据是该申请申请日提交的权利要求书、说明书和说明书附图。

【案例】　自然风电风扇（第7372号无效宣告请求审查决定）

2005年7月8日，专利复审委员会作出第7372号无效宣告请求审查决定，涉及名称为"自然风电风扇"的97116771.0号发明专利，其申请日为1997年8月19日。

本专利原始提交的说明书中提到：传统的电风扇采用三片式叶片，但这种叶片会产生高角速度旋风，因此，提出可以通过多风叶来消除这种旋风，从而使电风扇产生的风近似于自然风。原说明书和权利要求 2 中将所述电风扇的叶片数限定为五片至几十片，甚至几百片。本专利授权时的权利要求 1~4 的内容为：

"1. 一种自然风电风扇，由电机、扇叶、控制系统组成，其特征在于：所述风扇风叶的数量在 11~30 之间，叶片有倾斜角度。

2. 如权利要求 1 所述的自然风电风扇，其特征在于：所述叶片的形状呈棒形，叶片数量 18 片，均分圆周，径向辐射状地固定在一轮毂上。

3. 如权利要求 1 所述的自然风电风扇，其特征在于：所述叶片形状呈 'V' 形，叶片数量 28 片，叶片之间设有一道加强环。

4. 如权利要求 1 所述的自然风电风扇，其特征在于：所述叶片形状呈棒形，叶片数量 28 片，叶片之间设有三道同心加强环。"

请求人针对本专利提出了多个无效宣告请求理由，包括本专利不符合《专利法》第三十三条的规定，具体理由是：权利要求 1 中的"风扇风叶的数量在 11~30 之间"，权利要求 2 中的"叶片数量 18 片，均分圆周，径向辐射状地固定在一轮毂上"以及权利要求 3 和 4 中的"叶片数量 28 片"在原说明书和权利要求书中均无记载，故上述修改超出了原说明书和权利要求书的记载范围。

经审查，专利复审委员会作出第 7372 号无效宣告请求审查决定，该决定对于授权的权利要求 1~4 是否符合《专利法》第三十三条的规定认定如下：

权利要求 1 的技术特征"风扇风叶的数量在 11~30 片之间"应理解为风扇风叶的数量可以在包括数值端值 11 和 30 在内的 11~30 之间进行选择，而其中的数值范围"11~30"的数值端值 11 和 30 均未明确记载在原说明书和权利要求书中。因此，权利要求 1 所限定的技术方案超出了原说明书和权利要求书的记载范围，不符合《专利法》第三十三条的规定。

对于权利要求 2~4 而言，由于在原说明书附图 1（图 1）中已清楚和明确地示出了叶片的数目为 18 片，且亦可看出叶片基本是均分圆周，径向辐射状地固定在一圆盘状物体上，而且根据本领域的一般技术常识，风扇的叶片通常也是均分圆周进行分布并固定在轮毂上，且轮毂安装在风扇的转轴上，风扇转轴旋转进而带动轮毂和叶片旋转，因此，根据附图 1 所显示和揭示的技术内容，所属领域的技术人员完全可以直接且毫无疑义地确定"叶片数量 18 片，均分圆周，径向辐射状地固定在一轮毂上"这样的技术特征。当然，这里的"轮毂"应理解为用于固定风扇叶片并安装在风扇转轴上的盘状物。因此，权利要求 2 符合《专利法》第三十三条的规定。

另外，在原说明书附图 6 和附图 8（图 2 和 3）中已清楚和明确地示出了叶片的数目为 28 片，故权利要求 3、4 也符合《专利法》第三十三条的规定。

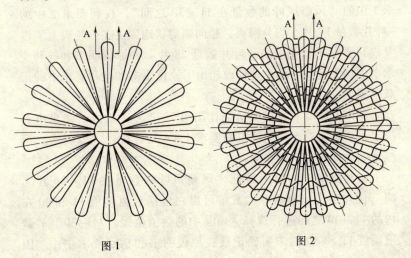

图 1　　　　　　　　　　　　图 2

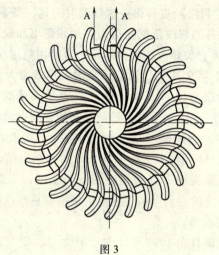

图3

**【案例评析】**

本案主要说明一般情况下，能够作为修改依据的专利申请文件的内容。

我国于 1984 年制定并自 1985 年 4 月 1 日起施行的第一部《专利法》第三十三条规定："申请人可以对其专利申请文件进行修改，但是不得超出原说明书记载的范围。"也就是说，上述规定仅把原说明书作为修改依据，由于说明书附图属于说明书的一部分，因而也可以作为修改依据，当时并不接受权利要求书作为修改依据。

但是，在审查实践中，一些申请人在撰写申请文件时，可能会将某些技术特征仅仅记载在权利要求中，而在说明书中只字未提，此时，由于权利要求书和说明书是申请人同时提交给国家知识产权局专利局的申请文件，并且从权利保护角度上说，权利要求书重要性较之说明书更高，在认定是否属于原始公开的修改依据时将二者区别对待在逻辑上存在不合理之处。基于上述考虑，

1992 年对《专利法》进行第一次修改时对这一条款进行了修订，将专利申请文件的修改依据变更为"原说明书和权利要求书记载的范围"，上述有关修改依据的规定一直沿用到现在。

根据 1992 年 9 月 4 日第七届全国人民代表大会常务委员会第二十七次会议通过的《关于修改〈中华人民共和国专利法〉的决定》，对于 1993 年 1 月 1 日前提交的专利申请和根据该申请授予的专利权，适用修改前的《专利法》。因此，在审查过程中，对于申请日早于 1993 年 1 月 1 日的专利申请，判断修改是否超范围是以原说明书（包括附图）为依据；而对于 1993 年 1 月 1 日之后提交的专利申请，修改的依据则是原说明书（包括附图）和权利要求书。

本案的申请日在 1993 年 1 月 1 日之后，应当适用修改之后的《专利法》，即以原说明书（包括附图）和权利要求书记载的范围作为判断修改是否被允许的依据。基于此，对于案件的主要争议的"叶片数量"的问题，原说明书和权利要求书中都仅提到叶片为 5 片至几十片，甚至几百片，而说明书附图中示出了叶片为 18 片或 28 片，因此，从属权利要求 2 ~ 4 中关于叶片数量的技术特征没有超出作为修改依据的原说明书（包括附图）和权利要求书记载的范围。然而，原说明书和权利要求书中从未提到过叶片为 11 片或 30 片，附图中也没有反映出相关的实施方式，尽管叶片为 11 ~ 30 片的数值在 5 片至几百片的范围之内，但这一信息并不能直接、毫无疑义地从原说明书，附图和权利要求书中解读出来，因此，修改后的权利要求 1 中的上述特征不符合《专利法》第三十三条的规定。上面提到的"直接、毫无疑义地"确定属于在修改依据基础之上的修改超范围判断标准（基本原则）问题，将在本章第二节中详细介绍。

值得说明的是，对于非 PCT 国际申请的普通申请而言，前面所说的可以作为修改依据的原说明书和权利要求书都是指申请人在申请日提交的原说明书和权利要求书中文文本，也就是说，申请日提交的申请人在申请日提交的原说明书和权利要求书外文文本不作为修改依据，即使认为中文文本翻译有误，也不能依据外文文本的原文进行修改。（撰稿人：任晓兰　崔国振）

2. PCT 国际申请

PCT 国际申请的修改依据是该申请原始提交的国际申请的权利要求书、说明书和附图。

【案例】　用 5 - α 还原酶抑制剂治疗雄激素引起的脱发的方法（第 9508 号无效宣告请求审查决定）

2007 年 2 月 6 日，专利复审委员会作出第 9508 号无效宣告请求审查决定，该决定涉及名称为"用 5 - α 还原酶抑制剂治疗雄激素引起的脱发的方法"的 94194471.9 号 PCT 发明专利，其申请日为 1994 年 10 月 11 日，国际公布的日期为 1995 年 4 月 20 日，进入中国国家阶段的日期为 1996 年 6 月 2 日，公开日为 1996 年 12 月 4 日，授权公告日为 2002 年 12 月 25 日。本专利授权公告文本的权利要求 1、16 和 20 的内容如下：

"1. 17β - （N - 叔丁基氨基甲酰基） - 4 - 氮杂 - 5α - 雄甾 - 1 - 烯 - 3 - 酮在制备适于口服给药用以治疗人的雄激素引起的脱发的药剂中的应用，其中所述的药剂包含剂量为约 0.05 至 3.0mg 的 17β - （N - 叔丁基氨基甲酰基） - 4 - 氮杂 - 5α - 雄甾 - 1 - 烯 - 3 - 酮。"

"16. 权利要求 15 的药物组合物，其中的粘结剂选自：淀粉、明胶、天然糖、玉米甜味剂、树胶、羧甲基纤维素、聚乙二醇和蜡。"

"20. 权利要求 15 的药物组合物，其中的崩解剂选自淀粉、甲基纤维素、琼脂、膨润土和合成生物聚合胶。"

请求人向专利复审委员会提出无效宣告请求，其无效宣告请求理由包括本专利权利要求 1、16、20 不符合《专利法》第三十三条的规定，相关具体理由归纳如下表所示：

| 授权后权利要求 | 原始公开文本 | 修改后 |
| --- | --- | --- |
| 权利要求 1 | 某一疾病的治疗方法，其中，按 Xmg/天 的剂量施用 Y | Y 在制备用于治疗某一疾病的药物中的用途，包含剂量为 Xmg 的 Y |
| 权利要求 16 | 合成胶如阿拉伯树胶，黄车薯胶或藻酸钠 | 树胶 |
| 权利要求 20 | 黄原胶 | 合成生物聚合胶 |

专利权人认为：① 权利要求 1 将化合物的治疗方法权利要求修改为化合物的制药用途权利要求是中国专利实践允许的修改；② 权利要求 16 中的"树胶"对应于本专利 PCT 原始公开文本第 8 页第 6 行的"gum"，根据反证 5（《英汉科学技术词典》，国防工业出版社，1991 年 9 月第 1 版，封面和第 782 页）的解释，胶和树胶在本领域中同义；③ 权利要求 20 中的"合成生物聚合胶"对应于本专利 PCT 原始公开文本第 8 页第 11 行的"xanthan gum"，根据反证 6（《英汉科技词天》（下），中国环境科学出版社，1988 年 8 月第一次印刷，封面、出版信息页和第 4249 页）的解释和不同技术词典对"xanthum gum"的不同中文翻译，黄原胶和合成生物聚合胶在本领域中同义。因此，权利要求 1、16 和 20 没有超出原始申请文件记载的范围，符合《专利法》第三十三条的规定，从而与其存在引用关系的其余权利要求也不存在超范围的缺陷。

经过审查，合议组作出第 9508 号无效宣告请求审查决定，决定中提到：

根据 PCT 的规定，国际申请在指定国内自国际申请日起具有正规的国家申请的效力。对于申请文件的修改，应当不超出该文本公开的范围。

首先必须指出，请求人以公开文本与授权文本进行对照，提出本专利的修改不符合《专利法》第三十三条的规定是不正确的，判断授权文本修改超出与否的依据应当是国际申请的文本，而进入中国国家阶段的中文文本是国际申请的中文翻译件，故进入中国国家阶段的中文文本视为原始文本。但合议组为了将事实调查清楚，将公开文本与进入中国国家阶段的申请文本进行了对照，经过核对，认定本专利的公开文本与进入中国国家阶段的中文文本一致（为方便起见，未特别说明的本案原申请文件均指进入中国国家阶段中文文本，也可对应于公开文本）。

（1）请求人认为：公开文本中请求保护一种疾病的治疗方法，并给出了治疗疾病的17β – （N – 叔丁基氨基甲酰基） – 4 – 氮杂 – 5α – 雄甾 – 1 – 烯 – 3 – 酮（即非那甾胺）的剂量；而授权文本中权利要求1请求保护非那甾胺在制药中的应用，并给出了非那甾胺在药物中的含量，因此权利要求1的修改超范围。

合议组认为：首先，授权文本中对非那甾胺的限定为剂量，其含义为单位时间内施用目标化合物的量，这在原申请文件说明书中有明确的记载（如说明书第5页第15～16行），而非请求人所述的含量（可参见《现代汉语词典》解释，剂量指药物的使用分量）；其次，权利要求1涉及的是非那甾胺的制药用途，作为方法权利要求，说明书公开了非那甾胺的获得方式，即能够以通过市售买到（见说明书第2页第2段），也公开了药物制剂的制备方法与常规药物实践一致（见第7页第3段）；另外，说明书通篇记载了含有非那甾胺的药物可以通过口服用于治疗雄激素引起的脱发，从以上分析可以看出，权利要求1所述的非那甾胺用于制备能够治疗雄激素引起的脱发的口服药物的应用的各技术特征均在说明书中有所记载，本领域技术人员可以根据说明书的记载，直接地、毫无疑义地得出权利要求 1 的技术方案。

（2）请求人认为：权利要求 16 中限定药物组合物中粘结剂可以为树胶；而公开文本中为合成胶，这一修改不符合《专利法》第三十三条规定。

合议组认为：本专利为 PCT 国际申请，其国际申请原文中，相应的术语为"gum"，进入中国国家阶段的申请文本的翻译应当与其原文含义一致，诚如请求人所言，一个英文单词可以有多种中文含义，不能简单地认为同一英文单词下的不同意项均是同义词。但是，对于词义的含义，应当采用所属领域的常用工具书进行解释，比如，《英汉医学词汇》（人民卫生出版社，1991 年 1 月第 1 版，第 623 页）将"gum"解释为"1 树胶"，"2 龈"；又如《英汉生物化学词典》（科学出版社 1983 年第 1 版，第 334 页）将"gum"仅解释为"树胶"，显然"龈"这一译法不适用于本专利，可见，将"gum"译为"树胶"符合本技术领域通常的理解；又如，请求人所提供的附件 10（《化工辞典》，化学工业出版社，第四版，封面、修订人员信息页、第 460～463 页、第 852～853 页、第 396～397 页）中第 461 页和第 852 页分别对"胶"及"树胶"进行了解释，其中记载"树胶"主要用于医药制剂、化妆品、食品加工等，综上所述，授权文本中的"树胶"一词与国际申请中的"gum"一词是完全对应的，是比"合成胶"更确切的译法，这一修改不违反《专利法》第三十三条的规定。

（3）请求人认为：权利要求 20 中限定崩解剂可以为合成生物聚合胶；而公开文本中为黄原胶，这一修改不符合《专利法》第三十三条的规定。

合议组认为：授权文本中"合成生物聚合胶"的国际申请的原文为"xanthan gum"，关于其中文含义，《英汉科技词天》

（中国环境化学出版社，1988 年 8 月第 1 版，第 4249 页）对其解释仅为"合成生物聚合胶"（能耐热、耐强酸和强碱的合成胶质）；《英汉化学化工词汇》对其解释仅为"黄原胶"，即可以认定在本领域"黄原胶"与"合成生物聚合胶"同义，故"xanthan gum"译为"合成生物聚合胶"的这一修改符合《专利法》第三十三条的规定。

综上，请求人关于本专利权利要求 1、16 和 20 不符合《专利法》第三十三条规定的主张均不成立。

## 【案例评析】

本案主要涉及进入中国国家阶段的 PCT 国际申请的修改依据问题，这一问题集中体现在专利权人在专利申请阶段对于权利要求 16 和权利要求 20 的修改。

根据 PCT 第 11 条第（3）项的规定，对于符合要求的国际申请，在每个指定国内自国际申请日起具有国家申请效力。根据《专利法实施细则》第一百零一条第一款第（三）项、第一百零二条第一款第（三）项的规定，对于以中文以外的文字提出的国际申请，在进入国家阶段时，需要提交原始国际申请的说明书、权利要求书以及附图中的文字和摘要的中文译文，该中文译文应当与国际局传送的国际公布文本中的相应部分内容相符。相应的，《审查指南》第三部分第二章第 3.3 节规定："对于以外文公布的国际申请，针对其中文译文进行实质审查，一般不需核对原文；但是，原始提交的国际申请文件具有法律效力，作为申请文件修改的法律依据。"基于此，对于 PCT 国际申请而言，《专利法》第三十三条所说的原说明书和权利要求书是指原始提交的国际申请的说明书、权利要求书及附图。

因此，在判断 PCT 国际申请修改是否符合《专利法》第三十三条的规定时，通常可以将修改文本与进入国家阶段时提交的国际申请文本的中文译文进行对比。但是，当所述中文译文存在个别术语、句子或者段落有遗漏或者出现译文不准确的情形时，则应当在原始提交的国际申请文本的基础上进行对比和判断。

就本案而言，专利申请阶段存在多个文本。其申请日为1994年10月11日，这是指向国际局提交原始国际申请的日期，根据上述规定，在申请进入中国国家阶段之后，该日期视为专利申请人向国家知识产权局专利局提交的申请日，故该文本构成了《专利法》第三十三条中规定的修改依据；专利申请的国际公布日期为1995年4月20日，这是指国际局根据PCT的规定公布国际申请的日期，公布之后的国际申请才可以进入各个指定国，国际公布文本一般来说内容与原始提交的国际文本内容一致，如果申请人在国际申请阶段对国际公布文本进行了修改，修改内容会单独附于国际公布文本之后；专利申请进入中国国家阶段的日期为1996年6月2日，此时申请人（后作为专利权人）提交的文本实际上是原始国际申请文本的中文翻译件，如果申请人在国际申请阶段有修改，则修改内容的中文翻译件会单独附在后面；专利申请在中国的公开日为1996年12月4日，授权公告日为2002年12月25日，这两个日期与非PCT专利申请的普通申请的公开日和授权公告日具有同样的含义。

由此可见，本案实际作为修改依据的是1994年10月11日向国际局提交原始国际申请的说明书、权利要求书和附图，该文本对应于进入国家阶段时提交的国际申请文本的中文译文，在没有证据表明该中文译文的内容翻译有误的情况下，该中文译文视为修改依据，因此请求人直接用公开文本作为修改依据的做法是不正确的。然而，由于该专利于1996年12月4日公开的文本又与上述中文译文内容一致，故请求人以该公开文本中的内容作为修改依据的做法在判断结果上与正确做法得到的结果是一致的。

专利权人在专利进入国家阶段时提交的中文文本中分别将权

利要求 16 和权利要求 20 中的术语"gum"和"xanthan gum"翻译为"合成胶"和"黄原胶",而在实质审查过程中,将其分别修改为"树胶"和"合成生物聚合胶"。判断所述修改是否符合《专利法》第三十三条的规定,并不是要判断能否由"合成胶"和"黄原胶"直接地、毫无疑义地确定"树胶"和"合成生物聚合胶",而是要判断将"gum"和"xanthan gum"翻译为"树胶"和"合成生物聚合胶"是否导入了原申请中没有的新信息,即修改后的翻译内容是否能准确地反映原文。基于这一点,合议组以原始提交的国际申请文本为基础,从本领域技术人员的角度出发,结合本领域常用的工具书,考察了"gum"与"合成胶""树胶"的关系以及"xanthan gum"与"黄原胶""合成生物聚合胶"的关系,认为修改后的内容没有超出原说明书和权利要求书记载的范围。(撰稿人:任晓兰　周　航)

## 3. 分案申请

分案申请的修改依据是原申请申请日提交的说明书、权利要求书和附图。

【案例】　含有胰岛素类似物的药物制剂的制备方法（第8517 号无效宣告请求审查决定）

2006 年 6 月 21 日,专利复审委员会作出第 8517 号无效宣告请求审查决定,涉及名称为"含有胰岛素类似物的药物制剂的制备方法"的 96106635.0 号发明专利。本专利申请日为 1990 年 2 月 8 日、申请号为 90101415.X、名称为"胰岛素类似物"的专利申请（下称"原申请"）的分案申请,分案申请的提交日为1996 年 5 月 23 日。本专利授权公告文本的权利要求 1 内容如下:

"1. 一种制备药物制剂的方法,该方法包括使具有治疗活性的式（I）胰岛素类似物或其可药用盐与一种或更多种可药用的

**赋形剂或载体混合：**

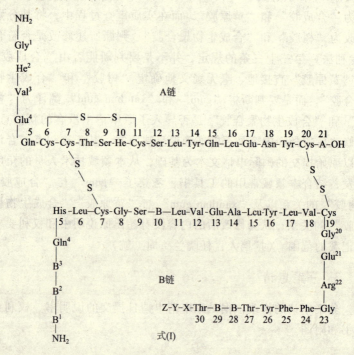

式(I)

其中 A21 是天冬酰胺、丙氨酸或甘氨酸；B1 是苯丙氨酸、天冬氨酸或没有；B2 是缬氨酸，或 B1 没有时 B2 也没有；B3 是天冬酰胺或天冬氨酸；B10 是组氨酸或天冬氨酸；B28 是任何氨基酸；B29 是 L-脯氨酸或 D-赖氨酸；Z 是 -OH；X 是 Arg-Arg 或是没有；Y 只有当有 X 时才有，若有 Y 的话，Y 是 Glu 或一种氨基酸顺序，该顺序含有所有或部分如下顺序：

Glu-Ala-Glu-Asp-Leu-Gln-Val-Gly-Gln-Val-Glu-Leu-Gly-Gly-Gly-Pro-Gly-Ala-Gly-Ser-Leu-Gln-Pro-Leu-Ala-Leu-Glu-Gly-Ser-Leu-Gln-Lys-Arg，该顺序从氨基末端 Glu 开始。"

请求人的无效宣告请求理由之一是：权利要求 1 保护一种制备药剂的方法，但原申请说明书没有对制备方法的描述，并且，从原申请说明书记载的"药物组合物"也不能导出权利要求 1 中的"制剂"，因此，权利要求 1 不符合《专利法》第三十三条的规定。

专利权人认为：① 本案为分案申请，其中对文本的修改仅有一次，发生在实质审查程序中答复"第一次审查意见通知书"时，专利权人将权利要求中的"L－赖氨酸"删除，该修改符合《专利法》第三十三条的规定，且请求人对此并未提出质疑，因此本案不存在不符合《专利法》第三十三条的问题；② 请求人提出的权利要求中"药物制剂"的变动发生在提出分案申请之时，与《专利法》第三十三条的规定无关，虽然《专利法实施细则》第四十三条第一款规定分案申请不得超出原申请公开的范围，但该条款不是《专利法实施细则》第六十四条第二款规定的无效理由，因此对于请求人提出本专利不符合《专利法》第三十三条的无效理由不应审理；③ 本专利说明书第 1～10 页的描述以及实施例 1～28 和说明书第 83～84 页的内容为本专利权利要求涉及的制备方法提供了依据，因此本专利也符合《专利法》第三十条的规定。

经过审查，合议组作出第 8517 号无效宣告请求审查决定，其中关于《专利法》第三十三条的无效宣告请求理由，决定中的主要认定如下。

（1）关于无效理由

合议组认为，《专利法》第三十三条是对所有专利申请文件进行修改所作出的规范，无论是普通申请、PCT 申请还是分案申请，均应符合该条款的规定。由于分案申请基于原说明书且享有原申请的申请日，属于对专利申请文件进行修改的一种特殊形式，因此《专利法实施细则》第四十三条第一款明确规定，分案申请不得超出原申请公开的范围，并且《专利法实施细则》

第五十三条中将不符合《专利法实施细则》第四十三条第一款
与不符合《专利法》第三十三条同时列为应当予以驳回的情形。
也就是说，申请人在提交分案申请时如果对申请文件进行的修改
超出原申请的范围同样不能被授予专利权。因此，合议组对专利
权人有关分案申请不适用于《专利法》第三十三条规定的主张
不予支持。

（2）关于"制剂"的修改是否超范围

本专利原申请说明书第 6 ~ 12 页记载了本发明式（I）胰岛
素类似物及其可药用盐的结构，第 16 ~ 79 页和附图 1 ~ 20 给出
了制备发明式（I）胰岛素类似物的实施例，第 85 ~ 87 页记载了
如何将式（I）胰岛素类似物及其可药用盐与医药上可接受的赋
形剂或载体相混合获得药剂，第 83 ~ 84 页记载了胰岛素类似物
的治疗活性。

由上内容可以看出，本专利原申请说明书中对于由式（I）
胰岛素类似物和药用赋形剂或载体混合而得的产品采用了"药物
组合物""药剂""给药配方"等不同的表述方式，但从说明书
中可以理解出，这种经混合得到的产品是用具有治疗活性的药物
成分制成的，用以达到治疗或预防目的的药剂。虽然未使用"药
物制剂"这一措辞，但根据上述引用原说明书的内容可知，原说
明书中所采用的"药物组合物""药剂""给药配方"等不同的
表述方式与附件 2、3 中所述制剂的实质含义是相同的，所以权
利要求 1 中使用的"药物制剂"的称谓可以毫无疑义地从原说明
书记载的内容中确定，并未超出原说明书记载的范围。因此，请
求人提出的这一无效理由不成立。

【案例评析】

本案主要用于说明分案申请的修改依据问题。

分案申请是申请人在原始提交的申请文件的基础上，对于例

如由于单一性问题而不能在原申请文件中予以保护的发明，主动或者按照审查员的要求另行提出的一件专利申请，可以将分案看作对原申请文件进行修改的一种特殊形式，分案申请享受原申请的申请日，因此，无论是在提出分案申请时，还是在分案申请的审查过程中，申请人对申请文件进行修改都必须依据原申请申请日提交的说明书、权利要求书和附图。

由于分案申请是对原申请文件进行修改的一种特殊形式，而《专利法》第三十三条是对申请文件修改的根本要求，是依据《专利法实施细则》第四十三条第一款进行分案的基础，因此，根据《审查指南》第二部分第六章第3.3节的规定，在分案申请的审查过程中，如果申请人的修改超出了作为分案基础的原始申请记载的范围，则审查员既可以适用《专利法》第三十三条的规定，也可以适用《专利法实施细则》第四十三条第一款的规定。因此，虽然《专利法实施细则》第六十四条第二款有关无效宣告请求的理由的规定中只列出了《专利法》第三十三条的规定，未列出《专利法实施细则》第四十三条第一款的规定，但对于分案申请的修改超出原始申请文件记载的范围的，不可以该修改不符合《专利法》第三十三条的规定为由提起无效宣告请求。

由此可见，在分案申请的无效宣告请求程序中，如果请求人提出的无效宣告请求理由是分案申请的修改不符合《专利法》第三十三条的规定，合议组不应当以分案申请不适用《专利法》第三十三条的规定为由拒绝审查该理由；而如果请求人提出的无效宣告请求理由是分案申请的修改不符合《专利法实施细则》第四十三条第一款的规定，则合议组也不应当以该理由不属于《专利法实施细则》第六十四条第二款规定的无效宣告理由为由而拒绝对其进行审查，而是应当比照《审查指南》第四部分第三章第4.1节的规定，依职权审查所述修改是否符合《专利法》第三十三条的规定。

因此，在本案中，合议组审查了请求人关于本专利不符合《专利法》第三十三条规定的无效宣告请求理由，并依据原申请说明书记载的内容作出了修改没有超范围的认定。（撰稿人：任晓兰）

## 二、不能作为修改依据的内容

### 1. 摘要和基于附图测量的尺寸参数

【案例】 环锯（第 6732 号复审请求审查决定）

2005 年 8 月 9 日，专利复审委员会针对发明名称为"环锯"的 97111342.4 号发明专利申请作出第 6732 号复审请求审查决定。本申请涉及一种可用于切割圆弧柱面的柔性薄环刀具（又称环锯），其端面镶有切割刀块。在说明书摘要中提到，所述切割刀块为金刚石刀块，镶有所述切割刀块的环锯能对石材等进行长度大于 3m 的弧形柱面锯割。

在实质审查程序中，国家知识产权局原审查部门以本申请公开不充分，不符合《专利法》第二十六条第三款规定为由驳回了本申请。

复审请求人不服上述驳回决定，向专利复审委员会提出复审请求。在复审程序中，为了克服"复审通知书"指出的说明书不符合《专利法》第二十六条第三款规定的缺陷，复审请求人于 2005 年 1 月 3 日提交了修改的说明书替换页，在说明书中增加了诸多内容。针对上述修改，专利复审委员会于 2005 年 3 月 9 日第二次发出"复审通知书"，指出所述修改不符合《专利法》第三十三条的规定。为此，复审请求人于 2005 年 4 月 9 日再次修改说明书，修改包括：将说明书第 1 页第 1 行中的"刀具"修改为"金刚石刀具"；在第 16 行中增加"环锯采用焊接金刚石刀块的结构"；将第 23～24 行的内容修改为"说明书附图已清楚地示出：环锯基体厚度约为其直径的 1%，这样的基体厚度已能可靠地焊接金刚石刀块"；将第 31 行的内容修改为"……能锯割长度大于 3m 的石材圆弧柱面的金刚石刀具"。

合议组经审查认为，复审请求人于 2005 年 4 月 9 日提交的修改说明书中存在超出原说明书和权利要求书记载范围的内容，例如：对于第 1 页第 23～24 行的"说明书附图已清楚地示出：环锯基体厚度约为其直径的 1%，这样的基体厚度已能可靠地焊接金刚石刀块"，根据《审查指南》第二部分的相关规定，说明书附图的作用在于使人能够直观地、形象化地理解发明的每个技术特征和整体技术方案，但是在修改申请文件时，不允许增加通过测量附图得出的尺寸参数技术特征。说明书第 1 页第 23～24 行的修改内容并不能由说明书附图直接地、毫无疑义地确定，因此超出了原说明书和权利要求书记载的范围。

另外，根据《审查指南》第二部分第二章第 2.4 节的规定，说明书摘要的内容不属于发明或者实用新型原始公开的内容，不能作为以后修改说明书或者权利要求书的根据，也不能用来解释专利权的保护范围。然而，在复审请求人于 2005 年 4 月 9 日提交的修改说明书中存在多处依据说明书摘要部分所作的修改，例如：第 1 页第 1 行中的"金刚石刀具"；第 1 页第 16 行的"环锯采用焊接金刚石刀块的结构"；第 1 页第 31 行的"能锯割长度大于 3m 的石材圆弧柱面的金刚石刀具"等，这些内容仅仅记载在申请日提交的说明书摘要中，而未记载在原说明书和权利要求书中，并且不能由原说明书和权利要求书所记载的内容直接地、毫无疑义地确定。

基于以上理由，合议组认为，复审请求人于 2005 年 4 月 9 日提交的修改的说明书超出了原说明书和权利要求书记载的范围，不符合《专利法》第三十三条的规定，并以此理由维持了驳回决定。

【案例评析】

本案涉及在判断修改是否超范围时应当注意的两类不能作为修改依据的内容。

（1）说明书摘要不能作为修改申请文件的依据

根据《审查指南》第二部分第八章第5.2.1节、第二部分第二章第2.4节的规定，审查修改是否符合《专利法》第三十三条的依据是申请人在申请日提交的原说明书（包括说明书附图）和权利要求书记载的范围，但不包括说明书摘要（包括摘要附图）。这是因为，说明书摘要是说明书记载内容的概述，仅提供一种技术信息，不具有法律效力；摘要的内容不属于发明或者实用新型原始记载的内容，不能作为以后修改说明书或者权利要求书的依据，在专利被授权后也不能用来解释专利权的保护范围。

本案中，原说明书和权利要求书中仅提到柔性薄环刀具在其端面镶有切割刀块，没有载明其具体材质为金刚石，而关于所述切割刀块的具体材质为金刚石、所述刚石刀块通过焊接镶在柔性薄环刀具的一端以及具有所述金刚石刀块的环锯能锯割长度大于3m的石材圆弧柱面等信息仅仅出现在说明书摘要中，将这些内容补入到说明书和/或权利要求书中是不允许的。

（2）基于说明书附图测量的尺寸参数不能作为修改申请文件的依据

说明书附图是说明书的一个重要组成部分，其作用在于用图形补充说明书文字部分的描述，使人能够直观、形象地理解发明或者实用新型的每个技术特征及整体技术方案。但是，说明书附图仅仅是示意性的，因此，不允许将通过对附图进行测量而得到的具体尺寸参数增加到申请文件中（参见《审查指南》第二部分第八章第5.2.3.1节）。

本案中，说明书附图仅示意性地给出了环锯的结构（图1），可以看出该环锯的厚度比其直径要薄得多，但原说明书乃至权利要求书中对于环锯的结构尺寸参数未作任何记载，故无法得知该环锯与直径的具体比例关系。在此情况下，复审请求人在说明书第1页第23~24行增加了"说明书附图已清楚地示出：环锯基体厚度约为其直径的1%"，表明其修改添加的有关环锯基体厚度与其直径比例关系为1%的内容是从说明书附图得到的，但由于说明书附图中并未明确标注上述数据，故该数据只是复审请求人根据附图示意性表示的结构估计出或测量得到的，不属于依据原权利要求书和说明书记载的范围能直接、毫无疑义地确定的内容，因此该修改不能被允许。（撰稿人：任晓兰）

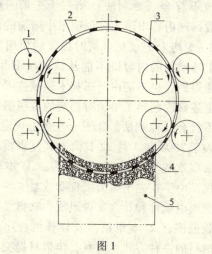

图1

## 2. 优先权文件

【案例】 软件广告（第8766号复审请求审查决定）

专利复审委员会于2005年12月19日作出的第8766号复审请求审查决定涉及名称为"软件广告"的03105381.5号发明专利申请。本申请的申请日为2003年2月27日，其要求了2002年7月9日提出的02123947.9号实用新型专利申请的优先权。

申请人于申请日提交的申请文件包括：说明书 1 页、权利要求书 1 页、说明书摘要 1 页。2003 年 11 月 14 日，申请人对申请文件进行了主动修改，提交了修改的说明书和说明书附图 1。国家知识产权局专利实质审查部门认为上述修改不符合《专利法》第三十三条的规定，于 2004 年 1 月 30 日发出"第一次审查意见通知书"。申请人于 2004 年 2 月 10 日对上述审查意见进行了答复，再次提交了修改的说明书和说明书附图 1~5。

针对申请人于 2004 年 2 月 10 日提交的说明书及其附图、申请日提交的权利要求书和说明书摘要，国家知识产权局专利实质审查部门以修改不符合《专利法》第三十三条的规定为由，驳回了本申请，驳回理由：申请人在说明书中增加的内容以及增加的说明书附图 1~5 均未记载在申请时提交的说明书和权利要求书中，同时，上述增加的内容既不能从该说明书和/或权利要求书中直接明确地得到，也不能由所属技术领域技术人员的常识直接获得，因此上述修改超出了申请时提交的说明书和权利要求书记载的范围，不符合《专利法》第三十三条的规定。

复审请求人于 2004 年 3 月 22 日向专利复审委员会提出了复审请求，随后又多次提交意见陈述，认为：① 本申请要求了在先申请的优先权，由于在先申请由纸件和软盘文件共同组成，因此，本申请也应当由纸件和软盘文件组成，软盘文件的记载内容应属于原始记载范围；② 本申请涉及计算机程序的发明，软盘文件是说明书撰写的一种方式，并且，申请日提交的说明书中已经指出了软盘文件的存在，因此，纸文件与软盘文件应当均构成审查的基础；③ 在先申请已经披露了在后申请权利要求的各个要素，说明书中增加的内容及增加的说明书附图可以由软盘文件中记载的内容直接确定。因此，本申请的修改符合《专利法》第三十三条的规定。

专利复审委员会经审查认为：① 根据《专利法》以及《审查指南》的相关规定，无论在先申请以何种形式提交，其内容仅是判断是否享有优先权的基础，并不能作为在后说明书的组成部分，判断对申请文件的修改是否超出原申请文件记载的范围的基准应当是申请日提交的说明书和权利要求书；② 虽然本申请涉及计算机程序的发明，但根据规定所提交的申请文件也应该包括该专利申请几个部分的纸质申请文件，判断申请文件的修改是否超范围的基准也应该是申请日提交的申请文件，更何况无论从本申请的请求书的附件清单还是复审请求书所附的附件清单来看，请求人在申请日均未提交软盘文件；③ 与申请日提交的申请文件相比，请求人于 2004 年 2 月 10 日提交的修改文本中增加的内容均未记载在申请时提交的说明书和权利要求书中，同时也不能从该说明书和/或权利要求书中直接明确地确定。因此所述修改超出了申请时提交的说明书和权利要求书记载的范围，不符合《专利法》第三十三条的规定，在此基础上合议组维持驳回决定。

**【案例评析】**

本案的争议焦点是：优先权文本能否作为修改申请文件的依据。

（1）优先权原则

优先权原则源于 1883 年签订的《保护工业产权巴黎公约》第四条，所谓"优先权"，是指申请人在一个缔约国首次提出申请后，可以在一定期限内就同一主题在其他缔约国申请保护，其在后提出的申请在某些方面被视为是在首次申请日提出的。我国《专利法》第二十九条第一款中规定："申请人自发明或者实用新型在外国第一次提出专利申请之日起十二个月内，或者自外观设计在外国第一次提出专利申请之日起六个月内，又在中国就相同主题提出专利申请的，依照该外国同中国签订的协议或者共同参加的国际条约，或者依照相互承认优先权的原则，可以享有优先权。"这种优先权，称为外国优先权。

　　随着专利制度的发展，优先权原则不再仅局限于外国申请人，其优惠待遇进一步被应用于本国申请人。我国《专利法》第二十九条第二款中规定："申请人自发明或者实用新型在中国第一次提出专利申请之日起十二个月内，又向国务院专利行政部门就相同主题提出专利申请的，可以享有优先权。"这种优先权，又称本国优先权。

　　（2）优先权的效力

　　根据《审查指南》第二部分第三章第4.1.3节的规定，无论是外国优先权还是本国优先权，在申请人首次提出申请后，就相同主题的发明创造在优先权期限内向中国提出申请的，都看作是在该首次申请的申请日提出的，不会因为在优先权期限内他人就相同主题提出申请、公布或者利用这种发明创造而失去效力。因此，从某种程度上讲，优先权是一种抗辩权或者对抗权，用于对抗优先权期限内他人所作出的对申请人不利的行为。

　　（3）部分优先权和多项优先权

　　享有优先权的条件之一是作为优先权基础的外国或者中国首次申请（下称"在先申请"）中应当记载与要求优先权的在后申请（下称"在后申请"）相同主题的发明创造，但是，并不要求二者在文字记载和叙述方式上完全相同。

　　根据在先申请与在后申请所记载技术方案的不同，可能存在一件在后申请要求多项优先权或者在后申请仅有一部分享有优先权的情形，也可能存在一项在先申请可以成为多项在后申请优先权基础的情形。例如，假设在先申请1记载了两项不具备单一性的技术方案A和B，在先申请2记载了技术方案C，在后申请1记载了技术方案A和D，在后申请2记载了技术方案B和C，在此情况下，在后申请1中的技术方案A可以享有在先申请1的优先权，技术方案D则不能享有在先申请1的优先权（即部分优先权）；在后申请2既可以享有在先申请1的优先权，又可以享有在先申请 2 的优先权（即多项优先权）；相应的，在先申请 1 既可以成为在后申请 1 的优先权基础，又可以成为在后申请 2 的优先权基础。

（4）作为优先权基础的在先申请与在后申请之间的关系

设立优先权原则最初的目的是为了便于缔约国国民在其本国提出专利或商标申请后向其他缔约国提出申请。之后，随着本国优先权的适用，优先权实际上成为了保护申请人利益的一种途径，这一保护更多体现在时间宽限的优惠待遇上。作为优先权基础的在先申请与要求优先权的在后申请本质上仍然属于两项不同的申请。享有优先权最重要的一个条件，即发明创造的主题相同。所谓相同主题，也仅是指技术领域、所解决的技术问题、技术方案和预期的效果相同，既未要求其表述方式上完全相同，也未要求其内容完全一致或对应。在此情况下，在在后申请的审查过程中，如果允许将优先权申请文件作为在后申请修改的基础，将仅记载在优先权申请文件中的内容补充记载到在后申请文件中，一方面将会不恰当地扩大优先权的优惠范围，违背优先权原则的立法宗旨；另一方面也将会使依赖于在后申请文件的善意第三人的利益受到损害。因此，《审查指南》第二部分第八章第5.2.1 节规定："申请人向专利局提交的申请文件的外文文本和优先权文件的内容，不能作为判断申请文件的修改是否符合专利法第三十三条规定的依据。"

具体到本案，本申请要求了在先申请的本国优先权，虽然作为优先权基础的在先申请的申请文件中包括有纸件文件和软盘文件，但这些申请文件中记载的内容仅能作为在先申请文件的内容，本申请的修改依据应为提交该申请时的申请文件。因此，复审请求人声称其在该申请文件中增加的内容属于在先申请原始记载范围，因而可以补充记载到在后申请文件中的主张不能被接受。（撰稿人：任晓兰）

# 第二节　修改超范围的判断原则

在明确了修改超范围的判断依据之后，本节主要介绍修改超范围的判断标准问题，即，在可以作为修改依据的内容基础上，如何判断修改是否超出了该修改依据的范围。下文中所说的原说明书和权利要求书（或原始申请文件、原申请文件）均是指按照本章第一节介绍的可以作为修改依据的说明书（包括附图）和权利要求书内容。根据《审查指南》第二部分第八章第 5.2.1 节的规定，申请人无论对申请文件进行主动修改，还是按照"审查意见通知书"的要求进行修改，都不得超出原说明书和权利要求书记载的范围。原说明书和权利要求书记载的范围包括两部分内容：① 原说明书和权利要求书文字记载的内容；② 根据原说明书和权利要求书文字记载的内容以及说明书附图能直接地、毫无疑义地确定的内容。

因此，在判断修改是否超出原说明书和权利要求书记载的范围时，通常应当从以下两个层面进行考虑：① 修改后的内容在原说明书和权利要求书中是否存在一致的或基本一致的表述，即判断修改后的内容是否属于明确公开的内容；② 如果不存在一致的或基本一致的表述，能否从原说明书和权利要求书文字记载的内容和说明书附图中直接地、毫无疑义地确定出修改后的内容。如果修改后的内容在原说明书和权利要求书中有相应的（一致或基本一致的）文字记载，或者能从其中直接地、毫无疑义地确定，则修改符合《专利法》第三十三体条的规定；反之，如果申请的内容通过增加、改变和/或删除其中的一部分，致使所属领域的技术人员看到的信息与原申请文件记载的信息不同，而且又不能从原申请文件记载的信息中直接地、毫无疑义地确定，则修改不符合《专利法》第三十三条的规定。以上就是判断修改是否超范围应当遵循的基本原则。实际上，修改内容在原说明书和权利要求书中有相应文字记载的情况也属于能够从原说明书和权利要求书中直接地、毫无疑义确定的情况的一种，因此，上述超范围的基本判断原则一般可叙述为："判断修改内容是否能够从原权利要求书和说明书包括附图的内容中直接地、毫无疑义地确定"，简称为"直接毫无疑义确定"的判断原则。

由上可知，"直接毫无疑义确定"判断原则包括了判断修改内容在原说明书和权利要求书中是否明确记载和根据原说明书和权利要求书文字记载的内容以及说明书附图能直接地、毫无疑义地确定的内容。前一种明确记载的情况在审查实践中通常很容易得出判断结论，因为文字记载的内容是直观而明确的，易存在分歧的往往是后一种情况。

至于上述后一种情况，类似于欧洲专利申诉委员会判例T823/96中所谓"隐含公开的内容"，该判例将其解释为仅指没有明确记载但是根据明确记载的内容能够清楚地、毫无疑义地导出的信息，同时必须考虑公知常识以决定从文件的明确记载的内容中能清楚地、毫无疑义地导出什么内容。然而，这一信息与根据原申请文件公开的内容结合公知常识的教导能够显而易见的内容有严格的界线，判例T329/99指出，某特定的技术方案基于原始申请的内容可能是明显的，但是其如果不属于申请所明确记载或隐含公开的内容，仍然不能作为修改的基础。

日本特许厅也有类似的规定，其审查指南将"隐含公开"定义为"无证自明的事项"，即，虽然某事项未明确记载在原申请文件中，但接触到该原申请文件的本领域技术人员按照申请时的技术常识，理解其明显是该含义，等同于该事项已经记载在原申请文件中。需要指出的是，那些虽然一经加以解释就可以简单理解的内容不能称之为是自明的，比如，公知常识或惯用技术在判断过程中起到供参照、辅助判断的作用，并不意味着可以将公知常识或惯用技术补入申请文件中，为了解释这一点，其审查指南给出一个例子："化学物质的熔点属于化学物质的固有属性，但是也不允许就这些物性进行追加"。

"直接地、毫无疑义地确定"毕竟是个较为抽象和主观的概念，欧洲专利局和日本特许厅的相关解释和案例具有一定的指导意义。实际上，各国实际审查时的具体适用情况仍然有所不同，普遍认为，欧洲专利局和日本特许厅在其国内司法系统的干预之下，掌握尺度稍微宽松一些，更偏重于强调修改内容的合理性，一般来说这更有利于申请人；相比之下，我国对上述原则具体适用的掌握尺度更严格一些，在追求合理解释的同时还要强调修改内容与原说明书和权利要求书公开内容的唯一对应性。

上述判断原则虽然存在着一些差异，但世界各国在关于修改问题的判断主体、判断对象以及判断依据上都是一致的，即，判断能否"直接地、毫无疑义地确定"的主体是"所属领域技术人员"；判断的对象是修改之后的内容；判断依据是原申请文件的说明书、权利要求书和附图中公开的所有内容。所以，判断时要注意从所属领域技术人员的角度出发，结合所属领域的公知常识来整体理解原申请文件的内容。

此外还需一提的是，在《审查指南》2001年版中，使用的是"直接地、毫无意义地导出"的标准来判断修改是否超范围，虽然"导出"与《审查指南》2006年版的"直接地、毫无疑义地确定"中使用的"确定"一词在字面含义上有所不同，但就审查实践中掌握的尺度来看，《审查指南》修改前后对于《专利法》第三十三条的审查标准并无明显差异，因此，可将以下案例中提及的"导出"与"确定"仅理解为字面差异，两者并无实质性区别。

【案例1】　附着纤维素薄膜的具有气泡的薄膜状肥皂（第4985号复审请求审查决定）

2004年8月3日，专利复审委员会作出第4985号复审请求审查决定，涉及发明名称为"附着纤维素薄膜的具有气泡的薄膜状肥皂"的97104205.5号发明专利申请。

国家知识产权局原审查部门于2003年11月7日驳回了本申请。驳回决定认为，申请人在权利要求1和说明书中增加的"总的百分含量为100%"这一具体的描述，并未在原说明书和权利要求书中明确记载，也不能由原说明书和权利要求书记载的内容直接、唯一地得出，因此这种修改超出了原始说明书和权利要求书记载的范围，不符合《专利法》第三十三条的规定。

复审请求人向专利复审委员会提出复审请求，认为添加到权利要求1中的技术特征"总的百分含量为100%"未超出原说明书和权利要求书记载的范围，上述特征是本领域的技术人员可以直接且唯一地从原说明书和权利要求书中毫无疑义地导出的，因为对于一种组合物来说，其所有组成成分的百分含量之和，即总的百分含量一定是100%，这对于本领域的技术人员是常识，因此，驳回理由不成立。

经审查，复审委员会认为，对于任何一种组合物来说，其所有组成成分的百分含量之和，即总的百分含量一定是100%，这是本领域技术人员的公知常识，允许申请人将"总的百分含量为100%"的措辞添加到权利要求1和说明书的相应部分中，这种修改可以从原申请公开的信息中直接地、毫无疑义地导出，未超出原始公开的范围，符合《专利法》第三十三条的规定。

【案例评析】

本案的争议焦点为申请人在权利要求1和说明书中增加的"总的百分含量为100%"是否属于能够从原申请文件中直接地、

毫无疑义地确定的内容，即所谓"隐含公开"的内容。由于本案权利要求 1 请求保护的是一种附着纤维素薄膜的具有气泡的薄膜状肥皂，从权利要求的特征部分和说明书的内容可知，该薄膜状肥皂是一种组合物，而对于本领域技术人员来说，组合物各组分百分含量之和等于 100% 是公知常识，也是无需证明的，能够从原申请文件记载的内容中直接地、毫无疑义地确定，属于原申请文件中"隐含公开"的内容。因此，该修改并未超出原申请文件记载的范围，应予允许。（撰稿人：任晓兰　崔国振）

【案例 2】　新型传动机构（第 12569 号复审请求审查决定）

2008 年 1 月 7 日，专利复审委员会针对发明名称为"新型传动机构"的 03117259.8 号发明专利申请作出第 12569 号复审请求审查决定。本申请涉及一种传动机构，其有机座和托轮，承传带绕在两个托轮上并托承着工作机的滚筒（图 1 和图 2）。通过由两个托轮与承传带组成的托轮组，所述新型传动机构可以取代现有技术中使用的齿轮传动机构。申请原始提交的权利要求 1 的内容为：

"1. 一种新型传动机构，它有机座和托轮，其特征在于承传带绕在两个托轮上并托承着工作机的滚筒转动。"

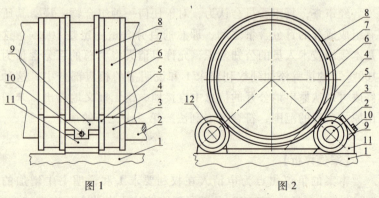

图 1　　　　　　　　　　　　图 2

图中标记：1：机座；3：托轮；4：传承带；5：托圈；6：工作机滚筒

在实质审查过程中，国家知识产权局原审查部门指出上述权利要求 1 不具备创造性，申请人为克服该问题对申请文件进行了修改，在上述权利要求 1 中增加了"滚筒同时支承在承传带和托轮上"的技术特征。

针对以上修改，国家知识产权局专利实质审查部门以修改不符合《专利法》第三十三条的规定为由作出驳回决定。驳回决定认为：权利要求 1 中的特征"滚筒同时支承在承传带和托轮上"在原始说明书和权利要求书中没有记载，而且，与原始说明书记载的"两托轮不直接受重"相矛盾，因此，所述修改超出了原始说明书和权利要求书记载的范围。

复审请求人向专利复审委员会提出复审请求。经审查，专利复审委员会认为：在判断专利申请文件的修改是否超出原说明书和权利要求书记载的范围时，应将说明书（包括说明书附图）作为一个整体来考虑，也就是说，应从说明书文字及说明书附图实质公开的技术内容考虑，必要时结合本领域的技术常识，而不是仅仅从字面上理解。就本案而言，首先，权利要求 1 的特征"滚筒同时支承在承传带和托轮上"虽然在原始说明书文字中没有明确记载，但是原始说明书第 1 页最后一段在描述本申请传动机构的安装过程时提到"把滚筒吊装到托轮及承传带上"；其次，原始说明书附图也显示，承传带支承着滚筒，承传带压在托轮上；再者，结合本领域的常识分析可知，滚筒虽然直接压在承传带上，但是通过承传带将大部分重量转移到托轮上，即滚筒的重量实质上是由承传带和托轮共同支承的，即权利要求 1 的特征"滚筒同时支承在承传带和托轮上"能够根据说明书上下文、附图结合本领域常识直接地、毫无疑义地确定。至于原始说明书记载的"两托轮不直接受重"从字面上来看似乎与修改后的权利要求的文字描述不一致，但是本领域技术人员结合其上下文以及说明书附图、本领域常识，能够理解原文表达的含义是两托轮不直接承受大部分重量，大部分重量是通过承传带传递给托轮，即托轮间接承受大部分重量。这与权利要求 1 描述的含义实质上是相同的，故合议组认为涉及上述技术特征修改后的权利要求 1 没有超出原始说明书和权利要求书的记载范围，符合《专利法》第三十三条的规定，并在此基础上撤销了驳回决定。

【案例评析】

判断修改是否符合《专利法》第三十三条规定的一个重要原则，就是判断修改后的内容是否为原申请文件中隐含公开的内容。在此过程中，应当以本领域技术人员为判断主体，将原说明书（包括说明书附图）和权利要求书作为一个整体，从整体上判断原申请文件公开了哪些内容，而不能断章取义，仅仅考虑申请文件的局部内容，而且，必要时还应当结合本领域的技术常识以及本领域中对某些措辞或图示的常规理解。

本案中，对于权利要求 1 中增加的特征"滚筒同时支承在承传带和托轮上"，合议组首先考查了其在原说明书和权利要求书中没有直接的文字记载，基于此，合议组对原说明书及说明书附图的整体内容进行了分析，通过分析发现，从所述传动机构的结构组成、安装过程以及本领域技术人员依据其常识对附图的理解，本领域技术人员可以得出唯一的结论，即，在传动机构中，当滚筒被吊装到托轮及承传带上时，虽然滚筒直接压在承传带上，但由于承传带绕在两个托轮上并压着所述托轮，因此，滚筒的重量实际上通过承传带传递给托轮，从而导致托轮和承传带共同支承起滚筒的重量，这与权利要求 1 中增加的特征"滚筒同时支承在承传带和托轮上"的含义完全一致。基于上述分析，合议组认定修改后的权利要求 1 并未超出原说明书和权利要求书记载的范围，符合《专利法》第三十三条的规定。

对于上述情况，若没有整体考虑原申请文件的信息，而将措辞"支承"理解为直接接触,认为修改后的特征"滚筒同时支承在承传带和托轮上"意指滚筒同时与承传带和托轮直接接触,则该理解会与原说明书中记载的"两托轮不直接受重"含义相矛盾。显然合议组基于原申请文件整体考查得出的结论更加合理。(撰稿人:任晓兰)

【案例3】 用于分析物测定的电化学测试条带(第 10633 号复审请求审查决定)

2007 年 4 月 26 日,专利复审委员会作出第 10633 号复审请求审查决定。该决定涉及申请号为 01803358. X、名称为"用于分析物测定的电化学测试条带"的发明专利申请。本申请原始提交的权利要求 1 内容如下:

"1. 一种电化学测试条带,该条带包括:

(a)一反应区,该反应区由相对的工作电极和参比电极以及隔离所述电极的间隔层限定而成,其中所述第一电极和第二电极中至少一个的表面经过了均一表面修饰层修饰,该修饰层由线性自 - 组装分子组成,该分子具有一第一巯基末端基团和一第二磺酸盐末端基团,其中所述巯基末端基团和磺酸盐末端基团被一低聚烷基连接基团分隔;以及

(b)存在于所述反应区中的氧化还原试剂系统,其中所述氧化还原试剂系统包括至少一种酶和一种介质。"

在实质审查过程中,为了克服审查员指出的权利要求 1 不具备创造性的缺陷,申请人对权利要求 1 进行了修改,将(a)中"所述第一电极和第二电极中至少一个的表面"修改为"所述参比电极的表面",将(b)中"存在于所述反应区中的氧化还原试剂系统"修改为"所述工作电极的表面上存在氧化还原试剂系统"。

国家知识产权局专利实质审查部门以该权利要求 1 及其从属

权利要求不具备创造性驳回了本申请。

复审请求人不服该驳回决定，提出复审请求。经过审查，专利复审委员会在"复审通知书"中指出：权利要求 1 中"所述参比电极的表面经过了均一表面修饰层修饰"以及"所述工作电极的表面上存在氧化还原试剂系统"这样一种组合方案并没有记载在原始申请文本中，也不能由原始申请文本直接唯一地确定，因此修改不符合《专利法》第三十三条的规定。

然而，复审请求人则认为权利要求 1 的修改未超出原申请记载的范围，主要理由是：权利要求 1 中特征（a）、（b）的修改缩小了保护范围，其中特征（a）公开了所述参比电极的表面经过了均一表面修饰层修饰，此种实施方式包括在原权利要求 1 "所述第一电极和第二电极中至少一个的表面经过了均一表面修饰层修饰"范围之内；特征（b）记载了工作电极的表面上存在氧化还原试剂系统，而原权利要求 1 中的特征（b）要求氧化还原试剂系统存在于所述反应区中，鉴于工作和参比电极的表面限定反应区的顶部和底部，间隔层限定了反应区的围壁，可见氧化还原试剂系统可存在于构成反应区边界的工作电极的表面上。

最后，专利复审委员会在第 10633 号复审请求审查决定中作出如下认定：关于特征（a），原始申请的权利要求 1 记载了"所述第一电极和第二电极中至少一个的表面经过了均一表面修饰层修饰"，根据其上下文可知"所述第一电极和第二电极"指的是参比电极和工作电极，本领域技术人员可以毫无疑义地确定该内容实际上仅包括三种方案，而修改后的"所述参比电极的表面经过了均一表面修饰层修饰"选自三种方案中的一种，因此上述修改属于技术方案的删除；关于特征（b），原始申请的权利要求 1 中记载的是"存在于所述反应区中的氧化还原试剂系统"，该反应区实际上是由工作电极表面、参比电极表面和间隔层围成的立体空间，尽管工作电极表面属于该空间的一部分，但在原始申请文本没有明确指出氧化还原试剂系统存在于工作电极表面的情况下，本领域技术人员并不能直接唯一地得出上述内容，因此特征（b）的修改超出原申请文件记载的范围。基于上述理由，该复审请求审查决定维持了驳回决定。

**【案例评析】**

本案涉及有关修改超范围判断原则的具体理解和适用。

审查实践中，申请人常常会提出这样的问题：修改后的权利要求的保护范围远远小于原权利要求的保护范围，为什么审查员依然会提出修改超范围的意见？产生这一疑惑的根源实际上是混淆了"权利要求的保护范围"与《专利法》第三十三条所述的"原说明书和权利要求书记载的范围"的概念。

权利要求的保护范围是指一项权利要求中所限定的技术方案的范围，对于发明专利而言，是权利人自己主张，并且经过实质审查授予的保护依据，也是用于判定他人实施的行为是否侵权的范围。与此不同，《专利法》第三十三条所称的"原说明书和权利要求书记载的范围"是指原说明书和权利要求书通过文字、附图以及其结合所反映的信息总和，因此，无论缩小还是扩大权利要求的保护范围，只要修改的内容不能从原说明书和权利要求书所公开的信息总和中直接地、毫无疑义地确定，就属于"超范围"的修改。

如图1所示，若专利原申请说明书记载了范围C和范围B，专利权人在权利要求中只保护了范围B，并且原申请文件没有明确记载和隐含公开范围A。此时，假如第三人实施了范围A的方案，则由于范围A落入范围B内，第三人的行为侵犯了该专利权；假如第三人实施了在范围C内但在范围B之外的方案，则由于其

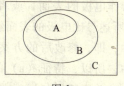

图1

实施的技术方案没有落入专利权的保护范围而不侵犯该专利权。然而，假如申请人在专利审查过程中将范围 B 修改为范围 A，则尽管范围 A 在范围 B 之内，由于原申请文件中并未明确记载范围 A，也不能从原申请文件中直接地、毫无疑义地确定其公开了范围 A，则这种限缩性修改属于超出原申请文件记载范围的修改，不符合《专利法》第三十三条的规定。

本案中，复审请求人对原始权利要求 1 的特征（a）、（b）进行了修改，将原特征（a）"所述第一电极和第二电极中至少一个的表面"修改为"所述参比电极的表面"；将原特征（b）"存在于所述反应区中的氧化还原试剂系统"修改为"所述工作电极的表面上存在氧化还原试剂系统"。复审请求人认为这两处修改均是缩小了原权利要求的范围，因此并不存在修改超范围的缺陷。复审请求人的意见实质上混淆了上述的两个"范围"的含义。因此，其关于"缩小范围的修改不属于超范围修改"的主张不能成立。

本案可能引发的另一问题是：对于特征（a）、（b）的修改，为什么二者看似属于相同性质的修改，即均是对原始保护范围进行了限缩性修改，为何审查决定未支持复审请求人关于特征（b）的修改，但对特征（a）的修改却予以支持？

关于特征（a），其修改是在原始申请文件记载的三种方案中进行的选择。原始申请文件提及的"所述第一电极和第二电极中至少一个的表面经过了均一表面修饰层修饰"，意指经过均一表面修饰层修饰的电极表面或者仅是参比电极的表面，或者仅是工作电极的表面，或者两个电极表面均经过修饰，而修改后的"所述参比电极的表面经过了均一表面修饰层修饰"属于其中一种，即，修改后的方案是在原始申请中公开的三种方案中的一种，所以，特征（a）的修改并未超出原申请文件记载的范围。

关于特征（b），是将"存在于所述反应区中的氧化还原试剂系统"修改为"所述工作电极的表面上存在氧化还原试剂系统"。虽然反应区是由工作电极表面、参比电极表面和间隔层围成，上述文字描述表明氧化还原试剂系统可能存在于工作电极表面、参比电极表面、间隔层表面或者由三者围绕的立体空间内，但是原始申请文件中并没有公开氧化还原试剂系统是存在于构成反应区的上述一个或多个表面上，还是存在于上述表面所围成的空间之中，因此，这一修改实际上是把不确定的内容变成了明确确定的内容，也就是说，修改前后的内容没有唯一的对应性，本领域技术人员从原说明书和权利要求书中不能毫无疑义地确定出上述信息，因此，对于特征（b）的修改不符合《专利法》第三十三条的规定。（撰稿人：张梅珍）

**【案例4】** 改进的墨盒以及采用该墨盒的装置（第11415号复审请求审查决定）

2007年8月9日，专利复审委员会作出第11415号复审请求审查决定，涉及名称为"改进的墨盒以及采用该墨盒的装置"的01116537.5号发明专利申请。

国家知识产权局原审查部门于2004年5月28日以本申请的修改超出原说明书和权利要求书所记载的范围，不符合《专利法》第三十三条的规定为由驳回了本申请。驳回决定所针对的权利要求1、3、7的内容如下：

"1. 一种喷墨组件，其可安装在喷墨记录装置中，墨盒能够可拆卸地安装在其上，该喷墨组件包括：

用于喷射记录用的墨的喷墨头；

供墨管，用于接收来自所述墨盒的墨，该供墨管设置在所述喷墨组件的底部，并且与所述喷墨头流体连通；

用于使所述墨盒安装到所述喷墨组件上的孔，该孔连续地形成在所述喷墨组件的顶侧和前侧内，这些顶侧和前侧是所述喷墨组件的这样的侧面，即当喷墨组件安装到所述喷墨记录装置中时，它们占据了顶部和前面的位置；

在所述顶侧上的盖，该盖在其内部具有由基本上非弹性的材料制成的驱使装置，该驱使装置设置在所述喷墨组件的顶侧和一后侧之间的至少一个内角处，该驱使装置包括一个倾斜部分，在把所述墨盒安装到所述喷墨组件的过程中，该倾斜部分增加了把所述墨盒通过所述孔插入时的阻力，该驱使装置还包括一个基本上水平的部分，用于向下驱使墨盒来安装该墨盒，以及用于与所述供墨管流体连通。"

"3. 一种根据权利要求 1 所述的喷墨组件，其中，所述盖上设有用于保持墨盒的保持装置。"

"7. 一种根据权利要求 6 所述的喷墨组件，其中，所述用于黑色墨的第一腔室的一前侧的一部分被局部地切除。"

复审请求人向专利复审委员会提出复审请求，主要理由为：权利要求 1 中的"驱使装置"是由原说明书中的"靴形部分 105"概括而来能够得到说明书的支持；权利要求 3 中的"保持装置"可由说明书中的"防错位元件 200"支持，该防错位元件 200 用于防止墨盒与保持架相错位或脱离接合；权利要求 7 中的"所述用于黑色墨的第一腔室的一前侧的一部分被局部地切除"对应于显示在图 1（c）中的凹口 112，因此对于上述技术特征的修改均符合《专利法》第三十三条的规定。

经审查，专利复审委员会本案合议组作出了维持原驳回决定的复审请求审查决定，具体理由为：权利要求 1 中的技术特征"该盖在其内部具有由基本上非弹性的材料制成的驱使装置"、权利要求 3 中的技术特征"所述盖上设有用于保持墨盒的保持装置"、权利要求 7 中的技术特征"所述用于黑色墨的第一腔室的一前侧的一部分被局部地切除"以及说明书技术方案部分中的相应内容既未明确记载在原说明书和权利要求书中，也不能从原说明书（及其附图）和权利要求书所记载的信息中直接地、毫无疑义地确定，即修改超出了原说明书和权利要求书记载的范围，这样的修改不符合《专利法》第三十三条的规定。

针对复审请求人所指出的修改对应之处，合议组认为：无论是对权利要求书的修改，还是对说明书的修改，其判断的标准都是："经修改的内容是否记载在原说明书和权利要求书中以及是否能够从原说明书和权利要求书所记载的信息中直接地、毫无疑义地确定"。因此在判断本案对权利要求的修改是否满足《专利法》第三十三条的规定时，也应当适用以上标准，而不是判断该修改后的权利要求是否能够得到说明书的支持。

《审查指南》第二部分第二章第3.2.1节规定：对于权利要求中包含的功能性限定的技术特征，应当理解为覆盖了所有能够实现所述功能的实施方式。

权利要求1中"驱使装置"实际上是一种功能性限定方式，按照《审查指南》的上述规定，该特征应当理解为覆盖了所有能够实现"驱使"功能的装置，而不应当仅限于"靴形部分105"。由于使用了"驱使装置"这样的功能性限定方式来代替原权利要求书和说明书中的"靴形部件"，致使所属技术领域的技术人员看到的信息与原申请记载的信息不同，而且又不能从原申请记载的信息中直接地、毫无疑义地确定，因此这种修改不符合《专利法》第三十三条的规定。

权利要求3中"保持装置"也是一种功能性限定的方式，该特征应当理解为覆盖了所有能够实现"保持"功能的装置，而不应当仅限于"防错位元件"。由于使用了"保持装置"这样的功能性限定方式来代替原权利要求书和说明书中的"防错位元件"，致使所属技术领域的技术人员看到的信息与原申请记载的信息不同，而且又不能从原申请记载的信息中直接地、毫无疑义地确定，因此这种修改也不符合《专利法》第三十三条的规定。

权利要求 7 中使用"所述用于黑色墨的第一腔室的一前侧的一部分被局部地切除"这样的限定方式来代替原权利要求书和说明书中的"凹口 112",由于采用"局部切除"所形成的结构与"凹口"结构并非唯一对应,即本领域技术人员由"凹口"这样的结构并不能直接地、毫无疑义地确定出"局部切除"所能形成的所有结构,因此这种修改也不符合《专利法》第三十三条的规定。

**【案例评析】**

在判断修改是否超范围时,非常容易走入的误区是将其判断标准与判断权利要求是否得到说明书支持的标准相混淆,也就是混淆《专利法》第三十三条与《专利法》第二十六条第四款之间的法律适用。本案对此给出了很好的说明。

《专利法》第三十三条和第二十六条第四款都是要获得授权的专利申请文件所必须符合的规范条款,但是这两个条款的立法目的存在根本的差异,体现在审查判断标准方面亦有较大区别。

就立法目的而言,《专利法》第三十三条主要是通过禁止专利申请人不当修改原始申请文件中记载的内容来保障先申请原则的实现,同时防止由于修改带来的权利不确定性,保护相关公众对原申请文件中记载内容的信赖利益;而《专利法》第二十六条第四款则是从权利要求的撰写角度限制权利要求书中不能出现大于其申请文件充分公开技术内容的保护范围,该条款更多的是体现专利权人与公众利益的平衡。

就审查标准而言,《专利法》第三十三条的审查对象,是作为审查文本的申请文件中相对于原始申请文件的修改内容,审查过程主要是对比该修改内容与原始申请文件公开的内容,其基本原则是修改后的内容必须能够从原申请文件中直接地、毫无疑义地确定;而《专利法》第二十六条第四款的审查对象,主要是作为审查文本的权利要求书,审查过程主要是对比权利要求书中要求保护的技术方案与说明书中充分公开的内容，其基本原则是权利要求书中要求保护的技术方案是所属领域技术人员能够从说明书中充分公开的内容中直接得到或者概括得出的。由于"直接地、毫无疑义地确定原则"相对于"直接得到或者概括得出原则"更为严格，因此，对于经过修改的申请文件而言，能够从说明书中充分公开的技术内容中概括得出的内容并非都是可以从原权利要求书、说明书及其附图中直接地、毫无疑义地确定的信息。此外，由于《专利法》第三十三条解决的是作为审查基础的审查文本问题，因此该条款的审查通常要先于《专利法》第二十六条第四款的审查。

　　就本案而言，即使如复审请求人所言，权利要求1中的"驱使装置"是由原说明书中的"靴形部分105"概括而来；权利要求3中的"保持装置"可由原说明书中的"防错位元件200"概括得出；权利要求7中的"一部分被局部地切除"对应于原说明书中的"凹口112"能够得到说明书的支持支持。但是，由于修改后的相关内容既未明确地记载在原说明书和权利要求书中，也不能从原说明书（及其附图）和权利要求书所记载的信息中直接地、毫无疑义地确定，因此上述修改超出了原说明书和权利要求书记载的范围，不符合《专利法》第三十三条的规定。（撰稿人：崔国振）

# 第三节　典型的修改类型

　　《审查指南》第二部分第八章第5.2.2节和第5.2.3节从"允许的修改"和"不允许的修改"两个方面对于符合和不符合《专利法》第三十三条规定的修改作出了列举式规定。一般来说，从申请文件的类型划分，修改分为对说明书及其摘要的修改和对权利要求书的修改；从修改的方式划分，修改通常可分为增加、改变和/或删除。

　　无论属于哪种修改方式，依据修改的总原则，凡是对说明书（及其附图）和权利要求书作出不符合《专利法》第三十三条规定的修改，均是不允许的。具体来说，如果申请的内容通过增加、改变和/或删除其中的一部分，致使所属技术领域的技术人员看到的信息与原申请记载的信息不同，而且又不能从原申请文件记载的信息中直接地、毫无疑义地确定，那么，这种修改就是不允许的；反之则是允许的。

　　本节将从修改方式的角度讨论几类常见修改类型的判断。

## 一、增加

### 1. 增加背景技术

　　【案例】　菠萝蛋白酶用于炎症疾病治疗及创伤愈合过程的辅助治疗（第 11220 号复审请求审查决定）

　　2007 年 7 月 27 日，专利复审委员会作出第 11220 号复审请求审查决定，涉及 2001 年 11 月 28 日申请的名称为"菠萝蛋白酶用于炎症疾病治疗及创伤愈合过程的辅助治疗"的 01819500.8 号发明专利申请。

　　国家知识产权局专利局实质审查部门发出"第一次审查意见通知书"，指出本领域技术人员不能由菠萝蛋白酶增高机体 IL-8 含量而得出其可以治疗炎症疾病或辅助治疗创伤愈合的结论，所以本申请说明书不符合《专利法》第二十六条第三款的规定。

　　为此，申请人提交了如下四份参考文献（参考文献 D1~D4），并将对上述参考文献的描述补入说明书背景技术部分，提交了经修改的说明书替换页。申请人认为，参考文献 D1~D4 公开了 IL-8 含量高则有利于炎症消退和伤口愈合，IL-8 含量低则会延迟炎症消退和伤口愈合，本申请中菠萝蛋白酶可以有效提升个体组织中的 IL-8 的含量，从而可以快速消除炎症，促进伤口愈合。因此，本申请说明书符合《专利法》第二十六条第三款的规定。

经审查，国家知识产权局原审查部门以本申请不符合《专利法》第二十六条第三款的规定为由驳回了本申请。

复审请求人对驳回决定不服，向专利复审委员会提出了复审请求。

专利复审委员会本案合议组向复审请求人发出"复审通知书"，指出复审请求人在实质审查程序中提交的修改，在说明书的背景部分增加了对于参考文献 D1～D4 的描述，但由于参考文献 D3、D4 的公开日（分别为 2002 年 1 月 18 日和 2003 年 12 月 11 日）在本申请的申请日之后，不属于申请日前已经公知的现有技术，且该文献的内容在原始申请文本中没有记载，也不能由其直接地、毫无疑义地确定，因此，说明书中增加对于参考文献 D3、D4 的描述超出了原始权利要求书和说明书的记载范围，不符合《专利法》第三十三条的规定。此外，该"复审通知书"中还指出了本申请部分权利要求的技术方案没有在说明书中充分公开、不符合《专利法》第二十六条第三款规定的问题。

针对"复审通知书"指出的上述问题，请求人提交了经修改的说明书第 2 页的替换页，删除了对参考文献 D3、D4 的描述，并删除了权利要求书中涉及的在说明书中没有充分公开的技术方案。

专利复审委员会认为上述修改文本符合了《专利法》第三十三条的规定，同时也消除了公开不充分的缺陷，因此在该修改文本的基础上作出撤销驳回决定的复审请求审查决定。

**【案例评析】**

本案涉及背景技术部分增加的内容是否符合《专利法》第三十三条规定的问题。

根据《审查指南》第二部分第八章第 5.2.3 节的规定，如果申请的内容通过增加、改变和/或删除其中的一部分，致使所属技术领域的技术人员看到的信息与原申请记载的信息不同，而且又不能从原申请记载的信息中直接地、毫无疑义地确定，那么，这种修改是不允许的。

　　《专利法》第三十三条的规定源于先申请原则，在该原则下，申请日具有至关重要的地位。一旦申请日确定，即不得再行补入其他的发明内容和信息，否则申请日就失去了意义，先申请原则的根基也就受到了动摇。由此可以看出，《专利法》第三十三条规定的修改不得超范围的原则针对的是发明本身，而如果修改添加的内容不涉及发明本身的现有技术内容，在一定程度上也是允许的。如《审查指南》第二部分第八章第 5.2.2.2 节中规定，如果审查员通过检索发现了比申请人在原说明书中引用的现有技术更接近所要求保护的主题的对比文件，则应当允许申请人修改说明书，将该文件的内容补入这部分，并引证该文件，同时删除描述不相关的现有技术的内容。

　　我们知道，专利申请文件的说明书通常由技术领域、背景技术、发明内容、附图说明（有说明书附图时）、具体实施方式构成，其中背景技术部分记载的应当是对发明或者实用新型的理解、检索、审查有用的背景技术，有时还会引证反映这些背景技术的文件。背景技术部分的目的和作用在于提供更恰当的信息帮助公众理解发明及其权利要求的边界，为审查员理解、检索、审查发明申请提供参考，一般并不涉及发明本身。

　　但是，并非对背景技术部分的任何修改都是允许的，这是因为，发明创造一般均是在背景技术的基础上作出的改进，背景技术记载的内容可能会涉及发明创造是否充分公开，所以对背景技术的修改有时也会涉及发明创造本身，在此情况下，背景技术中增加的内容就可能出现因超出原申请文件记载的范围而不符合《专利法》第三十三条规定的情形。另一种情况是，申请文件的背景技术部分引证的文献实质上并非现有技术，如本案，复审请求人在实质审查程序中进行的修改，在说明书的背景技术部分增加了对四篇参考文献 D1～D4 的描述内容，其中，参考文献 D1、D2 的公开日分别为 1999 年和 1996 年，属于本申请申请日前已经公开的现有技术，且不涉及发明本身，故对参考文献 D1、D2 的说明均是对其内容的客观描述，不包括请求人推测的内容，对其增加的描述内容应被允许；然而，参考文献 D3、D4 的公开日分别为 2002 年 1 月 18 日和 2003 年 12 月 11 日，均在本申请的申请日之后，不属于申请日前已经公知的现有技术，而且，两文献的内容在原始申请文件中没有记载，也不能由其直接地、毫无疑义地确定，因此说明书中增加对于参考文献 D3、D4 的描述超出了原始权利要求书和说明书的记载范围，不符合《专利法》第三十三条的规定。

　　因此，在判断对背景技术的修改是否符合《专利法》第三十三条的规定时，应当考查该修改是否确实属于背景技术，并且不涉及发明本身。如果增加的内容不属于背景技术或者涉及发明本身，则根据《审查指南》第二部分第八章第 5.2.3.1 节的规定，为使公开的发明清楚或者使权利要求完整而补入不能从原说明书（包括附图）和/或权利要求书中直接地、毫无疑义地确定的信息不被允许。（撰稿人：张汉国　任晓兰）

　　2. 增加实施例和实验数据

　　【案例】　一种易染抗静电改性涤纶的制造方法（第 1909 号复审请求审查决定）

　　2000 年 9 月 22 日，专利复审委员会作出第 1909 号复审请求审查决定，涉及申请日为 1993 年 8 月 7 日、申请号为 93116271.8、名称为"一种易染抗静电改性涤纶的制造方法"的发明专利申请。本申请公开了一种通过将聚对苯二甲酸乙二醇酯

（PET）与聚乙二醇（PEG）及聚氧化乙烯醚（PON）的共聚酯作为添加剂，与离子型染料可染改性涤纶共混，经熔融纺丝而形成改性涤纶的方法。

在实质审查过程中，申请人于 1997 年 11 月 3 日提交了经修改的申请文件，其修改主要体现在：① 将原说明书第 2 页中对 PON 的描述由 "PON 的分子表达式为 $[H-(-OCH_2CH_2-)_n-OR]$，一端为油溶性基团所封闭" 修改为 "PON 的分子表达式为 $[H-(-OCH_2CH_2-)_n-OR]$，R 基代表 $-COOH$，$-(CH_2)m-$ 或 $-(CH_2)_m-COOH$，$m=0\sim12$"；② 在说明书第 3 页最后一段增加了一个具体实施例和实验数据。

针对这一修改文本，国家知识产权局原审查部门以本申请不符合《专利法》第三十三条和第二十六条第三款的规定为由驳回了本申请。

复审请求人向专利复审委员会提出复审请求。其关于《专利法》第三十三条的意见陈述中认为：从一个数值范围中选出具体的数值作为实施例的数据，是对范围的缩小而不是超出；补入实施例的目的在于说明本发明的技术方案是可实施的。

对此，专利复审委员会本案合议组认为，在修改申请文件时，如果增加或改变的内容不能从原始公开的说明书和权利要求书中找到依据，或者不能从原始申请文件记载的信息中直接地、毫无疑义地确定，或者把不明确的内容改成明确具体的内容而引入了新的内容，则这样的修改被认为超出了原始申请文件记载的范围，是不允许的。

复审请求人于 1997 年 11 月 3 日提交的修改说明书（第 1~3 页）增加了新内容，合议组认为：

（1）说明书第 2 页最后一行至第 3 页第 1 行，对 PON 分子式中 R 基的限定在原始提交的说明书和权利要求书中没有相应的描述，所属领域的技术人员不能从原申请文件中理解到"R 基代表 – COOH, – (CH$_2$) m 或 – (CH$_2$)$_m$ – COOH, m = 0 – 12"。根据原始申请文件的记载,"PON 的分子表达式为 [H – ( – OCH$_2$CH$_2$ –)$_n$ – OR],一端为油溶性基团所封闭",这里可将 R 理解为油溶性基团。虽然在《表面活性剂化学》等书籍中有关油溶性基团的介绍,但是油溶性基团是一个上位概念,它包括各种各样的这类基团,复审请求人将其限定为这些下位的具体的基团带有选择性,而这些选出的具体基团没有在原始说明书和权利要求书中记载,因此,把一般的上位概念限定为具体的内容被认为引入了新内容。

(2) 说明书第 3 页最后一段,补入了具体实施例和实验数据。复审请求人为了说明本发明的技术方案是可以实施的,补入了具体实施方案和效果数据,即实验中选用分子量为 4000 的 PEG,以 PEG/PTO 比为 50:50 合成 PET – PEG 共聚物作为改性添加剂(该改性添加剂与 CDP 的共混比例为 5:95)进行共混纺丝、染色,并测定上染率等数据。这些具体技术方案未在原始申请文件中记载。对此,复审请求人认为:从说明书公开的一个大范围中选出具体的数值,例如,从 PEG 分子量为 2000 ~ 8000 范围内选择 4000,从含量为 30% ~ 80% 范围内选择 50%,由于 4000 在 2000 ~ 8000 范围内,50% 在 30% ~ 80% 范围内,而认为这样的修改没有超出原始申请文件的范围。但需要说明的是,对于涉及数值范围的发明,原始申请文件中的实施例、实施方案公开的数值、一般范围和优选范围的两个端值被认为是明确的、具体的公开,而数值范围的两个端值之间的任何数值不被认为是具体的公开。因此,不允许将原说明书中没有记载过的具体的实施例或实施方案补入说明书中,这些补充的实验数据只能作为技术信息放入申请案卷中,供审查员审查时参考。

基于上述理由,专利复审委员会作出了维持驳回决定的复审请求审查决定。

## 【案例评析】

本案主要涉及判断以下两种类型的修改是否符合《专利法》第三十三条的规定：① 增加实施例及相应的实验数据；② 将不明确的内容修改为明确的下位概念内容。第②种类型属于改变式修改，这种情况将在稍后部分进行分析。本部分主要针对属于增加式修改的第①种类型进行说明。

实施例是对发明或者实用新型的优选的具体实施方式的举例说明，其通常处于说明书的"具体实施方式部分"，在有些申请文件中，"具体实施方式部分"甚至全部由实施例构成。实施例对于技术方案的充分公开、理解和再现发明，支持和解释权利要求具有极为重要的作用。

一般情况下，实施例中描述的是产品的具体结构、机械构成、电路组成、化学成分或者获得该产品的具体的工艺路线、工艺条件等，因此，如果将发明概括的技术方案作为上位概念的话，实施例可以理解为下位概念，其公开的是更细化、更具体的信息，因此，根据《审查指南》第二部分第八章第 5.2.3.1 节第 (6) 项的规定，"补入实验数据以说明发明的有益效果，和/或补入实施方式和实施例以说明在权利要求请求保护的范围内发明能够实施"不能被允许。

本案中，请求人为了说明发明的技术方案可以实施，补入了原申请文件中没有描述的具体实施方案和效果数据。例如，从 PEG 分子量为 2000 ~ 8000 范围内选择分子量 4000，从 PEG 含量为 30%W ~ 80% 范围内选择 PEG 含量 50%，尽管这些具体实施方式中包含的某些技术特征属于从说明书公开的一个大范围中选出的具体数值，但是，原申请文件中并没有记载这些具体参数，也没有记载或隐含公开这些具体参数组合形成的具体技术方案，更未曾记载实施所述具体技术方案能够达到的实验结果。因此，上述实施例的补入导入了原申请文件没有记载的新的信息。（撰

稿人：张汉国）

3. 增加效果技术特征

【案例】 作为抗心律失常药的嘌呤核苷（第 11804 号复审请求审查决定）

2007 年 10 月 30 日，专利复审委员会作出第 11804 号复审请求审查决定，涉及 2001 年 9 月 7 日申请、2004 年 3 月 17 日公开、名称为"作为抗心律失常药的嘌呤核苷"的 01815342.9 号 PCT 发明专利申请。

2005 年 5 月 13 日，国家知识产权局原审查部门驳回了本申请，理由之一是本申请权利要求 1 相对于对比文件 1 不具备《专利法》第二十二条第二款规定的新颖性。

驳回决定所针对的权利要求 1 内容为：

"1. 腺苷 $A_1$ 受体激动剂在制备治疗哺乳动物心律失常的药物中的应用，所述腺苷 $A_1$ 受体激动剂具有式 I 的结构：

（式 I）

其中：$R^1$ 是可被任意取代的杂环基团，并且所述腺苷 $A_1$ 受体激动剂治疗有效的最低剂量为 0.0003 ~ 0.009mg/kg。"

复审请求人对上述驳回决定不服，向专利复审委员会提出复审请求，没有提交新修改的专利申请文本。

　　专利复审委员会组成合议组，对本复审请求案进行了审理，向复审请求人发出"第一次复审通知书"，其意见包括：对比文件1公开了与权利要求1结构相同的化合物在制备药物组合物中的用途，该药物组合物用于治疗哺乳动物的房性纤维性颤动、房性扑动等疾病，虽然对比文件1没有公开药物的最低剂量为0.0003～0.009mg/kg，但是该技术特征仅仅体现了用药过程，对制药过程没有限定作用，不能使权利要求1的制药用途与现有技术的制药用途产生区别，因此权利要求1不符合《专利法》第二十二条第二款的规定。

　　针对"第一次复审通知书"指出的问题，复审请求人提交了意见陈述及经修改的权利要求书，其修改内容包括：① 删除了权利要求1中的通式化合物的治疗最低剂量范围，将其移入从属权利要求7中；② 权利要求1增加了"当施用治疗有效的最低剂量的该药物组合物时，其能快速终止房性纤维性颤动、房性扑动和阵发性房性心动过速，且不引起低血压、HV 延长或者抑制恢复窦性心律后的窦性传导或 AV 节传导"的限定。修改后的权利要求1内容如下：

　　"1. 式 I 化合物在制备药物组合物中的应用，

（式 I）

其中，$R^1$ 是可被任意取代的杂环基团，当施用治疗有效的最低剂量的该药物组合物时，其能快速终止房性纤维性颤动、房性扑动和阵发性房性心动过速，且不引起低血压、HV 延长或者抑制恢复窦性心律后的窦性传导或 AV 节传导。"

针对上述修改，合议组发出"第二次复审通知书"，指出：修改后的权利要求 1 中增加的技术特征"且不引起低血压、HV 延长或者抑制恢复窦性心律后的窦性传导或 AV 节传导"在原说明书和权利要求书中没有记载；原权利要求书和说明书中仅在说明书的实施例 2 中记载了化合物 CVT－510 在低浓度使用时具有不引起低血压、HV 延长或者抑制恢复 SR 后的窦性传导或 AV 节传导的效果，本领域技术人员从原申请记载的具体化合物 CVT－510 的使用效果不能直接地、毫无疑义地确定修改后的权利要求 1 中所有的化合物都具有该效果。因此，权利要求 1 不符合《专利法》第三十三条的规定。

收到"第二次复审通知书"后，复审请求人没有对申请文件再进行修改，只在意见陈述中认为：修改后的权利要求 1 的内容已经记载在原说明书中。合议组经审查后最终以本申请修改不符合《专利法》第三十三条的规定为由作出了维持驳回决定的复审决定。

**【案例评析】**

本案引发的问题是：在权利要求中增加效果技术特征是否符合《专利法》第三十三条的规定。

技术效果，不论是产品的技术效果还是方法的技术效果或者是产品用途的技术效果，与发明（实用新型）要解决的技术问题、采用的技术方案是一个有机整体，均是发明的有机组成部分，属于发明的一部分，直接涉及发明是否公开充分以及权利要求创造性的判定等，因此需要在说明书中载明，原申请文件中没有载明的，一般不得补入。只有在本领域技术人员根据原申请文件的记载，可以直接地、毫无疑义地得知其具有相应的技术效果时，才能补入。技术效果的客观存在并非是可以补入技术效果的理由。这里要注意的是，判断补入的技术效果是否超范围和在创造性判定过程中是否考虑技术效果是两个不同的问题。判断补入的技术效果是否超范围的标准更严，如果技术方案的技术效果是客观存在的，并且对本领域技术人员而言在原申请文件的基础上可以合理推知，在判定技术方案是否具备创造性时往往会予以考虑，但根据《审查指南》第二部分第八章第 5.2.3.1 节的规定，如果技术效果是所属技术领域的技术人员不能直接从原始申请中导出的，则不允许将其增加到申请文件中。

本案中，修改后的权利要求 1 请求保护的是一种特定的化合物在制备药物组合物中的应用，其能快速终止房性纤维性颤动、房性扑动和阵发性房性心动过速，且不引起低血压、HV 延长或者抑制恢复窦性心律后的窦性传导或 AV 节传导。但是在原申请文件中只记载了该特定的化合物用于药物组合物中能快速终止房性纤维性颤动、房性扑动和阵发性房性心动过速的功效，并没有记载其在实现上述功效时不具有 "不引起低血压、HV 延长或者抑制恢复窦性心律后的窦性传导或 AV 节传导" 的副作用。并且，原申请文件中记载的具有上述功效且不具有 "不引起低血压、HV 延长或者抑制恢复窦性心律后的窦性传导或 AV 节传导" 的副作用的化合物是 CVT - 510，与权利要求 1 中涉及的化合物不同。因此，对上述技术效果的补入超出了原说明书、权利要求书的范围，不符合《专利法》第三十三条的规定。

此外，本案涉及药物化合物应用领域，也具有一定的特殊性。药物化合物是一门试验性科学，是否具有特定的技术效果往往要通过大量的试验和创造性的劳动才能获知，所以技术效果对药物化合物类发明而言显得至关重要，以至于《审查指南》中规定如果药物化合物没有公开用途及技术效果实验数据的，可视为公开不充分（其发明可能并没有真正完成）。也正因此，对药物化合物的用途发明而言，其发明点可能就是发现该药物化合物具有新的用途，因此其技术效果相对于其他领域（例如机械领域）尤为重要，在判断添加技术效果后是否超范围的审查标准上也自然更为严格。

复审请求人针对"第一次复审通知书"提交的修改后的权利要求1中，增加了效果技术特征"且不引起低血压、HV延长或者抑制恢复窦性心律后的窦性传导或AV节传导"，但权利要求1涉及的式I所示的通式化合物在使用时具有上述增加的技术效果特征在原说明书和权利要求书中并没有记载，仅在原说明书的实施例2中记载了化合物CVT‐510在低浓度使用时具有不引起低血压、HV延长或者抑制恢复SR后的窦性传导或AV节传导的效果。虽然化合物CVT‐510是符合权利要求1通式I定义的一个具体化合物，但该通式还包括了其他众多不同结构的化合物，原权利要求书和说明书中也未记载符合权利要求1通式I定义的其他众多不同结构的化合物也具有CVT‐510的上述技术效果，因此从原申请记载的具体化合物CVT‐510的使用效果，所属领域技术人员不能直接地、毫无疑义地确定修改后的权利要求1所列通式的所有化合物都具有该效果。因此，权利要求1的修改超出了原说明书和权利要求书记载的范围，不符合《专利法》第三十三条的规定。（撰稿人：张汉国）

## 二、改变

### 1. 修改明显错误

【案例】 从血清和血浆中制备DNA的改进方法（第8573号复审请求审查决定）

2006年5月15日，专利复审委员会作出第8573号复审请求审查决定，涉及名称为"从血清和血浆中制备DNA的改进方法"

的 00104698.5 号发明专利申请。本申请原始提交的权利要求 1 的内容为：

"1. 从血清或血浆中提取 DNA 的方法，所述方法包括：

（Ｉ）将血清或血浆与一种选自氢氧化钠、氢氧化钾和氢氧化铵的碱接触，制备碱化的血清或血浆；

（ii）将所述碱化的血清或血浆加热至温度 100 至 110EC5 至 20 分钟，制备加热的碱化血清或血浆；

（iii）离心所述加热的碱化血清或血浆，制备含 DNA 的上清液；和

（iv）提取所述含 DNA 的上清液。"

在实质审查程序中，申请人将上述权利要求 1、4、8 和说明书中的温度单位由原申请文件中的 EC 修改为℃（例如，修改后的权利要求 1 第（ii）步的内容为："（ii）将所述碱化的血清或血浆加热至温度 100℃ 至 110℃5 至 20 分钟，制备加热的碱化血清或血浆；"），国家知识产权局专利实质审查部门以上述修改不符合《专利法》第三十三条的规定为由驳回了本申请，其具体理由是：申请人将原权利要求 1、4、8 和说明书中的温度单位由 EC 修改为℃，二者并不相同，而且现有技术中也没有任何证据证明 EC 与℃是等同的，因此，这一修改超出原申请文件记载的范围。

复审请求人在提出复审请求时未对申请文件进行修改，其复审请求理由可概括为：① 温度单位 "EC" 是一明显的打字错误，将其修改为 "℃" 是从说明书整体以及上下文可以看出的唯一的正确答案；② 本申请的优先权文本也记录温度单位为℃。

经审查，专利复审委员会作出了撤销驳回决定的复审决定，该复审请求审查决定中认为：

温度是表征物体冷热程度的物理量，温度数值的表示方法叫做温标，在科技领域有多种温标，但无证据表明 EC 是一种温标

单位，因此本领域技术人员可以将本申请说明书及权利要求书的温度单位"EC"推定为一种笔误。目前国际上常用的温标为：① 摄氏温标，其单位是℃，具体定义为在 1 标准大气压下，纯水的冰点定为 0℃，沸点定为 100℃，两个标准点之间分为 100 等分，每等分代表 1℃；② 华氏温标，其单位是℉，定义为在 1 标准大气压下水的冰点为 32 ℉，沸点为 212 ℉，两个标准点之间分为 180 等分，每等分代表 1 ℉；③ 开尔文温标，又称为热力学温标，其单位为 K，规定分子运动停止时的温度为绝对零度，其值约为 − 273.3℃。可见，现有技术中常用的温标单位中与"EC"符号最为接近的是℃。

本案原始申请文件的说明书描述了一种从血清或血浆样品中提取 DNA 的方法，包括（i）将血清或血浆与碱接触，制备碱化的血清或血浆；（ii）将所述碱化的血清或血浆加热至温度 100 至 110EC 之间，保持约 5 到 20 分钟；（iii）离心所述加热的碱化血清或血浆；和（iv）提取含 DNA 的上清液。另外说明书中还描述了该方法的优选方案，即在步骤（iii）之前将制备的加热的碱化血清或血浆放冷，或冷却至室温，即 25EC（参见原始说明书）。本领域技术人员已知室温大约为 25℃，如果 EC 这一温度单位不是℃，而是℉或 K，则根据前述定义的方法，25 ℉约等于 − 3.9℃，25K 约等于 − 248.15℃，均远远低于室温。说明书中涉及的其他具体温度参数，如在 PCR 扩增和检测过程中，首先在 96EC 初始预热 3 分钟，然后使样品在 96EC（5 秒）变性步骤和 70EC（40 秒）退火步骤之间交替，进行 40 次循环扩增，最后在 103EC 加热 5 分钟（参见原始说明书），其中的温度单位"EC"也只有修改为℃才符合本领域常用的 PCR 实验技术的变性、退火温度，才可能获得特异性的扩增产物。

综上所述，本领域技术人员可以容易地判断出"EC"是一明显的打印错误，正确的温度单位应该是℃，这是能够从说明书的整体及上下文看出的唯一的正确答案，因而对于本领域技术人员而言，这是一种能够从原申请公开的信息中直接地、毫无疑义地确定的修改，因此，这种修改符合《专利法》第三十三条的规定，可以被接受。

**【案例评析】**

本案涉及的主要问题在于，什么属于申请文件中的明显错误以及对其进行修改是否允许。

根据我国《审查指南》第二部分第八章第 5.2.2.2 节的规定可知，"明显错误，即语法错误、文字错误和打印错误"，修改由所属技术领域的技术人员能够识别出的明显错误是允许的，但是"对于明显错误的修改必须是所属技术领域的技术人员能从说明书的整体及上下文看出的唯一的正确答案"。美国、欧洲和日本对此也有类似的规定，例如，美国《专利审查程序手册》中规定，改正明显错误的修改并不构成新的主题，其中本领域技术人员不但能够识别说明书中存在的错误，而且能够进行适当的改正；根据欧洲申诉委员会作出的一些判例（如 T0417/87 和 T955/92），如果发现错误是明显的，但所属领域技术人员无法从原申请中得到更正后的相关技术信息，则不能将更正信息加入到申请中，也就是说，对明显错误的更正解释如果不是唯一正确的，则更正不被允许；日本的审查指南中规定，在说明书等中出现两处以上相互矛盾的记载时，其中哪一个是正确的，要根据原说明书的内容作出判断，只限于对于本领域的一般技术人员来说非常明确的情况下，将其订正为正确的、一致的记载，另外，对其记载本身即使不清楚，但是作为本领域的一般技术人员从申请时说明书等的记载中能明确知道的这种补正，也是允许的。

由此可见，明显错误是指所属领域技术人员能够很容易地辨识出的错误，包括语法错误、文字错误、打印错误以及专利文件本身出现的两处以上的相互矛盾等，但对于更正是否允许，应判断是否符合《专利法》第三十三条的规定，应当以所属领域的技术人员作为判断主体，在判断出被修改的对象属于明显错误之后，还要进一步判断是否能够从原申请文件的整体内容得出明显错误之处的唯一正确答案，即，应当由所属领域的技术人员基于其掌握的现有技术、公知常识并结合说明书的整体及上下文内容进行综合评价。

本案中，合议组首先确定本领域技术人员为判断主体；接着，根据公知常识说明目前国际常用的温标只有三类，即，摄氏温标（℃）、华氏温标（℉）以及开尔文温标（K），并不存在EC这一温标单位，由此推定原申请文件中的温度单位"EC"应当为笔误（明显错误）；最后，结合说明书中涉及温度的所有内容确定，在本案的情形下，所述"EC"温标既不可能是华氏温标（℉），也不可能是开尔文温标（K），而只能是℃。在判断过程中，合议组并没有拘囿于说明书出现错误之处，而是对说明书的上下文进行整体考量，并参考现有技术和公知常识，得出对本领域技术人员而言，将原申请文件中"EC"修改为"℃"是能够从原申请文件记载的信息中直接地、毫无疑义地确定的唯一正确答案的结论。（撰稿人：刘　翚　周　航）

2. 修改措辞

【案例】　锚梁式静压桩法及其压桩专用设备（第6342号无效宣告请求审查决定）

2004年7月17日，专利复审委员会作出第6342号无效宣告请求审查决定，涉及名称为"锚梁式静压桩法及其压桩专用设备"的92107756.4号发明专利。

本专利授权公告的权利要求1内容为：

"1. 一种锚梁式静压桩法，包括下列步骤：（1）定位、探孔、凿孔；（2）在地基上铺设锚梁 [8]，并在锚梁 [8] 上配重；（3）用活动螺栓 [9] 将压桩架 [1] 的下端部固定在锚梁 [8] 上；（4）将预制桩 [10] 运至孔旁；（5）用连接在压桩架 [1] 上的油压千斤顶 [5] 将桩 [10] 逐段压入土中；压桩时，凭借配重来克服压桩反力。"

　　请求人提出的无效宣告请求理由之一是认为，上述权利要求 1 中的限定"在地基上铺设锚梁 [8]"，在相应的公开文本中为"在基础上铺设锚梁 [8]"，由于地基与基础为两个不同的概念（提交了附件 3 来证明），因此，将基础修改为地基导致授权文本的权利要求 1 不符合《专利法》第三十三条的规定。

　　经审查，专利复审委员会作出了第 6342 号无效宣告请求审查决定，决定中关于《专利法》第三十三条的无效宣告请求理由认定如下。

　　专利权人承认，"地基"与"基础"为不同的概念，虽然请求人只提交了附件 3 的复印件，但专利权人的承认实质上认可了请求人意图用附件 3 证明的事实，合议组亦认可双方的共识，如附件 3 也表明，凡是因建筑物荷载作用而产生应力和变形的岩体或土体，统称为"地基"；"基础"为安全可靠地将建筑物荷载传递给地基的地下结构部分，是建筑物地上结构的延续。

　　在本专利原始提交文本的说明书附图中，对锚梁下的部分采用了类似两撇两捺的表示方法，专利权人认为这是"地基"的符号。从双方提交的证据都可以看出，在本领域中，所属领域的技术人员普遍采用类似两撇两捺或三撇三捺的标记来表示地基，并且类似的表示法得到行业内的普遍认可，虽然具体的表示方法略有差异，但是形式极为相似，左右斜道多一少一的区别不会导致所属领域技术人员误解其含义，因此合议组认为，本专利原始提交的说明书附图中类似两撇两捺的标记即为地基的表示符号。而且，既然"地基"与"基础"两概念的区别如此鲜明，任何所属领域的技术人员都不会将说明书附图中的表示法理解为"基础",因此,原说明书和权利要求书文字记载与附图中对于锚梁下部结构的表述上存在矛盾,两概念只能取其一。

在原始提交的说明书中确实介绍了现有的锚杆静压桩法必须先浇注承台,在承台上留桩孔(或凿孔)预埋锚杆(或钻孔胶埋),承台保养,然后将压桩机固定在承台锚杆上,利用承台上部的建筑物的重量来克服压桩反力,其缺点是施工期长,施工费用大,在浇注承台后桩的位置不能移动,变换桩位时移动不方便。而本专利就是针对上述缺陷提出一种移动方便、可在狭小的场地和空间使用的压桩方法,并且在说明书及其权利要求书中对锚梁式静压桩法进行描述时均未提及在架设锚梁前需要建造基础的步骤,说明书最后一句话为"油压千斤顶在高压油的作用下,桩 10 逐段压入土中",并无先穿过"基础"后进入土中的描述,这与附图中将锚梁下部表示为地基是完全一致的。

综上所述,合议组认为,从原始提交的说明书附图及对背景技术缺陷的概括,以及本专利针对其的改进的前后逻辑关系和本专利所采用的具体技术方案的描述,可以直接地、毫无疑义地确定,其锚梁下面的部分即为地基,专利权人在实质审查阶段在上述依据基础上进行的修改符合《专利法》第三十三条的规定。

## 【案例评析】

本案涉及怎样判断修改后的措辞是否超出了原申请记载的范围。

专利申请文件一般来说对行文的要求比较严格,应尽量使用所属技术领域的术语和规范的描述方式,然而,由于个人习惯和撰写水平的差异,实践中很可能出现一些不规范、不够严谨的用词,甚至一份申请中出现前后不一致乃至矛盾的情况。如果在原始文本基础上修改其中措辞,即使仅是出于行文更加严谨和规范的目的，仍然应当注意不能够超出原说明书和权利要求书记载的范围，即，修改应当符合《专利法》第三十三条的规定。

与判断其他形式的修改是否超范围一样，判断修改措辞是否超出原申请记载的范围，应该从所属领域技术人员的角度出发，结合原说明书以及权利要求书的上下文和本领域的公知常识，判断修改后的措辞是否能够直接地、毫无疑义地确定。其判断的难点仍然在于怎样综合以上因素得出修改后的措辞是否为原申请记载的唯一正确措辞的结论。如果修改后的措辞是原申请记载可以唯一推导出的适合于专利的措辞，则这种修改符合《专利法》第三十三条的规定；反之亦然。

本案在措辞修改方面给了我们很多启发和教导。专利说明书附图中对锚梁下的部分采用了类似两撇两捺的表示方法，原说明书和权利要求书的文字部分对此的措辞为"基础"，而专利权人指出其应当为"地基"并据此在专利的申请过程中修改了权利要求中的相关措辞，已知"地基"与"基础"为本领域不同的两个术语，即说明书附图与说明书文字部分的措辞出现了相互矛盾。

需要特别指出的是，在本领域中并没有规范表示符号来表达"地基"，这样是否就不能推导出附图中的表示符号是"地基"符号呢？本案对此问题给出了很好的回答。一方面，专利复审委员会根据双方当事人提供的本领域技术文献，向双方当事人确认了专利原说明书附图中所采用的符号属于行业内普遍认可的"地基"表示符号；另一方面，综合专利说明书附图、说明书背景技术中所述的现有技术缺陷以及专利针对该缺陷提出的改进方案的前后逻辑关系和具体内容，专利复审委员会认为本领域技术人员可以直接地、毫无疑义地、唯一地导出专利所描述的方案中锚梁下面的部分即为地基，专利权人将原申请权利要求中表示"锚梁下面的部分"措辞由"基础"修改为"地基"符合《专利法》

第三十三条的规定。(撰稿人：刘 犖 周 航)

## 3. 修改数值范围

**【案例】** 氮化镓荧光体及其制造方法（第 12896 号复审请求审查决定）

2008 年 3 月 19 日，专利复审委员会作出第 12896 号复审请求审查决定，涉及发明名称为"氮化镓荧光体及其制造方法"的 02105608.0 号发明专利申请。

本申请涉及一种用在例如荧光显示管中的氮化镓荧光体，它是通过在含有磷酸或磷酸盐的表面处理液中加入氮化镓荧光体，制成荧光体浆液，然后，搅拌所述荧光体浆液，使磷酸镓覆盖氮化镓荧光体的表面上，之后将所得荧光体从荧光体浆液中分离并干燥来制备的。在其原始提交的说明书第 5、第 7 页中提到，在制成荧光体浆液后，"调整该荧光体浆液至 pH3 以下，使磷酸镓覆盖氮化镓荧光体的表面"。各个实施例记载的方案是，分别将荧光体浆液的 pH 调整到 pH4.0 或 pH5.0。在实质审查程序中，申请人将说明书第 5、第 6 页及权利要求中相应的 pH 范围修改为"pH3 以上"。

国家知识产权局专利局实质审查部门经审查后以本申请说明书公开不充分，不符合《专利法》第二十六条第三款的规定为由驳回了本申请。

复审请求人向专利复审委员会提出复审请求，专利复审委员会本案合议组向复审请求人发出"复审通知书"，指出复审请求人在实质审查程序中的上述修改超出了原申请记载的范围，不符合《专利法》第三十三条的规定。

为此，复审请求人提交了权利要求书和说明书第 5~6 页的修改替换页，其中将浆液的 pH 值范围修改为"pH 为 4~5"。复审请求人认为：从实施例中的 pH4.0 或 pH5.0 可以得到修改后的 pH 值范围。

针对上述修改，专利复审委员会本案合议组经审查作出第 12896 号复审请求审查决定，决定中认为：本申请原说明书第 5 页和第 6 页仅仅记载了 "将浆液的 pH 调整到 pH3 以下"，原说明书第 7 页和各个实施例记载了将荧光体浆液的 pH 调整到 pH4.0 或 pH5.0，虽然修改后的 pH 数值范围的端值 4.0 和 5.0 已明确记载在原申请中，但是修改后的 pH 数值范围（pH4－5）明显落在原申请记载的 pH 数值范围（pH3 以下）之外，包括了原申请未记载的处于 4.0 和 5.0 之间的新 pH 范围，这样的修改内容致使本领域技术人员看到的信息与原申请记载的信息不同，而且也不能从原申请记载的信息中直接地、毫无疑义地确定。因此请求人对说明书第 5 页和第 6 页以及权利要求 10 和 12 的修改超出了原申请记载的范围，不符合《专利法》第三十三条的规定。

## 【案例评析】

本案涉及专利申请文件中最常见的一类修改，即数值范围的修改。

《审查指南》第二部分第八章第 5.2.2.1 节对数值范围的修改作出了明确规定："对于含有数值范围技术特征的权利要求中数值范围的修改，只有在修改后数值范围的两个端值在原说明书和/或权利要求书中已确实记载且修改后的数值范围在原数值范围之内的前提下，才是允许的。" 也就是说，对于数值范围的修改而言，必须同时满足两个条件：一是修改后数值范围的两个端值在原申请文件中有明确记载；二是修改后的数值范围在原数值范围之内。例如，对于权利要求中的一个技术方案，某温度范围是 20℃～90℃，如果说明书中还记载了处于该温度范围之内的特定温度值，如 40℃、60℃、80℃，以及在该范围之外的温度值

100℃，那么，将该温度范围修改为 20℃ ～ 40℃、40℃ ～ 60℃、60℃ ～ 80℃或者 80℃ ～ 90℃都是允许的，但修改为 50℃ ～ 90℃或者 90℃ ～ 100℃是不允许的。

本案中，原说明书第 5 ～ 6 页记载的是"将浆液的 pH 调整到 pH3 以下"，亦即，pH 值低于 3，而原说明书第 7 页和各个实施例中记载的是将荧光体浆液的 pH 调整到 pH4.0 或 pH5.0，这两处内容并不一致。由于本申请氮化镓荧光体的制备是在含有磷酸或磷酸盐的表面处理液中进行的，原申请文件中并未提到用哪些物质对该处理液的 pH 值进行调整，同时，也没有证据证明 pH 为 3 以下不能实现磷酸镓的覆盖，因此，由原说明书和权利要求书的内容并不能确定哪一处属于明显错误。在此情况下，只能依据说明书的上述内容对修改后的数值范围是否超范围进行判断。虽然 pH 数值范围的端值为 4.0 和 5.0 已明确记载在原申请的实施例中，但是修改后的 pH 数值范围（pH4 - 5）明显落在原申请记载的 pH 数值范围（pH3 以下）之外，包括了原申请文件未记载的处于 4.0 和 5.0 之间的新的 pH 范围，因此，这一修改不符合《审查指南》关于数值范围修改的规定，是不允许的。

然而，需要注意的是，上述《审查指南》的相关规定仅适用于所修改的数值范围与权利要求中的其他技术特征没有紧密联系的情况。如果从申请文件中记载的实施方案的整体效果出发，所述数值范围的变化与该技术方案中的其他技术特征之间有紧密联系，例如，某一具体实施例中的特定数值与该实施例中的其他具体技术特征存在紧密联系，或者，该数值或数值范围的变化将会导致其他技术特征发生相应的变化，则用实施例中的特定数值作为修改后的端点值构成新的数值范围，或者根据说明书中公开的其他端值修改所述数值范围，并不能从申请文件所记载的整体内容中直接地、毫无疑义地确定，这种修改仍然是不允许的。

（撰稿人：任晓兰）

## 4. 将不明确的内容修改为明确具体的内容

【案例】　肝胆胃肠炎痛、胃肠溃疡速效康（第 5862 号复审请求审查决定）

2005 年 3 月 9 日，专利复审委员会作出第 5862 号复审请求审查决定，涉及名称为"肝胆胃肠炎痛、胃肠溃疡速效康"的 97112042.0 号发明专利申请。

经审查，国家知识产权局专利实质审查部门以本申请不符合《专利法》第三十三条的规定为由驳回了本申请，具体理由为申请人提交的修改文本说明书中实施例的原料组分和含量在原申请文件中没有记载，因此超出了原说明书和权利要求书记载的范围。驳回决定所涉及的权利要求 1 内容为：

"1. 一种治疗肝胆胃肠炎痛的药物，其特征在于：它是由下列重量份的原料制成的，地胆 3~30、龙胆草 3~30、黄连 4~28、石莲 4~28、白芍 5~25、三棱 5~25、木通 6~25、通草 6~25、枳实 6~20、珍珠 6~20。"

复审请求人提出复审请求后又对申请文件进行了修改，修改之一是将说明书中的"地胆"修改为"地胆（又名地苦胆，基源是：防己科青牛胆属青牛胆)"。本案合议组在"复审通知书"中指出这一修改不符合《专利法》第三十三条的规定之后，复审请求人再次将说明书中的所述"地胆"修改为"地胆（四川常用中草药，1971 年 9 月第一版 503 页，地胆，别名地苦胆，因我们在治疗中均是用的此项地胆)"。

经审查，专利复审委员会作出第 5862 号复审请求审查决定，该决定中认为：复审请求人将原说明书记载的"地胆"修改为"地胆（四川常用中草药，1971 年 9 月第一版 503 页，地胆，别名地苦胆，因我们在治疗中均是用的此项地胆)"意味着请求人将原说明书中的"地胆"明确指定为"《四川常用中草药》，1971 年 9 月第一版 503 页"中记载的"地胆"；而根据《中药大词典》（江苏新医学院编，上海科学技术出版社出版发行，1979年7月第1版）的记载，地胆对应三种基源，其中，"地胆（1611 正）"的基源是"芫青科昆虫地胆的干燥全虫"，"地胆（1620 异）"的中药正名是"地不容"，其基源为"防己科植物地不容的块根"，"地胆（2878 异）"的中药正名为"金果榄"，另一异名为"地苦胆"，其基源为"防己科植物金果榄或青牛胆的块根"。由此可见，"地胆"这一中药名称可以代表基源完全不同的中草药，而本申请原始文件中没有任何信息提示，同时本领域普通技术人员也无法毫无疑义地推知本申请技术方案中所使用的"地胆"具体是哪一种地胆，因此，申请人将原说明书中本领域普通技术人员无法明确认定的"地胆"指定为"地苦胆"这一确定的基源，上述修改超出了原权利要求和说明书记载的范围，不符合《专利法》第三十三条的规定，故维持了驳回决定。

【案例评析】

本案可以从以下两个角度来分析修改是否允许的问题。

（1）将不明确的内容修改为明确具体的内容

根据《审查指南》第二部分第八章第 5.2.3.2 节第（2）项的规定，"将不明确的内容改成明确具体的内容而引入原申请文件中没有的新的内容"，是不允许的。

对于何为"不明确的内容"在审查实践中有两种不同的理解：一种观点认为，所谓"不明确的内容"是指含义或范围不清楚的内容，例如《审查指南》在这一节中的示例"较高的温度"；另一种观点认为，所谓"不明确的内容"，除了上述含义或范围不清楚的内容外，还包括例如，含义或范围清楚，但却囊括了众多下位概念的上位概念。

尽管目前尚未找到更加符合《审查指南》精神的权威解释，但无论哪一种理解，如果原申请文件中未曾记载所述"明确具体的内容"或者"下位概念",则不管是将不清楚的内容修改为明确具体的内容,还是将例如上位概念修改为下位概念,这种修改都将导入原申请文件中未曾记载的新的信息,是不允许的。

(2)对具有多种含义的术语进行限缩性修改

在很多领域中都存在相同术语表达不同含义的现象,这种现象在中药领域尤为明显。判断对具有多种含义的术语进行限缩性修改是否允许的关键在于判断所述术语在特定专利申请文件中的具体含义。

专利申请人有选择其所希望采用的术语并对该术语赋予某一具体含义的权利,而说明书则是解释该术语含义最重要的工具。因此,在判断具有多种含义的术语在专利申请文件中的具体含义时,首先应当将专利申请文件作为一个整体,依据说明书中对该术语的相关解释来判断;其次,如果说明书中没有对该术语的具体含义作出解释,则可以利用一些外部证据,例如技术手册、教科书等,并结合申请文件的相关内容来判断该术语在特定专利申请文件中的具体含义。如果经过上述判断后能够确定该术语在发明所属技术领域中只能唯一地解释为某一具体含义,则将该术语限缩性地修改为这一具体含义符合《专利法》第三十三条的规定;如果经过上述判断仍无法毫无疑义地确定出该术语在特定专利申请文件中的具体含义,则对该术语的限缩性修改应被认为超出了原权利要求和说明书记载的范围。

本案中,合议组根据中药领域常用的工具书《中药大词典》(江苏新医学院编,上海科学技术出版社出版发行,1979年7月第1版)的记载得知,"地胆"对应三种基源,其中,"地胆(1611正)"的基源是"芫青科昆虫地胆的干燥全虫";"地胆(1620异)"的中药正名是"地不容",其基源为"防己科植物地不容的块根";"地胆(2878异)"的中药正名为"金果榄",其基源为"防己科植物金果榄或青牛胆的块根",而基源的不同使得"地胆"这一中药名称可以代表完全不同的几种中草药。由于这些不同的中草药在用于本案专利申请中时得到的技术方案完全不同，而且，既没有证据表明其中的两种明显不能用于本案专利申请中，同时，即使结合整个申请文件也无法推知本案的情形中到底使用的是哪一种"地胆"，因此，将原说明书中未明确其含义的"地胆"修改为一种明确具体的"地胆（又名地苦胆，基源是：防己科青牛胆属青牛胆）"，或者说将具有多种含义的术语"地胆"限缩修改成其下位概念的一种特定"地胆"，超出了原说明书和权利要求书记载的范围，不符合《专利法》第三十三条的规定。（撰稿人：刘 翚）

## 5. 封闭式与开放式之间的转换

**【案例1】** 含氟聚合物水分散体及含氟聚合物热塑树脂组合物的制备（第12907号复审请求审查决定）

2007年10月22日，专利复审委员会针对名称为"含氟聚合物水分散体及含氟聚合物热塑树脂组合物的制备"的98101250.7号发明专利申请作出第12907号复审请求审查决定。

本申请涉及一种含氟聚合物的水分散体，其原始的权利要求1内容为：

"1. 一种含氟聚合物的水分散体，其特征在于，其中每100份重量的分散体包括1至80份重量的含氟聚合物，并且每100份重量的含氟聚合物包括0.1至10份重量的脂肪酸盐。"

在实质审查过程中，申请人将其修改为：

"1. 一种含氟聚合物的水分散体，由如下组分组成：每100重量份的分散体1至80重量份的含氟聚合物，和每100重量份的含氟聚合物0.1至10重量份的脂肪酸盐，以及，选择性地，一种选自由$C_1-C_{20}$的链烷，$C_6-C_{20}$的环烷和芳族化合物组成的组的有机化合物，其中，所述的含氟聚合物包括包含来自氟乙烯和氟丙烯的重复单元的均聚物和共聚物。"

国家知识产权局专利实质审查部门认为，修改后的权利要求1属于封闭式权利要求，而原申请文件的权利要求1为开放式权利要求，二者的保护范围不同，因此上述权利要求1的修改不符合《专利法》第三十三条的规定，并以此为由驳回了本申请。

复审请求人向专利复审委员会提出复审决定，专利复审委员会经审查后认为：从本申请原始权利要求1的表述来看，其为开放式权利要求，即所述水分散体除了该权利要求中指明的组分外，还可能包含其中未指出的成分；修改后的权利要求1采用了措辞"由如下组分组成"表示水分散体的组成，然而，① 从该权利要求的主题名称来看，权利要求1要求保护的是含氟聚合物的水分散体，其中除权利要求所指出的组分外还必定含有水；② 权利要求1的含氟聚合物的水分散体仅选择性地包含选自 $C_1 - C_{20}$ 的链烷、$C_6 - C_{20}$ 的环烷和芳族化合物的有机化合物，即，所述有机化合物可有可无，当权利要求1不包含所述有机化合物时，由权利要求1的下述内容"每100重量份的分散体1至80重量份的含氟聚合物，和每100重量份的含氟聚合物0.1至10重量份的脂肪酸盐"可知，在100重量份的水分散体中至多包含80重量份的含氟聚合物和8重量份的脂肪酸盐，也就是说，100重量份水分散体中至少还含有12重量份的其他组分。

由此可知，修改后的权利要求1虽然采用了"由如下组分组成"的表达方式，但其实际上并不意味着所述水分散体仅包含含氟聚合物、脂肪酸盐和选择性的有机化合物三种组分，其中还包含权利要求1中未指出的其他组分，这与原始权利要求和说明书中所记载的信息是一致的，因此权利要求1不存在驳回决定所指出的修改超范围的缺陷。

在此基础上，专利复审委员会作出撤销驳回决定的第12907号复审请求审查决定。

【案例评析】

本案涉及开放式与封闭式权利要求的含义和实质分析。

开放式权利要求与封闭式权利要求是一种常见的撰写方式，特别是用在化学领域的组合物权利要求中。其中，开放式权利要求通常采用"包含""包括""主要由……组成"等表达方式，解释为还可以含有该权利要求中没有述及的组分；封闭式权利要求则通常采用"由……组成""余量为"等表达方式，一般解释为仅包含该权利要求中述及的组分而排除所有其他的组分。

判断一项权利要求实质上是开放式权利要求还是封闭式权利要求时，不能仅仅依赖于是否使用上述措辞，而应该对权利要求中的组分及其含量进行深入分析，从而判断其中是否还包含其他组分。

本案中，权利要求1表面上使用了类似封闭式权利要求的措辞"由……组成"，但是，从组合物所包含的组分及其含量分析，每100重量份分散体至多含有80重量份含氟聚合物、8重量份脂肪酸盐以及可有可无的有机化合物。也就是说，当组合物中不存在所述有机化合物时，100重量份的分散体则至少含有12份权利要求中未提及的其他组分。因此，尽管该权利要求使用了类似封闭式权利要求的措辞，但其实质仍为开放式权利要求，因此，修改前后的权利要求实质上均为开放式权利要求，这种修改符合《专利法》第三十三条的规定。（撰稿人：任晓兰）

【案例2】　酒类增香高产剂（第9600号无效宣告请求审查决定）

专利复审委员会于2007年10月22日作出的第9600号无效宣告请求审查决定涉及名称为"酒类增香高产剂"的96117491.9号发明专利。

本专利原始提交的权利要求1内容为：

"1. 一种用于酿酒工艺的糖化发酵剂—酒类增香高产剂，其特征在于：成分是由酒精活性干酵母、生香活性干酵母与固体糖化酶组合而成。"

权利要求 2～5 为权利要求 1 的从属权利要求。

本专利授权公告时的权利要求书如下：

"1. 一种用作酿酒工艺的酒类增香高产剂，其特征在于：其含有酒精活性干酵母、生香（酯）活性干酵母与固体糖化酶，每克产品内含固体糖化酶酶活力 1.5 万单位以上、含两种酵母细胞 8 亿以上。

2. 一种用作酿酒工艺的酒类增香高产剂，其特征在于：其含有酒精活性干酵母、生香（酯）活性干酵母与固体糖化酶，每克产品内含固体糖化酶酶活力 2.5 万单位以上、含两种酵母细胞 15 亿以上。

3. 一种用作酿酒工艺的酒类增香高产剂，其特征在于：其含有酒精活性干酵母、生香（酯）活性干酵母与固体糖化酶，每克产品内含固体糖化酶酶活力 4 万单位以上、含两种酵母细胞 20 亿以上。"

请求人认为，本专利原始权利要求 1～4 记载的 "……高产剂……由……组合而成……" 是封闭式组合物权利要求，且本专利原始公开的说明书和权利要求书中都没有记载所述高产剂 "含有" 两种酵母和固体糖化酶，而只是记载其由两种酵母和固体糖化酶组合而成，因此授权公告文本中权利要求 1～3 记载的 "……高产剂……含有……" 的开放式组合物权利要求扩大了保护范围，不符合《专利法》第三十三条的规定，因此，请求宣告本专利全部无效。

对此专利权人认为，由于本发明的高产剂中不可避免地包含尚未转化的淀粉和其他载体物质，因而，修改后的权利要求更符合本专利技术方案的实际情况。

经审查，专利复审委员会本案合议组作出第 9600 号无效宣告请求审查决定，决定理由部分提到：分析本申请原权利要求书及说明书可知，本专利原始记载的酒类增香高产剂技术方案是典型的封闭式表达方式，其中仅含的三种组分为"酒精干酵母、生香干酵母和固体糖化酶"，这三种组分本身分别为三种制剂，这些制剂中除包含活性物质外还包含其制备过程中的其他物质，如培养基原料，并且还可能包含此类制剂商品中通常所含的其他物质，也即这三种组分并非酵母细胞或糖化酶纯物质，此外，高产剂中的这三种组分含量以单位重量制剂中所含活性细胞数或酶活力计。

本专利授权公告的权利要求 1～3 是以开放式表达方式撰写，也即该高产剂中除包含"酒精干酵母、生香干酵母和固体糖化酶"这三种组分外，还可以包含其他制剂组分，可以是含有其他活性细胞或酶的任何制剂，而由此构成的技术方案在原权利要求书和说明书中并未记载，也不能从原权利要求书和说明书记载的信息中直接地、毫无疑义地确定，因此这种修改是不允许的，不符合《专利法》第三十三条的规定。

对于专利权人认为修改后的权利要求更符合本专利技术方案的实际情况的观点，合议组认为，首先，由于"酒精干酵母、生香干酵母和固体糖化酶"这三种组分本身为酵母制剂或酶制剂，其中已经包含了未转化淀粉和其他载体物质，因此以封闭式表述的原权利要求中已经包含上述成分从而能够与实际一致，而并不需要通过改变权利要求的撰写方式来表达这一含义；其次，依据本专利原权利要求书和说明书的记载，本发明的酒类增香高产剂是由酒精干酵母、生香干酵母和固体糖化酶三种组分混合而成，其不含这三种组分之外的其他组分，也未经其他加工步骤，而修改后的权利要求的表达方式为开放式，其中可额外包含的物质并不限于未转化淀粉和其他载体物质，而是可以为其他任何活性物质，这些信息在原权利要求书和说明书中未曾记载，也不能从原权利要求书和说明书中直接地、毫无疑义地确定，因此，专利权人的上述主张并不能成立。

综上所述，本专利权利要求 1～3 不符合《专利法》第三十三条的规定，应予无效。

## 【案例评析】

本案涉及开放式权利要求与封闭式权利要求之间的改变式修改是否超范围。

根据《审查指南》第二部分第十章第 4.2.1 节的规定，当权利要求的组合物为 A＋B＋C 时，如果说明书中实际上没有描述除此之外的组分，则不能使用开放式权利要求。也就是说，在此情况下，如果原始申请撰写为开放式权利要求（包含 A、B 和 C），申请人将其修改为封闭式权利要求（组合物由 A、B 和 C 组成）是允许的；但如果原始申请采用封闭式权利要求的方式撰写，申请人将其修改为开放式权利要求将不符合《专利法》第三十三条的规定。

在判断开放式权利要求与封闭式权利要求的转换是否符合《专利法》第三十三条的规定时，首先应当对原说明书和权利要求书的整体内容进行考察，判断原申请文件是否描述除所述组分之外的其他组分，即，判断原始申请文件公开的组合物是仅含有所述组分还是在所述组分之外还可以含有其他组分，然后再判断这种撰写方式的转换是否导入了原申请文件没有记载的信息。

本案中，合议组首先考查了原始权利要求书，发现所有的权利要求均为仅含有"酒精干酵母、生香干酵母和固体糖化酶"的封闭式权利要求，之后，又对原始说明书进行了整体考量，发现无论是发明内容部分对组合物的组分、组合物的制备方法的说明，还是具体实施方式部分给出的具体实施例均涉及仅包含以上三种成分的组合物；而修改后的权利要求 1 则是典型的开放式权利要求，其中除了包含"酒精干酵母、生香干酵母和固体糖化酶"之外，还可以包含说明书中未提及的其他组分，这样的技术方案在原说明书和权利要求书中从未记载过，并且与原说明书和权利要求书中记载的仅由上述三种组分组成的组合物明显不同，因此，这种修改不符合《专利法》第三十三条的规定。（撰稿人：任晓兰）

## 三、删除

### 1. 删除技术特征

**【案例】** 浆液聚合中的挥发性物质的连续除去（第 11207 号无效宣告请求审查决定）

专利复审委员会于 2008 年 2 月 23 日作出的第 11207 号无效宣告请求审查决定涉及名称为"浆液聚合中的挥发性物质的连续除去"的 99804020.7 号发明专利。

请求人提出的无效宣告请求理由之一是认为本专利的权利要求 6 不符合《专利法》第三十三条的规定，具体理由为，权利要求 6 的技术方案是专利权人将随机拼凑的、在原权利要求书和说明书中不存在的技术特征拼凑在一起而得到的，其超出了原权利要求书和说明书记载的范围，本领域技术人员看到权利要求 6 的信息与原申请记载的信息不同，并且不能从原申请记载的信息中直接地、毫无疑问地确定。本授权专利权利要求 6 的内容为：

"6. 一种生产聚合物的方法，其中包括生产在液体介质中的聚合物浆液，该方法包括，

在一个浆液反应器中使至少一种单体在一种惰性稀释剂中聚合，生成一种在液体介质中的聚合物固体的浆液；

将浆液作为聚合流出物从浆液反应器中连续卸料到第一闪

蒸釜；

在第一闪蒸中使所述的聚合流出物闪蒸，其中在所述的第一闪蒸釜中的压力和所述的聚合物流出物的温度是这样的，以致使约50至约100%的液体介质变成蒸汽，所述的蒸汽可不经压缩而通过与约18至约57℃的流体作热交换而冷凝，以产生浓缩的聚合物流出物和蒸发的液体；

连续分离浓缩的聚合物流出物浆液和蒸发了的液体；

其中从浆液反应器中聚合流出物的卸料比率要使浆液反应器中的压力维持恒定。"

经审查，专利复审委员会作出了第11207号无效宣告请求审查决定，关于权利要求6该决定认为：

本专利权利要求6要求保护一种生产聚合物的方法，其中包括生产在液体介质中的聚合物浆液，该方法包括，（特征A）在一个浆液反应器中使至少一种单体在一种惰性稀释剂中聚合，生成一种在液体介质中的聚合物固体的浆液；（特征B）将浆液作为聚合流出物从浆液反应器中连续卸料到第一闪蒸釜；（特征C）在第一闪蒸中使所述的聚合流出物闪蒸，其中在所述的第一闪蒸釜中的压力和所述的聚合物流出物的温度是这样的，以致使约50至约100%的液体介质变成蒸汽，所述的蒸汽可不经压缩而通过与约18至约57℃的流体作热交换而冷凝，以产生浓缩的聚合物流出物和蒸发的液体；（特征D）连续分离浓缩的聚合物流出物浆液和蒸发了的液体；（特征E）其中从浆液反应器中聚合流出物的卸料比率要使浆液反应器中的压力维持恒定。

上述特征A～E本身均记载于原说明书和权利要求书的范围之内，因此这些单个特征没有超出原申请文件的记载范围，然而，对于权利要求6的方案整体来说，根据原说明书的记载，本发明要解决的技术问题是，现有技术中虽然也利用闪蒸将液体介质基本上完全从聚合物中除去，但是为了使回收的稀释剂冷凝成适合作为液体稀释剂循环到聚合段的液体形式，必须再次压缩已汽化的聚合稀释剂。本发明通过将来自浆液反应器的聚合物固体/浆液卸料到第一闪蒸釜进行闪蒸，将来自第一闪蒸釜的浓缩的聚合物固体/浆液从所述的第一闪蒸釜连续卸料进入设置在第一闪蒸釜出口的密封室、并通过该密封室连续活塞流送入第二闪蒸釜闪蒸以解决上述技术问题。并且本发明所要求的设备和方法比现有技术具有以下优点，即，从液化的聚合流出物的卸料点通过卸料阀、第一闪蒸釜、密封室、密封室出口渐缩管到第二闪蒸釜，浆液反应器的物料可连续加工以及通过减少对压缩和/或蒸馏流出物的需要从而使能耗下降等。因此，原说明书和权利要求书中有关生产聚合物的方法及其设备的记载中均包含了将浓缩的聚合物固体/浆液从所述的第一闪蒸釜连续卸料进入设置在第一闪蒸釜出口的密封室、并通过该密封室连续活塞流送入第二闪蒸釜闪蒸这两个技术特征，而权利要求6请求保护的技术方案中有关生产聚合物的方法没有记载上述两个技术特征，即权利要求6这样的技术方案并没有记载在原权利要书和说明书中，本领域技术人员也无法根据原权利要书和说明书的记载够直接地、毫无疑义地确定得出该技术方案，因此，权利要求6要求保护的技术方案超出了原权利要求书和说明书记载的范围，不符合《专利法》第三十三条的规定。

【案例评析】

本案涉及的主要问题是将各技术方案中的技术特征进行删除、拼凑组合得出的技术方案是否符合《专利法》第三十三条的规定。

对于将申请文件中独立存在的各技术方案中的技术特征进行删除、拼凑组合得出的技术方案是否超范围的问题，《审查指南》中没有明确规定，但一般认为，删除权利要求中的必要技术特征是不允许的，如《审查指南》第二部分第八章第 5.2.3.3 节关于"不允许的删除"的规定中，第（1）项不允许的情况为"从独立权利要求中删除在原申请中明确认定为发明的必要技术特征的那些技术特征，即删除在原说明书中始终作为发明的必要技术特征加以描述的那些技术特征"。其他国家也有类似的规定，例如，欧洲申诉委员会已经确立的法律观点是不允许从独立权利要求中删除原始申请始终作为发明的必要特征出现的特征；日本审查指南规定，删除权利要求中限定发明特定事项的一部分，将其修改为上位概念事项，这种补正通常扩大权利要求的保护范围，但是，在所删除的内容对原发明没有技术含义，并且这种补正明显没有导入新的技术含义的情况下，可以认为这种修改是在申请时说明书等所记载的内容范围内；美国审查指南强调如果申请人删除了在原始申请中申请人所描述的必要技术特征，则这种删除超出了原始申请的范围。

从上述《审查指南》的规定中可以看出，判断将多个技术方案的技术特征进行删除、拼凑组合得出的技术方案是否超范围，应该考虑判断修改后的技术方案是否含有必要技术特征。如果修改后的技术方案不再含有必要技术特征，则此修改超出了原说明书和权利要求书公开的范围。

本案中，授权文本中的权利要求 6 是本专利在申请阶段修改形成的，虽然其中每个特征都可以从原申请文件中找到对应的描述，但其方案整体在原申请文件中并没有完全一致的记载。根据本发明要解决的技术问题、本发明的优点以及说明书记载的方案，专利复审委员会分析出了"有关生产聚合物的方法及其设备的记载中均包含了将浓缩的聚合物固体/浆液从所述的第一闪蒸釜连续卸料进入设置在第一闪蒸釜出口的密封室、并通过该密封室连续活塞流送入第二闪蒸釜闪蒸这两个技术特征"属于该专利权利要求书技术方案中必须包含的技术特征，原权利要求书和说明书所记载的技术方案中都体现了这一特征，但授权文本中的权利要求 6 中并没有记载上述两个技术特征，这说明权利要求 6 整体上并不是该专利原权利要书和说明书中所包含的技术方案，因此，权利要求 6 不符合《专利法》第三十三条的规定。

　　然而，本无效宣告请求还引申出了一个问题，即，如果删除了权利要求中的非必要技术特征是否一定符合《专利法》第三十三条的规定呢？我国《审查指南》中没有就此作出明确规定，但是，很显然，对于这种修改仍然应该按照是否能够"直接地、毫无疑义地确定"的判断原则结合具体案件进行分析。从权利要求中删除技术特征一般会扩大请求保护的范围，虽然扩大请求保护的范围与修改超范围之间没有必然的联系，通过删除技术特征来扩大请求保护的范围也并不意味该删除式修改必然超出了原申请文件记载的范围，但是，有时候一些非必要技术特征的删除使得技术方案相对于原技术方案缺少了确定性或者引入了新的信息，这也是不允许的，例如在涉及某产品形状和结构改良的技术方案中，将方案中原先存在的材料特征"铁合金"中的"铁"删除之后只剩下"合金"作为其材料，即使所属领域技术人员已知"铁合金"材料不是该方案中必须使用的材料，但这种修改显然引入了原技术方案中没有的新信息，是不允许的。因此，在判断删除非必要技术特征是否属于修改超范围的情形时，仍然应当严格遵循修改超范围的判断原则，站在所属领域技术人员的角度，考虑根据原说明书和权利要求书能否直接地、毫无疑义地确定出修改后的技术方案。（撰稿人：刘　犟　周　航）

### 2. 具体"放弃"

【案例】　重金刚石（第 3061 号复审请求审查决定）

　　2002 年 10 月 14 日，专利复审委员会作出第 3061 号复审请求审查决定。该决定涉及申请日为 1998 年 11 月 11 日、发明名称为"重金刚石"的发明专利申请，其申请号为 98121579.3。本申请原始提交的权利要求 1 内容如下：

"1. 重金刚石，是合成金刚石的一种，其特征是：

它采用碳 – 13 同位素作为其主要组成元素。"

在实质审查程序中，国家知识产权局原审查部门在"第一次审查意见通知书"中指出了本申请的权利要求 1 相对于对比文件 1 不具备新颖性，不符合《专利法》第二十二条第二款的规定的问题。为此，申请人修改了权利要求 1，将权利要求 1 中涉及的已在对比文件 1 中公开的部分具体"放弃"，由此其认为修改后余下的部分具备新颖性。修改后的权利要求 1 内容如下：

"1. 重金刚石，是一种合成金刚石，其特征是：

它采用碳 – 13 同位素作为其主要组成元素，（鉴于对比文件 CN1052340A）碳 – 13 含量达 99.2% 以上者除外。"

国家知识产权局专利实质审查部门经审查认为上述修改后的权利要求 1 超出了原说明书和权利要求书记载的范围，不符合《专利法》第三十三条的规定，并最终以此为由驳回了本申请。其具体驳回理由是：申请人根据现有技术对权利要求所作的修改不属于放弃性修改，《审查指南》所说放弃性修改是指在修改后可具有专利性的前提下进行的修改，但本申请如果作了放弃性修改，并不具备创造性，因此，这种修改不符合《专利法》第三十三条的规定。

复审请求人对上述驳回决定不服，向专利复审委员会提出复审请求，并修改了权利要求 1。修改后的权利要求 1 的内容如下：

"1. 重金刚石，是一种合成金刚石，其特征是：

它采用碳 – 13 同位素作为其主要组成元素，（鉴于对比文件 CN1052340A）碳 – 13 含量达 99.2% 以上、作为高热导率的单晶金刚石除外。"

本案合议组经审查认为：① 对于含有数值范围技术特征的

**权利要求中数值范围的修改**，只有在修改后数值范围的两个端值在原说明书和/或权利要求书中已确实公开的前提下，才是允许的，如果在原说明书和/或权利要求书中没有公开原数值范围的其他中间数值，而鉴于对比文件公开的内容或鉴于当取原数值范围的某部分时发明不可能实施，在本发明申请排除所述部分后具备新颖性和创造性的前提下，允许用具体"放弃"（Disclaimer）的方式，从一个数值范围较宽的权利要求中排除该部分；② 对比文件 1 公开的由至少 99.2% 同位素碳－13 组成的单晶金刚石，是重金刚石的一种，其除具有很高热导率的性质外，还具有重金刚石所具有的其他如耐温耐磨的性质。本申请权利要求 1 将碳－13含量达 99.2% 以上作为高热导率的单晶金刚石排除在外，仅仅是出于避开现有技术的考虑，也就是说，权利要求 1 的技术方案与对比文件所谓 C－13 含量的区别，并没有使排除了对比文件的单晶金刚石以外的重金刚石（即权利要求 1 的技术方案），较对比文件 1 的单晶金刚石在解决所要解决的技术问题上具有更优越的性能（如更耐温耐磨），使之与现有技术（即 C－13 含量达99.2% 以上的高热导率的单晶金刚石）构成实质性差别。因此，具体放弃后的权利要求 1 不具备创造性，不符合《专利法》第二十二条第三款的规定。基于复审请求人采用具体放弃后的权利要求 1 相对于对比文件 1 不具备创造性，这种修改不被允许，即复审请求人对权利要求 1 的修改不符合《专利法》第三十三条的规定。

　　基于上述理由，专利复审委员会作出了第 3061 号复审决定，维持国家知识产权局作出的驳回决定。

**【案例评析】**

　　本案涉及一种特殊类型的修改方式——具体"放弃"式修改。

　　具体"放弃"式修改通常是采用否定性词语或者排除的方

式来"放弃"原权利要求中的部分保护范围，与其他删除式修改不同的是，它"放弃"的内容通常在原申请文件中没有明确公开要放弃的，甚至是原权利要求书中明确要求保护的内容，这往往是为了克服"审查意见通知书"中指出的缺陷所作的修改。由于其采用否定或者排除的方式对权利要求进行限定，修改后的内容通常不能由原说明书和权利要求书"直接地、毫无疑义地确定"，因此，这种具体"放弃"式的修改方式一般来说超出了原说明书和权利要求书记载的范围，不能被允许。因此，如果能够用正面的语言来描述，不允许采用具体"放弃"的方式修改权利要求。

然而，考虑到某些申请文件，主要是涉及数值范围的申请文件的特殊性，《审查指南》第二部分第八章第5.2.3.3节规定了涉及某些情况下允许对数值范围进行放弃式修改。根据上述规定，允许进行数值范围的放弃式修改有两种情况：一是鉴于对比文件公开的内容影响发明的新颖性和创造性，当申请人采用具体"放弃"原数值范围一部分使得要求保护的技术方案从整体上看来明显不包括该部分时，只有在修改后的技术方案具备新颖性和创造性的情况下，这种修改才是允许的；二是鉴于取权利要求中的原数值范围的某部分发明不可能实施，申请人采用具体放弃不能实施的部分时，只有在申请人能够根据申请原始记载的内容证明取被放弃的数值本发明不可能实施时，这种修改才是允许的。

之所以说上面提到的对数值范围的放弃式修改情况特殊，是因为放弃式修改本身一般被认为实质上超出了原说明书和权利要求书记载的范围，但是，如果绝对不允许这种修改，有时候会使得一些有授权前景的申请因为撰写问题被冤枉而失去授权机会，对于付出创造性劳动的申请人来说也显失公平。例如，上述《审查指南》规定的第一种情况，意味着申请文件与现有技术的发明构思完全不同（要么所属的技术领域相差很远，要么解决的是完全不同的技术问题，即现有技术对于本发明来说没有任何教导和启示），只是由于二者同时选择了某部分数值范围而"碰巧"有了保护范围上的交集，但如果排除这部分交集，剩余部分的技术方案相对于现有技术具备新颖性和创造性的；而在第二种情况下，方案中包含的某些数值范围对于所属领域技术人员来说明显不能实施的，这时候申请要求保护的技术方案很可能会受到是否公开充分甚至于是否具备实用性的质疑，即使其被授权，在授权文本中仍然保留这些数值范围也是不妥当的。由此可以看出，《审查指南》中上述对数值范围的放弃式修改规定实际上主要是针对那些有授权前景，但由于存在撰写问题不得不进行修改而这种修改又有超范围之嫌的申请文件提供一条出路，其要求的条件是非常严格甚至苛刻的，在审查实践中发现，要作出符合《审查指南》中上述两个条件的放弃式修改是很困难的，成功的案件少之又少。

本案中，权利要求 1 涉及一种重金刚石，它采用碳 – 13 同位素作为其主要组成元素，而对比文件 1 公开了一种由至少 99.2% 同位素碳 – 13 组成的单晶金刚石。申请人为了避开对比文件 1 的现有技术，修改权利要求 1 从原技术方案中明确排除碳 – 13 含量达 99.2% 以上的重金刚石。由于该申请与对比文件 1 同属金刚石技术领域，其所要解决的技术问题（即提供一种耐温耐磨的金刚石），对比文件 1 的金刚石同样能够解决，因此，对比文件 1 的内容并非"偶然占先"，即使申请人通过放弃式修改使得本申请权利要求 1 具备了新颖性，对比文件 1 仍可以用来评价其创造性，在这种情况下，申请人采用具体"放弃"的修改方式对权利要求进行修改是不允许的，这种修改不符合《专利法》第三十三条的规定。（撰稿人：张　沧　周　航）

## 第四节　无效宣告程序中专利文件的修改

无效宣告程序是依法对已经授予专利权的专利进行确权，即权利存在之确认的审查程序。《专利法实施细则》第六十八条赋予了发明和实用新型专利权人修改其权利要求书的权利，但同时规定发明和实用新型专利权人不得扩大原专利的保护范围，不得修改专利说明书和附图。

上述规定表明，无效宣告程序中专利文件的修改受到了很大的限制，这是因为专利权人对权利要求书的修改必然导致专利权保护范围的变化，不仅对无效程序双方当事人的利益有着直接的影响，同时也会对社会公众的经济活动造成影响，因此，在制定对已授权专利文件如何进行修改的规则时，既要考虑方便专利权人，维护专利权人处分其专利权的权利，又要充分保护社会公众的正当利益，维持专利权的相对稳定性，同时，还要充分考虑现时审查实践的可操作性。

《审查指南》第四部分第三章第4.6节中对专利权人在无效宣告程序中的修改行为进行了进一步规范：一是规定了修改的四点原则，（1）不得改变原权利要求的主题名称；（2）与授权的权利要求相比不得扩大原专利的保护范围；（3）不得超出原说明书和权利要求书记载的范围；（4）一般不得增加未包含在授权的权利要求书中的技术特征。二是规定了修改权利要求书的具体方式，一般限于权利要求的删除、合并和技术方案的删除，并将合并式修改的时机限定为针对无效宣告请求书、针对请求人增加的无效宣告理由或者补充的证据、针对专利复审委员会引入的请求人未提及的无效宣告理由或者证据三种情形。

由此可见，专利权人在无效宣告程序中修改专利文件，不仅仅应当符合《专利法》第三十三条的规定，而且在内容和范围上的修改限制更加严格于专利申请阶段对申请文件的修改。另外，无效宣告程序中的修改还在时机和方式上有特殊的规定。无论是内容和范围方面，还是修改方式和时机方面，只要不符合《审查指南》中的上述规定，所做的修改文本就不被接受。由于根据修改文件的提交时间很容易判断修改文本的递交时机是否符合规定，本节不对此展开分析。

从无效宣告案件的审查实践来看，在修改方式方面存在的争议较多，而这方面更代表了无效宣告程序中对申请文件修改的特殊性，因此，本节给出了三个涉及修改方式方面的案例进行解析，分别对应《审查指南》上述规定的三种修改方式，即权利要求的删除、技术方案的删除和权利要求的合并。

此外，对于修改的内容和范围是否符合《专利法》第三十三条的规定的审查来说，无效宣告程序中所遵循的修改依据和审查原则与专利申请阶段基本相同，可以参照本章前几节中提供的案例分析。略有不同的是，由于无效宣告程序是对已授权专利的审查，其审查主要目的是确认权利要求的合法性，因此对于那些出现在授权文本说明书中的超范围的修改，如果认定其不影响权利要求的保护范围，则不会以此宣告专利权无效；如果认定其仅影响部分权利要求的保护范围，则仅宣告那些受到影响的权利要求无效。本节给出的案例 4 即为了说明这种情况。

## 一、权利要求的删除

【案例】　射流虹吸排泥机（第 9719 号无效宣告请求审查决定）

2007 年 4 月 20 日，专利复审委员会作出第 9719 号无效宣告请求审查决定，该决定涉及国家知识产权局于 1999 年 9 月 15 日授权公告的名称为"射流虹吸排泥机"的实用新型专利，其专利号是 98227202.2。本专利授权公告时的权利要求 1～3 的内容如下：

"1. 一种射流虹吸排泥机，主体是"U"形虹吸排泥管，其特征是："U"形排泥管的吸泥口插入水池底部，出口插入溢水槽中，"U"形管的最上端连接真空形成器件和放气阀门。

2. 根据权利要求 1 所述的射流虹吸排泥机，其特征是：真空形成器件是蜂窝水射器，其主体部分是两块开有若干对应蜂窝小孔的隔板。

3. 根据权利要求 1 所述的射流虹吸排泥机，其特征是：吸泥口制作成管条状，底部开有若干吸孔。"

针对本专利，请求人向专利复审委员会提出无效宣告请求，其理由是：认为本专利权利要求 1 相对于其所提交的证据不具备新颖性和创造性。

专利权人在口头审理中当庭提交了权利要求书的修改替换页，删除了原权利要求 1，保留原权利要求 2 和 3 并组成新的权利要求 1 和 2。经审查，专利复审委员会本案合议组认定其当庭提交的权利要求书未超出原始说明书和权利要求书记载的范围，符合《专利法》第三十三条的规定，同时也符合《专利法实施细则》第六十八条以及《审查指南》第四部分第三章第 4.6 节的关于修改时机及修改方式的规定，因此专利权人对权利要求书的修改可以被接受。由于专利权人删除了原权利要求 1，请求人所提出的无效宣告请求的基础已经不存在了，而针对该修改后的权利要求书，请求人没有提出任何无效宣告请求的证据和理由。因此专利复审委员会作出了在该修改之后的权利要求书的基础之上维持该实用新型专利权有效的第 9719 号无效宣告请求审查决定。

**【案例评析】**

本案中，专利权人在无效宣告程序中删除了权利要求 1，本评析仅针对该修改是否符合相关规定以及权利要求删除式修改的效果进行分析。

在审查实践中，作为《审查指南》明确规定的无效宣告程序中可以对权利要求进行的三种修改方式之一，相对于技术方案删除以及权利要求合并式修改而言，专利权人提交的修改文本是否属于权利要求的删除是最容易判断的，也是争议最小和最为常见的修改方式。一方面是因为根据《审查指南》的规定，对独立权利要求的删除是进行权利要求合并式修改的前提；另一方面，在无效宣告程序中，删除权利要求是针对许多无效宣告请求理由的一个很好的解决方案，甚至在某些情况下，可能是专利权人唯一可以采取的主动解决方式，例如，对于说明书公开不充分、说明书修改超范围以及权利要求保护范围不清楚的问题，只有通过删除相对应的权利要求才能克服该缺陷，使得其余的权利要求得以保留。

由于在无效宣告程序中被删除的权利要求视为自始不存在，其效力与该权利要求被宣告无效相同。因此，对于无效宣告请求人来说，在专利权人删除了被质疑的权利要求之后，其基本上可以达到抗辩专利权的效力，或者消除潜在的侵权危险，也达到了其提出无效宣告请求的目的。对于专利复审委员会来说，由于权利要求的删除既易于审查判断，又可以解决无效宣告请求提出的问题，因此可以提高审查效率，缩短无效案件的审查周期。

本案中，专利权人针对无效宣告请求人提出的原权利要求1不符合《专利法》第二十二条第二款、第三款规定的新颖性和创造性的无效理由，专利权人提交了权利要求书的修改替换页，删除了原权利要求1，由于无效宣告请求针对的权利要求已经删除，所以修改后的权利要求书已经不存在请求人无效宣告请求所指的缺陷，因而在请求人提出的无效宣告请求不涉及其他权利要求的情况下，专利复审委员会作出了在修改后的权利要求书的基础上维持该专利权有效的无效宣告请求审查决定。（撰稿人：崔国振）

## 二、技术方案的删除

【案例】　用于加工改进的信息显示的后向反射膜的系统和方法（第 9350 号无效宣告请求审查决定）

2006 年 12 月 19 日，专利复审委员会作出第 9350 号无效宣告请求审查决定，该决定涉及国家知识产权局于 2002 年 12 月 18 日授权的、名称为"用于加工改进的信息显示的后向反射膜的系统和方法"的 94191174.8 号发明专利。本专利授权公告的部分权利要求内容如下：

"1. 一种用于车辆的牌照，由聚合物表面层、具有上表面的后向反射膜片和位于所述表面层和所述后向反射膜片间的清晰标记组成，其特征在于，所述标记具有用热转印印刷机或喷墨印刷机印成的大的光滑正面式样。"

"4. 如前述任一项权利要求所述的牌照，其特征在于，所述的标记是用热转印印刷机印刷。"

"13. 一种制作埋置有清晰标记的耐用、耐腐蚀的后向反射牌照的方法，其特征在于，该方法包括以下步骤：

（1）提供第一和第二聚合物层，所述二层之一是后向反射的，而另一层是非后向反射的；所述二层之一至少有一个适合接受来自喷墨印刷机的印刷标记的表面；

（2）提供形成的图像给计算机，该图像是由所述印刷机在所述至少一个表面上被印成标记；

（3）由计算机产生经计算机处理的图像版本；

（4）采用所述印刷机将计算机处理的图像版本转印到所述至少一个表面上以在大的光滑正面式样上形成印刷标记；以及

（5）将第一和第二聚合物层粘合在一起，以将印刷标记定位于第一和第二层之间以产生埋置有清晰的耐用、耐腐蚀的后向反射牌照。"

"15. 如权利要求 12 或 14 所述的方法，其特征在于，印刷标记的色调是通过至少改变热转印印刷机的停留时间和温度之一予以控制的。"

"24. 一种用于制作埋置有清晰标记的耐用、耐腐蚀的后向反射牌照的系统，其特征在于，它包括：

（1）用于提供第一和第二聚合物层的装置，所述二层之一是后向反射的，而另一层是非后向反射的；所述二层之一具有至少一个适合接受来自热转印印刷机或喷墨印刷机的印刷标记的表面；

（2）一台计算机；

（3）将形成的图像提供给所述计算机的装置，该图像在所述至少一个表面上被印成标记；

（4）一热转印印刷机机构，它适合于用蜡或蜡状物或树脂颜料/粘合剂将从计算机接受到的可变化的标记印刷到至少一个表面上，以形成所述的印刷标记；或者，一喷墨印刷机机构，它适合于将从所述计算机接受到的可变化的标记印刷到至少一个表面上，以在大的光滑正面式样上形成所述印刷标记；以及

（5）将第一和第二聚合物层粘合在一起以使所述印刷标记定位在第一和第二层之间的装置。"

"29. 如权利要求 24 ~ 28 之任一项所述的系统，其特征在于，所述系统包括一热转印印刷机并可以通过至少改变热转印印刷机的停留时间和温度之一来控制印刷标记的色调。"

针对上述发明专利权，请求人向专利复审委员会提出了无效宣告请求，其请求宣告无效的范围涉及本专利的全部权利要求，理由涉及新颖性、创造性等多个条款。

在审查过程中，专利权人向专利复审委员会提交了"意见陈述书"，同时提交了权利要求书的修改文本，其中删除了授权文本中的权利要求 4 和 13，并对权利要求 1、15、24 和 29 进行了修改，修改后相应的权利要求内容如下：

"1. 一种用于车辆的牌照,由聚合物表面层、具有上表面的后向反射膜片和位于所述表面层和所述后向反射膜片间的清晰标记组成,其特征在于,所述标记具有热转印印刷机印成的大的光滑正面式样。"

"15. 如权利要求 12 或权利要求 14 所述的方法,其特征在于,印刷标记的色调是通过改变热转印印刷机的停留时间和温度予以控制的。"

"24. 一种用于制作埋置有清晰标记的耐用、耐腐蚀的后向反射牌照的系统,其特征在于,它包括:

(1) 用于提供第一和第二聚合物层的装置,所述二层之一是后向反射的,而另一层是非后向反射的;所述二层之一具有至少一个适合接受来自热转印印刷机的印刷标记的表面;

(2) 一台计算机;

(3) 将形成的图像提供给所述计算机的装置,该图像在所述至少一个表面上被印成标记;

(4) 一热转印印刷机机构,它适合于用蜡或蜡状物或树脂颜料/粘合剂将从计算机接受到的可变化的标记印刷到至少一个表面上,以形成所述的印刷标记;以及

(5) 将第一和第二聚合物层粘合在一起以使所述印刷标记定位在第一和第二层之间的装置。"

"29. 如权利要求 24~28 之任一项所述的系统,其特征在于,所述系统包括一热转印印刷机并可以通过改变热转印印刷机的停留时间和温度来控制印刷标记的色调。"

在口头审理过程中请求人陈述:① 修改后的权利要求 1 不仅删除了"喷墨印刷"的技术方案,而且删除了原权利要求 1 的技术特征"所述标记具有用热转印印刷机印成的大的光滑正面式样"中的"用"字,因此扩大了原权利要求的保护范围;② 修改后的权利要求 24 不仅删除了"喷墨印刷"的技术方案,而且

删除了限定"印刷标记"的特征和其印制位置的特征"大的光滑正面式样上",因此扩大了原权利要求的保护范围;③ 原权利要求 15 和 29 中的技术特征"至少改变时间和温度之一"应理解为改变时间或温度之一,而不是同时改变时间和温度的技术方案,因此修改后的权利要求 15 和 29 增加了同时改变时间和温度的技术方案。

口头审理之后专利权人再次提交了修改的权利要求书,在上次修改文本基础上,仅对权利要求 1 进行了修改,修改后的权利要求 1 内容为:

"1. 一种用于车辆的牌照,由聚合物表面层、具有上表面的后向反射膜片和位于所述表面层和所述后向反射膜片间的清晰标记组成,其特征在于,所述标记具有用热转印印刷机印成的大的光滑正面式样。"

经审查,专利复审委员会本案合议组以本专利全部权利要求不具备新颖性或创造性为由,作出宣告本专利全部无效的第 9350 号无效宣告请求审查决定,但在该决定中没有支持请求人关于修改文本不符合规定的观点。关于审查文本,合议组具体认定:专利权人第二次提交的权利要求书修改文本涉及对权利要求 1、4、13、15、24 和 29 的修改,其中,权利要求 1 删除了涉及"喷墨印刷"的技术方案;权利要求 4、13 被删除;权利要求 24 删除了涉及"喷墨印刷"的技术方案;权利要求 15 和 29 删除了"至少改变时间和温度之一"中的"至少……之一"。请求人对上述权利要求的修改方式提出异议。对此合议组认为,权利要求 1 的修改方式为对权利要求 1 中涉及"喷墨印刷"的技术方案的删除;权利要求 24 中的技术特征"大的光滑正面式样上"仅表述在涉及"喷墨印刷"的技术方案中,因此这种删除方式不会扩大涉及"热转印印刷"的技术方案的保护范围;对于本领域的技术人员来说,原权利要求 15 和 29 中的"至少改变时间和温度之一"通常应理解为包括了改变时间、改变温度或同时改变时间和温度的三种技术方案，修改后的权利要求15、29删除"至少……之一"后，使原来的三个并列方案变为只保留其中的一个方案，这一修改并不会增加技术方案，而是删除了原来的三个并列技术方案中的两个。综上所述，合议组认为专利权人第二次提交的权利要求书的修改文本仅涉及了权利要求4、13的删除和部分并列技术方案的删除，该修改符合《专利法实施细则》第六十八条及《审查指南》第四部分第八章第4.6节的规定，因此可以作为审查的基础。

## 【案例评析】

本评析仅针对专利权人在无效宣告程序中对权利要求1、15、24、29的修改是否属于《审查指南》规定的技术方案的删除予以评述，由于权利要求4和13属于权利要求的删除，在此不作分析。

相对于删除整个权利要求的修改方式，技术方案的删除在判断上容易引起分歧。一方面，从形式上来说，技术方案的删除这一修改方式体现在修改文本中是删除了一个或者多个技术特征，或者是删除了某些能够表明多个技术方案的文字，如"至少……之一"，这和普通词汇的删除或者技术特征的删除在形式上并没有明显的区别；另一方面，从法律效力上来讲，技术方案删除这一修改方式和普通词汇的删除或者技术特征的删除有明显的不同，技术方案的删除是《审查指南》所明确的无效宣告程序可采用的修改方式之一，而在无效宣告案件的审查实践中一般不允许仅对个别字词或技术特征进行修改。由于上述两个方面的原因，使得如何确定专利权人对权利要求所作的修改是否属于技术方案的删除成为审查实践中的难点问题。

一般而言，要从以下几个方面考察：首先，要判断修改所针对的权利要求是否可以分为多个并列的、相互独立的技术方案，如果该技术方案中的各个技术特征并不是简单的选择关系，则对于其中部分内容（包括一个或者多个技术特征）的删除就不属于技术方案的删除，例如对于采用上位概括特征撰写的权利要求，不能认为其中的上位概念属于各个具体概念的并列组合而将其中的上位概念修改为原权利要求中未明确的具体概念；其次，要判断所删除的内容与其他技术特征一起是否能够形成完整的技术方案，如果可以形成完整的技术方案，则需要进一步判断所删除的技术方案与修改后的技术方案是否属于并列的技术方案。

具体到本案，对于涉及删除部分内容的权利要求1、15、24和29来说，首先，授权文本权利要求1所述特征"热转印印刷机或喷墨印刷机印成的大的光滑正面式样"中，"热转印印刷机"或"喷墨印刷机"属于两个用以限定"印成的大的光滑正面式样"的并列技术特征，二者属于选择关系，可以以此将权利要求1分为两个独立的技术方案；其次，修改时删除的"喷墨印刷机"与其限定的"印成的大的光滑正面式样"及其他技术特征一起可以形成完整的技术方案；并且，从该专利权利要求的撰写方式和说明书记载的技术内容来看，"热转印印刷机"和"喷墨印刷机"所属的技术方案属于并列的技术方案。因此，权利要求1的修改属于技术方案删除的修改方式，应予接受。基于类似的理由，权利要求24的修改方式也应允许。权利要求15和29的修改涉及的内容相同，即将授权文本中的"至少改变热转印印刷机的停留时间和温度之一"修改为"改变热转印印刷机的停留时间和温度"，由于"至少改变热转印印刷机的停留时间和温度之一"通常理解为包括了改变时间、改变温度或同时改变时间和温度的三种并列的技术方案，基于上述的分析方法，可以认定权利要求15和29的修改方式也属于技术方案的删除，应予接受。（撰稿人：崔国振）

## 三、权利要求的合并

【案例】　结晶单水合物、其制备方法及其在制备药物组合中的用途（第 12206 号无效宣告请求审查决定）

2008 年 8 月 27 日，专利复审委员会作出第 12206 号无效宣告请求审查决定，该决定涉及国家知识产权局于 2005 年 10 月 5 日授权公告的、名称为"结晶单水合物、其制备方法及其在制备药物组合中的用途"的 01817143.5 号发明专利。本专利授权公告的权利要求书内容如下：

"1. 式（I）化合物溴化替托品的结晶性单水合物，

其特征为单一的斜晶体，它具有的量度如下：$a = 18.0774$ 埃、$b = 11.9711$ 埃、$c = 9.9321$ 埃、$\theta = 102.691$ 度、$V = 2096.96$ 埃$^3$。

2. 权利要求 1 的溴化替托品的结晶性单水合物，其特征为，在使用 DSC 进行热分析时在 10K/分钟的加热速度下，在 230℃ ±5℃ 出现吸热峰。

3. 如权利要求 1 的结晶性溴化替托品单水合物，其特征为，IR 光谱表明在波数 3570，3410，3105，1730，1260，1035 及 720 厘米$^{-1}$处有吸收带。

4. 如权利要求 1、2 或 3 中任一项的结晶性溴化替托品单水

合物的制备方法，其特征在于，

a）溴化替托品置于水中，

b）加热所得混合物，

c）加入活性炭，以及

d）于去除活性炭后，溴化替托品单水合物随着水溶液的缓慢冷却而缓慢结晶。

5. 如权利要求 4 的方法，其特征在于，

a）对每摩尔溴化替托品使用 0.4 至 1.5 千克水，

b）所得混合物加热至高于 50℃，

c）对每摩尔溴化替托品使用 10 至 50 克活性炭，并且在加入活性炭后连续搅拌 5 至 60 分钟，

d）过滤所得混合物，所得滤液以每 10 至 30 分钟中 1 至 10℃的冷却速率冷却至 20℃～25℃温度，并由此结晶溴化替托品单水合物。

6. 一种用于治疗气喘或慢性阻塞性肺疾的药物制剂，其特征在于，其含有如权利要求 1~3 中任一项的结晶性溴化替托品单水合物。

7. 如权利要求 6 的药物制剂，其特征在于，其为吸入用粉剂。

8. 如权利要求 1~3 中任一项的结晶性溴化替托品单水合物在制备用于治疗气喘或慢性阻塞性肺疾的药物组合物中的用途。"

2007 年 4 月 11 日，国家知识产权局对本专利进行了更正公告，将授权公告文本中的权利要求 1 中的 "……斜晶体……" "……$\theta = 102.691$ 度" 分别更正为 "……单斜晶体……" "……$\beta = 102.691$ 度"。

针对上述专利权，请求人向专利复审委员会提出无效宣告请求，其无效宣告请求的范围涉及本专利的全部权利要求，理由涉及创造性、权利要求得不到说明书支持等多项法律条款。

在审查过程中，专利权人在规定的期限内提交了修改的权利要求书替换页，其是在授权公告后国家知识产权局于 2007 年 4 月 11 日更正的文本基础上删除了权利要求 1，并将其权利要求 2 和 3 进行了合并。

经审查，专利复审委员会作出了宣告本专利全部无效的第 12206 号无效宣告请求审查决定。在该决定中，接受了专利权人提交的上述修改文本，其理由是上述修改属于《审查指南》第四部分第三章第 4.6.2 节中所述的合并式修改，符合《专利法》第三十三条和《专利法实施细则》第六十八条的规定。

【案例评析】

本评析仅针对专利权人在无效宣告程序中进行的修改是否属于《审查指南》第四部分第三章第 4.6.2 节规定的"权利要求的合并"进行分析。

根据《审查指南》中的相关规定，权利要求的合并是指两项或者两项以上相互无从属关系但在授权公告文本中从属于同一独立权利要求的权利要求的合并，所合并的从属权利要求的技术特征组合在一起形成新的权利要求。从专利权人的角度来讲，由于权利要求的合并这一修改方式可以将两个以上的从属权利要求中的附加技术特征合并到一个权利要求之中从而形成新的权利要求，使得该新的权利要求相对于请求人提供的现有技术有更多的区别技术特征，因此这种修改方式相对于权利要求的删除和技术方案的删除这两种放弃式的修改方式来说，更有利于专利权人抗辩请求人提出的新颖性和创造性的无效理由，也更有利于保护专利权人的利益。基于此，权利要求合并的修改方式也成为了无效宣告案件审查实践中常遇到的方式。从审查的角度而言，权利要求的合并除了要审查其是否满足将授权公告文本中从属于同一独立权利要求的两项或者两项以上相互无从属关系的权利要求合并的条件之外，还需要判断专利权人所作的修改是否符合《审查指南》相关部分的其他规定，即，被修改的权利要求共同引用的独立权利要求是否进行了修改，以及修改后的权利要求应当包含被合并的从属权利要求中的全部技术特征。

具体到本案，从前文对案情的介绍可以看出，修改后的权利要求书相对于授权公告后国家知识产权局更正后的文本（下称授权更正文本）删除了其中的独立权利要求1，并将授权公告文本中的权利要求2和3合并。从授权公告的权利要求书可以看出，权利要求2和3都是引用了独立权利要求1，二者之间并无相互引用关系，并且修改后的权利要求1包含了授权更正文本中权利要求2和3中的全部技术特征。同时，所作的修改也满足《审查指南》关于无效程序中发明专利权利要求书修改的四项修改原则。因此，在删除了其共同引用的独立权利要求1的情况下，可以认定上述修改符合《审查指南》关于合并式修改的规定。

需要注意的是，对于权利要求的合并式修改要求相对严格，在判断其是否符合《审查指南》相关规定的同时，不能忽略该合并式修改的基础，合并后的权利要求所保护的技术方案应当在原始申请文件中有所记载，或者属于能够从原始申请文件中直接地、毫无疑义地确定的技术方案。否则，修改即使符合《审查指南》的各项规定也不能被允许。本案合议组正是在认定该合并式修改符合《专利法》《专利法实施细则》以及《审查指南》的相关规定之后，以修改的权利要求为基础作出的无效宣告审查决定。

（撰稿人：崔国振）

## 四、不影响权利要求保护范围的修改

【案例】　用减压/真空精馏并加热的苯胺合成二苯胺法（第9749号无效宣告请求审查决定）

2007年4月28日，专利复审委员会作出第9749号无效宣告请求审查决定，该决定涉及国家知识产权局 2004 年 3 月 10 日授权公告的、名称为"用减压/真空精馏并加热的苯胺合成二苯胺法"的 02112536.8 号发明专利。

针对本专利，请求人向专利复审委员会提出无效宣告请求，其理由包括本专利不符合《专利法》第三十三条的规定，具体理由为：本专利说明书实施例中的修改，即，从公开文本的描述"（真空度为 350mmHg）分离""（真空度为 70mmHg）进行提纯"修改为授权文本相应的描述"（从常温的真空度为零减压到真空度为 350mmHg）进行减压分离""（从常温的真空度为零减压到真空度为 70mmHg）进行减压提纯"，属于《审查指南》明确规定的不允许的修改，不符合《专利法》第三十三条的规定。

经审查，专利复审委员会作出了维持本专利有效的第 9749 号无效宣告请求审查决定，关于请求人提出的上述本专利不符合《专利法》第三十三条的无效宣告请求理由，该无效宣告请求审查决定中认为：

原申请说明书第 3 页第 6 行提到"……进入苯胺精馏塔（真空度为 350mmHg）分离"。在实质审查过程中，申请人在答复"第一次审查意见通知书"时将以上内容相应的修改为"……进入苯胺精馏塔（从常温的真空度为零减压到真空度为 350mmHg）进行减压分离"。

要判断上述修改是否会导致本专利被宣告无效，首先需要确定以上对说明书的修改是否影响到授权后的权利要求的技术方案及其保护范围。

本专利权利要求 1 要求保护一种用减压/真空精馏并加热的苯胺合成二苯胺法，在其分离精制过程中，采用的是"减压/真空精馏并加热"的操作方式，对本领域技术人员来说，这一措辞所表达的操作方式既包括在特定负压状态下进行精馏，也包括在逐渐形成负压的同时进行精馏。这两种操作方式虽然达到的效果可能会有所不同，但是如果温度等条件适合的话，一般情况下都可以达到精馏分离物料的目的。由此可见，不管是在特定状态下进行分离、还是在逐渐建立负压的同时进行分离都在权利要求1的保护范围之内，都没有偏离权利要求1所描述的技术方案。尽管说明书具体实施方式中将前一条件下的减压分离修改为后一条件下的减压分离使本领域技术人员看到的信息与原始申请记载的信息不同，但这一修改并没有影响到权利要求1本身的技术方案，因此，上述缺陷并不足以导致本专利被宣告无效。

**【案例评析】**

本案涉及无效宣告程序中对《专利法》第三十三条审查的特殊性。

《专利法》第三十三条规定修改不得超出原权利要求书和说明书范围的主要目的有二：一是给予专利申请人对其专利申请文件适当的修改权利，以便其更正其中的错误信息，并对原始申请文件中的瑕疵予以纠正，从而提高授权专利的质量和专利权的稳定性；二是通过限制专利申请人或者专利权人对专利申请文件的修改来保护社会公众利用专利申请文件所公开信息的安全性，包括社会公众利用申请文件公开的信息进一步研发的利益以及第三人利用权利要求撰写方面的不足实施其公开的技术的利益。

一般而言，对于已经授予的专利权，为了保持其权利的稳定性以及公众利用专利文件信息的安全性，在无效宣告程序中会非常严格地限制专利权人对专利文件的修改，但是，普遍认为，无效宣告程序中对不影响权利要求保护范围的说明书内容的修改，即使其存在超范围之处，也不应以此宣告权利要求无效。主要理由包括：① 并不影响无效宣告制度目的的实现。无效宣告制度设置的机制在于对已授予的专利权在公众的辅助下进行再次审查，其主要目的是审查已经授予的专利权是否存在瑕疵或者授权范围过宽，以防止专利权人获得不正当的利益。而专利权人的利益最终体现在授予的专利权，即权利要求书中记载的各项权利要求之上。② 不影响《专利法》第三十三条立法目的的实现。由于《专利法》第三十三条规定的目的主要是为了保护社会公众利用专利文件公开信息的利益，维护其对于专利文件的信赖利益，以避免由于专利权人对专利文件的修改而使得第三人的行为落入其专利权的保护范围之内。因此，在无效程序中对于未影响到专利权保护范围的修改一般并不因其超范围而宣告专利权无效。③ 保护发明创造，维护法律关系的稳定性。对于一项已经授予的权利，如果因为不影响保护范围的修改超范围而将专利权无效显得过于严厉，不利于专利权的保护。④ 我国国情的需要。经过二十多年的努力，我国专利申请人及专利代理人的撰写水平有了长足的进步，但不可否认的是，相对于《专利法》《专利法实施细则》以及《审查指南》规定的要求，还具有一定的差距，很多申请中不仅仅存在表达不准确、不严谨的缺陷，甚至可能存在部分内容不清楚、公开不充分和修改超范围的缺陷，即使是已经授权的专利文件也很难避免。在专利申请过程中申请人有机会对申请文件进行修改以克服这些缺陷，但在获得授专利权之后就很难再有机会纠正说明书中的错误，致使这类缺陷影响了许多专利权的有效性，是非常令人惋惜的，因而，如果这类缺陷的存在并不会影响权利要求的保护范围，一般情况下认为没有必要因此而宣告专利权无效。

　　综上所述，对于请求人以专利申请文件的修改不符合《专利法》第三十三条的规定为由请求宣告专利权无效的，如果超出原说明书和权利要求书记载范围的修改仅仅影响到部分权利要求的保护范围，应当仅宣告那些受到影响的权利要求无效；对于没有影响到权利要求保护范围的说明书的修改，则不应当宣告专利权无效。

　　本案中，对于专利权人在本专利的申请程序中将原说明书中记载的"……进入苯胺精馏塔（真空度为 350mmHg）分离"修改为"……进入苯胺精馏塔（从常温的真空度为零减压到真空度为 350mmHg）进行减压分离"的行为，合议组经过分析认为其结果对于共有领域与专利权划定的私有领域并无影响，亦即对于公众对本专利公开的信息的利用并无影响。在此情况下，虽然上述修改使得本领域技术人员看到的信息与原始申请记载的信息有所不同，但上述缺陷并不足以导致本专利的专利权被宣告无效。（撰稿人：崔国振）